程千帆全集 1

程千帆 / 著
校雠广义 版本编
校雠广义 校勘编

凤凰出版社

图书在版编目（CIP）数据

程千帆全集 ： 全12册 / 程千帆著 ； 莫砺锋主编
. -- 南京 ： 凤凰出版社, 2023.10
ISBN 978-7-5506-3965-2

Ⅰ. ①程… Ⅱ. ①程… ②莫… Ⅲ. ①程千帆（1913-2000）—全集 Ⅳ. ①Z427

中国国家版本馆CIP数据核字(2023)第110437号

书名	程千帆全集
著者	程千帆
主编	莫砺锋
责任编辑	林日波　许　勇　郭馨馨　孙　州　张永堃 吴　琼　孟　清　张　沫
特约编辑	莫　培
装帧设计	姜　嵩
责任监制	程明娇
出版发行	凤凰出版社(原江苏古籍出版社) 发行部电话025-83223462
出版社地址	江苏省南京市中央路165号,邮编:210009
照排	南京凯建文化发展有限公司
印刷	苏州市越洋印刷有限公司 江苏省苏州市吴中区南官渡路20号,邮编:215104
开本	652毫米×960毫米　1/16
印张	522.25
字数	7512千字
版次	2023年10月第1版
印次	2023年10月第1次印刷
标准书号	ISBN 978-7-5506-3965-2
定价	2980.00元(全12册)

(本书凡印装错误可向承印厂调换,电话:0512-68180638)

1936 年大学毕业前夕，在金陵大学校园

1987 年，在南京东郊梅花山游玩。照片下题“老夫聊学少年狂”

1980 年 5 月 14 日，上海华东师范大学徐中玉教授开办中国古代文学批评史培训班，期间，复旦大学一级教授郭绍虞来培训班探望程千帆先生。左起：徐中玉、郭绍虞、程千帆

1981 年 4 月至 5 月，与当年武大老学生座谈。左起：何文白、韦其麟、程千帆、林焕标

1980 年 4 月 20 日，师生春游栖霞山。左起：徐有富、张三夕、程千帆、莫砺锋

1992 年 9 月 21 日，与博士生合影。前排左起：周勋初、程千帆。后排左起：陈书录、蒋寅、巩本栋、程章灿、张伯伟、莫砺锋、曾广开、曹虹、张宏生、姚继舜、王青

1981 年，南京大学中文系建立古代文学博士点，同时组建学术梯队。左起：吴新雷、周勋初、程千帆、郭维森、吴翠芬

1985年10月20日至25日，南京大学举行“黄侃先生逝世五十周年、诞辰一百周年纪念会”，陪同与会者游览南京玄武湖。左起：张舜徽、程千帆、黄典诚、于安澜

陪同与会者游览南京中华门。左起：鲁国尧、周祖谟、鲍明炜、程千帆

1998年4月14日，香港中文大学教授饶宗颐等来南京大学参观南京大学博物馆，于南京大学外事办公室会见。前排：饶宗颐（左一）、程千帆（左二）

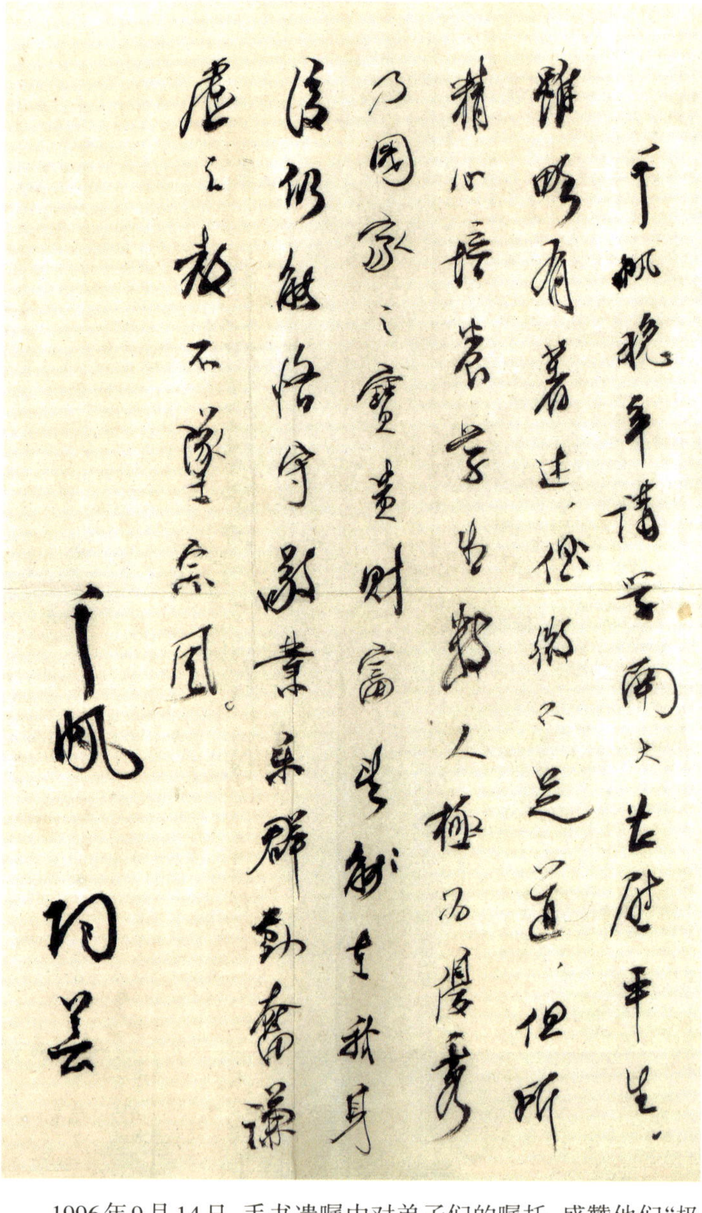

1996年9月14日，手书遗嘱中对弟子们的嘱托。盛赞他们“极为优秀，乃国家之宝贵财富”，寄望他们在其身后“仍能恪守敬业、乐群、勤奋、谦虚之教，不坠宗风”

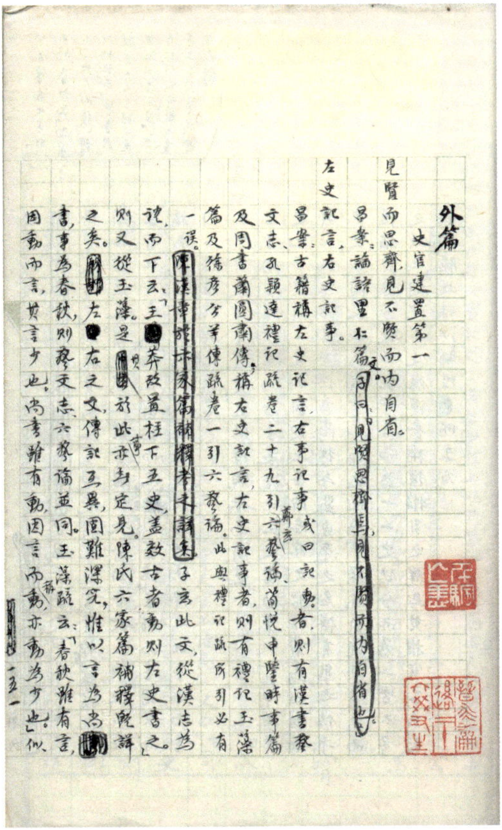

1961 年冬，《史通笺记》一稿手稿

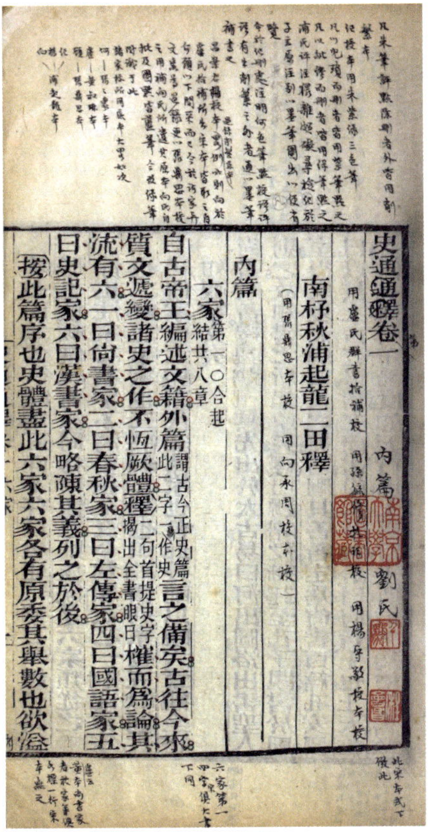

程千帆手批《史通通释》

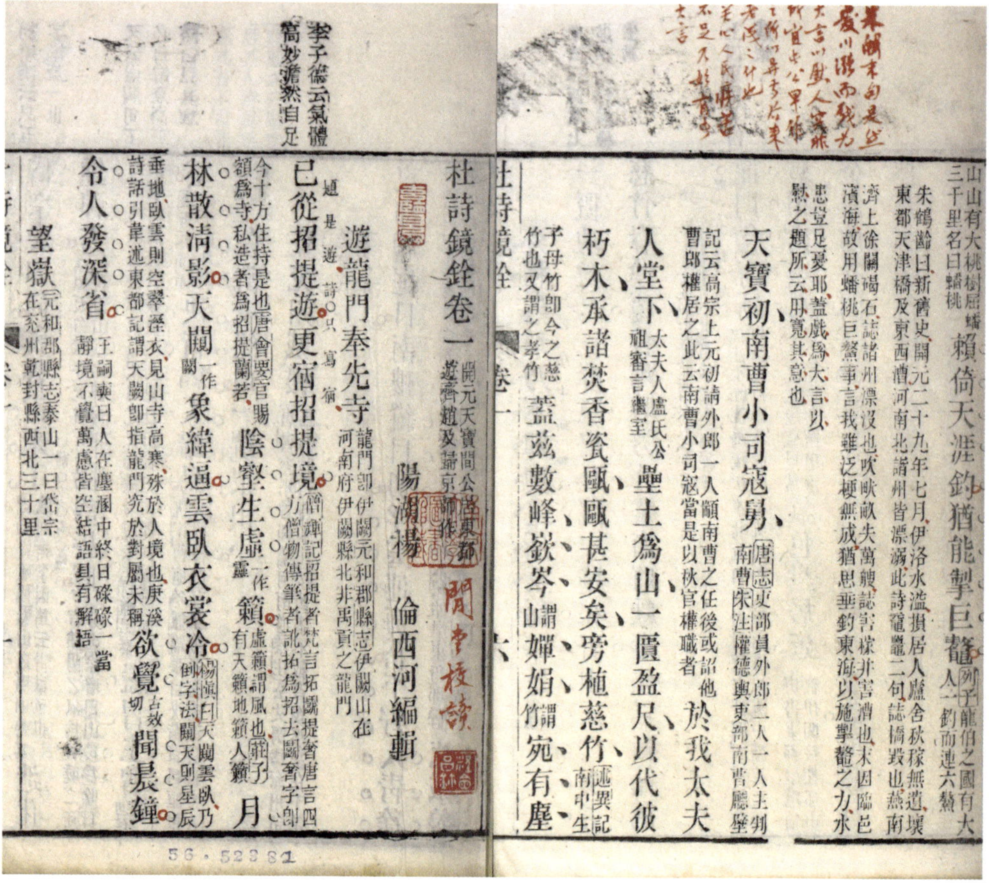

山有大桃樹屈蟠三千里名曰蟠桃

賴倚天涯釣，猶能掣巨鼇。列子：龍伯之國有大人，一釣而連六鼇。

朱鶴齡曰：新舊史：開元二十九年七月，伊洛水溢，損居人廬舍，秋稼無遺，壞東都天津橋及東西漕；河南北諸州皆漂溺。此詩黿鼉二句誌橋毀也；燕南濟上，徐關碣石，誌諸州漂沒也；吹畎畝失萬艘，誌害稼并害漕也；末因臨邑濱海，故用蟠桃巨鼇事，言我雖泛梗無成，猶思垂釣東海，以施掣鼇之力，水患豈足憂耶。蓋戲爲大言以慰之，題所云用寬其意也。

天寶初南曹小司寇舅 唐志：吏部員外郎二人，一人主判南曹。朱注：權德輿吏部南曹廳壁記云：高宗上元初，請外郎一人顓南曹之任，後或詔他曹郎權居之。此云南曹小司寇，當是以秋官權職者。於我太夫人堂下 太夫人盧氏，公祖審言繼室。壘土爲山，一匱盈尺，以代彼朽木，承諸焚香瓷甌，甌甚安矣。旁植慈竹 述異記：南中生子母竹，即今之慈竹也，又謂之孝竹。蓋茲數峰，嶔岑 謂山 嬋娟 謂竹 宛有塵

李子德云：氣體高妙，澹然自足。

杜詩鏡銓卷一 開元天寶間公居東都，遊齊趙及歸京師作。

陽湖楊倫西河編輯

閒堂校讀

遊龍門奉先寺 龍門即伊闕。元和郡縣志：伊闕山在河南府伊闕縣北，非禹貢之龍門。

題是遊，詩只寫宿。

已從招提遊，更宿招提境。僧輝記：招提者，梵言拓鬬提奢，唐言四方僧物，傳筆者訛拓爲招，去鬬奢字，即今十方住持是也。唐會要：官賜額爲寺，私造者爲招提蘭若。陰壑生虛 一作靈 籟，虛籟謂風也。莊子：有天籟、地籟、人籟。月林散清影。天闕 一作闚 象緯逼，雲臥衣裳冷。楊慎曰：天闕，雲臥，乃倒字法。闕天則星辰垂地，臥雲則空翠溼衣，見山寺高寒，殊於人境也。庚溪詩話引韋述東都記，謂天闕即指龍門，究於對屬未稱。欲覺 古效切 聞晨鐘，令人發深省。王嗣奭曰：人在塵溷中，終日碌碌，一當靜境，不覺萬慮皆空。結語具有解悟。

望嶽 元和郡縣志：泰山一曰岱宗，在兖州乾封縣西北三十里。

程千帆手批《杜诗镜铨》

总　目

总　序

1997年年底，程千帆先生与河北教育出版社商妥出版《程千帆全集》事宜。当时程先生年事已高，精力欠佳，又适逢病目不能看细字，就命我编定全书。河北教育出版社且让我为《全集》写一篇总序。次年4月，我拟就"总序"，经程先生审定后交出版社付梓。由于卷帙浩繁，编纂校对与排版印刷均费时日，《全集》直到2000年12月方得问世，此时程先生已于半年前遽归道山。斗转星移，二十多年转瞬即逝。《程千帆全集》早已绝版，求购甚难，读者要求重版之呼声越来越高。今年适值程先生诞辰110周年，凤凰出版社决定重版《全集》，增收程先生的书简、日记等文字，形成一部名符其实的新版《程千帆全集》。凤凰出版社与程先生之哲嗣丽则师姐均提议仍由我承担编纂之责，我屡辞不成，乃勉强承乏。为了集思广益，特地成立《程千帆全集》学术委员会，成员有：徐有富、莫砺锋、张三夕、蒋寅、张伯伟、张宏生、曹虹、程章灿、严杰、李立朴、张辉、景凯旋、巩本栋、陈书录、曾广开、姚继舜。又成立《程千帆全集》编纂委员会，成员有：程丽则、莫砺锋、姜小青、倪培翔、史梅、徐兴无、刘重喜、董晓、倪蛟、徐雁平、童岭。在上述人员以及凤凰出版社的责编林日波、郭馨馨等人的鼎力合作下，新版《全集》业已编成付梓，出版社循旧例请我重写一篇总序。我在曾呈程先生过目且刊于旧版《全集》卷首的"总序"中说："我立雪程门已一十九年，当然很乐意有此机会以服弟子之劳，于是当仁不让地承担了核对材料、订正文字等工作。至于作序，则自惭鲁钝，未能传先生之芬芳。为人作序本易得佛头著粪之讥，况且程先生的学术墙高数仞，我怎有能力说清其中的'宗庙之美、百官之富'呢？思之再三，只好勉为其难，先把全集中各类著作的写作经过及主要内容作些介绍，再简单地谈谈自己的体会，但愿对读者稍有裨益。"岁月荏苒，我的上述想法并无改变。由于新版《全集》增收程先生遗著数种，新版分册与旧版分卷之标准也有差异，故本序不避重复，对新版《文集》各册所收著作之写作经过及主要内容介绍如下。

第一、第二两册所收的是校雠学著作，即第一册之《校雠广义·版本编》《校雠广义·校勘编》与第二册之《校雠广义·目录编》《校雠广义·典藏编》。校雠学本是一切学术的门径和基础，程先生在就读于金陵大学时就对这门学科有强烈的兴趣，毕业后曾在金陵大学、武汉大学等校主讲这门课程，并开始写一部全面地论述校雠学各个分支内容的书。可惜这项工作在上世纪五十年代被迫中断。到了1979年，程先生在南京大学重新开始指导研究生，把校雠学定为硕士生的主要课程，亲自站在讲台上为我们讲授。我们三个同学则边听课边记录，整理成《校雠学略说》，曾以油印稿的形式在几所大学流传。程先生发现徐有富对这门课有特别强烈的兴趣，几年后便让有富代他讲授这门课，而且师生合作，对《校雠学略说》进行大幅度的扩充、改写。经历十个寒暑，终于完成皇皇四大册的《校雠广义》。全书问世后，好评如潮，获奖无数。著名学者陶敏评为"体大思精"，洵为公论。《校雠广义》的成书，有富兄做出的贡献极其重要。程先生在给舒芜的信中自述著书过程说："弟撰《校雠广义》，合版本、校勘、目录、典藏而一之，发意在四十年代，中更世变，未成其书。已成部分，又为狂童毁其卡片。到南京后，弟子徐君不敏而好学，有'参也鲁'之风。邀之合作，迄今又十年，居然卷帙可观。"但是此书的首创之功，当然属于程先生。自清代以来，专治校雠学的学者代有其人，有关校雠学的著作也不断出现。然而，对校雠学的四个重要部分即版本、校勘、目录、典藏进行全面系统的论述，且将论述重点由历史源流转向实际应用，则《校雠广义》堪称开创之作。读者不仅能从本书中了解这门传统学问的历史形态，而且能获得如何运用它进行文史研究的实际指导，后者也许是这部书最重要的价值。

第三册所收的是文史研究著作，即《史通笺记》《文论十笺》《唐代进士行卷与文学》三种。程先生所写的纯史学著作有《史通笺记》一种。《史通》是中国古代史学理论名著，很受史学界重视。可是此书虽经卢文弨、浦起龙等学者之整理、注释，而难解、误解之处仍然很多。程先生从青年时代起就下苦功钻研《史通》，并曾在大学开设《史通》课程。他广搜善本，博采各家校记及有关论著，以"笺记"的形式对前人研究《史通》的成果进行总结，并且提出了许多独到的见解，发前人所未发。此书实为近代《史通》研究中最重要的著作之一，程先生因此被史学名家周一良先生誉为"子玄（刘知幾）之功臣"。《文论十笺》是文学批评史著作。程先生对古代文论有深入的研究，此书从浩如烟海的典籍中精选出十篇文章，先作详赡的笺注，然后结以案语。从表面上看，此书仅是一部简要的文论读本，但它的实际意义远远溢出于此。本书所选的文章计有陆机一篇、刘知幾两篇、章学诚五篇、章炳麟一篇、刘师培一篇，选目独具手眼。其编排不按时代而依内容，也具有现代意识。十篇文章分别副以"论文学之界义""论文学与时代"等标题，事实上构成了具体而微的理论体系。文末的案语也多有精到的见解，颇能帮助读者领会文章的现代意义。正因如此，此书很受读者欢迎，自 1942 年以《文学发凡》的书名刊布以来，屡经修订，多次重版。《唐代进士行卷与文学》是文学史专题研究。程先生对陈寅恪先生的道德文章十分钦佩，在学术研究中深受陈氏的影响，本书就是借鉴陈氏倡导的诗史互证之法所取得的硕果。早在 1936 年，程先生把陈寅恪的著名论文《韩愈与唐代小说》由英文译成中文，从此对陈文中涉及的"行卷"这种历史现象进行了长期的钻研，终于写成这本专题论著。本书对行卷这种伴随着唐代科举考试的文化现象作了全面的考察，并对行卷与文学的关系作了实事求是的分析。这样，文学史界长期聚讼纷纭而不得确解的一个问题，即唐代科举对文学到底有何影响，就得到了令人信服的解答。本书篇幅不大，但内容丰富，论点新警，切切实实地解决了文学史研究中的一个难题，深受国内外学术界的重视。本册所收三种著作的性质不完全一致，但都属于广义的史学研究。程先生一向喜爱史学，即便在农村牧牛饲鸡时，仍分秒必争地通读了从晋到隋的多部史书，渊博的历史知识使他在处理古代文学的历史背景时如鱼得水，也使他在论述古代文学专题时总能“思接千载，视通万里”，从而体现出重视“长时段”的史家眼光。

第四、第五册所收的是文学史著作，因篇幅关系，第四册收《两宋文学史》一种，第五册收《元代文学史》和《程氏汉语文学通史》两种。《两宋文学史》是程先生与吴新雷教授合著的，两位作者都对宋代文学史下过很深的功夫，但相对而言，程先生对宋代的诗词古文理解得更深一些，而吴教授则对小说戏曲研究得更多一些，所以他们的合作获得了取长补短、相得益彰的效果。《两宋文学史》有两个明显的优点：一是论述了一些长期被忽略的内容，如宋代四六等；二是对于重要作家及其代表作品有更细致深辟的阐述，如吴文英词。然而更重要的则是它非常注重揭示史的线索，在突出大作家的历史作用的同时，也对形成文学潮流的中小作家群予以充分的关注。此外，它非常注意一代文学的整体风貌，在清晰地勾画各种文体内部的发展脉络的同时，也对不同文体之间的互相影响进行了论述，如宋四六对小说戏曲的影响等。虽说最后一点由于缺乏学术积累的前资而展现得不够充分，但这毕竟体现出力求创新的探索精神，格外引人注目。《元代文学史》是程先生与弟子吴志达教授合著的，此书从属稿到出版，经历了一番艰难曲折的漫长过程。此书原名《元代文学史讲义》，是程先生在武汉大学时编写的讲义。1957 年春季，程先生开始讲授元代文学史。课程尚未结束，他在一夜之间被打成“右派”，随即失去讲课的资格。在前途未卜，不知此生能否重上讲坛的情况下，程先生以高度的责任感和坚毅顽强的意志续写讲义，计划写完后即付印。可惜形势急转直下，程先生很快开始“侧身刍牧间十八年”的苦难生涯，一切写作都不再可能，付印的计划更成泡影。此时全书尚未完稿，但部分手稿幸得保存。二十多年后，程先生与当年曾听他授课的弟子吴志达谈起修订《元代文学史讲义》之事，意在嘱托弟子续完全书，然未及深谈，程先生遽归道山。三年以后，志达学长主动请缨续修此书，陶芸师母遂将遗稿交付之。志达学长本着光大师门学术的强烈意愿，仔细体会原稿的学术观念，努力回忆当年亲聆音旨所得的印象，对原稿进行修订、增补，尽经十年辛苦，终于完成全书，篇幅则从原稿的十余万字扩展到二十余万。出于谦抑，也出于对程先生的敬仰之情，志达学长将此书署作“程千帆著，吴志达修订”。考虑到志达学长所付出的辛勤劳动及实际贡献，也考虑到收入全集的另外两种文学史著作的署名通则，现将《元代文学史》改署为师生合著。程先生与志达学长泉下有知，当获俞允。《元代文学史》付梓后颇获学界好评，志达学长的高足陈文新教授之评语最称妥当：“这部由特殊的作者在特殊时代写成的特殊的文学史，在林林总总的中国文学史著述中，必将以其特殊的价值引起学术界的高度关注。”《程氏汉语文学通史》是程先生与弟子程章灿教授合著的，因师生二人都姓程，故书名冠以“程氏”二字。中国古代的史家以“通古今之变，成一家之言”为最高目标，所以最能体现中国史学精神的史学著作应是贯通古今且具有鲜明史观的通史。程先生治学文史兼擅，他的文学史研究也贯彻了上述史学精神。他认为研究文学史不应局限于某一段时期，只有贯通古今才能准确把握整个中国文学的来龙去脉，并深入理解其内在精神。上世纪四十年代末，程先生在武汉大学任教时，曾应历史系主任吴于廑先生之请，为历史系学生讲授中国文学通史。那门课由他独自承担，从上古一直讲到近代，从而留下一部通贯整个文学史的讲义，《程氏汉语文学通史》即根据该讲义为基础进行充实、提高而成。本书的论述重点不再是某些作家作品，而是中国文学从古至今的发展过程，诸如文学观念的传承演变，各种文体的兴盛衰落，文学技巧的发展变化，以及这些演变过程的社会历史背景和文化意义。与以往的文学史著作相比，本书的最大特点是它不再满足于提供文学史的许多断片或轨迹点，而是力图描绘出一条完整的线索来。以五十多万字的篇幅涵盖从上古迄现代的全部中国文学史，本书可称开创之作。

第六册所收的是关于古典诗歌的论著，即《古诗考索》《被开拓的诗世界》《杜诗镜铨批抄》《读宋诗随笔》四种，前二种是论文集，后二种是批点与品评。程先生学术研究的范围相当广阔,然而他用力最勤、创获最巨的则是古典诗歌的研究。也许可以说,关于古典诗歌的论文标志着程先生学术造诣的最高峰。《古诗考索》共收论文 39 篇,所涉内容上起汉末古诗,下迄今人所作旧体诗,而以唐诗为主。所论题旨小至一字一句意义的辨析,如《陶诗“少无适俗韵”的“韵”字说》;大至整个古典诗歌的内在规律的探讨,如《古典诗歌描写与结构中的一与多》。这些论文中最受学界称道的是从研究具体作品入手而终于导出有普遍意义的结论,也即人们通常称为“小中见大”者,如《张若虚〈春江花月夜〉的被理解和被误解》。显然,它们最重要的价值不在于解决了某些具体的问题,而在于为学界提供了方法论的启迪。《被开拓的诗世界》则是一部关于杜诗的论文集,其中部分论文是程先生指导学生莫砺锋、张宏生分别写成的,故师生三人共同署名。程先生对杜甫深为敬仰,对杜诗研究下过很深的功夫,曾在好几所大学里开设过杜诗课程。他晚年在南京大学重开此课,除了讲授杜诗学知识外,更着重启发学生进行专题研究,本书实即程先生的杜诗研究与杜诗教学的双重成果的结晶。有关杜诗的研究论著早已汗牛充栋,本书的特点是始终把杜诗置于古典诗歌史的长河中进行考察,从而为杜诗学提供了崭新的切入点和宏阔的视野。《杜诗镜铨批抄》是以传统方式对杜诗所作的批语,因所论杜诗之编次皆从《杜诗镜铨》,故有此称。原来附于《被开拓的诗世界》之后,现抽出自成一编。《读宋诗随笔》原名《宋诗精选》,因其中部分选目与《古诗今选》重复,编入全集时乃删去注释而保留解说,并改称今名。此书以“随笔”的形式来评析作品,行文有较大的自由度,故修短合度,笔随兴至,既有点到为止的三言两语,也有淋漓酣畅的大段议论。书中有许多关于宋诗的真知灼见,又出之以平易晓畅的文字,真正做到了深入浅出,也更鲜明地呈现出程先生的学术个性。

第七册所收的是古典诗歌作品选,即《古诗今选》一种。此书的属稿始于 1956 年,是程先生与沈祖棻先生合作进行的,后因沈先生不幸去世,乃由程先生独立完成。此书的内容包括八代诗、唐诗和宋诗三个部分,涵盖了五七言诗歌史上最重要的几个时期。选本是中国文学史上一种特殊的批评方式，程先生对此深有会心，所以此书从选目、注释到讲解、评析，都很有特色，充分体现了选家的诗学观点。在《古诗今选》之前，具有通代性质的古诗选本主要有三部：一是宋末元初方回所选的《瀛奎律髓》，它是一部唐、宋两代的律诗选本。二是清代王士禛所选的《古诗选》，它专选历代的五言古诗和七言古诗，五古部分上起汉代，下迄唐代；七古部分则上起汉代，下迄元代。三是清代曾国藩所选的《十八家诗钞》，它上起汉末的曹植，下迄金代的元好问。这三部古诗选本都是《古诗今选》参考的范本。然而《古诗今选》毕竟有很强的独创性，它所体现的选家眼光已经超越前人。在诗体上，《瀛奎律髓》专选五七言律诗而不选古体诗和绝句，《古诗选》则专选古体诗而不及律诗和绝句，《十八家诗钞》虽然不限诗体，但它于王维、孟浩然只选五律，于宋代的苏轼、黄庭坚、陆游三家则不取五古，仍然多有局限。《古诗今选》则各体皆收，而且在五七言诸体之外选入少量优秀的六言诗、杂言诗，以示在五七言诗成为诗体主流后仍有其他诗体的存在。这样就能让读者对古典诗歌的艺术形式有比较完整的把握。《古诗今选》的选目也有非同寻常的特点和价值。在八代诗人中，入选作品较多的诗人依次是：陶渊明 12 首，鲍照 8 首，曹植 7 首，庾信 6 首，阮籍、左思、谢灵运、谢朓皆为 4 首。如果说陶渊明高踞八代诗史的首席是从苏轼以来的传统看法，那么将鲍照列于第二位，以及将庾信列于大谢之上，显然是独到的选家眼光。在唐代诗人中，入选作品较多的诗人依次是：杜甫 33 首，李白 27 首，王维 16 首，白居易 15 首，韩愈 11 首，刘禹锡、李商隐皆为 10 首，李颀、王昌龄、元稹、杜牧皆为 7 首，孟浩然、岑参、柳宗元、李贺、温庭筠皆为 6 首，陈子昂、张九龄、高适、李益、韩偓皆为 5 首。在这份名单中，韩愈、刘禹锡、李颀、柳宗元、韩偓的地位都比一般的唐诗选本有所提升，而入选杜诗超过王维诗的一倍，尤见手眼。在宋代诗人中，入选作品较多的诗人依次是：苏轼 22 首，王安石 17 首，黄庭坚、陆游皆为 15 首，陈师道、陈与义皆为 10 首，欧阳修、范成大皆为 7 首，杨万里、林景熙皆为 6 首，梅尧臣、刘克庄、谢翱皆为 5 首。其中王安石之位居第二，黄庭坚之与陆游平起平坐，二陈之超过欧公与范成大，都是不同寻常的选法。如果从通代的角度来看，《古诗今选》中入选作品较多的大诗人名单中前五位分别是：杜甫、李白、苏轼、王安石、王维，而白居易、黄庭坚、陆游三人则并列第六。显然，这不但对那种崇唐黜宋的传统诗学观念有着摧陷廓清之功，而且体现出宏通的视野和深远的眼光。从入选作品的诗体来看，《古诗今选》也有鲜明的特点。此书对各种诗体无所轩轾，但对于各家的诗体倾向则非常关注，比如王昌龄的7首诗全是七绝，充分显示出这位“七绝圣手”的特长。又如韩愈的11首诗全是古体，充分显示出其雄奇古奥的风格。此外如李商隐的10首中选律诗8首、绝句2首，陆游的15首中选五言诗1首、七言诗14首，都充分体现出各家在诗体上的特点和优点。凡此种种，皆说明《古诗今选》是一部眼光深邃、个性鲜明的通代诗选，它体现出程先生对整个诗歌史的独特观照，也体现出复归诗歌审美本质的独特旨趣。

第八册所收的是诗文作品，即《闲堂诗文合抄》《闲堂文薮》和《桑榆忆往》三种。《闲堂诗文合抄》是程先生各体文学作品的汇总。程先生生于诗人之家，自幼即与诗结下了不解之缘。即使在那些风雨如磐的黑暗岁月中，也始终不废吟事。可惜他中年因非罪获谴，旧稿毁于一旦，所以平生的五七言诗作只残存二百余首。这些诗中不乏清丽芊绵之作，也有廉悍奥峭之篇，但其主导风格，则正如钱仲联先生在《序闲堂诗存》中所云，“于蒹葭楼主人为近”，也即近于黄节先生的诗风。黄节诗风本以陈后山为宗，故程先生的诗风也以平淡质朴为基本特征。然而它们在平淡的语言外表下蕴藏着抑塞历落、豪荡感激之情，它们通过对自身遭遇的悲欢离合的诉说而表达了儒者“能好人能恶人”的淑世情怀。程先生平生不甚作词，所存词作仅有《闲堂词存》中的十余首，但其中不乏情文并茂之佳作，例如哀悼沈祖棻先生的两首《鹧鸪天》与哀悼王瑶先生的两首《浣溪沙》，都是感人至深的传世名篇。程先生晚年颇喜用文言撰文，这些文字短小精悍，文采斐然，已臻老成之境，具有美文性质，故单独编为一辑，题作《闲堂文存》。自从新文化运动以来，文言文逐渐退出文坛。其实文言、白话各有优点，不宜偏废。《闲堂文存》所收作品，大多属于序跋及墓铭、墓表之类，当然与此类文体之历史渊源有关。但其中也有怀人、忆旧的短文，如追怀唐圭璋先生的《圭翁杂忆》，内容与收进《桑榆忆往·音旨偶闻》的《忆刘永济先生》《黄季刚老师逸事》诸篇相近。前者用文言而后者用白话，但都将前辈学人的嘉言懿行写得栩栩如生，形神兼备。春兰秋菊，各有千秋。这正体现出程先生在文体论上兼收并蓄、不拘一格的通达意识。程先生虽然以研究古代文学而知名，但他决不是埋首于故纸堆而不问窗外事的学究。他对现实非常关心，对当代文学也十分注意。他在青年时代曾热心于新诗创作，与好友孙望先生等组织了“土星笔会”，并创办新诗刊物《诗帆》。虽说他后来因专注于古代文学研究而不写新诗，但留存下来的新诗作品却是现代诗史上不可忽略的一个记录。现经整理删选，把这些作品编成《新诗少作》，附于《闲堂诗文合抄》之末。《闲堂文薮》也是程先生的论文集，所论内容较杂，有别于《古诗考索》之专论诗歌，故另编此集。程先生认为全书内容“繁如薮泽”，乃沿用唐人皮日休《文薮》之题。本书共分三辑：第一辑 8 篇，其中《韩愈与唐代小说》一篇，是陈寅恪先生于 1936 年以英文发表的论文，收入本辑的是作者的译文。其他 7 篇涉及散文、辞赋、词曲、小说、戏剧等各种文体。第二辑是汉魏六朝文学散论 3 篇，原是作者 1946 年在武汉大学讲授文学史的讲义，今天看来，仍有可参考之处。第三辑 8 篇，皆有关校雠目录学。写作时间约在 1935 年至 1942 年，是为在金陵大学和武汉大学讲课之用。后来此类课程久不设置，直至 1980 年后程先生为南京大学和山东大学的研究生讲授“校雠学”课程时，始由同学录音整理成为《校雠学略说》，是为日后《校雠广义》的蓝本。这 8 篇文章是程先生校雠学思想的滥觞之源，自然具有独立的学术史意义。《桑榆忆往》是程先生的回忆录，乃张伯伟教授所编。此书分成四个部分，第一部分是《劳生志略》，是程先生的口述自传，由张伯伟记录成文。第二部分是《音旨偶闻》，共收 4 篇文章，内容是程先生对刘永济、黄季刚与汪辟疆三位老师的回忆。第三部分是《书绅杂录》，共收 7 篇文章，内容都是程先生讲学的记录稿，记录者既有及门弟子，也有程先生的外孙女张春晓,当然,后者也是程先生的再传弟子。第四部分是《友朋评议》,共收8篇评议程先生学术的书评,撰者既有程先生的学界友人,也有其弟子或后辈。《桑榆忆往》内容丰富,形式多样。程先生的一生经历曲折,数次遭遇沧桑世变,时代的风风雨雨在他心中留下了不可磨灭的记忆。他年轻时及见许多学术宗师,如黄季刚、胡小石、刘衡如、胡翔冬、吴瞿安、汪辟疆等,都是他亲承音旨的前辈。又如陈寅恪、朱光潜、朱自清、庞石帚等,都是他有所请益的学者。他的夫人沈祖棻教授是当代杰出的女词人,患难夫妻,文章知己,学术上多收切磋之益。凡此种种,都成追忆。程先生诲人不倦,他常为弟子或其他后学释疑解惑,留下许多言简意赅的学术观点。程先生的学术研究深受学界重视,友朋及弟子对其学术成就的评论皆从某个侧面体现其人其学的特点。总体看来,这部回忆录不仅是程先生个人生平事迹的记录,而且是时代的一个缩影,从中可见几代学人的嘉言懿行和歌哭悲欢,具有学术史的意义。

第九册所收的是书简,即《闲堂书简》一种。初版《程千帆全集》于2000年问世以后,师母陶芸先生认为程先生写给亲朋友好的书信中有许多商讨学术的内容,可以作为其著作的补充,应予整理成书。在程先生的后人和学生的帮助下,经过征集、誊录、编次等步骤,陶先生终于将近千封书简整理成书,并于2004年由上海古籍出版社出版。十年以后,此书漏收的书简陆续出现,所收书简的系年等方面也发现了一些错误,在程门弟子及程丽则师姐等人的共同努力下,于2013年出版了增订本。其后我们又收集到遗简三百余通,于是重加增订,收入全集。程先生是一位真正的学者,他好学深思,终生不倦,他的书信中最常见的内容便是商讨学问。由于是书信,不可能发表长篇大论,但是那些简约的三言两语往往闪耀着真知灼见。试举一例:《致张三夕》之二七中纠正学界关于陈寅恪的一种误解:"陈先生说'寅恪平生为不古不今之学',汪荣祖竟然认为这是指他专攻中古史,即魏晋六朝、隋唐五代。这不但与事实不合,也完全不解陈先生的微旨。'不今不古'这句话是出在《太玄经》,另外有句话同它相配的是'童牛角马',意思是自我嘲讽,觉得自己的学问既不完全符合中国的传统，也不是完全跟着现代学术走，而是斟酌古今，自成一家。表面上是自嘲，其实是自负。根据他平生的实践，确实也做到了这一点，即不古不今、亦古亦今、贯通中西、继往开来。”程先生还常常在书信中为学生或其他年轻学人答疑解难，或指示治学门径。也举一例：《致余恕诚》之四曰：“承问课题，我觉得唐代文学是一座很大的富矿，到现在还有很多领域没有开发，特别是文学与文化和政治的关系，陈寅恪虽提出唐代内乱与外患的连环性，这个题目在文学上的表现就很少人涉及过，如果先生有兴趣，是否将这个问题作一个比较彻底的清理。这可能在文学上表现的不多，但间接上可以开发的不少。”书信是最纯粹的“个人化写作”，它最能体现作者的真性情。程先生的书信大多直抒胸臆，在毫无修饰的文字中洋溢着真情实感，例如《致万业馨》之二三云：“千帆自到南大后，得可传业者数人，著述得诸友生之助，亦大体完成。残年八十有六，耳聋目盲，自然之数，故终日枯坐，亦无可埋怨处。惟偶然细数平生，虽经忧患似若无可悲者，然为国为民，亲情友谊，则愧负实多。朱古微晚年词云，‘忠孝何曾尽一分’，‘可哀惟有人间世’，每一念及，辄忉怛不能去怀。出版社多劝录音，说平日可念之事。但每一念及，则泪如泉涌，岂尚有心及于文字？”此种文字，真乃尼采所谓“以血书者”的天地间至文。程先生的书信忠实地记录了一个正直的知识分子走过的人生道路及其心路历程，也记录了大量关于文坛和学林的珍闻、掌故，活跃着许多著名人物的身影，全书具有极高的史料价值。

第十、第十一册所收的是日记，即《闲堂日记》一种。日记是古已有之的一种文体，原属史官之职责，如汉人刘向《新序》云：“司君之过而书之，日有记也。”其后文人逐日记事之文亦称“日记”，宋人陆游谓“黄鲁直有日记，谓之‘家乘’，至宜州犹不辍书”（《老学庵笔记》）。及至晚清，遂出现以李慈铭《越缦堂日记》为代表的“四大日记”，成为影响颇巨的特殊著作。一般来说，日记的主要优点是逐日记事与始终不辍，从而具备较高的史料价值。程先生的日记，始于少时在家塾有恒斋中读书之时。他进入金陵大学后，还曾将日记中有关《礼记》的部分整理成文公开发表。可惜程先生后来屡遭动荡，已无法每日作记，即使作记也难以妥善保存。所以现存的程先生日记，竟是始于 1979 年 3 月 15 日，其时他年近七旬，已臻暮年。虽然如此，这部日记仍然多达 13 册，前 12 册主要由程先生手记，少数地方由陶芸先生代记。后 1 册则全由陶芸先生代记。日记记录了程先生晚年生活的主要内容，举凡教学、著述、出差开会、亲友交往等，应有尽有，细大不捐。虽然残缺不全，仍如吉光片羽，价值非凡。试看徐有富教授所编《程千帆沈祖棻年谱长编》，全书篇幅为 900 页，自 1909 年至 1978 年仅有 283 页，而从 1979 年迄 2000 年则多达 617 页，主要得益于日记之功。程先生晚年目昏手抖，日记之字迹相当潦草，难以辨认，整理者程丽则师姐与程门再传弟子许勇付出了辛勤的劳动，厥功甚伟。

第十二册所收的是附录四种，其中《治学小言》一书曾于 1986 年由齐鲁书社出版，前有王仲荦先生之序，后有陶芸先生之后记，正文则为短文 19 篇，内容以治学方法为主，兼及大学文科与中学语文等问题。依照程先生本人的意见，初版《全集》未收此书。如今在程先生身后重编《全集》，理应补收，因其篇幅短小，内容又不易归类，故附于本册。《古诗讲录》一书原题《程千帆古诗讲录》，张伯伟教授编，人民文学出版社 2020 年出版。程先生晚年移砚南京大学后，曾先后为 1976 级本科生讲授“历代诗选”，历时一年；为 1977 级本科生讲授“古代诗选”，历时一学期；为 1979 级硕士生讲授“杜诗研究”，历时一学期。当时没有留下音像资料，令没有机会“亲承音旨”的后学倾想不已。幸亏三门课程分别留存徐有富、张伯伟、曹虹三位弟子的记录，第一门课程的上半部分则有进修生陈治群的记录，张伯伟据之整理编纂，遂成此书。张伯伟教授在编后记中说：“三门课程，‘历代诗选’以时间为序，讲解汉魏晋宋齐梁陈隋唐宋诗歌；‘古代诗选’则以专题为单元，范围也还是八代唐宋诗歌；‘杜诗研究’属于专家诗，是以问题为中心展开。虽然三门课程各有重心，但都是围绕具体的诗歌作品。传统的文学研究范围，包括文学理论、文学批评、文学史，但核心是文学作品。没有作品，就没有文学的理论和历史；不深入理解作品，文学的历史与理论就只能停留在表象的描绘和空泛的议论。这是千帆师的一向主张，不仅体现在研究工作中，也贯彻在教学实践上。”评价此书的价值，言简而意赅。《逸稿》专收程先生的逸稿。程先生曾在各类报刊发表文字甚多，年代久远，或存或佚。今将近年来发现之逸稿汇成一编，附录于此。《学术年表》乃专为此次重版《全集》而编，乃由徐有富率徐雁平、丁思露、杨珂等人合作而成。有富兄曾撰《程千帆沈祖棻年谱长编》，掌握谱主资料极为丰赡，由他亲率弟子编制此表，定能删繁就简，驾轻就熟，必有可观，遂附于此，以为《全集》之压卷。

从以上的粗略介绍可以看出，程先生的学术视野十分宏阔，研究领域相当广泛，从而取得了多方面的研究成果。这部六百多万字的全集，就是他一生上下求索的结果，是他六十年心血的结晶。那么，程先生的学术研究，有没有一以贯之的精神呢？我以为是有的，那就是沈祖棻先生在《古典诗歌论丛》的后记中所揭橥的，“将考证与批评密切地结合起来”，“将批评建立在考据基础上”。考证与批评是中国传统的文学研究的两翼，前代的优秀学者本是两者兼通的。可是到了现代，随着学术成果积累的日益丰厚和学术研究分工的日益细密，这两项工作渐渐分道扬镳，学者或精于此，或长于彼，互相隔膜，绝少往来。甚者至于互相轻视，唯我独尊。精于考证的学者常常觉得专事批评的人流于空疏，而长于批评的学者则往往认为专攻考证的人陷于烦琐。在古代文学研究界大声疾呼且身体力行地把两者结合起来的学者，程先生当是当代第一人。

一般说来，文学研究，尤其是古代文学研究，主要有四个层次。一是文献学的研究，即对浩如烟海的典籍进行校勘、辑佚、整理，力求提供确实可靠的文本。二是历史学的研究，即对千头万绪的文学史实进行考订、甄别、梳理，力求掌握文学史长河中每个环节的真实面目及其来龙去脉。三是美学的研究，即对古代文学作品的自身价值进行解读、阐释、评析，力求最充分地实现现代人对古代作品的审美接受。四是哲学的研究，即从哲学思辨的高度对古代文学进行宏观的把握，力求揭示其根本规律及其在民族文化乃至世界文化中的特殊地位和普遍意义。从程先生的著述及日常言论来看，他所说“考证”包含着前两项内容，而“批评”则包含着后两项内容。由此可见,程先生所倡导的方法实际上就是对古代文学作全面的、多层次的研究,是由表及里、由浅及深的学术门径。应该指出,在现代的学术环境中,分工是不可避免的,一部分学者把精力集中于某一个层次的研究是完全合理的。程先生对此并无异议,他对同辈乃至后辈学人专攻某一层次的研究而得到的成就都深表赞许。但是,就整个学术界而言,必须有部分学者兼通考证与批评,而专攻其一的学者也不能与另类研究隔膜、疏离,这才能够融会贯通,真正达到较高的学术境界。程先生的研究工作正是在这种思想的指导下进行的,这部文集正是他运用这种方法的范例。

程先生重视文献整理,他亲自主编《全清词》和《中华大典·文学典》,而且下大功夫钻研校雠学。他重视史实考订,为了弄清唐代行卷之风的真相,曾在史料中钩沉索隐达数十年。他具有卓异的审美能力,在艺术体会和风格辨析方面尤见功力。他也善于从纷繁杂乱的现象中抽象出理论来,曾对古典诗歌的一些普遍规律有所揭示。更重要的是,程先生并不把考证和批评视为各自独立、畛域分明的两类工作,而把它们看作互相依存、不可割裂的一个整体。他的文学史著作和文学史专题论著固然是兼有考证与批评的综合研究,他的许多单篇论文也同样是融考证与批评于一体的范文,例如《张若虚〈春江花月夜〉的被理解和被误解》《一个醒的与八个醉的》等文,都是从对史实的精密考证和对作品的细致分析入手,双管齐下,然后推导出重要的结论。程先生在古代诗歌的研究中所以能触手生春,独得圣解,除了天性颖悟和思力强劲等因素,正确的方法论无疑是重要的原因。

读者很容易注意到以下事实:这部《全集》的总字数不是很多,而且有好几种著作是程先生与他人合作的,这是特殊的时代所造成的结果。1957 年,像同时代的许多学者一样,正当盛年的程先生因直言而获罪,从此被剥夺了近二十年的工作时间。等到阴霾散尽,大地春回,程先生重返课堂和书斋时,他已年过花甲。妄加的罪名可以平反,贬损的待遇可以恢复,但是被耽误的时间却是无法挽回的。从 45 岁到 65 岁的二十年光阴,正是从事文史研究的学者一生中的黄金阶段。尽管复出后的程先生夜以继日地努力工作，尽管他的才思依然十分敏锐，但要想亲手完成计划中的全部学术课题，毕竟力不从心。况且重执教鞭的程先生视教学为第一要务，为培养后辈而倾注了大量的时间和精力！于是程先生的好几种著作采取了与人合作的方式，合作者中有他的同事，更多的则是他亲自指导的学生。应该说，这些合作实际上也是程先生培养后辈的一种方式，合作者通过实际操作而获得了方法训练，也通过讨论质疑而锻炼提高了思辨能力，所以它们具有薪尽火传的特殊意义。然而毋庸讳言，如果程先生没有丧失二十年时间，如果他一生的学术活动没有中断，那么他完全可以在年富力强的时候从容不迫地独自完成这些著作，并使它们的学术水准更上一层楼，他也一定能够写出更加卓越的其他著作。可惜历史是不能假设的，于是这部《全集》只能以目前的状态呈现在读者面前。希望后来的读者看到这部《全集》时，千万不要忘记它是一位生活在20世纪历经坎坷的学者的学术记录，是一部忧患之书。

2023年7月20日

受业莫砺锋谨序

目　　次

校讎廣義·校勘編

校讎廣義叙録

叙曰：

治書之學，舊號校讎。比及今世，多稱目録。核其名實，歧義滋多。《文選》卷六《魏都賦》李善注引《風俗通》云："案劉向《别録》，'讎校'，一人讀書，校其上下，得繆誤，爲校。一人持本，一人讀書，若怨家相對，爲讎。"（"爲讎"二字據胡克家《考異》補）蓋校讎本義，惟在是正文字。然觀《國語·魯語》載閔馬父之言曰："昔正考父校商之名頌十二篇於周太師，以《那》爲首。"則次第篇章，亦稱校矣。此一歧也。而鄭樵《通志序》謂其《校讎略》之作，乃"欲三館無素餐之人，四庫無蠹魚之簡，千章萬卷，日見流通"。詳所論列，求書、校書之外，兼及類書、藏書。是此諸業，亦歸校讎。此又一歧也。逮章學誠撰《校讎通義》，自叙其書，以爲"校讎之義，蓋自劉向父子部次條别，將以辨章學術、考鏡源流。非深明於道術精微、群言得失之故者，不足與此。後世部次甲乙，紀録經史者，代有其人；而求能推闡大義，條别學術異同，使人由委溯源，以想見於墳籍之初者，千百之中，不十一焉"。則雖求之、校之、類之、藏之，猶未足以盡校讎之能事。必也明系統、精類例，使人得由書籍之部居類别，以見道術之源流異同。此又一歧也。

校讎歧義，具如上述。還語目録，何莫不然。《〈文選〉注》嘗引《别録·列子目録》，其文今存，蓋即劉向校書，隨竟奏上，合《漢書·藝文志》所指“條其篇目”之目與“撮其指意”之録而成之篇。是目録之始，在爲一書條篇目，撮指意，俾覽者得於籀讀之先，知其大較，其事甚明也。嗣班固《漢書·叙傳》述其志藝文，有“劉向司籍，九流以别，爰著目録，略序洪烈”之語。持是以稽《漢志》體例，則班氏之所謂目録，已引申條一書篇目之義爲定群書部類；撮一書指意之義爲别學術源流。後來承嚮，遂有以爲治學涉徑之學者。如王鳴盛《十七史商榷》云：“目録之學，學中第一緊要事，必從此問塗，方能得其門而入。”即是此義。此一歧也。而黄丕烈《汪刻〈郡齋讀書志〉序》曰：“余從事於此，逾二十年。自謂目録之學，稍窺一二，然閱歷既久，知識愈難。曾有《所見古書録》之輯，卒不敢以示人者，以所見之究未遍也。”考丕烈昔人列之賞鑒家，其精詣獨在版本，旁及校藏；於類例出入，學術派别，初未聞有所甄明。兹亦以目録爲言，則賞鑒校藏諸端，皆此學所有事矣。此又一歧也。然語及目録學界義之恢宏，近人張爾田之言，尤爲極致。其序孫德謙《劉向校讎學纂微》曰：“目録之學，其重在周知一代學術，及一家一書之宗趣，事乃與史相緯。而爲此學也，亦非殫見洽聞，疏通知遠之儒不爲功。乃世之號目録家者，一再傳後，寖失其方，百宋千元，標新炫異。其善者爲之，亦不過如吾所謂緦緦於寫官之異同，官私著録之考訂而止；剖析條流，以爲綱紀，固未之有聞。”詳張氏此所謂目録，即前引章氏之所謂校讎，蓋籠括一切治書之學，而以辨章學術、考鏡源流者爲之主。此又一歧也。

由上可知，蓋始有校讎目録之事，繼有校讎目録之名，終有校讎目録之學。其始也相别，其繼也相亂，其終也相蒙。若夫目録之名，昉諸漢也，目録稱學，則盛有清。雖徵之載籍，宋蘇象先《丞相魏公譚訓》嘗記乃祖頌“謁王原叔，因論政事。仲至侍側，原叔令檢書史，指之曰：‘此兒有目録之學。’”可據以遠溯宋初，然固未甚通行也。故自鄭樵而後，治書之學，統被校讎之名，其正詁遂轉晦。逮於乾、嘉，異書間出，小學尤精，古籍脱訛，多所改定。校讎本義，復顯於時。彼以類例部次爲主者，乃不得不别號其學爲目録。其在初興，章學誠嘗持異議，見意於《信摭》之篇。其言曰：“校讎之學，自劉氏父子，淵源流别，最爲推見古人大體；而校訂字句，則其小焉者也。絶學不傳，千載而後，鄭樵始有窺見，特爲《校讎》之略，而未盡其奥，人亦無由知之。世之論校讎者，惟争辯於行墨字句之間，不復知有淵源流别矣。近人不得其説，而於古書有篇卷參差、叙例同異當考辨者，乃謂古人别有目録之學，真屬詫聞，且摇曳作態以出之。言或人不解，問伊：書只求其義理足矣，目録無關文義，何必講求？彼則笑而不言。真是貧兒賣弄家私，不值一笑矣。”章氏云云，乃已習於固有之名，遂致譏於新興之學。然言雖駿利，殊鮮和人。則以校讎一詞，沿用最久，疊經變易，義陷模糊。不獨目録之學，拔幟樹幟，即專事是正文字者，且或改稱校勘之學，以自殊異。夫以偏概全，既涉淆混，求其副實，更造新名，此學術史中公例，無足驚奇，而况宋代已有此稱乎？此其所論不免拘虚之見矣。其後若朱一新《無邪堂答問》云：“劉中壘父子成《七略》一書，爲後世校讎之祖。班《志》掇其精要以著於篇。後惟鄭漁仲、章實齋能窺斯旨，商榷學術，洞澈源流，不獨九流諸子各有精義，即詞賦、方技亦復小道可觀。目録校讎之學所以可貴，非專以審訂文字異同爲校讎也。……世徒以審訂文字爲校讎，而校讎之途隘；以甲乙簿爲目録，而目録之學轉爲無用。多識書名，辨别板本，一書估優爲之，何待學者乎？”所言雖推衍鄭、章，而已校讎、目録二名交舉。張氏《〈劉向校讎學纂微〉序》又云：“《隋書·經籍志·簿録篇》云：‘古者，史官既司典籍，蓋有目録以爲綱紀。……漢時劉向《别録》、劉歆《七略》，剖析源流，各有其部，推尋事迹，疑則古之制。’知校讎者，目録之學也。”而德謙以鄭氏校讎一略備論編次，因亦言：“夫《校讎略》中而備論編次之事，則校讎者，乃目録之學，非僅如後世校讎家但辨訂文字而已，是可知也。”則均徑以校讎即是目録。諸家之説，皆相亂相蒙之證，此二者之同異，與夫所以同異之故，胥治斯學所當先知者也。

至名稱而外，範疇若何，自來學人，亦有數説。“藏書家有數等。得一書必推求本原，是正缺失，是謂考訂家，如錢少詹大昕、戴吉士震諸人是也。次則辨其板片，注其錯訛，是爲校讎家，如盧學士文弨、翁閣學方綱諸人是也。次則搜采異本，上則補石室金匱之遺亡，下可備通人博士之瀏覽，是謂收藏家，如鄞縣范氏之天一閣、錢塘吴氏之瓶花齋、崑山徐氏之傳是樓諸家是也。次則第求精本，獨嗜宋刻，作者之旨意縱未盡窺，而刻書之年月最所深悉，是謂賞鑒家，如吴門黄主事丕烈、鄔鎮鮑處士廷博諸人是也。又次則於舊家中落者，賤售其所藏；富室嗜書者，要求其善價。眼別真贋，心知古今。閩本蜀本，一不得欺；宋槧元槧，見而即識，是謂掠販家，如吴門之錢景開、陶五柳，湖州之施漢英諸書估是也。"此洪亮吉《北江詩話》之説一也。"自劉、班志藝文，而後人得考天府之儲存；自晁、陳傳書目，而學者藉見私家之著述。海内流傳，或鈔或刻，不下百十種，然亦分爲兩派：一則宋刊明鈔，分别行款，記刻書之年月，考前賢之圖記，此賞鑒家也。一則包括四部，交通九流，蓄重本以備校讎，鈔新帙以備瀏覽，此收藏家也。"此繆荃孫《〈古學匯刊〉序目》之説二也。"而近人言藏書者，分目録、板本爲兩種學派。……然二者皆兼校讎，是又爲校勘之學。"此葉德輝《書林清話》之説三也。"綱紀群籍、簿屬甲乙者，則目録家之目録是也。辨章學術、剖析源流者，則史家之目録是也。鑒别舊槧、校讎異同者，則藏書家之目録是也。提要鈎玄、治學涉徑者，則讀書家之目録是也。"此汪辟疆師《目録學研究》之説四也。嘗試考之，洪氏所言，乃就藏書者流立論，非一指治書之學。所謂掠販之輩，直書估之精於鑒别者爾，奚足名家？若考訂一項，則治書雖不廢考訂，然考訂之學，又非治書之學所能包，是二者但交相爲用而已。故所標舉，獨校讎、收藏、賞鑒三家可稱治書之學，而不及書籍部次。繆氏所陳，又隘於洪，蓋與黄丕烈同以鑒藏爲主。葉氏舉目録、版本爲藏書家之兩派，謂皆兼校勘。然藏書亦自有其道，非目録版本而兼校勘即可盡者。至汪先生持論，殆以目録爲宗，其所云目録家、史家、讀書家者，皆目録學之流派爾，餘則併入之藏書家。見仁見智，廣狹之殊，抑又如此。

竊意四家所云，各存微尚，局通雖異，專輒無嫌。而今欲盡其道，則當折中舊説，别以四目爲分。若乃文字肇端，書契即著；金石可鏤，竹素代興，則版本之學宜首及者一也。流布既廣，異本滋多。不正脱訛，何由籀讀？則校勘之學宜次及者二也。篇目旨意，既條既撮，爰定部類，以見源流，則目録之學宜又次者三也。收藏不謹，斯易散亡；流通不周，又傷錮蔽，則典藏之學宜再次者四也。蓋由版本而校勘，由校勘而目録，由目録而典藏，條理始終，囊括珠貫，斯乃向、歆以來治書之通例，足爲吾輩今兹研討之準繩。而名義紛紜，當加釐定，則“校讎”二字，歷祀最久，無妨即以爲治書諸學之共名；而别以專事是正文字者，爲校勘之學。其餘版本、目録、典藏之稱，各從其職，要皆校讎之支與流裔。庶幾尚友古人，既能遡溯而明家數；啓牖來學，並免迷罔而失鑒衡，其亦可也。

余以顓蒙，嘗攻此道，熏習既久，利鈍粗知。閒覽古今著述，其治斯學也，或頗具深思，而零亂都無條理；或專精一事，而四者鮮有貫綜。其極至主版本者，或忘其校勘之大用，而陷於橫通；主校勘者，或詳其底本之異同，而遺其義理；主目録者，或侈談其辨章考鏡，而言多膚廓；主典藏者，或矜秘其一廛十駕，而義乏流通。蓋甚矣，通識之難也！今輒以講授餘閒，董其綱目，正定名義，釐析範疇，截取舊文，斷以律令，明其異同得失，詳其派别源流，成書四編，命名廣義。俾治書之學，獲睹其全，入學之門，得由斯道。方聞君子，幸垂教焉。辛巳六月。

附　校讎學範疇諸家論列異同表

<table>
<tr><th>洪説</th><th>繆説</th><th>葉説</th><th>汪説</th><th>程説</th></tr>
<tr><td>（3）收藏家</td><td>（2）收藏家</td><td></td><td rowspan="3">（3）藏書家</td><td>（4）典藏之學</td></tr>
<tr><td>（4）賞鑒家</td><td>（1）賞鑒家</td><td rowspan="2">（2）版本派</td><td>（1）版本之學</td></tr>
<tr><td>（2）校讎家</td><td rowspan="5"></td><td>（2）校勘之學</td></tr>
<tr><td rowspan="3">（1）考訂家</td><td>（3）目録派</td><td>（1）目録家</td><td rowspan="3">（3）目録之學</td></tr>
<tr><td rowspan="3"></td><td>（2）史　家</td></tr>
<tr><td>（4）讀書家</td></tr>
<tr><td>（5）掠販家</td><td></td><td></td></tr>
</table>

這篇叙録，是一九四一年寫的，距今已有四十多年了。

三十年代初，我考入南京金陵大學學習。劉衡如（國鈞）老師正在爲大學生講授目録學，爲研究生講授《漢書・藝文志》。我有幸得與門人之列。同時，也常向汪辟疆（國垣）老師請教詩學和校讎學方面的問題，因之對於這門科學發生了强烈的興趣。爲了鞏固自己的學習，也曾寫過幾篇文章。

一九四二年秋，我就母校之聘。那時，衡如先生仍然擔任着文學院長。工作非常忙，因爲知道我在繼續學習校讎學，並且計劃寫一部比較全面的書，就將這門功課派我擔任。這對我來説，當然是既求之不得又誠惶誠恐的事。於是就一邊講，一邊寫下去。一九四五年，我改到武漢大學工作，擔任的課程當中，仍然有這一門。積稿也隨之逐漸充實。一九四九年以後，進行教學改革，這門課被取消了。隨後我又因人所共知的原因，離開了工作崗位近二十年，對這部没有完成的稿子，更是理所當然地無暇顧及了。

一九七八年，我重新出來工作，在南京大學指導研究生。考慮到如果要他們將來能够獨立進行科學研究，則校讎學的知識和訓練對他們仍然是必要的，於是就從十年浩劫中被搶奪、被焚燒、被撕毁、被踐踏的殘存書稿中去清查那部未完成的《校讎廣義》，結果是校勘、目録兩部分還保全了若干章節，至於版本、典藏兩部分，則片紙無存。但因爲工作需要，也只好倉促上馬，勉力講授。這就是後來由南京大學研究生徐有富、莫礪鋒、張三夕和山東大學研究生朱廣祁、吴慶峰、徐超等同志記録整理的《校讎學略説》。由於這類書籍的缺乏，這個紕漏百出的油印講稿近年來還一直在流傳，使我再一次地感到惶恐。

徐有富同志畢業之後，留校任教。和當年我隨劉、汪兩位先生學習這門科學時深感興趣一樣，他也對校讎學有强烈的愛好，並且有對之進行深入研究的决心。因此，我就不僅將這門功課交給了他，並且將寫成這部著作的工作也交給他了。年過七十的我，體力就衰，對於校讎之學已經力不從心，難以有所貢獻，現在有富同志能够認真鑽研，總算是薪盡火傳，這也使我稍爲減輕了未能發揚光大劉、汪兩位老師學術的内疚。

根據我國民族傳統文化而建立的包括版本、校勘、目録、典藏四個部分的校讎學，也許這是第一次得到全面的表述。我們將重點放在這門科學的實際應用的論述方面，而省略其歷史發展的記載。因爲，照我們的理解，校讎學與校讎學史屬於兩個不同的範疇。

寫好這樣一部著作，顯然不是有富同志和我所能勝任的。因此，這只是"知其不可爲而爲之"。我們期待着教正。

一九八五年十二月一日　程千帆附記於南京大學

附記

這次修訂主要做了兩件事。一是糾錯。《校讎廣義》一九八八年由齊魯書社出版後,二〇〇〇年由河北教育出版社重印了一次。當時我在韓國東國大學任教,遂由武秀成先生組織研究生做了該書的校訂工作,糾正了不少文字訛誤。此後博士生許净瞳細讀全書,遼寧大學文學院李樹軍細讀《校勘編》、南京師範大學文學院兩位研究生細讀《版本編》,分別寫出了校勘記。張宗友先生、潘素雅女史、北大博士劉貝嘉、高樹偉特地爲《版本編》配製了圖版。這次修訂便以河北教育出版社所出《程千帆全集》本爲底本,充分吸收了以上校訂成果,特借此機會向他們致謝。二是增訂。重點爲《目録編》。《校讎廣義》原書一百四十萬字,而應用廣泛的《目録編》只有二十五萬字,内容略顯少了些。該書出版後,目録學理論與實踐都得到了長足的發展。我們對該書内容作了相應的增加與調整,如《目録的著録事項》一章,我們增寫了附注、提要、案語三項内容,而將真僞、輯佚兩項不能算作著録事項的内容改寫成《辨僞書目録》《闕書目録》兩節,調整到《特種目録》一章。這樣,不僅内容豐富了,而且體例也更加經得起推敲。

《校讎廣義》出版後,文獻學得到了蓬勃發展,我也主編了《中國古典文學史料學》,與徐昕合寫了《文獻學研究》,還出版了《治學方法與論文寫作》《鄭樵評傳》《目録學與學術史》《文獻學管窺》,並應卞孝萱先生之邀,撰寫了《新國學三十講・典藏學》。這次修訂,我便將他人與自己的一些新觀點與新材料,增加到《校讎廣義》的各編之中。

《校讎廣義》的出版合同到期後,一些出版社要重印此書,我都以需要修訂而拒絶了。但是修訂工作却進展得非常緩慢,於是我便時常回想起與程千帆先生合著《校讎廣義》的日子,我感到程先生温暖的目光一直在關注着和鼓勵着我,使我不敢懈怠。當時全靠手工操作,需要不斷地跑圖書館去搜集與核對資料,由於有程先生的指導與督促,進展得十分順利。但是,我們再也不能回到從前,此書的修訂工作,斷斷續續做了好多年,如今終於告一段落,遺憾的是程先生再也不能爲我把關了,謹以此書的修訂本向程先生表達深深的懷念之情。在本書修訂過程中,張宗友先生、責任編輯潘素雅女史,還有幾位校對,付出了辛勤勞動,他們的敬業精神與深入細緻的作風令人感動,特向他們致以深切的謝意。希望此書能在原有的基礎上朝前邁進一步。期待着繼續獲得批評指正。

二〇一九年七月　徐有富於南京大學

校雠廣義·版本編

程千帆
徐有富 撰

第一章　版本學的名稱與功用

第一節　版本與版本學

古代用以書寫的木片通稱爲版或板。漢王充云："斷木爲槧，析之爲板，刀加刮削，乃成奏牘。"①許慎也説："牘，書版也。"②

因爲供書寫用的木片呈方形，所以又稱方。《莊子·天下篇》："惠施多方，其書五車。"《儀禮·聘禮》："百名以上書於策，不及百名書於方。"鄭玄注云："名，書文也，今謂之字。策，簡也；方，板也。"③

方、板作爲書寫工具有時也連稱，故賈公彦疏又釋鄭注云："云方板者，以其百名以下，書之於方，若今之祝板。不假連編之策，一板書盡，故言'方，板也'。"④直到唐代，還用方板記事，如李賀《感諷五首》之一云："越婦未織作，吴蠶始蠕蠕。縣官騎馬來，獰色虬紫鬚。懷中一方板，板上數行書。"⑤

同簡比起來，方版容納的字數要多一些。《春秋序》云："大事書之於策，小事簡牘而已。"孔穎達疏曰："簡之所容，一行字耳。牘乃方版，版廣於簡，可以並容數行。凡爲書，字有多有少。一行可盡者，書之於簡；數行

---

① 《論衡》卷一二《量知》。

② 《説文解字》第七上。

③④ 《儀禮注疏》卷二四。

⑤ 《全唐詩》卷三九一。

乃盡者，書之於方；方所不容者，乃書於策。”①對於方版與簡策的使用繫於文字之多寡，説得十分清楚。

雕版印書之法通行以後，版或板的含義逐漸演變爲經雕刻後供印書用的版片。如唐馮宿《禁版印時憲書奏》云：“準敕，禁斷印曆日版。劍南兩川及淮南道，皆以版印曆日鬻於市。每歲司天臺未奏頒下新曆，其印曆已滿天下，有乖敬授之道。”②宋代以後，雕版印刷事業日益興盛，版或板作爲供印書用的版片的含義更加明顯。宋王應麟稱：“自太祖平定四方，天下之書悉歸藏室。太宗、真宗訪求遺逸，小則償以金帛，大則授之以官。又經書未有板者，悉令刊刻。由是大備，起秘閣，貯之禁中。”③這種板片隨着印刷事業的發展，也就可以作爲公私財産進行移交或出售。如陸心源《皕宋樓藏書志》卷三十二載有元馮福京《昌國州圖志》七卷，福京跋後有字數行云：“《昌國州圖志》板五十六片，雙面五十四，單面二，計印紙一百零十副，永爲昌國州官物，相沿交割者。大德二年（一二九八）十一月長至日畢工。”版片作爲私有財産，當然會出現易主現象。杜信孚曾指出：《吴越春秋音注》十卷“目録後有‘萬曆丙戌（一五八六）之秋武林馮念祖重梓於卧龍山房’三行牌記。該書版片易主，轉給楊爾曾。楊氏重印時，將牌記改爲‘萬曆辛丑（一六〇一）之秋楊爾曾重梓於卧龍山房’”。④

因爲板雕好後，在印刷時需要上墨，所以又稱墨板。宋朱翌云：“雕印文字，唐以前無之。唐末，益州始有墨版。後唐方鏤九經，悉收人間所收經史，以鏤版爲正。”⑤宋《國史藝文志》也指出：“唐末，益州始有墨板，多術數、字學小書。”⑥

本的原義爲樹根。許慎云：“木下曰本，從木，一在其下。”⑦引申其

---

① 《春秋左傳注疏》卷一。

② 《全唐文》卷六二四。

③ 《玉海》卷五二。

④ 《明代版刻綜録》卷五。

⑤ 《猗覺寮雜記》卷下。

⑥ 王應麟《困學紀聞》卷八《經説》引。

⑦ 《説文解字》第六上。

義，則據以校書的書的原本也可稱本。《北齊書・樊遜傳》：

> （天保）七年（五五六），詔令校定群書……遜乃議曰："按漢中壘校尉劉向受詔校書，每一書竟，表上，輒言：臣向書、長水校尉臣參書，太史公、太常博士書、中外書合若干本以相比校，然後殺青。"①

這"合若干本"的"本"就是用來校書的原本。《隋書・經籍志》總序亦云："隋開皇三年（五八三），秘書監牛弘，表請分遣使人搜訪異本。每書一卷，賞絹一匹，校寫既定，本即歸主。"②顯然，這裏的"本"也指據以校寫的原本。

在通常情況下，本即指書。《顔氏家訓・書證篇》："《漢書》：'田肎賀上。'江南本皆作'宵'字。沛國劉顯博覽經籍，偏精班《漢》，梁代謂之'《漢》聖'。顯子臻，不墜家業，讀班史呼爲田肎。梁元帝嘗問之，答曰：'此無義可求，但臣家舊本以雌黄改"宵"爲"肎"。'元帝無以難之。吾至江北，見本爲'肎'。"③這段話中的"江南本"，指流傳在江南的《漢書》；"江北本"，指流傳在江北的《漢書》；"臣家舊本"，指劉臻先世所收藏的《漢書》。其義甚明。

因爲本即指書，所以書、本二字往往連用。《顔氏家訓・書證篇》復云：

> 《後漢書》：酷吏樊曄爲天水郡守，涼州爲之歌曰："寧見乳虎穴，不入曄城寺。"而江南書本，"穴"皆誤作"六"，學士因循，迷而不寤。夫虎豹穴居，事之較者，所以班超云："不探虎穴，安得虎子。"寧當論其六七耶？④

又《漢書・賈鄒枚路傳》有云："路温舒……爲山邑丞，坐法免，復爲郡

---

① 《北齊書》卷四五。

② 《隋書》卷三二。

③ 王利器《顔氏家訓集解》卷六。下同。顔引《漢書》見卷一下《高帝紀》。

④ 樊曄事見《後漢書》卷七七《酷吏列傳》。中華書局點校本，下引正史同。

吏。"師古曰:"山邑不知其處,今流俗書本云常山石邑丞,後人妄加'石'字耳。"①皆其證。

隨着印刷術的發達,本與書本的含義逐漸同於版本。例如南宋岳珂撰《相臺書塾刊正九經三傳沿革例》專設《書本》一例,並列舉了唐石刻本、晉天福銅板本、京師大字舊本、紹興初監本等二十三本。岳珂所謂"書本"實即版本。

宋代雕版印書盛行,"版本"二字從北宋以來便被用來專指雕版所印之書。正如葉德輝所説:"雕板謂之板,藏本謂之本。藏本者,官私所藏,未雕之善本也。自雕板盛行,於是板本二字合爲一名。"②如《宋史・邢昺傳》云:景德二年(一〇〇五),"上幸國子監閲庫書,問昺經版幾何,昺曰:'國初不及四千,今十餘萬,經、傳、正義皆具。臣少從師業儒時,經具有疏者,百無一二,蓋力不能傳寫。今板本大備,士庶家皆有之。'"③又沈括指出:"板印書籍,唐人尚未盛爲之。自馮瀛王始印《五經》,已後典籍,皆爲板本。"④葉夢得亦云:

> 五代時,馮道始奏請官鏤六經板印行。國朝淳化中,復以《史記》、前後《漢》付有司摹印。自是書籍刊鏤者益多,士大夫不復以藏書爲意。學者易於得書,其誦讀亦因滅裂。然板本初不是正,不無訛誤。世既一以板本爲正,而藏本日亡,其訛謬者遂不可正,甚可惜也。⑤

邢、沈北宋人,葉南宋人,可見版本之稱在宋代已確立,且其含義乃對寫本而言。

作爲版本學的專有名詞,則版本是指同一部書在寫作、編輯、傳抄、刻

① 《漢書》卷五一。
② 《書林清話》卷一《板本之名稱》。
③ 《宋史》卷四三一。
④ 《夢溪筆談》卷一八。
⑤ 《石林燕語》卷八。

版、排版、裝訂乃至流通過程中所産生的各種形態的本子。正如王欣夫所説："所謂版本，並不限於雕版印刷的書籍，而實際上包括没有雕版印刷以前的寫本和以後的鈔本、稿本在内。"①

早在漢代，劉向等就已經注意到版本的差别，並且利用各種不同的版本爲校書服務。從劉向《别録》所僅留的幾篇書録中，可以看出他們在校書時就已利用了中書、太常書、太史書、臣向書、臣參書、大中大夫卜圭書、射聲校尉立書等各種不同的版本。《漢書・河間獻王傳》云："河間獻王德，以孝景前二年立。修學好古，實事求是。從民得善書，必爲好寫與之，留其真，加金帛賜以招之。繇是四方道術之人，不遠千里，或有先祖舊書，多奉以奏獻王者，故得書多，與漢朝等。"②這是藏書重視舊本的最早事例。在讀書時，人們也早就注意到了版本的差别。《顔氏家訓・書證篇》："《詩》云：'有杕之杜。'江南本並木傍施大。……而河北本皆爲夷狄之狄，讀亦如字，此大誤也。"曹丕在贈書時也因人而異其本。《三國志・魏書・文帝紀》注引胡冲《吴曆》云："帝以素書所著《典論》及詩賦餉孫權，又以紙寫一通與張昭。"③可見人們早就運用版本知識從事校書、讀書、藏書乃至贈書活動了。

什麽叫版本學？葉德輝認爲："私家之藏，自宋尤袤遂初堂，明毛晉汲古閣，及康、雍、乾、嘉以來各藏書家，齗齗於宋元舊鈔，是爲板本之學。"④

很顯然，這個定義是太窄了。所以顧廷龍補充説：

> 講究宋、元舊刻，固然是"版本之學"的一項内容。但是在雕版以前的簡策、縑素，一寫再寫，不也就是不同版本嗎？現代鉛印和影印的出版物，一版再版，不也又是不同版本嗎？依我看來，版本的含義實爲一種書的各種不同的本子，古今中外的圖書，普遍存在這種現象，並不僅僅限於宋、元古籍。

---

① 《古文獻學要略》第三章《版本》一《版本的起源和發展》。

② 《漢書》卷五三。

③ 《三國志・魏書》卷二。

④ 《書林清話》卷一《板本之名稱》。

在九世紀以前,經過不斷的傳寫,在印刷術發明以後,經過不斷的刻印,因而產生了各種不同本子。有了許多不同本子,就出現了文字、印刷、裝幀等各方面的許多差異。研究這些差異,並從錯綜複雜的現象中找出其規律,這就形成了“版本之學”。①

他還指出:“版本學的内容實在是相當豐富的,如關於圖書版本的發生和發展,各個本子的異同優劣,製版和印刷的技術,版本的鑒別,裝訂的演變以及研究版本學的歷史等等,應該可以成爲一門專門的科學。”②顧廷龍對版本學的認識已比葉德輝全面得多,而在傳播媒介日益發達的今天,推而廣之,則以録音帶、録像帶形式所構成的音像型書籍,也未嘗不可以包括在版本學範圍之内。至於本書的研究對象,則以古籍版本爲主,其主要内容是探討古籍的版本源流,研究古籍版本的異同優劣,鑒定古籍版本的真僞等問題。

總的説來,版本學所研究的内容無不與書的物質形態有關,因此可以概括地説版本學是研究書的物質形態的科學,是校讎學的起點。

第二節　版本學的功用

版本學的功用是多方面的,概括起來有以下幾點:首先,讀書應擇善本。

張之洞《書目答問·略例》有云:“諸生好學者來問:應讀何書?書以何本爲善?”爲什麽呢?他自己回答説:“讀書不知要領,勞而無功;知某書宜讀而不得精校精注本,事倍功半。”③

讀書應當選擇版本的最主要的理由是:書在長期流傳過程中,因各種原因産生了一些不同版本,而這些版本之間從文字到編次又往往存在着很大差别。這種差别又往往可以决定讀者從書中所獲得的知識是否正確。清顧廣圻談到過這個問題:

①② 《版本學與圖書館》,載《圖書館》一九六二年第一期。

③ 《書目答問》卷首。

蓋由宋以降，板刻衆矣。同是一書，用較異本，無弗敻若徑庭者。每見藏書家目録，經某書、史某書云云，而某書之爲何本，漫爾不可别識。然則某書果爲某書與否，且或有所未確，又烏從論其精粗美惡耶？①

余嘉錫對版本的差異及其原因分析得更加透徹：

蓋書籍由竹木而帛，而紙；由簡篇而卷，而册，而手抄，而刻版，而活字，其經過不知其若干歲，繕校不知其幾何人。有出于通儒者，有出于俗士者。於是有斷爛而部不完，有删削而篇不完，有節鈔而文不完，有脱誤而字不同，有增補而書不同，有校勘而本不同。②

正因爲一本書的不同版本往往有很大差别，所以讀書不注意版本，就會鬧出一些笑話。《顔氏家訓·勉學篇》曾舉一例："江南有一權貴，讀誤本《蜀都賦》注，解'蹲鴟，芋也'，乃爲'羊'字。人饋羊肉，答書云：'損惠蹲鴟。'舉朝驚駭，不解事義。久後尋迹，方知如此。"③因讀誤本給工作造成損失的也不乏其例。如宋朱彧《萍洲可談》卷一載，哲宗元符初年，杭州府學教授姚祐有次考學生《易經》，題目是"乾爲金，坤亦爲金，何也"。學生們都無從下手，因爲《易經》的原文是"乾爲金，坤爲釜"。有的學生問他是否所據版本錯了，他便取監本來看，果然是"坤爲釜"，顯得十分尷尬。明陸深《金臺紀聞》也載有類似的事例：

金華戴元禮，國初名醫，嘗被召至南京，見一醫家迎求溢户，酬應不間。元禮意必深於術者，注目焉。按方發劑，皆無他異，退而怪之，日往觀焉。偶一人求藥者既去，追而告之曰："臨煎時下錫一塊。"麾之去。元禮始大異之，念無以錫入煎劑法，特叩之。答曰："是古方

① 《思適齋文集》卷一二《石研齋書目序》。
② 《目録學發微·目録書之體制四·板本序跋》。
③ 《顔氏家訓集解》卷三。

爾。"元禮求得其書,乃"餳"字耳。元禮急爲正之。嗚呼!不辨"餳""錫"而醫者,世胡可以弗謹哉!

可見引書不注意版本,有時就會產生不良的後果。

讀書不擇本是一種偏向,把好的版本僅當作古董收藏欣賞,而不將其作爲研究資料加以利用,也是一種偏向。清陳其元云:

今人重宋板書,不惜千金、數百金購得一部,則什襲藏之,不特不輕示人,即自己亦不忍數翻閲也,余每竊笑其癡。崑山令王鼎臣刺史定安,酷有是癖,嘗買得宋槧《孟子》,舉以誇余。余請一睹,則先負一櫝出,櫝啓,中藏一楠木匣,開匣,乃見書。書紙、墨亦古。所刊字劃,究無異于今之監本。余問之曰:"讀此可增長知慧乎?"曰:"不能。""可較别本多記數行乎?"曰:"亦不能。"余笑曰:"然則不如仍讀我監本,何必費百倍之錢購此耶?"王恚曰:"君非解人,不可共君賞鑒。"急收弆之。余大笑去。①

王欣夫曾指出:這個故事正可説明,人們對於版本有兩種不同的認識:一種是讀書而不重視版本,另一種是重視版本而不讀書。因爲陳其元對那部宋刊《孟子》略加省視,便説是"紙墨亦古",但"所刊字劃,究無異於今之監本";而王定安又把它"什襲藏之,不輕示人"。實質上,兩人都將古書僅僅看作文物或古董。王定安所藏宋版《孟子》,不知是宋朝的哪一個刻本,也不知是不是真的宋版。不過陳其元將它比作監本,可見是《四書》中的《孟子集注》了。世傳宋版《四書》有淳祐丙午泳澤書院刻本(實爲元代至元刻本,淳祐二字係剜改,但前人相承爲宋刻),它與包括明監本在内的普通讀本不同之處正多得很,不弄清楚是無法認真進行研究工作的。②

讀書不重視版本與重視版本而不讀書都是偏向,正確的態度應當是

---

① 《庸閑齋筆記》卷八。

② 詳《古文獻學要略》第三章《版本》二《版本的重要》。

“讀書宜求善本”[①]。宋歐陽修云：

> 陳公（陳從易）時偶得杜集舊本，文多脱誤，至《送蔡都尉》詩云“身輕一鳥□”，其下脱一字。陳公因與數客各用一字補之。或云“疾”，或云“落”，或云“起”，或云“下”，莫能定。其後得一善本，乃是“身輕一鳥過”。陳公嘆服，以爲雖一字，諸君亦不能到也。[②]

這則詩話雖然旨在贊美杜詩用字之妙，然而也表明了善本對讀書的重要性。一些藏書家從有利於讀者出發，也十分注意對版本的辨别與善本的搜聚。如宋陳振孫爲郭氏《杜工部詩集注》所作解題云：

> 蜀人郭知達所集九家注，世有稱東坡《杜詩故事》者，隨事造文，一一牽合，而皆不言其所自出，且其辭氣首末若出一口，蓋妄人依託以欺亂流俗者，書坊輒勦入集注中，殊敗人意，此本獨削去之。福清曾噩子肅刻板五羊漕司，最爲善本。[③]

讀書宜求善本，那麽什麽是善本呢？從讀書治學的角度看，同符或接近原稿的書就是善本。張之洞《輶軒語·語學篇》云：“善本之義有三：一、足本（無闕卷，未删削）；二、精本（一精校，一精注）；三、舊本（一舊刻，一舊鈔）。”首先要是足本，因爲不完整就不能反映原作的全貌，當然也就談不上與原稿相同或接近了。商務印書館出的《四部叢刊》、百衲本《二十四史》之所以受到學術界的重視，就在於編者做了許多艱苦細緻的工作，使它們都成爲儘可能完整的本子。顧廷龍指出：

> 近人張元濟輯印《四部叢刊》和百衲本《二十四史》，盡力搜集舊本以校正今本，有很多新的發現。例如：《四部叢刊續編》中《愧郯録》

① 《輶軒語·語學篇》。
② 《歐陽文忠全集》卷一二八《詩話》。
③ 《直齋書録解題》卷一九。

各本都缺十葉，後得祁氏澹生堂鈔本半部，其中就有此十葉，得以彌補了向來的缺憾。①

其次是精本，精校的目的是使書接近原貌，精注的目的是使讀者更好地理解書的内容。清高宗嘗云："朕披覽《十三經注疏》，念其歲月經久，梨棗日就漫漶，爰敕詞臣重加校正，其於經文誤字以及傳注箋疏之未協者，參互以求其是，各爲考證附於卷後，不紊舊觀，刊成善本。"②陳振孫云："(《元和姓纂》)絶無善本，頃在莆田，以數本參校，僅得七八。後又得蜀本校之，互有得失，然粗完整矣。"③又如王國維跋《雅雨堂叢書》本《文昌雜録》云：

戊午(一九一八)臘月，國維復讀一過，訂正十餘字。

庚申(一九二〇)六月朔，又讀一過，訂正十餘字。

辛酉(一九二一)穀日，以南林蔣氏藏舊鈔本校前所校正處，舊鈔多不誤。又增改數十字，足爲善本矣。④

由此可見，凡經名家精校過的書皆可視爲善本，所以張之洞《輶軒語·語學篇》云："善本非紙白板新之謂，謂其爲前輩通人用古刻數本，精校細勘付刊，不訛不闕之本也。此有一簡易之法，初學購書，但看其序，是本朝重校刻，而密行細字、寫刻精工者，即佳。"

名家的精注本往往博徵繁引、精校細核，對我們閲讀和理解原書極有幫助。唐顔師古注《漢書》，有《敘例》一篇，談到了他這方面的工作。今録二則爲例：

《漢書》舊文，多有古字，解説之後，屢經遷易。後人習讀，以意刊

① 《版本學與圖書館》，載《圖書館》一九六二年第一期。

② 《御製文初集》卷一一《重刻十三經序》。

③ 《直齋書録解題》卷八。

④ 北京圖書館善本組輯録《觀堂題跋選録》(子集部分)，載《文獻》第十輯。

改，傳寫既多，彌更淺俗。今則曲覈古本，歸其真正，一往難識者皆從而釋之。

古今異言，方俗殊語，末學膚受，或未能通，意有所疑，輒就增損，流遯忘返，穢濫實多。今皆删削，克復其舊。

此外，作者還“隨其曲折，剖判義理”“各依本文，敷暢厥指”“窮波討源，構會甄釋”①。正因爲如此，人們在研討《漢書》時，都得用顔師古注本。古籍注本歷代多有，學者研討，所當慎擇。

再次是舊本。舊本在時間上距離原書較近，因此在一般情況下會更接近原貌些。盧文弨説：

書所以貴舊本者，非謂其概無一訛也。近世本有經校讎者，頗賢於舊本，然專輒妄改者，亦復不少。即如《九經》小字本，吾見南宋本已不如北宋本；明之錫山秦氏本又不如南宋本；今之翻秦本者，更不及焉。以斯知舊本之爲可貴也。②

近人陳乃乾也談到了舊本的可貴：

嘗謂古書多一次翻刻，必多一誤。出於無心者，“魯”變爲“魚”，“亥”變爲“豕”，其誤尚可尋繹。若出於通人臆改，則原本盡失。宋、元、明初諸刻，不能無誤字。然藏書家争購之，非愛古董也，以其誤字皆出於無心，或可尋繹而辨之，且爲後世所刻之祖本也。校勘古書，當先求其真，不可專以通順爲貴。古人真本，我不得而見之矣；而求其近於真者，則舊刻尚矣。③

應當注意的是，從書的文物價值和收藏價值看，古本就是善本，但從

① 《漢書》卷首。

② 《抱經堂文集》卷一二《書吴葵里所藏宋本〈白虎通〉後》。

③ 《與胡樸安書》，載《國學匯編》第一集。

讀書治學的角度看,古本就未必都是善本。清郭麐云:

> 書貴善本,可以是正謬誤,然亦有古未必是而今未必非者。《文選》謝靈運《游赤石》詩"終然謝先伐",用直木先伐之義,宋本作"天伐"爲無解矣。曹子建《箜篌引》"生存華屋處,零落歸山邱","生存""零落"偶字也,宋本作"生在",疑誤。①

這些例子説明:我們讀書應擇善而從,但不要一味迷信古本。

讀古書要注意版本,讀現代書也要注意版本。例如姚名達的《中國目録學史》一九三六年由商務印書館出版過,一九五七年又由商務印書館重印。在重印前,由王重民校閲過,他在重印本《後記》中寫道:

> 我在校閲過程中,只做了下列兩件事:
>
> 一、原書文字上的錯誤不少,有的是引用上的錯誤,有的是排印上的錯誤。我一共修正了一百零六處,另外還改正了標點斷句二十九處。
>
> 二、姚先生在書内還保留了一些問題,没有得到解决。這些問題,有的是由於當時所掌握的資料不够,有的是由於用錯了資料。我這次就其中的六個問題提供了一些新資料。但不敢補入原書,因作爲這次翻印本的後記。

顯然,我們讀《中國目録學史》最好采用一九五七年重印本。

其次,校書應備衆本。

廣搜異本,進行比較,擇善而從,是校書所應當首先采用的基本方法。孫德謙云:

> 校書之事,必備有衆本乃可以抉擇去取。近世如阮文達之校《十

① 《靈芬館詩話》卷八。

三經》,有所謂單經本、經注本、單疏本;謝墉之校孫卿子,有所謂影鈔大字宋本,元刻纂圖互注本,明虞氏、王氏合校刻本,明世德堂本,明鍾人傑本是也。姑舉一二,此外無不皆然。

又說:

欲校一書,須備衆本,有斷然者。蓋不備衆本,書之或有缺佚,或有謬誤,其義皆不可通,此讀者之大憾也,故既得一别本矣,足與此本對校,又當兼備衆本,如是則異同得失始能辨别而有所折衷。①

汪辟疆先生也認爲:"顧校理之業,必廣徵衆本,參證互勘,乃可藉手。"②

章學誠指出,備衆本以供校讎始於劉向:

校書宜廣儲副本。劉向校讎中秘,有所謂中書,有所謂外書,有所謂太常書,有所謂太史書,有所謂臣向書、臣某書。夫中書與太常、太史,則官守之書不一本也;外書與臣向、臣某,則家藏之書不一本也。夫博求諸本,乃得讎正一書,則副本固將廣儲以待質也。③

今節録劉向《管子書録》爲例:

護左都水使者、光禄大夫臣向言:所校讎中管子書三百八十九篇,大中大夫卜圭書二十七篇,臣富參書四十一篇,射聲校尉立書十一篇,太史書九十六篇,凡中外書五百六十四篇。以校,除復重四百八十四篇,定著八十六篇。殺青,而書可繕寫也。④

---

① 《劉向校讎學纂微·備衆本》。
② 《水經注與水經注疏》,載《中國文學》第一卷第四期。
③ 《校讎通義》卷一《校讎條理第七》。
④ 《四部叢刊》景宋本《管子》卷首。

劉向利用衆本校定群書的經驗産生了深遠影響。例如北齊樊遜校理秘府書籍時就説過："向之故事，見存府閣，即欲刊定，必藉衆本。"①廣聚衆本是校書質量的可靠保證，顔師古校定《五經》就是一個典型例子：

> 太宗以經籍去聖久遠，文字訛謬，令師古於秘書省考定《五經》。師古多所釐正，既成，奏之。太宗復遣諸儒重加詳議。于時諸儒傳習已久，皆共非之。師古輒引晉、宋已來古今本，隨言曉答，援據詳明，皆出其意表，諸儒莫不嘆服。於是兼通直郎、散騎常侍，頒其所定之書於天下，令學者習焉。②

隨着印刷術的日益普及，宋以後的公私出版事業都得到了蓬勃發展。凡是在古籍出版事業方面做出突出貢獻的，往往都是廣儲副本、精心校勘的結果。宋岳珂刊正九經三傳即其例。其《相臺書塾刊正九經三傳沿革例·書本》有云：

> 今以家塾所藏唐石刻本、晉天福銅板本、京師大字舊本、紹興初監本、監中見行本、蜀大字舊本、蜀學重刻大字本、中字本。又中字有句讀附音本、潭州舊本、撫州舊本、建大字本（俗謂無比九經）、俞韶卿家本。又中字凡四本、婺州舊本、並興國于氏、建余仁仲，凡二十本。又以越中舊本注疏、建本有音釋注疏、蜀注疏，合二十三本，專屬本經名士，反覆參訂，始命良工入梓，固自信以爲盡善。正恐掃塵隨生，亦或有之，惟通經先達，不吝惠教。

現代，上海商務印書館出版的《四部叢刊》之所以受到學者的信賴，主要也是由於編者在廣儲副本、精心校勘方面下了很多功夫。《四部叢刊例言》云：

---

① 《北齊書》卷四五《樊遜傳》。

② 《舊唐書》卷七三《顔師古傳》。

版本之學，爲考據之先河，一字千金，於經史尤關緊要。兹編所采録者，皆再三考證，擇善而從。如徐氏仿宋刻本《三禮》，明人繙宋岳珂本《九經》。徐刻《周禮》不如岳本之精，岳刻《儀禮》又不如徐本之善；皆非逐一細校，不能辨其是非。其他北宋本失傳之書，賴有元、明人翻本，轉出南宋本之上者。若僅以時代先後論之，則不免於盲人道黑白矣。兹編於此類，頗用苦心，非泛泛侈言存古也。

書無論鈔刻，雖大體完善，欠葉闕文，總不能免。今兹所依，矧多古本，影印之際，不加參訂，則郭公、夏五①，所在皆是，學人得之，殊費推尋，故每印一書，恒羅致多本，此殘彼足，藉得補正。②

整理出版書籍固然需要備衆本以資校勘，而讀書治學也得備衆本，也應掌握版本知識。許多學者都强調讀書必須校書。清王鳴盛云："嘗謂好著書不如多讀書，欲讀書必先精校書，校之未精而遽讀，恐讀亦多誤矣。"③張之洞《輶軒語・語學篇》也指出："讀書先宜校書。"葉德輝《藏書十約》甚至説："書不校勘，不如不讀。"④因爲隨讀隨校，所以前人往往稱讀書爲校讀，他們在利用衆本校勘方面下了很大功夫。如宋葉夢得説："余在許昌，得宋景文用監本手校《西漢》一部，末題用十三本校，中間有脱兩行者，惜乎今亡之矣。"⑤清初錢曾跋《洛陽伽藍記》云：

清常道人（趙琦美）跋云："歲己亥，覽吴琯刻《古今逸史》中《洛陽伽藍記》，讀未數字，輒齟齬不可句。因購得陳錫玄、秦西岩、顧寧宇、孫蘭公四家鈔本，改其訛者四百八十八字，增其脱者三百廿字。丙午又得舊刻本，校於燕山龍驤邸中，復改正五十餘字。凡歷八載，始爲

① "郭公"見《春秋左傳》莊公二十三年，杜預注云："無傳，蓋經闕誤也。""夏五"見同書桓公十四年，杜預注云："不書月，闕文。""郭公、夏五"在這裏指欠葉闕文。

② 《縮本四部叢刊初編書録》卷首。

③ 《十七史商榷》卷首《自序》。

④ 《觀古堂所著書》第二集。

⑤ 《石林燕語》卷八。

完善。"清常言校讎勘之難如此。①

清邵懿辰在《四庫全書簡明目録》上標注版本,其目的主要也是爲了便於日後校讀。故葉名澧《橋西雜記》稱:"澧嘗見邵蕙西案頭置《簡明目録》一部,所見宋元舊刻本、叢書本及單行刻本、鈔本,手記於各書之下,以備他日校勘之資。"

可見,不論是整理出版圖書,還是讀書治學,凡需要校勘,就應廣搜衆本,具備一定的版本學知識。

再次,購藏書籍應鑒異本。

藏書一般要從購書開始,而購書就必須有版本知識,要能精於鑒别。孫慶增云:

> 夫藏書而不知鑒别,猶瞽之辨色,聾之聽音。雖其心未嘗不好,而才不足以濟之,徒爲有識者所笑,甚無謂也。如某書係何朝何地著作,刻於何時,何人翻刻,何人鈔録,何人底本,何人收藏,如何爲宋元刻本,刻於南北朝何時何地(案,此云"南北朝",當指宋、金、元之間),如何爲宋元精舊鈔本,必須眼力精熟,考究確切。再於各家收藏目録、歷朝書目、類書總目、讀書志、敏求記、經籍考、志書、文苑志、書籍志、二十一史書籍志(《零拾》本"書"作經)、名人詩文集書序跋文内,查考明白,然後四方之善本秘本或可致也。②

同書第一則《購求》亦云:"與能識古本今本之書籍者,並能道其源流者,能辨原板翻板之不同者,知某書之久不刷印,某書之止有鈔本者,或偕之閑訪於坊家,密求於冷鋪,於無心中得一最難得之書籍。"都强調了采購應具版本知識。

采購新出的古籍同樣也有個版本問題。顧廷龍説:

---

① 《讀書敏求記》卷二。

② 《藕香零拾》本孫慶增《藏書紀要》第二則《鑒别》。

采購工作者，必須熟悉版本。就古籍説，某書歷來傳世者有多少版本，現在某本稀見，某本習見，某本校勘精善，某本粗疏，某本由某本出，辨其源流。例如章學誠的《文史通義》和《校讎通義》兩書鈔本十餘種，刻本十餘種，現在最通行的兩本：一爲商務印《遺書》本（商務尚有《萬有文庫》本），一爲中華印《四部備要》本。商務本出於劉氏嘉業堂刊《遺書》本（劉刻印本亦有二：初印不足本三十二册，後有增刻本四十册），而劉本係出沈復粲藏鈔本最足本；中華則出於湖南菁華閣本，與《文史通義》之文字及篇目頗有出入，應以劉刻爲善，是商務本勝於中華本。一九五六年古籍出版社出版的劉公純標點本《文史通義》根據劉本，比舊刻本增内篇一卷、補遺八篇，後附補遺續五篇，則較商務本爲尤勝。掌握了這些複雜情況，采購起來就心中有數。①

魏隱儒也曾就此點舉例道：

清曹霑（雪芹）的名著《紅樓夢》，一百二十回活字本，初版是乾隆五十六年辛亥（一七九一）排印的，稱程甲本（程偉元字小泉），乾隆五十七年壬子再版排印的爲程乙本。兩者都是活字本，因排印時間不同，内容有出入……正是因爲同一種書，刻印有好壞、先後，内容有正誤，它的價值價格也就有了高低差異。如同一種書，某本有名家藏章或名人題跋，價值就隨之提高；同是手寫本，稿本與傳鈔本價值不同，舊鈔本與新鈔本不同，叢書本與單刻本不同，初印本與再版本不同。既有區别差異，所以我們從事這一專業工作人員，就必須學習它、研究它。②

實踐證明，没有版本知識的人，往往會將珍本當作廢紙；而經驗豐富的人却有時會從廢紙堆中發現珍本。如“一九六四年，中國書店從廢品收

---

① 《版本學與圖書館》，載《圖書館》一九六二年第一期。

② 《古書收售業務知識·概説》，載河北省文化局一九六二年編印本《古舊圖書業務知識》。

購站發現的明覆宋板《古今注》，是商務印書館《四部叢刊》的底本，與北京大學圖書館所藏的明末刻本《崔豹古今注》相對校，對出明末本有多處不妥，誤字很多”①。

藏書當然也離不開版本學知識。顧廷龍曾指出：“保管工作者，必須熟悉版本，根據不同版本的情況來掌握不同的保管方法，如稀見本、加工本（批校、題跋）、僞裝本、特裝本等等，應該和一般的版本書有區别的。”②事實上，中國歷代主持國家藏書工作的人都較好地運用了版本學知識從事搜訪與典藏工作。《隋書・經籍志》總序介紹隋代國家藏書情況有云：

> 隋開皇三年（五八三），秘書監牛弘，表請分遣使人，搜訪異本。每書一卷，賞絹一匹，校寫既定，本即歸主。於是民間異書，往往間出。及平陳已後，經籍漸備，檢其所得，多太建時書，③紙墨不精，書亦拙惡。於是總集編次，存爲古本，召天下工書之士京兆韋霈、南陽杜頵等，於秘書内補續殘缺，爲正、副二本，藏于宫中，其餘以實秘書内、外之閣，凡三萬餘卷。煬帝即位，秘閣之書，限寫五十副本，分爲三品：上品紅瑠璃軸，中品紺瑠璃軸，下品漆軸。於東都觀文殿東西廂構屋以貯之，東屋藏甲乙，西屋藏丙丁。④

由此可見隋代對國家藏書，很注意其異本、古本的搜訪典藏，還做了“校寫”“補續殘缺”和“總集編次”等工作。這項工作，到了清代更爲完善。國家藏書設有專門的善本書庫，按分類和不同的版本進行收藏，對於一書的不同刻本、一版的前後印本也兼收並蓄。如《欽定天禄琳琅書目》就證明了這一點，詳見本編第七章第一節。

最後，學術研究也應注意版本。

---

① 魏隱儒《古籍版本鑒定叢談・緒言》，山西省圖書館一九七八年印本。

② 《版本學與圖書館》，載《圖書館》一九六二年第一期。

③ 太建（五六九至五八二），陳宣帝年號。

④ 《隋書》卷三二。

圖書出版工作同政治、經濟、文化有着十分密切的關係。因此，我們從對版本的研究中，可以瞭解某個時期或某個地區的政治、經濟、文化的發展情況。

以宋刊《大藏經》爲例，宋代公私雕印《大藏經》共有六部：即《開寶藏》《崇寧萬壽大藏》《毗盧大藏》《思溪圓覺藏》《思溪資福藏》《磧砂藏》，共三萬五千一百八十一卷。宋代多次大規模地雕印《大藏經》不是偶然的，它一方面説明了當時佛教文化對我國的巨大影響，另一方面也説明了宋代統治者很會利用佛教來鞏固自己的政權。大家都知道，五代十國時期，吴越、南唐、後蜀這些封建割據的獨立王國，朝野都崇信佛教。宋太祖用武力統一這些獨立王國不久，便於開寶四年（九七一）派高品、張從信等前往成都監雕《大藏經》，顯然是爲了收買人心。《開寶藏》是我國歷史上雕印的第一部佛教全書，全藏有一千零七十六部，五千零四十八卷。共刻十三萬多版片。宋太祖爲此可謂不惜工本了。[①]

再以蜀刻本爲例。顧廷龍《唐宋蜀刻本簡述》所附《蜀刻書目》根據傳本和文獻記載，計收唐刻三種、宋刻七十四種。[②] 四川成都一帶成爲唐宋刻書中心之一，是與其政治、經濟、文化地位密切相關的。安史之亂時，成都一度成爲唐代臨時首都。自肅宗至德二年（七五七）分劍南爲東西兩川後，成都長期爲西川治所。唐末黄巢起義後，全國政治、經濟中心再次移向成都，名家世族也多避亂入蜀，所以中原文化不可避免地給四川以較大的影響。此後，前、後蜀國又皆定都成都。北宋初在成都刊刻《開寶藏》，客觀上也爲四川培養了大批雕印工人。另外四川素稱天府，盛産木材與紙張，這也爲蜀本的興盛奠定了物質基礎。所以説，版本學與各個時期的政治、經濟、文化有着十分密切的關係，研究版本學也有助於研究各個時期各個地區的政治、經濟、文化。

各種版本的出現，與學術的發展變化息息相關。因此，從對版本的研究中，可以看出學術發展變化的脉絡，從而深化我們的學術研究。譬如從

---

① 參看于乃義《古籍善本書佛、道教藏經的版本源流及鑒别知識》，載《四川圖書館學報》一九七九年第三期。

② 載《四川圖書館學報》一九七九年第三期。

對杜甫詩集版本的研究中,我們可以發現,杜詩在宋代受到特別重視,是有一個過程的,而這個過程是同政治形勢的變化緊密相關的。

北宋前期,杜詩似乎没有受到格外重視。所以蘇舜欽在《題杜子美别集後》中稱:"杜甫本傳云:有集六十卷。今所在者纔二十卷,又未經學者編輯,古律錯亂,前後不倫,蓋不爲近世所尚,墜逸過半,吁,可痛憫也!"① 經過王洙、王安石、王琪等人的不斷搜集整理,直到嘉祐四年(一〇五九)終於在蘇州鏤版印行了《杜工部集》的第一個定本。王琪於嘉祐四年四月望日寫的《杜工部集·後記》云:

> 原叔(王洙)雖自編次,余病其卷帙之多,而未甚布,暇日與蘇州進士何君瑑、丁君修得原叔家藏及古今諸集,聚於郡齋而參考之,三月而後已。義有兼通者,亦存而不敢削,閱之者固有淺深也。而又吴江邑宰河東裴君煜,取以覆視,乃益精密,遂鏤於板,庶廣其傳。②

仇兆鰲引《吴郡志》也談及此事:

> 嘉祐中,王琪以知制誥守郡,大修設廳,規模宏壯,假省庫錢數千緡。廳既成,漕司不肯除破。時方貴杜集,人間苦無全書,琪家藏本讎校素精,既俾公使庫鏤板,印萬本,每本爲直千錢,士人争買之。既償省庫,羨餘以給公厨。③

這都説明杜詩在北宋越來越受到重視的情況。

南宋雖然處於兵火戎馬之間,杜甫詩的整理和研究反而深入了,出了編年本、注釋本、集注本、評點本,甚至還出現了作僞的現象。如郭知達於淳熙八年(一一八一)自序其《九家集注杜詩》云:"杜少陵詩,世號詩史。自箋注雜出,是非異同,多所牴牾,致有好事者掇其章句,穿鑿傅會,設爲

---

① 《蘇學士文集》卷一三。
② 見仇兆鰲《杜詩詳注》卷末《附編》。
③ 《杜詩詳注》卷末《附編》。

事實，託名東坡，刊鏤以行，欺世售僞。有識之士，可爲浩嘆。"①

所有這些杜詩版本的出現，都反映了南宋人對杜詩的愛好同北宋人相比有過之而無不及。這是什麽原因呢？李綱《校定杜工部集序》道出了秘密：

> 蓋自開元、天寶太平全盛之時，迄於至德、大曆干戈亂離之際，子美之詩凡千四百四十餘篇，其忠義氣節、羈旅艱難、悲憤無聊，一寓於此。句法理致，老而益精。時平讀之，未見其工，迨親更兵火喪亂，誦其詞如出乎其時，犁然有當於人心，然後知爲古今絶唱也。②

杜甫所經歷的安史之亂同北宋末及南宋初年的政治動亂、人民流離有相同之處，隨着當時局勢的發展，杜詩越來越受到人們的重視和欣賞，就很容易理解了。

從對新書版本的研究中，也可以窺見文化學術的發展變化。例如劉大杰的《中國文學發展史》即是一例。其上海人民出版社一九七三年版《前言》説：

> 《中國文學發展史》是我的舊作，原爲上下兩册。上册成於一九三九年，一九四一年出版；下册成於一九四三年，一九四九年出版。……建國後，我將本書作過一些修改，分爲上中下三册，於一九五七年、一九六二年兩次印行。印行以後，各方垂教甚殷，使我得益不少。……學術領域裏對於資産階級思想的批判，使我進一步認識到在本書中所存在的一些歷史唯心主義觀點，現在我又作了一些修改。

該書的這一版充塞着所謂評法批儒的内容。如其《柳宗元與古文運動》一

① 《杜詩詳注》卷末《附編》。關於《老杜事實》的辨僞，詳見程千帆《古詩考索・杜詩僞書考》。

② 《杜詩詳注》卷末《附編》。

章中《古文運動及其分野》一節聲稱：

> 在古文運動中形成了兩派的鬥争。一派是革新，一派是保守。前派較富於尊法非儒的精神，後派則强調"徵聖""宗經"的傳統。這兩派同樣提倡散文，反對駢體；同樣强調内容，反對浮艷，但他們的政治態度和文學内容是不同的。兩派的對立，形成革新與保守，唯物與唯心，法家思想與儒家思想在古文運動中的鬥争。

這顯然是對歷史事實極爲荒謬的塗抹。同時，它對作家也作了很不公正的評價。如其評論韓愈，不僅取消了這位作家的詩歌在文學史上的貢獻，而且對他的散文也妄加貶損，甚至還不恰當地越出文學史的範圍，用大量篇幅對韓愈進行人身攻擊，如云：

> 韓愈在寫《論佛骨表》時，似乎理直氣壯，一到潮州就上表求情，並以封禪諛帝。後來又祭鰐魚，宣揚迷信思想。這都表明，他爲了要升官發財，到了不擇手段的地步。《舊唐書》本傳説他："觀諸權門豪士如僕隸焉，瞪然不顧。"這真是笑話。……韓愈不但愛官如命，也愛錢如命。……劉禹錫《祭韓吏部文》説："公鼎侯碑，誌隧表阡；一字之價，輦金如山。"可見其稿酬之高。韓愈在這方面利用他的官名、文名，在死人身上賺到了不少的錢。

從一九七三年版《中國文學發展史》中，我們可以清楚地看到十年浩劫不僅扼殺了正常的學術研究，而且嚴重敗壞了學風。同時，如果要理解劉大杰對古代文學史的觀點的變化，我們就不能不將《中國文學發展史》的幾個版本加以對照。

我們從事學術研究也理所當然地應當辨别版本，引用文獻，如各本有異同，也應載明所據版本。余嘉錫在論目録應載版本時，曾概括地指出：

> 使不載明爲何本，則著者與讀者所見迥異。叙録中之論説，不能

> 不根據原書。吾所舉爲足本，而彼所讀爲殘本，則求之而無有矣。吾所據爲善本，而彼所讀爲誤本，則考之而不符矣。吾所引爲原本，而彼所書爲别本，則篇卷之分合、先後之次序，皆相刺謬矣。……反是，則先未見原書，而執殘本、誤本、别本以爲之説，所言是非得失，皆與事實大相徑庭，是不惟厚誣古人，抑且貽誤後學，顧廣圻所謂"某書之爲某書，且或未確，烏從論其精粗美惡"也。①

就拿《紅樓夢》來説，現存不同的版本有一百多種。在研究時，理應選擇某種版本作爲依據，並將它同其他版本作些必要的比較。何其芳的《論〈紅樓夢〉》正是這樣做的。作者在注釋中指出："本文所引《紅樓夢》原文均根據庚辰本（引者案：指乾隆庚辰秋《脂硯齋重評石頭記》。有一九五九年文學古籍刊行社朱墨影印本、一九七四年人民文學出版社影印本）。庚辰本有脱誤，以有正本（引者案：指《國初鈔本原本紅樓夢》。上海有正書局有一九一二年石印大字本、一九二〇年石印小字本。一九五八年人民文學出版社出版的《紅樓夢八十回校本》即以有正本爲底本）或通行本校改。"②文中還引用了下面這段話爲例："原來王夫人自那日着惱之後，王善保家的就趁勢告倒了晴雯。本處有人和園中不睦的，也就隨機趁便下了些話。王夫人皆記在心中，故今日特來親自查人。"並注曰："有正本把這句話改爲'原來王夫人自那日着惱之後，王善保家的趁勢治倒了晴雯。他合園中不睦之人，他也就隨機趁便下了些話説在王夫人耳中……'。把這些讒言都歸在王善保家的一人身上，不如原來的寫法近情理。通行的一百二十回本更删去了這段話。"③從這兩條注釋也可以看出，科學研究注意版本乃是獲得正確的事實和結論的必要手段。

從事古代學術研究需要注意版本，從事現代學術研究也是如此。嚴家炎曾指出：

---

① 《目録學發微·目録書之體制四·板本序跋》。

②③ 見人民文學出版社一九六二年版《紅樓夢》卷首。

> 我個人認爲現代文學研究中同樣應該注意這個問題(引者案:指應注意版本)。例如郭沫若的《女神》,一九二一年八月的初版本和一九二八年的修改本就有很大的不同。有的同志説郭沫若"五四"時期已經是一名"具有初步共産主義思想的知識分子",依據的就是一九二八年的修改本。其實,在初版本中,《匪徒頌》並無對馬克思、恩格斯的歌頌(原句是對羅素、哥爾棟這兩個資産階級人物的歌頌),《巨炮之教訓》也没有"爲階級消滅而戰"等字樣(原句是"爲自由""爲人道""爲正義"而戰)。因此,要真正考察"五四"時期郭沫若的思想實際,我們當然只能依據《女神》的初版本。①

綜上所述,讀書、校書、藏書、科學研究都必須注意版本;换句話説,研究版本學將有助於讀書、校書、藏書和科學研究工作。

---

① 《現代文學研究方法答問》,載《怎樣學習語言文學》,中國青年出版社一九八三年版。

第二章　文獻載體

記録書面語言的物質，就我國來説，先後有龜甲、獸骨、金、石、竹、木、帛、紙等。這些總稱文獻載體。它們各具特色，並在漫長歷史的某一階段中各自起過保存和傳播文化的作用。其發展趨勢是越來越普及、簡便，而記録知識的容量則越來越大。今將其大致分爲五類，簡述如次。

第一節　甲　骨

文獻載體是和文獻同時出現的，而由文字發展成爲文獻則有一個漫長的過程。中國從什麽時代開始有文字，考古學界還有争論。建國後發現過夏代文化遺址，却没有發現夏代文字。我們現在見到的商代甲骨文，已經是相當完整、相當成熟的文字，而且已具有文獻的性質了。這説明漢族的文字産生於商代以前，而中國從商代開始就有了原始狀態的文獻。當時文化壟斷在貴族手中，主要由巫和史兩種人掌握文化。巫的職責是溝通神人關係，他們用文字記載所謂神的啓示，以神道設教，從而鞏固貴族統治。史的主要任務是記載貴族言行，積累統治人民的經驗，供統治者借鑒參考。記言記行，各有所司，所謂"動則左史書之，言則右史書之"。[①]這樣便形成了我國的早期文獻。現今可能見到的最早古代文獻實物是刻

① 《禮記注疏》卷二八《玉藻》。關於左、右史的分職，古籍記載各異，可參看程千帆《史通箋記・外篇・史官建置第一》。

在龜甲獸骨上的文字,即甲骨文。甲,指龜甲的腹板〔參見本編末圖版一〕。骨,主要指牛的肩胛骨或脛骨〔圖版二〕,也有羊、猪的肩胛骨。

甲骨文是清光緒二十五年(一八九九)由王懿榮發現的。其最初的出土地點在河南省安陽市的小屯村殷墟。光緒二十九年(一九〇三),劉鶚選拓所藏部分出版,題云《鐵雲藏龜》,這是記録甲骨文的第一部書。此後不斷有拓本及研究著作出版。一九五九年,中國科學院歷史研究所綜合諸家之書編爲《甲骨文合集》十三册,由中華書局於一九七八年十月至一九八二年十月全部出齊。該書經過剪裁書刊、重新墨拓、恢復原形、校對重出、拼合斷片、同文類聚、去僞存真、去粗取精等一系列綜合整理工作,然後選存文句完整或比較完整,以及文句雖有殘缺但内容較爲少見的甲骨四萬一千九百五十六片,爲進一步研究甲骨文提供了可靠的依據。

殷商時代,人們很迷信,統治階級凡進行與祭祀、征伐、狩獵、農事、氣候等有關的活動,都得先占卜。甲骨文就是當時記録的卜辭。龜卜之事,先秦典籍已有記載。如《詩·大雅·緜》云:"爰始爰謀,爰契我龜。"《周禮》亦稱:"若有祭祀,則奉龜以往。旅亦如之,喪亦如之。"①其用甲骨占卜的方法,則如容庚所述:

> 龜甲用腹甲而棄背甲,獸骨用肩胛及脛骨。卜時削治甲骨,於其裏鑿一橢圓之渠,上博而下狹;復於圓旁鑿一小窪,如形。以火在窪處灼之,則坼縱横見於表,如形,所謂兆也。……其兆側刻卜辭,有兩面刻者、有未卜而刻卜辭者。②

甲骨文雖然是卜辭,但是它在客觀上反映了我國上古社會的若干層面。《甲骨文合集》將甲骨文分成四大類,二十二小類:

> 四大類是:一、階級和國家;二、社會生産;三、科學文化;四、其

① 《周禮注疏》卷二四《龜人》。

② 《甲骨文字之發見及其考釋》,載北京大學《國學季刊》一卷四期。

他。二十二小類是：一、奴隸和平民；二、奴隸主貴族；三、官吏；四、軍隊，刑罰，監獄；五、戰爭；六、方域；七、貢納；八、農業；九、漁獵，畜牧；十、手工業；十一、商業，交通；十二、天文，曆法；十三、氣象；十四、建築；十五、疾病；十六、生育；十七、鬼神崇拜；十八、祭祀；十九、吉凶夢幻；二十、卜法；二十一、文字；二十二、其他。①

從這些分類中可以看出，甲骨文的内容是十分豐富的，所反映的社會生活面也是相當廣闊的。郭沫若在談到甲骨文對古代社會的意義時説："得見甲骨文字以後，古代社會之真實情況燦然如在目前。得見甲骨文字以後，《詩》《書》《易》中的各種社會機構和意識纔得到了它們的泉源，其爲後人所粉飾或僞託者，都如撥雲霧而見青天。"②從一八九九年到現在，一百多年，甲骨學已成爲古文字學、古史學中很大的一個學術分支。

甲骨文對書史研究也是非常重要的，《尚書・多士》云："惟殷先人，有册有典。"但誰也没有見到過殷代典册是什麽樣子。而安陽出土的實物，有的是許多片放在一起，排列得很整齊，這顯然是龜策，亦即使用過了的卜辭整理排列而成的早期檔案。當然，就本質來看，卜辭只能算作神權檔案，還不是我們所謂的書。書的内容或抒情，或記事，或總結經驗、傳播知識，總之是希望别人讀的，甲骨文却並非如此，然而它確實爲書的出現創造了條件。

第二節　金　石

《墨子・貴義》篇稱："聖王欲傳其道於後世，是故書之竹帛，鏤之金石，傳遺後世子孫，欲後世子孫法也。"故羅振玉《窓齋集古録序》云：

金石文字者，古載籍之權輿也。古者大事勒之鼎彝，故彝器文

---

① 胡厚宣《甲骨文合集序》，載《甲骨文合集》卷首。

② 《郭沫若全集》歷史編第一卷《中國古代社會研究・卜辭中的古代社會・卜辭出土之歷史》。

字，三代之載籍也。唐以前無雕板，而周秦兩漢有金石刻，故周秦兩漢之金石刻，雕板以前之載籍也。載籍愈遠，傳世愈罕，故古彝器之視碑版爲尤重焉。[1]

金，指青銅器。青銅是銅和錫的合金。它的主要成分是銅，因爲加了一定分量的錫，鑄造出來的器物呈青灰色，所以有青銅器之稱。鑄在青銅器上的文字，稱爲金文。

從發掘出來的殷墟青銅器作坊遺址裏，人們發現了許多用陶土做的模子。可見青銅器是先民將陶模刻上花紋及文字，燒硬以後，再用熔化了的青銅澆鑄而成的。我國青銅器出現很早，公元前一千三百多年前，即商代後期，人們就已熟練地掌握青銅器的鑄造技術，如安陽出土的司母戊鼎，是商王祭祀他的母親戊用的一個四隻脚的大方鼎，重約八百七十五公斤，鼎身以雷紋爲地，上有龍紋盤繞，四角爲饕餮紋。這種精品，没有熟練的技術是鑄造不出來的。

青銅器主要是奴隸主階級的生活用品：有酒器，如尊、爵、盉；炊器，如鼎、鬲、敦；食器，如簠、簋、盤；樂器，如鐘、鎛等，三十餘種。這些器物也可用作祭祀用的禮器，被稱爲吉金。上海博物館藏曾子斿鼎，其銘文云："曾子斿擇其吉金，用鑄□彝。惠於烈且匕（祖妣）……。"[2]而鐵則被稱爲惡金。《國語・齊語》有云："美金以鑄劍戟，試諸狗馬；惡金以鑄鉏夷斤斸，試諸壤土。"郭沫若認爲這美金和惡金的區别，也就是青銅和生鐵的區别[3]。在煉鋼術還没有發明以前，生鐵當然不及青銅之堅韌耐用。

阮元《商周銅器説》云：

三代時，鐘鼎爲最重之器，故有立國以鼎彝爲分器者。武王有分器之篇，魯公有彝器之分是也。有諸侯大夫朝享而賜以重器者，周王予虢公以爵，晉侯賜子產以鼎是也。有以小事大而賂以重器者，齊侯

① 《窓齋集古録》卷首。
② 郭沫若《曾子斿鼎・無者俞鉦及其它》，載《文物》一九六四年第九期。
③ 《郭沫若全集》歷史編第一卷《青銅時代・青銅器時代》。

賂晉以地而先以紀甗，魯公賄晉卿以壽夢之鼎，鄭賂晉以襄鐘，齊人賂晉以宗器，陳侯賂鄭以宗器，燕人賂齊以斝耳，徐人賂齊以甲父鼎，鄭伯納晉人以鐘鎛是也。①

青銅器既是當時極爲貴重的器物，因而也就被當作統治權力的象徵。在春秋戰國時代，如果甲國消滅了乙國，總要做兩件事：一是“毁其宗廟”，一是“遷其重器”②。《漢書・郊祀志》云：“禹收九牧之金，鑄九鼎。……夏德衰，鼎遷於殷；殷德衰，鼎遷於周；周德衰，鼎遷於秦；秦德衰，宋之社亡，鼎乃淪伏而不見。”此即遷其重器之事例。又如《左傳》宣公三年：“楚子伐陸渾之戎，遂至於雒，觀兵於周疆。定王使王孫滿勞楚子。楚子問鼎之大小輕重焉。”楚子詢問周鼎的重量，就暗示有取周而代之的野心。

青銅器既極貴重，又可長久保存，所以到了周代，鐘和鼎就被貴族刻上文字用來記載他們認爲重要的事件。這種鑄或刻在青銅器上的文字也就稱爲鐘鼎文，成爲金文的一稱。《説文・序》即已指出：“郡國亦往往於山川得鼎彝，其銘即前代之古文，皆自相似，雖叵復見遠流，其詳可得略説也。”③例如一九五四年出土的周初青銅器夨簋，簋上有銘文一百二十餘字，記載了周成王把一個奴隸主貴族夨封到宜，賞給了他大量的土地和奴隸④。還有舊在陝西眉縣出土的大盂鼎，鼎上有銘文二百九十一字，首先説“文王受天有大命”，接着比較了周之所以興和殷之所以亡，乃由於用酒的節制與放縱之别，要大奴隸主貴族盂禁酒。末叙周康王一次就賞給盂成千奴隸。銘上還有“文王受天有大命”“受民受疆土”等語，説明統治者爲了維護自己的統治，竭力宣傳君權神授的觀點。⑤ 在現存一萬多件有銘文的青銅器中，銘文最長的要算毛公鼎〔圖版三〕，共四百九十七字。首先追述宗周開國盛時君臣之相得；次説策命毛公及所以策命毛公之意，並

① 《揅經室三集》卷三。

② 《孟子注疏》卷二下《梁惠王》下。

③ 《説文解字》第十五上。

④ 參見郭沫若《夨簋銘考釋》，載《考古學報》一九五六年第一期。

⑤ 見陳夢家《西周銅器斷代》，載《考古學報》一九五六年第一期。

標往事以爲龜鑒,使之儆戒;最後確定毛公權限,並錫以秬鬯、服御、車馬、兵器等物①。青銅器在我國一直沿用到西漢。

"圖書是以傳播知識爲目的而用文字或圖畫記録於一定形式的材料之上的著作物。"②如果用這種標準衡量青銅器銘文,其中一部分記載財産、疆界等,顯然是檔案資料,而另一部分已經具備了書的性質。就以上引的幾段銘文來説,有的宣傳君權神授的觀點,目的在於鞏固自己的統治權;有的總結了歷史教訓,要人們引以爲誡;有的是周王發布的誥命,要臣屬遵守。總之,它們都是有意識地要人讀的。

特别應當提到的是出現於公元前五三六年及前五一三年的鑄有法律條文的刑鼎。《左傳》昭公六年:"三月,鄭人鑄刑書。"杜預注曰:"鑄刑書於鼎,以爲國家之常法。"又昭公二十九年:"冬,晉趙鞅、荀寅,帥師城汝濱,遂賦晉國一鼓鐵,以鑄刑鼎,著范宣子所爲刑書焉。"接着《左傳》還記載了孔子對晉國作刑鼎一事的批評:

> 仲尼曰:晉其亡乎,失其度矣。夫晉國將守唐叔之所受法度,以經緯其民。卿大夫以序守之,民是以能尊其貴,貴是以能守其業。貴賤不愆,所謂度也。文公是以作執秩之官,爲被廬之法,以爲盟主。今棄是度也,而爲刑鼎。民在鼎矣,何以尊貴?貴何業之守?貴賤無序,何以爲國?

無論從這兩部刑書的製作目的,還是從它們已經産生的實際效果看,都可以算是書,雖然其文獻載體和後世通行的書不同。

金石並稱。我國將石作爲文獻載體的歷史也是相當早的,《墨子・明鬼》篇就有"琢之盤盂,鏤之金石"的話。《史記・封禪書》:"管仲曰:古者封泰山,禪梁父者七十二家,而夷吾所記者十有二焉。"桓譚《新論》亦云:"泰山之上有刻石凡千八百餘處,而可識知者七十有二。"③

---

① 參見郭沫若《金文叢考・毛公鼎之年代》。

② 劉國鈞著、鄭如斯訂補《中國書史簡編》第一章《圖書的社會意義》。

③ 《太平御覽》卷五三六《禮儀部》引。

現陳列於北京故宫博物院的秦刻石鼓，是今存最早的石刻文字〔圖版四〕，舊在陝西鳳翔。學者多謂乃周宣王時物，宋鄭樵獨認爲秦刻。其《通志·金石略·金石序》云："三代而上，惟勒鼎彝，秦人始大其制而用石鼓。"郭沫若指出："石鼓之年代，近人馬衡著《石鼓爲秦刻石考》論之甚詳①。石刻於秦，已成不刊之論，唯刻於秦之何世，則尚是問題。"②關於石鼓文的價值，郭沫若又説：

石鼓剛好是十個，所刻的詩剛好是十首，這和《小雅》《大雅》以十首爲"一什"的章法恰恰相同，這也恐怕不是偶合。故從文學史的觀點來看，《石鼓詩》不僅直接提供了一部分古代文學作品的寶貴資料，而且更重要的貢獻是保證了民族古典文學的一部極豐富的寶藏《詩經》的真實性。③

秦代除石鼓外，還有秦始皇所刻石。這位皇帝從二十八年（前二一九）至三十七年（前二一〇）期間，巡行天下，每到一地，都要把他滅六國、統一天下的功德，刻在石上，曉示百姓。所刻石約有嶧山、泰山、瑯琊臺、芝罘、東觀、碣石、會稽山七處，其文都載在《史記·秦始皇本紀》中。現在只有瑯琊臺刻石還有殘石留存下來。因爲秦代刻石是公然要人去讀的，其所具備的書籍性質頗爲明顯，所以在書史上有重要意義。

東漢末年刻的熹平石經則是真正的石頭的書〔圖版五〕。《後漢書·蔡邕傳》云：

邕以經籍去聖久遠，文字多謬，俗儒穿鑿，疑誤後學。熹平四年（一七五），乃與五官中郎將堂谿典，光禄大夫楊賜，諫議大夫馬日磾，議郎張馴、韓説，太史令單颺等，奏求正定六經文字，靈帝許之。邕乃自書丹於碑，使工鐫刻，立於太學門外，於是後儒晚學咸取正焉。及

① 馬衡《石鼓爲秦刻石考》，載《凡將齋金石叢稿》卷五《石刻》。

② 《郭沫若全集》考古編卷九《石鼓文研究》。

③ 《郭沫若全集》考古編卷九《石鼓文研究·重印弁言》。

碑始立,其觀視及摹寫者,車乘日千餘兩,填塞街陌。

自漢以後,歷代都有重刻石經之舉。馬衡《石經詞解》述其略云:

當熹平之立石經也,祗就立於學官之五經,各刻其一家之章句,而以諸家異同列爲校記,刻於各經之後。此所謂諸家者,即學官所立之十四博士,皆今文也。其時古文經雖未得立,但其説已盛行,傳今文者多兼通古文,故至魏正始中,又刻古文經於石,以應學者之需求,與熹平石經並立於太學。古文不易識,則以篆隸二體列於古文之下以銓釋之,世謂之"三體石經"。又以正始中立,謂之"正始石經"。其實漢爲今文經,魏爲古文經耳。……自是之後,唐有"開成石經",後蜀有"廣政石經",宋有"嘉祐石經",清有"乾隆石經",皆準熹平故事,踵而行之。①

其中《開成石經》與《乾隆石經》今存。

從上面的引文中可以清楚地看到蔡邕等人早已認識到經書傳本存在着很大差異,他們經過精心校勘,確定了一個善本。這一工作,不僅受到了漢靈帝的重視,而且也受到了廣大知識分子的歡迎,産生了深遠影響。可見《熹平石經》作爲一種特殊的文獻載體,在版本學上有着重要地位。它既説明讀書應注意版本,又説明善本需精心校勘。故馬衡《石經詞解》復云:

熹平刊立石經之用意,爲正誤訂譌,樹立準則,使學者有所取正。其後歷代之繼踵,亦同此意。是則在教育上之意義,固甚顯著。既收效於當時,亦冀以垂示於久遠。蓋六經爲儒家學説之淵源,章句文字之異同關乎思想之純駁,是故經學家對歷代石經,雖片言隻字,亦皆視爲瑰寶。唐以後之石經與今本經籍差異者尚少,然顧炎武尚據唐

① 《凡將齋金石叢稿》卷六《石經》。

石經以補萬曆北監本《儀禮》之脱文若干處，則漢魏石經之有裨經學更無論矣。①

第三節　竹　木

《尚書·多士》："惟殷先人，有册有典。"何謂册？《説文》云："象其札，一長一短，中有二編之形。"復云："古文册從竹。"②何謂典？《説文》云："五帝之書也，从册，在丌上，尊閣之也。莊都説：典，大册也。古文典從竹。"③典爲大册，而册與策通。按《説文》的説法，似乎商代以前就已經使用竹木作爲文獻載體了，但迄今發現的實物，最早的簡策只出於戰國時代，漢以來則已通行〔圖版六〕。

策由簡編成，簡有竹製的，也有木製的，當然是由於就地取材，故《論衡·量知篇》云："竹生於山，木長於林，未知所入。截竹爲筒，破以爲牒，加筆墨之迹，乃成文字，大者爲經，小者爲傳記。斷木爲槧，析之爲版，刀加刮削，乃成奏牘。"《説文》："牒，札也。"④孔穎達云："單執一札謂之簡。"⑤所以，牒、札也就是簡了。不過把竹子加工成簡，尚須殺青。應劭《風俗通》："劉向《别録》曰'殺青'者，直治竹作簡書之耳。新竹有汁，善朽蠹，凡竹簡者，皆於火上炙乾之，陳楚間謂之汗。汗者，去其汁也。吴越曰殺，殺亦治也。"⑥

《説文》稱："槧，牘樸也。"⑦顯然，槧是牘的原料。牘以指版，故《説

---

① 《凡將齋金石叢稿》卷六《石經》。顧炎武據唐石經補萬曆北監本《儀禮》脱文若干處，見《日知録》卷一八《監本二十一史》。

② 《説文解字》第二下。

③ 《説文解字》第五上。

④ 《説文解字》第七上。

⑤ 《左傳注疏》卷一《春秋序》疏。

⑥ 《太平御覽》卷六〇六引。按此數語前人多誤認爲劉向《别録》文，實則應劭釋"汗青"一詞之語耳，辨詳《余嘉錫論學雜著·書册制度補考·殺青繕寫》。

⑦ 《説文解字》第六上。

文》又云："牘，書版也。"[①]孔穎達亦謂："牘乃方版。"[②]也可指木簡，如《漢書·昌邑哀王髆傳》注："版，木簡也。"由於牘的長度相當於漢尺一尺，常用來寫信，所以書信又稱尺牘。如《漢書·陳遵傳》云："與人尺牘，主皆臧去（弆）以爲榮。"這也爲出土文物所證實。一九七二至一九七四年在甘肅居延漢代遺址的出土文物中有竹尺、木尺各一件。"竹尺長二十三點六釐米，邊緣刻十等分，屬昭、宣時期。木尺長二十三點二釐米，墨綫界格，屬西漢晚期"。[③] 而一九七二年在甘肅武威漢墓出土的"牘版，現存十四片，寬度由一點一至四釐米左右不等，長度爲二十二點七至二十三點九釐米，合漢尺一尺左右，故可稱爲尺牘"。[④] 如果版做得大一些，則稱爲"業"，《爾雅·釋器》："大版謂之業。"《禮記·曲禮》上："請業則起。"鄭玄注："業，謂篇卷也。"現在在學校上學叫做"肄業"，完成了某一階段的學習任務稱畢業，就是這種現象的遺留。"肄業"的本義是讀大版子，"畢業"則是大版子讀完了。可見簡兼竹木，而版牘則專用木〔圖版七〕。

簡有長短之别。杜預《春秋序》："大事書之於策，小事簡牘而已。"孔穎達疏曰："《春秋》二尺四寸書之，《孝經》一尺二寸書之，故知六經之策皆稱長二尺四寸。"[⑤]古稱法律爲"三尺法"，亦與其文獻載體有關，王國維《簡牘檢署考》云：

> 周末以降，經書之策皆用二尺四寸。……禮制法令之書亦然。《後漢書·曹褒傳》："褒撰天子至於庶人冠昏吉凶終始制度，以爲百五十篇，寫以二尺四寸簡。"則禮書之制也。《鹽鐵論》下《貴聖篇》："二尺四寸之律，古今一也。"則律書之制也。此上所云尺寸，皆漢尺，

---

① 《説文解字》第七上。

② 《左傳注疏》卷一《春秋序》疏。

③ 甘肅居延考古隊《居延漢代遺址的發掘和新出土的簡册文物》，載《文物》一九七八年第一期。

④ 甘肅省博物館、甘肅省武威縣文化館《武威旱灘坡漢墓發掘簡報》，載《文物》一九七三年第十二期。

⑤ 《春秋左傳注疏》卷一。

> 非周尺。周尺二種:一以十寸爲尺,一以八寸爲尺。其以八寸爲尺者,漢之二尺四寸正當周之三尺。故《鹽鐵論》言“二尺四寸之律”,而《史記·酷吏傳》稱“三尺法”、《漢書·朱博傳》言“三尺律令”,蓋猶沿用周時語也。①

簡策的長度,從現有實物看,似無定例。如一九七五年十二月在湖北睡虎地十一號秦墓出土的記載秦代法律條文的竹簡長度,按二十三點三釐米爲一漢尺計算的話,只合一尺二寸。一九七二年四月山東臨沂銀雀山二號漢墓出土的《漢元光元年曆譜》,其竹簡長六十九釐米,將近漢尺三尺,而以前敦煌出土的西漢木簡,還不到前者長度的一半。屬於西漢早期馬王堆三號墓所出二百枚竹木簡,有三種長度:二十二點四釐米,二十三釐米和二十九點八釐米。它們是同地同墓出土的,内容又同是醫書,差别却相當大。這些例子説明現存的簡,不管内容如何,其長度總與文獻記載不盡相符,②也説明簡册長度在古代並没有完全標準化。

每簡的字數也是多少不一,例如一九五三年夏長沙仰天湖第二十五號墓出土的“竹簡,計有四十二片。完整的長二十二、寬一點二釐米,四角爲方形。寫字的一面修治得很平整,每片字數不一致,由二個多到二十一個,内容是記載隨葬品的名稱與數量”。③ 又《山東臨沂西漢墓發現〈孫子兵法〉和〈孫臏兵法〉等竹簡的簡報》亦稱:“每簡的字數多少不等,整簡每枚多達四十餘字。”④一九五九年甘肅武威出土的《儀禮》,有枚木簡多達一百二十三字。⑤

---

① 《王國維遺書》第九册《簡牘檢署考》。

② 詳見王紅元《三十年來的考古發現與書史研究》,載《文獻》一九七九年第一期;高大倫《簡册制度中幾個問題的考辨·出土簡書分類及長度(今長、漢長)簡表》,載《文獻》一九八七年第四期。

③ 湖南省文物管理委員會《長沙出土的三座大型木椁墓》,載《考古學報》一九五七年第一期。

④ 載《文物》一九七四年第四期。

⑤ 中國科學院考古研究所、甘肅省博物館編《武威漢簡·由實物所見漢代簡册制度》。

一部書或一篇文章往往需要有許多簡，把若干簡編在一起就成爲策。《儀禮·聘禮》："百名以上書於策。"賈公彦疏曰："簡謂據一片而言，策是編連之稱。是以《左傳》云：南史氏執簡以往。是簡者，未編之稱。此經云：百名以上書之於策。是其衆簡相連之名。"孔穎達也指出："單執一札謂之爲簡，連編諸簡乃名爲策。故於文，策或作册，象其編簡之形。"①〔圖版八〕

其連綴之法，則如王紅元所云：

> 一般的簡册大多是兩道編綸，尤其遺策如此。如江陵鳳凰山八、九號漢墓所出。② 甘肅居延新出土簡册的編綸有兩道也有三道，其他如銀雀山《漢元光元年曆譜》有四道編綸。睡虎地秦簡《孫臏兵法》、馬王堆醫簡等，都有三道編綸。相反，還有少於兩道的，江陵鳳凰山一六七號漢墓的七十四枚木簡，只有距簡首七釐米處有一道編綸。③ 可見《説文》指的二編之形，僅指其通常情况而言，而編綸的多少是依簡的長度而定的。④

爲了便於固定，有的簡上還刻有小缺口，例如一九七二年在甘肅武威縣旱灘坡出土了兩種竹簡：

> 簡寬約一釐米者，現存四十一枚……每簡容字一般三十五字左右。簡的上、中、下編聯處右側，有用刀削製的三角形小缺口，以容編繩，使其穩固而不易脱失。
>
> 簡寬約零點五釐米者，現存三十六枚，每簡容字一般三十七字左右，此種窄簡片除二枚在編連處有三角形缺口外，其餘三十四枚均無

---

① 《春秋左傳注疏》卷一。

② 《湖北江陵鳳凰山西漢墓發掘簡報》，載《文物》一九七四年第六期。

③ 《江陵鳳凰山一六七號漢墓發掘簡報》，載《文物》一九七六年第十期。

④ 《三十年來的考古發現與書史研究》，載《文獻》一九七九年第一期。

缺口,而上、中、下三端有明顯的三道綸編痕迹。①

從出土實物看,編簡成策用的是麻繩、絲繩或帛帶。②

簡册經過編連,爲了便於保存,把它卷在一起,叫做收卷。即以最後一簡爲中軸,有字的一面在内,無字的一面在外,從左至右卷起來,使簡策的首簡在最外層。爲了便於檢索,往往在首簡的背面寫上標題。甘肅武威旱灘坡出土的醫簡中,編連在最前面的有兩枚空白簡,叫做贅簡,同今天的封面或扉頁一樣,顯然是爲了保護以下有字的竹簡。③還有一種情況可能是以首簡爲軸,從右至左卷起來,爲了便於檢索,在末簡正面寫上標題。許荻《略談臨沂銀雀山漢墓出土的古代兵書殘簡》云:"《禽龐涓》《客主人分》《月戰》《陳忌問壘》《將敗》諸篇之題,題在簡背,應該是長篇。每篇各自爲一卷,故題於篇首的簡背,卷束起來,篇題外露,一見便知。有些則題在篇末的正面,末行有空白,低幾格題篇名,有些還計字數。"④也有題在末簡簡背的,如秦簡《語書》《日書》等。⑤ 還有既在首簡簡背題了篇名,又在末簡題篇名的,如山東臨沂出土的《孫臏兵法》殘簡中的《將義》《八陣》兩篇。⑥ 無論是題在首簡的簡背,還是題在篇末,都是著作完成後所加,目的是爲了便於檢索。

戰國直到漢代,簡策是書籍最主要的物質形態。簡策制度一直延續到晉代。《桓玄僞事》説晉桓玄曾下令道:"古無紙,故用策,非主於敬。今諸用簡者,宜以黄紙代之。"⑦可見東晉時人們還在使用簡,不過它的地位

①③ 《武威旱灘坡漢墓發掘簡報》,載《文物》一九七三年第十二期。

② 《史記・孔子世家》稱"孔子晚而喜《易》……讀《易》,韋編三絶"。前人多釋韋爲柔皮,謂以皮繩編簡,但今出土之簡無以皮繩編者,故中山大學中文系古文字研究室楚簡整理小組《戰國楚竹簡概述》謂:"韋編,即緯編,也就是竹簡上的横編。"詳見《中山大學學報》一九七八年第四期,今從其説,參看圖版八器物册上的編綸。

④ 見《文物》一九七四年第二期。

⑤ 《雲夢睡虎地秦墓》第二章《隨葬器物》。

⑥ 《山東臨沂西漢墓發現〈孫子兵法〉和〈孫臏兵法〉等竹簡的簡報》,載《文物》一九七四年第二期。

⑦ 《初學記》卷二一引。

正處在被紙取代之中。

第四節　帛

竹木製成的簡策同龜甲、金石比起來,具有取材容易、書寫便利的優點,但也還有一個明顯缺點就是仍很笨重,閱讀不便。如《史記·秦始皇本紀》云:"天下之事無小大皆决於上,上至以衡石量書,日夜有呈,不中呈,不得休息。"裴駰《集解》云:"石,百二十斤。"張守節《正義》云:"衡,秤衡也。言表牋奏請,秤取一石,日夜有程期,不滿不休息。"[①]又《史記·東方朔傳》云:"朔初入長安,至公車上書,凡用三千奏牘。公車令兩人共持舉其書,僅然能勝之。"[②]均其例證。

正因爲簡策笨重,所以人們早就開始用帛也即絲織品來代替它了。《論語·衛靈公》云:"子張問行。子曰:'言忠信,行篤敬,雖蠻貊之邦,行矣。言不忠信,行不篤敬,雖州里,行乎哉?……'子張書諸紳。"[③]《説文》:"紳,大帶也。"[④]這也許是以織物作文獻載體的最早例子。《墨子·明鬼》:"古者聖王必以鬼神爲其務,又恐後世子孫不能知也,故書之竹帛,傳遺後世。"[⑤]《晏子春秋》記載了齊景公對晏子講的一段話:"昔吾先君桓公,予管仲狐與穀,其縣十七,著之於帛,申之以策。"[⑥]這些例子説明春秋時期竹帛就已並用。而到了戰國時期,用帛書寫的現象則更加普遍,如《越絶書》在記載了范蠡對勾踐説的一段話後接着寫道:"越王曰:'善。'以丹書帛,置之枕中,以爲邦寶。"[⑦]進入漢代,帛書就相當盛行了。《風俗通》載:"劉向爲孝成皇帝典校書籍二十餘年,皆先書竹,爲易刊定。可繕

① 《史記》卷六。
② 《史記》卷一二六。
③ 《論語注疏》卷一五。
④ 《説文解字》第十三上。
⑤ 《墨子》卷八。
⑥ 《晏子春秋》外篇《重而異者第七》。
⑦ 《越絶書》卷一三。

寫者，以上素也。”①顔師古爲《急就篇》作的注説：“素謂絹之精白者，即所用寫書之素也。”②東漢宫廷所藏似多爲帛書，《後漢書・儒林傳》云：“初，光武遷還洛陽，其經牒秘書載之二千餘兩，自此以後，參倍於前。及董卓移都之際，吏民擾亂，自辟雍、東觀、蘭臺、石室、宣明、鴻都諸藏典策文章，競共剖散，其縑帛圖書，大則連爲帷蓋，小乃制爲縢囊。及王允所收而西者，裁七十餘乘。”③可見帛書之多。直到唐代，帛書仍在流行，還有用帛來寫信的。如李白《寄東魯二稚子》云：“裂素寫遠意，因之汶陽川。”④

帛雖然有輕便、經久耐用、易於保管等優點，但比較貴，故一直同竹木長期共存，如《風俗通》云：“光武車駕徙都洛陽，載素、簡、紙經凡二千兩。”⑤

帛書的流行也爲出土文物所證實，早在一九四二年九月，長沙戰國楚墓曾出土一件馳名世界的帛書。商承祚先生《戰國楚帛書述略》對已流落國外的這一瑰寶作了如下描述：

> 戰國楚帛書是用古文字寫在絲織品上，爲字最多而又保存較爲完整的一件重要楚文物。它不僅有墨書的“小楷”，而且周圍以三色顔料（朱、絳、青）繪出各種神怪的形象，又是一張最古老的采畫。……
>
> 帛書發現的確實年月及地點爲一九四二年九月，墓地在東郊子彈庫的紙源冲（又名王家祖山）。……帛書八摺（帛書八摺並不等齊，當中部分摺迹縱約十七點五釐米，横約十一點五釐米），放在一個竹匣中〔圖版九〕。⑥

---

① 《太平御覽》卷六〇六。

② 《急就篇》卷二。

③ 《後漢書》卷七九上。

④ 《全唐詩》卷一七二。

⑤ 《意林》卷四引《風俗通》佚文。

⑥ 《文物》一九六四年第九期。

一九七三年十二月,長沙又出土了一批古代帛書。根據同時出土的一件紀年木牘,可以斷定該墓下葬的年代是漢文帝前元十二年(前一六八),説明這批寶物埋藏在地下已經有二千一百五十多年了。《長沙馬王堆二、三號漢墓發掘簡報》對出土的帛畫帛書介紹道:

> 這次出土的帛畫共有四幅。一幅是覆蓋在内棺上的"T"字形的帛畫,兩幅張挂在棺室的東西兩壁上,另一幅則藏在東邊箱出土的57號長方形漆奩内。
>
> 帛書出於東邊箱的57號長方形漆奩的下層。大部分疊成長方形,放在漆奩的一個格子裏,少部分壓在兩卷竹簡的下面。由於年久粘連,有殘損。
>
> 帛的寬度約18釐米。字的行列與緯絲方向一致,每行寬6—7毫米。有的先用朱砂劃好直行,即所謂"朱絲欄",然後寫字;有的未劃行格。字體除個别爲篆書外,絶大部分是早期隸書,有的書寫十分工整,有的則較潦草,看來並非出自一人之手。
>
> 這批帛書的内容,經初步整理,有《易經》《老子》和《戰國策》,有天文、曆法、五行、雜占等數術方面的文籍,還有兩幅地圖,共計二十餘種,總字數在十萬字以上。過去有傳本存世的幾種先秦文獻,與今本對比都有不同程度的出入,其中《老子》保存最多〔圖版十〕。①

這批帛書的出土爲戰國、秦漢時期的哲學、歷史、地理、天文、醫學、軍事、語言等方面的研究提供了豐富的資料。同時,我們也可以從中清楚地看到帛書物質形態上的若干特點。曉菡《長沙馬王堆漢墓帛書概述》描述道:"帛書中有一種寫在通高48釐米的寬幅帛上,折疊成長方形,放在漆盒下層的一個格子裏,折疊的邊緣已有斷損;另一種通高24釐米,卷在長條形木片上,壓在兩卷竹簡下邊,年久粘連,破損比較嚴重。"②漢代帛書

① 《文物》一九七四年第七期。

② 《文物》一九七四年第九期。

卷在長條形木片上的這種方式，顯然是書籍卷軸制度的先驅，如在帛上用朱砂畫行格，則對後代卷軸裝書籍的烏絲欄、朱絲欄的形成有明顯影響。唐李肇云："宋亳間，有織成界道絹素，謂之烏絲欄、朱絲欄。"①這説明唐代帛書還在流行，帛上的行格越來越考究。敦煌卷子上的鉛灰色界行，當然也與此一脉相承。

關於帛書的長短，唐徐堅《初學記》云："古者以縑帛，依書長短，隨事裁之也。"②意思是説書的長短與帛的長短是一致的。葉德輝提出了新的看法：

> 吾嘗謂《吕氏春秋》每卷《月令》十二紀後，雜入他文四五篇，其義絶不可曉。後始悟所書《月令》後有餘幅，故以他文接鈔，迨改爲刻本，遂仍其舊。又悟大、小二戴《記》之分析，初本無所去取，特兄弟分執數卷，習之日久，各自爲學。而小戴先列學官，大戴遂微。然觀大戴三十九篇中，又雜出《曾子》十篇，益信古人鈔書，取便誦習。自卷并爲本，此義益無可考見矣。③

葉德輝的意見是書的長短與帛的長短不一定完全一致，如帛有餘幅，也可鈔上其他文章以便誦習。這一設想已爲帛書所證實，例如在馬王堆漢墓所出帛書《老子》甲本卷後、《老子》乙本卷前、《周易》卷後皆鈔有其他文章，如《經法》《十大經》《稱》等，還有一些文章無篇題。

許慎云："著於竹帛謂之書。"④帛同竹木都是中國古代極其重要的文獻載體。帛書的大批發現不僅爲研究古代著作提供了新資料，而且也爲我們對帛這種文獻載體及卷軸這種書籍形式的研究提供了實證。

---

① 《國史補》卷下。
② 《初學記》卷二一。
③ 《書林清話》卷一《書之稱卷》。
④ 《説文解字》第十五上。

第五節　紙

作爲文獻載體，竹木的優點是便宜，缺點是形體笨重；帛的優點是輕便，缺點是價格昂貴。紙卻兼有兩者的優點，而無兩者的缺點，所以它就必然地取代了竹木與帛。

中國紙的出現很早，在東漢元興元年（一〇五）蔡倫把他所製造的紙獻給皇帝之前，人們就已經使用紙了。《三輔故事》云："衛太子嶽鼻，太子來省疾，至甘泉宫，江充告太子勿入，陛下有詔，惡太子鼻嶽，當以紙蔽其鼻。充語武帝曰：'太子不欲聞陛下膿臭，故蔽鼻。'武帝怒太子，太子走還。"①《漢書·趙皇后傳》還談到元延元年（前一二），皇后趙飛燕之妹趙昭儀爲害死後宫的曹偉能，派獄臣籍武送給她裹藥二枚，赫蹏書曰："告偉能，努力飲此藥，不可復入，汝自治之。"唐顔師古注引應劭曰："赫蹏，薄小紙也。"又引孟康云："蹏猶地也，染紙素令赤而書之，若今黄紙也。"②到了東漢，紙便用來寫書了。《風俗通》曾云：光武帝徙都洛陽，載素、簡、紙經凡二千輛，已見前引。《後漢書·賈逵傳》亦載：章帝建初元年（七六）"令逵自選《公羊》嚴、顔諸生高才者二十人，教以《左氏》，與簡、紙經傳各一通"。③ 同書《皇后紀》載有永元十四年（一〇二）和帝鄧皇后命令禁絶方國貢獻珍麗之物，"歲時但貢紙墨而已"④。可見以紙寫書已通行上下。

這些記録雖然在時間上都比蔡倫造紙要早，但蔡倫的功績仍然是偉大的。《後漢書·宦者列傳》云：

> 蔡倫字敬仲，桂陽人也。……永元九年（九七），監作秘劍及諸器械，莫不精工堅密，爲後世法。自古書契多編以竹簡，其用縑帛者謂之爲紙。縑貴而簡重，並不便於人。倫乃造意，用樹膚、麻頭及敝布、

---

① 《太平御覽》卷三六七引。

② 《漢書》卷九七下。

③ 《後漢書》卷三〇六。

④ 《後漢書》卷十上。

魚網以爲紙。元興元年(一〇五)奏上之,帝(和帝)善其能,自是莫不從用焉,故天下咸稱"蔡侯紙"。①

蔡倫的功勞在於他總結了勞動人民造紙的經驗,擴大了造紙原料,降低了造紙成本,從而使紙得到了普遍使用,"天下咸稱蔡侯紙"就是對他的成就所作的肯定。

漢人能以植物纖維造紙也已爲出土文物所證實。如近年居延新出土的文物中有"麻紙二種。紙Ⅰ,出土時團成一團,經修復展平,最大一片長寬二十一乘十九釐米,色澤白净,薄而勾,一面平整,一面稍起毛,質地細密堅韌,含微量細麻綫頭。顯微觀察和化學鑒定,只含大麻纖維。同一處出的簡最晚年代是宣帝甘露二年(前五二)。紙Ⅱ,長寬十一點五乘九釐米。暗黄色,似粗草紙,含麻筋、綫頭和碎麻布塊,較稀鬆。出土地層屬於平帝建元(公元一)以前"②。

由於紙價廉物美,作爲文獻載體,它出現以後就逐漸取代簡與帛的地位。崔瑗《與葛元甫書》云:"今遣送《許子》十卷,貧不及素,但以紙耳。"③可見東漢末年帛書還在盛行時,紙就以它廉價的優點被用來鈔書了。王隱《晉書》云:"陳壽卒,詔河南尹華澹下洛陽令張泓遣吏賫紙筆,就壽門下寫取《三國志》。"④足證晉代用紙鈔書已比較普遍,以用紙鈔書爲不敬的觀念逐漸淡化。

南北朝以後的書基本上是以紙作爲文獻載體的。《隋書·經籍志》總序云:"宋武入關,收其圖籍,府藏所有,才四千卷,赤軸青紙,文字古拙。"又稱隋文帝平陳以後,所得"多太建時書,紙墨不精,書亦拙惡"⑤。

到了唐代,更是紙書一統天下。《舊唐書·經籍志》序云:"凡四部庫

① 《後漢書》卷七八。

② 甘肅居延考古隊《居延漢代遺址的發掘和新出土的簡册文物》,載《文物》一九七八年第一期。

③④ 《北堂書鈔》卷一〇四引。

⑤ 《隋書》卷三三。

書，皆以益州麻紙寫。”[①]《新唐書·藝文志》序也稱：“太府月給蜀郡麻紙五千番，季給上谷墨三百三十六丸，歲給河間、景城、清河、博平四郡兔千五百皮爲筆材。”[②]

宋代以後，造紙水平提高了，增加了許多紙料來源。北宋蘇易簡云：“蜀中多以麻爲紙，有玉屑、屑骨之號，江浙間多以嫩竹爲紙，北土以桑皮爲紙，剡溪以藤爲紙，海人以苔爲紙，浙人以麥莖、稻稈爲之者脆薄焉，以麥藁、油藤爲之者尤佳。”[③]宋以後印書、裝書用紙主要是麻紙、竹紙和皮紙，此外還使用還魂紙即再生紙。明宋應星云：“其廢紙洗去朱墨污穢，浸爛，入槽再造，全省從前煮浸之力，依然成紙，耗亦不多。南方竹賤之國不以爲然，北方即寸條片角在地，隨手拾取再造，名曰還魂紙。”[④]宋以來印書、裝書紙，根據原料、産地、特點、用途等，有許多不同品種。如白麻紙、黄麻紙、楮皮紙、桑皮紙、藤皮紙、椒紙、繭紙、綿紙[⑤]；澄心堂紙、由拳紙、開化紙、常山紙、麻沙紙、鉛山紙、清江紙、宣紙、東昌紙、蒲圻紙、英山紙、鷄林紙、高麗紙；羅紋紙、鵠白紙、連四紙、連七紙、毛邊紙（又名官堆）、連史紙、毛太紙、桃花紙；藏經紙、榜紙、奏本紙、册子紙等。[⑥] 關於宋以後書籍用紙情況，我們將在本編第四章第一節中加以介紹。

紙的發明與應用，不僅促進了書籍物質形態的巨大變化，而且也有力地推動了中國文化乃至世界文化的發展。

---

① 《舊唐書》卷四六。

② 《新唐書》卷五七。

③ 《文房四譜》卷四《紙譜》。

④ 《天工開物》卷中《殺青第十三》。

⑤ 繭紙與綿紙並非以蠶繭和絲綿造成，而是兩種精美的皮紙。

⑥ 詳見潘吉星《中國造紙技術史稿》第五章《宋元時期的造紙技術》、第六章《明清時期的造紙技術》。

第三章　紙書的裝式

人們對於文獻載體期其輕便，終於發明了紙書，而紙書也先後有卷軸裝、旋風裝、梵夾裝、經摺裝、蝴蝶裝、包背裝、綫裝等多種不同的裝幀形式，使得它越來越便於閲讀。現將其衍變過程簡述如下。

第一節　卷軸裝

初期紙書在形式上模仿帛書，把鈔成了書的紙粘成長卷，用木或竹作軸，粘於最後一幅紙上，卷成一束，合若干卷爲一帙。這種書籍裝幀形式稱爲卷軸裝。

南朝以來，紙書逐漸取代帛書，但下及隋、唐、五代，書皆仍爲卷軸裝。梁阮孝緒在《七録序》中説他編撰《七録》時“儻欲尋檢，内寡卷軸”①。此以卷軸爲書籍的代稱，正證明了卷子本在這一時期的普遍存在。卷軸日益流行，使得這種裝式日趨考究。如《隋書·經籍志》序云：“煬帝即位，秘閣之書限寫五十副本，分爲三品：上品紅瑠璃軸，中品紺瑠璃軸，下品漆軸。”②唐代宫廷藏書又進了一步，能注意到用不同顔色和質地的軸、褾、帶、簽來區分不同類别的書。《唐六典》注云：唐玄宗時集賢院藏書，“其經庫書鈿白牙軸，黄帶，紅牙籤；史庫書鈿青牙軸，縹帶，緑牙籤；子庫書雕紫

---

① 《廣弘明集》卷三。

② 《隋書》卷三二。

檀軸,紫帶,碧牙籤;集庫書緑牙軸,朱帶,白牙籤,以爲分别”①。由南朝至五代書籍用卷軸已爲敦煌卷子所證明。斯坦因説:“就卷尾以及文書中間所記載的正確年代,這些卷子的年代大概自第五世紀的最初以迄於第十世紀的終了。”②

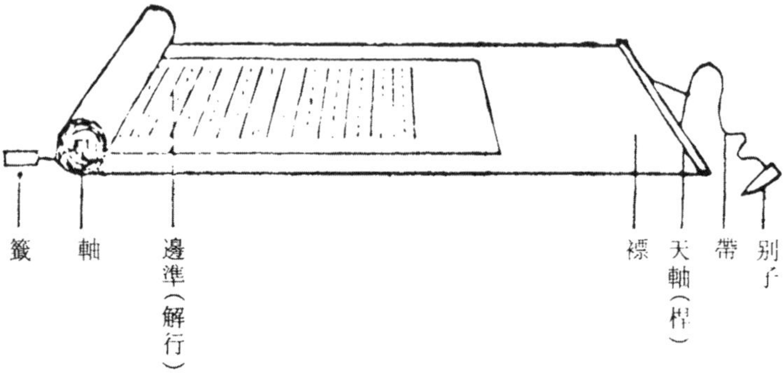

采用卷軸裝的手寫紙書,一般稱爲卷子。我們現在見到的卷子,其形製大體如上圖所示:

軸是一根棍子,兩端可涂漆,考究的則鑲嵌珊瑚、玳瑁、琉璃、象牙、金等。軸的作用是用來把卷子卷起,如同現在經過裝裱的字畫下端或終端的軸一樣。卷就是用來鈔了書的紙或帛,它是卷軸裝書籍的主體。從敦煌所提供的實物看,紙卷的長短不同,長的有二三丈,短的僅二三尺,以糊粘接而成。短卷少的只有兩張紙,長卷則幾幅乃至幾十幅紙不等。敦煌卷子③雖至斷爛,而粘連之處未有脱落者,可見當時的粘連之法還是相當高明的。其接縫之處如有鈐印或署名者,則謂之印縫,或曰押縫,或曰款縫。

一般的書多用單層紙卷卷成卷軸,貴重的則要裝背。余嘉錫云:“今敦煌所得六朝、唐人手寫書卷,皆單層紙無裝褾者,論者遂謂古紙厚於今

① 《唐六典》卷九李林甫注。

② 向達譯《斯坦因西域考古記》第十三章《秘室中的發見》。

③ 清光緒二十六年(一九〇〇),甘肅敦煌發現了大量古代卷軸裝鈔本書籍,世稱敦煌卷子。我們現在之所以能見到唐及先唐的這種書籍,主要靠敦煌卷子的發現。關於敦煌卷子及其發現經過,海内外學人已有專著論述,這裏不再贅及。

紙,故不須裝背,其實不然。唐秘書省崇文館皆有裝潢匠。所謂裝者,必兼裝背言之,不僅接縫褾軸也。且唐人摹書之紙較寫經紙尤爲硬厚,書畫尚須裝背,豈書籍獨不可裝背乎? ……特今敦煌所得書皆民間通行之本,初非珍異,故僅用單紙耳。"①明胡應麟云:"自漢至唐猶用卷軸,卷必重裝一紙,表裏常兼數番。"②都説明貴重的書需要裝背。

從敦煌卷子看,唐代紙張有一定的尺寸,一般長爲四十到五十公分左右,高約二十五到二十七公分,也有少數比一般尺寸更大或更小的紙。敦煌寫本,每卷幾乎都劃有淺淡的上下横綫與直行。唐人稱上下横綫爲邊欄,直行則稱爲邊準,相當於帛書中的烏絲欄或朱絲欄。每行寫的字數也大不相同。宋程大昌云:"唐人舉進士,必行卷者,爲緘軸録其所著文以獻主司也。其式見李義山集《新書·序》(卷七),曰:治紙工率一幅以墨爲邊準(今俗呼解行也),用十六行式(言一幅解爲墨邊十六行也),率一行不過十一字(此式至本朝不用)。"③宋趙彦衛云:"釋氏寫經,一行以十七字爲準,故國朝試童行誦經,計其紙數,以十七字爲行,二十五行爲一紙。"④據程氏、趙氏所説,行數字數各有定式,今所見敦煌卷子似不盡相同,惟釋氏寫經多爲每行十七字,然也有每行二十幾字、三十幾字的。

關於書寫的格式,劉國鈞先生説:

> 每卷起首空兩行,這是"贅簡"的遺迹,預備寫全書總名的。然後開始寫本篇的名稱(小題)和卷次。此下空數字,再寫全書名稱(大題)。也有起首不留空行,徑寫小題的。然後寫正文。正文寫完,隔一行,再寫本篇篇名和卷次,這空着一行是爲了填寫鈔書年、月和鈔書人姓名而用的。但也有不寫的。有時卷尾還寫上用紙的數字,裝潢人、校正人的姓名。如果是寫經,還要寫上鈔經的目的、願望或經文、注文的數字。……

---

① 《余嘉錫論學雜著·書册制度補考·裝背》。
② 《少室山房筆叢》甲部《經籍會通》卷四。
③ 《演繁露》卷七。
④ 《雲麓漫鈔》卷三。

> 一九六九年新疆吐魯蕃唐墓中出土的寫本《論語鄭氏注》殘篇，是一位小學生卜天壽於中宗時代景龍四年(七一〇)所鈔寫。篇後就注有鈔寫的年、月，鈔寫人姓名、年齡。這爲我們瞭解唐代書寫方式，又提供了新的例證。①

關於褾和帶，馬衡先生指出："縑帛或紙之一端既卷入軸内，而他端則以其他材料黏連之，裹於卷外，以爲防護，今俗稱包首，古謂之褾。褾字之本義爲領袖之緣飾，此裝於卷端，故亦謂之褾。褾首繫絲織品以縛之，其名謂之帶。"②

另外，"卷子在書架上排架時，總是以軸頭向外，這樣就便於抽出和插入，所以稱爲'插架'。軸頭上往往繫上一根籤子，在上面寫簡單的書名和卷數，以便於尋找"③。這，古人稱之爲籤。貴重者多以象牙製成，故稱牙籤，如明彭大翼云："唐李鄴侯泌起書樓積書三萬餘卷。經用紅牙籤、史用緑牙籤、子用青牙籤、集用白牙籤。韓退之詩云：'鄴侯家多書，插架三萬軸。一一皆牙籤，新若手未觸。'"④

一部書往往有許多卷，爲了免於將某部書和别的書混在一起，同時也爲了防止卷軸弄髒受損，卷軸裝的書常以帙包裹。《説文》云："帙，書衣也。……袠，帙或從衣。"⑤顯然，簡册就已經用帙來包裹了。帙的原料用布或絲織品。晉荀勖《中經簿》云："盛書有縑袠、青縑袠、布袠、絹袠。"⑥爲了便於統計，每帙多爲十卷。馬衡曾舉例説：

---

① 《中國書史簡編》第三章《從公元二世紀到八世紀的中國書》第四節《寫本書的極盛時期》。

② 《凡將齋金石叢稿》卷七《書籍制度》:《中國書籍制度變遷之研究》。

③ 《中國書史簡編》第三章《從公元二世紀到八世紀的中國書》第四節《寫本書的極盛時期》。

④ 《山堂肆考》角集卷二八。韓愈詩題爲《送諸葛覺往隨州讀書》，載《全唐詩》卷三四二。

⑤ 《説文解字》第七上。

⑥ 《太平御覽》卷六〇六引。

晉葛洪《西京雜記·序》曰:"(劉)歆欲撰《漢書》,編録漢事,未得締構而亡。故書無宗本,止雜記而已。失前後之次,無事類之辨,後好事者以意次第之,始甲終癸爲帙,帙十卷,合爲百卷。"此後漢之以十卷爲帙也。梁《昭明太子集》前有劉孝綽序曰:"謹爲一帙十卷,第目如次。"《隋志》有"《周易》一帙十卷,盧氏注"。此六朝之以十卷爲帙也。唐陸德明《經典釋文·序》曰:"合爲三帙三十卷,號曰《經典釋文》。"魏徵《群書治要·序》曰:"凡爲五帙,合五十卷。"此唐之以十卷爲帙也。宋李清照《金石録·後序》曰:"裝卷初就,芸藏縹帶,束十卷爲一帙。"此宋之以十卷爲帙也。①

以十卷爲帙也不是絶對的,特别是當一部書不足十卷時,爲了避免同其他書相雜,也自成一帙。

第二節　旋風裝

卷軸裝是寫本書的主要裝幀形式,但它也有明顯缺點,即不便尋檢。胡應麟云:"自漢至唐,猶用卷軸。卷必重裝,一紙表裏,常兼數番。且每讀一卷,或每檢一事,紬閲卷舒,甚爲煩數,收集整比,彌費辛勤。"②爲了克服這個缺點,在綫裝書出現之前,人們進行了不斷的探索,較早出現的一種形式是旋風裝,亦稱龍鱗裝。

吴彩鸞寫本《唐韻》是今存這種形式的唯一實證。它大約起於唐代而盛於北宋。歐陽修云:"唐人藏書皆作卷軸,其後有葉子,其制似今策子。凡文字有備檢用者,卷軸難數卷舒,故以葉子寫之,如吴彩鸞《唐韻》、李郃《彩選》之類是也。"③張邦基亦云:"裴鉶《傳奇》載:成都古仙人吴彩鸞,善書小字,嘗書《唐韻》鬻之。……今世間所傳《唐韻》猶有,皆旋風葉,字畫

① 《凡將齋金石叢稿》卷七《書籍制度》:《中國書籍制度變遷之研究》。
② 《少室山房筆叢》甲部《經籍會通》卷四。
③ 《歸田録》卷二。

清勁，人家往往有之。”①吴彩鸞所書《唐韻》，黄庭堅也見過，其《跋張持義所藏吴彩鸞〈唐韻〉》云：“右仙人吴彩鸞書孫愐《唐韻》，凡三十七葉，此唐人所謂葉子者也。按彩鸞隱居在鍾陵西山下，所書《唐韻》，民間多有。余所見凡六本，此一本二十九葉，彩鸞書，其八葉後人所補。”②

爲了克服卷軸裝的缺點，旋風裝有兩個特點。一是紙的正反兩面皆書寫，可以節省紙張縮小卷軸的體積，也就是擴大了書的容量。黄庭堅所談到的張持義收藏的吴彩鸞《唐韻》，清初尚流傳，卞永譽《式古堂書畫彙考》卷八曾著録。又同卷載有明項元汴舊藏的彩鸞楷書《四聲韻帖》（即孫愐《唐韻》），注云：“徽宗御書籤題《韻帖》，共六十葉，每葉面背俱書，帖内小字自注。”

旋風裝的第二個特點是逐葉錯開一定距離粘在卷底上。元王惲説：

> 吴彩鸞龍鱗楷韻後，柳誠懸題云：“吴彩鸞，世傳謫仙也。一夕書《唐韻》一部，即鬻於市，人不測其意。稔聞此説，罕見其書，數載勤求，方獲斯本。觀其神全氣古，筆力遒勁，出於自然，非古今學人可及也。時泰和九年九月十五日題。”其册共五十四葉，鱗次相積，皆留紙縫。（天寶八年製。）③

現故宫博物院還保留着一卷旋風裝的實物，卷端題《刊謬補缺切韻》，其裝式如馬衡所述：

> 一九四七年秋，故宫博物院收得唐王仁昫《刊謬補缺切韻》一卷，爲海内佚書。其裝潢雖爲卷子，而内涵散葉二十四葉。蓋以兩紙褙成一葉，故兩面有字。其裝爲卷子也，則以第一紙褙於卷内。自第二葉起，僅以葉之一端黏著卷上，以次錯疊，如魚鱗然，卷之則成卷軸，

---

① 《墨莊漫録》卷三。
② 《山谷别集》卷一一。
③ 《玉堂嘉話》卷二。

不見散葉之迹。……蓋即龍鱗裝也。①

李致忠《古書"旋風裝"考辨》一文談得更詳細：

一九八〇年九月，有幸在故宫博物院見到《唐寫本王仁昫刊謬補缺切韻》一件，其裝幀形式，對研究古書的旋風裝，是一件十分難得的實物資料。

《唐寫本王仁昫刊謬補缺切韻》，卷端題《刊謬補缺切韻》。前人多題爲唐吴彩鸞書《唐韻》。因吴彩鸞書無確據可考，故改稱《唐寫本王仁昫刊謬補缺切韻》。

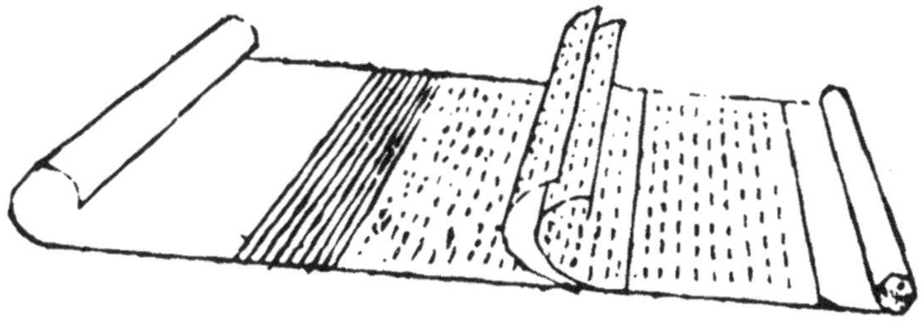

《唐寫本王仁昫刊謬補缺切韻》，全書共五卷，凡二十四葉。除首葉單面書寫文字外，其餘二十三葉均兩面書寫，所以共四十七面。每面三十五行，自四十"耕"起，每面三十六行。每葉高二十五點五、長四十七點八釐米。以一長條卷紙作底，除首葉因單面書寫，全幅裱於卷端外，其餘二十三葉因雙面書寫，故以每葉右邊無字空條處，逐葉向左鱗次相錯地粘裱在首葉末尾的卷底上，看去好似龍鱗，錯疊相

① 《凡將齋金石叢稿》卷七《書籍制度》:《中國書籍制度變遷之研究》。

積。收藏時,從首至尾卷起,外表完全是卷軸的裝式;但打開來時,除首葉全裱於卷底,不能翻閱外,其餘均能逐葉翻轉。其裝幀形式獨具風格,世所罕見,當是古書旋風裝的實物證據。①

旋風裝的書葉兩面書寫,鱗次相錯地粘在卷底上,這樣既擴大了卷子的容量,又縮短了卷子的長度,翻閱起來也比較方便,因此爲需要經常查檢的韻書所采用。但是它没有改變卷軸制度,因而也就不會徹底改變卷舒之難,所以這種形式後來並没有被普遍采用。

第三節　經摺裝與梵夾裝

旋風裝(龍鱗裝)仍然保留了卷軸的形式,因此不可能真正克服卷軸裝書籍卷舒困難的缺點。爲了克服這一明顯缺點,人們終於創造並采用了新的形式。

北宋初年孫光憲云:“盧光啓策名後,敭歷臺省,受知於租庸張濬。清河出征并汾,盧每致書疏,凡一事别爲一幅,朝士至今效之,蓋八行重疊别紙,自公始也。”②盧光啓,《新唐書》有傳,係唐末人。他創造的“重疊别紙”的奏摺形式一直爲後世普遍采用。既然寫信可以將紙折疊起來,書籍當然也可以這樣做。宋羅璧云:“唐末年猶未有摹印,多是傳寫,故古人書不多而精審。作册亦不解綫縫,只疊紙成卷,後以幅紙概粘之(原注:猶今佛老書),其後稍作册子。”③所謂册子即由紙幅摺疊而成,因爲這種裝幀形式便於誦讀,爲佛、道二教經典普遍采用,所以通稱經摺裝。

一九七五年,香港中文大學出版了錢存訓的《中國古代書史》,錢先生在該書圖版二十五中介紹了一種唐代經摺本《入楞伽經疏》,計二百十一葉,左右相連摺疊爲經摺裝。如下圖所示。美國學者卡特談到斯坦因在

① 載《文物》一九八一年第二期。
② 《北夢瑣言》卷四。
③ 《羅氏識遺》卷一。

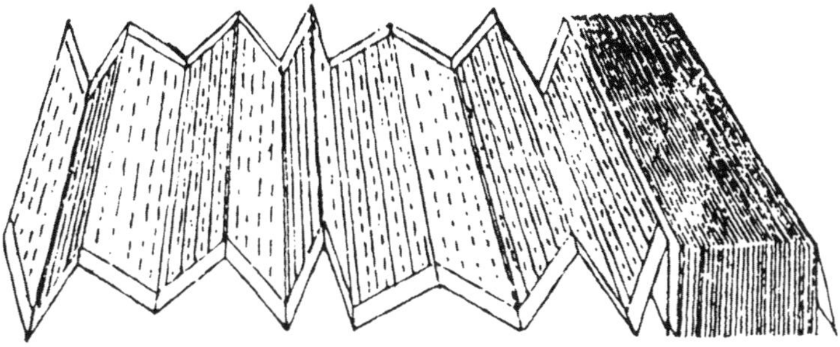

敦煌獲得一部刻印簡陋的小佛經，也是一本小小的摺疊而成的書。他分析道：

> 中國的載籍告訴我們，紀元前一二世紀開始在縑帛上作書時，書是手卷式的。這種形式，在紙張發明以後，仍舊保持，直到唐末受了印刷的影響，才開始出現逐頁裝訂的書籍。在手卷和逐頁裝釘成册之間，有一個過渡階段，就是摺疊成册，即把一張連續不斷的紙摺成書的樣子，好像現代鐵路行車時刻表一樣。這本小經就是這樣的摺疊册子。全書共有八葉，也像所有的雕版印刷一樣，只印一面，經摺疊以後，一邊用漿糊粘牢，就可以像現代書籍一樣的逐頁翻閱。在外頁的裏封，明白印有印刷者的姓名和年代（九四九），這種格式更增加了我們的現代感。①

有的經摺裝書後來可能經過改裝，昌彼得介紹道："敦煌所出的玄奘法師譯《般若波羅蜜多心經》殘卷一卷，每行十七字。此殘卷現在雖作卷子式，但其中每隔六行，有一顯然的摺痕，因之推測它原來必定是作摺疊式的。此經就字體觀之，約寫於唐中葉以後。"②

他山之石，可以攻玉。在我國書籍制度由卷軸裝向綫裝轉變的過程中，印度貝葉經的輸入起了相當大的作用。葉德輝說："吾嘗疑葉名之緣

---

① 卡特（T·F·Carter）著，吴澤炎譯《中國印刷術的發明和它的西傳》第二編《中國的雕版印刷》第八章《最早的雕版書——咸通九年金剛經》。

② 《版本目録學論叢》（一）：《唐代圖書形制的演變》。

起,當本於佛經之梵貝書。釋氏書言西域無紙,以貝多樹葉寫經,亦稱經文爲梵夾書。此則以一翻爲一葉,其名實頗符。不然,草木之葉,於典册之式何涉哉?”①明末潘之恒在《葉子譜》題辭中也認爲:“葉子,古貝葉之遺制。”②他們的看法是有根據的。唐玄奘云:“恭建那補羅國王宫城北不遠,有多羅(貝多)樹林,周三十餘里。其葉長廣,其色光潤,諸國書寫,莫不采用。”③唐段成式亦云:“貝多出摩伽(揭)陀國,長六七丈,經冬不凋。此樹有三種……西域經書用此三種皮葉。”④

隨着佛教的傳入,用貝多葉書寫的佛經也傳入了我國。《大慈恩寺三藏法師傳》卷六曾記載玄奘宣講佛經的情況説:“法師方操貝葉,開演梵文。”《宋史·天竺國傳》亦稱:“僧道圓自西域還,得……貝葉梵經四十夾來獻。”敦煌石室遺書中的實物也證明了這一點,《斯坦因西域考古記》云:“梵文寫本中有一篇大貝葉本,就材料上證明,毫無疑義是來自印度的,應算現存最古的印度寫本之一。”⑤

李致忠説:“梵夾裝,本指古印度用梵文將經文書寫在貝多樹葉上的裝幀,而後依次將貝葉經順好,每葉穿一圓孔,用兩塊長條形竹板或木板上下相夾,然後用繩穿過板上圓孔,再逐葉穿過每葉圓孔,最後穿過另一板圓孔。繩頭打起比圓孔大的疙瘩,以防脱出。閲讀時從首逐葉翻閲,穿繩總要擦磨葉孔,故葉孔常有磨痕。收藏時,勒緊一頭,再繞過上下兩板捆緊。這種裝幀由於是兩板相夾,又是梵文書寫,故中國人把它稱爲梵夾裝。”⑥梵夾裝在唐五代時期頗流行。李賀《送沈亞之歌》云:“白藤交穿織書笈,短策齊裁如梵夾。”⑦

梵夾裝有兩個特點:一是以板夾之,一是所夾爲散葉。《資治通鑒》卷二十五唐懿宗咸通三年説,唐懿宗“奉佛太過,怠於政事。嘗於咸泰殿築

① 《書林清話》卷一《書之稱葉》。

② 《續説郛》卷三九。

③ 《大唐西域記》卷一一。

④ 《酉陽雜俎》卷一八《廣動植之三》。

⑤ 向達譯《斯坦因西域考古記》第十三章《秘室中的發見》。

⑥ 《英倫閲書記》(下),載《文獻》一九八七年第四期。

⑦ 《全唐詩》卷三九〇。

壇,爲内寺尼受戒,兩街僧尼皆入項;又於禁中設講席,自唱經,手録梵夾”。胡三省注云:“梵夾者,貝葉經也。以板夾之,謂之梵夾。”正因爲如此,所以計算采用這種裝式的佛經,其量詞爲夾。如《續高僧傳》卷二載:“那連提黎耶舍,天保七年居於京鄴,文宣皇帝安置天平寺中,請爲翻經……殿内梵本千有餘夾,敕送於寺。”此類梵夾,我國至今尚有遺存。如浙江圖書館即藏有二夾:一夾三百二十片,一夾二百二十六片,都是巴利文寫的。①

由於采用梵夾裝的書,所夾是散葉,如未經繩穿,便常會出現丢失書葉的現象。梁釋慧皎等撰《高僧傳》卷五《玄逸傳》稱:玄逸喟然嘆曰:“若犍度失其夾葉,猶《禮記》脱落先後。”唐釋道宣《續高僧傳》卷三十七《法聰傳》云:“貞觀二十一年(六四七),海鹽縣鄱陽府君神因常祭降祝曰:爲請聴法師講《涅槃經》,道俗奉迎,旛花相接。遂往就講,餘數紙在。”法聰講完《涅槃經》後,還遺落數紙,可見這數紙即所持講的《涅槃經》。由於梵夾裝經書不便尋檢和保存,所以這種裝幀形式也未被廣泛采用。爲了克服梵夾裝的缺點,人們很自然地會想到將書的散葉用糊粘或用綫縫成一册。故梵夾裝這種外來形式的輸入,對於下面要談到的蝴蝶裝和綫裝是起了某種促進作用的。

綜上所述,經摺裝與梵夾裝是有區别的。經摺裝由卷軸裝發展而來,它是由紙摺疊而成的;梵夾裝則是由印度傳入的,書本身原來就是一些散葉。然而不少談版本的著作都把經摺裝與梵夾裝等同了起來。如有的著作説:“有人把一幅長卷一反一正地摺疊起來,成爲長方形的一疊,在這疊紙的前後,各加上一張硬紙,以便保護。這就出現了一種新的書籍形式,稱爲‘經摺裝’或‘梵夾裝’,這可能受印度‘貝葉經’形式的影響。”②新版《辭海》亦誤認爲:“經摺裝,也稱‘梵夾裝’。”③這或許因爲采用梵夾裝的書現存較少,而經摺裝、梵夾裝都爲佛教經書所采用因

---

① 見毛春翔《古書版本常談·如何鑒别版本》。

② 《中國書史簡編》第三章《從公元二世紀到八世紀的中國書》第四節《寫本書的極盛時期》。

③ 新版《辭海》系部“經摺裝”條。

而產生誤會。①

第四節　蝴蝶裝與包背裝

經摺裝同卷軸裝比起來有了很大改進,但是它也有個缺點,就是摺縫容易裂開。裂開之後,書便成了散葉,也會和梵夾裝一樣造成散亂現象。爲了克服這個缺點,人們便創造了一種新的册葉制度。元吾丘衍《閑居録》云:"古書皆卷軸,以卷舒之難,因而爲摺;久而摺斷,復爲部帙。"當然普遍采用印刷術也爲新的册葉制度的産生奠定了物質基礎,明胡應麟云:"至唐末宋初,鈔録一變而爲印摹,卷軸一變而爲書册。"②

馬衡介紹書册的初級形式蝴蝶裝的形成過程説:

> 蓋卷軸爲長幅,無從割裂,自有葉子而後,每葉有一定字數,由一葉以至於十葉百葉,自爲篇幅,而遞相銜接,以一葉爲一版,而編次其數。積行而成葉、積葉而成册、積册而成部,而後書籍之制日臻於進化,至今日而未變。其裝訂之法,最初以每葉反摺之,黏其版心之背,使兩旁之餘幅向外,不用綫釘,謂之蝴蝶裝。謂攤書之時,中有黏著,兩旁各半葉,如蝴蝶之有兩翼也。③

葉德輝給蝴蝶裝下了一個定義:"蝴蝶裝者,不用綫釘,但以糊粘書背,夾以堅硬護面。以板心向内,單口向外,揭之若蝴蝶翼然。"④其裝式略如下圖:

① 辨詳李致忠《古書經摺裝、梵夾裝、旋風裝考辨》,載《文獻》一九八六年第二期。
② 《少室山房筆叢》甲部《經籍會通》卷四。
③ 《凡將齋金石叢稿》卷七《書籍制度》:《中國書籍制度變遷之研究》。
④ 《書林清話》卷一《書之稱本》。

其裝幀過程是將印好的書葉，按版心的中縫正面對正面地摺起來，以硬紙（有的還用帛）作裹背紙，並將書葉背面的摺縫處粘在裹背紙上即成。

馬氏又述蝴蝶裝的特點云：

宋時初改册葉，多爲蝴蝶裝。書版之左上角，往往於闌外刻書之篇題一小行，爲便於翻檢而設。今之裝法，既以版心向外，而刻書者猶於此處刻字，殊可笑也。蝴蝶裝所以有版心者，一以誌書之名目卷第，使印刷或裝釘時不致紊亂，一以留黏貼之餘地，使讀者不致礙目。故書名之在二三字以上者，往往摘取其一二字以著之，絶無意義可言也。其庋置之法，乃以書背向上，書口向下，排比植立，不似綫裝之壘置者。何以知之，以北平圖書館藏原裝宋本《歐陽文忠公集》《册府元龜》等書，其書根上皆寫書名卷第，自書背到書口，一行直下，而書口餘幅之邊際，皆曾受摩擦也。其分卷之法，不必以一卷爲一册。有一册之中容數卷者，則以異色之紙或帛，黏貼於每卷首葉之書口，以爲識别，如西文字典之標 AB 等字母之法，爲其便於檢尋也。北平圖書館藏《文苑英華》爲宋景定元年（一二六〇）裝背，其每卷首葉即有黄帛標識，可以爲證。①

① 《凡將齋金石叢稿》卷七《書籍制度》:《中國書籍制度變遷之研究》。

蝴蝶裝早在唐末五代時就已出現了，向達《記倫敦所藏的敦煌俗文學》一文説："倫敦所藏《季布罵陣詞文》，我一共看到五卷，其二爲卷子，三爲蝶裝小本。"①到了宋元時代，蝴蝶裝成了書籍裝幀形式的主流，《明史・藝文志》序云："文淵閣藏書，皆宋元所遺，無不精美。書背倒摺，四周向外，此即蝴蝶裝也。"采用蝴蝶裝的書保存至今的還相當多。錢基博《版本通義・歷史第二》曾舉北京圖書館所藏爲例，並云："蓋蝶裝書之多，未見有如北京圖書館之夥頤沉沉者，可謂洋洋乎大觀也哉！"

蝴蝶裝流行了一個相當長的歷史時期，但是它也有一個明顯的缺點，就是翻閱起來很不方便，因爲第一葉的後半葉的背面和第二葉前半葉的背面没有字，又不相黏連，讀下去必須連翻兩葉，因此就有人將印好的書葉按版心的中縫背面對背面地摺起來，然後再裹以護葉，這樣就産生了包背裝。大略如下圖：

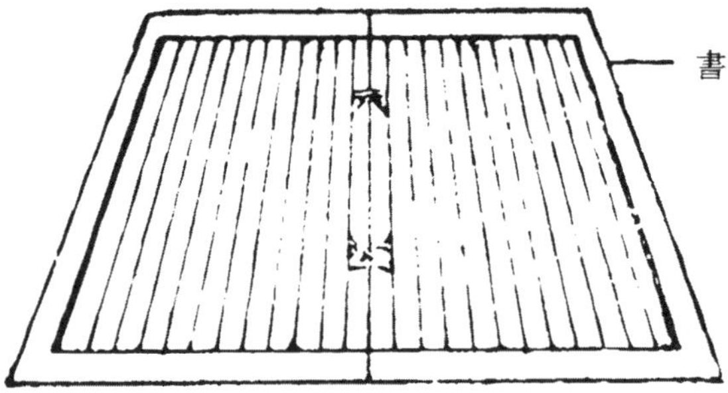

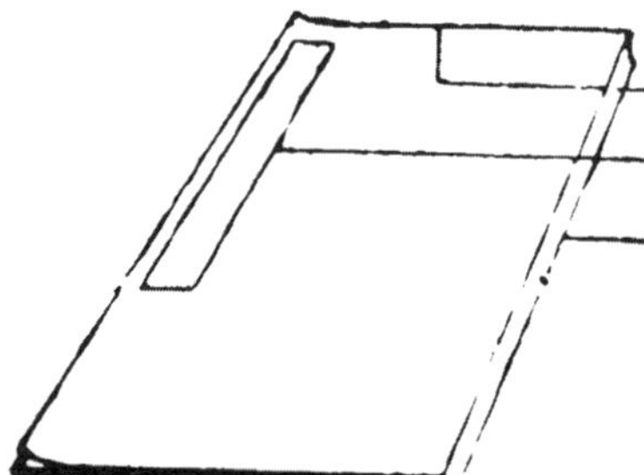

① 見向達《唐代長安與西域文明》。

包背裝有兩種裝訂方法。一種是將背面對摺的書葉黏連在裹背紙上,這種方法除背面對摺外,同蝴蝶裝没有多大差别。另一種方法是考慮到書葉黏連費事,且易散落,糊多生霉生蟲,由於需黏連的這一邊尚有餘紙,於是有人便在邊欄外的餘紙上打兩個或三個孔,用紙捻成綫穿訂起來,再黏上裹背紙。明代的包背裝大部分采用第二種方法。錢基博説:"明則盛行包背裝,始由糊黏而改綫裝,版心向外,而以綫緝單口,用厚紙或綾絹等包之,以滅鍼綫之迹,如今之和裝然。世所傳之《永樂大典》殘本及清纂《四庫全書》,咸用黄綾包裱者,是也。"①

采用包背裝的書閲讀方便了,但排架時直立容易磨損書口,使書葉斷裂,因此改爲平放。既然平放,就不必用硬封面,因此就有了軟面的書。

陳國慶曾專門介紹過現存采用包背裝的書,他説:

> 現今存世的這種裝訂的書,以元明版本爲最多。如北京圖書館所藏的元刊本《漢書》《文獻通考》等書,都是元刊元裝,其包背雖有破損,尚可看出當初裝訂的痕迹。其屬於明本的,如《明太祖御製詩集》《遼金元三史》《永樂大典》等書,全是朱絲欄寫本,黄綾包背裝。清代的包背裝,則以《四庫全書》爲最著。現今尚存四部②,各三萬六千餘册,一色包背形式。
>
> 到了清代,包背裝的技術,可以説已達到頂點。在其所謂内府寫本之中,除《四庫全書》外,還有一種所謂《玉牒》——皇室的家譜。每册長約九十公分以上,寬約五十公分以上,其最厚的可在五十公分以上。一律用宣紙畫朱絲欄,端楷寫成。其最重的,一册約可百五六十市斤。每當庋藏上架,須要二人力舉,方能移動。裝訂方法,就是采用包背形式。結束極爲堅固,二百年來,雖屢經遷動,至今毫無綻裂痕迹,這在裝訂史上,可以算是一個奇觀。③

① 《版本通義·歷史第二》。

② 引者案:文瀾閣本有補配。

③ 《古籍版本淺説》第四章《書籍裝訂的演進》四《紙書的裝訂》。

蝴蝶裝、包背裝比以前的書籍形式進步，但是它們也存在着一些缺點。葉德輝指出："蝴蝶裝如褾帖，糊多生霉而引蟲傷。包背則如藍皮書，紙豈能如皮之堅韌？若仿爲之，既費匠工，又不如綫裝之經久。"①正由於此，所以它們最終又被綫裝代替了。

第五節　綫　裝

綫裝的方法，基本上同包背裝一樣，但不用整紙裹背，而是前後各加一張護葉，用綫連同正文訂在一起。

蔣元卿《中國書籍裝訂術的發展》一文，詳細介紹了綫裝的各道工序，現鈔録如下：

> 摺頁　書葉印成之後，首先摺葉。"摺書葉須看版心正中，勿隨手亂摺，恐致歪斜。遇破碎及首尾不全者，即靳補完全，薄漿細粘，勿纍前後葉。將油板細麻用力夾緊，置潔處。"摺書葉的方法有二："一曰復摺，即每葉對齊版口之綫而復摺之，佳本書多如此。二曰捻摺，亦曰提摺，即用手捻書葉之版口，纍數葉而傾摺之，故所摺不無摺差，此於次等書多用之。"總之，"摺書葉，要摺得直，壓得久，捉得齊，乃爲高手"。
>
> 分書　"摺葉之後，再依次排之，是曰分書，亦曰排書。但書數少者，類多先分後摺。"因爲我國書籍，大部分爲卷數，印刷和摺葉時，難免有此先彼後的。紙張柔薄，不便檢取，恐夾雙張，所以須將卷數、葉碼，分别理清，從末帖排起。如先排一百本的，就攤成一百樁，然後依次堆疊之。
>
> 齊綫　分好的書葉，天頭地脚不一定整齊，必須逐葉對準中縫，使其整齊，所以又曰"齊欄"。"約十餘日，取書齊綫，齊畢，照前法夾放净處一二日。"齊綫法有二：就是挨齊與撒齊。"挨齊者，葉與葉挨綫而齊也，此匯摺成之書葉，以左手傾書葉之角，以右手移書葉，挨綫

① 《觀古堂所著書》第二集《藏書十約》。

而齊之,大都由上葉而齊至下葉。撒齊者,將摺成書葉匯之,撒開如扇,用指挑書葉而齊,大都由下葉而齊至上葉。但齊綫恒以下脚爲標準,蓋木版書籍,版心類多不一,而書之下脚又較天頭爲小,若盡齊其上,則版心大之書葉,其下脚之短顯而易見,既不美觀,又難裝訂,故不如齊下而使其上雖有參差,在天頭空位長處尚不覺也。書有無邊欄者,則依書口之字齊之。"

添副葉　所謂"副葉"就是每册書衣内的空白葉,"每本前後添副葉二三張"。"副葉用太史連,前後一樣兩張。"也可以用"單宣或汀貢(汀州所造竹料厚者),或潔净官堆"。按副葉的功用有二:第一可以保護書葉不受損傷,所以又名"護葉"。其次可避免潮濕,我國南方裝訂的書,有用萬年紅紙的,紅白相間,鮮艷異常。

草訂　書葉經過齊綫,添副葉以後,就要草訂,免使走動,"草訂,每本用綿紙訂三條,每條要挽一結,不用糊"。

加書面　書面位於副葉之外,所以也稱"書衣",現在稱封面。"書面有用宋箋者,亦有用墨箋灑金書面者。明人收藏書籍,講究裝訂者少,總用棉料古色紙書面,襯用川連者多。錢遵王述古堂裝訂書面,用自造五色箋紙,或用洋箋書面,雖裝訂華美,却未盡善。不若毛斧季汲古閣裝訂書面,用宋箋藏經紙、宣德紙染雅色,自製古色紙更佳。至於松江黄緑箋書面,再加錦套,金箋貼簽,最俗。"按書面有布、紙兩種,現在最通行的書面紙有二,"一栗色,用毛邊紙刷以栗色裱成,普通書籍多用之。二瓷青色,用太史連(又稱杭連),施以瓷青色裱成者,佳本書籍多用之"。

裱書面的方法"書面紙以細文宣紙,染古銅色,内褾以雲南皮紙。"也可"用涇縣連,或上好太史連紙,染荔枝或荔枝殼色,再摺帖紙一層(須有根者佳),棉紙一層襯之。將花椒煎湯,下白芨、白礬末少許,調乾麵打成糊,候天氣晴明,杉木板上裱之。如遇陰雨,發霉點,不可裱。裱後一二月方可裝書,如早用,紙性未定,後來必致短縮"。所以裱書面要"挺足候乾,揭下壓平,最好夏天做,秋天用"。

截書　書面加上,就進一步截書,"截書時,上下天地頭及書腦毛邊要放展,以闊且長爲貴,用力一刀截下"。"截要刀快,然後方平而光。"按明人截書,往往一本爲一本,所以一部書的各本刀口不齊。徐康《前塵夢影録》説:"在玉峰得《鴻慶居士大全集》,刀口不齊,據江湖書友云,明代人裝訂書籍,不解用大刀,逐本裝訂。"葉德輝《書林清話》卷七,也舉出很多例子,證明"明人截書,一本爲一本,推而至於宋元,亦莫不然"。證以北京圖書館所藏宋元殘册,可知確是事實。近時用切刀機,按照規定尺寸切成,大小一致,無參差不齊的毛病。

打磨　切好的書,難免或有刀紋,還要"砂紙磨光,勿要參差毛糙"。在打磨時,"用力須輕而匀,則書根光而平。否則不妥"。

包角　珍貴的書籍,多有用綾絹包角的,取其堅固,並增美觀。又有一種"鑲包角",就是包角時遺去上下副葉數張,驟視之,好似鑲的白邊。大概"北方書喜包角,南方殊不相宜。包角不透風,則生蟲,糊氣三五年尚在,則引鼠"。

釘眼　磨光或包角之後,在靠近書背之處,隨書本的闊狹,確定打眼的距離。"打眼時,須與草訂之孔一綫筆對,勿出於參差。""訂書眼要細,打得正而小。草訂眼亦然。又須少,多則傷書腦,日後再訂,即眼多易破,接腦煩難。"所以"通常四眼或六眼",有用八眼的。主要的是應視書本大小、書背寬狹而定。

穿綫　穿綫又叫訂綫,"用上好清水絹綫左手捻成者。約每本書,綫經七本書長,方可長條雙扣。書本薄者,綫經六本足矣。極厚者再加"。訂的時候,"要訂得牢,嵌得緊,方能不脱而緊"。

貼簽　書簽是書的衣飾,古人十分注意。"書簽用宋箋藏經紙,古色爲上。"用深古色裱一層,但仍要視書衣的顔色而定。貼書簽時,要款貼、整齊,不可長短、闊狹、上下、歪斜。

以上就是綫裝書籍的裝訂過程和方法(當然前五項也適用於包背裝)。①

---

① 載《圖書館學通訊》一九五七年第六期。其中引文均見其所據《古今秘苑》《藏書紀要》《藏書十約》及《圖書館組織與管理》等書,不再一一注明。

綫裝書出現也很早，李致忠在大英圖書館東方部所藏的敦煌遺書中，見到了不少綫裝書。如唐寫本《金剛般若波羅蜜經》，尾有“時天復五年（九〇五）歲次乙丑三月一日寫竟。信心受持，老人八十有三”兩行，該書“原來用綫縫繢的孔眼猶存，凡三眼，表明當年是一本綫裝書。這一事實表示，早在唐代末期，綫裝形式的書就已出現”。又如五代寫本《開蒙要訓》，卷尾有“顯德五年（九五八）十二月十五日大雲寺學郎”一行，該書“右邊有裝訂遺孔，裝訂綫已佚。證明此件當時是綫裝形式”。再如北宋寫本《金剛般若波羅蜜經》，卷尾有“于時大宋乾德七年（九六九）己巳歲四月十五日，大乘賢者兼當學禪録，何江通發心敬寫大小經三築子，計九卷。晝夜念誦，一心供養，故記之耳”題記四行。“此經裝幀，亦是將雙面書字的單葉對摺，形成四面有字。凡五十二葉，一百零四面。首葉背面右半葉，末葉背面左半葉均不書字，以爲前後封面。前封面居中豎題‘金剛般若波羅蜜經’，對摺好書葉依次排完，摺邊朝右，戳齊，做爲書脊，而後沿右邊上中下等距離鑿四個洞，用雙股擰好的絲綫繩横索豎穿，最後在中孔書背處打繫蝴蝶結。迄今雖已歷一千餘年，裝幀宛在，裝綫猶存，且還相當堅實牢固。這又是一本典型的綫裝書。”①一九七四年七月在山西應縣佛宫寺木塔内發現的遼代寫經、雜鈔中，《大方廣佛華嚴經隨疏演義鈔卷第一並序》《大方廣佛華嚴經隨疏演義鈔序》《大方廣佛華嚴經隨疏演義鈔玄鏡記卷第三》上半、《大乘雜寶藏經及唱詞》等四件均爲綫裝成册。② 宋張邦基也談到某些宋本書已采用了綫裝的形式：

王洙原叔内翰常云：作書册，粘葉爲上。久脱爛，苟不逸去，尋其次第，足可鈔録。屢得逸書，以此獲全。若縫繢，歲久斷絶，即難次序。初得董氏《演繁露》數册，錯亂顛倒，伏讀歲餘，尋繹綴次，方稍完復，乃縫繢之弊也。嘗與宋宣獻談之，宋悉令家所録者作粘法。予嘗

① 《英倫閱書記》（下），載《文獻》一九八七年第四期。

② 見國家文物局文物保護科學技術研究所、山西省古代建築保護研究所、山西省雁北地區文物工作站、山西省應縣木塔文物保管所《山西應縣佛宫寺木塔内發現遼代珍貴文物》表二，載《文物》一九八二年第六期。

> 見舊三館黄本書及白本書,皆作粘葉。上下欄界出於紙葉,後在高郵借孫莘老家書,亦如此法。又見錢穆父所蓄亦如此……蓋前輩多用此法。予性喜傳書,他日得奇書,不復作縫績也。①

文中"粘葉"指的是蝴蝶裝,而"縫繢"顯然指的是綫裝了。從這段記載可知綫裝在當時還是一種不成熟的裝訂方法。大約在明代才爲人們所普遍接受,然後從清代一直風行到現在。②

綫裝書是現存古書的主要形式,現在大量的雕版印刷書籍多爲綫裝。其單葉形式與包背裝略同,整本則各異。今分别附圖。

首先,我們依據下面的附圖介紹一下一本書版面上的有關術語:

版面　紙面上印版所占有的面積叫版面。

版框　版面的四周叫版框。

邊欄　版框的邊綫叫邊欄,也叫欄綫。上邊的邊欄叫上欄,下邊的邊欄叫下欄,左邊的邊欄叫左欄,右邊的邊欄叫右欄。上下左右爲單綫的叫四周單邊,上下左右爲雙綫的叫四周雙邊,上下爲單綫、左右爲雙綫的叫左右雙邊。

天頭、地脚、邊　上欄以外的空白餘紙叫天頭,下欄以外的空白餘紙叫地脚。天頭、地脚也合稱天地頭。左欄、右欄以外的空白餘紙都叫邊,供裝訂用。

書耳　邊欄的左上方,刻有長方形的欄格用來記書名或篇名的叫書耳。

界行　劃分版面的直綫叫界,兩條直綫之間部分叫行。一葉書有幾行,每行有幾個字通常按半葉計算,稱爲半葉幾行幾字,有時將"半葉"二字省掉。這幾行幾字又叫行格。

---

① 《墨莊漫録》卷四。

② 參看蔣元卿《中國書籍裝訂術的發展》。

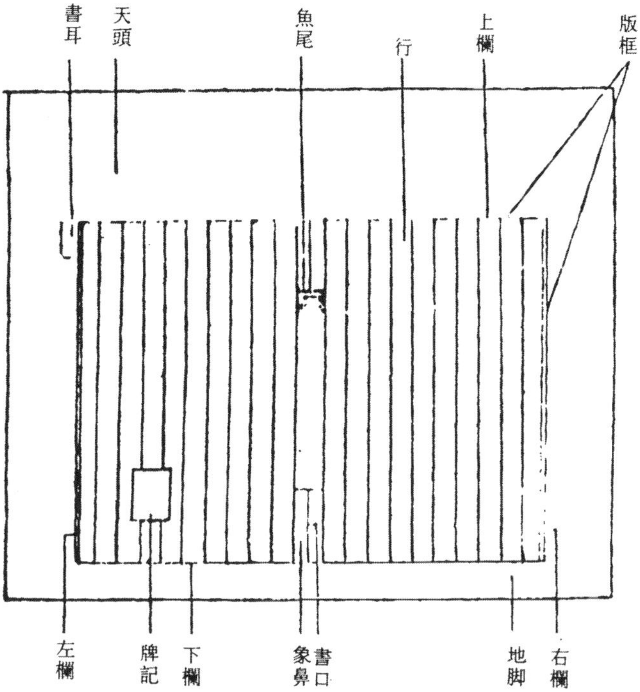

版心(書口)　版面中間不刻正文的那一行叫版心,也稱版口或書口。版心中間不印黑綫的叫白口,印有黑綫的叫黑口。黑綫細窄的叫小黑口,黑綫長寬的叫大黑口或闊黑口。黑綫刻在版心上方的叫上黑口,黑綫刻在版心下方的稱下黑口。版心上、下都刻黑綫的叫上下黑口。白口中間印有書名的稱花口。

魚尾　在版心刻有“▀”記號,按其形狀叫魚尾。魚尾分叉處,正當版面中心,是摺疊書葉的標準點。版心中有一個“▀”記號的叫單魚尾,版心上下各有一個“▀”記號的叫雙魚尾。版心中刻有三個“▀”記號的稱三魚尾,如明初刻本《春秋書法鈎玄》即是,但不多見。

象鼻　多數版心上下各有一道橫綫,版心中的上下橫綫至上下邊欄形成上下各一個空格叫象鼻。象鼻中往往刻有該葉字數、刻工或書名。

牌記　有的綫裝書往往在序目、卷末以及其他空白處刻上出版單位的標記、廣告等,統稱牌記。

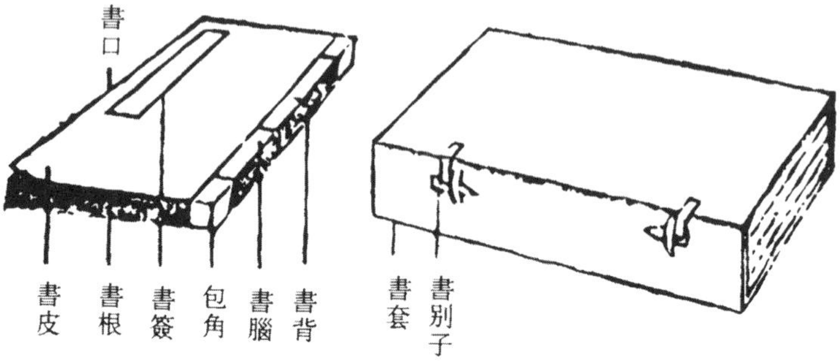

下面,再介紹一下一册綫裝書的有關術語:

書腦　書葉左右邊欄以外錐眼訂綫的地方叫書腦。

四眼針裝、六眼針裝　一般在書腦上打四個孔的裝式叫四眼針裝。厚一點、書頁大一點的書有時在上下角各多打一個孔,其裝式稱六眼針裝。

書背　書葉裝訂縫合之處與書口相對的側面,稱爲書背,也叫書脊。

書根、書頭　一册書的最下端稱爲書根。書根上每寫明書名和册數以便檢索。書的最上端稱爲書頭。

書皮　書籍的最外層,起保護書的作用,或稱書衣,也叫書面。

書簽　書皮上黏附的簽條,記有書名和卷數,或題名書款等,也叫作書皮題簽。

副葉　在書皮的裏面,另襯兩三張空白紙稱爲副葉,一般都是前三、後二,或前後各二葉。它的作用主要是保護書葉,使之不受損傷,因此也叫護葉;也可供寫跋語題識。

封面　古書的封面位於副葉的後面。封面上印有書名、撰書人姓名和刊版地點等。現在常稱爲書名葉,與封皮加以區別,又稱内封面。

這些術語都是辨别和記載版本時所必須知道的。

綫裝是我國古書册葉制度發展的最高階段。它主要是用來裝刻印本及活字印本書的,但對鈔本書也同樣適用。直到今天,綫裝書在出版物中仍占有一定數量,雖然它已逐步被平裝、精裝等現代形式所替代了。

第四章　雕印本的品類

現存古籍絶大部分是雕印本，而雕印本又因雕印的時代、地域、刻書單位，以及版本形式、刻印情況、流通情況等具體條件的不同，具有不同的特點和價值。將雕印本的品類加以區分和研究，對於我們鑒定和使用各種版本是十分重要的。陳寅恪先生《隋唐制度淵源略論稿》一《叙論》云："此書微仿天竺佛教釋經論之例，首章備致詳悉，後章則多所闕略。"此章亦效之，故第一節論證甚詳者，其後更不細述。

第一節　按時代區分

一　唐　本

印刷術發明於中國並非偶然，它是在我國古代一些原始印刷方法的啓發下産生的。

清李元復云："書籍自雕鎸板印之法行，而流布始廣，亦藉以永傳。然創之者必不甚難，以自古有符璽可師其意，正無待奇想巧思也。"①我們祖先有用印章的習慣，它一直保持到現在。將印章鈐在紙上，這就同雕版印刷近似。值得注意的是元陶宗儀曾紀述漢人佩帶的一種用來逐鬼辟邪的大印：印長三寸，廣一寸，四方，或用玉，或用金，或用桃木，因其作於正月

---

① 《常談叢録》卷一。

卯日,故名剛卯,又謂之大堅。上面刻着銘文,長的達六十餘字。[①] 晉葛洪云:"古之人入山者,皆佩黄神越章之印,其廣四寸,其字一百二十,以封泥[②]著所住之四方各百步,則虎狼不敢近其内也。"[③]顯然這數十字乃至一百二十字的印文,已經是一篇短文。紙流行以後,道家就不僅在入山時,把這種黄神越章之印印在封泥上,而且平時也印在紙上送給信徒,這就更容易使人們産生利用這種方法來印書的聯想。

此外拓碑也給雕版印刷術的發明以啓發。《後漢書・蔡邕傳》談到熹平四年(一七五)蔡邕書丹刻石而立石經之事,已見本編第二章第二節。石經既可拓印,一般碑文當然也可拓印。有的石碑因年長日久經風化而看不清了,或者在天災兵燹中毁掉了,可是拓印本還在,人們自然會想到利用拓印本復刻石碑,並且會進一步想到也可以利用木板根據拓印本來復製原碑文。杜甫《李潮八分小篆歌》就提到了人們用木板復刻李斯所書嶧山碑的情況:"嶧山之碑野火焚,棗木傳刻肥失真。"[④]一般碑文利用木板傳刻再被人們轉拓,這又朝印刷術的發明邁進了一步。

雕版印刷術發明於何時,學術界尚無一致看法。明胡應麟稱:陸深"《河汾燕閒録》云:'隋文帝開皇十三年十二月八日敕廢像遺經,悉令雕板。此印書之始。'據此説,則印書實自隋朝始"[⑤]。當然,這還需要研究證實。有人認爲唐太宗貞觀十年(六三六)開始雕版印書[⑥],主要依據是明邵經邦的一段話:"太宗后長孫氏,洛陽人。……崩,年三十六,上爲之慟。及宫司上其所撰《女則》十篇,采古婦人善事……帝覽而嘉嘆,以后此書足垂後代,令梓行之。"[⑦]清鄭機引用並肯定了邵經邦的觀點,指出:"可

---

① 《南村輟耕録》卷二四《剛卯》。

② 古人簡牘、書函等用繩穿連,卷起後以丸泥封之,泥上加蓋印章,以防偷拆。其泥稱封泥。

③ 王明《抱朴子内篇校釋》卷一七《登涉》篇注:"方術家以爲黄神越章能避虎狼,亦能殺鬼。《善齋吉金録・璽印録》具載黄神越章之印數圖。"

④ 《全唐詩》卷二二二。

⑤ 《少室山房筆叢》甲部《經籍會通》卷四。

⑥ 張秀民《中國印刷術的發明及其影響》—《印刷術的起源》之二《雕板的發明》。

⑦ 《弘簡録》卷四六。

見梓行書籍,不始於馮道。"[①]

唐馮贄《雲仙散録》引《僧園逸録》云:"玄奘以回鋒紙印普賢像,施於四方,每歲五馱無餘。"玄奘法師於貞觀三年(六二九)西游印度,十九年(六四五)歸國,麟德元年(六六四)圓寂。所以這應是七世紀中葉的事。雖然《雲仙散録》已被公認是一部僞書[②],這條資料不盡可靠,但唐代佛教徒爲了傳教常把佛像刻在紙上施於四方却是事實,敦煌遺書中就有不少印有佛像的卷子。這也可説是雕版印刷術的先驅。

九世紀,雕版印刷術已經流行。元稹《白氏長慶集序》云:

> 《白氏長慶集》者,太原人白居易之所作。……二十年間禁省觀寺,郵候牆壁之上無不書,王公妾婦、牛童馬走之口無不道,至於繕寫模勒,衒賣於市井,或持之以交酒茗者,處處皆是(揚、越間多作書模勒樂天及余雜詩,賣於市肆之中也)。……長慶四年冬十二月十日(八二五年一月二日)微之序。[③]

清人趙翼首先注意到這條材料,指出:"'摹勒'即刊刻也,則唐時已開其端歟?"[④]王國維認爲:"夫刻石亦可云摹勒,而作書鬻賣,自非雕板不可,則唐之中葉吾浙亦已有刊板矣。"[⑤]這樣理解是符合實際情况的。當時民間雕印日常應用圖書的現象已相當普遍,故馮宿《禁版印時憲書奏》有云:"準敕:禁斷印曆日版。劍南兩川及淮南道皆以版印曆日鬻於市,每歲司天臺未奏頒下新曆,其印曆亦已滿天下,有乖敬授之道。"[⑥]大概馮宿的意見被采納了,所以《舊唐書·文宗紀》載:"大和九年(八三五)十二

---

① 《師竹齋讀書隨筆彙編》卷一二。

② 參看《四庫全書總目》卷一四〇《雲仙雜記》提要、余嘉錫《四庫提要辨證》卷一七《雲仙雜記》。

③ 《元氏長慶集》卷五一。

④ 《陔餘叢考》卷三三《刻書書册》。

⑤ 《王國維遺書》第十二册《兩浙古刊本考》。

⑥ 《全唐文》卷六二四。

月……丁丑,敕諸道府不得私置曆日板。"然而政府的這道禁令似乎收效甚微。① 現在尚存有乾符四年(八七七)和中和二年(八八二)出的曆書,都是僖宗時期的出版物,後者還有"劍南西川成都府樊賞家曆"字樣,顯係民間雕印的。這兩部曆書現均存倫敦。② 值得注意的是這個時期雕印的書,内容相當豐富並且呈現出民間實用的特色。唐柳玭《家訓序》云:"中和三年(八八三)癸卯夏,鑾輿在蜀之三年也,余爲中書舍人。旬休、閱書於重城之東南,其書多陰陽雜説、占夢相宅、九宫五緯之流,又有字書小學,率雕板印紙,浸染不可盡曉。"③根據這段記載,説明唐末成都書鋪出售的,大部分已經是雕印本了。

我們還應當注意到:道教徒、佛教徒在進行宗教宣傳時,客觀上也爲印刷術的發明與推廣作出了貢獻。唐范攄云:"紇干尚書泉苦求龍虎之丹十五餘稔,及鎮江右,乃大延方術之士。乃作《劉宏傳》,雕印數千本,以寄中朝及四海精心燒煉之者。"④張秀民指出:"雁門人紇干泉做江南西道觀察使,是在宣宗大中元年(八四七)至三年(八四九)……這是有關道教徒印書的最早記載。"⑤唐代佛教徒雕印的書籍似乎更多,今舉司空圖一文爲例:

> 爲東都敬愛寺講律僧惠確化募雕刻律疏(印本共八百紙)……今者以日光舊疏,龍象弘持,京師盛筵,天人信受,□迷後學,競扇異端。自洛城罔遇,時交乃焚,印本漸虞散失,欲更雕鎪。惠確無愧專精,頗嘗講受,遠欽信士,誓結良緣,所希龜鏡益昭,津梁靡絶,再定不刊之典,永資善誘之方。必期字字鐫銘,種慧牙而不竭;生生親眷,遇勝會

① 宋王讜《唐語林》卷七云:"僖宗入蜀,太史曆本不及江東。而市有印貨者,每參互朔晦,貨者各徵節候,因争執,里人拘而送公。執政曰:'爾非争月之大小盡乎?同行經紀,一日半日殊是小事!'遂叱去。"可證。

② 書影見張秀民《中國印刷術的發明及其影響》圖九、圖十。

③ 《舊五代史·唐書·明宗紀》注引,兩《唐書》本傳及《全唐文》所載《家訓》均無此序。

④ 《雲溪友議》卷下《羨門遠》。

⑤ 張秀民《中國印刷術的發明及其影響》—《印刷術的起源》之二《雕板的發明》。

而同聞。敢期福報之微，願允標題之請。謹疏。①

向達認爲司空圖此文“必作於咸通末第一次入洛時，距宣宗大中復修佛寺不遠，故‘洛城罔遇，時交乃焚’云云，當指會昌廢佛之禍而言。……迄大中時佛教復興，敬愛寺亦亟圖恢復，重雕律疏，故圖文所云‘自洛城罔遇，時交乃焚’以下四語，其爲特指會昌毁佛之事而言，蓋確然有據。而會昌、咸通時之即有印本，亦於斯可見”②。另外，疏題附注載明要印八百紙，可見當時印書規模已很可觀。

一般認爲我們現在能見到的最早的雕印本，是在唐懿宗咸通九年（八六八）印的《金剛經》〔圖版十一〕。它由七張紙粘成一卷，全長十六尺，完整無缺。卷首，還有一幅釋迦牟尼佛在祇樹給孤獨園的説法圖，妙相莊嚴，鏤刻精美，是一幅技法成熟的作品。卷末，有“咸通九年四月十五日王玠爲二親敬造普施”一行。這一本書被英籍匈牙利人斯坦因竊取，現收藏在大英博物院。一九五三年，在四川成都東門外望江樓附近唐墓中發現的，唐成都府成都縣龍池坊卞家刻印的《陀羅尼經咒》，上刻古梵文經咒和小佛像。這可以説是國内現存最古的印刷品。

不過本世紀六十年代又發現了更早的刻經。美國富善（L·C·Goodrich）説：

最近，有一項新的發現，如果證實是確鑿的話，它將把木板印刷術的歷史推前十五年左右，甚至更早一些。一九六六年十月，一些朝鮮學者在慶州〔位於朝鮮東南部，古老的新羅王朝（六六八至九三五）的首都〕佛國寺内，發現一座名叫釋迦塔的石塔（Stupa——是一種塔形結構，用於保存佛教宗教物品）遭到破壞。經過調查，他們發現在石塔的内部藏有一卷印刷的佛經。……

① 《一鳴集》卷九。

② 向達《唐代長安與西域文明》:《唐代刊書考》。

> 新發現的經卷,是厚桑皮紙卷軸形式,軸心是竹制的,兩端都涂以光漆。經文長約六百三十釐米,闊六釐米,印刷部分爲五點三釐米闊。由於經軸的保存情況較差,不能把它全部展開,因而無法决定它的準確長度。實際上,經軸的大約三分之一已遭到嚴重的蟲蛀;然而,其餘部分的情況尚佳。經過進一步檢查,發現經文是用一組木板進行印刷的,木板共十二塊,每塊約二十到二十一吋長,經過印刷,然後將紙張粘連起來,成爲連續不斷的經卷。①

胡道静爲該文所作的注釋説:

> 由於建塔是在公元七五一年,所以這件印刷品的印成年代,下限是公元七五一年。
>
> 《無垢净光大陀羅尼經》的漢字譯本是彌陀山留居唐王朝首都長安的最後一年譯成的,也就是此經的第一個漢字譯本。所以這件印刷品的印成年代,上限是公元七〇四年。印品不能超越譯成的年代。

富善還説:"我認爲,所有這一切,仍然説明中國是最早開始發明印刷術的國家,印刷術是從它那裏傳播到四面八方的,而佛教是主要傳播媒介之一。"如果上述這件印刷品是可靠的話,那麼它的出現比咸通九年(八六八)雕印的《金剛經》還要早一百多年。現存的東西未必就是首先出現的東西,所以印刷術的發明年代實際上應當更早。有人説印刷術出現於唐代以前,這種可能性是有的,不過還没有實物作證。

綜上所説,從現有材料看,印刷術至遲出現於唐代。唐雕印本有日曆、佛經、字書、小學、詩集,以及陰陽雜説、占夢相宅、九宫五緯、道家著述等。刻書地點可考者有四川、江蘇、浙江、洛陽、敦煌等處。

---

① 梁玉齡譯《關於一件新發現的最早印刷品的初步報告》,載《書林》一九八〇年第三期。下列富善文及胡道静注均出此。

二　五代本

五代雕印圖書較唐代有了很大發展，比較突出的是國子監雕印的九經。《册府元龜》云：

> 後唐宰相馮道、李愚重經學，因言漢時崇儒有三字石經，唐朝亦於國學刊刻。今朝廷日不暇給，無能别有刊立。嘗見吴蜀之人鬻印板文字，色類絶多，終不及經典。如經典校定雕摹流行，深益於文教矣。乃奏聞。敕下儒官田敏等考校經注。敏於經注，長於詩傳，孜孜刊正，援引證據，聯爲篇卷，先經奏定，而後雕刻。①

《舊五代史》亦載後唐長興三年（九三二）二月，"中書奏請依石經文字刻九經印版。從之"②。

九經是指《易經》《詩經》《書經》《春秋左氏傳》《春秋公羊傳》《春秋穀梁傳》《儀禮》《周禮》《禮記》。其中有四部是在後漢時才開始雕印的。宋王溥云："乾祐元年（九四八）閏五月，國子監奏：'見在雕印板九經内，有《周禮》《儀禮》《公羊》《穀梁》四經未有印本。今欲集學官校勘四經文字鏤板。'從之。"直到後周太祖廣順三年（九五三）六月，九經才全部印完，一共用了二十年時間。故王溥復云："廣順三年六月，尚書左丞兼判國子監事田敏進印板九經書、《五經文字》、《九經字樣》各二部一百三十册。"③此外，後周國子監還雕印了一部《經典釋文》，亦見《會要》同卷。由於這些書籍是由國子監主持刊刻的，書版也藏在國子監，所以稱爲五代監本，其九經稱爲監本九經。

五代監本曾經宋人收藏並加珍視。邵博云："予曾大父遺書，皆長興年刻本，委於兵火之餘，僅存《儀禮》一部。"④洪邁亦云：

---

① 《册府元龜》卷六〇八學校部《刊校》。

② 《舊五代史》卷四二《唐書・明宗紀》。

③ 《五代會要》卷八《經籍》。

④ 《河南邵氏聞見後録》卷五。

> 予家有舊監本《周禮》,其末云:“大周廣順三年癸丑五月,雕造九經書畢。”前鄉貢三禮郭嵠書。列宰相李穀、范質、判監田敏等銜於後。《經典釋文》末云:“顯德六年己未三月,太廟室長朱延熙書。”宰相范質、王溥如前,而田敏以工部尚書爲詳勘官。此書字畫端嚴有楷法,更無舛誤。①

南宋陳振孫還提到他收藏過《九經字樣》:“《九經字樣》一卷,往宰南城,出謁,有持故紙鬻於道者,得此書,乃古京本,五代開運丙午(九四六)所刻,遂爲家藏書籍之最古者。”②

五代監本今已無存,王國維研究過它的行款及影響。他説:

> 監本行款據日本室町氏所刊《爾雅》(《古佚叢書》有復刊本)末有“將仕郎守國子四門博士臣李鶚書”一行,其本避南宋諱,當是南渡後重翻五代監本或翻宋時遞翻之本(觀《釋草》“椴、木、槿”注“日及”不作“白及”,是經宋人修改之證)。其書每半葉八行,行大十六字,小二十一字,與唐人卷子本大小行款一一相近,竊意此乃五代南北宋監中經注本舊式。他經行款固不免稍有出入,然大體當與之同。如吴中黄氏所藏《周禮・秋官》二卷,昭文張氏所藏《禮記》殘卷,内府所藏《孟子章句》十四卷,皆與李鶚本《爾雅》同一行款,亦疑宋時監本。若翻監中之本,又後來公私刊本,若建大字本、興國軍本、盱江寥氏及相臺岳氏本,凡八行十七字之本,殆皆淵源於此。③

後唐明宗十分重視經書的雕印工作,使五代國子監雕印經書有了一個良好的開端。他曾下詔説:

> 朕以正經事大,不同諸書,雖以委國學差官勘注,蓋緣文字極

① 《容齋續筆》卷一四《周蜀九經》。

② 《直齋書録解題》卷三《九經字樣》。

③ 《王國維遺書》第十一册《五代兩宋監本考》卷上。

多，尚恐偶有差誤，馬縞以下皆是碩儒，各專經業，更令詳勘，貴必精研，宜委國子監於諸色選人中召能書人謹楷寫出，旋付匠人雕刻。①

王溥還詳細介紹了後唐國子監刻書的具體情況：

後唐長興三年（九三二）二月，中書門下奏請依石經文字刻九經印板，敕令國子監集博士儒徒，將西京石經本，各以所業本經句度鈔寫注出，仔細看讀，然後雇召能雕字匠人，各部隨帙刻印板，廣頒天下。如諸色人要寫經書，並須依所印敕本，不得更使雜本交錯。其年四月，敕差太子賓客馬縞、太常丞陳觀、太常博士段顒、路船、尚書屯田員外郎田敏充詳勘官。兼委國子監，於諸色選人中，召能書人端楷寫出，旋付匠人雕刻，每日五紙。②

從這一系列的嚴格措施中，可以看出五代監本的質量是相當高的。將校勘者、書寫人的姓名附於書後，也體現了當時國子監刻書的負責態度。

五代時期還開了封建士大夫私家刻書的風氣。宋王明清云："毋丘儉貧賤時，嘗借《文選》於交游間，其人有難色，發憤：'異日若貴，當板以鏤之，遺學者。'後仕王蜀爲宰，遂踐其言。"③此毋丘儉當爲毋昭裔之誤。《宋史·毋守素傳》云："昭裔性好藏書，在成都令門人勾中正、孫逢吉書《文選》《初學記》《白氏六帖》鏤板，守素賫至中朝行於世。"④在宋滅蜀時，他家的書板曾被運到汴京，宋朝政府考慮到這些書板是毋家私財自造，仍將書板發還。毋氏書遍銷海内，其子孫也因而致富。⑤《愛日齋叢鈔》卷一云："自唐末以來，所在學校廢絶，蜀毋昭裔出私財百萬營學館，

① 《册府元龜》卷六〇八學校部《刊校》。
② 《五代會要》卷八《經籍》。
③ 《揮塵録》:《揮塵餘話》卷二。
④ 《宋史》卷四七九。
⑤ 焦竑《焦氏筆乘》續集卷四《雕板印書》。

且請板刻《九經》,蜀主從之,由是蜀中文學復盛。"吴則虞認爲:毋昭裔請蜀主孟昶雕印的《九經》"即蜀大字本《九經》也,其刻在馮氏《九經》刊成之後"。①

除毋昭裔外,五代私人還有刻自家集子的。和凝在後唐爲翰林學士,後晉初爲端明殿學士兼判度支,天福五年(九四〇)爲相,後周顯德二年(九五五)卒。《舊五代史·和凝傳》稱他"平生爲文章,長於短歌艷曲,尤好聲譽,有集百卷,自篆於板,模印數百帙,分惠於人"②。又貫休《禪月集》有王衍乾德五年(九二三)曇域後序,稱其"檢尋稿草及暗記憶者,約一千首,乃雕刻成都,題號《禪月集》"。再如宋黄伯思《東觀餘論》卷二《跋何水部集》稱該集爲"天福本,但有詩二卷"。於此可見,五代監本多爲儒家經典,私家刻本則更及類書、集部等。

五代刻本傳世甚少。羅振玉《鳴沙山石室秘録·雕版第二》稱:"石室出《唐韻》《切韻》二種,爲五代細書小板刊本。"〔圖版十二〕《秘録》還著録有:"《金剛經》梵夾小本,③每本葉七行十四字。經後題:'弟子歸義軍節度使特進檢校太傅兼御史大夫譙郡開國侯曹元忠普施受持',後晉天福十五年(九五〇)己酉歲五月十五日記,雕板押衙雷廷美。"曹元忠在後晉開運四年(九四七)還請匠人雕印過觀世音菩薩像與大聖毘沙門天王像,這些單篇佛像下均刻有文字。如觀世音菩薩像下所刻文字有云:"特進檢校太傅譙郡開國侯曹元忠雕此印板,奉爲城隍安泰,闔郡康寧。"下署"時大晉開運四年丁未歲七月十五日紀。匠人雷廷美"。④

國内現存五代雕印本當推杭州雷峰塔所出《一切如來心秘密全身舍利寶篋印陀羅尼經》。毛春翔介紹道:

> 一九二四年八月二十七日,杭州雷峰塔忽然倒塌,發現經卷,乃吴越國王錢俶刻的《陀羅尼經》,時在宋太祖開寶八年,論時代,已入

① 《版本通論》卷三《五代刻書》。

② 《舊五代史》卷一二七。

③ 在這裏,羅振玉將經摺裝混稱爲梵夾裝。下面所引文獻也間有這種情況。

④ 《中國印刷術的發明及其影響》圖十六。

> 宋朝，而其時錢氏猶未納土，視作五代刊物亦可。經卷長七尺六寸，高二寸五分，卷端題曰："天下兵馬大元帥吴越國王錢俶造此經八萬四千卷舍入西關磚塔永充供養。"經文共二百七十一行，每行十字，皮紙印，墨色淡而無香氣。因經卷塞在磚空内，年久受潮，不免霉爛，首尾完具中無破空的少極。浙館所藏一卷，首尾皆有缺佚；惟浙江博物館藏的一卷，首有供養佛圖及錢俶題字。①

在此之前，一九一七年，吴興天寧寺經幢被毁，幢中也發現同樣經卷，其題記云："天下都元帥吴越國王錢弘俶印《寶篋印經》八萬四千部在寶塔供養，顯德三年（九五六）丙辰歲紀。"②但是這次發現的經卷下落不明。

綜上所述，五代雖然只有五十多年時間，而且政權頻繁更迭，但是在中國雕版史上却是一個十分重要的階段。首先，國子監雕印儒家經書是五代刊本的主流；其次，家刻本蓬勃興起在五代本中也占有相當大的比重；再次則是公私雕印佛經都相當普遍，這三個方面對宋刻本都有巨大影響。

三　宋　本

宋是我國雕版印刷事業的昌隆時代。宋章俊卿云："景德二年（一〇〇五）五月戊申，（真宗）幸國子監閲書庫，問祭酒邢昺：'書版幾何？'昺曰：'國初不及四千，今十餘萬，經史正義皆具。'"③蘇軾也説："余猶及見老儒先生，自言其少時欲求《史記》《漢書》而不可得，幸而得之，皆手自書，日夜誦讀，惟恐不及。近歲市人轉相摹刻諸子百家之書，日傳萬紙。學者之於書，多且易致如此。"④可見北宋公私雕印圖書事業發

---

① 《古書版本常談·唐五代刻本》。王國維《兩浙古刊本考》稱該經"共二百七十行，每行十字許"。

② 《王國維遺書》第十二册《兩浙古刊本考》引。

③ 《山堂先生群書考索》後集卷二六。

④ 《蘇東坡全集》卷一一《李氏山房藏書記》。

展都很迅速。

宋代刻書事業空前繁榮是與宋代統治階級大力提倡,以及社會經濟發展、刻書能力提高等原因密切相關的。爲了鞏固政權,太祖、太宗采取了中央集權的方法,州縣長官由文士擔任,而大批官員則由科舉産生。和唐代科舉名額限制甚嚴不同,宋代科舉向文人廣泛開放,只要文章合格,不分門第、鄉里,都可録取。地主階級知識分子通過科舉考試就可以當官,這在相當大的程度上造成了宋人喜歡讀書、藏書、刻書的社會風氣。仁宗時又開始在各州縣設立學校,逐步進展爲公立學校和私設書院都可講學。講學之風大盛,也刺激了儒家典籍的出版工作。

提倡佛道也是宋代統治者鞏固政權的措施之一。宋太祖統一後,對佛教采取保護政策,以争取南方地主階級的支持,同時也爲了麻痹人民的思想。同樣,朝廷也重視道教。仁宗曾命徐鉉校正道書,真宗復命王欽若主持續修道藏,搜編道書四千三百多卷。全國各地還大修道觀,道教得以廣泛流行。這就是宋代大量雕印佛道經書的社會背景。

宋代還編了《太平御覽》《太平廣記》《文苑英華》《神醫普救》《册府元龜》《彤管懿範》等大型類書和總集。其目的固然是爲了粉飾太平、籠絡人才以鞏固政權,但在客觀上也推動了宋代刻書事業的發展。

總之,公元九六〇年宋朝建立後,社會日益安定,經濟日益發達,爲刻書印書事業之興旺提供了條件,而四川、浙江在五代已逐步形成了兩個刻書中心,也爲宋代出版業的繁榮奠定了基礎。

宋代刻書大抵分公私兩大系統,現將宋代官方刻書單位及現存書籍舉例列表如下:

刻書單位			書名	卷數	時間	出處	附注
官府刻	中央官府刻	國子監	脉經		一〇九六	書林清話	
		秘書監	張邱建算經	三	一〇八四	書林清話	
		崇文院	吴志	三〇	一〇〇〇	書林清話	
		左廊司局	春秋經傳集解	三〇	一一七六	書林清話	

續表

<table>
<tr><th colspan="4">刻書單位</th><th>書名</th><th>卷數</th><th>時間</th><th>出處</th><th>附注</th></tr>
<tr><td rowspan="10">官府刻</td><td rowspan="10">地方官府刻</td><td colspan="2">州(府、軍)</td><td>漢官儀</td><td>三</td><td>一一三九</td><td>國圖</td><td>臨安府</td></tr>
<tr><td colspan="2">縣</td><td>資治通鑒</td><td>二九四</td><td>一一三二</td><td>書林清話</td><td>餘姚縣</td></tr>
<tr><td rowspan="8">各路臺、使、司</td><td>計臺</td><td>春秋繁露</td><td>一七</td><td>一二一一</td><td>國圖</td><td>江右計臺</td></tr>
<tr><td>倉臺</td><td>隸續</td><td>二</td><td>一一八〇</td><td>書林清話</td><td>江東倉臺</td></tr>
<tr><td>公使庫</td><td>禮記鄭注</td><td>二〇</td><td>一一七六</td><td>國圖</td><td>舒州公使庫</td></tr>
<tr><td>漕司</td><td>吕氏家塾讀詩記</td><td>三二</td><td>一一八二</td><td>國圖</td><td>江西漕臺</td></tr>
<tr><td>茶鹽司</td><td>資治通鑒</td><td>二九四</td><td>一一三三</td><td>國圖</td><td>兩浙東路茶鹽司</td></tr>
<tr><td>轉運司</td><td>臨川先生文集</td><td>一〇〇</td><td>一一五一</td><td>國圖</td><td>兩浙西路轉運司</td></tr>
<tr><td>提刑司</td><td>容齋隨筆</td><td>一六</td><td>一二一二</td><td>書林清話</td><td>江西提刑司</td></tr>
<tr><td>安撫司</td><td>建康實録</td><td>二〇</td><td>一一四八</td><td>國圖</td><td>湖北路安撫使司</td></tr>
<tr><td rowspan="9">學校刻(郡、縣、齋刻附)</td><td rowspan="7">州(府、軍)學</td><td colspan="2">書院</td><td>袁燮挈齋家塾書鈔</td><td>一二</td><td>一二三一</td><td>書林清話</td><td>象山書院</td></tr>
<tr><td colspan="2">學舍</td><td>吕祖謙大事記</td><td>一二</td><td>一二一二</td><td>書林清話</td><td>吴郡學舍</td></tr>
<tr><td colspan="2">頖宫</td><td>論語集説</td><td>一〇</td><td>一一七九</td><td>國圖</td><td>湖州頖宫</td></tr>
<tr><td colspan="2">學宫</td><td>渭南文集</td><td>五〇</td><td>一二二〇</td><td>國圖</td><td>溧陽學宫</td></tr>
<tr><td colspan="2">郡齋</td><td>洪氏集驗方</td><td>五</td><td>一一七〇</td><td>國圖</td><td>姑孰郡齋</td></tr>
<tr><td colspan="2">郡庠</td><td>通鑒紀事本末</td><td>四二</td><td>一一七五</td><td>國圖</td><td>嚴陵郡庠</td></tr>
<tr><td colspan="2">州(府、軍)學</td><td>群經音辨</td><td>七</td><td>一一三九</td><td>國圖</td><td>臨安府學</td></tr>
<tr><td rowspan="2">縣學</td><td colspan="2">縣學</td><td>漢雋</td><td>一〇</td><td>一一八三</td><td>國圖</td><td>象山縣學</td></tr>
<tr><td colspan="2">縣齋</td><td>乖崖先生文集</td><td>一二</td><td>一二六九</td><td>國圖</td><td>崇縣縣齋</td></tr>
</table>

宋代官府刻書十分注意爲政治服務，就其出版圖書的内容言，明顯偏重經史。太宗淳化五年（九九四）兼判國子監李至上言："五經書疏已板行，惟二傳、二禮、《孝經》、《論語》、《爾雅》七經疏義未備，豈副仁君垂訓之意！今直講崔頤正、孫奭、崔偓佺皆勵精强學，博通經義，望令重加讎校，

以備刊刻。從之。"同年,李至又建議"國子監舊有印書錢物所,名爲近俗,乞改爲國子監書庫官"。① 於是"始置書庫監官,以京朝官充,掌印經史群書,以備朝廷宣索賜予之用,及出鬻而收其直以上於官"。② 這説明國子監不僅是宋朝的最高學府,而且還是國家的主要出版機構,其雕印的重點則爲經史群書。到真宗時,經傳正義皆具,而到北宋末年,正史也全部由國子監鏤版頒行了。晁公武云:

> 嘉祐中,以宋、齊、梁、陳、魏、北齊、周書舛謬亡闕,始詔館職讎校。曾鞏等以秘閣所藏多誤,不足憑以是正,請詔天下藏書之家悉上異本。久之,始集。治平中,鞏校定《南齊》《梁》《陳》三書上之、劉恕等上《後魏書》、王安國上《周書》,政和中始皆畢,頒之學官。③

南宋時國家雖遭禍亂,經濟方面也困難重重,但國子監仍然出版了大量的經史圖書。李心傳云:

> 監本書籍者,紹興末年所刊也。國家艱難以來,固未暇及。九年(一一三九)九月,張彦實待制爲尚書郎,請下詔諸道州學,取舊監本書籍,鏤板頒賜。從之。然所取諸書多殘缺,故舊監刊六經無《禮記》,三史無《漢書》。二十一年(一一五一)五月,輔臣復以爲言。上謂秦益公曰:"監中其他闕書,亦令次第鏤板,雖重有費,不惜也。"由是經籍復全。④

爲了改變唐末五代武裝割據政權的混亂局面,太祖在開國以後不久便組織人員編輯刊行法律方面的書籍。李燾云:太祖乾德元年(九六三)"己卯,判大理寺事竇儀等上《重定刑統》三十卷,《編敕》四卷,詔刊板模印

① 《宋史》卷二六六《李至傳》。
② 《宋史》卷一六五《職官志》。
③ 《郡齋讀書志》卷五《宋書》。
④ 《建炎以來朝野雜記》卷四。

頒天下”。[1]《重定刑統》係根據後周的《大周刑統》删訂，而《大周刑統》又繼承了《唐律疏義》，所以《重定刑統》是研究北宋以前法律的重要文獻。所附《編敕》則是皇帝臨時下達的有關法律規定的文獻彙編。《重定刑統》和《編敕》的印行，對當時國家政權的鞏固顯然起了不可替代的作用。

宋代雕印佛經達到了空前絶後的程度，公私所刊佛藏共有六部，凡三萬五千一百八十一卷。于乃義作過介紹，現節録如次：

（一）開寶藏

北宋開寶四年（九七一）宋太祖趙匡胤派高品、張從信等人主持，在益州（今成都）監雕大藏經，至太平興國八年（九八三）大部刻成。此種佛藏，係根據唐代智昇和尚的《開元釋教録》編排，大部分在益州刊刻，刻成移到汴京。據記録，全藏有一千零七十六部，五千零四十八卷，經版十三萬多片。

此書框高二二·五釐米，每版二十二行，每半葉五行、行十四字或十六、十七字。硬黄紙、卷軸裝，用《千字文》編號（即天、地、玄、黄……）。就現存殘卷看，版心刻經名、頁次及編的字號，卷尾有“大宋開寶某年某歲奉敕雕造”及刻工姓名，也有印刷的經過及年月。

此書現僅有零殘本，國家圖書館藏開寶藏《阿惟越致遮經》上卷，國内和日本也還存其他零卷。此本字體仿歐書，整齊有稜角，但仍具疏落之致。

（二）崇寧萬壽大藏

宋神宗元豐三年（一〇八〇），福州城外白馬山的東禪寺冲真、普明、咸暉等和尚發起刻印佛藏，至宋徽宗政和二年（一一一二）畢成，但在南宋紹興、乾道以及元至治、泰定年間，還多次修補。據記録，全藏六千四百三十四卷，開始用梵夾裝，計五百九十五函，《千字文》編號，始“天”字，終“號”字。

此書框高二三·八釐米，每半頁六行，每行十七字。其所以稱之

---

① 《續資治通鑒長編》卷四。

爲"崇寧萬壽大藏",是根據主持人普明題記:"福州等覺禪院住持普明收印經版頭錢,恭爲今上皇帝祝延聖壽……雕造大藏經,印版計五百餘函,時崇寧元年日謹題。"(案:"崇寧"是宋徽宗趙佶第二次改元的年號)"等覺禪院"即東禪寺。

此本現有零册存國家、南京、上海等圖書館,字體仿效柳公權書,易於鑒别。

(三) 毗盧大藏

此藏也是福州版。北宋政和二年(一一一二)開雕,至南宋乾道八年(一一七二)告成。主持人爲本明、宗鑒、行宗、了一和尚及蔡俊臣、馮檝、陳詢、陳靖、劉漸等人。此本框高二四·三釐米,每半頁六行,行十七字,六千一百一十七卷,也是梵夾本,五百六十七函。有刻工姓名。現存的一卷,卷末有一段題記:"福州開元禪寺住持傳法賜紫慧通大師了一謹募衆恭爲今上皇帝祝延聖壽文武官僚資崇禄住圓成雕造毗盧大藏經版一副,時紹興戊辰閏八月□日謹題。"(案:"毗盧大藏"即以此得名)

現國家圖書館和日本存有少數零本,字體仿歐陽詢書,爲宋刻的標準體。

(四) 思溪圓覺藏

宋紹興二年(一一三二)湖州歸安縣松亭鄉思溪王永從闔家舍資開雕此藏,勸緣住持圓覺禪院懷深及净梵和尚協助,因此得名《思溪圓覺藏》(案:湖州今屬浙江省)。此藏的刻印反映南宋初年浙江省已流行刻書事業。全本一千四百二十一部,五千四百八十卷,梵夾本裝爲五百五十函,《千字文》編號,始"天"終"合"。

此本框高二四·二釐米,每半葉六行,行十七字,卷尾刻有王永從的題識,也是爲"祝延今上皇帝"的。並刻有"雕經作頭李孜、李敏,印經作頭金紹,掌經沙門覺清,幹雕經沙門法祖,對經沙門仲謙、行堅、静仁、道能、修敏,都對證宗鑒"。等於列舉了編輯(掌經)、校對(對經)和刻工領班(作頭)等姓名。

字體仍效歐書,但已兼虞世南的筆法(葉恭綽介紹説是蘇東坡體,與實際對證不符)。國家圖書館有《大智度論》,是清末楊守敬自日本取回的。

(五) 思溪資福藏

此藏也是浙江刻本,記録爲"安吉州思溪法寶資福禪院開雕"。自淳熙二年(一一七五)始工,何時竣工不詳。此書與思溪圓覺藏同在一個地區雕刻,湖州在宋寶慶元年(一二二五)改名安吉州,可能此書刊刻於此時或再後一些時。清末楊守敬自日本購得此本四千多卷,現藏國家圖書館,惜均無年月地址姓名可考(前面的記録是根據日本收藏引録的)。此本板框及行數,均與《思溪圓覺藏》相同,所編《千字文》字號亦全同,但延長到"最"字,數量計五千七百四十卷,梵夾本五百九十九函。

(六) 磧砂藏

此藏係宋代平江府磧砂延聖院在乾道年間(一一六五至一一七三)創始,紹定四年(一二三一)才開設了經坊,一名大藏經局,開雕全藏。主持人爲法忠和尚,直至元至治二年(一三二二)才完成,共歷時九十多年。計一千五百三十二部,六千三百六十二卷,梵夾裝,五百九十一函。《千字文》編號,始"天"終"煩"。

案:平江府即今蘇州,此時刻印事業不斷發展,磧砂藏雖然經歷的年代甚長,但全屬民間募刻。字體初效柳書,入元後,又兼有趙子昂秀麗的筆意。西安開元、卧龍兩寺收藏此部藏經約十分之八(今歸陝西省圖書館)。抗日戰爭前曾據以影印,改爲綫裝。云南省圖書館收藏原刻本曾借以補印兩百多册,成爲全部。日本《昭和法寶總目録》曾收録《磧砂藏目録》,核對缺元以後所刻部分,全目當以影印本爲準。①

宋代官府還刻了不少醫書,如《新編金匱要略方論》三卷、《傷寒論》十

① 《古籍善本書佛、道教藏經的版本源流及鑒别知識》,載《四川圖書館學報》一九七九年第三期。

卷。據王國維所引當時公文,知宋代政府對這項工作比較重視。其文云:"敕中書省勘會:下項醫書册數重大,紙墨價高,民間難以買置,八月一日奉聖旨令國子監别作小字雕印。内有浙路小字本者,令所屬官司校對,别無差錯,即摹印雕板,並候了日廣行印造,只收官紙工墨本價,許民間請買,仍送諸路出賣。"①

宋代私人刻書事業也十分發達,今就現存舉例列表如下。

刻書單位	書　名	卷數	時間	藏　所
建安劉日新三桂堂	童溪王先生易傳	三〇	一二〇五	國　圖
婺源市門巷唐宅	鄭玄注周禮	一〇		國　圖
鶴林于氏家塾	春秋經傳集解	三〇		國　圖
建安余仁仲萬卷堂	春秋公羊經傳解詁		一一九一	國　圖
建溪三峰蔡夢弼東塾	史記集解索隱	一三〇	一一七一	國　圖
建安黄善夫家塾之敬堂	史記集解索隱正義	一三〇		國　圖
錢塘王叔邊	後漢書注	九〇		國　圖
趙與篙	通鑒紀事本末	四二	一二五七	國　圖
畢萬裔宅富學堂	李侍郎經進六朝通鑒博議	一〇		國　圖
劉通判宅仰高堂	纂圖分門類五臣注揚子法言	一〇		國　圖
王氏取瑟堂	中説注	一〇		國　圖
臨安府榮六郎家書籍鋪	抱朴子内篇	二〇		遼寧省圖書館
金華雙桂堂	梅花喜神譜	二		上海圖書館
杭州猫兒橋開箋紙馬鋪鍾家	文選	三〇		國　圖
廖瑩中世綵堂家塾	昌黎先生集	四〇	一二六五至一二七四	國　圖

① 《王國維遺書》第十一册《五代兩宋監本考》卷中。

續表

刻書單位	書　名	卷數	時間	藏　所
吉安周必大	歐陽文忠公集	一五三	一一九六	江西省圖書館
建安虞平齋務本堂	東坡詩	二五		國　圖
婺州王宅桂堂	三蘇先生文集	七〇		國　圖
陳仁玉	趙清獻公文集	一六	一二六〇	國　圖

從内容上看,官刻本側重正經正史,而私刻本遍及四部,却明顯偏重於子、集,正好彌補了官刻本的不足。可見宋代刻書事業的隆盛,是官私共同努力的結果。

下面我們談談宋刻本在形式上的一般特徵。從版式方面看,由於受到古卷子本的影響,前期多白口,四周單邊,書之首行小題在上,大題在下,序文、目録和書之正文不分開。後期多白口,左右雙邊,上下單邊,少數四周雙邊。這種變化是人們追求版面活潑美觀的結果。爲了便於計算勞動成果,便於裝訂,也爲了表示負責,版心上方常鐫刻大小字數,下方常鐫刻刻工姓名或出版單位簡稱,上下魚尾之間常鐫刻書名、卷次、頁碼。官刻本多在卷末鐫刻校勘人銜名,私刻本多在卷末鐫刻刻書題記或牌記。

從字體方面看,宋刻本多采用唐代著名書法家歐陽詢、柳公權、顔真卿諸家楷體。如臨安府陳宅書籍鋪雕印的《唐女郎魚玄機詩》用的就是歐體,建安黄善夫家塾之敬堂刊的《史記集解索隱正義》用的就是柳體,四川《眉山七史》用的就是顔體。這是因爲歐、柳、顔諸家楷體筆畫有棱角,便於施刀,爲刻工們所樂用,而北宋前期宋朝自己的書法大家如蘇、黄、米、蔡還尚未出現,因此未造成影響。當然也有的書其字體的特點不够鮮明,這是我們在鑒定版本時應當注意的。

再從裝幀形式方面看,宋本多用蝴蝶裝與包背裝。《明史》稱:“秘閣書籍皆宋元所遺,無不精美。裝用倒折,四周向外,蟲鼠不能損。”①這段話中的“裝用倒折,四周向外”指的就是蝴蝶裝。李致忠指出:“今天北京圖書館所藏宋刻本《文苑英華》即保留着宋代包背裝的原樣,卷末有‘景定

① 《明史》卷九六《藝文志·序》。

元年十月廿五日裝背臣王潤照管訖'字樣,説明南宋包背裝已很流行,並有專人管理了。"①

此外,宋本避諱已嚴。避帝諱、家諱的習俗反映在刻書上,就出現了許多諱字,這對我們鑒定版本是大有好處的。但是一些私刻本在避諱方面也不是很嚴格的。所以我們不能單憑避諱來鑒定版本〔圖版十三〕。②

從宋本書價的不斷提高,可以看出它越來越受到人們重視。在宋代,刻本書並不貴。《藕香零拾》本《藏書紀要》繆荃孫跋云:

> 宋王禹偁《小畜集》影宋鈔本,有紹興十七年(一一四七)校刊開列紙墨工價云:"今得舊本,計一十六萬三千八百四十八字,一部共八册,計五百三十二板。書紙並副板五百四十八張,表背碧青紙共一十一張,大紙八張,共錢二百六文足。賃板椶墨錢五百文足。裝印工食錢四百三十文足。除印書紙外,共計錢一貫一百三十六文足。見成出賣每部錢五貫文省。"

但是到了明代就出現了宋刻本按葉論價的現象③。清黄丕烈云:"近日書直昂貴,聞有無錫浦姓書賈,即浦二田之後,持殘宋本《孟東野集》,索直每葉元銀二兩。"④

清孫慶增《藏書紀要·鑒别》云:"宋刻本書籍傳留至今,已成希世之寶,其未翻刻者及不全者,即翻刻過而又不全者,皆當珍重之,吉光片羽,無不奇珍,豈可輕放哉!"這段話表達了明清以來人們重視宋本的心理。

人們特别重視宋本,首先由於它刻印時間早,比較接近書的原貌。黄丕烈云:"校勘群籍,始知書舊一日,則其佳處猶在,不致爲庸妄人删潤,歸

① 《宋代刻書述略》,載《文史》第十四輯。

② 請注意圖版十三第七行末"恒"字闕筆,宋真宗名恒。關於宋刻特徵,請參看其他宋代書影。餘可類推。

③ 見《書林清話》卷七《明毛晉汲古閣刻書之二》引滎陽悔道人《汲古閣主人小傳》,後論明本具詳。

④ 《蕘圃藏書題識》卷四。

於文從字順，故舊刻爲佳也。”[①]其次則由於當時重視這項工作，傳世宋本多數經過認真的校勘。王國維《五代兩宋監本考》卷中曾録北宋監本《春秋左傳正義》校勘經進銜名，現摘鈔如下：

> 承奉郎守光禄寺丞臣趙安仁書
> 勘官承奉郎守國子禮記博士賜緋魚袋臣李覺
> 勘官承奉郎守國子春秋博士賜緋魚袋臣袁逢吉
> 都勘官朝請大夫守國子司業柱國賜紫金魚袋臣孔維
> 詳勘官登仕郎守高郵軍高郵縣令臣劉若納
> 詳勘官登仕郎守將作監丞臣潘憲
> 詳勘官朝奉大夫太子右贊善大夫臣陳雅
> 詳勘官朝奉郎守大理正臣王炳
> 登仕郎守大理評事臣王焕再校
> 文林郎守大理寺丞臣邵世隆再校
> 中散大夫守國子祭酒兼尚書工部侍郎柱國會稽縣開國男食邑三百户賜紫金魚袋臣孔維都校
> 淳化元年（九九〇）庚寅十月　日

從引文中可以看出北宋國子監刻書，委著名書法家寫樣，經過專家反覆校勘，才付雕版。國子監這樣做當然會對宋代刻書事業産生廣泛而深遠的影響。宋代的家刻本也非常注重校勘。清錢泰吉云：

> 宋岳倦翁刊九經三傳，以家塾所藏諸刻，並興國于氏、建安余仁仲本，凡二十本。又以越中舊本注疏，建本有音釋注疏、蜀注疏合二十三本，專屬本經名士，反覆參訂，始命良工入梓。其所撰《相臺書塾刊正九經三傳沿革例》於書本、字畫、注文、音釋、句讀、脱簡、考異皆

---

① 《士禮居藏書題跋記續》卷上《武林舊事六卷》跋。參看本編第一章第二節。

羅列條目，詳審精確，不可不家置一編也。①

可見，岳氏爲了保證圖書質量，做了三項工作，即廣集異本、延用專家、確定校勘程序。他刻印的書無怪乎要受到人們的重視了。即使坊刻本，有的也經過認真校勘，如余仁仲爲其新刻《春秋公羊經傳解詁》所作後記云：

《公羊》《穀梁》二書，書肆苦無善本，僅以家藏監本及江浙諸處官本參校，頗加釐正。惟是陸氏釋音字或與正文字不同，如此序"釀嘲"，陸氏"釀"作"讓"；隱元年"嫡子"作"適"，"歸含"作"哈"，"召公"作"邵"；桓四年"曰蒐"作"廋"。若此者衆，皆不敢以臆見更定，姑兩存之以俟知者。紹熙辛亥（一一九一）孟冬朔日建安余仁仲敬書。②

這篇文字雖然是書坊的廣告，但也反映了其主持人嚴肅認真的態度。

宋刻本的水平也是不平衡的。清杭世駿云："今之挾書以求售者，動稱宋刻。不知即宋亦有優有劣，有太學本、有漕司本、有臨安陳解元書棚本、有建安麻沙本，而坊本則尤不可更僕以數。"③蘇軾、陸游都曾對當時"以意改書"④"略不校讎"⑤的現象提出過尖鋭的批評。錢大昕云："今人論宋槧本書，謂必無差誤，却不盡然。陸放翁《跋歷代陵名》云：'近世士大夫所至，喜刻書板，而略不校讎。錯本書散滿天下，更誤學者，不如不刻之爲愈也。'是南宋初刻本已不能無誤矣。"⑥顧千里還專門對南宋建本提出過批評：

若夫南宋時建陽各坊刻書最多，惟每刻一書必倩雇不知誰何之

① 《甘泉鄉人稿》卷七《曝書雜記》。
② 《中國版刻圖録》三七頁。參看本章第二節論坊刻本及圖版三十三。
③ 《道古堂全集》卷一九《欣託齋藏書記》。
④ 十二卷本《東坡志林》卷五。
⑤ 《渭南文集》卷二六《跋歷代陵名》。
⑥ 《十駕齋養新録》卷一九《宋槧本》。

人任意增删换易，標立新奇名目，冀自衒價，而古書多失其真。逮後坊刻就衰而浮慕之敝起。其所刻也，轉轉舛錯脱落殆不可讀者有之，加以"牡丹""水利"觸目滿紙①，彌不可讀者有之，又甚而奮其空疏白腹，敷衍謬談，塗竄創疻，居之不疑；或且憑空搆造，詭言某本。變亂是非，欺紿當世，陽似沽名，陰實盜貨，而古書尤失其真，若是者刻一書而一書受其害而已矣。②

那麽，怎樣認識前人對宋本所作的這些批評呢？陸貽典跋所校宋本《管子》云："古今書籍，宋板不必盡是，時板不必盡非。然較是非以爲常，宋刻之非者居二三，時刻之是者無六七，則寧從其舊也。"③此言近乎佞宋，但從實踐的結果看，却大體可信。

再次，宋刻爲世所共寶，還因爲它刊印精美，足爲後世刻書的模範，同時還應將其作爲一種珍貴歷史文物而予以重視和保存。孫慶增《藏書紀要》第二則《鑒别》云："若果南、北宋刻本，紙質羅紋不同，字畫刻手，古勁而雅，墨氣香淡，紙色蒼潤，展卷便有驚人之處。所謂墨香紙潤，秀雅古勁，宋刻本之妙盡之矣。"這乃是從文物的角度來肯定宋本書的價值。也是我們所贊同的。

宋本情況及其可貴之處大體如此。

四　遼、金、元本

關於遼本。

一九七四年七月二十八日，國家文物局等單位在山西應縣佛宫寺木塔内釋迦塑像中發現遼代珍貴文物一百六十件，其中有遼刻經四十七件；

① 顧炎武《日知録》卷一八《别字》云："山東人刻《金石録》，於李易安《後序》'紹興二年，元黓歲，壯月朔'，不知'壯月'之出於《爾雅》，而改爲'牡丹'。"《勘書》云："偶見《焦氏易林》舊刻，有曰……'井堙水刊'，乃'木刊'之誤；注云'刊，疑當作利'，失之遠矣。'隨山刊木'見於《尚書・禹貢》。"

② 《思適齋集》卷十《重刻古今説海序》。

③ 《書林清話》卷六《宋刻書多訛舛》條引。

寫經、雜抄共三十件;刻書與雜刻八件;繪畫、版刻印刷佛像七件。[①] 這批遼代文獻的發現,使我們窺見了遼刻本的大概。

其值得注意的是十二卷契丹藏的發現。契丹藏有五百七十九帙,是我國繼北宋初開寶藏之後雕印的第二部大藏經。[②] 在十二卷《契丹藏》中,《稱贊大乘功德經》卷尾有“燕臺聖壽寺慈氏殿主講法華經傳菩薩戒懺悔沙門道撰,時統和貳拾壹祀癸卯歲(一〇〇三)季春月蓂生五葉記。弘業寺釋迦佛舍利塔主沙門智雲書,穆咸寧、趙守俊、李存讓、樊遵四人同雕”題記,可以推知契丹藏是在遼聖宗耶律隆緒統和年間用漢字書寫雕印於遼之燕京。閻文儒等人將契丹藏的一般情況,歸納爲以下幾點:

一、全部用漢字書寫雕版,大字楷書,工整有力。未見契丹字。

二、每版印成一整紙,由數紙至數十紙粘連成一卷,每卷各紙行數、每行字數基本一樣。

三、全部爲卷軸裝,圓木軸,竹製杆,縹帶爲絲織品。其中三卷爲原軸,兩卷杆和縹帶爲原物。

四、每卷用《千字文》編號。

五、每卷有譯者名,其中六卷卷首殘缺,不見譯者名。

六、行格疏朗,排列整齊,版式統一。

七、十卷經在開頭或前幾行行格間用一行小字注明經名、版碼及《千字文》編號。另外兩卷,一卷刻有小字“第二”及版碼,一卷只有小字版碼。

八、均爲硬黄紙。紙質極好,光潔堅韌,入潢避蠹,未見蟲蛀。

---

① 詳見國家文物局文物保護科學技術研究所、山西省古代建築保護研究所、山西省雁北地區文物工作站、山西省應縣木塔文物保管所《山西應縣佛宮寺木塔發現遼代珍貴文物》等六篇文章,均載《文物》一九八二年第六期。鄭恩淮《應縣木塔發現的七件遼代印刷品》,載《文獻》一九八六年第一期。本文所引有關遼本資料,皆據此數文,不再一一注明出處。

② 見王昶《金石萃編》卷一五三《暘臺山清水院創造藏經記》。遼代自聖宗統和元年(九八三)至道宗清寧十年(一〇六四)的八十二年中,以契丹爲國號,故雕印於這個時期的遼藏稱爲契丹藏。

> 九、不避諱，與其他遼刻經不同。
>
> 十、其中三卷經卷首有精美的木刻佛畫，一卷僅存殘畫邊。知《契丹藏》經卷卷首多有精緻的佛畫。
>
> 十一、有三卷經背面蓋有戳記。《大方廣佛華嚴經卷第四十七》每紙背面均有長方形陽文楷書“寶嚴”戳記；《大法炬陀羅尼經卷第十三》和《中阿含經卷第三十六》兩卷，每紙背面均蓋有長方形雙邊陽文楷書“神坡雲泉院藏經記”朱印。①

還有唐代李翰編撰的兒童啓蒙課本《蒙求》，新發現的遼版是該書現存最早的版本，也是目前僅存的除佛經以外的遼刻本圖書〔圖版十四〕。

錢大昕説“遼人謹於避諱”②，這在新發現的遼刻本中得到了證實。在六十一件雕版印刷品中，有七件避遼諱。其中光字避遼太祖耶律德光諱；明字避遼穆宗耶律璟諱，因爲他後來改名爲明；賢字避遼景宗耶律賢諱，因爲他小字明扆，故亦諱明；真字避遼興宗耶律宗真諱。同宋本一樣，遼本不但避本字，而且也避同音字，其方法也用缺筆的方式。如《蒙求》一書中的甄、鎮、明、真、愼等字都缺末筆。③

就版式而言，遼刻本中四周單邊、左右雙邊、四周雙邊兼而有之。其中大部分是四周單邊，《蒙求》係左右雙邊。有七種佛經及《燕臺大憫忠寺新雕諸雜贊一策》是四周雙邊。一般認爲魚尾都刻在版心，是供摺葉用的，而《燕臺大憫忠寺新雕諸雜贊一策》中的兩個魚尾不在版心，而被分别刻在兩行烏絲欄中，其作用顯然是爲了醒目和美觀。《燕臺大憫忠寺新雕諸雜贊一策》係細黑口，這對我們研究細黑口産生的時間頗有參考價值。

就裝幀形式而言，這次發現的遼刻經絶大部分爲卷軸裝，計有四十二

---

① 閻文儒、傅振倫、鄭恩淮《山西應縣佛宫寺釋迦塔發現的〈契丹藏〉和遼代刻經》，載《文物》一九八二年第六期。

② 《十駕齋養新録》卷八《壽隆年號誤》。

③ 詳見畢素娟《世所僅見的遼版書籍——〈蒙求〉》，載《文物》一九八二年第六期。

卷;蝴蝶裝四件。此外《妙法蓮華經卷第一》(Ⅲ式)原爲卷軸裝,爲了閲讀方便,改爲經摺裝。這些裝幀形式都與北宋相一致。值得我們重視的是在新發現的寫經、雜鈔中,有四件綫裝成册。遼政權終於北宋末年,遼的書籍制度直接受到北宋的影響,因此遼本的發現對於我們研究北宋刻本也有十分重要的意義。

新發現的遼代文獻表明燕京是遼代的刻書中心。首先,契丹藏刻於燕京。該藏《稱贊大乘功德經》卷尾題記有刻工趙守俊之名,而從《妙法蓮華經卷第四》(Ⅰ式)卷首畫題記也可見契丹藏雕印於遼之燕京。其次,遼國政府還組織了燕京的一些寺廟雕印過其他經書。例如《釋摩訶衍論通贊疏》卷第十與《釋摩訶衍論通贊疏科》卷下之卷尾均有下面這段題記:"咸雍七年(一〇七一)十月□日,燕京弘法寺奉宣校勘雕印流通。殿主講經覺慧大德臣沙門行安勾當,都勾當講經詮法大德臣沙門方矩校勘,右街天王寺講經論文英大德賜紫臣沙門志遠校勘,印經院判官朝散郎守太子中舍驍騎尉賜緋魚袋臣韓資睦提點。"從題記中可以看出遼代專門設有印經院,同北宋國子監一樣,遼印經院組織刻經,分工明確,態度認真。此外,寺中印經的紙也是由政府供給的。如《釋摩訶衍論通贊疏科》卷下第十四紙背面即有"宣賜燕京"朱印。燕京有些寺廟自己也雕印了一些佛教宣傳品。例如《燕臺大憫忠寺新雕諸雜贊一策》,其首行云:"燕臺大憫忠寺常住院内新雕諸雜贊隨名各列如後。"再次,遼代燕京私人書坊也很興旺。例如《妙法蓮華經卷第四》(Ⅲ式)的題記云:"攝大定府文學龐可昇書,同雕造孫壽益、權司展、趙從業、弟從喜雕。燕京檀州街顯忠坊南頰住馮家印造。"此外,《佛説八師經》題記爲"大昊天寺福慧樓下成造"。《上生經疏科文》卷尾題記云:"時統和八年(九九〇年)……燕京仰山寺前楊家印造。"

關於金本。

由於受到漢族文化的影響較深,金人的刻書事業同遼人比較,又有明顯的發展。金世宗於大定二十三年(一一八三)八月,"以女真字《孝經》千部,付點檢司分賜護衛親軍"。同年九月,"譯經所進所譯《易》《書》《論語》《孟子》《老子》《揚子》《文中子》《劉子》及《新唐書》。上謂宰臣曰:'朕所以令譯《五經》者，正欲女真人知仁義道德所在耳。’命頒行之”。① 顯然，金世宗很會利用漢族的傳統文化來加强思想統治。金章宗十分喜愛漢人詩歌，史載明昌二年（一一九一）四月，“學士院新進唐杜甫、韓愈、劉禹錫、杜牧、賈島、王建，宋王禹偁、歐陽修、王安石、蘇軾、張耒、秦觀等集二十六部”。② 吴則虞認爲這些書是“金之官本之可考見者”。③

金代官刻本發達與其推行科舉制度以吸引漢族地主階級知識分子有關。《金史》還記載了當時學校用書情況：

> 凡經：《易》則用王弼、韓康伯注；《書》用孔安國注；《詩》用毛萇注、鄭玄箋；《春秋左氏傳》用杜預注；《禮記》用孔穎達疏；《周禮》用鄭玄注、賈公彦疏；《論語》用何晏集注、邢昺疏；《孟子》用趙岐注、孫奭疏；《孝經》用唐玄宗注。《史記》用裴駰注；《前漢書》用顔師古注；《後漢書》用李賢注；《三國志》用裴松之注，及唐太宗《晉書》、沈約《宋書》、蕭子顯《齊書》、姚思廉《梁書》《陳書》、魏收《後魏書》、李百藥《北齊書》、令狐德棻《周書》、魏徵《隋書》、新舊《唐書》、新舊《五代史》。《老子》用唐玄宗注疏，《荀子》用楊倞注，《揚子》用李軌、宋咸、柳宗元、吴秘注。皆自國子監印之，授諸學校。④

這些書係金國子監出版印行，但是否全爲金代所刻，或者也包括北宋公私刻版在内，歷史記載不詳。但金國子監刻印過《東坡奏議》與《山林長語》等書，則確實有據。⑤

金代私人刻書風氣也很盛行，《中國版刻圖録》著録有《壬辰重改證吕太尉經進莊子全解》《南豐曾子固先生集》《重編補添分門字苑撮要》《新修累音引證群籍玉篇》《蕭閑老人明秀集注》〔圖版十五〕《劉知遠諸宫調》《重

① 《金史》卷八《世宗紀》下。
② 《金史》卷九《章宗紀》一。
③ 《版本通論》卷三《遼之刻書》。
④ 《金史》卷五一《選舉志》一。
⑤ 張秀民《金源監本考》，載《圖書季刊》二卷一期。

修政和經史證類備用本草》《增節標目音注精義資治通鑒》等。這些都是平陽(一名平水,今山西臨汾市堯都區一帶)的出版物。國家圖書館即藏有崇慶元年(一二一二)河北寧晉荆珍刻印的《崇慶新雕改併五音集韻》。該書半葉十三行,行二十字,注文雙行,行四十一字,白口,雙魚尾,左右雙邊,則證明其他地方也有私人刻書之事。

金刻本最著名的要算皇統八年(一一四八)開始雕版,大定十八年(一一七八)完成的一部大藏經。這部大藏經爲當時佛教女信徒崔法珍斷臂募捐,由解州天寧寺開雕,大藏經版會主持刻印,原庋山西趙城縣東南四十里的廣勝寺内,因稱趙城藏,又稱金藏。它是國内外從未著録的孤本。李致忠曾介紹了它的發現過程,可以參閲。① 國務院古籍整理出版規劃小組決定出版的《中華大藏經》,就以這部趙城金藏爲底本。

金刻本在内容和形式上都明顯受到宋刻本的影響。金代官刻本同宋代官刻本一樣,多爲正經正史和一些文集。金代的私刻本在内容上充分體現了民間色彩,已如上所舉列。當時民間盛行説唱諸宫調,平水書肆也適應大家需要而刻版流通。國家圖書館現藏《劉知遠諸宫調》五卷四十二頁,即爲金時平水坊本。這些民間文藝創作的傳播,對我國説唱文學和戲劇的發展起了不小作用。金刻本在形式上與宋刻本没有明顯差别,而且也有避諱現象。例如《蕭閑老人明秀集注》"堯""曉"缺筆顯然是避世宗父親睿宗宗堯諱,"恭""供"缺筆顯然是避章宗父親顯宗允恭諱。清趙翼説:"金一人二名,其國語之名,便於彼此相呼;漢名則用之詔令章奏。其避諱之法,則專避漢名,而國語之名不避,蓋國語本有音無正字也。"②《蕭閑老人明秀集注》等金刻本還出現了一些簡體字,如竜(龍)、处(處)、李(學)、礼(禮)、迁(遷)、乱(亂)、尽(盡)、尘(塵)等,爲現代文字改革工作所取資。這個特點在元刻本中表現得更加鮮明。

關於元本。

元代刻書可媲美宋代,所以言版本者,至今宋元並稱。爲了鞏固政

① 李致忠《略談建國以來北京圖書館入藏的善本書》,載《文獻》第二十一輯。

② 《廿二史劄記》卷二八《金一人二名》。

權，元代統治者十分重視吸收漢族文化。明陳邦瞻云：元"自太祖、太宗即知貴漢人，延儒生講求立國之道"。[①] 因而也重視出版工作。如大德十一年（一三〇七）八月，"中書左丞孛羅鐵木兒以國字《孝經》進，（武宗）詔曰：'此乃孔子微言，自王公達於庶民，皆當由是而行。'其命中書省刻版模印，諸王而下皆賜之"。[②] 至大四年（一三一一）"帝（仁宗）覽《貞觀政要》，諭翰林侍講阿林鐵木兒曰：'此書有益於國家，其譯以國語刊行，俾蒙古、色目人誦習之。'"[③]再如"仁宗延祐四年（一三一七）四月以《大學衍義》譯國語。先是帝爲太子時，有進《大學衍義》者，命詹事王約等節而譯之。帝曰：'治天下此一書足矣。'因命與圖象《孝經》《列女傳》並刊以賜臣下。至是翰林學士承旨和搭拉都里默色、劉賡寺譯《大學衍義》以進。帝復令翰林學士阿琳特穆爾譯以國語。五年（一三一八）八月，復以江浙省所印《大學衍義》五十部賜朝臣"。[④]

正因爲元朝統治者充分認識到文化典籍對加强思想統治的重要性，所以歷朝都特别重視圖書的搜羅與印行。如太宗八年（一二三六）六月，"耶律楚材請立編修所於燕京、經籍所於平陽，編集經史"[⑤]。世祖至元十二年（一二七五）九月，"以玉昔帖木兒爲御史大夫，括江南諸郡書版及臨安秘書省《乾坤寶典》等書"。[⑥] 至元十五年（一二七八）四月，"以許衡言，遣使至杭州等處取在官書籍版刻至京師"。[⑦] 元朝國家中央級的刻書機構有秘書監的興文署、藝文監的廣成局、太史院的印曆局、太醫院的廣惠局或醫學提舉司。元王司點、商企翁《秘書監志》卷八云：

> 至元十年（一二七三）十一月初七日，太保大司農奏過事内一件，興文署掌雕印文書，交屬秘書監。……本署元設官三員、令一員、丞

---

① 《元史紀事本末・自序》。
② 《元史》卷二二《武宗紀》一。
③ 《元史》卷二四《仁宗紀》一。
④ 《續文獻通考》卷一四一《經籍》一。
⑤ 《元史》卷二《太宗紀》。
⑥ 《元史》卷八《世祖紀》五。
⑦ 《元史》卷十《世祖紀》七。

> 二員、校理四員、楷書一員、掌紀一員。事故:官一員,楊時煦(身故);校理二員,今改大都儒學教授孫蕡、劉震;見任官二員,署令馬天昭,署丞王鼎;校理二員,李嘉、古申;楷書吕勗;掌紀趙謙;雕字匠花名計四十名,作頭一名;匠三十九名;印匠一十六名。

至元十三年(一二七六),興文署雖曾併入翰林院,但刻書活動並未中斷。至元二十七年(一二九〇)正月,"復立興文署,掌經籍板及江南學田錢穀"。① 清丁丙亦云:"至元二十七年正月,立興文署,召集良工刊刻諸經、子、史,以《通鑒》爲起端。"②葉德輝謂:"興文署本。至元二十七年刻《資治通鑒》二百九十四卷,見瞿《目》、陸《跋》、莫《録》;刻胡三省《通鑒釋文辨誤》十三卷,見陸《跋》。"③除興文署外,屬於藝文監的廣成局也"掌傳刻經籍及印造之事"。④ 廣成局所刻,惜無傳本。見於著録的其他官刻本尚有國子監本、太醫院本等。此外,地方官醫提舉司也刻了不少醫書。

元代出版的書籍,數量多、質量高的要推學校刻本。而這與元朝統治者對學校的重視是分不開的。在他們看來,"興舉學校,乃王政之先"。⑤ 所以"元世學校之盛,遠被遐荒,亦自昔所未有"。⑥ 據至元二十三年(一二八六)大司農司的統計,元朝建立不到二十年,"諸路學校凡二萬一百六十六所,儲義糧九萬五百三十五石,植桑棗雜果諸樹二千三百九萬四千六百七十二株"。⑦ 於此可見元代學校既多且富,因而刻書印書事業也隨之發達。今據《書林清話》將元代各路儒學、書院刻本舉例列表如後:

---

① 《元史》卷一六《世祖紀》十三。
② 《善本書室藏書志》卷七《資治通鑒二百九十四卷》。
③ 《書林清話》卷四《元監署各路儒學書院醫院刻書》。
④ 《元史》卷八八《百官志》四。
⑤ 《大元聖政國朝典章》卷二《興學校》。
⑥ 《元史紀事本末》卷二。
⑦ 《元史》卷一四《世祖紀》十一。

出版單位	書名	卷數	出版時間
中興路儒學	沈棐春秋比事	二〇	至元十六年
贛州路儒學	南軒易説	三	至元二十九年
太平路儒學	漢書	一二〇	大德九年
寧國路儒學	後漢書	一二〇	大德九年
瑞州路儒學	隋書	八五	大德九年
建康路儒學	新唐書	二二五	大德九年
池州路儒學	三國志	六五	大德十年
紹興路儒學	越絶書	一五	大德十年
信州路儒學	北史	一〇〇	大德十年
嘉興路儒學	陸宣公集	二二	至大四年
武昌路儒學	大易緝説	一〇	皇慶二年
臨江路儒學	春秋集傳	二二	延祐元年
龍興路儒學	唐律疏義	三〇	泰定元年
集慶路儒學	修詞鑒衡	二	至順四年
漳州路儒學	北溪先生大全文集	五〇	(後)至元元年
婺州路儒學	論孟集注考證	一〇	(後)至元三年
揚州路儒學	馬石田文集	一五	(後)至元五年
杭州路儒學	遼史	一六〇	至正三年
饒州路儒學	金石例	一〇	至正三年
撫州路儒學	道園類稿	五〇	至正五年
江北淮東道本路儒學	勤齋集	八	至正六年
福州路儒學	禮書	一五〇	至正七年
江浙省本路儒學	燕石集	一五	至正八年
平江路儒學	吴師道校正鮑彪注國策	一〇	至正二十五年
贛州路府學	南軒易説	三	無年號
無錫郡學	白虎通德論	一〇	大德九年
婺郡學	六書故	三三	延祐七年

續表

出版單位	書名	卷數	出版時間
嘉興郡學	易裨傳	二	至正四年
三山郡庠	通志	二〇〇	至治二年
吴郡庠	通鑒總類	二〇	至正二十二年
吉水郡庠	申齋劉先生文集	一五	無年號
興賢書院	滹南遺老集	四五	至元二十年
廣信書院	稼軒長短句	一二	大德三年
宗文書院	經史證類大觀本草	三一	大德六年
梅溪書院	千金翼方	三〇	大德十一年
圓沙書院	大廣益會玉篇	三〇	延祐二年
西湖書院	文獻通考	三四八	泰定元年
蒼巖書院	標題句解孔子家語	三	泰定元年
武溪書院	新編古今事文類聚前集	六〇	泰定三年
龜山書院	李心傳道命録	一〇	至順四年
建安書院	蜀漢本末	三	至正九年
屏山書院	止齋先生文集	五二	至正二十年
豫章書院	豫章羅先生文集	一七	至正二十五年
南山書院	廣韻	五	至正二十六年
臨汝書院	通典	二〇〇	大德十一年
桂山書院	孔叢子	七	無年號
梅隱書院	書集傳	六	無年號
雪窗書院	爾雅郭注	三	無年號

在學校書刻中，以九路分刻的十七史爲最有名。大德九年（一三〇五），江東建康道肅政廉訪司副使伯都以爲："浙西十一經已有全板，獨十七史未也。職居風憲，所當勉勵。"①因而發起刊印。太平路儒學教授曲

① 元建康路刊《新唐書》跋。

阜孔文聲爲太平路新刊《漢書》所寫的題記述九路分刻十七史的經過云：

> 江東建康道肅政廉訪司以十七史書艱得善本，從太平路學官之請，遍牒九路。今本路以《西漢書》率先，俾諸路咸取而式之。置局於尊經閣，致工於武林。三復對讀者，耆儒姚和中輩十有五人；重校修補者，學正蔡泰亨。版用二千二百七十五面，工費具載學記，兹不重出。始大德乙巳（一三〇五）仲夏六日，終是歲十有二月二十四日。……承務郎太平路總管府判官劉尊督工，江東建康道肅政廉訪副使伯都提調。①

據此可見，九路儒學刻印十七史，指導思想是明確的，組織是落實的，刻印工作也是非常認真的。但只有太平、寧國、瑞州、建康、池州、信州等七路儒學，刻印了《漢書》《後漢書注》《隋書》《新唐書》《晉書》《新五代史》《三國志》《北史》《南史》等，其餘諸史均未付梓。其中《漢書》《後漢書》《隋書》《南史》《北史》等，國家圖書館至今均有珍藏。②

顧炎武總結過書院刻書的優點。他認爲："聞之宋元刻書，皆在書院。山長主之，通儒訂之，學者則互相易而傳布之。故書院之刻有三善焉：山長無事而勤於校讎，一也；不惜費而工精，二也；板不貯官而易印行，三也。"③此外，元代學校刻書有雄厚的物質基礎，也是一種優越條件。明陸深云："勝國時，郡縣俱有學田，其所入謂之學糧，以供師生廩餼，餘則刻書，以足一方之用。工大者則糾數處爲之，以互易成帙，故讎校刻畫頗有精者，初非圖鬻也。"④〔圖版十六〕

元代的私刻本也相當可觀。太宗八年"置編修所於燕京、經籍所於平陽，由是文治興焉"。⑤ 置經籍所於平陽顯然是承認、管理和利用那裏從

① 見丁丙《善本書室藏書志》卷六《明重刊元大德太平路學本前漢書一百卷》。
② 李致忠《元代刻書述略》，載《文獻》第十輯。
③ 《日知録》卷一八《監本二十一史》。
④ 《金臺紀聞》。
⑤ 《元史》卷一四六《耶律楚材傳》。

金代開始就興盛起來的私人刻書事業。太宗十三年(一二四一),大臣姚樞棄官隱居輝縣,“又汲汲以化民成俗爲心,自版小學書、《語孟或問》、《家禮》,俾楊中書版《四書》、田和卿版《尚書》、《聲詩折衷》、《易》程《傳》、《書》蔡《傳》、《春秋》胡《傳》,皆脱於燕。又以小學書流布未廣,教弟子楊古爲沈氏活板,與《近思録》《東萊經史論説》諸書,散之四方”。① 這是元朝定鼎之前私家刻書的記録。世祖中統二年(一二六一)平陽道參幕段子成刻印的《史記集解索隱》一百三十卷,現藏國家圖書館,這是元朝定鼎之前,有實物流傳的最早的家刻本。《書林清話》卷四《元私宅家塾刻書》共著録三十九家刻印的書六十餘種。並指出:“以上各家多者刻數種,少者或一二種,皆極鏤板之工。”其中“劉君佐翠巖精舍,始元延祐至明成化”,“西園精舍,始元至正迄明永樂”,“梅軒蔡氏,始元至元迄明弘治”,“此其世業近者百年,久者百五六十年,子孫繼守書香”。可見由於元代文化政策相對穩定,私家刻書事業也獲得了持續不斷的發展。

葉德輝還認爲:“元時書坊所刻之書,較之宋刻尤夥。蓋世愈近則傳本多,利愈厚則業者衆,理固然也。”所著録有書坊四十家,書約九十種。葉氏還分析了元代坊刻本的特點:“大抵有元一代,坊行所刻,無經史大部及諸子善本,惟醫書及帖括經義淺陋之書傳刻最多。由其時朝廷以道學籠絡南人。士子進身儒學,與雜流並進。百年國祚,簡陋成風,觀於所刻之書,可以覘一代之治忽矣。”②對此,王欣夫發表了不同的看法,他認爲:“前人説,書坊目的在謀利,所以没有刻大部經史,而多刻醫書和帖括、小説、戲曲,不知這正是面向大衆,符合人民的需要,並且保存了不少民間的優秀文學作品,絶對不能加以輕視。”③時代不同,故觀點各異,是很清楚的。

葉德輝還談到元本“有名爲書院而實則私刻者”,如方回虚谷書院、茶陵東山陳仁子古迂書院、詹氏建陽書院、潘屏山圭山書院、平江路天心橋南劉氏梅谿書院、鄭玉師山書院等,“皆私宅坊估之堂名、牌記而託於書院之名。以元時講學之風大昌,各路各學官私書院林立,故習俗移人,争相

① 姚燧《牧庵集》卷一五《中書左丞姚文獻公神道碑》。

② 《書林清話》卷四《元時書坊刻書之盛》。

③ 《古文獻學要略》第三章《版本》六《遼金元版本的概述》。

模仿,觀其刻本流傳,固可分别得其主名矣”。[1]

元刻本在形式上也呈現出一些鮮明的特點:從版式方面看,元刻本絶大多數是粗黑口。將宋朝出現的細黑口改變爲粗黑口的原因是出版單位與刻工爲了節省工時。這種風氣對明初刻本還有較大影響。從字體方面看,元刻本多用趙體。趙孟頫是亡宋宗室,入仕新朝,爲元世祖所寵,所以趙體在元代極爲流行。清徐康《前塵夢影録》卷下云:“元代不但士大夫競學趙書……其時官本刻經史、私家刻詩文集,亦皆摹吴興體。”[2]元刻本還有一個特點是基本上不避諱。其諱例只限於全用御名。而元代諸帝的名字又多是音譯長名,這樣,在前代舊籍以及當代人的著述中,碰上觸犯御名的地方幾乎没有。加之蒙古族來自漠北,禮制觀念和文字禁忌都比較薄弱,查禁不嚴,所以在元代的刻書中很難見到諱字。

元刻本,特别是元坊刻本愛用簡化字。刻書用簡體,南宋已經開始,例如羅振玉在日本影印的南宋臨安中瓦子張家雕印的《大唐三藏取經詩話》中,“過獅子林及樹人國”一章裏有“一個驴兒吊在厅前”及“到山西王長者兒处”,其中“驴”“厅”“处”三字都是簡體。元朝中葉以後,坊間刻本使用簡體字就非常普遍了。如“無”作“无”、“龐”作“庞”、“鹽”作“盐”、“雙”作“双”、“隱”作“隐”、“氣”作“气”、“馬”作“马”等等。建本的《樂府新編陽春白雪》《古今翰墨大全》《古今源流至論》,虞氏務本堂刻《全相平話五種》,簡體字更多。[3]

五　明　本

明代官私刻書的數量和品種都遠超宋、元。究其原因,首先是明太祖朱元璋在奪取政權以後,爲了鞏固政權,一方面大興文字獄,一方面又在中央和地方大力興辦學校,培養維護封建統治的人才。洪武二年(一三六九)旨云:

---

① 《書林清話》卷四《元監署各路儒學書院醫院刻書》。

② 趙孟頫是吴興人,吴興體亦即趙體。

③ 參看魏隱儒《中國古籍印刷史》第二編《古籍雕版印刷發展史》第十二章《元代的刻書事業》第四節《元代刻書的特點》。

> 朕恒謂治國之要，教化爲先；教化之道，學校爲本。今京師雖有大學，而天下學校未興。宜令郡縣皆立學，禮延師儒，教授生徒，以講論聖道，使人日漸月化，以復先王之舊，革污染之習，此最急務，當速行之。①

既重視辦學，也就必然重視書籍的出版和流通。如洪武十四年（一三八一）“頒《五經》《四書》於北方學校”。② 十五年（一三八二）太祖指出：“今國子監所藏舊書板多殘缺，其令諸儒考補，命工部督修治之，庶有資於學者。”③都是當時的具體措施。

其次，明初實行簡約商税、扶持工商的政策，也促進了出版事業的發展。明代官私兩方都形成了一些組織嚴密、分工細緻的出版機構。例如嘉靖初司禮監内有刊字匠三百十五名、印刷匠一百三十四名、摺配匠一百八十九名、裱背匠二百九十三名，及筆匠、墨匠各數十名。④ 再如無錫顧起經、顧起綸兄弟的奇字齋於嘉靖三十四年（一五五五）刻的《類箋王右丞詩集》〔圖版十七〕後面，即附有全部開局氏里〔圖版十八〕。可見顧氏奇字齋已是一個頗具規模的出版社。

復次，宋元以來，通俗文藝日趨發達，明初統治者和宫廷宦官不少人文化水平不高，喜歡這類作品，這也導致了明代刻書數量的明顯增長。清梁清遠云：“洪武初年，親王之國，必以詞曲一千七百本賜之。”⑤當時有二十餘位藩王，則賜書總數約在四萬本左右。這些書當然有宋元舊本，但也必有不少明刊新本。又明宦官劉若愚説：“皇城中内相學問讀《四書》《書經》《詩經》；看《性理》《通鑒節要》《千家詩》《唐賢三體詩》；習書柬活套，習作對聯，再加以《古文真寶》《古文精粹》，盡之矣。”又云：“《三國志通俗演

① 見《南雍志》卷一。
② 《明史》卷二。
③ 《南雍志》卷一。
④ 見《大明會典》卷一八九。
⑤ 《雕丘雜録》卷一五。

義》《韻府群玉》皆樂看愛買者也。”①所以像北京都察院這樣的衙門竟然也刻了《三國志演義》《水滸傳》是不足爲怪的。明中葉後，隨着手工業和商業的發展，都市日趨繁華，市民階層日益活躍，通俗讀物較前就更多了。爲了適應廣大讀者的需要，明代的插圖本與套印本也得到了長足的發展。

明周弘祖《古今書刻》上編記載了明代官私出版的書籍約二千五百種，爲我們研究明刻本提供了依據。錢亞新曾編《古今書刻》刻書統計表，②今轉載如下：

《古今書刻》刻書統計表

中央		地方																	總計（種數）
刊者	種數	省	布政司		按察司		府		州		藩邸		書坊		其他		合計		
			刊者	種數	刊者	種數	刊者	種數	刊者	種數	刊者	種數	刊者	種數	刊者	種數	刊者	種數	
内府	83	北直隸					8	78									8	78	
禮部	5	南直隸					15	445	3	6							18	451	
兵部	4	浙江	1	8	1	6	11	159									13	173	
工部	1	江西	1	21	1	16	13	230			3	60					18	327	
都察院	33	福建	1	18	1	10	7	53	1	2			1	366	3	21	16	470	
國子監	41	湖廣	1	7	1	17	12	51	1	1	3	24					18	100	
欽天監	1	河南	1	21	1	3	5	30			2	3					9	57	
太醫院	3	山東	1	20	1	6	5	13			2	10			1	3	10	52	
隆福寺	2	山西	1	21	1	3	4	13			1	2			1	2	8	41	
南京國子監	273	陝西	1	35			8	58			3	15			1	1	13	109	
南京提學察院	1	四川	1	13	1	3	5	20	4	4	1	28					12	68	

① 《酌中志》卷一八《内板經書紀略》。

② 見《談談〈古今書刻〉上編的意義和作用》，載《廣東圖書館學刊》一九八二年第一期。

續表

中央		地方																		總計(種數)
刊者	種數	省	布政司		按察司		府		州		藩邸		書坊		其他		合計			
			刊者	種數	刊者	種數	刊者	種數	刊者	種數	刊者	種數	刊者	種數	刊者	種數	刊者	種數		
		廣東	1	17	1	2	9	31									11	50		
		廣西	1	2	1	3	2	4									4	9		
		雲南	1	25	1	6	3	11									5	42		
		貴州	1	7			1	1									2	8		
合計	447	合計	13	215	11	75	108	1197	9	13	15	142	1	366	6	27	165	2035		2482
百分比	18			8.7		3		48.3		0.6		5.6		14.6		1.1		82		100

《古今書刻》上編大致反映了隆慶三年(一五六九)以前明代刻書概況。從表中可以看出中央有十一個單位刻了四百四十七種書,這説明中央部門刻書是比較普遍的現象。其中内府刻八十三種,占相當大的比重。《明史·藝文志》序云:"明御製書文,内府鏤版,而儒臣奉敕修纂之書,及象魏布告之訓,卷帙既夥,文藻復優,當時頒行天下。"①内府刻書由司禮監主管。司禮監設有漢經廠、緍經廠、道經廠。漢經廠刻印一般經、史、子、集,緍經廠刻佛經,道經廠刻道藏,因此後人又將明内府刻本稱爲經廠本。《四庫全書總目》卷八十七著録《經廠書目》一卷,其提要云:

> 明内府所刊書目也。黄虞稷《千頃堂書目》有此書,亦作一卷。經廠即内緍經廠,明世以宦官主之。書籍刊版,皆貯於此。所列書一百十四部,凡册數頁數,紙幅多寡,一一詳載。蓋即當時通行則例,好事者録而傳之。然大抵皆習見之書,甚至《神童詩》《百家姓》亦厠其中,殊爲猥雜。今印行之本尚有流傳,往往舛錯、疑誤後生。蓋天禄、石渠之任,而以寺人領之。此與唐魚朝恩判國子監何異?明政不綱,此亦一端。

① 《明史》卷九六。

這種經廠本，因爲校勘不精，後人不甚重視。

從《古今書刻》刻書統計表中還可以看出，在中央刻書的十一個單位中，以兩京的國子監刻書較多，共三百一十四種，占中央部門所刻總數四百四十七種的百分之七十，占全國所刻總數二千四百八十二種的百分之十二。《南雍志·經籍考》分制書、經、史、子、文集、類書、韻書、雜書、石刻九類，共著録了三百零一種書。於此可見南京國子監刻書的盛況。南京國子監的書版多自舊國子學而來，還有不少是各地送繳的，而這在《南雍志》中也有明確的記載，兹舉二例：

《史記》中字七十卷　存者一千六百面，缺者二百一十九面，本集慶路儒學梓，見《金陵新志》。

《懷麓堂藁》一百二十卷　板完，計二千一百零五面，有模糊。少師兼華蓋殿大學士李東陽撰，徽州張昕所刻，正德十年以板送監。①

南京國子監持續不斷地補刻了許多書，而且經過比較認真的校勘，質量比内府刻本當然要高些。明永樂十九年（一四二一）遷都北京後，又建立了北京國子監。《古今書刻》著録北監刻書四十一種，成化《國子監通志》卷九載北監書版四十七種，可見北監書版比南監少得多。其中最重要的要算翻刻南監校刊的《十三經注疏》與《二十一史》。丁丙云："北監《二十一史》奉敕重修者，祭酒吴士元、司業黄錦也，自萬曆二十四年（一五九六）開雕，閱十有一載，至三十四年（一六〇六）竣事，皆從南監本繕寫刊刻，雖行款較爲整齊，究不如南監之近古，且少訛字。"②張秀民也認爲："北監本板式凌雜，字體時方時圓，校對魯莽，訛舛較多。遼、金諸史缺文動至數葉，《儀禮》脱誤尤多。"③看來北監本在數量和質量上皆不如南監本。

另外明代都察院也刻了不少書，《古今書刻》著録了三十三種，有《算

① 《南雍志》卷一八《經籍考》下篇《刻梓本末》。

② 《善本書室藏書志》卷六《明北監二十一史》。

③ 《明代北京的刻書》，載《文獻》第一輯。

法大全》《千金寶要》《史記》《文選》《杜詩集注》《千家注蘇詩》《盛世新聲》《太平樂府》《三國志演義》《水滸傳》等。從内容上看，所刻同民間坊本已經没有多大差别了。

從《古今書刻》中，還可以看出明代地方官府刻書之風非常盛行。清袁棟《書隱叢談》云："官書之風，至明極盛。内而南北兩京，外而道學兩署，無不盛行雕造。官司至任，數卷新書與土儀並充餽品。"清王士禎也稱："明時翰林官初上，或奉使回，例以書籍送署中書庫，後無復此制矣。又如御史、巡鹽茶、學政、部郎、榷關等差，率出俸錢刊書，今亦罕見。"①由此可見明代地方官府曾掀起過一個刻書高潮。但由於把書籍當禮品，便不免草率從事，敷衍塞責。清顧炎武云："今學既無田，不復刻書，而有司間或刻之，然祗以供餽贐之用，其不工反出坊本下，工者不數見也。"②葉德輝也説："明時官吏奉使出差，回京必刻一書，以一書一帕相贈，世即謂之書帕本。……按明時官出俸錢刻書，本緣宋漕司郡齋好事之習，然校勘不善，訛謬滋多。至今藏書家，均視當時書帕本比之經廠、坊肆，名低價賤，殆有過之。然則昔人所謂刻一書而書亡者，明人固不得辭其咎矣。"③

明本中最有特色的要算藩刻本。明代實行分封皇子到外地爲藩王的制度。爲了防止藩王篡奪政權，建文帝、明成祖都對他們采取了嚴厲的抑制政策。明成祖即位後，藩王逐漸喪失了地方軍政大權。於是有的以聲色狗馬自娱，有的則把閑散精力用在校刻書籍方面。由於藩王具有雄厚的財力，既有善本可供繙雕，又有碩儒幫助校勘，所以藩刻本的質量是有保證的。昌彼得曾介紹過明藩刻書概況：

> 明藩刻書，今可知者，無慮卅家。明初則有周、蜀、慶、寧、楚諸府。周府自洪武間刻《千金方》，以迄萬曆，屢經傳刻，《金丹正理》，其著者也。其支裔博平，亦有刻本傳世。蜀府恒多賢王，自明初迄萬曆，傳本不絶，四部之籍，皆曾槧雕，尤爲著稱。慶藩纂刻，皆在明初，

① 《居易録》卷七。

② 《日知録》卷一八《監本二十一史》。

③ 《書林清話》卷七《明時書帕本之謬》。

> 多屬總集。寧藩多獻王權所自纂刻，自洪武以迄正統，據其目所載，凡百餘種，今傳世亦最夥。楚府刻書，自明初以迄萬曆，《説苑》《新序》，至今傳誦，支裔武岡，亦有詩集傳世焉。成弘以降，槧雕尤廣。淮、唐諸府，多刻總集；吉府多刻子書，以迄萬曆；益府多刻小學譜録，迄於崇禎，活字印書，媲美蜀藩。秦府《史記》、魯府《抱朴子》，咸稱善本；遼藩《昭明文選》，人争寶之。嘉靖間當推晉、趙二府最著，晉府多刻重集，卷帙爲諸藩之冠；趙康王於四部之籍，無不繙雕，尤爲淹雅。他如德藩之《漢書》、瀋藩之《易林》、徽藩之《萬花谷》、崇府之《包公奏議》、靖江之李杜集，並爲士林所重，而萬曆間鄭藩之通音律，所刻《樂律全書》尤爲審音家所推重，不獨以雕版著聲藝苑也。其他諸藩如漢、衡、伊、榮、襄、潞、代、岷、汝等府，或繙雕舊籍，或自刻詩文。稽古右文，於焉爲盛。此諸藩刻書之梗概也。[①]

在許多藩王中，寧藩朱權和晉藩朱鍾鉉較爲突出。朱權爲太祖第十七子。《四庫全書總目》卷八十七著録《寧藩書目》一卷，其提要云："初，寧獻王權以永樂中改封南昌，日與文士往還，所纂輯及刊刻之書甚多。"《寧藩書目》"所載書凡一百三十七種，詞曲、院本、道家煉度、齋醮諸儀俱附焉"。晉藩朱鍾鉉是太祖的曾孫，博古善法書，曾刻《寶賢堂法帖》。他的子孫也都好學嗜古，代有刻書。今傳世的刻本有總集《文選》《唐文粹》《宋文鑒》《元文類》等有系統的巨編。總之，明藩都各隨所好地刻了一些有特色的書，而又校勘精當，刻工細緻，所以爲後世藏書家所珍視。

明代家刻本也非常盛行。早在洪武十年（一三七七），就出現了浦江鄭濟所刻劉基編選的《宋學士文粹》十卷。由鄭濟、鄭洧兄弟約會同門劉剛、林静、樓璉、方孝孺等共同手寫上版。他們都是宋濂的學生，對本師著作非常尊重；書寫認真，字體娟秀，刻工版式也極精雅。半葉十六行，每行二十七字，左右雙邊，黑口，無魚尾。卷十末有洪武丁巳七月十日鄭濟題記，略云："右翰林學士潛溪宋先生《文粹》十一卷，青田劉公伯温丈選定者

---

① 《版本目録學論叢》—《明藩刻書考》。

也。濟及同門等相與繕寫成書,以字計之,約計十二萬二千有奇,於是命工十人鋟梓以傳。自今夏五月十七日起至七月九日畢工,凡歷五十二日。"①

明代中葉,前後七子掀起了一個聲勢浩大的復古運動,反映在刻書事業上便是私家大量覆刻宋本與仿刻宋本。世人推重嘉靖本,即由於此,例如金臺汪諒、震澤王延喆都影刻了宋黄善夫本《史記》;吴縣袁褧嘉趣堂影刻了宋本《大戴禮記》和《六臣注文選》;錫山安國桂坡館刻宋紹興本《初學記》;吴縣顧春世德堂刻《六子全書》;蘇州徐時泰東雅堂影宋刻《昌黎先生集》、郭雲鵬濟美堂影宋刻《河東先生集》。②

在覆刻宋本中,袁褧刻《六臣注文選》堪稱這一時期的代表。其跋云:"余家藏書百年,此本甚稱精善,因命工翻雕。匡郭字體,未少改易,計十六載而完。用費浩繁,梓人艱集。今模搨傳播海内,覽兹册者,毋徒曰開卷快然也。"正因爲刻得與宋本没有多少差别,所以書估常常利用袁刻《文選》作僞。葉德輝指出:"合計内府所藏《文選》十部,而作僞居八九,此可見袁本雕刻之精。"③此云"内府"係指清廷。此外,這個時期錢塘洪楩的清平山堂刻印了不少文學書籍,如《六臣注文選》《唐詩紀事》,特别是《清平山堂話本》保存了若干篇宋元人短篇小説,對文學史的發展有重要意義。

萬曆以後,雕版事業呈現出更加繁榮的景象。這一時期的著名刻書家吴勉學、陳仁錫、胡文焕、毛晉等相繼出現。特别是毛晉的汲古閣在中國刻書史上占有突出地位。毛晉初名鳳苞,晚更名晉,字子晉,世居虞山東湖。平生專意校書刻書,僅據《汲古閣校刻書目》統計,所刻《十三經注疏》《十七史》《津逮秘書》《漢魏六朝一百三家集》《列朝詩集》《宋名家詞》《六十種曲》等約有十萬多板片。毛氏刻書是建築在豐富的藏書的基礎上的。滎陽悔道人《汲古閣主人小傳》云:

---

① 參看魏隱儒《中國古籍印刷史》第二編《古籍雕版印刷發展史》第十三章《明代的刻書事業》。

② 參看《書林清話》卷五《明人刻書之精品》。

③ 《書林清話》卷十《坊估宋元刻之作僞》。

晉少爲諸生，蕭太常伯玉特賞之，晚乃謝去。以字行，性嗜卷軸。榜於門曰："有以宋槧本至者，門内主人計葉酬錢，每葉出二佰。有以舊鈔本至者，别家出一千，主人出一千二百。"於是湖州書舶雲集於七星橋毛氏之門矣。邑中爲之諺曰："三百六十行生意，不如鬻書於毛氏。"前後積至八萬四千册，構汲古閣、目耕樓以庋之。子晉患經史子集率漫漶無善本，乃刻《十三經》、《十七史》、古今百家及二氏書，至今學者寶之。①

毛晉刻書不少，質量却不甚高，曾受到孫從添、黄丕烈、陳鱣、顧廣圻、段玉裁等人的批評。② 如孫從添云："毛氏汲古閣《十三經》《十七史》校對草率，錯誤甚多，不足貴也。"又云："毛氏汲古閣所刻甚繁，好者亦僅數種。"③葉德輝甚至批評毛刻本説："略舉黄、顧、陳、段諸家所糾，則其刻書之功，非獨不能掩過，而且流傳謬種，貽誤後人。今所刻《十三經》《十七史》《説文解字》傳本尤多，淺學者不知，或據其本以重雕，或奉其書爲秘笈。昔人謂明人刻書而書亡，吾於毛氏不能不爲賢者之責備矣。"④這種批評未免苛求，葉氏後來又産生了後悔之情。他感嘆道："毛刻書余幸當年隨意獲之，又悔當年等夷視之。今雖備數而未得選購初印之本，是亦失之眉睫之事也矣。"⑤那麽怎樣評價毛刻本，怎樣看待專家們對毛刻本的批評呢？王欣夫曾對此作過全面而中肯的分析：

我以爲毛氏藏書既多善本，重刻時不能一一據以詳校；又有既據宋本，不纖悉照摹，而用己意校改，當然是個缺點，但也許有其它原因存在。譬如原書的刊刻在先，而善本的收得在後，就發現底本與刻本的不同了。他既得善本之後，因爲刻書太多，勢不能一一修改，但他

---

① 《汲古閣校刻書目》卷首。

② 參看《書林清話》卷七《明毛晉汲古閣刻書之一》。

③ 《藏書紀要》第二則《鑒别》。

④ 《書林清話》卷七《明毛晉汲古閣刻書之一》。

⑤ 《書林清話》卷七《明毛晉汲古閣刻書之三》。

的主觀是要求精益求精的,只好選擇幾種來改正和重刻,如陸游《南唐書》的重刻便是。也有他並没有見過宋本,只得根據别本傳刻,這就不應該根據宋本來攻擊他的錯誤。如《李群玉集》,毛氏以體分統前後併爲三卷,究竟作了一番整理工作,倘是他見到了宋本,自然不必多此一舉。至於毛晉和毛扆的校刻《説文》,前後共經過五次的校改。段玉裁説他謬戾多端,也是事實。但是我們應該看一看毛氏的時代,明代對於《説文》之學,除了趙宧光外,本來是很少有人注意的,所以連《説文》這部書也幾乎失傳。以顧炎武的博學,他生平就没有見過《説文》原本,經毛氏重刻了才家有其書,蔚成了清代許學的盛況,他的功績就在這裏。至於毛氏父子治學的水平,受條件的限制,是無可奈何的。但主觀也是要精益求精,所以不憚煩地校改至五次之多,他的成就怎能與段玉裁這樣的大專家來比呢?把許學極盛時的準繩來衡量萌芽時的版本,是不符實際的。毛氏刻了十餘萬的版片,當然有不少缺點,對這些缺點嚴肅地指出來,使後人不被所誤,也是必要的。但决不能强調了部分缺點,而否定了全部成績。①

毛氏所刻各書,版心下端鎸"汲古閣"或"绿君亭"。清龐鴻文等撰《毛鳳苞傳》稱其"所用紙歲從江西特造之,厚者曰毛邊,薄者曰毛太,至今猶沿其名不絶"。②

明代私家刻書還在彩色套印方面做出了突出貢獻。套版印刷雖然在十四世紀已經出現,但到十七世紀才得到廣泛應用。這是和吴興(湖州)凌氏、閔氏的努力分不開的。葉德輝指出:"朱墨套印,明啓、禎間有閔齊伋、閔昭明、凌汝亨、凌濛初、凌瀛初,皆一家父子兄弟刻書最多者也。"③套印本的蓬勃發展,顯然與明代盛行評點式的文學批評方式有關。

此外,"餖飯"與"拱花"兩種方法在此時期也得到了成功的運用。胡正言在崇禎末年用這兩種方法編印的《十竹齋畫譜》《十竹齋箋譜》,由於

---

① 《古文獻學要略》第三章《版本》七《明代版本的概述》。

② 《常昭合志稿》卷三二。

③ 《書林清話》卷八《顔色套印書始於明季盛於清道咸以後》。

刊版工緻、設色妍麗，它所達到的水平直到現在還難以超過。

明代坊刻本，出版單位多，分佈地域廣，呈現出一派異常繁榮的景象。家刻本、坊刻本都是私刻本，都要出售，並無本質差别。所以《書林清話》卷五《明人私刻坊刻書》將兩者合在一起介紹。

明人喜歡爲自己的出版機構取美名：有稱書院的，如紫陽書院、九峰書院；有稱精舍的，如建溪精舍、詹氏進德精舍；有稱書堂的，如古杭勤德書堂、書林魏氏仁實書堂；有稱書屋的，如南星書屋、前山書屋；有單稱堂的，如梁氏安定堂、鰲峰熊宗立種德堂；有單稱館的，如翠巖館、潘元度玉峰青霞館；有單稱齋的，如書户劉洪慎獨齋、顧起經奇字齋；有稱山房的，如徐熥萬竹山房、喬世寧小丘山房；有稱草堂的，如椒郡伍氏龍池草堂、玉蘭草堂；有稱書林的，如書林劉寬、書林余氏；此外還有稱書鋪的，如正陽門内巡警鋪對門金臺書鋪；稱書室的，如蔣德盛武林書室；稱書齋的，如衆芳書齋；稱紙鋪的，如杭州錢塘門裏橋南大街郭宅紙鋪；稱藥室的，如劉氏博濟藥室；稱别墅的，如東里董氏茭門别墅；有稱寓舍的，如龍邱桐源舒伯仁梁溪寓舍；有稱鋪的，如國子監前趙鋪；稱亭的，如尹耕瘵鶴亭；稱樓的，如贛郡蕭氏古翰樓；稱屋的，如芙蓉泉屋；稱閣的，如吴興花林東海居士茅一相文霞閣；稱軒的，如清夢軒等等。①

從《古今書刻》統計表中可以看出福建書坊刻了三百六十六種，在地方刻書中可謂首屈一指。其中四書類十三種、五經類五十八種、制書類十三種、理學類十三種、史學類三十四種、雜書類六十二種、刑書類九種、兵戎類八種、詩文類六十種、醫卜星相堪輿玄修等類九十五種。可知福建坊刻側重於科舉考試、文史與民間實用之類的書。福建坊刻主要集中在建寧一處，約有六十家，②通稱建本。詳本章第二節。

明代南京是政治、經濟、文化中心，同時也是刻書中心。明胡應麟云：

① 參看《書林清話》卷五《明人私刻坊刻書》。

② 張秀民《明代南京的印書》注十四："拙文《明代印書最多的建寧書坊》(《文物》一九七九年第六期)，舉出了四十七家，但有不少書坊雖未標明建陽、潭陽，而爲閩建書林，多至二三十家，故實際上建陽書坊應有六十家左右，當時爲慎重計，未算入。"載《文物》一九八〇年第十一期。

> 吴會、金陵擅名文獻，刻本至多，巨帙類書咸會萃焉。海内商賈所資二方十七，閩中十三，燕、越弗與也。然自本坊所梓外，他省至者絶寡，雖連楹麗棟，蒐其奇秘，百不二三，蓋書之所出，而非所聚也。①

張秀民考證明代南京書坊有五十七家，其中唐姓十二家，周姓七家。萬曆間唐氏各家除刻醫書、經書、文集、尺牘、琴譜外，又刻了很多戲曲。尤以唐對溪富春堂爲最多，現存《管鮑分金記》《三顧草廬記》《吕蒙正破窑記》等約三十種。其刻書有一特色，即在版框四周有花紋圖案，稱爲“花欄”，改變了宋元以來單調的單邊、雙邊。南京書坊除大批出版戲曲外，也多刻小説，其著名的有金陵萬卷書樓刻李卓吾訂正《三國志傳》、金陵榮壽堂刻《西游記》、唐氏世德堂刻《出像官板大字西游記》，又刻《唐書志傳通俗演義》，金陵兼善堂則刻了《警世通言》。爲迎合讀者的愛好，一般戲曲小説都有插圖。過去建陽坊本多爲上圖下文，圖畫扁形横幅，南京本改爲整版半幅，或前後頁合拼成一大幅，圖像放大，綫條粗放，頗饒古趣。南京書坊也刻了不少醫書，如嘉靖間雷鳴刊《濟生産寶方》、趙君耀刻《胎産須知》等。大致金陵坊刻醫書、雜書、小説，不及建陽書坊之多，而戲曲則超過建刻。兩處刻書均以萬曆時爲最盛。嘉靖以後，安徽歙縣的刻書工藝急遽發達，作品精美。萬曆、崇禎間歙縣刻工多移居南京、蘇州一帶。這説明除南京外，明中期以後蘇州地區刻書之盛。但是人們更重視蘇州地區的家刻本②。《書林清話》卷五《明人刻書之精品》所列，大部分出自蘇州地區，如吴郡沈辨之野竹齋、崑山葉氏菉竹堂、江陰涂禎、錫山安國桂坡館、震澤王延喆恩褒四世之堂、吴郡金李澤遠堂、吴門龔雷、吴郡袁褧嘉趣堂、顧春世德堂、蘇獻可通津草堂、東吴郭雲鵬濟美堂、東吴徐氏、東吴徐時泰東雅堂、吴郡杜詩。葉德輝甚至認爲這些出版家“皆刻書有根據，不啻爲宋槧作千萬化身者也”。③

明代北京書坊可考的有七八家：北京永順堂、金臺魯氏、國子監前趙

---

① 《少室山房筆叢》甲部《經籍會通》卷四。

② 參看張秀民《明代南京的印書》，載《文物》一九八〇年第十一期。

③ 《書林清話》卷五《明人刻書之精品》。

鋪、正陽門内大街東下小石橋第一巷内金臺岳家、正陽門内西第一巡警更鋪對門汪諒金臺書鋪、刑部街住陳氏、北京宣武門裏鐵匠胡同藥鋪、隆福寺。一九六七年上海嘉定縣城東公社平整土地時，在明代宣姓墓中發現成化七年至十四年（一四七一至一四七八）永順堂用竹紙刊印的十一種説唱詞話和一種南戲《白兔記》。在《唐薛仁貴跨海征遼故事》封面上端横書《北京新刊》四字。書名前多冠“新刊全相説唱”字樣，書名頁上刻着“全相説唱詞話”，主要爲七字唱句，有《説唱石郎駙馬傳》《説唱包待制出身傳》《包龍圖斷烏盆傳》《斷曹國舅公案傳》等。《包龍圖斷白虎精傳》長達九百多句，全部爲七言唱句，没有説白，但書名仍題“説唱”。這是後來鼓詞、彈詞的先河。成化間金臺魯氏刊有《四季五更駐雲飛》是我們今日所能見到的最早的明代時調小曲唱本。國子監前趙鋪，弘治丁巳（一四九七）刻《陸放翁詩集》。金臺岳家弘治戊午（一四九八）季冬重刊印行《奇妙全相注釋西厢記》。刑部街住陳氏新刊《律條便覽直引》封面書簽印《大明律》三字。金臺書鋪汪諒於嘉靖元年（一五二二）刻《文選注》，目録後附鬻書廣告，載其所刻十三種圖書的書名，實際上是我國現存較早的鬻販書目。鐵匠胡同葉鋪以“麒麟爲記”，萬曆十二年（一五八四）新刊《真楷大字全號縉紳便覽》一卷（今存藍印本），同年又刊《南北直隸十三省府州縣正佐首領全號宦林便覽》二卷（中央與地方官員名録），開清代琉璃廠書鋪刊《縉紳録》之先河。隆福寺爲東城第一大廟，與西城的白塔寺、護國寺，攤肆林立，舊均有廟會。隆福寺明代刊有《詞林摘艷》《五音篇海集韻》。北京書坊刻書雖無建陽、南京之盛，但在刻民間實用書籍與通俗文藝作品方面，各地書坊都是一致的。①

明代杭州刻書之盛不及宋、元，故謝肇淛云：“今杭本不足稱矣，金陵、新安、吴興三地，剞劂之精者，不下宋板。”②但是由於杭州刻書有悠久的歷史和雄厚的基礎，坊間還是刻了不少的書，其中比較突出的是一些小説和戲劇。例如杭州容與堂刻《李卓吾先生批評幽閨記》二卷，版心下刻“容

① 詳見張秀民《明代北京的刻書》，載《文獻》一九七九年第一輯。

② 《五雜俎》卷一三。

與堂”三字，並題“虎林容與堂梓”，有圖二十幅，甚精；《李卓吾先生批評琵琶記》二卷，有圖十幅，兩書行款悉同；《李卓吾先生批評紅拂記》二卷，有圖二十幅，卷端下題“虎林容與堂梓”一行。又有《李卓吾先生批評浣紗記》二卷，王重民先生説：“此本無校刻人姓氏及題記，以版式、行款及刀迹觀之，頗似虎林容與堂校刻李評《幽閨記》，因疑此亦容與堂校刻本也。”①容與堂還刻有《李卓吾先生批評忠義水滸傳》一百卷，卷七、卷八版心下間刻“容與堂藏板”五字，刻印俱精。明萬曆間杭州還有一位楊爾曾，刻過不少的書，其中部分出於自撰。王重民《新鐫海内奇觀》提要云：“爾曾事迹無考，然以編刻小説及刻書知名。據是書自序，爾曾字聖魯，號卧游道人，浙江錢塘人。所居曰夷白堂。”②此書即爲其自刻，美國國會圖書館藏《新鐫海内奇觀》十卷書封面記云：“武林楊衙夷白堂精刻，各坊不許翻刊。”此外見於著録的有武林坊間所刻楊爾曾《新編東西晉演義》十二卷，五十回，前有附圖，刊印極精細。武林書坊人文聚刻楊爾曾撰《新鐫批評出相韓湘子》三十回，有天啓三年（一六二三）烟霞外史序和十六頁插圖，封面題：“武林人文聚藏板。”坊刻比較重視版權，如杭州李氏静常齋刻有《月露音》四卷，“是書寫刻極精，圖尤雅緻，具徽工之輪廓，擅蘇刻之纖遒，在版畫群中，尤居上品”③。其藍印封面題：“静常齋藏板，不許翻刻。”封面右下角鈐一朱文長方印，文曰：“杭城豐樂橋三官巷口李衙刊發，每部紋銀八錢，如有翻刻，千里究治。”④

明代書坊在普及和提高插圖本方面做出了突出貢獻。爲了滿足廣大人民群衆，特别是市民階層的需要，大量的小説、戲劇及其他通俗讀物都附有插圖，明萬曆以後插圖本空前繁榮。顧廷龍序《明代版本圖録初編》云：“繡像圖籍，流衍説部，而傳奇雜劇，點綴景物，名實工緻，妙擅絶藝。隆、萬以還，斯業特盛，金陵之富春堂、文林閣、繼志齋，其最著者也。版刻嬗變，於斯爲極。”唐對溪富春堂所刻插圖本著名的有《新刻重訂出像附釋

①③ 《中國善本書提要》集部曲類。

② 《中國善本書提要》史部地理類。

④ 參看魏隱儒《中國古籍印刷史》第二編《古籍雕版印刷發展史》第十三章《明代的刻書事業》第三節《坊刻本》。

標注琵琶記》《新刻出像音注花欄韓信千金記》《新刻出相音注勸善目連救母行孝戲文》等。唐錦池文林閣所刻插圖本著名的有《全像包龍圖公案》《新刻全像易鞋記》《新刻全像觀音魚籃記》《新刻牡丹亭還魂記》等。陳大來繼志齋刻有《旗亭記》《折桂記》《重校五倫傳香囊記》等。建陽坊刻插圖本更加普遍，肖東發《建陽余氏刻書考略》云：

> 隨着雕版手工業的發展，到了明朝萬曆、崇禎年間，插圖本無論就數量而言還是就質量而言，都達到了極盛時期，尤其是通俗小説和雜書幾乎無書不附插圖。這些插圖，格調新穎，形式多樣，有每回卷首插一頁版畫的萃慶堂《大備對宗》、三臺館《三臺便覽通書正宗》；有同一書頁，上半欄爲圖像，下半欄爲書文的三臺館《全漢志傳》《南北兩宋志傳》《唐虞志傳》《有夏志傳》；有的刊本則是上評、中圖、下文，如雙峰堂《全像水滸志傳評林》《全像批評三國志》；還有更新穎的是圖嵌文中，如余新安的《荔鏡記》、三臺館的《武功名世英烈傳》和萃慶堂的《吕仙飛劍記》；有的一部書插圖幾十幅，如永慶堂的《梁武帝傳》。這些余氏插圖本雖不如徽派精緻，但古樸簡潔，自饒風趣。①

北京書坊與杭州書坊都刻有不少插圖本。前者的例子如弘治十一年（一四九八）金臺岳家刻《新刊大字魁本全像參增奇妙注釋西厢記》，係兩節版，上圖下文，半葉十二行，行十八字，四周雙邊，黑口，雙魚尾，卷末牌記云："弘治戊午季冬金臺岳家重刻印行。"可見這是《西厢記》的較早刻本。後者的例子如楊爾曾夷白堂的《新鎸海内奇觀》十卷，其《凡例》云："繪圖係今時名士鎸刻，皆宇内奇工，筆筆傳神，刀刀得法，覽者當具隻眼。"王重民指出："是書特點，誠在山各有圖，於都、何、慎三家書後，爲能另闢一新境界，而開後來諸名山記有圖之端。此本剞劂頗工，凡例後題：'錢塘陳一貫繪，新安汪忠信鎸。'"②

① 《文獻》一九八五年第一期。

② 《中國善本書提要》史部地理類。

在談到明代插圖本時,我們應當特别重視徽州刻工的傑出貢獻,其中尤以黄、汪兩姓獨步一時。他們的代表作有黄鏻、黄應泰刻的《程氏墨苑》;黄應瑞刻的《女範編》《大雅堂雜劇》;黄應光刻的《琵琶記》《新校注古本西厢記》六卷附圖一卷、《元曲選》;黄一楷刻的《北西厢》;黄一彬刻的《青樓韻語》《西厢五劇》;黄應組刻的《坐隱圖》等,都已達到了木刻畫的高峰。汪忠信刻《海内奇觀》、汪文宧刻《仙佛奇踪》、汪士珩刻《唐詩畫譜》作風也和諸黄相近。此外《水滸傳》《金瓶梅》的插圖也出自歙縣刻工之手。明謝肇淛云:"《水滸》《西厢》《琵琶》及《墨譜》《墨苑》等書,覃精聚神,窮極要妙,以天巧人工爲傳奇耳目之玩。"①安徽歙縣刻工們鎸刻的插圖,一般説來無不精雅絶倫。萬曆初年的作品,如黄鋌刻《新編目蓮救母勸善戲文》插圖四十餘幅,雖然是一種大刀闊斧的作風,有時不免草率粗糙,但綫條精健、豪放有力,富有木板鏤刻趣味。萬曆中期以後的作品,由粗豪變爲雋秀,由質直變爲婉麗,形成精密細巧、俊逸秀麗的徽派風格。特别是當時的名畫家,都熱心於版畫底本的創作,如丁雲鵬繪《列女傳》和《程氏墨苑》;陳洪綬繪《水滸》葉子和《博古》葉子;程起龍繪《女範編》;吴門王文衡繪《西厢五劇》等等。由於畫家與刻工的密切合作,各窮技巧,二妙匯流,因而形成了空前絶詣的徽州版畫。它們的特點是流麗工緻,柔潤有澤,剛勁處寓以婉約,典雅中顯出樸實,毫無板滯現象和刻劃痕迹。其運用刀法,能掌握剛柔輕重、疾遲轉换的技巧,使之具有節奏感的轉折頓挫。傳統繪畫中向背起伏的布局以及皴擦拂披等筆法,表現無遺,從而使畫面的遠近離合,千態百容生動逼真地呈露出來。②

明刻本也曾遭到學者們的嚴厲批評,其意見主要集中在兩個方面:一是校勘不精,一是逞臆妄改。

校勘不精的例子是監本史書,葉德輝曾批評道:

> 明兩監書板,尤有不可爲訓者。如南監諸史,本合宋監及元各路

---

① 《五雜俎》卷一三。

② 參看蔣元卿《徽州黄姓刻工考略》,載《江淮論壇》一九八〇年第四期;馬彬《徽派版畫》,載一九五七年一月十九日《安徽日報》。

> 儒學板湊合而成，年久漫漶，則罰諸生補修，以至草率不堪，並脱葉相連亦不知其誤。北監即據南本重刊，謬種流傳，深可怪嘆。吾不知當時祭酒司業諸人，亦何尸位素餐至於此也。或謂當時監款支絀，不得不借此項收入略事補苴，且於節用之中而見課士之嚴肅，其立法未爲不善。雖然，南監板片，皆有舊本可仿，使其如式影寫，雖補板亦自可貴，乃一任其板式凌雜，字體時方時圓，兼之刻成不復細勘，致令訛謬百出，然則監本即不燬於江寧藩庫之火，其書雖至今流傳，亦等於書帕坊行，不足貴重矣。①

地方官刻的書帕本質量更差，葉氏《書林清話》卷七《明時書帕本之謬》論之甚詳，已見前引。

臆改的原因有的是出於無知，有的則由於坊估射利。魯迅説："明末人好名，刻古書也是一種風氣，然而往往自己看不懂，以爲錯字，隨手亂改。不改尚可，一改，可就反而改錯了，所以使後來的考據家爲之摇頭嘆氣，説是'明人好刻古書而古書亡'。"②早在明代，郎瑛就已談到坊估射利妄改舊書的問題，他説：

> 我朝太平日久，舊書多出，此大幸也，惜爲福建書坊所壞。蓋閩專以貨利爲計，但遇各省所刻好書，聞價高，即便翻刊。卷數目録相同，而於篇中多所減去，使人不知，故一部止貨半部之價，人争購之。近徽州刻《山海經》，亦效閩之書坊，只爲省工本耳。③

但是對明刻本也要具體情況具體分析。從時間上看，明刻本各個時期的風格是不同的。從洪武到弘治，刻本基本上沿襲元代的風氣，刊刻的精美程度可比元刊，雖有例外，但一般來説質量是比較高的。明中葉的覆宋本，則更可媲美宋本。嘉靖以後，特别是萬曆以後，私意删改書籍的現

---

① 《書林清話》卷七《明南監罰款修板之謬》。
② 《準風月談》:《四庫全書珍本》。
③ 《七修類稿》卷四五《書册》。

象比較嚴重，遭到的非議就較多。

從刻書地區來看，各地的水平也不平衡。胡應麟云："凡刻之地有三：吴也，趙也，閩也。蜀本，宋最稱善，近世甚稀。燕、粵、秦、楚，今皆有刻，類自可觀，而不若三方之盛。其精，吴爲最；其多，閩爲最；越皆次之。其直重，吴爲最；其直輕，閩爲最；越皆次之。"復云："天下印書，以杭爲上，蜀次之，閩最下。余所見當今刻本，蘇常爲上，金陵次之，杭又次之。近湖刻、歙刻驟精，遂與蘇、常争價。蜀本行世甚寡，閩本最下，諸方與宋世同。"①前人的這些分析還是符合實際情況的。

就刻書單位説，藩刻本、家刻本一般都比較精，特别是不少翻宋刻本幾乎達到了亂真的程度。清王士禛云：

> 明尚寶少卿王延喆，文恪少子也。其母張氏，壽寧侯鶴齡之妹，昭聖皇后同産。延喆少以椒房入宫中，性豪侈。一日，有持宋槧《史記》求鬻者，索價三百金。延喆給其人曰："姑留此，一月後可來取直。"乃鳩集善工，就宋版本摹刻，甫一月而畢工。其人如期至索直，故給之曰："以原書還汝。"其人不辨真贋，持去，既而復來曰："此亦宋槧，而紙差不如吾書，豈誤耶？"延喆大笑，告以故，因取新雕本數十部散置堂上，示之曰："君意在獲三百金耳，今如數予君，且爲君書幻千萬億化身矣。"其人大喜過望。今所傳有震澤王氏摹刻印，即此本也。②

這則逸聞未必實有其事，但是它却充分地證實了王延喆嘉靖六年（一五二七）所刻《史記集解索隱正義》一百三十卷之精。明刻本中，經廠本、書帕本、坊本名聲不佳。但是對於這些書也不能一概而論。就拿坊刻本來説，"金陵富春堂刻的戲曲，都是很好的"。③ 商務印書館影印《四部叢刊》采用了不少明刻本作爲底本。葉德輝起草的《印行四部叢刊緣起及例言》肯

---

① 《少室山房筆叢》甲部《經籍會通》卷四。

② 《池北偶談》卷二二。

③ 毛春翔《古書版本常談・明刻本》引趙萬里語。

定了明刻精本的價值：

宋、元舊刻，盡善盡美，但閱世既久，非印本模糊，即短卷缺葉，在收藏家固不以爲疵纇，而以之影印，則於讀者殊不相宜。明嘉、隆以前，去宋、元未遠，所刻古書，儘多善本。昔顧亭林已甚重之，況今更閲三四百年，宜求書者珍如拱璧矣。兹之所采，多取明人覆刻宋本，喜其字迹清朗，首尾完具。學者得之，引用有所依據，非有宋、元本不貴，貴此明刻本也。①

顧廷龍《明代版本圖録初編》序亦云：

明本之於今日，其可貴誠不在宋元之下，蓋清初之去北宋末葉與今日之距洪武紀元，其歷年相若，一也；經史百家之中，若鄭注《周禮》、《儀禮》、《紀年》、《周書》、《家語》、《孔叢》等書，無不以明覆宋本爲最善，賴其一脉之延，二也；又以前明掌故之作，特盛往代，後世鮮有重刻之本足以訂補史乘之未備，而晚明著述，輒遭禁燬，其中正多關繫重要者，三也；橅刻舊本，維妙維肖，虎賁中郎，藉存真面，四也。②

明刻本在形式上的特點也隨時代的不同而呈現出明顯的差異。就版式而言，葉德輝云：

明初承元之舊，故成弘間刻書尚黑口。嘉靖間多從宋本繙雕，故尚白口，今日嘉靖本珍貴不亞宋、元，蓋以此也。大抵此類版心，書名只摘一字，下刻數目。其白口、小黑口空處上記本葉字數，下記匠人姓名，不全刻書名也。全刻書名在萬曆以後，至我國初猶然。③

---

①③　《書林餘話》卷下。

②　《明代版本圖録初編》卷首。

魏隱儒對明刻本的版式也作了類似的描述：

> 洪武至弘治年間，一般多是四周雙邊，粗黑口，少數細黑口。經廠本、藩刻本，行寬字大，開本也大。從正德起，風氣逐漸改變，以宋本爲模範，黑口變爲白口，版心刻字數，下刻刊工姓名，有的也將寫工姓名刻上，卷末書尾或序目後邊多刻有牌記。萬曆以後，白口爲多，黑口較少，單邊雙邊兼而有之。①

就字體而言，弘治以前刻本，多用趙孟頫體。清徐康《前塵夢影録》卷下云：

> 昔在申江書肆得《黄文獻公集》二十二卷，狹行細字，筆筆趙體。……元代不但士大夫競學趙書，其時如官刻經史，詩家刊詩文集，亦皆摹吴興體。至明初，吴中四杰高啓、楊基、張羽、徐賁，尚沿其家法。即刊版所見，如《茅山志》、周府《袖珍方》，皆狹行細字，宛然元刻，字形仍作趙體。

明初經廠本基本上用趙體字。正德中葉以後，覆刻宋本之風漸盛。當時風氣最重詩文，而南宋臨安陳氏書籍鋪所刻唐人詩集最多，故正嘉間覆刻唐人詩集，率祖書棚本。書棚本字爲歐陽詢體，翻刻本也采用歐體。刻工爲便於施刀，又將這種字體演變爲横平豎直、撇捺直挺、整齊方正的匠體字，也即今人所謂宋體字。萬曆以後，流行兩種字體：一是楷體，字形變長，筆畫横細豎粗，缺少生氣，也即今人所謂長宋體；二是行書體，字擬董其昌手筆，圓潤流暢，婉轉秀麗，金陵、建陽坊刻民間通俗讀物多用這種字體。

明刻本的用紙，胡應麟論之甚詳，今略舉如下：

---

① 《古籍版本鑒定叢談》第七章《雕印本的鑒定》第八節《版刻時代特點》。

凡印書，永豐綿紙上，常山柬紙次之，順昌書紙又次之，福建竹紙爲下。綿貴其白且堅，柬貴其潤且厚。順昌堅不如綿，厚不如柬，直以價廉取稱。閩中紙短窄黧脆，刻又舛訛，品最下而直最廉。余筐篋所收，什九此物，即稍有力者弗屑也。

餘他省各有産紙，余弗能備知。大率閩、越、燕、吴所用刷書，不出此數者。燕中自有一種紙，理粗龎質擁腫而最弱，久則魚爛，尤在順昌下，惟燕中刷書則用之。

惟滇中紙最堅。家君宦滇，得張愈光、楊用修等集。其堅乃與絹素敵，而色理疏慢蒼雜，遠不如越中。①

此就産地而言，如就原料而言，則苦竹齋主指出：

明刻用紙，亦分黄白兩種。白紙復分白棉與白皮。白棉紙色純白，質堅而厚，表面不如開花之光滑；白皮紙白中微帶灰黄，頗似米色，不如白棉之細密，亮處照之，常見較粗之纖維盤結於簾紋間。黄紙復分黄棉與竹紙。黄棉與白棉略同，而色帶灰黄，竹紙則類多脆薄易碎，故藏家購求明版，必以白紙爲貴。又有所謂黑棉紙者，余所見明馮天馭所刻《文獻通考》及嘉靖刻薛應旂《四書人物考》兩書用之，其色灰白，似經薰染。蓋明人喜翻刻宋元舊槧，書法版式，一仍其舊。黠估即將紙色薰染，冒充舊刻出售，非精於鑒别者，不易辨識也。②

同宋元本相比，明刻本用墨較差。毛春翔説：

明人印書，用墨佳者罕見（據張閬聲先生説自萬曆始）。萬曆以後，多用煤和以麵粉，以代墨汁（明萬曆刻本《南京禮部編定印藏經號簿》，首列條約，中有一條云："作料：烟煤五簍，銀壹兩；麵伍百斤，銀

① 《少室山房筆叢》甲部《經籍會通》卷四。
② 《書林談屑》四《談紙》。

> 叁兩。"這是明萬曆時用煤、麵調和印書之確證),取其價廉,成本輕。這種代用墨水,烟煤易於脱落,書葉成爲大花臉。明季刊本,往往見之,醜惡異常,令人一見生厭。惟萬曆年徽板書,墨色有極精者,如所見《淮南鴻烈解》、程幼博《墨苑》、方於魯《墨譜》之類,真所謂墨色青純,可愛之至。①

以上是明本的大略情況。

六　清　本

清朝統治者重視利用漢族文化爲奪取政權和鞏固政權服務,視元有過之而無不及。嘉慶朝禮親王昭槤説:

> 崇德四年(一六三九),文廟(清太宗)患國人不識漢字,命巴克什達文成公海翻譯國語《四書》及《三國志》各一部,頒賜耆舊,以爲臨政規範。定鼎後,設繙刻房於太和門西廊下,揀旗員中諳習清文者充之,無定員。凡《資治通鑒》《性理精義》《古文淵鑒》諸書,皆翻譯清文以行。

康熙、乾隆等皇帝還以欽定、御纂的名義編撰了一批書籍供士子學習,以加强思想統治。對此,禮親王也指出:"列聖萬機之暇,乙覽經史,爰命儒臣,選擇簡編,親爲裁定,頒行儒宫,以爲士子仿模規範,實爲萬世之巨觀也。"②《四庫全書總目》與《嘯亭雜録續録》著録的欽定書約一百五十種,這些書的刊刻造成了中央官刻本的盛況。陶湘《清代殿版書始末記》一文對此述之甚詳,兹録於後:

> 清代殿版書,實權輿於明代經廠本。惟明以司禮監專司,清則選詞臣從事耳。順治一朝,纂刻書籍,均經廠原有工匠承辦,故其格式,

---

① 《古書版本常談・明刻本》。

② 均見《嘯亭雜録續録》卷一。

與經廠本小異而大同。康熙一朝，刻書極工，自十二年（一六七三）敕廷臣補刊經廠本《文獻通考》脱簡，冠以御序。此後刻書，凡方體均稱宋字，楷書均稱軟字（見《大清會典》），雖雜出衆手，必斠若劃一。於武英殿設修書處，校對官員，寫刻工匠，咸集於兹。又敕刻銅字（非鑄），活板擺印（初印曆算等書，繼印《圖書集成》），其書均稱内府本。兩淮鹽監政曹寅以鹽羨刻《全唐詩》，軟字精美，世稱揚州詩局刻本，以奉敕亦稱内府本。雍正一朝，精刻内典，别規格式，字體力求方整，刀法力求匀净。乾隆一朝，四年（一七三九）詔刻《十三經》《二十一史》（内典停刻），於武英殿設刻書處，特簡王、大臣總裁其事，殿板之名遂大著（凡前稱内府本，後亦統稱殿本）。十二年（一七四七）刻《明史》《大清一統志》，次刻"三通"，再次刻《舊唐書》。凡在十二年前刊印者，其寫刻之工緻，紙張之遴選，印刷之色澤，裝訂之大雅，莫不盡善盡美，斯爲極盛時代。十三年（一七四八），開三禮館，刻《三禮義疏》，與《易》《詩》《書》《春秋傳説彙纂》合裝，總名《御纂七經》，而《三禮義疏》即遜於《四經彙纂》。揚州詩局，於曹寅故後，工亦中綴。……自此以後，敕纂各書之寫刻印裝，每下愈況。試舉三十年（一七六五）後所刻之"六通"，四十年（一七七五）後所刻之《舊五代史》，五十年（一七八五）後所刻之《續纂大清一統志》，與十二年（一七四七）前所刻諸書，校其優劣，判若霄壤。嘉慶一朝，四年（一七九九）刻《續纂八旂通志》，工料逾遜。九年（一八〇四），敕纂《熙朝雅頌集》，特諭阮元刊進，亦不如乾隆初年諸殿本。十九年（一八一四）敕纂《全唐文》，仍由揚州詩局承辦，然亦不如《全唐詩》。道光、咸豐兩朝，天下多故，稽古右文，萬機無暇。同治一朝，大亂甫定，天子冲齡，此事遂廢。八年（一八六九）夏，武英殿災，凡康熙二百年來之藏書儲板，一炬蕩然，幸大内宫廷殿閣、奉天陪都、熱河行宫陳設書籍，尚有存者。武英殿災，纂修協修之官猶在，寫刻印裝之工匠未撤，而刊書之事，終同治一朝，闃寂無聞，此爲極衰時代矣。①

---

① 載《武進陶氏書目叢刊》。

清代初年,地方官刻本遠不如宫廷刻本之多。乾隆四十一年(一七七六)九月,曾頒發武英殿聚珍版書於東南各省,並准許雕刊通行,於是江寧、浙江、江西、福建、廣東等省均翻刻了若干種。此後最有名的是嘉慶二十年(一八一五)阮元在南昌府學所刻的《十三經注疏》。清代地方官刻本最有特色的,是清代後期各省蓬勃興起的官書局刻本。錢基博述其緣起云:

> 同治二年(一八六三),曾國藩刻《船山遺書》;三年,置局於南京鐵作坊;四年,《船山遺書》竣工。李鴻章與獨山莫友芝子偲、南匯張文虎嘯山等議刻經史諸書,於是因其人其地而爲金陵書局。七年,移局冶城山之飛霞閣。局制,官督而紳佐,一時學者雲集。而刊本之最著者,《四書》、《十一經》、《史記》、《漢書》、《三國志》、《文選》、漁洋山人《古詩選》、王氏《讀書雜志》諸書,皆文虎所手校;而《毛詩》《春秋穀梁傳》《後漢書》,則出德清戴望子高之手;而《史記集解索隱正義》一書,文虎用力尤勤。當時京朝大官索局刻書者紛起,蓋以其校刊之精,突過殿本也。至光緒初,乃改名江南官書局。自江南官書局之興,踵之起者,杭州、蘇州、武昌三官書局。江南先刊《四史》,武昌踵刻史書,因有分任《二十四史》之議。江南官書局任十五史,直至《隋書》而止。淮南官書局與江南官書局相輔翼,分其《隋書》,江都薛壽砎伯所校,極爲精核。此外又有道州何紹基子貞校《毛詩注疏》,亦爲淮南局刻之佳者。杭州局刻《二十二子》,多出名家藏校本,亦爲精善。而蘇州局繙宋本《資治通鑒目録》,武昌局重刻明震澤王氏本《史記》,古刻精繙,其來皆有自云。①

此外長沙、濟南、成都、太原、福州、廣州等地的官書局也刻了不少古籍。官書局刻書的目的顯然是爲了維護清朝的封建統治,所以它們刻的多是一些符合正統觀念的典籍。但局刻本中,有不少選擇較好的底本,經過專

---

① 《版本通義·歷史第二》。

家們認真的校勘，所以在客觀上也起了一定的保存和流傳古書的作用。

清初的統治者實行文化專制政策。他們一方面利用八股文和科舉制度來籠絡和限制知識分子，另一方面又制造文字獄來迫害具有民族意識的人，許多有氣節的知識分子不願意被籠絡，又害怕受迫害，便埋頭從事整理和出版古籍的工作，這使得清代家刻本在質量和數量上都很突出。

康熙年間，徐乾學代納蘭成德校輯宋、元人的經學書一百三十九種爲《通志堂經解》，刻工就非常精細。無錫秦鏷刻的巾箱本《九經》白文，也深爲王士禛所贊嘆，其《分甘餘話》卷三云："近無錫秦氏摹宋刻小本《九經》，剞劂最精，點畫不苟，聞其版已爲大力者負之而趨。余曾見宋刻於倪檢討雁園（粲）所，與秦刻方幅正同，然青出於藍而青於藍矣。"又吴郡張士俊刻《廣韻》《玉篇》《佩觿》《字鑒》《群經音辨》爲《澤存堂五種》也很有名，葉德輝云："……張士俊《澤存堂五種》，摹仿宋刻，極肖極精。自明至國朝，刻工如此之精研者，蓋亦尠矣。"①

乾嘉以來，清代私家刻書呈現出兩個特點：一是大量刻印叢書，一是請名家寫樣上版。刻叢書特別注意校勘的代表人物是鮑廷博與盧文弨。鮑廷博字以文，號渌飲，安徽歙縣人，寄寓杭州，是乾隆年間大藏書家。四庫館采訪遺書時，鮑氏曾以家藏秘籍六百餘種進呈。他校輯所藏秘籍刻成《知不足齋叢書》三十集，計一百九十八種，許多幾被湮没的著作，都賴他付刻才得以保存流傳，不單是校勘和刻印精良而已。

盧文弨，字召弓，號磯魚，晚號弓父，餘姚人，是乾隆年間著名校勘學家。清段玉裁云：

> 公好校書，終身未嘗廢。在中書十餘年，及在上書房，歸田後主講四文書院，凡二十餘年，雖耄，孳孳無怠。早昧爽而起，繙閱點勘，朱墨並作，几間闠闠，無置茗碗處。日且暝，甫出户散步庭中，俄而篝燈如故，至夜半而後即安，祁寒酷暑不稍間。官俸脯修所入，不治生産，僅以購書，有舊本必借鈔之，聞有善説必謹録之；一策之間，分别

① 《書林清話》卷九《納蘭成德刻通志堂經解》之一。

> 迻寫諸本之乖異,字細必工,今抱經堂藏書數萬卷皆是也。①

清嚴元照《書盧抱經先生札記後》也説:"先生喜校書,自經傳子史,下逮説部、詩文集,凡經披覽,無不丹黄,即無别本可勘同異,必爲之釐正字畫然後快。嗜之至老愈篤,自笑如猩猩之見酒也。"②盧文弨將自己編著與校勘的書十九種匯刻爲《抱經堂叢書》。他所校勘的書均有校記,因受經濟條件的限制,又將未能全部付刊的三十八種書的校語匯刻爲《群書拾補》。

刻叢書特别注意版本的代表人物是黄丕烈與顧廣圻。黄丕烈字蕘圃,吴縣人。王芑孫《陶陶室記》云:

> 今天下好宋版書,未見如蕘圃者也。蕘圃非惟好之,實能讀之。其於版本之後先、篇第之多寡、音訓之異同、字畫之增損,及其授受源流、繙摹本末,下至行幅之疏密廣狹、裝綴之精粗敝好,莫不心營目識,條分縷析。積晦明風雨之勤,奪飲食男女之慾,以沉冥其中,蕘圃亦時自笑也,故嘗自號佞宋主人云。③

黄丕烈在鑒藏的基礎上,精選自己所得的宋元佳槧,並由著名校勘學家顧廣圻爲之刊定,然後照原樣覆刻,附以札記,於嘉慶二十三年(一八一八)匯成可與宋、元本等價的《士禮居叢書》。

顧廣圻,字千里,號澗薲,深有取於邢子才"日思誤書,更是一適"④之語,自號思適居士。因爲出身寒士,自己無力刻書,就幫助當時著名的學者和藏書家從事校刻工作。李兆洛爲顧廣圻所作的墓志銘説:"孫淵如(星衍)觀察、張古餘(敦仁)太守、黄丕烈孝廉、秦敦夫(恩復)太史、吴山尊(鼒)學士,皆深入校勘之學,無不推重先生,延之刻本。"⑤凡顧氏校刻的

① 《經韻樓集》卷八《翰林院侍讀學士盧公墓志銘》。
② 《悔庵學文》卷八。
③ 《淵雅堂全集》卷七。
④ 《北齊書》卷三六《邢邵傳》。
⑤ 《思適齋集》卷首。

書，大都據宋、元善本精摹覆刻，並各附考異於後，質量很高。

清代私家所刻叢書，大都出自名家之手，數量多、質量高、範圍廣。除上面提到的外，他如經部有錢儀吉的《經苑》，史部有李桓的《耆獻類徵初編》，子部有梅文鼎後人所刻之《勿庵曆算全書》，集部有涇縣潘錫恩所刊之《乾坤正氣集》。影仿善本的有蔣鳳藻的《鐵華館叢書》，輯佚的有馬國翰的《玉函山房輯佚書》，薈萃一地文獻的有盛宣懷《常州先哲遺書》，匯集一姓所著書的有王念孫、王引之《高郵王氏遺書》，匯集一人所著書的有顧炎武《顧亭林先生遺書》。上海圖書館編的《中國叢書綜録》，收叢書二千多種，清代佔了一大半。

清代家刻本還有一個特點是喜歡請名家寫樣刻版。武英殿和曹寅主持的揚州詩局喜用軟體字手寫上版，在其影響下，私家刻書也興起了請名家寫刻的風氣。清代有許多以善於寫版著稱的專家，如林佶、黄儀、余集、許翰屏等。這些人多數是清貴的官吏，知名的學者。像康熙進士，曾官内閣中書，著有《樸學齋集》的林佶曾手寫汪琬《堯峰文鈔》、陳廷敬《午亭文編》、王士禛《古夫于亭稿》和《漁洋山人精華録》付刻，被書林和藏書家稱爲"林佶四寫"〔圖版十九〕，極負盛名。黄儀則是很精博的地理學家，曾與閻若璩、顧祖禹同修《清一統志》。王士禛《漁洋續集》付梓時，擬仿宋槧，專門請他寫版。爲周密《志雅堂雜鈔》等書寫版的余集，曾以與修《四庫全書》聘入翰林，累遷侍讀學士。書法家許翰屏爲人寫樣更多，徐康《前塵夢影録》卷下云："乾嘉時，有許翰屏以書法擅名，當時刻書之家，均延其寫樣。如士禮居黄氏、享帚樓秦氏、平津館孫氏、藝芸書舍汪氏以及張古餘、吴山尊諸君，所刻影宋秘籍，皆爲翰屏手書。一技足以名世，洵然。"在清代寫刻本中，還有一部分是手寫個人撰述或所輯作品的。乾隆時著名的畫家、詩人金農曾自書其《冬心先生集》，汪士慎曾自書其《巢林集》，鄭燮曾自書其《板橋全集》，皆爲藝林所重。稍後則許槤也以善於寫版著稱，他除爲李文仲《字鑒》、吴玉搢《金石存》以及自編的《六朝文絜》寫版外，還曾寫刻自己輯録的《古均閣寶劍録》。其書鈎摹工細，紙潤墨香，一向被認爲是當時吴中版刻的傑作。另外如江聲以篆體自書所撰的《尚書集注音疏》和《釋名疏證》，張敦仁以草體自書所撰《通鑒刊本識誤》，則在版刻中别樹一幟。這類自己書刻的古籍,都是既有文物價值,又有藝術價值的。

清代坊刻本的成就爲官刻本、家刻本所掩,其實它不僅數量多,而且在内容上也表現出了自己的特色。其最著名的是蘇州的掃葉山房。張静廬云:

> 據葉九如君述:上海未開商埠前,書叢盛在蘇閶,而以掃葉山房歷史最久,遠在明萬曆間,松江席氏買下有名的毛氏汲古閣《二十二史》等書板,與蘇人洪、謝、陸三人合資在松江開辦掃葉山房,不久移設蘇州閶門内,同治間設分店於上海彩衣街,並設木版印刷所於東唐家弄。①

掃葉山房刻書最有名的有《十七史》、《四朝别史》、《百家唐詩》、《元詩選》癸集等。到同光間,掃葉山房刻書行銷大江南北,常見的有《毛聲山評點繡像金批第一才子書三國演義》、《繡像評點封神榜全傳》、《千家詩》、《龍文鞭影》初、二集附《童蒙四字經》。清末民初,掃葉山房出版各書,多用新法石印,逐步代替了刻版印刷。除掃葉山房外,在許多蘇州書坊中,較有特色的是書業堂,刻書以小説爲重點,如乾隆四十四年(一七七九)刻《説呼全傳》十二卷,四十回;乾隆四十六年(一七八一)刻艾衲居士編《豆棚閑話》十二卷;乾隆五十八年(一七九三)刻《新刻批評繡像後西游記》四十回;嘉慶十年(一八〇五)刻《英雲夢傳》八卷。

南京是清代坊刻中心地區之一,從清初到清末一直很興盛,最有名的要算李光明莊。據所刻《書經》附載的刻書目録,知其刻印了一百六十七種,計經部四十一種、史部六種、子部三種、集部五十二種、啓蒙類二十四種、閨範類四種、醫算雜學類二十四種、善書類十三種。尤以四書五經、《三字經》《百家姓》《千字文》《史鑒節要》等私塾課本的影響爲最大。

北京爲清代首都,是政治文化中心,更是書坊林立。其著名的有乾隆時陶氏五柳居、嘉慶時謝氏文萃堂,道光以後的老二酉堂、聚珍堂、善成堂

---

① 王漢章《刊印總述》注釋五引,載《中國近代出版史料》二編。

等。北京書坊所刻大部分爲村塾課本與啓蒙讀物以及醫、卜、星相、佛經、善書、類書、小説等。①

清代後期坊刻本遍及全國，兹不贅述。總之，許多大衆讀物，兒童、婦女讀物，以及小説、戲劇、唱本、日用雜字都是由這些書坊出版的。許多反映人民日常生活、風俗習慣的資料，也只有在書坊的出版物中才可以找到。因此清代坊刻本對於繁榮文化教育事業是有着不容否認的功績的。然而清代書坊所刻各書，因力求降低成本，所以采用的紙墨工料不如官刻、家刻之精也是事實。

清刻本在形式上也有其特點。就版式而言，清代比較尊重古刻本，影宋刻本的風氣頗盛，所以在形式上受宋本影響比較明顯，一般左右雙欄，也有四周雙欄或單欄的；大部分是白口，也有少數黑口。值得注意的是字行横豎都排列得比較整齊，書前不少都刻封面。封面一般爲三行：中間一行是書名，字略大，右行是編著者，左行是刻版者或藏版者。封面多用薄薄的黄色、緑色、粉紅色紙印。

清代刻書，由於文字獄的殘酷，特别是莊廷鑨《明書》案發，刻工也被處死，所以刻工多不敢在書上留名，但嘉道以後，禁網稍疏，刻工在所刻書上留名者漸多。如乾隆至道光年間，金陵劉氏著名刻工劉文奎、劉文楷、劉文模、劉覲宸、劉仲高、劉漢洲等就在他們所刻書的卷尾留下了名字。

就字體而言，清代内府刻書字體有一定格式：方體的稱宋字，楷體的稱軟字，已見前。如《康熙字典》《佩文韻府》《十三經注疏》《二十四史》等，則用宋字，疏行大字，最宜老眼；《御纂七經》《全唐詩》《全金詩》等，則用軟字，密行端楷，酷肖宋鎸。影響所及，清刻本主要就采用這兩種字體。宋字，也叫仿宋體或硬體字，這種字體在清刻本中最爲普遍〔圖版二十〕。道光前刻的横細豎粗，撇長而尖，捺拙而肥，還比較美觀；道光以後，字體更顯呆板，世稱匠體。② 軟體字也即手寫體。清代手寫上版的名家除我們介紹過的林佶等人外，清初爲毛氏汲古閣寫樣的周榮起也很著名。陸心

① 參見魏隱儒《中國古籍印刷史》第十四章《清代的雕版印書事業》第三節《坊刻本》。

② 參看圖版四十二、四十三。

源《皕宋樓藏書志》卷一〇七著録《梧溪集》七卷,卷末有王士禎跋云:"壬申歲,門人楊庶常名時所貽、江陰老儒周榮起硯農氏手録本也。書學鍾太傅,稍雜八分,終卷如一。硯農壽八十有七,乃卒。"他如净雨《清代印刷史小紀》所稱:"黄丕烈爲季振宜寫《季滄葦書目》,江元文爲王芑孫寫《碑版文廣例》,顧蒓爲錢大昕寫《元史藝文志》,其初刻初印直駕宋元而上之。"①可見清代寫刻本也是舉不勝舉的。

就用紙而言,苦竹齋主云:

> 清代印書,上焉者用開花紙,色白而堅韌細密,表面光滑,清康熙殿版《御製詩文集》及《性理精義》等書,即其一例。武進陶蘭泉氏在世時,藏書甚富,陶氏最醉心於清初精刻初印之開花紙書,故世人常以"陶開花"呼之。嘉道間殿版書,多用白榜紙,較之開花,質鬆而稍厚,嘉慶《御製全史詩》及道光《欽定新疆識略》等書均用之。宣紙多用於印譜、畫譜,普通書用之者極鮮,惟雍正十三年所刻《陜西通志》一百卷,其最初印本全用宣紙,同光以後,宣紙印書,乃漸盛行。又有所謂太史連與粉連、綿連等名目,色白質鬆,類似宣紙。竹紙色黄,上焉者堅韌光滑,如康熙殿版《淵鑒類函》及《佩文韻府》,其初印本用紙,與今日江西所出之玉版、官堆無異;下焉者質鬆脆薄,直與毛邊等耳。②

普通印本則竹紙較多。

由於清代實行文化專制主義,所以清刻本避諱很嚴,除避廟諱御名外,往往還從種族歧見出發,刻書時避胡、虜、夷、狄等字。其方法每作空白,或改易形聲,如以夷爲彝,以虜爲鹵之類。這也是我們在研究清刻本時應當注意的。

---

① 載《中國近代出版史料》二編。
② 《書林談屑》,載《中國現代出版史料》丁編。

第二節　按地域區分

一　浙　本

浙江地區的刻本稱爲浙本。浙江自然環境優越，經濟富庶，文化發達，宋以來一直是我國刻書中心之一。

據前引文獻，早在唐代中葉，浙江就已刊印元稹和白居易的詩在市肆出賣。五代時，吴越王刻印了大量佛經，其中有一部雕造了四萬八千卷，置入磚塔内，永充供養。這在客觀上造就了一批良工巧匠，提高了浙江地區的雕版印刷水平，爲宋代浙江地區刻書事業的高速發展創造了條件。王國維云：

> 及宋有天下，南併吴越，嗣後國子監刊書，若《七經正義》、若《史》《漢》三史、若南北朝七史、若《唐書》、若《資治通鑒》、若諸醫書，皆下杭州鏤板，北宋監本刊於杭者殆居泰半。南渡以後，臨安爲行都，胄監在焉，板書之所萃集。①

南宋奠都臨安，浙本也隨之進入了黄金時代。除國子監外，德壽殿修内司廊司局、太醫局、浙西轉運司和臨安府也都刻書。京城内私人設立的書鋪林立，今可知者有如下十六家：

> 臨安府棚北睦親坊南陳宅書籍鋪，或作臨安府睦親坊陳宅經籍鋪
>
> 臨安府棚北大街陳解元書籍鋪，或作臨安府棚北睦親坊巷口陳解元宅
>
> 臨安府洪橋子南河西岸陳宅書籍鋪

① 《王國維遺書》第十二册《兩浙古刊本考》。

臨安府鞔鼓橋南河西岸陳宅書籍鋪

臨安府太廟前尹家書籍鋪,或作太廟前尹家父子文字鋪

臨安府衆安橋南街東開經書鋪賈官人宅,或作臨安衆安橋南賈官人經書鋪

臨安府修文坊相對王八郎家經鋪

錢塘門裏車橋南大街郭宅經鋪

保佑坊前張官人經史子文籍,或簡稱中瓦子張家

行在棚南街前西經坊王念三郎家

杭州沈二郎經坊

杭州猫兒橋河東岸開箋紙馬鋪鍾家

太學前陸家

臨安府中瓦南街東開印經史書籍榮六郎家

錢塘俞宅書塾

錢塘王叔邊①

其中影響最大的當推字宗之號芸居的陳起及其子續芸所開設的臨安府棚北大街睦親坊陳宅書籍鋪。葉德輝云:

> 南宋臨安業書者,以陳姓爲最著。諸家藏書志、目、記、跋,載睦親坊棚北大街陳解元,或陳道人,或陳宅書籍鋪刊行印行者,以唐宋人詩文小集爲最多。……大抵臨安府棚北大街睦親坊陳宅書籍鋪,爲陳起父子所開。其云陳道人者,當屬之芸居,其云陳解元者,當屬之續芸。②

葉氏又云:"蓋續芸所刻多説部、宋人集,起所刻多唐人集。"③《兩浙古刊

① 張秀民《南宋刻書地域考》,載《圖書館》一九六一年第三期。

② 《書林清話》卷二《南宋臨安陳氏刻書之一》。

③ 《書林清話》卷二《宋陳起父子刻書之不同》。參看本章第三節論坊刻本及圖版三十一。

本考》亦稱:“宋季臨安書肆,若陳氏父子遍刊唐宋人詩集,有功於古籍甚大。”

南宋浙本中的家刻,在數量上遠不如官刻、坊刻多,但質量一般都相當高。譬如杭州廖瑩中家塾世綵堂所刻的《昌黎先生集》和《河東先生集》刻印精妙,堪稱宋浙本及家刻本的代表作〔圖版二十一〕。

浙本除杭州本外,還有越州本、婺州本、明州本、衢州本、嚴州本等。越州本又有紹興府本及浙東轉運司本之分。紹興府刻有《論衡》《越絶書》《嘉泰會稽志》等,浙東轉運司刻有《五經正義》《事類賦》《蘭亭考》等。婺州書坊頗衆,有婺州市門巷唐宅,婺州義烏青口吴宅桂堂,義烏縣酥溪蔣宅崇智齋,婺州東陽胡倉王宅桂堂,東陽崇川余四十三郎宅。婺本經書與監本、建本、蜀本齊名。浙江各州州學也刻了不少書,如婺州州學刻有蘇洵《嘉祐集》,嚴州州學刻有《唐柳先生集》,台州州學刻有《天台前集》,温州州學刻有《大唐六典》等。

原先設在杭州的南宋國子監,元代改爲西湖書院。元黄溍《西湖書院義田記》云:“西湖書院,實宋之太學,規制尤盛,舊所刻經史群書,有專官以掌之,號書庫官,宋亡學廢,而版庫具在。”①泰定元年(一三二四)立了一塊《西湖書院重整書目記》的碑刻,所列經史子集書版一百二十一種,有拓本流傳,吴昌綬曾刻入《松鄰叢書》。西湖書院本中絶大多數是南宋國子監遺留下來的,但是西湖書院有刻書基礎,杭州仍萃集了許多良工,因此宋、遼、金三史和其他要籍,皆奉旨發西湖書院刊行,刻工甚精。如至元五年(一三三九)刻成的《文獻通考》二百四十卷,今國家圖書館尚有藏本,書品精雅,堪爲元刻本之代表作。浙江各路、府、州、縣等設立的儒學也刻了不少書。如大德十年(一三〇六)紹興路儒學刻《越絶書》十五卷、《吴越春秋》十卷、徐天祜《吴越春秋音注》十卷;至大四年(一三一一)嘉興路儒學刻《陸宣公集》二十二卷;至治二年(一三二二)嘉興路儒學刻《王秋澗先生全集》一百卷;至元三年(一三三七)婺州路儒學刻金履祥《論孟集注考證》十卷;至元四年(一三三八)嘉興路儒學刻元沙克什《河防通議》二卷;

① 《元西湖書院重整書目記》。

至正九年(一三四九)嘉興路儒學刻劉因《静修先生文集》三十卷;至正十四年(一三五四)嘉興路儒學刻《大戴禮記》十三卷。① 元代浙江的家刻、坊刻似不如書院、儒學刻本之盛。

明代浙江仍是刻書中心地區之一,其官刻本以布政使司所刊爲最多,據萬曆《杭州府志》所載,有《浙江通志》等二十七種。他如浙江轉運司、浙江提學司等,均有刻版。私家刻書在萬曆間特盛,如餘姚聞人詮、嘉禾項篤壽萬卷堂、嘉禾項德棻宛委堂等,都聞名當世。此外還有古杭勤德書堂、浙江葉寶山堂、武林馮紹祖觀妙齋、武林馮念祖卧龍山房、吴興花林東海居士茅一相文霞閣、三衢近峰夏相、義烏沈氏楚山書屋等私人刻書和書坊刻書。明中葉以後,湖州刻書,可謂後起之秀。謝肇淛云:"今杭本不足稱矣,金陵、新安、吴興三地剞劂之精者,不下宋板。"②湖州刻書以閔、凌兩家爲代表,世稱閔刻本和凌刻本。兩家喜用彩色套印,墨色印正文,彩色印評語圈點,所印書籍自經史子集、戲曲小説等一百三十餘種。有些書,如凌氏套印的宋王十朋《會稽三賦》、明高明《琵琶記》等,並附插圖,多延名家繪刻,筆劃工緻,神態秀逸。

清代浙江官私刻書都十分發達。乾隆三十八年(一七七三),清高宗命金簡把從《永樂大典》中輯出來的珍本秘籍用活字排印,定名爲"武英殿聚珍版"書③,凡一百三十八種,並令東南各省照式刊行,以廣流傳。浙江翻刻三十九種,是袖珍本,行格字數都依原版。

官刻本成就最突出的是浙江書局本。浙江書局是浙江省布政使楊昌濬、按察使王凱泰於同治三年(一八六四)設立的,首刻《欽定七經》及《御纂通鑒輯覽》等書。宣統元年(一九〇九),巡撫增韞設立浙江圖書館,附官書局,又更名官書印售所。當時在書局任職的譚獻、黄以周、張大昌、張顏、王治壽等都是一時人選。他們選用底本都要經過研究,校勘也很精當。爲使貧寒學子容易購求,在刻版時縮小版式,增多行字,以儘量減低成本。字體也相當秀麗。據統計,浙江書局自同治六年(一八六七)到光

① 參看《書林清話》卷四《元監署各路儒學書院醫院刻書》。

② 《五雜俎》卷一三。

③ 參看圖版四十七。

緒十一年(一八八五),先後刊書達二百多種,刻工多時達一百多名。總計浙局在清末以前所雕刻的版片,凡十二萬八千一百零八片。①

清代浙江的私家刻書盛於前明,這與當時浙江人才之盛及考據、輯佚、校勘之學的興起密切相關。有些著名文人往往自刻所作詩文,或由親友學生出資刊行。有的人則依據宋元善本影摹上版,或者重新校訂付印,也陸續出版了許多質量較高的叢書,如杭州盧文弨的《抱經堂叢書》;吴興陸心源的《十萬卷樓叢書》《湖州叢書》等,編刊叢書是清代家刻本的一大特色,浙江在這方面的成績尤爲顯著。②

在浙刻本中,官刻實爲主流,家刻、坊刻在一定程度上受到了官刻的影響,都注重校勘,質量較好。就形式而言,宋浙本多用歐陽詢體,絶大多數是白口,單魚尾,魚尾在書口上方,魚尾之上的象鼻内多記本葉字數,魚尾之下常刻書名卷次,多用簡稱。書口下端每有刻工名,或姓或名或姓名全稱。版框多左右雙邊。書品寬大,多用麻紙、皮紙。宋浙本避諱較嚴。元浙本形式上的特點,略同宋浙本,惟字體受趙孟頫的影響較大。也出現了一些細黑口書。明、清兩代浙本形式大體仍宋、元之舊,有的則因出版事業日益發達,版刻流派互相影響,特色不似前此之顯著。

二　蜀　本

安史之亂及黄巢起義,使得唐代政治經濟文化中心兩次移向成都,加上四川盛産麻紙,都爲刻書事業的發展創造了有利條件。早在公元九世紀,四川成都就刻印了曆書、字書及陰陽雜説、占夢相宅之類的書。如咸通六年(八六五)來我國留學的日本和尚宗叡携帶回國的漢籍就有四川刻印的《唐韻》一部五卷、《玉篇》一部三十卷。③ 五代時孟蜀建都成都,宰相毋昭裔先刻石經,不久又令門人寫定《九經》,鏤版行世,以後還刻了《文

① 見洪焕椿《浙江文獻叢考》:《浙江雕版印書雜識》。

② 參見劉實《浙江古籍刻印管窺》,載《浙江師範學院學報(社會科學版)》一九八〇年第一期。

③ 參看張秀民《中國印刷術的發明及其影響》—《印刷術的起源》之二《雕板的發明》。

選》《初學記》《白氏六帖》等，從而使蜀本在刻書的範圍和規模上向前發展了一大步，爲宋蜀本的興盛奠定了基礎。

開寶四年（九七一），宋太祖派高品、張從信等人在成都監雕《大藏經》，至太平興國八年（九八三）大部刻成。全藏有一千零七十六部，五千零四十八卷，經版共十三萬多片。這項工程的完成充分説明了當時四川技術力量和經濟基礎的雄厚。此後，四川又承擔了像《太平御覽》《册府元龜》這樣卷帙浩大的大型類書的刻印任務。

南宋初年，四川又出了一個致力於收書刻書的人，對蜀刻本的發展作出了一定的貢獻，他就是在紹興十一年至十四年（一一四一至一一四四年）任四川轉運使的井憲孟。著名的"眉山七史"就是在他的主持下刻印的。晁公武記其事云：

> 嘉祐中，以《宋》《齊》《梁》《陳》《魏》《北齊》《周書》舛謬亡缺，始詔館職讎校。曾鞏等以秘閣所藏多誤，不足憑以是正，請詔天下藏書之家悉上異本，久之始集。治平中，鞏校定《南齊》《梁》《陳》三書上之，劉恕等上《後魏書》，王安國上《周書》。政和中，始皆畢，頒之學官，民間傳者尚少。未幾，遭靖康丙午（一一二六）之亂，中原淪陷，此書幾亡。紹興十四年（一一四四）井憲孟爲四川漕，始檄諸州學官求當日所頒本。時四川五十餘州皆不被兵，書頗有存者，然往往亡闕不全，收合補綴，獨少《後魏書》十許卷，最後得宇文季蒙家本，偶有所少者，於是七史遂全，因命眉山刊行。①

在井憲孟的倡導下，眉山地區還出版了《周禮》《春秋》《禮記》《孟子》和《史記》《三國志》等，都是以監本爲底本刊行的。蜀刻的中心由成都移向眉山大約就在這個時期。

四川也有書坊，而且大多集中在眉山。如刻《新編近時十便良方》的萬卷堂，刻《國朝二百家名賢文粹》的書隱齋。現存蜀小字本唐人別集數

---

① 《郡齋讀書志》卷五《宋書一百卷》。

量較多，有一套是十一行本，現存《駱賓王文集》《李太白文集》《王摩詰文集》三種。有一套是十二行本，現存《孟浩然詩集》《劉文房集》《陸宣公集》《新刊權載之文集》《昌黎先生文集》《孟東野文集》《李長吉文集》《劉夢得文集》《張文昌文集》《皇甫持正文集》《歐陽行周文集》《新刊元微之文集》《姚少監詩集》《許用晦文集》《張承吉文集》《孫可之文集》《鄭守愚文集》《司空表聖文集》《杜荀鶴文集》等完缺共十九種。從采用小字本的形式與有"新刊"的標題看，這些唐人别集可能係坊刻本。①

十三世紀中葉，元兵南下，首先攻占四川。四川經濟文化遭到浩劫，書版大都毁於戰火，再加上明清以來東南沿海日趨發達，蜀地較偏，所以元後蜀本名聲不顯。

蜀本傳世較少，多爲經史類書、唐人詩文集。其形式上的特點比較顯著。就版式而言，一般爲白口，單魚尾，左右雙欄，無書耳〔圖版二十二〕。版心下端一般都有刻工姓名。刻工中且多一族同姓之人，如單氏、任氏、文氏等。蜀本字體多似顔體，字劃肥勁樸厚，正文、小注字體統一。就大字而言，字大如錢，版式疏朗，讀來賞心悦目。一般采用麻紙，紙張潔白。校勘精審，翻刻監本也一絲不苟，故一向爲人們所推重。但刻書序跋及坊刻本的牌記都很少見，因此不易判定刻書年月及刻書人姓名。

三　建　本

早在宋代，福建特别是建寧府建安、建陽兩縣就已成了當時的刻書中心。宋朱熹説："建陽版本書籍，上自六經，下及訓傳，行四方者，無遠不至。"②宋祝穆亦云："建寧麻沙、崇化兩坊産書，號爲圖書之府。"③葉德輝也曾指出："閩中造紙印書，宋時極盛，岳珂《九經三傳沿革例》即有建本之名。"對建安、建陽兩縣書坊主人有名姓可考者，張秀民作了統計：

---

① 參看顧廷龍《唐宋蜀刻本簡述》及所附《蜀刻書目》，載《四川圖書館學報》一九七九年第三期。

② 朱彝尊《經義考》卷二九三引。

③ 《方輿勝覽》卷一一。

建寧府黄三八郎書鋪
建寧書鋪蔡琪純父一經堂,或作建安蔡純父
建安萬卷堂
建安曾氏家塾
建安王懋甫桂堂
建安劉元起家塾
建安劉日新宅三桂堂
建安劉叔剛
建安劉之問
建安江仲達群玉堂
建安魏仲立宅
建安魏仲舉家塾
建安陳彦甫家塾
建安黄善夫家塾
建安蔡子文東塾
建安虞平齋務本書堂
建安虞氏家塾
建安慶有書堂
建溪三峰蔡夢弼傅卿家塾(建溪或作建安)
建陽崇化書坊陳八郎家(或作建寧府陳八郎書鋪)
建寧府麻沙鎮虞叔異宅
麻沙鎮南齋虞千里
麻沙鎮水南劉仲吉宅
麻沙劉仲立
麻沙劉智明
麻沙劉將仕宅
麻沙劉通判宅
建安余恭禮宅
夏淵余氏明經堂(或作建安余唐卿宅)

建安余彦國勵賢堂
余氏廣勤堂
建安余仁仲萬卷堂
余靖安勤有堂

並云："以上三十三家書坊各刻了不少書，經、史、子、集、日用、迷信都有。他們編刊的考試用書，更是'日輯月刊，時異而歲不同'。其中蔡夢弼、黄善夫各刊《史記》〔圖版二十三〕，蔡琪、劉之問、劉元起均雕《漢書》，劉仲立梓前、後《漢書》以及魏仲立本《唐書》、魏仲舉本《昌黎集注》等在學術上較有價值。"①這些書坊中，尤以余氏最爲有名。國家圖書館尚藏有南宋余仁仲萬卷堂刊《春秋公羊經傳解詁》十二卷、《禮記注》二十卷、《周禮注》十二卷。

建陽、建安成爲南宋刻書中心是由於地處閩北山區，受戰禍影響較小，且盛産竹木，書版與造紙原料都非常充足。宋葉夢得論刻書云："蜀與福建多以柔木刻之，取其易成而速售，故不能工。福建本幾遍天下，正以易成故也。"②此外，兩地水陸交通十分方便，除爲省内貨物集散地外，還可直達蘇、杭、江西，這就爲刊本速售創造了條件。

元建本同宋建本相比，在數量上有過之而無不及，兹將其出版單位名稱羅列於下：

建安鄭明德宅
余彦國勵賢堂
麻沙劉通判宅仰高堂
建安蔡氏
建安劉承父
建安詹璟

① 張秀民《南宋刻書地域考》，載《圖書館》一九六一年第三期。
② 《石林燕語》卷八。

劉君佐翠巖精舍
劉錦文日新堂
高氏日新堂
建安陳氏餘慶堂
建安朱氏與耕堂
建安同文堂
建安萬卷堂
麻沙萬卷堂
董氏萬卷堂
李氏建安書堂
雙桂書堂
麻沙劉氏南澗書堂
建陽劉氏書肆
建陽書林
建安虞氏務本書堂
建安鄭天澤宗文書堂
建安葉氏廣勤堂
建安余氏勤有堂①

除一般的經史子集外，元建本中還有一些通俗讀物，最有名的是一套建安虞氏刊刻的講史話本，現存《新刊全相平話武王伐紂書》《新刊全相平話樂毅圖齊七國春秋後集》《新刊全相秦并六國平話》《新刊全相平話前漢書續集》《至治新刊全相平話三國志》五種。所謂全相，就是每葉都有插圖。此外建陽書坊還刻了一些元散曲選本，現存《朝野新聲太平樂府》《梨園按試樂府新聲》《樂府新編陽春白雪》。其中《陽春白雪》還有初編、重編兩種刻本，可見頗受時人歡迎。

---

① 見《書林清話》卷四《元私宅家塾刻書》《元時書坊刻書之盛》《元建安葉氏刻書》。

明建本是沿着宋元遺風發展下來的，不少書坊經營刻書事業持續了相當長的時間。方品光指出：

如勤有堂由北宋幾經轉折一直延續至明初，日新堂從元至元戊寅（一三三八）延續到明嘉靖八年（一五二九）前後共一百九十一年，翠巖精舍從元延祐元年（一三一四）到明成化己丑（一四六九）共一百五十五年，宗文堂從元大德壬寅（一三〇二）至明萬曆二十八年（一六〇〇）營業達二百九十八年，安正堂從明弘治甲子（一五〇四）至萬曆三十九年（一六一一）共一百零七年，清江書堂從明宣德六年（一四三一）到嘉靖三十二年（一五五三）共一百二十二年等等。①

此外，比較著名的建陽書坊還有朱氏尊德書堂、劉氏敬善書堂、詹氏進德書堂、劉氏慎獨齋、楊氏歸仁齋、江氏宗德堂、熊氏忠正堂、楊氏清白堂、熊氏誠德堂、熊氏種德堂、余氏三臺館、余氏雙峰堂、書林楊敏齋、書林劉求茂、書林劉龍田、書林鄭以楨、書林詹秀閩等②。從現有傳本情況來看，明建本遠遠超過宋元。故葉德輝云："自宋至明六百年間，建陽書林擅天下之富，使有史家好事，當援貨殖傳之例增書林傳矣。"③

明建本同樣也受到官府重視，嘉靖五年（一五二六）朝廷曾特派專使到建陽監督坊本刻售工作。④ 十一年（一五三二），福建提刑按察司又牒建寧府云："照得五經四書，士子第一切要之書，舊刻頗稱善本，近時書坊射利，改刻袖珍等版，款制褊狹，字多差訛。……該本司看得書傳海內，板在閩中，若不精校另刊，以正書坊之謬，恐致益誤後學。議呈巡按察院詳允會督學道選委明經師生，將各書一遵欽頒官本，重複校讎。……再不許故違官式，另自改刊。如有違謬，拿問重罪，追版鏟毀，决不輕貸。"葉德輝

① 《福建刻書考略》，載《中國圖書館學會第一次討論會文件》（一九七九）。

② 參看魏隱儒《中國古籍印刷史》第二編《古籍雕版印刷發展史》第十三章《明代的刻書事業》第三節《坊刻本》。

③ 《書林清話》卷五《明人私刻坊刻書》。

④ 見朱彝尊《經義考》卷二九三。

據此説:"足見明時法制之嚴,刻書之慎。而建寧匠人之盛,自宋以來至明五六百年,流風不墜。觀於此牒,亦可想其專精雕鏤矣。"①

建本書自明後期漸趨衰落,到了清代仍無起色,主要原因是明末清初福建受到戰争的影響,建安、建陽幾成廢墟,刻工紛紛外逃,書版損失殆盡,致使刻書事業一蹶不振。其次是江蘇、安徽等地刻書事業在明中葉以後蓬勃興起,逐步取代了建本的地位。故清初王士禛云:"今則金陵、蘇、杭書坊刻板流行,建本已不復過嶺。"②

坊刻是建本的主流。無論内容還是形式,建刻坊本都有鮮明的特色。就内容而言,書坊爲了適應歷代官府的需要,也刻了不少經書、史書,特别是明代萬曆以前,所刻經史尤多。但是建陽所刻經書大部分都是爲科舉考試服務的。正如宋岳珂所説:"場屋編類之書,建陽書肆日輯月刊,時異而歲不同,四方傳習。"③此外,建安、建陽書肆刻了大量民間實用的書和通俗文藝作品,許多小説都是書坊主人自編的或請人編的。如明代書林熊大木,就曾自編《全漢志傳》《大宋中興英烈傳》等小説。萬曆年間建陽雙峰堂主人余文臺所刻《新刊京本編輯二十四帝通俗演義西漢志傳》也是自編的,卷一首題"書林仰止山人編集,余氏文臺重梓"。

就形式而言,建本也勇於創新。從版式上看,宋浙本和蜀本多白口,左右雙欄,建本則多黑口,早期爲細黑口,後來轉爲黑口,四周雙欄,這種刻風開了元代雕版之先河。有一些宋建本還在欄外左上角刻上書耳,書耳内刻篇名或小題,頗便讀者查找。建本書喜用具有廣告性質的題識與牌記,而不喜歡用長篇序跋,這或許與書坊主人文化水平高者不多有關。爲了謀利,建本千方百計降低成本,浙本與蜀本一般都書品寬大,版式疏朗,而建本字刻得較密,紙多用竹紙,質地較薄,顔色發暗。校勘不精,喜歡删改也是出於這個原因。爲了吸引讀者,宋、元、明建本都愛用插圖。至於字體,代有不同,宋建本多似柳體,起落頓筆,結構方正,字畫嚴謹不苟。爲了減少篇幅,增加版面容量,建本還采用一種特有的筆劃很細的瘦長字體。

① 《書林清話》卷七《明時官制書只準翻刻不準另刻》。

② 《居易録》卷一四。

③ 《愧郯録》卷九。

關於建本，還有一點應當説明的就是建陽麻沙鎮所刻書，由於粗製濫造，當時及後世都獲得了不好的名聲。麻沙本幾乎成了劣本的代稱。我們在本編第一章第二節介紹過杭州府學教官姚祐據麻沙本《易經》出錯考題的事，宋周煇《清波雜志》卷八也説："麻沙本之差舛，誤後學多矣。"但事實上，麻沙鎮書坊也刻過一些好書，不能一概而論。

四　平水本

平水即今山西臨汾，因處平水之陽，故又稱平陽，金、元兩朝都曾在此設立出版書籍的管理機構。《金史》稱"平陽府……有書籍"。① 繆荃孫《平水板本考》亦云："平水，鎮名，元太宗八年（一二三六）用耶律楚材言，立經籍所於平陽，當是因金之舊。"②葉德輝認爲平水成爲北方的刻書中心是由於"金源分割中原不久，乘以干戈，惟平水不當要衝，故書坊時萃於此"。③ 平水歷來爲晉南經濟、政治、文化的中心，又未受戰争破壞，國家圖書館《中國版刻圖録・序》云："北宋亡後，平陽代替了汴京成了黄河以北地區的出版中心。"又云："其地盛産紙張，質地堅韌，私人開設的書坊很多。"現國家圖書館藏金平水本有《南豐曾子固先生集》《壬辰重改證吕太尉經進莊子全解》《重編補添分門字苑撮要》《新修累音引證群籍玉篇》《蕭閑老人明秀集注》等。其他平水書籍如王文鬱撰《增注禮部韻略》爲金大定六年（一一六六）平水刻本。王文鬱併舊韻二百零六部爲一百零六部，在音韻發展史上頗有影響。金大定二十六年（一一八六）平水書軒陳氏印行的《銅人俞穴針灸圖經》歷來爲醫學界所珍重。清末貴池劉世珩已影刻，日人涉園山崎子政亦曾據以重雕。此外，著名的平水本尚有李子文於大定二十九年（一一八九）所刻王明壽《重刊增廣分門類林雜説》。這是一部内容廣泛、具有實用價值的類書，現有清代翻刻本行世。又《中國版刻圖録・序》云：

---

① 《金史》卷二六《地理志》下。

② 《藝風堂文漫存》卷三。《元史》卷一四六《耶律楚材傳》："置編修所於燕京，經籍所於平陽，由是文治興焉。"

③ 《書林清話》卷四《金時平水刻書之盛》。

> 當時民間盛行諸宫調説唱，平水書肆適應大衆需要也刻版流通。……《劉知遠諸宫調》就是平水坊本。……這些民間文藝創作的及時傳播，對後代説唱文學和戲劇的發展，具有深遠的影響。平水書肆又曾刻印民間招貼畫……甘肅張掖古塔内發現的平陽徐氏刻印的關羽像，和平陽姬氏刻印的王昭君等四美人像，畫面生動美麗，是兩幅巨大的富有藝術價值的版畫傑作。

元代仍以平陽爲刻書中心，人們將至元八年（一二七一）使用大元國號之前的元初刻本稱爲蒙古本。蒙古本分量最重的要算太宗九年（一二三七）開雕，乃馬真后三年（一二四四）完成的道藏七千八百餘帙，因爲該藏爲宋德方刻於平陽玄都觀，故又稱宋德方藏或玄都寶藏。由於釋、道二教鬥争激烈，元世祖信佛排道，於至元十八年（一二八一）下令銷毁道藏經版，這部玄都寶藏也就被付之一炬。現僅有《雲笈七籤》《太清風露經》二種，藏於國家圖書館。玄都寶藏雖然被燒了，但是這次巨大的出版工程，却將平水刻工的雕版技術提高到前所未有的水平。稍後，平水書肆晦明軒主人張存惠刻印的《重修政和經史證類備用本草》《增節標目音注精義資治通鑒》《丹淵集》《滏水集》等，紙墨刻工比過去平水本更爲精美。又《史記集解附索隱》一百三十一卷，係平陽道參幕段子成中統二年（一二六一）刊，也爲蒙古本。

元刻平水本還有平陽府梁宅元貞二年（一二九五）刻《論語注疏》二十卷；平水許宅大德十年（一三〇六）刻《重修政和經史證類備用本草》三十卷、目録一卷；平水曹氏進德齋大德三年（一二九九）刻巾箱本《爾雅郭注》三卷，至大三年（一三一〇）刻《翰苑英華中州集》十卷，《中州樂府》一卷；平水高昂霄尊賢堂皇慶二年（一三一三）刻《河汾諸老詩集》八卷；平陽司家頤真堂至元三十年（一二九三）刻《御藥院方》；平陽曹輾刻《遺山詩集》二十卷①。

明清平水刻本的成就爲其他地區所掩，不如金、元時代那麽知名，但

① 參看《書林清話》卷四《元私宅家塾刻書》。

是也持續不斷地刻了不少書，如平陽吕氏冰玉堂成化年間刻《管窺外編》一卷；平陽陳宣弘治年間刻《二程全書》六十五卷；平陽府吕柟嘉靖四年（一五二五）刻《司馬文正公集略》文集三十一卷，詩集七卷；平陽府張松刻《藝文類聚》一百卷；平陽萬曆二十九年（一六〇一）刻《針灸大全》十卷；臨汾桑拱陽松風書院在崇禎年間刻有自著《四書則》《松風草》《家禮維風》。其《四書則》，乾隆時經山西巡撫呈進，收入《四庫全書》。其餘平陽府明刊本尚有《銅人針灸集》七卷、《新編西方子明堂灸經》八卷。清代平水刻本較著名的有劉組曾百禄堂於乾隆九年（一七四四）刻《司馬文正公文集》八十二卷，乾隆十六年（一七五一）刻《蓮洋詩鈔》十卷。清代臨汾坊間還刻了不少四書五經及啓蒙讀物，但其刻書質量較差，不足深論。①

平水刻本似以私人刻書爲主，多醫書、類書、詩文集，在内容上顯示出民間注重實用的特色。在形式上，金、元平水本皆爲白口，但版式不盡統一，金本的魚尾或單或雙，邊欄或左右雙邊或四周雙邊，各書每半葉行數、每行字數多不同，因此横看過去字是不整齊的。書名、卷次、葉次的位置同宋本。元本多爲雙魚尾，四周雙邊，其餘大致同金本。金本缺少序跋和牌記，元本則多有之。例如蒙古憲宗三年至五年（一二五三至一二五五），平水張存惠刻《增節標目音注精義資治通鑒》，卷首有序〔圖版二十四〕，序後有"泰和甲子下癸丑歲平陽張宅晦明軒"刻書牌記，目録後有"平陽府張宅印"琴形牌記、"晦明軒"鐘形牌記。卷末還有"泰和甲子下乙卯歲季秋工畢，堯都張宅"題識。這就爲版本的鑒定工作帶來了極大的方便。平水本多用桑皮紙，紙墨瑩潔，字體瘦勁挺拔，一般來説不避諱。

由於近古文化事業日益發達，刻書事業也由幾個中心而逐漸向全國各地拓展，地區特色及影響也有所淡化，所以我們以上僅舉幾個最有代表性的地區爲例，來顯示從這一角度區分版本的情況。

此外，中國古代文化對比鄰諸國産生過深遠影響，朝鮮、日本、越南在古代都刻印過漢文古籍，這些書我國收藏單位在著録時，往往分别稱爲高麗本、日本本、越南本，其中越南本鮮見。清孫從添云："外國所刻之書，高

---

① 參看劉緯毅《山西古代刻書考略》，載《圖書館通訊》（山西）一九八〇年第二期。

麗本最好。五經、四書、醫藥等書皆從古本。凡中夏所刻,向皆字句脱落,章數不全者,而高麗竟有完全善本。"①於此可見,外國刊本是很有價值的。但關於外國刊行漢籍的版本情況,事涉專門,我們所知極少,因此未敢述論。

第三節　按刻書單位區分

如按刻書單位分,則雕印本大體上可區别爲官刻本、家刻本和坊刻本三種。它們又往往因具體主持的官府、私家書坊各異而有不同名稱,今擇要列舉如下,其已見前第一節者,此不復出。

一　官刻本

甲、監本　各朝國子監所刻印的書,稱爲監本。五代國子監即已刊刻圖書,惜五代監本、北宋監本、金監本,今皆不傳。南宋屢經戰亂,國家艱難,故世傳南宋監本也多非國子監自刻。王國維云:

> 北宋監本經史既爲金人輦之而北,故南渡即有重刊經疏者,如日本竹添氏所藏《毛詩正義》,乃紹興九年(一一三九)九月十九日紹興府雕造,此事是否奉行是月七日詔書,抑或先已刊刻,别無可考。又刊經疏者,紹興之外尚有婺州所刊《春秋左傳正義》,温州所刊《爾雅疏》,雖未審在何時,至紹興十五年(一一四五)令臨安府雕造群經義疏未有板者,則高宗末年經疏當盡有印板矣。此種州郡刊板當時即入監中,故魏華父、岳倦翁均謂南渡監本盡取諸江南諸州。蓋南渡初監中不自刻書,悉令臨安府及他州郡刻之。此即南宋監本也。②

錢基博云:

---

① 《藏書紀要》第二則《鑒别》。
② 《王國維遺書》第十二册《兩浙古刊本考》。

宋監刻之僅有存者：國立北京圖書館藏有監本《春秋穀梁注疏》殘册；南京國學圖書館藏有監本《纂圖重言重意互注禮記》殘册，有監本《纂圖春秋經傳集解》三十卷（有鈔配），有監本《附音春秋公羊注疏》二十八卷（有元、明修補葉），有監本《附音春秋穀梁傳注疏》二十卷（有元、明修補葉）。①

這些書即使全爲南宋監本，也所剩無幾。

元代中央機關掌管刻書的有興文署和藝文監。國子監刻書不多，《書林清話》卷四《元監署各路儒學書院醫院刻書》僅提到元祐三年（一〇八八）刻小字本《傷寒論》十卷。但元國子監却通過中書省讓各路儒學代刻了不少書。李致忠《元代刻書述略》云：

後至元六年（一三四〇），國子監牒呈中書省批准，下浙東道宣慰使司都元帥府，分派慶元路儒學召工鐫刻《玉海》二百卷、《辭學指南》四卷、《詩考》一卷、《地理考》六卷、《漢藝文志考證》十卷、《通鑒地理通釋》十四卷、《漢制考》四卷、《踐阼篇集解》一卷、《周易鄭康成注》一卷、《姓氏急就篇》二卷、《急就篇補注》四卷、《周書王會補注》一卷、《小學紺珠》十卷、《六經天文篇》二卷、《通鑒答問》五卷。此爲國子監通過中書省下各路儒學刻書的實例。北京圖書館也有所珍藏，其中部分版本爲明初遞修。②

到了明朝，南、北兩京皆刻經史，因此又有南監本和北監本的區别。已見前。

乙、經廠本　明内府刻書由司禮監負責，司禮監下設經廠庫，明宦官劉若愚云："凡司禮監經廠庫内所藏祖宗累朝傳遺秘書典籍皆提督總其事，而掌司監工分其細也。""掌司四員或六員，在經廠居住，只管一應經書

① 《版本通義·歷史第二》。

② 載《文獻》第十輯。

印板及印成書籍，並佛藏、道藏、番藏皆佐理之。"[1]故司禮監經廠刻的書被稱爲經廠本。經廠本多刻制書、五經、四書、《性理大全》以及宫女、太監們的讀本，一般認爲經廠本出於宦官之手，故校勘不精，但它在形式上却十分美觀。版式寬闊、行格疏朗，大黑口、雙魚尾、大黑雙邊。正文小注，斷句加圈。趙體字，字大如錢。紙潔白、墨色如漆。多大本，包背裝。故太平老人《袖中錦》云："監書、内酒、端硯、浙漆、吴紙，皆爲天下第一。"此監書乃指司禮監經廠本，而非國子監本〔圖版二十五〕。

丙、藩府本　明代藩府刻書情況，已如前述。錢基博云：

> 藩府刻本，亦稱名貴，而吉府其一。其他見著録者，曰蜀府、代府、崇府、肅府、唐府、晉府（寶賢堂，亦稱志道堂，亦稱虚益堂，又稱養德書院）、益府、秦府、伊府、魯府（敏學書院，亦稱承訓書院）、趙府（居敬堂，亦稱味經堂）、楚府、寧藩、周藩、沈藩、德藩（最樂軒）、潞藩。吉府刻多諸子，晉府刻多總集，益府刻多茶書。而北京圖書館藏有嘉靖秦藩刊《史記》一百三十卷，國學圖書館藏有嘉靖魯藩刊晉葛洪撰《抱朴子》七十卷，嘉靖秦藩刊鮑雲龍撰《天原發微》五卷，嘉靖益府刊明《理學類編》八卷，萬曆益藩《新刊增修大廣益會玉篇》三十卷，《篇韻指南》一卷，《總目》一卷。《四部叢刊》景印者，則有國學圖書館藏魯藩刊《抱朴子》，及涵芬樓藏趙府居敬堂刊《靈樞經》十二卷焉。[2]

葉德輝《書林清話》著録藩府本頗夥，可參看。他還指出："諸藩時有佳刻，以其時被賜之書，多有宋元善本可以繙雕，藩邸王孫又頗好學故也。"[3]藩王財力雄厚，自有碩儒協助校勘，又不必像其他官刻本那樣專刻制書和經史，所以藩刻本在内容上有其特色，在形式上又相當精美，歷來爲藏書家所珍視〔圖版二十六〕。

丁、書帕本　明代授官上任，或奉差出使回京，例刻一書，以一書一帕

---

① 《酌中志》卷一八。

② 《版本通義・歷史第二》。

③ 《書林清話》卷五《明時諸藩刻書之盛》。

相饋贈,當時稱這種書爲書帕本。地方官吏刻書作爲禮品是明代的社會風氣,明陸深《金臺紀聞》云:

> 勝國時州、縣皆有學田,所入謂之學租,以供師生廪餼,餘則刻書,工大者合數處爲之,故讎校刻畫頗有精者。洪武初,悉收上國學,今南監《十七史》諸書,地理歲月,勘校後並存可識。今學既無田,不復刻書,而有司間或刻之,然只供饋贐之用,其不工反出坊本下,工者不數見也。明隆萬間,承嘉靖古學盛興之後,皆喜刻書,然大率皆爲好名起見,刻而不校,又或妄加刪削,都無古意。饋遺當道,附之一帕,有一書一帕之稱,此類書世謂書帕本。

葉德輝《書林清話》曾對明代書帕本進行過嚴厲的批評,本章第一節已引用,可參看。但是也應當看到書帕本的刻書水平是不平衡的,其中不乏精心校勘之作,也曾流布稀見之書,所以對書帕本也應具體對待,未可全盤否定。

戊、内府本、殿本　明、清兩朝宫廷内部刻印的書通稱内府本。明代内府本刻自司禮監所屬經廠,故稱經廠本。清代内府所刻欽定各書稱内府本,[①]其中包括曹寅主持的揚州詩局所刻的欽定書。聖祖玄燁於康熙十二年(一六七三)命廷臣補刻了明經廠本《文獻通考》的漫漶殘版,在武英殿設修書處,由翰林院詞臣總領其事。從此清内府本就改稱武英殿本了。清吴長元云:"武英殿在北京皇城之熙和門,西南向,崇階九級,環繞御河,跨石橋三……殿宇前後二重,皆貯書板;北爲浴德堂,即修書處。"[②]殿本多刻欽定書籍,注重校勘。其寫刻工緻,紙墨精良,裝訂典雅,都是一般刻本難以企及的。

己、局本　清末各地官書局刻本稱爲局本。況周頤云:"咸豐十一年(一八六一)八月,曾文正克復安慶,部署粗定,命莫子偲大令采訪遺書,既

---

① 參看圖版三十五。

② 《宸垣識略》卷二《大内》。

復江寧,開書局於冶城山……此江南官書局之俶落也。"①此後各地繼之而起,茲列各局名稱如次:

江南書局(江蘇江寧)
江楚書局(江蘇江寧)
淮南書局(江蘇揚州)
蘇州書局(江蘇蘇州)
浙江書局(浙江杭州)
崇文書司(湖北武昌)
思賢講舍(湖南長沙)
江西書局(江西南昌)
存古書局(四川成都)
皇華書局(山東濟南)
山西書局(山西太原)
福州書局(福建福州)
廣雅書局(廣東廣州)
雲南書局(雲南昆明)②

此外還有安徽的敷文書局、河北的直隸書局。

這些書局的著名刻本有:金陵書局(即江南官書局)刻的《史記》《漢書》《三國志》《王船山遺書》《讀書雜志》;淮南書局刻的大字本《毛詩注疏》;蘇州書局刻的《資治通鑑》;浙江書局刻的《二十二子》《九通》《玉海》;思賢講舍刻的王先謙《漢書補注》、孫詒讓《墨子閒詁》;廣雅書局刻的《廣雅叢書》等。

官書局所刻多爲傳統的經史子集,新的東西不多。各局刻書水平亦不一致,影響大的書一般都注意選擇底本,精心校勘,有些書的成績超過

---

① 《蕙風簃二筆》卷一。
② 見净雨《清代印刷史小紀》,載《中國近代出版史料》二編。

了殿本。由於局本出現得比較晚，注意降低成本，校勘又比較精審，因此受到了讀者歡迎，流傳比較廣泛。

庚、書院本　書院初爲官設教育機構。書院刻書發端於宋。葉德輝嘗著録書院刻本，大略如下：

婺州麗澤書院紹定三年（一二三〇）重刻司馬光《切韻指掌圖》二卷，無年號刻吕祖謙《新唐書略》三十五卷。象山書院紹定四年（一二三一）刻袁燮《絜齋家塾書鈔》十二卷。泳澤書院淳祐六年（一二四六）刻大字本朱子《四書集注》十九卷。龍溪書院淳祐八年（一二四八）刻陳淳《北溪集》五十卷、《外集》一卷。竹溪書院寶祐五年（一二五七）刻方岳《秋崖先生小藁》八十三卷。環溪書院景定五年（一二六四）刻《仁齋直指方論》二十六卷、《小兒方論》五卷、《傷寒類書活人總括》七卷、《醫學真經》一卷。建寧府建安書院咸淳元年（一二六五）刻《晦庵先生朱文公文集》一百卷、《續集》十卷、《别集》十一卷。鷺州書院無年號刻《漢書》一百二十卷。[①] 元代書院刻書掀起高潮，已詳本章第一節〔圖版二十七〕。明代書院没有學田，失去財源，因此也就不大刻書了。

書院刻書一般有通儒校訂，再加上書院刻書目的不在賺錢，所以校勘工作相當認真。書院本歷來比較受到重視。

辛、其他　在官刻本中，根據刻書單位的不同，還有各色各樣的名稱。如宋有崇文院本、秘書監本、德壽殿本、左廊司局本、茶鹽司本、安撫使本、庾司本、漕司本、轉運司本、轉運使本、倉臺本、計臺本、漕臺本、漕廨本、漕院本、公使庫本〔圖版二十八〕、州軍學本、郡齋本〔圖版二十九〕、郡庠本、郡府學本、縣齋本、縣學本、學宫本、頖宫本、學舍本、太醫局本等；元有興文署本、各路儒學本、郡學本、郡庠本、府學本、儒司本、太醫院本、官醫提舉本等。

總之，官刻書一般都由於有明確的政治目的，刻了大量正經正史、制書和御纂欽定書。因爲財力雄厚，官刻本多半雕印精審，形式美觀。但無論内容和形式，都比較保守，缺乏創新精神。其中明經廠本和書帕本則因

---

① 《書林清話》卷三《宋司庫州軍郡府縣書院刻書》。

校勘不精，不免爲當時及後世所詬病。

二　家刻本

家刻本與坊刻本都是私人刻印的書，它們之間有時很難區别。大體上説，家刻本多由學者或藏書家主持其事，其目的主要是爲了流傳善本、保存自己或親友的著作，而不是專門爲了贏利，刻印的書一般都質量較高。坊刻本則由書坊主人主持其事，其目的主要是爲了贏利，因此刻印的書，質量高低差别很大。

家刻本往往刻於家塾，如宋黄善夫刻《史記正義》一百三十卷，其列傳第一卷末有"建安黄善夫刊於家塾之敬室"牌記。[①] 元花谿沈氏家塾刻趙孟頫《松雪齋集》十卷、《外集》一卷、《附録》一卷，目録後有"至元後己卯，花谿沈氏伯玉刻於家塾"等字，所以這些刻本又稱家塾本。但是某些坊刻本也混用家塾的名義，以便行銷，這就造成了鑒别時的困難。

家刻本多冠以室名，如宋廖瑩中刻《昌黎先生集》《河東先生集》稱世綵堂本，明袁褧刻《大戴禮記》《世説新語》《文選注》稱嘉趣堂本，清黄丕烈刻的書稱士禮居本。也有以姓名相稱的，如宋周必大本《歐陽文忠公集》、元丁思敬本《元豐類稿》。還有單稱姓的，如明萬曆間吴興閔氏刻本稱閔刻本，凌氏刻本稱凌刻本，清秦鏷刻的書稱秦刻本，阮元刻的書稱阮刻本。

宋元家塾刻書情況，詳見葉德輝《書林清話》。[②] 宋代突出的要算廖氏世綵堂。廖瑩中，號藥洲，是權相賈似道的門客。他替賈鑒定圖書，自己也喜歡刻書。宋周密説廖氏所刻"《九經》本最佳，凡以數十種比校，百餘人校正而後成。以撫州萆草紙、油煙墨印造，其裝池至以泥金爲籤。然或者惜其删落諸經注爲可惜耳，反不若韓、柳文爲精妙"。[③] 現存《昌黎先生集》《河東先生集》刻印尤爲精工，堪稱宋刻本的代表作。[④] 此外特别值得一提的是陸子遹於嘉定十三年（一二二〇）刻其父陸游《渭南文集》五十

---

① 參看圖版二十三。

② 參看該書卷三《宋私宅家塾刻書》及卷四《元私宅家塾刻書》。

③ 《癸辛雜識》後集《賈廖刊書》。

④ 參看圖版二十一。

卷，游字缺末筆以避家諱。該書刊印皆精。

關於元家刻本，需要注意的是帶有“相臺岳氏刻梓荆谿家塾”牌記的經注。現存《周易》《周禮》《春秋經傳集解》《論語》《孟子》《孝經》六種，過去認爲是岳飛孫珂在南宋時刻印的，經今人張政烺研究，實係在今江蘇宜興落户的岳浚據廖瑩中刻本覆刻的，傳世的《相臺書塾刊正九經三傳沿革例》也是岳浚覆刻廖本時，根據廖氏舊有的凡例增修而成，和岳珂無關。①《中國版刻圖録》肯定了張的觀點。這樣《春秋經傳集解》等岳氏荆溪家塾本，當爲元家刻本的代表作。此外，丁思敬於大德八年（一三〇四）在江西南豐州刻的《元豐類稿》五十卷，版式寬大，字劃精整，結構嚴謹，也爲元刻本的上品。

明家刻本的傑作不勝枚舉，可參見《書林清話》卷五《明人刻書之精品》及《明人私刻坊刻書》，本章第一節也作了比較詳細的介紹。這裏再强調幾點：其一是明家刻本的精品大都出現於嘉靖年間，是與當時伴隨着文學上的復古運動而掀起的覆刻本之風密切相關的。其二是明代私家已經形成了像顧氏奇字齋、毛氏汲古閣這樣具有相當規模的出版機構了。我們已經引用過顧氏刻《類箋王右丞詩集》的奇字齋開局氏里表，②而萬曆元年（一五七三）顧起綸刻自編的《國雅》二十卷，書末也附有刻工、寫工氏里表：

> 梓授：吴郡顧植、顧賢、羅鑒、張璬、方之善，同邑何鑰、何鎡、何釗、邵埴、王伯才。
>
> 筆授：吴郡顧櫰、施雲、侯愚、家産子顧相、戴卿、朱謨。

又有姚咨題記云：“校是編者周天球、童珮、朱在明、俞淵、葉之芳、成淳、從子道瀚、子祖源、祖河、祖漢偕余也。”題記後又有萬曆元年（一五七三）顧起綸覆校識語。這些在一定程度上反映了明代家刻的謹嚴工作態度以及其能力、水平。至於毛氏汲古閣則規模更大。楊紹和《楹書隅録》卷一著

---

① 參看《張政烺文集·文史叢考·讀〈相臺書塾刊正九經三傳沿革例〉》。

② 參看圖版十八。

録影宋精鈔本《五經文字》三卷，有毛扆跋云："吾家當日有印書作，聚印匠二十人，刷印經籍。扆一日往觀之，先君適至，呼扆曰：'吾縮衣節食，遑遑然以刊書爲急務。今板逾十萬，亦云多矣。竊恐秘册之流傳尚十不及一也。'"毛晉刻板十萬餘片猶不滿足，這就難怪汲古閣本傳遍天下了。其三是明萬曆、天啓間，吴興閔、凌兩家爲套印本做出了貢獻。其共同特點是用彩色套印，紙白、行疏、無界。閔刻本多經、史、子、集，①凌刻本多戲曲小説。這都證明了明家刻本的價值。

清代的家刻本，亦已詳前。它大致有以下幾個特點：一是繼承明代家刻本的風氣，刻了不少覆宋本，如清初秦鏷摹宋刊巾箱本《九經》，以及稍晚一些的張士俊摹宋刻《澤存堂五種》，都是極負盛譽的。清代私家摹刻宋、元本，四部皆有。就經、史而論，著名的如黄丕烈影宋嚴州本《儀禮鄭注》，汪士鐘影宋景德本《儀禮》單疏和元泰定本《孝經疏》，臧庸仿元雪窗書院本《爾雅注疏》，以及胡克家覆元刊本《資治通鑒》等，均爲書林稱道。就子、集而論，像吴鼒影刻宋乾道本《韓非子》，繆日芑仿宋本《李太白集》，項絪翻宋本《韋蘇州集》以及陸鍾輝碧筠草堂覆元刊《笠澤叢書》等，也都是名重一時的。在清代官刻本中，覆宋元版本的書很少，這就更顯出清家刻覆宋元本的可貴。另一清家刻本比較注重出版自己的著作和前人未經刊印的著作，而且都精寫細刻，其中多爲學術專著、詩文集、筆記、小説、戲曲等，在刻書内容方面顯示出了新的特色。如清康熙三十年（一六九一）西園書屋刊汪琬撰《堯峰文鈔》，係林佶手寫，吴郡良工程濟生所雕；乾隆十四年（一七四九）刻本《板橋集》，由鄭燮自己書寫，由其門徒司徒文膏刻字；康熙五十年（一七一一）商丘宋氏刊清宋犖所撰《西陂類稿》五十卷也十分精工，堪稱善本。前人的作品如白樸《天籟集》，元明兩代，向未梓行，清初楊希洛始據抄本釐爲二卷，並掇拾他書所收小令、套數附於編末，於康熙四十九年（一七一〇）由環溪王皓寫版付刻。又姜夔《白石道人歌曲》，舊有明初陶宗儀寫本，至乾隆十四年（一七四九），方由松江張氏松桂讀書堂刻版以傳。明代沈啓所撰《南船記》，内容翔實，圖文並茂，爲瞭解

① 參看圖版三十七。

古代船舶製造提供了資料，其書成於嘉靖年間，作者的八世孫吴江沈守義終於在乾隆六年(一七四一)將其刻印行世。該書書寫精勁，鎸刻工整，紙白墨香，令讀者悦目怡神〔圖版三十〕。關於清代家刻本精校、寫刻、多印叢書的特點，前已論及，此不復詳。

葉德輝在《書林清話》卷三列舉了一批宋私宅家塾刻本之後説："大抵槧刻風行，精雕細校，於官刻本外儼若附庸之國矣。"宋元家刻本在内容和形式上都與官刻本相一致，但不如官刻本之盛，把它視爲官刻的附庸是恰當的。明清家刻本特别重視詩文集的雕印，在校勘的精工方面同官刻本相比，有過之而無不及。無論内容和形式，明清家刻本都呈現出生氣與活力。它們在官刻本外，已逐步自立門户，蔚爲大國。

三　坊刻本

坊刻本指書商爲贏利而刻印的書。各朝代、各地區凡刻書出售的，不論其字號是書坊、書棚、書堂、書林、書肆，還是冒充書院、家塾，或采用其他雅致的名稱，其所刻書，統稱爲坊刻本。

葉德輝曾介紹過我國書肆的發展簡史，今録於後：

《揚子法言·吾子》二："好書而不要諸仲尼，書肆也；好説而不要諸仲尼，説鈴也。"此"書肆"二字見於文士著述之始。《後漢書·王充傳》："常游洛陽市肆，閲所賣書，一見輒能誦憶。"此後漢時有書肆也。梁任昉《答劉居士詩》："才同文錦，學非書肆。"此六朝時有書肆也。唐柳玭《訓序》言其在蜀時嘗閲書肆，云"字書、小學，率雕板印紙"。又吕温《衡州集》中《上官昭容書樓歌》："君不見洛陽南市賣書肆，有人買得《研神記》。"此唐時有書肆也。馬令《南唐書·魯崇範傳》："崇範雖窶，九經子史世藏於家。刺史賈皓就取之，薦其名，不報。皓以己緡償其直。崇範笑曰：'典墳天下公器，世亂藏於家，世治藏於國，其實一也。吾非書肆，何估直以償耶？'却之。"此五代時有書肆也。至宋則建陽、麻沙之書林、書堂，南宋臨安之書棚、書鋪，風行一時。迄今如乾嘉間錢景開萃古齋，陶正祥、珠、琳父子五柳居，以及李文藻

《琉璃廠書肆記》中韋氏瑞錦堂(舊名鑒古堂)、劉氏延慶堂,一經文人品題,遂得附名千古。章學誠《文史通義》援周長發之言,目此輩爲橫通,著《橫通》篇以寓諷焉,亦可謂善於題目也已。①

歷代坊刻本的情況,前亦略述。其中如臨安陳氏所刻唐人小集尤爲世人所重。黄丕烈云:"《唐山人詩》一卷、《女郎魚元機詩》一卷、《甲乙集》十卷、《許丁卯集》二卷、《朱慶餘集》一卷,每半頁十行,每行十八字,皆臨安府棚北大街睦親坊南陳宅書籍鋪印行,所謂書棚本是也。"②〔圖版三十一〕但其影響之大、歷祀之久,還不及建安余氏。葉德輝云:"夫宋刻書之盛,首推閩中,而閩中尤以建安爲最,建安尤以余氏爲最。"③孫毓修也認爲建陽余氏"歷宋、元、明未替,爲書林之最古者"。④ 建陽余氏是我國古代書坊刻書當之無愧的代表。今人肖東發《建陽余氏刻書考略》一文,論述這家古代出版商的情況甚詳,⑤今據以爲例。

余氏刻書曾引起乾隆皇帝的注意,他曾派人專門調查過余氏刻書情況,王先謙《東華續録》云:

乾隆四十年(一七七五)乙未正月丙寅諭軍機大臣等:"近日閲米芾墨迹,其紙幅有'勤有'二字印記,未能悉其來歷。及閲内府所藏舊板《千家注杜詩》向稱宋槧者,卷後有'皇慶壬子余氏刊於勤有堂'數字。皇慶爲元仁宗年號,則其板是元非宋。繼閲宋板《古列女傳》,書末亦有'建安余氏靖庵刊於勤有堂'字樣,則宋時已有此堂。因考之宋岳珂相臺家塾論書板之精者,稱建安余仁仲。雖未刊有堂名,可見閩中余板在南宋久已著名。但未知北宋時即行勤有堂名否?又,他書所載明季余氏建板猶盛行,是其世業流傳甚久,近日是否相沿?並

---

① 《書林清話》卷二《書肆之緣起》。

② 《百宋一廛賦注》。

③ 《書林清話》卷二《宋建安余氏刻書》。

④ 《中國雕版源流考》。

⑤ 載《文獻》第二十一輯及《文獻》一九八五年第一期。

其家刊書始自何年？及勤有堂名所自？詢之閩人之官於朝者，罕知其詳。若在本處考查，尚非難事，著傳諭鍾音於建寧府所屬，訪查余氏子孫，現在是否尚習刊書之業？並建安余氏自宋以來刊印書板源流，及勤有堂昉於何代何年？今尚存否？或遺迹已無可考，僅存其名？並其家在宋曾否造紙，有無印記之處？或考之志乘，或徵之傳聞，逐一查明，遇便覆奏。此係考訂文墨舊聞，無關政治。鍾音宜選派誠妥之員，善爲詢訪，不宜稍涉張皇，猶不得令胥役等借端滋擾。將此隨該督奏摺之便，諭令知之。"尋奏："據余氏後人余廷勷等呈出族譜，載其先世自北宋遷建陽縣之書林，即以刊書爲業，彼時外省板少，余氏獨於他處購選紙料，印記'勤有'二字，紙板俱佳，是以建安書籍盛行。至勤有堂名相沿已久，宋理宗時有余文興號勤有居士，亦係襲舊有堂名爲號。今余姓見行紹慶堂書集，即勤有堂故址，其年已不可考。報聞。"①

建陽余氏歷代刻書現在可見可知者約如下表：

種數 朝代 分類	宋	元	明	清	合計
易　類	1	2	3		6
書　類	3	3	3		9
詩　類		5	2		7
禮　類	4	1	4		9
春　秋	3	1	1	1	6
五經總義			3		3
四　書		3	5		8
小　學		2	5		7
經部合計	**11**	**17**	**26**	**1**	**55**

① 《東華續録》卷八一，亦見《清高宗實録》卷九七五。

續表

分類＼種數＼朝代	宋	元	明	清	合計
紀傳類		1	3		4
編年類			5		5
傳記類		2	3		5
史　抄			3		3
政　書		1	1		2
史　評			6		6
地　理		1	1		2
史部合計	**0**	**5**	**22**	**0**	**27**
子部總類			2		2
儒　家			2		2
兵　家			1		1
法　家		1	3		4
醫　家	3	4	6		13
天文算法			2		2
術　數			6		6
宗　教			2		2
類　書	2	3	26		31
子部合計	**5**	**8**	**50**	**0**	**63**
總　集		1	27	1	29
別　集	1	3	5		9
小　説			28	1	29
曲　類			2		2
集部合計	**1**	**4**	**62**	**2**	**69**
叢　部			1		1
總　計	17	34	161	3	215

此表反映出余氏刻本中比重最大的主要是三類書：一是科舉應試之書，即四書五經、小學、史評、總集等。經史名著在官刻、私刻中並不少見，然而它們大都因仍舊貫，而余氏刻本却不拘一格，在刻印這些書時，往往進行不同程度的加工，如添製插圖、增印匯刻各種注本等。僅《四書》就有集注、大全、精義、會解、講義、説苑、圖解、句意句訓、名物考等多種名目。遼寧省圖書館藏有一部余應虬刊的《西陽探古奇編》，從書名上看不出該入何類，一翻内容，即是《四書人物考》。再如史部的《通鑒》《綱要》《綱目》，集部的《文章軌範》等均屬此類。王重民在余氏雙桂書堂刊《周易傳義大全》提要中指出："是書爲明代功令書，學子所必讀，除《五經大全》本外，坊間翻刻必多，乃諸家絶少著録。或因坊刻差訛，見棄大方，今則有志搜訪者，已不易得矣。"①

二是民間與日常生活有關的實用書籍。余氏在宋、元、明三代都刻了不少醫書、類書。這些書爲廣大中下層民衆所重視和歡迎。尤其是廣收博采、包羅萬象的類書，更是他們日常生活中所不可缺少的。其中有社會交際的參考用書，如《博聞勝覽考實全書》《萬用正宗不求人全編》；還有啓蒙普及讀物，如《故事啓牘》《藝林尋到源頭》《小學日記故事》等〔圖版三十二〕。這類書不僅在當時的社會生活中起過重要的普及文化的作用，就是在今天，仍有一定的參考價值。正如鄭振鐸説："斯類通俗流行之作，爲民間日用的兔園册子，②隨生隨滅，最不易保存……研討社會生活史者，將或有取於斯。"③

三是通俗文學之書。此類書未見余氏所刊宋、元本。明代余氏刻印通俗小説的有余彰德的萃慶堂，余成章、余象斗的三臺館和雙峰堂，余鬱生的永慶堂等。其中尤以余象斗最爲著名，不僅刊行數量大、品種多，本人還編寫了不少神魔公案小説。後世的《楊家將演義》《説岳全傳》等演義

① 《美國國會圖書館藏中國善本書目》經部易類。

② 兔園册子爲唐代一種通俗類書，並用作啓蒙讀本。宋王應麟《困學紀聞》卷一四《考史》云："《兔園册府》三十卷，唐蔣王李惲令僚佐杜嗣先仿應科目策，自設問對，引經史爲訓注。惲，太宗子，故用梁孝王'兔園'名其書。"

③ 《西諦書目》附《西諦題跋》：《新鍥翰府素翁雲翰精華》六卷。

小説也是在余氏三臺館所刊行的《北宋志傳通俗演義》《大宋中興英烈傳》基礎上發展起來的。余象斗編印的《皇明諸司公案傳》對後來的《三俠五義》等義俠公案小説也有啓發和影響。馮夢龍《警世通言》卷四十的《旌陽宫鐵樹成妖》直接取材於余氏萃慶堂刊的《許仙鐵樹記》。萬曆丙午年(一六〇六)余象斗梓《全像列國志》,後來馮夢龍依據余邵魚本,參采史鑒,把西周一段腰斬,分爲一百零八回,定名《新列國志》。蔡元放評定後,又稱《東周列國志》,即現在的通行本。《三國志演義》《水滸傳》《西游記》等著名長篇小説,余氏均有刻本,有的甚至一版再版,多次印行。

爲了吸引讀者,擴大銷路,書坊刻本在圖書形式上也時有創新,形成了一些特點。

一是使用黑口與書耳。最早使用黑口和書耳的是南宋建陽書坊。余仁仲萬卷堂所刻的幾部經書均爲左右雙邊,細黑口,欄外刊小題。余志安勤有堂刊本發展爲粗黑口,有些欄外有耳,題記篇目。有了黑口就有了中綫,便於折疊、裝訂,有了書耳便於翻檢書中内容,既提高了效率,又方便了讀者。

二是喜刻彙注本,即把各家不同注釋彙編在一起,刻成一部書,有利於讀者對各家注釋進行比較,對水平不高的初學者尤爲方便。唐五代之前的經史典籍,其正文與注、疏是分開的,印本書出現之初亦是如此。從南宋開始,出現了多種合刊本,即把經、注、疏、音義、釋文等刻在一起,有些還加上了句讀(圈點)。其中最著名的是建安黄善夫的《史記》和劉叔剛的《禮記》等。余仁仲也刻了諸如《春秋公羊經傳解詁》〔圖版三十三、三十四〕[①]、《禮記》和《尚書注疏》一類的作品,每卷末均標出經、注、傳、音義若干字。勤有堂的《分類補注李太白集注》和《集千家注分類杜工部詩》《書集傳輯纂注》,萬卷堂的《纂圖互注重言重意周禮》等也都頗受歡迎。所謂"重言"就是把同一書中重複出現的詞,注明曾在哪一篇中出現過;"重意"就是把語句不同而意思相同的語句也注明出處。這種做法增加了上下文的聯繫,便於讀者查考,也便於舉子應試。

---

① 注意圖版三十三《公羊傳解詁》序文的句讀。

三是多刊插圖本。插圖是幫助理解記憶正文内容，增加圖書通俗性、趣味性的有效方式。余氏勤有堂刊印的《古列女傳》的插圖十分精美，歷來受到重視。隨着雕版手工業的發展，到了明朝萬曆、崇禎年間，插圖本無論就數量而言還是就質量而言，都達到了極盛時期，尤其是通俗小説和雜書，幾乎無書不附插圖。這些插圖，格調新穎，形式多樣，有每回卷首插一頁版畫的，如萃慶堂的《大備對宗》、三臺館的《三臺便覽通書正宗》；有同一書頁，上半欄爲圖像，下半欄爲書文的，如三臺館的《全漢志傳》《南北兩宋志傳》《唐虞志傳》《有夏志傳》；有的刊本則是上評、中圖、下文，如雙峰堂的《全像水滸志傳評林》[1]《全像批評三國志》；還有更新穎的是圖嵌文中，如余新安的《荔鏡記》、三臺館的《武功名世英烈傳》和萃慶堂的《吕仙飛劍記》等；有的一部書插圖幾十幅，如永慶堂的《梁武帝傳》。這些余氏插圖本雖不如徽派精緻，但古樸簡潔，自饒風趣。

四是普遍附刻刊記。早期的刊記反映了刻書者對本書負責，作了一些搜輯和校勘工作，當然主要目的還是爲了争取商業信譽，競售産品。到了後來，純商業性的宣傳廣告特點愈發明顯，如余象斗刻《明律正宗》刊記云：

> 坊間雜刻《明律》，然多沿襲舊例，有瑣言而無招擬，有招擬而無告判，讀律者病之。本堂近鋟此書，遵依新例，上有招擬，中有音釋，下有判告瑣言，井井有條，鑿鑿有據，閲者瞭然。買者可認三臺爲記，雙峰堂余文臺識。

明代余氏刻本中，此類廣告不勝枚舉，雖多爲自詡之詞，但從另一方面，我們也不難看出這些書坊當時的發達和競争的程度。書坊主人善於抓住讀者心理，不斷改進圖書内容，從形式上也不斷變换花樣，千方百計地招攬生意，使産品暢銷。

以上這幾點説明坊刻本在形式上較官刻、私刻更具有創新精神。從

---

① 參看圖版四十。

主觀上分析，書坊主人這樣做，無非是爲增强競争能力，謀取更多利潤。但從客觀上分析，坊刻所受的思想束縛較少，接近下層，瞭解並注重民間需要，敢於標新立異，也是重要原因。這就促進了圖書事業的發展，也加强了文化的傳播。

然而書坊刻書的目的總是爲了營利，因此不可避免地會産生一些局限性，余氏自不能例外：一是刻本質量參差不齊，有的書籍内容庸俗，價值低下。如所刻的類書、小説中往往有一些宣揚因果報應、鬼神迷信、色情淫穢内容的篇章。《柳莊麻衣相法》等書，當年就曾成批生産、推銷。二是有些書刻印技術很差，紙墨粗劣，字迹不清。這種情況在余氏刻本中雖不多見，但到了明末，質量明顯下降，如余應虬刻的《詩學會海大成》，余寅伯刻的《四民捷用注解翰墨駿》等書，紙黄墨淡，刻版粗陋，有的書葉甚至模糊一片，無法卒讀。三是文字校勘水平較低，錯誤較多。如余象斗三臺館刻的《南北兩宋志傳》卷首序中竟把熊大木的"木"字刻成"本"字。四是喜歡弄虚作假。如余彰德萃慶堂刊的《藝林聚錦故事白眉》目録中卷九地理部，有都邑、市肆、鄉村、關隘等目，而書中却找不到市肆一類的内容，都邑、鄉村内容也不完整。再如《大宋中興岳王傳》《唐國志傳》這兩部小説，本是熊鍾谷（大木）所編，而三臺館在翻刻時，却赫然寫上"紅雪山人余應鰲編次"，把熊大木的序跋改署"三臺館主人言"。雖花費了不少心機，但仍露出了馬脚。如《唐國志傳》卷一第七則《李密擁衆》章有"鍾谷演義至此，亦筆七言絶句"之語即漏而未改。

建陽余氏刻本内容和形式上的特點和缺點，與其他坊刻本大體上是一致的，舉一可以反三。

第四節　按形式區分

一　巾箱本（袖珍本）

書型小，便於携帶的書稱巾箱本或袖珍本。巾箱本早在漢魏時代就以手鈔本的形式出現了。葉德輝云：

> 巾箱本之名，不始於有刻本時也。晉葛洪集《西京雜記》二卷《序》云："劉子駿《漢書》一百卷，無首尾。始甲終癸，爲十袟，袟十卷，合爲百卷。今鈔出爲二卷，以裨《漢書》之闕。爾後洪家遭火，書籍都盡，此二卷在巾箱中，嘗以自隨，故得猶在。"《南史》：齊衡陽王鈞手自細書寫《五經》，部爲一卷，置於巾箱中，以備遺忘。諸王聞而争效爲巾箱《五經》。此蓋小袠，便於隨行之本。南宋書坊始以刻本之小者爲巾箱本。①

因爲巾箱本這種形式便於科舉考試時挾帶作弊，所以宋以後一直很盛行。宋戴埴云："今巾箱本無所不備。嘉定間，從學官楊璘之奏，禁燬小板，近又盛行。第挾書，非備巾箱之藏也。"②這種挾帶之風一直延續到清末，因而巾箱本也仍然流行不衰。周越然云："當清末科舉時代，書肆中有所謂銅版《四書》者，高約三寸，廣約二寸，可謂書本之至小者矣。此種書專爲場屋之用，字小如蟻，非用顯微鏡不能讀其正文或注釋。"③

較有名的巾箱本有宋本白文《九經》，版框高十五點五釐米；宋婺州本《點校重言重意互注尚書》，版框高僅十點五釐米。元本有大德十一年(一三〇七)麻沙坊刻《新編事文類聚翰墨全書》，版框高十五點五釐米；又《詳注東萊先生左氏博議》，版框高十四釐米。明刻有萬曆三十年(一六〇二)玄覽齋刊唐趙崇祚編西吴温博補《花間集》十二卷、《補》二卷，版框高十點六釐米。④ 清乾隆年間，武英殿雕印經史所剩餘材，高宗弘曆不令遺棄，命仿古人巾箱本之意刻武英殿袖珍本書，即後來所稱《古香齋十種》。《中國版刻圖録》著録的《樂善堂全集》，清高宗弘曆撰，清乾隆元年(一七三六)内府刻本。《圖録》云："框高六點三釐米、廣四釐米。七行，行十八字。白口，四周雙邊。此書較現存宋刻巾箱本《荀子》，開本尤小。開化紙精印。在刻版中爲别開生面之作。"〔圖版三十五〕

---

① 《書林清話》卷二《巾箱本之始》。

② 《鼠璞》下。

③ 《書・書・書》之六《小版書籍》。

④ 參見施廷鏞《中文古籍版本簡談》二《版本的種别》之四《刻本・巾箱本》。

現代印書,開本小的仍稱袖珍本。

二 大字本、中字本、小字本

一些宋元版書,可按每半葉行格的多少及每行字的多少與大小分爲大字本、中字本、小字本。《相臺書塾刊正九經三傳沿革例》就有京師大字舊本、蜀大字舊本、蜀學重刻大字本、中字本、中字有句讀附音本、建大字本等版本稱謂。關於大字本、中字本、小字本的區别,顧廷龍《唐宋蜀刻本簡述》談得較爲具體,他説:

> 所見蜀本有八行、九行、十行、十一行、十二行、十三行、十四行諸種行格。其中尤以八行、九行的大字本最爲著名,且最易辨認。著名的眉山七史、《蘇文忠公集》、《蘇文宣公集》、《淮海先生閑居集》,上海圖書館藏有一部蜀刻《元包經傳》,都是八行十六字,真是字大如錢,版式疏朗,讀來賞心悦目。此外,十行、十一行本中也有開板弘朗者,如《新刊經進詳注昌黎先生文》和《資治通鑒》等。而一般的十一行、十二行本,自不能與八、九行的大字本相比,可以稱爲中字本,十三、十四行的則應以小字本名之。所以世稱蜀本"欄豁字大",特指大字本而已,不能統而言之。①

大字本、中字本、小字本也是相對而言,一般來説,紙幅寬大,版式疏朗,每半葉八、九行以内,每行至多不超過十七八字,稱大字本。如《中國版刻圖録》著録之《春秋經傳集解》,框高二三·五釐米,廣一六·五釐米。八行,行十六字。注文雙行,行二十一字,字大如錢。② 而普通中字本,框高二十釐米左右,廣十三、四釐米,每半葉十一、二行,行二十字左右。如元刻《周易傳義》,每半頁十一行,每行二十一字;注文雙行,每行二十五字。小字本的版框不一定比中字本小,主要是每半葉在十三行以上,每行

① 《四川圖書館學報》一九七九年第三期。
② 參看圖版二十二。

字在二十三四以上,顯得行緊字密,被稱爲小字本。如宋刻《東坡應詔集》,半葉十四行,行二十五字;《類編增廣黄先生大全文集》,半葉十五行,行二十六、二十八字不等。

大字本的優點是適宜於老人閲讀,所謂"字大宜老";小字本係指受珍視的宋元刻本而言。明清刻本則一般無大、中、小字本的稱謂。

三 寫刻本

由作者或書法家手寫上版刻印而成的書稱爲寫刻本。葉德輝介紹宋寫刻本云:

> 宋時刻書,多歐、柳、顔體字,故流傳至今,人争寶藏。然當時有本人手書以上版者。瞿《目》(引者按:指瞿鏞《鐵琴銅劍樓藏書目録》)有宋刊本吴説編《古今絶句》三卷,後自跋云:"手寫一本,鋟木流傳,以與天下後世有志於斯文者共之。"陸《志》(引者按:指陸心源《皕宋樓藏書志》)有宋岳珂《玉楮詩稿》八卷,後自記云:"此集既成,遣人謄録,寫法甚惡,俗不可觀。欲發興自爲手書,但不能暇。二月十日,偶然無事,遂以日書數紙。至望日,訪友過海寧,携於舟中,日亦書數紙,迨歸而畢,通計一百零七版。肅之記。"按肅之,珂字也。又有楊次山《歷代故事》十二卷云:"宋刊宋印本,其書乃次山手書付刊,書法娟秀可喜。"張《志》(引者按:指張金吾《愛日精廬藏書志》)有《文苑英華》一千卷,後有記云:"吉州致政周少傅府,昨於嘉泰元年(一二〇一)春,選委成忠郎新差充筠州臨江軍巡轄馬遞鋪權本府使臣王思恭,專一手鈔《文苑英華》,並校正重複,提督雕匠,今已成書,計一千卷。其紙札工墨等費,並係本州印匠承攬,本府並無干預。今申説照會,四年八月一日權干辦府張時舉具。"此以一人之力寫千卷之書,較之肅之自書己集,尤爲難得。①

① 《書林清話》卷六《宋刻本一人手書》。

又介紹元寫刻本云：

元刻字體有倩名手書者……元刊楊桓《六書統》二十卷、《六書溯源》十三卷，瞿《目》云："桓夙工篆籀，全書皆其手寫，故世特重之。"又元刊本元吴萊淵穎《吴先生集》十二卷，云刻於至正二十六年（一三六六），末有"金華後學宋璲謄寫"一行。璲工四體書，此書爲其手寫，古雅可愛，尤足珍也。又元刊本劉大彬《茅山志》十五卷，云明永樂刻本，胡儼序謂原本爲張雨所書，至爲精潔，即此本也。此類元刻，其工者足與宋槧相頡頏，特以時代論，不免有高下之見耳。至陸《志》有元本俞琰《周易集説》，不分卷，上下經彖傳，後跋所載，皆其孫貞木、貞植繕寫，謹鋟梓於家之讀易樓。此家寫家刻本，尤爲千古佳話，宋元以來刻書中所罕見也。①

又介紹明寫刻本云：

瞿《目》先文莊菉竹堂刻《雲仙雜記》十卷，云倩友俞質夫寫而刻之。質夫名允文，工書。黄《續記》（引者按：指黄丕烈《士禮居藏書題跋記續》）舊刻本《文温州集》，云相傳爲其子徵明手書以付剞劂者，故於明人集中最爲珍重。繆《續記》（引者按：指繆荃孫《藝風堂藏書續記》）崇禎庚辰葉益蓀春畫堂刻《陶靖節集》六卷，版心有春畫堂三字，葉益蓀、林異卿手書上版。其他楊慎《升庵全集》、王世貞《弇州山人四部稿》，字體雅近歐柳，首尾如一筆書，意當時必覓工楷法者爲之。惜如此巨編，而不著其姓氏名字。②

清代的寫刻是其家刻本的特色之一，我們在前論清刻本時已述及。③寫刻本一般書寫精美，刊刻細緻，訛誤極少，它們既有學術價值，又有

① 《書林清話》卷七《元刻書多名手寫》。

② 《書林清話》卷七《明人刻書載寫書生姓名》。

③ 參看圖版十九、三十。

歷史文物價值和藝術欣賞價值，所以一向被人珍視。

寫刻本之外的大量雕印本都是由能書工匠寫樣上版的，宋元寫工多模仿歐、柳、顏體及趙字，呈現出鮮明的時代特徵，前文已述。下面附帶談一下明清寫工普遍采用的仿宋體字的形成及變化。

明隆慶、萬曆以後模仿宋本字體刻的書稱仿宋本。清錢大鏞《明文在・凡例》云："古書具係能書之士各隨其字體書之，無所謂宋字也。明季始有書工專寫膚廓字樣，謂之宋體。"這種字體由宋匠體發展而來。南宋臨安書棚所刻唐宋詩集，多采用歐陽詢體字，書工爲便於刻工施刀，把每個字都寫得整齊方正，因而失去歐體原有的靈氣，被稱爲匠體。但宋代匠體仍帶有楷書風味。① 明中葉伴隨文學上的復古運動出現了覆刻宋本之風，書工們很自然地模仿起宋匠體字來。爾後梓人爲便於刻寫，進一步將宋匠體演變成爲横細豎粗、方正板滯的宋體字。這種字體因爲寫刻便利、清晰易辨，所以一直流行不衰。② 因爲這種字體出於坊間寫工之手，缺乏書法藝術的美感，因此不受人們的重視。明清寫刻本之所以盛行，主要也是針對這種所謂仿宋本的缺點而産生的一種現象。需注意的是有些人常把這種仿宋本同覆宋本這兩個術語混同起來使用。有些文章提到仿宋本時，其含義可能是指覆宋本。

四　朱印本、藍印本

用紅色刷印的書稱朱印本〔圖版三十六〕，用藍色刷印的書稱藍印本。

葉德輝認爲朱印本、藍印本始於明季，其作用在便於校對。《書林清話》卷八《顏色套印書始於明季盛於清道咸以後》云：

> 其一色藍印者，如黄《記》（引者按：指黄丕烈《士禮居藏書題跋記》）：《墨子》十五卷；陸《志》：《李文饒集》二十卷、《别集》十卷、《外集》四卷；邵注《四庫簡明目》：張登雲刻《吕氏春秋》二十六卷、明萬曆

① 參看圖版三十一。
② 參看圖版二十、四十二、四十三。

丁亥刻張佳胤《峿崍集》二十七卷。此疑初印樣本，取便校正，非以藍印爲通行本也。

盧前《書林别話》説得更明白："板成，印樣。紅樣爲多，亦有用藍色者，或逕刷黑色。紅樣可改藍、黑；而藍、黑色則不可重印紅樣。"①謝興堯《書林逸話》還談到在用朱色刷印以後，再用墨色刷印，有的印本呈紫褐色：

刊成後先以紅色印刷，次乃用墨，以紅印本分贈師友，墨印本送各地出售。初印即指紅印本，或墨色中尚帶紅色，成深紫褐色，且字劃鼓厲，無缺筆斷綫，從美術上言，確有古色古香之致。但印刷愈多，字漸漶漫，年久板裂，文亦殘缺，故後印者，常有字迹模糊不清之病。②

有的書倒是習用朱色或藍色印刷，例如印譜、符籙等書，普通全用朱色印刷，明末不少志書喜用藍色印刷。

大體説來，朱印本、藍印本主要是用作初印樣本，便於校對。因爲是初印本，一般都很清晰，所以藏書家也樂於收藏。

五　朱墨本、套印本

用不同顔色，分幾次印刷的書稱爲套印本，其中用朱墨兩色套印的書稱爲朱墨本。

木刻套印本，淵源於多色寫本。我國古代一直把經書當作教科書，經的正文並不多，但各種各樣解釋性著作却汗牛充棟。人們爲了把經文同注釋區别開來，往往用墨筆寫經文，以朱筆寫傳注。如唐陸德明在《經典釋文》的《序録·條例》中規定："以墨書經本，朱字辨注。"其他著作有的也采用這種方法。如宋周煇《清波雜志》卷十一談到宋太宗淳化五年（九九

① 《中國現代出版史料》丁編。
② 載《中國出版史料補編》。

四），翰林學士張洎獻《重修太祖紀》一卷，以朱墨雜書，凡躬承聖問及史官采摭事，即以朱别之。元王好古《湯液本草後序》引唐劉禹錫的話説："《神農》本經以朱書，名醫别録以墨書，傳寫既久，朱墨錯亂，遂令後人以爲非神農書。"[①]特别是明代盛行評點式的文學批評。有的書經過許多人之手，他們往往用不同顔色的筆留下自己的批語，將這種批本付刊時，通行的墨印本就無法清晰地表現出來，因而有人就想到用不同的符號來代替不同顔色。如明萬曆二十一年（一五九三）梅慶生刻楊慎批點的《文心雕龍》就以◎代紅圈，⊘代紅點，⊙代黄圈，⦰代黄點，▭代緑圈，△代緑點等等。但仍然很不醒目，因而人們便想到在一張紙上印出不同顔色從而出現了套印本。就現存實物而言，元代就出現了朱墨本，至元六年庚辰（一三四〇）中興路（今湖北江陵）資福寺刻無聞和尚注解《金剛經》，卷首靈芝圖及經注出現了朱墨二色（經文、圈、靈芝圖，朱色；注，墨色）。這是現在所知最早的木刻套印本，它比歐洲第一部帶色印的《梅因兹聖詩篇》（Mainz Psalter）早一百七十年。[②] 到明代本朱墨本、套印本繼續發展，明胡應麟云："凡印有朱者，有墨者，有靛者；有雙印者，有單印者，雙印與朱必貴重用之。"[③]此所謂"雙印者""雙印與朱必貴重用之"，顯然指套印本。萬曆末年，吴興閔氏、凌氏爲朱墨本、套印本的發展做出了傑出的貢獻。葉德輝云：

> 閔昭明刻《新鐫朱批武經七書》，閔齊伋刻《東坡易傳》《左傳》，《老》《莊》《列》三子，《楚辭》，陶靖節、韋蘇州、王右丞、孟浩然、韓昌黎、柳宗元諸家詩集，蜀趙崇祚《花間》詞，凌汝亨刻《管子》，凌濛初、瀛初刻《韓非子》《吕氏春秋》《淮南子》，皆墨印朱批，字頗流動。[④]

---

① 《東垣十書》本《湯液本草》卷首。

② 參看張秀民《中國印刷術的發明及其影響》—《印刷術的起源》之三《活字板的發明》。

③ 《少室山房筆叢》甲部《經籍會通》卷四。

④ 《書林清話》卷八《顔色套印書始于明季盛于清道咸以後》。

朱墨本、套印本没有實質差别，用朱墨二色套印稱朱墨本，其餘則稱三色套印本、四色套印本、五色套印本〔圖版三十七〕、六色套印本等。葉氏復舉例云：

> 他如三色套印，則有《古詩歸》十五卷、《唐詩歸》三十六卷，其間用朱筆者，鍾惺；用藍筆者，譚元春也。四色套印，則有萬曆辛巳（一五八一），凌瀛初刻《世説新語》八卷，其間用藍筆者劉辰翁，用朱筆者王世貞，用黄筆者劉應登也。五色套印，明人無之。道光甲午，涿州盧坤刻《杜工部集》二十五卷，其間用紫筆者明王世貞，用藍筆者明王慎中，用朱筆者王士禎，用緑筆者邵長蘅，用黄筆者宋犖也，是並墨印而六色矣。斑斕彩色，娱目怡情，能使讀者精神爲之一振。然刻一書而用數書之費，非有巨貲大力，不克成功。故虞山二馮評點《才調集》，其從子武刻之，以重圈細圈分别，又以三角尖點劃明。是亦節省工貲之道，但一經翻刻，則易混淆，固不如套印之易於區别也。①

"至清代，在殿版書中，亦有用套版印的書，如兩色印的《詞譜》《曲譜》；三色套印的《唐宋文醇》；四色套印的《唐宋詩醇》；五色套印的《古文淵鑒》等。"②

套印本的版式特點是周圍有版框、中間無行綫，以便在行間套印評點批注。套印本代表版刻印刷藝術的高度發展，又起着一書而備衆本的作用，所以頗受珍視。

六　插圖本

凡有插圖的雕印本書籍稱插圖本。冀淑英《中國書籍展覽介紹》對雕印本中的木刻插圖發展史作過簡要的介紹，其説云：

---

① 均見《書林清話》卷八《顔色套印書始於明季盛於清道咸以後》。惟葉氏"五色套印，明人無之"之説可商。圖版三十七所示即明刊五色套印本。

② 施廷鏞《中文古籍版本簡談》二《版本的種别》之四《刻本·套印本》。

中國木刻畫的歷史也是很久的，現存公元八六八年刻的《金剛經》，前面扉頁上的佛像，雕板技術已非常純熟①。敦煌出現的五代刻版佛經，卷首都有精美生動的宗教畫。另外，有關應用科學、考古學之類的書，如《證類本草》《宣和博古圖》《三禮圖》等也附有精緻的木刻插圖。元代的版畫更爲發展，如小説和其他通俗讀物，幾乎都附有木刻圖。此外醫書、佛經等書有插圖的也不少。這風氣一直傳到明代，明代刻板的大量佛經以及小説戲曲，很多帶有插圖，尤其是十六七世紀以來，木刻畫更爲盛行，當時南京著名的書肆如世德堂、富春堂、繼志齋等所出版的大量戲曲小説，都因附有版畫插圖，著名於世。當時徽州木刻家們的創作，尤其獨具風格，如徽州刻工黄鏻等刻有《程氏墨苑》，細緻精美，是當時卓越的作品。黄應光等刻的《元曲選》，也很有名。還有《歷代名公畫譜》《唐詩畫譜》等書，專以版畫爲主。這時許多畫家都與木刻家合作，供給木刻家以藝術水平較高的畫稿，如明末名畫家陳老蓮曾畫《水滸》葉子，清初蕭尺木畫《離騷圖》等。②

中國雕版插圖本之所以盛行，與寫本書即有插圖的傳統有關。葉德輝云：

吾謂古人以圖、書並稱，凡有書必有圖。《漢書・藝文志》論語家，有《孔子徒人圖法》二卷，蓋孔子弟子畫像，武梁祠石刻七十二弟子像，大抵皆其遺法。而《兵書略》所載各家兵法，均附有圖。《隋書・經籍志》禮類，有《周官禮圖》十四卷，又注云："梁有《郊祀圖》二卷，亡。"又載鄭玄及後漢侍中阮諶等《三禮圖》九卷，論語類有郭璞《爾雅圖》十卷，又注云："梁有《爾雅圖讚》二卷，郭璞撰，亡。"晉陶潛詩云："流觀《山海圖》。"是古書無不繪圖者。③

---

① 參看圖版十一。

② 載《圖書館工作》一九五七年第三期。

③ 《書林清話》卷八《繪圖書籍不始於宋人》。

説"古書無不繪圖"未免絶對,説古書有插圖的傳統大致符合實際情況。再則現存中國最早刊本多爲佛經,而這些佛經又多有插圖,説明佛教徒是很會利用圖畫來進行宗教宣傳的,這對插圖本的盛行當然也有影響。而最主要的原因還是書坊爲了招徠讀者刻了大量插圖本書。凡書名中有繡像、出像、繪像、全像、出相、畫圖、畫意、附圖等詞者,皆爲插圖本。插圖的方式主要有兩種:一是冠於卷首,二是插於葉中〔圖版三十八〕。

七　兩節版、三節版

凡版面分爲上下兩部分的刻本稱兩節版,凡版面分爲上、中、下三部分的刻本稱三節版。書坊爲了吸引讀者,節省篇幅,往往將版面分刻成兩欄,上欄是圖,下欄爲文〔圖版三十九〕。采用這種形式的多半爲小説、戲劇等民間通俗讀物,以及《孝經》《千字文》《列女傳》等兒童和婦女讀本。也有上下欄都是文字的,如明王世懋所著《仕學懸鏡》,下欄是該書的本文,上欄是與此書有關的故事。分三欄的例子如明建陽余氏雙峰堂刻的《全像水滸志傳評林》,下欄爲小説本文,中欄爲插圖,上欄爲評語〔圖版四十〕。

第五節　按刻印情況區分

一　祖本(原刻本)

一種書在不同時期或地區常有幾種刻本,其最初刻印者爲後刻諸本的依據,稱爲祖本或原刻本。祖本或原刻本是針對重刻本、翻刻本而言的。它同符或接近原稿,所以可貴。黄丕烈藏宋本《魏鶴山集》一百二十卷,其題識云:

> 凡書以祖本爲貴,即如此集,卷一失一葉,有二行題爲《寄題雅州胥園》,而目録仍存其舊。明刻並目録刻削之,是可嘆也。且明刻不但此卷不遵宋刻,餘卷亦任意分併,有有書而目録反無者,是又可嘆

也。就此書而論，目録二卷，已屬至寶，矧通體耶？①

謝國楨也談道：

> 書之所以重祖本者，若經部之書，宋本注與疏分刻，自南宋以來，注與疏乃合刻，疏分隸於各章節之下，頗有删節，而彌失其真，此單注與單疏所謂正義本之可貴也。楨素昧於讀經，故就史部言之，《史記》一書，在宋黄善夫本以前，裴駰集解、司馬貞索隱、張守節正義，本自單行，自合刻本以後，正義頗多删節，如《項羽本紀》“項王自立爲西楚霸王”句下，有正義云：“舊名江陵爲南楚，吴爲東楚，彭城爲西楚。”注明三楚之意義，今本脱去此十六字。《史記正義》中如此例者，不勝枚舉，見於邵晉涵《南江文鈔》。②

正因爲如此，所以藏書家很注意鑒藏祖本，或利用祖本來做鑒藏工作。如黄丕烈於明刻本《中論》二卷題識云：

> 此明刻《中論》二册，余友顧千里藏書也。重其明初刻，且爲馮氏藏本，故以售余。余初不甚重視此本，因舊有此書刻本，約略相似。及取出對勘，知舊有者已繙刻，非特行款不同，且多墨釘，其字亦多錯誤，乃信書以初刻爲佳，即明一代已然矣，遂以番錢二枚易之。③

又錢曾於韓鄂《歲華紀麗》七卷題識云：“此是舊鈔，卷中闕字數行，又失去末葉，無從補入。後見章丘李中麓宋刻本，脱落正同，知是此本之祖。蓋因歲久，墨敝紙渝，字迹不可捫揣，故鈔本仍之耳。”④此例略同。

---

① 《蕘圃藏書題識》卷八。

② 《自莊嚴堪善本書目·序》，載《文獻》第二十一輯。按《史記正義》今本脱文，日本瀧川龜太郎《史記會注考證》頗據日本古本掇拾，不下數千條，彌可珍貴。

③ 《蕘圃藏書題識》卷四。

④ 《讀書敏求記》卷二。

書估也知祖本可貴，他們在出售之前往往録副以備他日再行出售，黄丕烈於鈔本《詩説》十二卷的題識對這一現象作了比較全面的分析：

坊友射利，往往以祖本售人，先於未售之前録副，以爲别售之計。此其初心止爲射利起見。然余謂此法良善，使一本化爲無數之本，則其流傳廣矣。唯流弊有不堪言者，録副時豈能纖悉無誤，“烏焉”“帝虎”從此日多，且源流斷不肯明以示人。①

我們在進行古籍整理時，當然應當儘量覓取祖本進行校勘工作。王重民云：“匯集諸善本，從事校勘，必更追溯其板本之遞嬗，而以原本爲主，翻刻本爲副。不然，如王蘭泉校《老子》，以明皇御注本校明皇御注本，未有不遺笑大方者也。”②

二　修補本、遞修本（三朝本）、邋遢本（大花臉本）

書版在刷印和保存過程中，因殘缺漫漶而需修補。凡用經過修補的書版刷印的書稱修補本。有的書版屢經修補，用屢經修補的書版印的書稱遞修本。③

《中國善本書提要》經部小學類著録的《書學正韻》三十六卷即爲元刻明修本，王重民按：“此本卷末有‘二年八月江浙等處儒學提舉余謙補修’一行，按二年上當有‘元統’二字，蓋元統二年（一三三四）謙奉廷命刊行於江浙者。”又同書史部紀傳類著録國家圖書館藏殘存《晉書》三十二卷係宋刻明印本。王重民云：“此本當爲明代入南雍後所印，補版幾有三分之二。原版白口，記刻工；明代補版皆黑口。”

在遞修本中最有名的是南宋監本。當時國子監所藏各種書版多有殘缺，入元後，版片轉歸西湖書院，繼續修補刷印；明洪武八年（一三七五）又移至南京國子監，再次修補刷印。這部分書版，遞經宋、元、明三朝刊刻修

① 《蕘圃藏書題識》卷一。

② 《史記板本和參考書》，載《圖書館學季刊》第一卷第四期。

③ 參看圖版十三。

補，言版本者往往稱這種印本爲三朝本。這部分書版清代尚存在江南布政使衙門庫中，直到嘉慶年間才遭火災燒燬，歷時七百餘年。

用模糊不清的書版印的書稱邋遢本，如南宋所刻《七史》，到了元代，雖經修補，印本仍不清晰，因爲《七史》版片每半葉九行，所以人們稱之爲九行邋遢本〔圖版四十一〕。大花臉本是舊書業的行話，它指遞經元、明修補的宋版所印的書。這種書墨色深淺不一，字體大小不同，印得又模糊不清，因得此名。

修補本各葉的版心、版框和字體，因修補的時代、刻工不同，往往呈現出明顯的差異。有的修補時就在書版上注明修補的年代，所以這種版本還是易於鑒别的。修補本保留了不同時代刻書的痕迹，有些部分還保留了書籍的原始面貌，因此也自有它的價值。

三　翻刻本（重刻本）、影刻本（覆刻本）

以原刻本爲底本，如式刻版再印，稱翻刻本或重刻本。翻刻本采用影摹寫樣上版的方法，刻印得同原刻本一模一樣稱影刻本或覆刻本。照宋版影刻的，稱影宋刻本或覆宋本；照元版影刻的，稱影元刻本或覆元本。

翻刻之風從宋代就開始形成了。宋紹聖元年（一〇九四）開雕《千金翼方》《金匱要略方》《王氏脉經》《補注本草》《圖經本草》等五部醫書，前有公牒，略云：

> ……今有《千金翼方》《金匱要略方》《王氏脉經》《補注本草》《圖經本草》等五件醫書，日用而不可闕，本監（引者按：指國子監）雖見印賣，皆是大字，醫人往往無錢請買，兼外州軍尤不可得。欲乞開作小字，重行校對出賣，及降外州軍施行。①

國子監欲用小字重刻醫書的目的，顯然是希望這些醫書能得到廣泛的流傳。而一些書商爲了贏利則反對翻刻。葉德輝曾舉兩例：

---

① 《書林清話》卷六《宋監重刻醫書》。

> 書籍翻板,宋以來即有禁例。吾藏五松閣仿宋程舍人宅刻本王偁《東都事略》一百三十卷,目録後有長方版記云:"眉山程舍人宅刊行,已申上司,不許覆板。"……吾藏元陳寀刊黄公紹《古今韻會舉要》三十卷。前有長方木牌記云:"寀昨承先師架閣黄公在軒先生委刊《古今韻會舉要》,凡三十卷。古今字畫音義,瞭然在目,誠千百年間未睹之秘也。今繡諸梓,三復讎校,並無訛誤,願與天下士大夫共之。但是編係私著之文,與書肆所刊見成文籍不同,竊恐嗜利之徒,改换名目,節略翻刻,纖毫争差,致誤學者。已經所屬陳告乞行禁約外,收書君子,伏幸藻鑒。後學陳寀謹白。"①

這兩則不準翻刻的告白,恰恰説明宋、元翻刻書的現象十分盛行。

書多一次翻刻必然多一次出現訛誤的機會,所以藏書家重視原刻本,而對一些質量低劣的翻刻本特别是明代翻刻本則認爲價值不大。如葉德輝云:

> 吾嘗言明人好刻書,而最不知刻書,郎瑛《七修類稿》云:"世重宋版詩文,以其字不差謬。今刻不特謬,而且遺落多矣。"予因林和靖詩而嘆之,舊名止曰漫稿,上下兩卷,今分爲四卷,舊題如《送范寺丞仲淹》,今改爲《送范仲淹寺丞》者最多,已非古人之意矣。②

黄丕烈於《宋提刑洗冤録》五卷亦云:"明人喜刻書而又不肯守其舊,故所刻往往戾於古,即如此書,能翻刻之,可謂善矣,而必欲改其卷第、添設條目,何耶?"③

但總的來説翻刻本還是功大於過。首先,許多古籍只有憑藉翻刻本才得以流傳。有不少書在宋元時雖曾付雕,惟以年代久遠,原版已毁,那麽現存較早的重刻本,其意義也就不在原刊本之下了。如北宋朱長文《樂

---

① 《書林清話》卷二《翻板有例禁始於宋人》。

② 《書林清話》卷七《明人不知刻書》。

③ 《蕘圃藏書題識》卷四。

圃餘稿》，據《四庫全書總目》知其全集本爲百卷，刻成後版毁於兵，南宋時其從孫朱思輯得部分佚作，編爲《餘稿》十卷付梓。但現在南宋刊本又不可見，傳世者惟康熙五十一年（一七一二）朱岳壽重刻本爲最早。此外如康熙三十七年（一六九八）震澤徐惇復校刊的《蘇學士文集》，康熙五十五年（一七一六）石鍵據漁洋書庫藏本重刻的《徂徠石先生全集》都是各書現存最早最佳的刊本。蘇集已爲《四部叢刊》采作底本。而且清代校勘之學大興，凡依古本重刊的書，其精審程度往往不在原刊本之下。這一情況也是我們不可忽視的。

特别受到人們重視的是明清私家影刻本，它們不僅在内容上，而且在形式上也保存了宋元本的面貌。如屈萬里、昌彼得介紹明影刻本云：

> 明正、嘉間，覆刻宋本之風頗盛，而以吴中爲最著，且大率出於私家。蓋吴中富庶，人文蔚起，刻者有求精之力，而不必期於牟利也。其流傳至今，而爲藏家所重者，則有吴郡沈辨之野竹齋之《韓詩外傳》，錫山安國桂坡館之《顔魯公文集》，震澤王延喆之《史記》，吴郡金李澤遠堂之《國語》，吴郡袁氏嘉趣堂之《大戴禮記》《文選》《世説新語》，顧春世德堂之六子，南平游居敬之韓柳文，餘姚聞人詮之《舊唐書》，東吴郭雲鵬濟美堂之《李太白詩集》《曹子建集》，俞憲鴸鳴館之《西溪叢語》，東吴徐時泰東雅堂之《韓昌黎集》，錫山顧氏文房之《四十家小説》等。大都仿舊本精刻，且多刻於嘉靖年間。以較並時及隆萬以後坊本之逞臆妄改者，直有天淵之判。①

黄永年嘗舉一例："有一部元虞集的《道園學古録》是明景泰時刻本，但字體、版式完全同於元建陽刻本，前人定爲據元刻本覆刻，並認爲是用元刻印本直接貼到書板上覆刻。這是很可能的，因爲在明代前朝，元刻本還不像後來那麽珍貴，爲了刻書，犧牲一部元刻本不見得會怎麽心痛。"②

---

① 《圖書板本學要略》卷二《源流篇》之七《明代刻書狀況》。

② 《古籍整理概論·影印·源流·影印的先驅覆刻古籍》。

葉德輝介紹清影刻本云：

乾嘉以來，黄蕘圃（丕烈）、孫伯淵（星衍）、顧澗薲（廣圻）、張古餘（敦仁）、汪閬源（士鐘）諸先生影刊宋、元、明三朝善本書。模印精工，校勘謹慎，遂使古來秘書舊槧，化身千億，流布人間。其裨益藝林，津逮來學之盛心，千載以下，不可得而磨滅也。①

四 百衲本（配本）

用不同的版本湊成的一部書或一套叢書稱爲百衲本或配本。清初錢曾即將所藏的一部《史記》錫以此名，其言云：

唐尊老子爲玄元皇帝，開元二十三年（七三五），敕升於《史記》列傳之首，處伯夷上。予昔藏宋刻《史記》有四，而開元本亦其一焉。今此本乃集諸宋版共成一書，小大長短各種咸備。李沂公取絲桐之精者，雜綴爲一琴，謂之“百衲”，予亦戲名此爲“百衲本《史記》”，以發同人一笑焉。②

章鈺爲此跋寫的案語細述了百衲本名稱的來歷：

鈺案：《鐵圍山叢談》：“唐李汧公號善琴，乃自取靈材爲之，曰百衲琴。”王隱《晉書》：“董威輦於市，得殘繒輒結爲衣，號曰百衲衣。”此百衲二字之最初見者。又蔡君謨書《晝錦堂記》，每字一紙，擇其不失法度者連成碑形，當時謂百衲本。見董逌《廣川書跋》。③

《四庫簡明目録標注》卷五《史記正義一百三十卷》稱“錢氏百衲本内，有抄補十餘卷。所集宋板止四種：一種小字十二行；一種大字十行；一種

① 《書林餘話》卷下。
② 《讀書敏求記》卷二《史記》一百三十卷。
③ 《錢遵王讀書敏求記校證》卷二之上。

中字十二行；一種小字十三行。其十行、十三行本單《集解》，十二行本兼有《索隱》”。

此外，明末毛晉也集有這種《史記》，名曰百合錦；清初宋犖也合宋版二種、元版三種，集得百衲本《史記》八十卷；又清諸城劉燕庭亦輯藏一部，後爲端方所得。近人傅增湘印行之《資治通鑒》也係百衲本。傅氏題其藏書處曰雙鑒樓，其一指元興文署本《資治通鑒》，其二即指此百衲本《資治通鑒》。

商務印書館一九三〇年至一九三七年印行了百衲本《廿四史》，兹將其選用的不同版本列表如下：

書　名	卷數	撰者	版　　本
史記	一三〇	漢司馬遷	宋慶元黄善夫刻本
漢書	一二〇	漢班固	宋景祐刻本
後漢書	一二〇	南朝宋范曄	宋紹興刻本，原缺五卷，以元覆宋刻本配補
三國志	六五	晉陳壽	宋紹興刻本，原缺《魏志》三卷，用新發現之宋紹興本配補
晉書	一三〇	唐房玄齡等	宋本，原缺《載記》三十卷，以他宋本配補
宋書	一〇〇	梁沈約	宋蜀大字本，缺卷以元明遞修本配補
南齊書	五九	梁蕭子顯	宋蜀大字本
梁書	五六	唐姚思廉	宋蜀大字本，缺卷以元明遞修本配補
陳書	三六	唐姚思廉	宋蜀大字本
魏書	一一四	北齊魏收	宋蜀大字本
北齊書	五〇	唐李百藥	宋蜀大字本，缺卷以元明遞修本配補
周書	五〇	唐令狐德棻	宋蜀大字本，缺卷以元明遞修本配補
隋書	八五	唐魏徵	元大德刻本
南史	八〇	唐李延壽	元大德刻本
北史	一〇〇	唐李延壽	元大德刻本
舊唐書	二〇〇	後晉劉昫	宋紹興刻本，缺卷以明聞人銓覆宋本配補

續表

書　名	卷數	撰者	版　　本
新唐書	二二五	宋歐陽修	宋嘉祐刻本，缺卷以他宋本配補
舊五代史	一五二	宋薛居正	原輯《永樂大典》有注本
新五代史	七五	宋歐陽修	宋慶元刻本
宋史	四九六	元託克託	元至正刻本
遼史	一一六	元託克託	元至正刻本，缺卷以元覆本配補
元史	二一〇	明宋濂	明洪武刻本
明史	三三六	清張廷玉	乾隆武英殿原刻本附王頌蔚編集考證捃逸

人們之所以重視百衲本，是因爲在原本不全的情況下，畢竟匯集了一些舊刻善本，既使其書完整無缺，也因補配了善本而錯誤較少，質量較高。用商務印書館百衲本《二十四史》同清武英殿本《二十四史》比較，就會發現百衲本《史記》的注文比殿本多出一百多條；《南齊書》《魏書》《宋史》等對殿本所缺之頁有所增補；殿本《元史》中的錯簡、缺文，也因用了洪武原刻本而恢復了舊觀。

從事古籍整理，當然要力求足本，但是在足本難求的情況下，努力將殘本配齊也是有功於祖國的文化事業的。百衲本《二十四史》的底本即有十多種是配本。就以《魏書》而論，王重民云："明南監所藏唐以前諸史版，《魏書》最爲刓敝，萬曆間馮夢禎欲求一善本，已不可得。今涵芬樓輯印百衲本《二十四史》，於是書用涵芬樓、北京圖書館、雙鑒樓及嘉業堂四家藏本配成。"其中的雙鑒樓本也是配本。王重民指出該書"自卷三至十九，凡十七卷，九册爲鈔配，然鈔配本上鈐季氏印，則猶爲明末清初所寫，亦三百年前物也"。①

藏書家爲配齊一書往往要花費很多精力，鄭振鐸在其藏書題跋中不乏這方面的記載。如鄭氏所藏百衲本《南北宮詞紀》跋云：

---

① 《中國善本書提要》史部紀傳類。

> 這部百衲衣似的《南北宫詞紀》乃終於成爲一部完整無缺的本子了。像這樣完整的《南北宫詞紀》，恐怕是很少見的，可能是人間無上的本子也。不講版本之學的人，其能想像得到一書之求全求備，乃艱苦至此乎？
>
> 研究元明文學者能舍散曲不談麽？談散曲者能不備這部《南北宫詞紀》麽？作爲科學研究的必備之書，其能没有最完整不缺的好本子作爲研究的根據麽？把這部書好不容易地拼湊成爲完整的一部，當不是什麽没甚意義玩弄版本的事……①

鄭氏還藏有一部《古柏堂十四種曲》，雖屬清人之作，全者亦不多見。《西諦書目》中的一部也係配本，跋稱：

> 偶檢架上古柏堂傳奇，見只有十四種，憶昨晚在隆福寺大雅堂，睹其從山東購來書中有《鐙月閑情》第十五種《雙釘案》一册，因即驅車至大雅堂，携此册歸，恰好配成全書，大是高興。一書之全，其難如此，豈坐享其成之輩所能瞭然乎？②

可見，百衲本或配本一般都凝聚着學者及藏書家的心血，有較高的學術價值，值得珍惜。

五　叢書本

凡叢書中的刻本稱叢書本，凡叢書以外的一般刻本可稱單刻本。同單刻本一樣，叢書本的質量也是參差不齊的。由著名的版本學家、校勘學家主持刻印的叢書，其質量是可以信賴的。如黄丕烈輯印的《士禮居叢書》、盧文弨輯印的《抱經堂叢書》、孫星衍輯印的《岱南閣叢書》、黎庶昌輯印的《古逸叢書》等。但在有些叢書中，删節改易的現象相當嚴重。例如

① 《西諦書目》附《西諦題跋》:《新鐫古今大雅北宫詞紀六卷南宫詞紀六卷》。
② 均見《西諦書目》附《西諦題跋》。

《説郛》,清周亮工云:

> 余幼時在金陵,聞舊曲中老寇四家有《説郛》全部,以四大橱貯之。近見虎林刻本,才十六套,每一種爲數少者尚全鐫,多者咸爲逸去,甚至每一集有存不四五葉者。陶氏當時即有去取,未必如是之簡。此刻未出時,博古之士多有就寇氏鈔録者,及此刻出,不知者以爲《説郛》盡於此,更不知求其全。余常言,自刻本《説郛》出,而《説郛》亡矣。①

我們將叢書本同單刻本相比較,發現句删字易的現象更爲普遍。但是叢書本的優越性也是十分明顯的。首先是有的叢書輯印較早,某些著作賴之以傳。其次有些書並無單刻本,只有在叢書中才能找到。

六 初印本、後印本

木版雕成後,最初刷印的書稱初印本。其特點是版面整潔,字迹清朗。及至印刷既久,字迹漫漶,常有修補痕迹,且墨色亦較初印本淡,這種印本便被稱爲後印本。如今人傅增湘所撰《分類補注李太白詩》二十五卷書録云:

> 此書傳世尚多,南北所見數矣。余家亦藏一帙,然率皆明修晚印,字畫模糊。此本初印精湛,墨色濃厚,生平所未見也。②

正因爲初印本與後印本有如此差别,所以藏書家多珍視初印本。如錢曾稱所藏元刻本《石田先生文集》十五卷云:"是書雕造精妙,爲元刻中之上駟,楮墨簇新,古香可愛。"③鄭振鐸也曾對初印本《無雙譜》贊不絶口:

① 《書影》卷三。
② 《藏園群書經眼録》卷一二。
③ 《讀書敏求記》卷四。

金古良《南陵無雙譜》，予曾收得數本，皆不愜意。此本雖爲兒童所塗污，猶是原刊初印者，紙墨絶爲精良。一九五六年十月十八日午後，陽光甚佳，驅車至琉璃廠。於富晉書社得李時珍校刊之《食物本草》，於邃雅齋得此書，皆足自怡悦也。①

七　節　本

對原書進行删節以後的本子稱節本。葉德輝對節本的流變論之甚詳，兹録於後：

古書無刻本，故一切出於手鈔，或節其要以便流觀。如《隋志》所載梁庾仲容《子鈔》，其書雖佚不傳，而唐魏徵《群書治要》、馬總《意林》，固其流派也。宋有曾慥《類説》、無撰人之《續談助》；元有陶九成《説郛》；明有陸楫《古今説海》，其體例頗相類，而於卷帙少者，無所渻删。《四庫全書提要》入之子雜家雜纂、雜編之屬，蓋本《隋志》之例。至刻本書之節鈔者，宋坊行有《十七史詳節》，託名於吕祖謙，然未有及於他書者。魏了翁節録《五經正義》爲《五經要義》，是爲節鈔義疏之始，正以義疏過繁，故摘其要以便省覽，然未有及於經文者。乃周密《癸辛雜識》云："廖群玉《九經》本最佳，凡以數十種比校、百餘人校正而後成，然或者惜其删落諸經注，反不若韓、柳文爲精妙。又有《三禮節》《左傳節》《諸史要略》，及建寧所開《文選》，其後又欲開《手節十三經注疏》、姚氏《戰國策》、注坡詩，皆未及入梓，而國事異矣。"竊謂吾人讀書，正苦浩博，鈎玄提要，如魏氏之節鈔《五經正義》，亦未始不可爲課程，若删節三《禮》、《左傳》並及其他古書，此三家村學究之所爲，而不謂南宋末已有此陋習。然則明人如胡文焕、陳繼儒之流，又何責焉？②

---

① 《西諦書目》附《西諦題跋》。

② 《書林清話》卷二《書節鈔本之始》。

節本的出現,除嫌原書内容浩博、文字冗長外,也還有其他原因。例如魯迅的著作呈送國民黨政府内政部審查,因爲政治原因,他的《壁下譯叢》删改達三分之一,《三閑集》中之《太平歌訣》《鏟共大觀》兩文全部被删。《頭》《現今的新文學概觀》均被删去一段。《華蓋集》中之《十四年的讀經》也被删去。此類例子舉不勝舉。近年人民文學出版社出的《金瓶梅》删去色情描寫部分,也是一種節本。

節本也自有它的作用與價值,但從版本的角度看,就比足本差遠了,所以也有書估以節本冒充全本的。屈萬里、昌彼得嘗舉《三國志詳節》爲例:

> "中央圖書館"所藏宋刊《十七史詳節》本《三國志詳節》一書,書名原題《東萊先生標注三國志詳節》。書賈欲充足本,將各卷前後書名標題中"詳節"二字皆挖去。"詳節"二字下原有卷若干等字,復將其字移上,與《三國志》之"志"字相接,不細審則不能見其挖補之痕。此以節本充足本者也。①

第六節　按流通情況區分

一　通行本

《四庫全書總目・凡例》云:"其坊刻之書,不可專題一家者,則注曰通行本。"通行本有兩個含義:一是普遍,坊間流行甚多,隨時可以得到;二是普通,雕刻平常,不值得特别珍藏。不過這是前人的看法,而現在古籍日少,許多圖書館即使是清刊本也很愛惜了。

二　舊刻本

刻印得比較早的書可籠統地稱爲舊刻本。這裏舊刻本的概念顯然是

---

① 《圖書板本學要略》卷三《鑒别篇》。

針對晚近刊本而言的。

有不少人即把舊刻本當作善本。如張之洞所稱善本即包含舊刻本在内，丁丙《善本書室藏書志》卷末編例列舉四點，其“一曰舊刻：宋元遺刊，日遠日尠，幸傳至今，固宜球圖視之”。爲什麽從事古籍整理工作的人都特别重視舊刻本呢？一般來説是因爲它們刻印時間比較早，較多地保留了書的原貌。屈萬里、昌彼得舉例云：

> 宋王楙所撰《野客叢書》本三十卷，而商氏《稗海》及《寶顔堂秘笈》所刻者，皆僅十二卷。凡精核之處，多遭删削，倘不見嘉靖王穀祥刊本，幾何不以此十二卷本爲全書？

正因爲舊刻本比較符合書的原貌，所以是校勘工作的重要依據。屈、昌二氏復舉例云：

> 又如《漢書》，明以來刻本率多脱漏舛誤。清館閣諸臣，以宋劉之問刻本校明監本，明監本於顔師古注十删其五，於慶元所附諸家之説，十僅存一。武英殿本遂一一補闕訂訛，然瞿中溶以宋嘉定蔡琪刻殘本八卷校殿本，復多出殿本所無及不全者三十餘條。錢泰吉以蔡刻殘本十四卷校汲古閣本，其改正乃不下數十百處。①

如是未經後世重刻的舊刻本，那就更寶貴了。

另外，圖書館著録圖書的時候，凡未鑒定出其所屬時代的刻本也統稱舊刻本。

三　殘本、焦尾本

凡不完整的書稱爲殘本。

殘本的價值當然不如足本，但是在足本難求的情況下，殘本也非常可

---

① 均見《圖書板本學要略》卷三《鑒别篇》。

貴。《中國古籍善本書總目收録範圍》前兩條對此曾加論及,見下引。如南京大學圖書館藏有宋寶祐五年趙與𥲅刻元補修本《通鑒紀事本末》,僅殘存兩卷。卷十末有常熟翁斌孫題識云:"此南宋本也,雖僅有第四、第十兩卷,且亦殘闕,然吉光片羽,彌可寶貴。"

有的書雖是殘本,但其學術價值仍然相當高。如鄭振鐸云:

> 壬午(一九四二)秋日,北平邃雅齋書友許奇亮南來收書,告予曰:"嘗於揚州某家見《秦詞正訛》二本,爲嘉靖黑口本,以中縫有挖補,疑其不全,故未收。"予聞之驚喜,力囑其爲予購之。其時猶以爲是秦淮海詞之明刊黑口本。予藏明刊本詞不多,故甚欲得之。數日後許君北上,半月後復至滬,示予《秦詞正訛》云:"果是不全書。凡四十五翻,書名下亦有挖去痕迹,當是二卷而僅存其半者。"予略一翻閲,即驚爲奇書。蓋是秦時雍作者,非淮海詞也。雖僅存半部,亦是未見難得之書,因亟收得之。予之藏曲得此,大是生色矣。時雍號復庵,其曲僅見於諸明人選本中,不過寥寥數闋耳。不意今仍獲其曲集,且復是嘉靖黑口本,誠奇遇也。可見凡事須留心,求書尤須不厭其瑣瑣求詳。如以爲淮海詞不全本而不收,則必失之交臂矣。復庵曲生辣活潑,寫情入骨,不類沈寧庵派之浮爛,實是明代南曲之最上品,無意得之,欣喜無已,亦劫中杜門索居時一樂也。①

書在流通過程中情況複雜,常常會發生這樣的情況,有一部分在甲圖書館,而另一部分則在乙圖書館。分散多年以後,有的書還會珠聯璧合。因此只要是好書,不論它是否殘本,都應注意收藏。周叔弢《弢翁藏書題識》中有一些很有意思的記載,今選録一組如次:

> 庚午(一九三〇)春,余從文友堂先得《春秋年表》及《名號歸一圖》,是年秋從藻玉堂得是書卷十二、十三,卷廿七至卅,計六卷。越

① 《西諦書目》附《西諦題跋》。

歲辛未(一九三一)冬復從肆文堂得卷二至十一、卷十四至廿六,計廿三卷,舊裝未改,居然璧合。聞卷一前十年歸嘉定徐氏,因急訪之北平,乃前數日爲一龔姓用六百圓買去,故都人海,渺不可追矣。延津之合,或有所待耶?每展卷興嘆,殊不能自已也。壬申(一九三二)十二月弢翁。

龔氏所得首册,頃聞已毁於上海閘北之難,不在人間,因從沅叔三丈乞所藏宋撫州本第一卷,以補此書之闕,而記其歲月於此,癸酉(一九三三)三月三日叔弢記。

宋岳刻《左傳》,自臨清徐氏散出後,予於庚午、辛未之際,辛勤搜集,竟獲廿九卷,僅缺首册,予前跋已詳之矣。甲申(一九四四)十二月廿六日北平書友陳濟川以函來告云:"嘉定徐氏藏岳刻《左傳》一卷,近在謝剛主先生處求售。"予聞之,不禁驚喜過望,此正予本所逸,曩日傳爲毁於兵燹者,今巋然猶在人間也。因馳書剛主爲我謀之。書甫發,剛主已介徐氏子於小除夕携書至津,開函神怡,惟索價出人意表,留齋中五日,乃復還之。此二年中,時時諧價,與日俱增,皆不能成。丙戌(一九四六)十二月姐丈孫静厂卒爲我以黄金一兩易得之。珠還劍合,缺而復完,實此書之厚幸,豈僅予十餘年好古之願一旦得償爲可喜哉!丁亥(一九四七)正月弢翁志　男一良書

丁亥(一九四七)春,余既獲岳刻首册作延津之合,遂檢前得宋撫州本《左傳》二卷、宋汀州本《群經音辨》二卷,歸之故宫。此二書紙墨精美,宋刻上乘,《群經音辨》猶毛氏舊裝,所謂"宣綾包角藏經箋"者,宛在目前,然故宫所佚,得此即爲完書,余豈忍私自珍秘,與書爲仇耶!去書之日,心意惘然,因記其端委於此。弢翁①

殘本的價值不如足本,所以書估常用挖改目録,移綴卷次的方法以殘本冒充全本。例如黄丕烈舊藏宋嘉泰二年(一二〇二)淮東倉司刊本《施顧合注東坡先生詩》卷四十一及四十二兩卷,爲和陶詩之全部。其書後歸

---

① 載《文獻》一九八〇年第三輯。

海源閣，楊紹和跋云："此本將原卷第四十一、第四十二數目字俱挖改作上下，板心亦然，則俗賈所爲，欲充完帙耳。"①屈萬里、昌彼得亦云：

> "中央圖書館"所藏明原刊本《諸史將略》存卷一至卷四（按《千頃堂書目》著録此書全十六卷），書賈欲充完本，乃將卷五以後之目録抽除（在目録第五葉後面以下），將目録之第四、五兩葉（四卷之目録）之書口燒殘，更將原目録最後之編刊人姓名半葉（原當在目録第十六卷之後），移於第五葉之後半面，緊接目録第四卷子目之後，一若此書原止四卷者。此以殘本充全本者也。②

又毛春翔也曾舉一例：

> 袁刻《文選》，寧波蔡氏墨海樓藏本，缺卷四十一至五十，凡十卷。書估改補卷數，將卷五十一至六十改爲四十一至五十，充足本，又將袁氏牌記悉行割去，在書口上方，補上"淳祐三年善本校刊"兩行小字篆書，充宋刊本。蔡氏作宋本購進，後轉歸李氏萱蔭樓，又作宋本什襲珍藏。殘本充足本，明版充宋版，一書兩作假，而購者竟辨不出，作僞之巧妙如是。③

《後漢書·蔡邕傳》云："吴人有燒桐以爨者，邕聞火烈之聲，知其良木，因請而裁爲琴，果有美音，而其尾猶焦，故時人名曰焦尾琴焉。"④藏書家不幸遭火，焚餘之書略受損傷，稱焦尾本。張紉庵校《道德真經指歸》七卷，有錢氏跋云："絳雲樓餘燼亂帙中得之，囑遵王遣人繕寫成善本。"張紉庵跋云："此書亦胡氏所刻，從絳雲樓燼餘本補抄，案此亦焦尾本。"⑤焦尾

---

① 《楹書隅録》卷五。
② 《圖書板本學要略》卷三《鑒别篇》。
③ 《古書版本常談·如何鑒别版本》。
④ 《後漢書》卷六〇下。
⑤ 《古籍版本鑒定叢談》第三章《古籍版本的類型》。

本可説是另一種情況的殘本。

四　校本、批本、過録本

凡經讀者校勘過的書稱校本。

許多學者都在校勘上下過扎扎實實的工夫。趙萬里曾專門爲他的老師王國維編過《王静安先生手校手批書目》，今録一目爲例：

> 千頃堂書目三十二卷　適園叢書本　清黄虞稷撰
>
> 烏程蔣氏藏吾鄉陳仲魚舊藏抄本。陳本較此本多出數百條，均於眉端録之。又以《明史・藝文志》校之，其見於《藝文志》者，以朱筆爲識。後據烏程蔣氏密韻樓所藏書比勘其書名、卷數異同。丹黄滿卷，自爲先生手校書中之最精者。①

下面我們再以王氏手校本爲例，看看他校書的具體情况：

> 輶軒使者絶代語釋别國方言十三卷、校正補遺一卷
>
> 清乾隆盧文弨刻抱經堂叢書本
>
> 丁巳（一九一七）季冬，以釋玄應《一切經音義》所引勘一過。國維。
>
> 是月復以慧琳《一切經音義》所引勘一過。二書誤引者不盡著，然大有佳處。
>
> 丁巳季冬初九、初十二日，以盛意園所藏宋李孟傳本校於永觀堂。李本每半葉八行，行十七字，刊於慶元庚申（一二〇〇），今歸蜀中某氏。盧氏校記補遺，所載李文授本異同，與今所見本，同者廿八事，不同者十七事，殊不可解。或盧所見非原刊歟？國維。
>
> 凡宋本異同校於行間，他書所引校於書眉。次日復以原本《玉篇》所引校於書眉，此與釋氏二種音義皆戴、盧二君所未見也。又記。

---

① 載《國學論叢》第一卷第三期。

> 二十日,復以李文授本再勘一過。此本分音與注,大誤。因郭氏强半爲注中字注音,非爲正文作也。子雲時音讀,至景純時已不可知,故但注晉時之音以儗之,此景純之微意也。抱經先生校此書,極有功,然於此事未可了。郭注《爾雅》亦有音雜注内,後爲妄人删去。然善本約尚未删此,亦音注不可分之一證。此本音注必須改從舊本。
>
> 盧校屢云宋本,不知曹毅本歟,抑其所謂李文授也。①

於此可見,王國維能儘量搜集各種不同的版本及其他有關資料一校再校,然後對盧文弨校本的是非功過作出了明確的判斷,從而對《方言》的校勘作出了超越前人的貢獻。

顯然,校本對我們從事古籍整理與科學研究工作有極高的參考價值,所以清孫慶增説:"書籍不論鈔刻好歹,凡有校過之書,皆爲至寶。"②

凡經讀者加過批評(包括箋注批評等)的書稱批本或評本。

許多學者都喜歡在自己所讀過的書上留下批語。如殷孟倫在《國學大師黄侃的治學態度和方法》一文中説:

> 他讀書一定要動筆或加批語。現在看到他存下的批點過的書有百餘種,輯録下來,一定對後學啓發不少。他批過《文選》,他的學生曾傳鈔過。所批郝懿行的《爾雅義疏》,幾乎等於替郝氏改文。《説文》也批得密密麻麻。《廣韻》也是如此。這三部分整理出來就是三部很可傳世的名著。他又批過《資治通鑒》,顧頡剛在主持《二十四史》斷句時,曾通過齊燕銘同志在陸宗達處借去一部分采入標點本。③

加批是我國文學批評的一種方式,甚至批評一詞也由此而來。許多批本、評本的學術價值都是相當高的,如脂硯齋評本《石頭記》、文龍批本《金瓶

---

① 《觀堂題跋選録》,載《文獻》第九輯。

② 《藏書紀要》第四則《校讎》。

③ 載《怎樣學習語言文學》,中國青年出版社一九八三年版。

梅》等。而有的批語集中起來加以整理就是很有價值的著作。例如：

義門讀書記五十八卷

國朝何焯撰，其門人蔣維鈞編。焯文章負盛名，而自選刻時文以外，無所著作。焯没之後，維鈞乃蒐輯其所評所校之書，録其題識，共爲一編。凡經十二卷，史十七卷，集二十九卷。①

凡既經校勘又加批語的書稱批校本〔圖版四十二〕，凡既經圈點又加批語的書稱批點本。圈點的方式可以用筆圈，也可以用細管鈐印。

凡照樣移録名家批校文字或兼及其所施句讀圈點的書稱過録本〔圖版四十三〕。實踐證明過録名家批語、校語乃至句讀圈點是學習的好方法，許多學者都這樣做過。如殷孟倫《國學大師黄侃的治學態度和方法》一文説：

當我在一九三一年隨從先生避寇北上，與先生同住北京前門外上巷上四條時，適聞父喪之訊，不能即歸，哀慟無已。先生因以所批郝懿行《爾雅義疏》一書命我迻録，我朝夕從事，歷時五月方了。每卷末都特記年月，以示不忘。我在迻録時得到許多啓發，不獨專治訓詁而已。後於一九三四年，在南京，先生又命我過録清十三家校本《經典釋文》。其書批注，朱墨爛然，我也一點一畫，照樣過録，經半年之久方始蕆事，以呈先生審閲。先生翻檢後，並在封面上題了如下的一段話：

"劉履芬過録衆家本，比孫毓修據葉寫本參校段、臧諸人校本所作校勘記尤詳密。乙亥（一九三五）七月六日，孟倫携其所迻録劉本就予復勘，因翻孫記，乃知劉本之佳。予與孟倫殷殷謄寫，功不唐捐也。量守居士書。"②

① 《四庫全書簡明目録》卷一三。

② 載《怎樣學習語言文學》，中國青年出版社一九八三年版。

五　善本、珍本、孤本

從讀書治學的角度看,善本就是接近原稿的書。本編第一章第二節對善本的涵義已作了闡述,此不復及。

我們認爲凡具有歷史文物性、學術資料性、藝術代表性而又流傳甚少的書可視爲珍本,今録《中國古籍善本書總目收録範圍》以資參考:

一、元及元以前刻印、鈔寫的圖書(包括殘本與零頁)。

二、明代刻印、鈔寫的圖書(包括具有特殊價值的殘本與零頁)。但印版模糊,流傳尚多者不收。

三、清代乾隆以前流傳較少的刻本、鈔本。

四、辛亥革命前在學術研究上有獨到見解,或有學派特點,或集衆説較有系統的稿本,以及流傳很少的刻本、鈔本。

五、辛亥革命前反映某一時期、某一領域或某一事件資料方面的稿本,以及流傳很少的刻本、鈔本。

六、有名人學者親筆批校、題跋、評論的刻本、鈔本。

七、在印刷上能反映我國古代印刷技術發展,代表一定時期技術水平的各種活字印本,或有較精版畫、插圖的刻本。

八、太平天國及歷代農民革命政權所刊行的圖書。

九、印譜明代的可全收,清代的集古印譜、名家篆刻的印譜,有特色又係足本,或有親筆題記的收,一般不收。

世間僅存的書稱孤本,國内僅存的書稱海内孤本。

孤本人皆知珍重,周叔弢能不惜重金從日本購回錢謙益校宋本《東觀餘論》,表現出愛國主義精神,尤爲可貴。今録其藏書題識如下:

癸酉(一九三三)正月獲見日本《文求堂書目》,著録宋、元、明本凡百餘種。其中多沅丈舊藏,余嘗於雙鑑樓中得摩娑者,尤以北宋本《通典》、紹興本《東觀餘論》爲最罕秘,蓋海内孤本也。《通典》索價一萬五千元,余力不能贖,乃以日金一千元購此書歸國,聊慰我抱殘守缺之心。獨念今者邊氛益亟,日蹙地奚止百里,當國者且漠然視之而無動於中,余乃惜此故紙,不使淪於異域,書生之見亦淺矣,恐人將笑我癡絶而無以自解也。噫!二月十二日弢翁記。①

判斷一部書是否孤本,最方便的方法是查聯合目録,例如查《中國地方志聯合目録》就會知道南京大學圖書館藏的清順治《攸縣志》、康熙《攸縣志》皆爲孤本。如果没有聯合目録,那就要多查各家藏書目録。周叔弢原藏明正德六年(一五一一)徐興刻本《毅齋詩集别録》一卷、《家傳》一卷,其題識云:"此書傳世甚稀,諸家書目皆未著録,阮文達曾録以進呈。今藏故宫之宛委别藏,比阮氏所著録者闕十三種,《家傳》即其一也,則此書或爲人間孤本矣。"②《中國古籍善本書目》的出版,爲我們判定孤本提供了極大的方便。

①② 《弢翁藏書題識》,載《文獻》一九八〇年第四輯。

第五章　雕印本的鑒定

鑒定雕印本通常從書籍的形式入手，而書籍形式上的特點又是通過牌記、刻工、諱字、版式、紙墨、字體等個別事項表現出來的，因此需要對這些個別事項逐一加以研究。書籍的内容同形式一樣，不可避免地也打上了時代的烙印，所以研究書的序跋和正文的具體内容也是鑒定古籍版本的重要途徑。此外，前人的研究成果，書籍的題記與藏印，及其在各種目録中的著録情況，也同樣爲我們鑒定版本提供了可靠的依據。而由於作僞等因素增加了鑒定版本的複雜性，企圖僅憑個别事項作出精確的鑒定，有時是不可能的，這就需要我們進行異本比勘與綜合考辨的工作。現分别敘述如次。

第一節　牌　記

現代出版的書多有版本記録頁，它對書籍版本情況作了詳盡的介紹。早在一九一四年，當時政府公布的《出版法》第二條就已規定：

> 出版之文書圖畫，應將左列各款記載之：一、著作人之姓名、籍貫；二、發行人之姓名、住址及發行之年月日；三、印刷人之姓名、住址及印刷之年月日，其印刷所有名稱者，並其名稱。①

① 載《中國近代出版史料》初編卷五《有關出版的各種法令》。

這項規定一直被沿用着。一九七二年國務院出版口所修訂的《關於圖書版本記録的規定》指出：

圖書版本記録包括以下項目：

一、書名

二、著作者（或繪製者）、編輯者、翻譯者的姓名（或筆名、單位名稱）

三、出版者、印刷者和發行者的名稱

四、出版年月、版次、印次、印數

五、統一書號、定價①

版本記録頁爲我們識别版本提供了可靠的依據。可惜古書没有版本記録頁，所以要鑒定書的版本，需運用許多其他手段，辨别書的牌記即其一種。如《中國版刻圖録》著録的《重修政和經史證類備用本草》，卷首有“泰和甲子下己酉晦明軒刻書”螭首龜座牌記，目録後有“平陽府張宅印”琴形牌記，又有“晦明軒記”鐘形牌記。認真探索古書牌記的使用規律，對我們鑒定古書的版本是有益的。

牌記俗稱書牌子，也叫木記。葉德輝云：“宋人刻書於書之首尾或序後、目録後，往往刻一墨圖記及牌記。其牌記亦謂之墨圍，以其外墨闌環之也，又謂之碑牌，以其形式如碑也。元明以後，書坊刻書多效之。”②

牌記實質上是古書出版單位的標記，形狀一般呈長方形，也有的上下墨闌呈弧形，又有作鐘式、鼎式、琴式的。《中國版刻圖録》著録的《大明一統志》書末牌記呈蓮龕狀，中間分兩行，刻作“大明嘉靖己未孟秋吉旦書林楊氏歸仁齋重梓行”。又同書著録的《大唐益會玉篇》的牌記，中間是一幅版畫，上爲“三峰精舍”四字，右爲“弘治壬子孟夏之吉”八字，左爲“詹氏進德書堂重刊”八字。簡單的則並無圖形或墨闌，僅刻一行或幾行字，其功

---

① 載《中國一九八〇出版年鑒》。

② 《書林清話》卷六《宋刻書之牌記》。參看圖版二十一、二十三。

用也與牌記相同。[①]

牌記在書中的位置無定。有在封面的，有在扉頁的，有在序後、跋後、目録後、凡例後、校刊姓氏後、音圖後、附録後的，有在卷端的、卷一末的、逐卷末的、書末的。特别值得注意的有兩點：一是有的牌記在書中某卷之後；一是書中好幾個地方有不同的牌記。前者的例子如《明代版刻綜録》卷三著録的《諸史會編大全》一百十二卷，卷七十七後有“嘉靖律年歲次己酉仲春望日鎮江府金壇縣刊”牌記；後者的例子如《明代版刻綜録》卷四著録的《何氏語林》三十卷，卷一後有“清森閣梓”牌記，卷三後有“嘉靖庚戌華亭柘湖何氏清森閣雕梓”牌記，卷十八後有“何氏清森閣梓”牌記。

有的書牌記内容還可能前後矛盾，如肖東發説：

> 有意作僞，以假亂真。在衆多的余氏刻書家中，書賈氣味最濃的當數余象斗，僅三臺館本就可舉出幾例，如明《萬用正宗不求人》一書，書後牌記題“萬曆歲次丁未潭陽余文臺梓”，然而在卷十六末又有“萬曆新歲喬山堂劉少崗繡”。原來是余象斗把劉氏這一卷全部編入己書，匆忙間，連喬山堂牌記都忘了剜去，粗心至此，却在卷端告白中把“坊間諸書雜刻”貶低一通，然後大肆自我吹嘘，結果成了自我諷刺。[②]

顯然，這些牌記對我們全面認識版本、瞭解版本的嬗變是極有價值的。它的文字雖然較少，但是所透露的有關版本的信息却很多，因此我們在檢查牌記時要十分仔細。

牌記通常能反映出書的出版單位、時間和地點。如《中國版刻圖録》著録的《國朝名臣事略》，目録後有“元統乙亥余志安刊於勤有書堂”一行，即説明了該書的出版時間、出版單位、出版方式。而勤有書堂是福建建陽名肆，所以也告訴了我們出版地點。

---

① 《中國版刻圖録》著録的宋書棚本《唐女郎魚玄機詩》，卷末有“臨安府棚北睦親坊陳宅書籍鋪印”一行十四字牌記。參看圖版三十一。

② 《建陽余氏刻書考略》下，載《文獻》一九八五年第一期。

有的牌記還爲進一步研究版本提供了綫索。如《中國版刻圖録》著録的《文選五臣注》卷三十後有"錢塘鮑洵書字，杭州猫兒橋河東岸開箋紙馬鋪鍾家印行"二行，編者案：

> 紹興三十年(一一六〇)刻本釋延壽《心賦注》卷四後有"錢唐鮑洵書"五字，與此鮑洵當是一人。如此鮑洵一生可有三十年左右工作時間計算，則此書當是南宋初年杭州刻本。猫兒橋本名平津橋，在府城小河賢福坊内，見《咸淳臨安志》。卷中宋諱桓、構等字均不缺筆，則因南宋初年避諱制度未嚴之故。紹興初思溪王氏刻《新唐書》，北宋英宗以下諱均不避，即其一例。又考建炎三年(一一二九)升杭州爲臨安府，因推知此書之刻當在建炎三年前。總之，此書雖未必爲北宋本，定爲南宋初年刻，當無大誤。

此外，有的牌記反映了刻書過程，如南京大學圖書館藏《杜韓詩句集韻》的牌記稱"康熙歲次丙戌中秋日開雕，丁亥立夏日告竣"。

有的牌記記載了所刻字數，如《中國版刻圖録》著録的《禮記注》卷三後有"經伍阡柒拾肆字，注肆阡捌伯玖拾捌字，音義貳阡玖伯壹拾陸字，余仁仲刊于家塾"四行。

有的牌記反映了用紙情況，如《天禄琳琅書目》著録的宋本《春秋經傳集解》後有牌記云："奉敕用棗木椒紙各造十部。"

有的牌記印有刻書部數及售價，如《中國版刻圖録》著録的《甫里逸詩》姓氏後有"印一百部，五十分送四方，五十待售，紋銀貳錢"一行。

有的牌記强調了版權，如葉德輝藏五松閣仿宋程舍人宅刻本《東都事略》目録後有長方牌記云："眉山程舍人宅刊行，已申上司，不許覆板。"① 國家圖書館藏明萬曆刊本《月露音》封面鈐朱文長方牌記云："杭城豐東橋三官巷口李衙刊發，每部紋銀捌錢，如有翻刻，千里究治。"

有的牌記顯示了版本的類型，如《中國版刻圖録》著録的《泥版試印初

---

① 《書林清話》卷二《翻板有例禁始於宋人》。

編》封面後有“猷州翟西園自造泥門板”牌記一行，可見該書爲泥活字印本。

有的牌記反映了版本的源流，如《明代版刻綜録》卷三著録的《新刻蔡中郎伯喈文集》，序後有“嘉靖甲申孟冬月宗文堂鄭氏新刊”，目録後有“此書原係正德乙亥春三月錫山華氏堅允剛銅板印行，今鄭氏得之繡梓”牌記。

坊刻本不少牌記都是廣告，其中也包含許多有用的資料。如《中國版刻圖録》著録的《抱朴子》卷二十後鎸有廣告五行：“舊日東京大相國寺東榮六郎家，見寄居臨安府中瓦南街東，開印經史書籍鋪，今將京師舊本《抱朴子》内篇校正刊行，的無一字差訛，請四方收書好事君子幸賜藻鑒，紹興壬申歲（一一五二）六月旦日。”從中我們可以看出榮六郎書鋪的變遷，本書是宋紹興二十二年（一一五二）在紹興翻刻的，所據爲京師舊本，而且經過校勘。

正因爲牌記是古書出版單位的標記，所以學者在鑒定版本時都十分重視對牌記的研究，如葉啓勳《拾經樓群籍題識·李太白詩集跋》云：

> 《分類補注李太白詩》二十五卷，唐李白撰，宋楊齊賢集注，元蕭士斌補注，前後無序跋，無刊刻年月可考，惟尾卷末標云“庚辰孟冬月安正堂新刊”兩行長方木牌記。……既未注明廟號，亦無各家志目可以參證其刊於何帝庚辰，因檢舊藏安正堂刊《集千家注分類杜工部詩》散帙尾卷末葉，有長方木牌記云“正德己卯十四年（一五一九）仲夏月劉氏安正堂刊”兩行，知此庚辰爲正德十五年，當時與杜詩合刊者也。①

又如《中國版刻圖録》著録的《漢書集注》，編者按云：

> 卷首《後儒辨論》後，有“甲申歲刊於白鷺洲書院”兩行。據《吉安

① 載《圖書館學季刊》第一卷第四期。

> 府志》，白鷺洲書院宋淳祐辛丑(一二四一)吉州郡守江萬里建，至正間重修。因推知甲申當是元世祖至元二十一年(一二八四)，此書爲元初吉州白鷺洲書院刻本。前人肯定甲申爲宋嘉定十七年(一二二四)，恐非事實。

這些都是通過牌記鑒定版本的例子。

但我們在利用牌記時也有需要注意的地方：

一是後人翻印本照刻原牌記。如《明代版本圖録初編》卷六著録的《東觀餘論》二卷，係明萬曆中嘉禾項氏萬卷堂刊本。按語云："是書宋有建安漕司本，明項篤壽據以重雕即此本也，其源蓋從宋出，推爲佳槧，序及卷末均有'建安漕司刻梓'兩木記，毛氏《津逮秘書》本即從之出。"該書同時刻上兩個牌記爲我們鑒别版本提供了方便。如果翻版時照樣翻刻原牌記而不加刻翻刻單位的牌記，就容易導致混淆了。毛春翔説：

> 鑒别宋刻，牌記最爲可靠了，然而翻版也有照樣刻的，如五峰閣翻的《東都事略》，也有"眉山程舍人宅刊行，已申上司不許覆板"兩行牌記。宋刻最普通的版式，是版心上記字數，下記刻工姓名，書中多諱字，而五峰閣刻的一一照樣刻。此在老眼，一看紙色便知是翻雕，但初學遇此，就不免要被騙了。①

二是版本易主後，牌記常被挖改。例如元代建安余氏勤有堂刻了一部《千家注分類杜工部詩集》，後來書版爲建安葉氏廣勤堂所得。葉氏便將"皇慶壬子余氏"木記劃去，别刻"廣勤堂新刊"木記。後來葉氏又將書版轉售金臺汪諒。汪諒又削去廣勤堂木記，改刻"汪諒重刊"四字。稍不注意，鑒定版本時就會出現差錯。丁丙就曾根據汪諒重刊的牌記，誤判自己所藏的元刊《集千家注分類杜工部詩集》是明汪諒翻刻本，其《善本書室藏書志》云："行款字數與元刊無異，惟筆畫稍肥。"但筆畫肥是由於久印磨

---

① 《古書版本常談·如何鑒别版本》。

損的緣故，並非因爲翻刻。①

三是書賈作僞，故意挖改牌記。施廷鏞對此曾舉一例：

《天禄琳琅書目後編》卷七宋版集部著録之《六臣注文選》六十卷，在核對天禄琳琅存目時，發現這書有挖改痕迹，它的方法是從牌記四周的邊欄换以宋朝"紹興乙亥萬卷堂鎸"八字，四周邊欄絲毫未動，所以不易爲人覺察。按書之字體，似係明本，但還不敢判定，經取明刻《文選》相對，乃知是明嘉靖十四年（一五三五）吴郡袁褧嘉趣堂倣宋陸放翁守新定時郡齋刻本。②

書賈牟利挖改版記的現象很普遍，稍不留心就會上當。王欣夫説：

乾隆時内府所刻《四書章句集注》，稱爲覆刻宋淳祐本，因爲朱熹序後的牌子有云："於是補其殘缺，置諸泳澤書院，嘉與學者共之。淳祐丙午（一二四六）秋八月識。"後來孫家鼐重刻，當然毫不懷疑。至陶湘得見據刻的原本，始知"學者共之淳祐丙午"八字有割裂填寫痕迹。其實泳澤書院始建於元代，宋朝何來此書院。淳祐二字爲至正二字所挖改，今故宫善本書影中明顯可據，當時不加考訂、疏於鑒别，遂被書賈所欺。類此的很多，應該特别注意的。③

總之，牌記是古書出版單位的標記，它是我們鑒别版本的重要依據，在檢查時應特别留心。而由於書賈作僞等原因，我們還必須注意對牌記加以甄别，方可據信。林申清《宋元書刻牌記圖録》，有北京圖書館出版社一九九九年版，共收牌記一百零四幅，並撰有解題目録，卷首載《宋元書刻牌記述略》一篇，可參看。

---

① 參看《書林清話》卷四《元建安葉氏刻書》。

② 《中文古籍版本簡談》四《版本的鑒别》之六《辨僞》。

③ 《古文獻學要略》第三章《版本》十一《鑒别版本的方法》。

第二節　刻　工

古代刻書工匠爲了肯定自己的勞動成果，往往在所刻書版中附刻自己的姓名，或姓名中的一兩個字。後晉開運四年（九四七）曹元忠雕造的觀世音菩薩像及願文，末有"匠人雷延美"字樣，這雷姓刻工是現今所知最早在自己刻的雕版上留名的人。宋、元刊本除坊刻外，大部分有刻工姓名，而且多刻於書口下端，上端則刻每版的大小字數。明刻本有的有刻工名，有的没有。而且出現在版面地方也不一致，有在書口的，也有在序跋後、目録後、凡例後、牌記中的。如《中國善本書提要》子部儒家類著録的明隆慶間刻本《孔子家語》十卷，《考證凡例》及陸治《題辭》後，並刻"長洲顧檈寫、章掖刻"；下書口所記刻工有章右之、方瑞先等名。同書史部傳記類著録的明成化間刻本《程氏貽範集》三十卷，自序後有牌記云："婺源大畈汪道全、休寧西門汪克正繕寫；歙仇村黄文敬、文希、文達、文漢、文通、永暹、永昇、王充、仇以興、以茂、以忠、以森刊。"明嘉靖年間刻的《張氏統宗世譜》，書中《會脩職名》之後，甚至列了一張刻工表，與奇字齋刻《王右丞詩集》略同①，現照録如下：

鎸刻	祁邑城西匠氏	徐廣
	歙邑仇村匠氏	黄琥
	歙邑仇村匠氏	黄珀
	歙邑仇村匠氏	黄球
	歙邑仇村匠氏	黄琰
	歙邑仇村匠氏	黄珪
	歙邑仇村匠氏	黄瑶
	歙邑仇村匠氏	黄珏
	歙邑仇村匠氏	仇元

① 參看圖版十八。

	歙邑仇村匠氏	黄珦
	歙邑仇村匠氏	黄瑜
	歙邑仇村匠氏	黄琇
	歙邑仇村匠氏	黄鑾
	歙邑仇村匠氏	仇釗
	歙邑仇村匠氏	仇顯
印刷	祁邑城西	黄昂元
	祁邑城南	黄榮
	歙邑岩鎮	謝恕
裝訂	祁邑城東	謝泗
	祁邑城東	謝壽
	祁邑城東	胡四

清代前期因懼怕文字獄,許多刻工都不敢在書版上留名。陳登原曾叙述了莊廷鑨《明書》案禍及刻工的慘狀:

是獄發於辛丑之春(順治十八年),决獄在癸卯(康熙二年)。當時罹戮者,莊廷鑨已死,則戮其屍而誅其弟與諸子。其題名諸士,俱罹重辟,凡刻書之工、販書之賈、列名參校之名士,死者達二百二十一人之多。……蓋所以戮及無辜之刻印工人者,正欲殺一儆百,藉此示威,使人間知禁書之莫可一觸,因以斷絶其流傳也。①

而事實上,康熙、乾隆年間仍有一些刻本留下了刻工姓名,嘉慶、道光後,刻工在書版留名者更多。

刻工留名主要是便於考核勞動成果,計算工錢。《禮記・月令》云:"物勒工名,以考其誠。"鄭氏注曰:"勒,刻也。刻工姓名於其器,以察其

① 《古今典籍聚散考》卷一《政治卷》第六章《清代文字之獄與典籍聚散》。

信，知其不功致。”①書版上留有刻工姓名，即古代物勒工名的遺風。葉德輝專門介紹過刻工按勞取酬的情況：

明時刻字工價有可考者：陸《志》、丁《志》有明嘉靖甲寅（一五五四）閩沙謝鸞識、嶺南張泰刻《豫章羅先生文集》，目録後有“刻板捌拾叁片，上下二帙，壹佰陸拾壹葉，繡梓工貲貳拾肆兩”木記。以一版兩葉平均計算，每葉合工貲壹錢伍分有奇，其價廉甚。至崇禎末年，江南刻工尚如此。徐康《前塵夢影録》云：“毛氏廣招刻工，以《十三經》《十七史》爲主。其時銀串每兩不及七百文，三分銀刻一百字，則每百字僅二十文矣。”今湖南刻書，光緒初元，每百字並寫刻木版工貲五六十文。中葉以後，漸增至八九十文，元體字小者百五十文，大者二百文。篆隸每字五文。至宣統初，已增至百三十文，以每葉五百字出入，每錢銀直百六十文計，每葉合銀叁錢畸零，視明末刻書已增一倍。然此在湖南永州一處則然。永州刻字多女工，其坊行書刻價每百字僅二三十文。江西、廣東亦然。價雖廉而訛謬不可收拾矣。②

爲了審核勞動成果而留下的刻工姓名，在客觀上爲後人鑒定版本提供了依據。這是因爲如果一位刻工刻了兩種以上的書，已知一種書刊刻的時間、地點，則其他書刊刻的時間、地點也可從而證知。冀淑英對此曾有詳盡的説明：

比如建國後，在南京發現了一部宋刻本《金石録》，這部書究竟是什麽年代、什麽地區刻的呢？從文獻上看，洪邁《容齋四筆》卷五曾提到《金石録》，原文説：“東武趙明誠德甫著《金石録》三十篇……其妻易安李居士，平生與之同志，趙没後愍悼舊物之不存，乃作後序，極道遭罹變故本末。今龍舒郡庫刻其書，而此序不見取。”這部《金石録》

① 《禮記注疏》卷一七。
② 《書林清話》卷七《明時刻書工價之廉》。

三十卷俱全，也没有李易安後序；再看書中刻工，有胡珏、胡剛、徐亮等人，和故宫天禄琳琅藏《大易粹言》相同。《大易粹言》是公元一一七六年（南宋淳熙三年）舒州（今安徽舒城）官刻本。龍舒即是舒州，和《容齋四筆》所記合。有了這個證據就可以肯定説《金石録》是南宋淳熙年間舒州刻本了。

又如宋刻《劍南詩藁》和《鉅鹿東觀集》，二書刻工有相同的，應該是同地同時刻本，至少刻書時期相近。《劍南詩藁》的刻工又與公元一一七五年（南宋淳熙二年）嚴州州學（浙江嚴州）刻本《通鑒紀事本末》同，並且《景定嚴州續志》卷四《書籍門》著録有《劍南詩藁》和《鉅鹿東觀集》，因此，這兩書的刻版時間與地點問題也都可以解决了。①

利用刻工鑒定版本也有幾點值得注意。

首先，有的刻工活動時間可能較長，如明代歙縣的黄鋑十二歲便跟着他的父親黄士瑄參加《徽州府志》的雕刻工作了，而清代金陵刻工穆大展活到八十多歲，所以我們據刻工鑒定版本時不能將他們的工作時間估計得太短，或只據某一因素來斷定版刻年代。魏隱儒舉例説：

南宋紹興年間（一一三一至一一六二）杭州刻本《廣韻》，版心有刻工陳錫、包正、徐杲、徐茂、徐升、陳明仲、陳詢、孫勉、徐政等人；而《樂府詩集》一書，也刻有徐杲、徐升、陳詢等四十餘人。此本雖然没有序跋、牌記、年月，從刻工姓名即可證明，也是南宋杭州地區所刻。

宋刻本《經典釋文》，前人因其卷七後有乾德三年（九六五）、開寶二年（九六九）校勘官銜名，定爲北宋監本，但在本書版心下也刻有孫勉、徐茂、徐升、陳明仲、徐政、徐杲、包正等刊工姓名。根據刊工姓名，可以判定此書當爲南宋紹興年間杭州地區所刻，並非北宋監本。②

---

① 《談談版刻中的刻工問題》，載《文物》一九五九年第三期。

② 《古籍版本鑒定叢談》第七章《雕印本的鑒定》五《刻工姓名》。

這段分析很有道理。但《廣韻》一書避諱至"眘"字止，當爲孝宗時所刊，而非南宋紹興年間刻本。

其次，某些刻工爲了謀生經常到外地刻書，我們據刻工確定某書爲某地區刻本時也應取慎重態度。冀淑英曾説：

> 嘉靖四年（一五二五）秦鉞刻《慈湖先生遺書》，萬曆十九年（一五九一）劉一焜刻《咸賓録》，都是蘇州寫刻工與江西寫刻工合作。《慈湖先生遺書》卷後題"江西高安藍糾寫，蘇州章景華刻"，《咸賓録》題"吴郡錢世傑書，熊升三刻"，或"鄒邦傑刻"。鄒邦傑又見於萬曆三十一年（一六〇三）張鼎恩刻本《本草綱目》，此書刻於江西，鄒邦傑當是江西刻工。由此可見，蘇州刻工足迹所至，不限一地。還有嘉靖《浙江通志》，寫工與刻工並列，寫工都題"布政司吏"，刻工則是無錫的；萬曆《通州志》刻工也是蘇州的（江蘇之通州，非北方通州），這些地方志則可能是成書後或寫好帶到蘇州去刻的，也可能是刻工應邀到外地去刻的。①

所以我們不能機械地認爲某地刻工刻的書就一定是某個地區的版本。

第三，明清覆刻宋元本，有並刻工也照樣翻刻的，因此鑒定版本不能只憑檢驗刻工一種方法。

最早注意研究刻工的是日本學者長澤規矩也，他於一九三四年發表了《宋元刊本刻工名表初稿》②。鄧衍林當年即將其譯成中文。③ 該表根據宋刻本一百三十種、元刻本七十三種編成，共收宋代刻工約一千五百人、元代刻工約七百五十人，爲鑒定版本提供了方便。風氣所及，後來編寫善本書志、圖録的，對於刻工也多加以詳細記載。

冀淑英進一步對刻工進行了斷代及分地區研究。作者將安徽徽州地區和江蘇蘇州、無錫一帶兩個明代刻書較多的文化區域的刻本，各取五十

---

① 《談談明刻本及刻工》，載《文獻》第七輯。

② 載《書誌學》第二卷第二、四期。

③ 載《圖書館學季刊》第八卷第二期。

種,將其刻工分别列表。其中有些書是知道確實刻版年代的,這樣排列起來,刻工的時代先後,也就看得比較清楚了。這張刻工表曾作爲《談談版刻中的刻工問題》一文的附録發表,[①]近年冀淑英又編出了《明代中期蘇州地區刻工表》作爲《談談明刻本及刻工》一文的附録。[②]作者就明代中期蘇州地區一百零九種刻本,對其中六百多位刻工進行了系統的整理,頗有功於版本的研究。

王重民撰《中國善本書提要》所附《刻工人名索引》共收六百餘位刻工。該索引使用方便,而且同善本提要聯繫在一起,能使讀者因而瞭解到更多的版刻情況,可以説是較有特色的。

此外尚有何槐昌編《宋元明刻工表》,[③]所收宋元刊本基本上是日本長澤規矩也《宋元刊本刻工名表初稿》未收的。此表收宋刻本一百七十多種、元刻本五十多種、明刻本一百餘種,共收刻工六千餘人,此表是目前所收刻工最多的刻工表。魏隱儒、王金雨編著的《古籍版本鑒定叢談》也附有《宋至清各代部分刻本所見刻工及寫書人姓名簡表》,收録了一百四十種圖書的刻工。此後,王肇文編《古籍宋元刻工姓名索引》,有上海古籍出版社一九九〇年版,録宋元善本書三六九種,刻工四五〇〇人。張振鐸編《古籍刻工名録》,有上海古籍出版社一九九六年版,録五代至民國三十一年(一九四二)古籍書一二三一種,刻工六五〇四人(含單名)。李國慶編《明代刻工姓名索引》,有上海古籍出版社一九九八年版,録明代刻本、影刻本、影印本一一三二種,刻工五七〇〇餘人(含書工、印工、繪工、裝訂工)。

鑒定版本時,這些刻工表皆足供檢索。

第三節 諱 字

在古代文獻載體中,爲避免直接提到君、父或其他尊者之名而將文字用某些方法加以改變或回避,以表示尊敬,稱爲避諱。一般認爲避諱之例

① 載《文物》一九五七年第三期。
② 載《文獻》第七輯。
③ 載《圖書館學研究》一九八三年第三期。

始於周，行於秦漢，盛於隋唐，嚴於宋，直至民國改元，才廢此舊習。

《左傳》云："周人以諱事神。名，終將諱之。"杜預注曰："君父之名固非臣子所斥。"孔穎達正義曰："君父之名固非臣子所斥，謂君父生存之時，臣子不得指斥其名也。"①

除君父外，也有避后妃諱的。如漢高祖吕后名雉，故《漢書・杜鄴傳》改雉爲野雞；晉簡文帝鄭太妃名春，故凡春字地名，悉以陽字易之，如富春曰富陽，宜春曰宜陽②。

六朝士族，極重家諱，③唐人承之。如白居易祖父名鍠，與宏字同音，白居易不應宏辭科，改應書判拔萃科。李賀父名晉肅，不能應進士試，韓愈專門寫了一篇《諱辯》爲他辯護，也不解决問題。因爲不但不能犯國諱，也不能犯家諱，已由法律明文規定了，《唐律・職制篇》：

"諸府號官稱，犯祖父名，而冒榮居之者，徒一年。"疏義云："府有正號，官有名稱。府號者，假若父名衛，不得於諸衛任官。或祖名安，不得任長安縣職之類。官稱者，或父名軍，不得作將軍，或祖名卿，不得居卿任之類，皆須自言，不得輒受。"④

兩宋避諱尤嚴，亦著於功令。《淳熙重修文書式》云：

諸犯聖祖名、廟諱、舊諱（舊諱内貳字者連用爲犯，若文雖連，而意不相屬者非）、御名，改避。餘字（謂式所有者）有他音（謂如角徵之類）及經傳子史有兩音者，許通用（謂如金作贖刑，其贖字一作石欲切之類），正字皆避之。若書籍及傳録舊事者，爲字不成，御名易以他字。

---

① 《春秋左傳正義》卷六桓公六年。

② 參看陳垣《史諱舉例》卷八《晉諱例》。

③ 《顔氏家訓・風操篇》云："吾親識中有諱襄、諱友、諱同、諱清、諱和、諱禹，交疏造次，一座百犯，無僇賴焉。"

④ 長孫無忌等《唐律疏義》卷下《職制》。

> 諸犯濮安懿王諱者，改避。若書籍及傳録舊事者，皆爲字不成，其在真宗皇帝謚號内者，不避，應奏者以黄紙覆之。諸文書不得指斥援引黄帝名，經史舊文則不避（如用從車從干，冠以帝字，或繼以后字，合行回避。自餘如軒冕、軒輊、轘轅、車轅之類，即不合回避）。①

宋洪邁亦云："本朝尚文之習大盛，故禮官討論，每欲其多，廟諱遂有五十字者。舉場試卷，小涉疑似，士人輒不敢用，一或犯之，往往暗行黜落。"②

遼、金起自朔漠，其始本無文字，無所謂避諱。後來受到漢族文化影響，遼偶亦避諱，參見第四章第一節對遼刻本的介紹。關於金，陳垣云：

> 金自滅遼而後，與宋人接觸頻繁，適當宋人避諱極盛之時，故金亦受其薰染，其避諱遂比遼爲盛。《大金集禮》廿三載："大定九年（一一六九）正月省奏，檢討到《唐會要》云：古不諱嫌名，後世廣避，故諱同音。今御名同音，已經頒降餘救切二十八字，合回避。"所謂餘救切者，世宗初名褎也。然此猶爲御名同音及漢名。據《金史·章宗紀》：泰和元年（一二〇一）三月，乃並避始祖以下廟諱小字。七月，又禁廟諱同音字。……不意宋人避諱之毒，乃中於金人。③

元代也曾規定避一百六十多個諱字，但是"延祐元年（一三一四）十一月，行省准中書省咨……送禮部約會翰林院官議得擬作稱賀表章，元禁字樣太繁，今擬除全用御名廟諱不考外，顯然凶惡字樣，理應回避。至於休祥極化等字，不須回避。都省請依上施行。""延祐三年（一三一六）八月……中書省劄付禮部呈翰林國史院議得：表章格式除御中廟諱，必合回避，其餘字樣，似難定擬。都省仰欽施行。"④可見元代避諱不嚴，元刻本

---

① 載《附釋文互注禮部韻略》卷首。濮安懿王諱讓，真宗謚號有讓德二字。

② 《容齋三筆》卷一一《帝王諱名》。

③ 《史諱舉例》卷八《遼金諱例》。

④ 《大元聖政國朝典章》卷二八《禮制一》。

除沿用宋本諱字，基本上不避諱。

明初幾代皇帝的名字，避諱的例子極少，萬曆以後，避諱稍嚴，顧炎武云：

> 崇禎三年（一六三〇），禮部奉旨頒行天下，避太祖、成祖廟諱，及孝、武、世、穆、神、光、熹七宗廟諱，正依唐人之式。惟今上御名亦須回避，蓋唐宋亦皆如此。然止避下一字，而上一字天子與親王所同則不諱。①

錢大昕注曰："明季刻本書，太常寺作太嘗，常熟作嘗熟。汲古閣《十三經》，於'由'字皆作'甴'。"②因爲光宗名常洛，所以常字改作嘗，洛字改作雒；熹宗名由校，所以由字缺筆，校字或改作較。如胡正言刻《精選古今詩餘醉》即題"海陽胡正言較"。

清代避諱極嚴與清統治者特别强調這一點有關。高宗於乾隆四十二年（一七七七）十月初七日云：

> 四庫全書館進呈李廌《濟南集》，其《詠鳳凰臺》一首有"漢徹方秦政，何乃誤至斯"之語，於理不順，因檢查《北史・文苑傳》叙，亦有"頡頏漢徹、跨躡曹丕"之句，《韻府》因而録入，均屬未協。……朕於異代之臣，尚不欲直呼其名，乃千古以下之臣轉將千古以上之君稱名不諱，有是理乎？朕命諸臣辦理《四庫全書》親加披覽，見有不協於理者，如關帝舊謚之類，即降旨隨時釐正。惟準以大中至正之道，爲萬世嚴褒貶，即以此衡是非。此等背理稱名之謬，豈可不爲改正，以昭示方來。著交武英殿，將《北史・文苑傳》叙改爲"漢武"，《韻府》内删去此條，酌爲改刊。所有陳設之書，悉行改補，其李廌集亦一體更正。並諭四庫全書館臣等，於校刊書籍内遇有似此者，俱加簽擬改，聲明

---

① 《日知録》卷二三《已祧不諱》。

② 《日知録》卷二三《已祧不諱》條注。

進呈,毋稍忽略。①

清代避諱的規定相當繁瑣苛刻。如康熙名玄燁,據張之洞《輶軒語·敬避字》可知,玄字要用元字恭代,但元德、元黄、元鳥等詞皆不可用;弦、絃、炫、眩、衒、率等字中的玄字須敬缺末點,但慉、蓄、鄐、畜等字中的玄字不須敬缺末點。今兹之兹從艸,上半不得寫作𦍌。《輶軒語·磨勘條例摘要》第二條云:"不諳禁例直書廟諱御名及先師孔子諱者均罰停四科。凡停科者,舉人停會試,貢士停殿試。"甚至興起文字之獄,如陳垣云:

> 清之避諱,自康熙帝之漢名玄燁始,康熙以前不避也。雍乾之世,避諱至嚴,當時文字獄中,至以詩文筆記之對於廟諱御名,有無敬避,爲順逆憑證。乾隆四十二年,江西舉人王錫侯《字貫》案,即因凡例中列康、雍兩朝廟諱及乾隆御名,未將其字分析,如所云"上一字從弓從厶,下一字從厤從日"者,固已照例缺筆矣;又因廟諱御名,列在孔子諱後,以此大遭乾隆之忌,遽興大獄焉。當時上諭有曰:"閲其進到之書,第一本敘文後凡例,竟將聖祖、世宗廟諱及朕御名字樣開列,深堪髮指。此實大逆不法,爲從來未有之事,罪不容誅,即應照大逆律問擬,以申國法而快人心。"以諱殺戮多人,真從來未有之事。……道咸而後,諱例漸寬。②

避諱的方法大致有以下幾種:

一曰改字。陳垣云:

> 改字之例顯於秦,《史記·秦始皇本紀》:"二十三年,秦王復召王翦使將擊荆。"《正義》曰:"秦號楚爲荆者,以莊襄王名子楚,諱之,故言荆也。"又《秦楚之際月表》端月注,索隱曰:"秦諱正,謂之端。"琅邪

---

① 《四庫全書總目》卷首。

② 《史諱舉例》卷八《清諱例》。

臺刻石曰“端平法度”“端直敦忠”，皆以端代正也。①

二曰缺筆。陳垣云：“乾封元年贈泰師孔宣公碑，兩引‘生民以來’，俱作生人。‘愚智齊泯’，泯作泜。此爲唐碑避諱缺筆始見，以後缺筆之字漸多。”例如《四部叢刊》景印涵芬樓藏北宋刊司馬光撰《資治通鑒目録》三十卷，宋帝諱如殷、敬、鏡、玄、弘、貞、徵、讓、項、桓、完等字皆缺筆。②

三曰空字，或用代稱詞。陳垣云：

有因避諱，空其字而不書，或作空圍，或曰“某”，或徑書“諱”字，其例亦古。《書·金縢》曰：“惟爾元孫某。”孔傳：“元孫，武王。某，名。臣諱君，故曰某。”《史記·孝文本紀》：“子某最長，請建以爲太子。”某謂景帝啓也。《史記》《漢書》於漢諸帝紀皆不書名。許氏《説文》於禾部光武諱、艸部明帝諱、火部章帝諱、戈部和帝諱、示部安帝諱，皆注曰“上諱”，空其字不注。

四曰删字。唐高祖李淵祖父名虎，唐初修《隋書》把韓擒虎改稱韓擒，去“虎”字。此外還要避嫌名，即避與避諱字讀音相同或相近的字。《禮記·曲禮》云：“禮不諱嫌名。”鄭玄注曰：“嫌名，謂音聲相近，若禹與雨、丘與區也。”③陳垣説：“嫌名之諱，起於漢以後。《三國·吴志》二：‘赤烏五年，立子和爲太子，改禾興爲嘉興。’此諱嫌名之始也。”④宋代有的嫌名多達五十四字。今録當時功令如下：

淳熙重修文書式

玄，胡涓切。懸、縣、泫、訇、胘、昡、獧等二十字。

---

① 《史諱舉例》卷一《避諱所用之方法》。下引陳説均出此。秦人諱正者，因始皇名政。

② 參見圖版十三。其第七行末恒字缺筆。宋真宗名恒。

③ 《禮記正義》卷一《曲禮上》。

④ 《史諱舉例》卷五《避諱學應注意之事項》。

朗，盧黨切。悢、烺、閬、浪等二十字。

匡，去王切。筐、眶、恇、劻、廷等十八字。

胤，羊晉切。酳、靷、引等十七字。

炅，古迥切。熲、炯、耿、扃、憬等十六字。

恒，胡登切。峘、姮等四字。

禎，陟盈切。楨、貞、偵、徵、旌、癥等十三字。

曙，常恕切。署、抒、藷、薯、樹（殊遇切）、豎、澍、贖、屬等二十六字。

頊，呼玉切。旭、勖等七字。

煦，吁句切。昫、酗、休、呴、咻等十三字。

佶，極乞切。姞、郅、鮚、吉（其吉切）、咭等十一字。

桓，胡官切。瓛、完、丸、院、洹、汍、紈、綄、芄、莞、萑、鸛、莧、狟、皖、垣等四十九字。

構，古候切。遘、媾、覯、購、篝、韝、姤、詬、逅、鴝、句、雊、鉤、岣、穀、彀、够等五十五字。

眘，時認切。慎、蜃等七字。

惇，都昆切。敦、墩、邨、鶉、錞等二十四字。内鶉、錞二字，並係殊倫切，與淳字同音，不合回避。若作都昆切，即係與今廟諱同音，合各從經傳子史音義避用。

擴，闊鑊切。廓、郭、鞹、鞟等十七字。

昀，俞倫切。匀、畇、馴、巡（《尚書》巡狩徐邈讀）等七字。①

避諱是爲了加强封建統治者權威而形成的一種陋習。但是各朝代避諱寬嚴程度不同，諱字也不一樣，人們正可利用這一點來鑒定版本。今略舉數例。如清錢大昕《答盧學士書》云：

讀閣下所校《太玄經》云：向借得一舊本，似北宋刻，末署右迪功郎，充兩浙東路提舉茶鹽司幹辦公事張寔校勘。大昕案：宋時寄禄官

① 載《附釋文互注禮部韻略》卷首。

> 分左右，唯東都元祐、南渡紹興至乾道爲然。蓋以進士出身者爲左，任子爲右也。而建炎初避思陵嫌名，始改勾當公事爲幹辦公事。此結銜有幹辦字，則是南宋刻，非北宋刻矣。宋史遇勾當字，多易爲幹當，此南渡史臣追改，非當時本文也。①

再如涵芬樓影印《百衲本二十四史》中《後漢書》，“桓”字作“淵聖御名”；而“構”字則作“今上御名”，知爲高宗時刊本。

通過避諱字還可以發現書的補版情況。清錢大昕又論宋本《東家雜記》云：“卷中管勾之勾皆作勹，避思陵嫌名。間有不缺筆者，元初修改之葉。辨宋板者當以此決之。”②

利用諱字鑒定版本同樣有一些需要注意的地方。一是書估往往剔除某些字的末筆，使人覺得原是避諱闕筆。其無闕筆者，則甚至另刻書頁或僞刊年號以作僞。如清郭麐云：

> 近時貴宋板書，於是作僞滋多，有以明人及近時初印本仿宋刻之精好者，以物染紙作舊色，其無缺筆者或另刻一二頁，或僞刊年號以實之，而鑒别收藏家争考偏傍字畫齗齗如也。③

二是各個時代避諱的寬嚴程度和方式不盡相同，同是宋代，家刻本、坊刻本就没有官刻本那麽嚴，有的字避，有的字不避。如繆荃孫指出：“宋刻避諱，監本、官本最爲慎重，家刻、坊刻多不拘，近人專求避諱以辨宋刻，往往貽誤。”④王國維在《詩人玉屑》二十一卷的題跋中就談到過這種情況：“宋本於宋諱，唯貞字皆缺末筆，餘如曙、桓、構、音、惇等均未嘗避。然如十九卷第五頁姬缺筆，乃避度宗嫌名，則剞劂當在咸淳、德祐間，或竟在

① 《潛研堂文集》卷三四。

② 《十駕齋養新録》卷一三。

③ 《靈芬館詩話續》卷六。

④ 《藝風堂文漫存·癸甲稿》卷三《五代史平話跋》。

宋亡以後。於故主之外,但避貞字,仁宗德澤入人之深如此!"①偶然還有全不避諱的,如《實禮堂宋本書録》所著録《四明續志》,即其一例。

三是翻刻古書照樣翻刻諱字,或者後朝人刊刻前朝人的著作,也故意避前朝之諱。如明張志淳云:"元滅宋後,元刻諸史,如殷、敬、恒、桓、構之類皆諱,又如恒字省下一畫,至今不改。"②再如明嘉靖丙午(一五四六)武進蔣孝刻的《陶靖節集》,殷、敬缺末筆,而且每卷末記字數,也和宋刻相同,若單憑諱字鑒定版本,將會誤明刻爲宋刻了。魯迅在《關於三藏取經記等》一文中,認爲某朝諱字缺筆即爲某朝刻本的觀點是形式主義的版本研究方法。他指出直到民國十五年(一九二六),而遺老們所刻的書,儀字還"敬缺末筆";非遺老們所刻的書,寧字、玄字也常常缺筆,或者以甯代寧,以元代玄。這些都是在民國而諱清諱不足爲清刻本的證據。他還從内容的考證上訂正了著名版本學家單從形式上下功夫而造成的判斷錯誤:"京師圖書館所藏的《易林注》殘本(《四部叢刊》已影印),恒字、構字都缺筆的,紙質、墨色、字體都似宋,而且是蝶裝,繆荃孫氏便定爲宋本。但細看内容,却引用着陰時夫的《韻府群玉》,而陰時夫則是道道地地的元人。"③

所以,在鑒定版本時,除注意避諱字外,還應兼用其他方法,綜合考辨。但檢查避諱字畢竟是鑒定版本的有效方法之一。今製宋至清歷代帝王諱字簡表,以備檢查:④

帝　號	名　諱	諱字及諱例
宋		
太祖	匡胤	匡、眶、框、筐、劻、胤、酳、靷、引 匡城縣改鶴丘,胤山縣改平蜀

① 《觀堂題跋選録》(子集部分),載《文獻》第十輯。

② 《南園漫録》卷一《避諱》。

③ 載《華蓋集續編》:《續編的續編》。

④ 參見清杭世駿《訂訛類編》卷三《歷朝避諱字宜改正》;張之洞《輶軒語·敬避字》;陳垣《史諱舉例》卷八《歷朝諱例》;張惟驤《歷代諱字譜》;屈萬里、昌彼得《圖書板本學要略》卷四《年表(附避諱字)》等。

續表

帝　號	名　　諱	諱字及諱例
始祖	玄朗	玄、弦、眩、絃、畜、縣、懸、朗、悢、浪、狼、壤、閬 玄改爲元，朗山縣改確山縣
遠祖	軒轅	軒、轅
高祖	朓	朓、姚、洮、祧
曾祖	珽	珽 《唐書》姚珽，缺筆誤作姚班
祖	敬	敬、竟、境、鏡、警、擎、驚、儆 鏡改爲鑒，敬州改爲梅州
父	弘殷	弘、泓、紭、殷、溵 弘農縣改恒農縣、殷改爲商、爲湯
太宗	炅初名匡乂改名光義	炅、熲、炯、耿、憬、扃、光、義 義興縣改宜興縣，楊美本名光美
真宗	恒	恒、峘、姮、佷 恒改爲常，恒山改爲鎮山
仁宗	禎	禎、貞、偵、湞、徵、癥、懲、正(音征)、蒸 禎改爲真，謚文貞者稱文正
英宗	曙	曙、署、暑、豎、薯、蜀、贖、杼、樹、裋、侸、澍 曙改爲曉、爲旭，簽署改簽書
父	允讓	讓 讓改爲遜，或爲避
神宗	頊	頊、旭、勖 頊改爲玉，勖改爲勉
哲宗	煦	煦、昫、朐、酗、休、咻
徽宗	佶	佶、吉、黠、咭、郅、姞
欽宗	桓	桓、垣、恒、完、莞、梡、紈、丸、巘、瑗、源、鸛、萑、狟、皖 桓改爲亘、爲威，齊桓公改威公
高宗	構	構、篝、覯、雊、遘、冓、購、韝、鴝、岣、彀、溝、够、勾、鉤、姤、詬、逅 勾當改幹當，管勾改管幹

續表

帝 號	名 諱	諱字及諱例
孝宗	昚	昚、慎、蜃 慎改爲謹,慎縣改梁縣
光宗	惇	惇、敦、弴、錞、鶉、墩、村 惇改爲崇,或爲孝
寧宗	擴	擴、郭、廓、槨、鞹、霍、鞟
理宗	昀	昀、匀、馴、畇、巡
度宗	禥	
恭宗	㬎	
遼		
太祖	耶律億	億 丁億更名意
太宗	耶律德光	光 改光禄大夫爲崇禄大夫
世宗	耶律阮	
穆宗	耶律璟 後更名明	明 以昭代明
景宗	耶律賢	賢 改賢順爲恭順
聖宗	耶律隆緒	
興宗	耶律宗真	真、鎮、慎 改女真爲女直
道宗	耶律洪基	基 以本代基
天祚帝	耶律延禧	禧、熙 改年號"重熙"爲"重和"
金		
太祖	完顔旻	旻、閔、憫、岷 宋紹興十二年改岷州爲西和州
太宗	完顔晟	

續表

帝　號	名　　諱	諱字及諱例
熙宗	完顔亶	
父徽宗 宗峻	完顔宗峻	峻、浚 皇統八年改浚州爲通州
海陵王	完顔亮	
太子 光英	完顔光英	英、鷹 改鷹坊爲馴鷙坊
世宗	完顔雍	雍 改雍丘縣爲杞縣，雍國爲唐國
父睿宗 宗堯	完顔宗堯	宗 改宗氏爲姬氏
章宗	完顔璟	璟、景、爆 張爆改名煒，改景州爲觀州
父顯宗 允恭	完顔允恭	允、恭 衛紹王允濟更名永濟，恭改爲敬
衛紹王	完顔永濟	永、濟 改永興縣爲德興縣，永濟縣爲豐閏縣
宣宗	完顔珣	珣、詢、郇 改郇國爲管國
太子 守忠	完顔守忠	忠 張行忠改名行信
哀宗	完顔守緒	守 賈守謙改名益謙
明		
太祖	元璋字國瑞	瑞 胡廷瑞易名胡美
惠帝	允炆	
成祖	棣	棣 改滄州之無棣曰慶雲，樂安州之無棣曰海豐
仁宗	高熾	
宣宗	瞻基	

續表

帝　號	名　　諱	諱字及諱例
英宗	祁鎮	鎮 正統丁卯，山西鄉試經題"維周之楨"，犯諱，教官罰俸
代宗	祁鈺	
憲宗	見深初名見濬	
孝宗	祐樘	
武宗	厚照	
世宗	厚熜	熜、璁 張璁正德十六年登第，嘉靖十年始避嫌改名孚敬
穆宗	載垕	
神宗	翊鈞	鈞 鈞州改名禹州
光宗	常洛	常、洛 常作嘗，洛作雒
熹宗	由校	由、校 由字缺筆，校作較
思宗	由檢	由、油、檢 以"繇"代"由"，檢作簡
清		
世祖	福臨	
聖祖	玄燁	玄、炫、弦、眩、鉉、率、牽、兹、燁、曄，畜字不避 "玄"以"元"代，或缺末點；燁缺末筆
世宗	胤禛	胤、禛、真、貞 "胤"或缺末筆，或以"允"、"嗣"、"裔"代；"禛"或缺末筆，或以"正"代
高宗	弘曆	弘、曆、紭、強 改明弘治年號爲宏治，改時憲曆爲時憲書
仁宗	顒琰	顒、琰 "顒"作"永"，或缺末筆，改"宋俞琰"爲"俞琬"

續表

帝　號	名　　諱	諱字及諱例
宣宗	旻寧	寧 寧缺末筆，或以“甯”代
文宗	奕詝	詝、佇
穆宗	載淳	淳 淳作涫，或缺末筆；或醇作醕
德宗	載湉	湉 湉缺末筆或以“恬”代
宣統	溥儀	儀 儀缺末筆，或改作彝、怡

關於歷代諱字，詳見王彦坤編著之《歷代避諱字彙典》，有中華書局二〇〇九年版。

第四節　版　式

版式指書版的樣式，可大致分爲邊欄、行款、書口三部分。首先，不同時代雕刻的書，其版式有着不同的特點。其次，同一種書，各種版本的版式也有許多是各不相同的。因此，研究版式也是我們鑒定版本的方法之一。

一　邊　欄

關於邊欄，日本島田翰云：“宋之初，去古未遠，其刊四部之書，以其多出於卷子本，界欄尚是則烏絲欄界之舊，大抵用單邊畫。其非觀美也，則有左右雙邊。宋之南渡，流風既遠，古法幾乎息矣，於是始有四周雙邊。其南宋刻本如岳本《五經》、巾箱本《周禮》、景德本《儀禮疏》及巾箱本《周易》、七十卷本《禮記注疏》，則界用四周雙邊。而秘府《尚書正義》則汴時刻本，則畫以左右雙邊，而修版則多四周雙邊。是四周雙邊固非古法，而左右雙邊亦未可謂得舊樣也。《考槃餘事》云：宋本無四周雙邊之書。不知宋中葉已有之，故舉以正之。"[1]據其所考四周單邊、左右雙邊、四周雙邊這三種形式在宋代皆已出現。就現存宋、元本書來看，宋本多左右雙邊，元本多四周雙邊。正因爲從宋代開始，邊欄的三種形式都有，所以不能以此作爲鑒定版本的可靠依據。

但有一點却是可以作爲可靠依據的，那就是版框的高廣。翻刻本與原刻本行款往往相同，但它們版框高廣的長度一般都有差别，據此即可判斷出它們是不同的版本。首先記録書籍版框高廣尺寸的是繆荃孫編纂的《學部圖書館善本書目》。此後，不少版本學家踵而效之。如涵芬樓影印《四部叢刊》，也以營造尺爲度量單位，在每書的扉葉後面特記原書版框高廣各若干寸若干分。營造尺是清代工部營造所用的尺，合零點三二米，爲當時的標準長度單位。

王重民《中國善本書提要》采用公制長度計量單位記録版框的高廣，就更加精確、方便。例如《中國善本書提要》經部詩類著録的三種《詩緝》均爲三十六卷，行款皆九行十八字，印記、牌記、序相同處亦多。但其高廣一爲十九點五乘十三點六，一爲十九點一乘十三點六，一爲十九點二乘十三點六。再校核其他不同之處，即可證明它們並非同一版本。

二　行　款

行款是指每葉雕版書的版面有多少行，每行有多少字，通常以半葉計算。

書有行款，源遠流長。殷滌非、羅長銘介紹一九五七年在安徽壽縣出土一件鄂君啓金節道："鄂君啓金節是用青銅製成，它的形體極像今日文具中的竹製臂擱，中間有一個竹節，分器面爲兩段，上長下短。器面上鏤刻八條陰文直綫，以爲錯金字的直格。"[2]王欣夫説："考金文中有格綫的，如克鼎有陽識方格，宗婦鼎有陰識方格，與此金節的八條陰文直格，都爲了鏤錯文字的方便，而這八條陰文直格，已創造了後來版本行格的先例，

---

① 《古文舊書考》卷二《吕氏家塾讀詩記三十二卷》。

② 《壽縣出土的鄂君啓金節》，載《文物參考資料》一九五八年第四期。

談版本學的不可不知。”①一九七三年十二月，長沙馬王堆三號漢墓出土的帛書大部分畫有朱色行格。這是現存最早的朱絲欄。敦煌發現的唐卷子本絶大多數有類似今天鉛筆所畫的行格。雕印本繼承了寫本的傳統，大多數皆有行格。

從表面上看，各朝代刻書的行款是無規律可尋的，據江標《宋元本行格表》，宋本每半葉四行至十六行皆有，甚至有十九行、二十行的。然正如屈萬里、昌彼得所説：

> 官府及各家所刻書，其行款亦往往各有其定式。如北宋單疏本（南宋覆本同）群經義疏，每半葉皆十五行。小字本正史，每半葉皆十四行。中字本者皆十行。蜀刻七史（今傳本是否蜀刻，尚待論定）半葉九行。宋浙東茶鹽司所刻諸經注疏皆八行，建刻注疏則十行。書棚本唐人詩集及宋人江湖小集，皆十行十八字。元九路所刻諸史，皆十行二十二字。②

此外，每書的各種版本，其行款可能是各不相同的。例如百衲本《史記》，傅增湘云：

> 其版刻凡六種：其一曰蜀大字本三十九卷，半葉九行，行十六字，注雙行，二十二字，白口雙闌，版心上記字數，下記刊工姓名；其二曰宋黄善夫本，四卷，半葉十行，行十八字，注雙行，二十三字，細黑口，雙闌，版心上方記字數，避諱至桓字止，右闌外記篇名，每卷後記史若干字，注若干字；其三曰中統本，四卷，半葉十四行，行二十五字，注雙行同，白口，四周雙闌，宋諱不避，版心下方間記人名一字，左闌外記篇名；其四曰元彭寅翁本七卷，半葉十行，行二十一字，注雙行同，黑口雙闌，版心上記大小字數，左闌外記篇名；其五曰大德九路本，二十

---

① 《古文獻學要略》第三章《版本》三《版本前的文獻材料》。

② 《圖書板本學要略》卷三《鑒別篇》。

> 六卷,半葉十行,行二十一字,注雙行同,黑口,四周雙闌,版心記字數及刊工姓名,上魚尾上記饒學、番學、番江路學、樂平、錦江等字;其六曰南監本,半葉十行,行十九字,注雙行二十七字,白口,四周雙闌,版心上記大小字數,下記刊工姓名。①

有時同一種書的不同版本,其行數相同,字數也可能會出現差異。例如《中國善本書提要》經部詩類所載《韓詩外傳》十卷,明嘉靖間刻本爲九行十八字,明野竹齋刻本爲九行十七字,《漢魏叢書》本爲九行二十字。

正因爲某時某地所刻書在行款上大體有規律可尋,而一書多刻,行款也常有差異,所以人們往往通過對行款的研究來鑒定版本。如葉啓勳《論上海涵芬樓影印四部叢刊》云:"《歐陽居士集》,目載爲元刊本。此非元刻,其行款、字體、墨欄均同余家藏天順六年(一四六二)錢溥序刊本。蓋經書估割去錢序僞充,沿《天禄琳琅》之誤,定爲元本。亟宜補入錢序,以還其真。"②又王重民《跋萬玉堂本太玄經》云:

> 此本已印入《四部叢刊》。《四部叢刊書録》引何義門云:"嘉靖中郝氏所刊。"按嘉靖甲申郝梁翻宋本十行十八字,與此本行款不同(此本八行十七字),蓋何氏誤以兩本爲一本也(陸氏《儀顧堂續跋》卷九誤同)。此本《釋文》末葉下書口刻"海虞周潮書",則當爲常熟所刻。③

此外,宋刻每行字數往往多寡不一,是仿古卷子本體式。宋元刻本的字豎看整齊,横看常不整齊,而明清刻本因爲雕印水平的提高,其所刻字豎看横看基本上都是整齊的。

正因爲研究行款對鑒定版本十分有用,清末江標因而創作了記録宋本和元本行格的專著《宋元本行格表》。葉德輝云:"宋板書,行少者每半

---

① 《藏園群書題記》續集卷一《題百衲本史記》。

② 載《圖書館學季刊》第一卷第四期。

③ 《中國善本書提要》附録《中國善本書題跋》。

葉四行，行八字（如寶祐五年陳蘭森所刻《干禄字書》）。行多者每半葉二十行，行二十七八字至三十字不等（宋刻《九經》白文）。吾友江建霞標，著有《宋元行格表》二卷，余爲校補，刻於長沙，言版片者奉爲枕中鴻寶也已。”①

由於行款可爲鑒定版本提供依據，故藏書家著録宋元刻本必詳記行款，已成爲定例。

三　書　口

書版中央不刻正文的部位稱版心或書口，因爲宋元時代通行蝴蝶裝，此部位朝裏，故名版心，宋元以後書籍改爲包背裝、綫裝，此部位朝外，故改稱書口。關於書口的名詞術語，已見本編第三章第五節。

人們早就注意到了書口的時代特徵，如明初葉盛云：“宋時所刻書，其匡廓中摺行上下不留墨牌，首則刻工私記本版字數，次書名，次卷第數目，其末則刻工姓名以及字總數，余所見當時印本如此。”②葉德輝復日本松崎鶴雄書所論尤詳：

> 大抵雙綫白口多宋版。單綫黑口，南宋末麻沙本多有之，至元相沿成例。明初承元之舊，故成弘間刻書尚黑口，嘉靖間多從宋本繙雕，故尚白口。今日嘉靖本珍重不亞宋元，蓋以此也。大抵此類版心，書名衹摘一字，下刻數目。其白口、小黑口空處，上記本葉字數，下記匠人姓名，不全刻書名也。全刻書名在萬曆以後，至我國初猶然。魚尾有雙有單，雙者上下同；單者上刻一魚尾，下則衹刻一横綫紋。亦有版心全係黑口者，則魚尾以外，皆粗黑綫，如元張伯顔本《文選》，及明刻宋章如愚《山堂考索》之類。此則匠人以意爲之，不爲定

① 《書林清話》卷六《宋刻書行字之疏密》。吴則虞云：“江標著《宋元本行格表》實際上是從廣州登雲閣書店老板駱浩泉處買來的帳本，從中找材料編寫出來的。”見所撰《古典哲學書籍的收購和發行工作》，載河北省文化局一九六二年編印的《古舊圖書業務知識》。其説真僞尚待考證。

② 《水東日記》卷一四。

式也。耳子以識書之篇名，始宋岳珂之刻九經三傳，今武英殿之仿刻五經本，其式猶存，他書則罕見。①

葉氏所論，尚有可商之處，如書耳的出現，就還要早些，但總的來説很有參考價值。

此外，翻刻本同原刻本相比，版心常有變化。毛春翔説："明馮紹祖校刻《楚辭章句》，原刻版心下方有'杭州郁文瑞書'六字，翻版没有此六字。萬曆本《龍谿王先生語録》卷一第一頁，版心下方題：'秣陵楊應時書，梅仕見刻'，翻版照樣刻下。經核對，則翻板板匡高半字，而刀法笨拙異常。"②

正因爲書口具有時代特徵，翻刻本在書口上往往有變化，人們便可以利用書口來從事版本鑒定工作。如葉啓勳《論上海涵芬樓影印四部叢刊》云："《古文苑》，目載明成化刊本。此實嘉靖重刊白口本。余家藏成化壬寅張世用刊本爲大黑口，字體墨欄極其古樸，首有張琳序。"③又杜信孚自序其《明代版刻綜録》云：

《梅巖胡先生文集》十卷，宋胡次焱撰，明嘉靖十八年(一五三九年)胡璉刊；又有嘉靖二十三年胡陞刊本。前人往往定爲一個版本，其實不然。胡璉本之排列：一賦，二樂章、詩，三序，四記，五論議，六説、銘，七跋，八啓、札，九附録、詩、跋、啓、告文，十書，書名在魚尾上方。胡陞本之順序：一序，二記，三論，四説、銘，五賦，六樂章、詩，七跋，八書、啓、札，九附録、詩、跋、傳、啓、告文，十書，書名在魚尾下方。兩者判然有别。

利用書口鑒定版本有兩點應加注意。一是書口雖具時代風格，但也有例外。例如一般認爲大黑口本爲元代或明初所刊，其實南宋末年與明

---

① 《書林餘話》卷下。

② 《古書版本常談・如何鑒别版本》。

③ 載《圖書館學季刊》第一卷第四期。

嘉靖以後也有黑口本。黄丕烈跋《新定續志》云：

> 啓包見板口闊而黑，視之則《新定續志》是也。心疑爲非宋刊，即持示同人。賣書人如錢聽默，藏書家如周香巖，皆素稱識書者，然但詫爲未見書，而宋刻與否，初不敢以意定也。惟西賓顧澗蘋，與余賞析，謂非宋刻而何？因思余所藏《中興館閣録續録》，有咸淳時補版，皆似此紙墨款式，間有闊黑口者。可知宋刻書，非必定白口或細黑口也。①

又元刻黑口是最常見的形式，如孫慶增《藏書紀要》第二則《鑒别》云："元刻不用對勘，其字脚、行款、黑口，一見便知。"但元代也並非没有白口本，如元刻《玉海》、元官刊大字本《大元一統志》、元至正四年（一三四四）集慶路儒學溧陽州學溧水州學刻《金陵新志》皆爲白口。② 所以我們要注意例外的現象。二是要謹防書估在書口上作僞。《天禄琳琅書目》卷七著録明覆宋相臺岳氏本《春秋經傳集解》云：

> 此本寬行大字，槧刻極精。書賈得之，遂僞作"咸平辛丑刊"五字，補印於板心上方，以當宋槧。不知墨色濃淡，一望可知。且其中有不能容五字者，其咸字已印出邊欄之外，而刊字復縮其結體，用筆墨補填於下，心勞日拙，此之謂也。

葉德輝也認爲"《天禄琳琅》後編所載宋版書，不如前編之可據。如……卷五之《重廣補注黄帝内經素問》二十四卷第四部，每板心有'紹定重刊'四字。宋版亦無此體式，且有元號無年月。即元、明兩監補修宋本諸史不如此含糊。蓋板心四字必書估僞造，加印其上，斷然可知"。③

---

① 《士禮居藏書題跋記》卷二。

② 參看圖版十六。

③ 《書林清話》卷十《天禄琳琅宋元刻本之僞》。

第五節　紙　墨

印書所用之紙具有時代性和地域性，所以對紙進行研究也是鑒定版本的手段之一。

唐代用來鈔書的主要是四川麻紙。宋、元時代，四川仍用麻紙，北方則兼用桑皮紙，浙江地區的官刻多用皮紙或麻紙。潘吉星説："經國子監校勘的書多在杭州雕版，用浙江桑皮紙印刷。""南宋臨安府刻《漢官儀》(一一三九)用皮紙"，"元代浙江官刻本《重校聖濟總録》(一二九九至一三〇〇)是用樹皮麻料的混料紙。"[①]而經藏與坊刻本則漸用竹紙。福建盛産竹紙，清郭柏蒼《閩産録異》云："延、建、邵、汀皆做紙，凡篁竹、麻竹、綿竹、赤梘竹，其竹穰皆厚，擇其幼稚者制。"復云："建陽扣土人呼爲書紙，宋元麻沙板書，皆用此紙。"[②]潘吉星又説：

> 建本幾乎絶大部分是用竹紙，如北京圖書館藏南宋乾道七年(一一七一)《史記集解索隱》、紹興戊辰(一一四八)《毗盧大藏》、元代至元六年(一二六九)建陽鄭氏積誠堂刻《事林廣記》、元天曆庚午(一三三〇)《王氏脉經》、至順壬申(一三三二)《唐律疏議》等建本，其用紙經筆者鑒定，都是竹紙。而北宋明道二年(一〇三三)兵部尚書胡則印施的《大悲心陀羅尼經》則是傳世較精良的竹紙刻本。又咸淳二年(一二六六)磧砂藏本《波羅蜜經》，也用較好的竹紙刊印。[③]

明、清時的造紙槽坊大多分佈在江西、福建、浙江、安徽等省。因爲南方各省盛産竹材，所以所造多爲竹紙，其中以江西、福建的毛邊紙與連史紙最爲普遍。

對紙可以采用化學方法或物理方法來鑒定。晉、唐古紙，紙面大多呈

---

① 《中國造紙技術史稿》第五章《宋元時期的造紙技術》。

② 載《郭氏叢刻》。

③ 《中國造紙技術史稿》第五章《宋元時期的造紙技術》。

現因老化和多次裝裱而引起的自然泛黄和發灰現象；宋紙間亦有之，但程度稍淺些；元、明、清紙則程度更淺，甚至有白度不減當年的。作僞的紙，正反面和表裏顔色不勻，老化程度甚淺。將作僞的紙和有年代可查的古紙在高倍放大鏡下對照觀察，是可以識别出來的。如潘吉星説：

> 據筆者作物理檢驗，如北京圖書館藏北宋開寶藏《佛説阿維越致遮經》（九七三年刻，一一〇八年刊行），就是用高級的桑皮紙，雙面加蠟，染黄。南宋中期廖氏世綵堂刻《昌黎先生集》是細薄白色桑皮紙。南宋景定元年（一二六〇）江西吉州刻《文苑英華》、咸淳《臨安志》（約一二七〇）及元代茶陵刻本《夢溪筆談》，則用的是楮皮紙。[①]

有的再生紙也能鑒定出來，譬如潘吉星鑒定國家圖書館藏南宋嘉定年間（一二〇八至一二二四）江西刻本《春秋繁露》，是楮皮紙，紙漿中含有故紙，顯然是用廢紙加工而成的。

其次可以看紙的簾紋。簾紋分簾條紋和編織紋兩種。簾條一般用細竹條，無竹條可用芨芨草或萱草莖代替，通常用生絲或馬尾把簾條編織在一起。研究簾紋應當從竹條紋的寬度、編織紋的間距入手。有的宋紙簾紋中的編織紋間距是相等的，約爲一點八至二釐米。魏隱儒説：

> 白麻紙正面潔白光潤，背面略顯粗糙，有草棍紙毛粘附，質地細薄，堅韌耐久。如不着潮水濕，經久不會變質。黄麻紙色略黄，有的比白麻紙略厚，其性能與白麻紙彷佛，看起來似稍粗糙。無論白、黄，紙紋（也稱簾子紋）都比較寬，約一指半左右。也有紙紋不太明顯的[②]。宋代印書多用這兩種紙。遼、金和元代初期印書，與宋代末年用紙大致相同。據傳本所見，使用黄麻紙漸多。到元代後期，印本大

---

① 《中國造紙技術史稿》第五章《宋元時期的造紙技術》。

② 《中國造紙技術史稿》第五章《宋元時期的造紙技術》説："這種紙較厚，由幾層粘起，故可揭開，又因爲已加蠟，故簾紋不顯。"

多用黄麻紙。這時紙紋變窄,約一指左右。①

此外,地域不同簾紋也不同,例如福建紙簾紋間距小於江西紙。中國紙與外國紙簾紋也可能不同,如宋和宋以後的高麗紙是從朝鮮進口的,這種紙多是粗條簾紋,編織紋間距比國産桑皮紙要大。

再次是檢查紙背。黄丕烈於《蘆川詞》二卷題識云:

宋本每葉紙背大半有字迹,蓋宋時廢紙多值錢也。此詞用廢紙刷印,審是册籍。偶閲之,知是宋時收糧案,故有更幾石、需幾石,下注秀才、進士、官户等字,又有縣丞、提舉、鄉司等字,户籍、官銜略可考見。粳、糯省文皆從便易。雖無關典實,聊記於此,以見宋刻宋印,古書源流多有如是者。紙角截殘,印文模糊,不可辨識矣。古色古香,不徒在本書楮墨間也。②

又其跋《北山小集》有云:"書友胡益謙持《北山小集》示余,欲一决其宋本與否。余開卷,指示紙背曰:'此書宋刻宋印,子不知宋本,獨不見其紙爲宋時册子乎?'"③葉德輝也指出了這一點:"每見宋板書多以官府文牒翻其背印以行。如《治平類篇》一部四十卷,皆元符二年及崇寧五年公私文牒、牋、啓之故紙也。其紙極堅厚,背面光澤如一,故可兩用,若今之紙不能也。"④明初也喜用廢紙印書,黄丕烈跋幽蘭居士《東京夢華録》云:

楮墨古雅,板大而字細,人皆以爲宋刻;余獨謂不然。書中惟祖宗二字空格,餘字不避宋諱,當是元刻中之上駟。至於印本,當在明初。蓋就其紙背文字驗之,有本班助教廖,崇志堂西二班,學正翁深,學正江士魯考訖,魏克讓考訖,正義堂,誠心堂西二班,民生黄刷卷,

① 《古籍版本鑒定叢談》第六章《歷史上古籍的用紙》。
② 《蕘圃藏書題識》卷十。
③ 《士禮居藏書題跋記》卷五。
④ 《書林清話》卷六《宋人鈔書印書之紙》。

遠差易中等,《論語》《大誥》云云,雖文字不可卒讀,而所云皆國子監中事,知廢紙爲監中册籍也。①

有些紙背還鈐有紙張生産單位與使用單位的印記,這也爲鑒定版本提供了依據。據日本《圖書寮漢籍善本書目》載宋福州開元禪寺刻的佛經,如《阿毗達磨大毗婆娑論》,紹興戊辰年刻,紙背捺有"開元經局染黄紙"大方印,這是宋刻宋印的大好證據。②

我們在利用紙張鑒定版本時,也要注意書估作僞。明高濂《遵生八箋·燕閒清賞箋》云:

近日作假宋板者,神妙莫測,將新刻摹宋板書,特鈔微黄厚實竹紙,或用川中繭紙,或用糊褙方簾綿紙,或用孩兒白鹿紙,筒卷,用槌細敲過,名之曰刮,以墨浸去臭味印成。或將新刻板中,殘缺一二要處;或濕霉三五張,破碎重補;或改刻開卷一二序文年號;或貼過今人注刻名氏,留空,另刻小印,將宋人姓氏扣填兩頭角處;或用沙石磨去一角;或作一二缺痕;或置蛀米櫃中,令蟲蝕作透漏蛀孔;或以鐵綫燒紅,鎚書本子,委曲成眼,一二轉折,種種與新不同。用紙裝襯綾錦套殼,入手重實,光膩可觀。初非今書仿佛,以惑售者。或札夥囤,令人先聲,指爲故家某姓所遺,百計蠱人,莫可窺測。

可見紙是書估作僞的重點。《四庫全書總目》卷一百七十四《斜川集》提要云:

此集乃近時坊間所刊。其本但有邊闌,而不界每行之烏絲。此本染紙作古色,每葉補畫烏絲,而僞鎸虞山汲古閣毛子晉圖書一印,印於卷末。蓋欲以宋版炫俗。……案劉過《龍洲集》中所載之詩與此

① 《士禮居藏書題跋記》卷二。
② 參見《古書版本常談·如何鑒別版本》。

盡同。蓋作僞者因二人同名爲過，而鈔出冒題爲《斜川集》，刊以漁利耳。

此外，如屈萬里、昌彼得所説："舊版流傳既久，後人重印，自用後世之紙張，如三朝本者，固比比皆是。而後世仿宋之本，以故宋紙或特仿造宋紙印行者，亦往往而有。"[①]因此在鑒定版本時，注意用紙的情況只是方法之一。

各時代印書用墨不同，因此有的版本學家也將對墨的分析，作爲鑒定版本的輔助手段之一。

宋本用墨質料精良。其特點是顔色黑，有香味，雖經水濕而無浸染之迹。明高濂《遵生八箋·燕閒清賞箋》云："藏書以宋刻爲善，宋人之書，紙堅刻軟。字畫如寫，格用單邊，間多諱字，用墨稀薄，雖著水濕燥無湮迹，開卷一種書香，自生異味。"宋墨亦如後世，用松煙或油煙製造，但工藝精良。明屠隆云："北墨多用松煙，色清而淺，不和油臘。……南紙，其紋竪，墨用油煙。"[②]人們在鑒賞宋本的時候，總是特别注意到它的古色古香的紙和墨。如《天禄琳琅書目》卷二論宋版《南華真經》云："此書版高不及半尺，而字畫倍加纖朗，紙質墨光亦極瑩緻。乾隆御題云：'蠅頭細書，紙香墨古，誠寶迹也。'"又卷三論宋版《唐文粹》云："北宋寶元二年臨安孟琪刻。乾隆御題云：'字畫工楷，墨色如漆。'觀此知有宋一代文化之盛，物力之豐，與其工藝之精，斷非元以後所能得其彷彿。"

元代用墨比宋略遜。故高濂《燕閒清賞箋》云："元刻仿宋，單邊，字畫不分粗細，較宋邊條闊多一綫。紙鬆刻硬，中無諱字，開卷了無臭味。"

明代用墨較差，尤劣者多以煤和麵粉代墨汁印書，色淺，易浸染脱落，使版面模糊成爲大花臉，見本章第一節。清代製墨原料較精，因此書籍用墨也較明刻本爲勝。盧前《書林别話》述近代製印書用墨之法云：

---

① 《圖書板本學要略》卷三《鑒别篇》。
② 《考槃餘事》卷一《帖箋南北紙》。

> 印書始於製墨。製墨之法，取炭窖之窖煙，化牛皮膠爲水，和之，成厚粥狀，調之以酒，儲之半月，成稀麵糊，將墨粥揉勾，盛入缸藏之。至時霉天，則臭氣四溢，然必經三四時霉天，始能用也。倘即用之，則墨色必浮，觸之則糊。是墨愈久而愈佳。印書時，必先用馬尾篩破水瀝之。渣滓可以傾去，取其餘印書。①

正因爲墨色有時代的差别，而且新印本的墨色也不同於古舊圖書，所以版本學家往往也利用墨色來鑒定版本。如施廷鏞説："明崇禎癸酉吴郡趙均得宋嘉定時陳玉父本《玉臺新詠》摹刻以傳，刻寫精雅，楮墨明湛，當時稱爲佳槧。一九二二年壬戌南陵徐乃昌影寫趙本，付黄岡陶子麟精刻傳世，有以明版書之空白附頁，搽去牌記印充趙刻以惑人。這在紙張、字體均不易鑒别出它是搽印本，但墨色猶新，還是可以看出的，若知徐氏刻有此書，取以對勘，更可確定了。"②

第六節　字　體

古代刻書的字體受到時代風氣與傳統習慣的影響，不同時代不同地區所刻的書，其字體往往呈現不同的特色，前已略述梗概。

北宋刻本現存不多，從《中國版刻圖録》所著録的北宋刻遞修本《漢書注》③及臺灣"中央圖書館"所藏北宋刻本《後漢書》的書影來看，其字體方正，筆畫勾稱，多祖歐陽詢體，可與歐書《九成宫醴泉銘》等傳世石刻對照。

南宋刻書通行歐陽詢、顔真卿、柳公權諸家之體，但各地區刻書所用字體不盡相同。杭州地區刻書可以説是清一色的歐體。這是因爲北宋監本多送杭州雕版，北宋本采用歐體對浙本自有影響，而歐體布局整齊，字劃瘦勁，棱角分明，便於施刀，也受到了刻工們的歡迎。浙本早期所用歐體字稍肥，陳氏書棚本等中後期出版物筆劃轉瘦，字形略長，廖瑩中家刻

---

① 載《中國現代出版史料》丁編。

② 《中文古籍版本簡談》四《版本的鑒别》之六《辨僞》。

③ 參看圖版十三。

韓、柳集清瘦而秀發。[1] 宋代閩本的字體也具有鮮明的特色。總的看來，它是在柳體的基礎上改造而成。其大字吸收了柳體結構匀齊、用筆挺拔、筆鋒鮮明的長處，但爲了便於雕刻，其筆劃又明顯地改爲横細豎粗。其小字所有筆劃皆一樣纖細，少有變化，雖不甚美觀，却相當清晰。閩本字體仿柳公權，可對照柳書《玄秘塔碑》。[2] 蜀本的大字本與小字本的字體不同。《中國版刻圖録》著録的蜀大字本《春秋經傳集解》，間架開闊，點畫偏肥，顯得雄渾樸厚，是比較典型的顔體，而且其正文大字與注文小字字體完全一致，[3]不像建本那樣有明顯的區别。而今傳宋蜀廣都費氏進修堂刊本《資治通鑒》，宋眉山程舍人宅刊本《東都事略》，其字體則在顔、柳之間。值得注意的是有些宋本字體並非酷肖一家，而是兼采諸家。錢基博云：

> 儻有參以他種筆意者，則尤名貴。如王世貞跋元趙孟頫松雪齋班、范二《漢書》云："有歐、柳筆法。"《皕宋樓藏書志》載宋禮部官書《六韜》六卷，云"字畫方勁，有歐、顔筆意"。北京圖書館藏有宋淳熙三年刊小字本《通鑒紀事本末》殘册，書法秀整，體兼顔柳，皆罕品也。[4]

就一般情況而言，元代及明初刻本字多采用趙孟頫體，[5]但也有幾點值得注意：一是元代初期，書法猶是宋金遺風，刻書字體近似，因此人們從字體去鑒定版本時，常把元初刻本誤作宋本著録。二是各地區刻本可能仍保留原有字體的風格，如元至正五年（一三四五）建安余氏勤有堂刊本《書蔡氏傳旁通》、元泰定元年（一三二四）麻沙吴氏友於堂刊本《新編事文類聚翰墨全書》即參有柳體特點。三是覆刻本自然保留原書字體，如相臺

① 參看圖版二十一。
② 參看圖版二十三。
③ 參看圖版二十二。
④ 《版本通義·歷史第二》。
⑤ 參看圖版十六、二十五。

岳氏本經注係覆刻廖瑩中本,所以全作歐體。此外,元刻通俗文藝作品常有簡體字。

明刻本字體,大致可分爲明初、明中葉、晚明三個階段。明初是指正德以前的一段時期,在這段時期,字體仍宗趙孟頫,已如前述。明中葉是指正德、嘉靖、隆慶和萬曆前期。關於這個時期明刻本字體,屈萬里、昌彼得認爲:

> 正德中葉以後,覆刻宋本之風漸盛。而爾時習尚,最重詩文。唐人詩集,宋時以臨安陳氏書籍鋪所刻最多,故正嘉間覆刻唐人詩集,率祖書棚本。① 書棚本字爲率更體,翻刻時亦效其體,於是風氣一變。正德十二年震澤王氏所刻《孫可之文集》,嘉靖間朱警所刻《唐百家詩》可證也。爾後梓人爲便於施力,漸變而成横輕豎重、板滯不靈之匠體字,即今人所謂宋體字者。此類字體,始於隆、萬之際,後乃通行。②

萬曆以後稱晚明。明中葉所形成的宋體字,越變越呆板,但是由於它既呆板便於雕刻,又清晰便於閲讀,所以在晚明得到了普遍采用。由中葉到晚明有部分家刻本和坊刻本以寫體上版,筆意頗似董其昌,如趙均刻《玉臺新詠》、金陵世德堂刻《西游記》、繼志齋刻《雷轟薦福碑》等,均顯得流麗生動。

清刻本的字體沿晚明舊規多用宋體字。③ 康熙、雍正以後,覆刻宋元本之風復盛,於是自刻詩文集喜精楷上板,這種與宋體字相對的字體在清初被稱爲軟體字。④

因爲不同時代、不同地區、不同單位刻的書,其字體往往是不同的,所以人們往往利用字體來鑒定版本。如清錢謙益《跋坡書陶淵明集》云:"北

---

① 參看圖版十七。
② 《圖書板本學要略》卷三《鑒别篇》。
③ 參看圖版二十、三十五、四十二、四十三。
④ 參見圖版十九。

宋刻《淵明集》十卷，文休承定爲東坡書，雖未見題識，然書法雄秀，絶似司馬温公墓碑，其出坡手無疑。鏤版精好，精華蒼老之氣，凛然於行墨之間，真稀世之寶也。"①這是通過字體鑒定版本的例子。有的版本學家還利用字體來識别僞本。魏隱儒曾舉一例：

> 《類編標注文公先生經濟文衡》前集二十五卷，後集二十五卷，續集二十二卷，宋馬括編。半葉十三行，行二十三字，四周雙邊，上下黑口，雙魚尾。前有淳祐辛亥黄晷序，總目後有長方雙行牌記題："時景定甲子春刊於梅溪書院。"按此牌記而定版刻年代，理應可靠，當係宋本無疑。若按字體却又不像。查《四庫簡明目録標注》著録有元刻明印本、元刻巾箱本、正德辛巳本、萬曆丙午本等，與此亦不相合。再查《書林清話》梅溪書院條，梅溪書院創於元大德間，因而發生疑惑，發現牌記右上方鈐一長方朱印，按藏家習慣，在牌記上鈐印無甚道理，絶少前例。經細審，玄虚就在此處，識别出係挖"泰"字補"景"字，用鈐印法以作迷霧，障人眼目，混爲宋本。景定甲子爲宋理宗景定五年（一二六四），泰定甲子爲元也孫鐵木兒泰定元年（一三二四）。挖補工巧，又覆蓋閑章，如此作僞，把刻年提前八十年，由元入宋。若不從字體、印章的疑點着眼，孤立地相信牌記，是靠不住的。②

魏隱儒還見過一部《楚辭章句》，從牌記、諱字等情況看應是宋本，但在審閱過程中感到牌記字體不是宋人筆意，似是挖補嵌上的。經過仔細研究，發現它是明隆慶年間夫容館刻本。

我們對歷代刻本字體的介紹僅就一般情況而言，而實際上不少刻本的字體同時代風尚、地區特點往往有一定的差别。因此我們不能單就字體判定版本，還要輔以其他方法，做些必要的考訂工作。毛春翔云：

---

① 《初學集》卷八五。

② 《古籍版本鑒定叢談》第十章《古籍版本中僞本的鑒定》。

明板書字體，嘉靖、萬曆截然不同，這是就江南本説的；若北方刻本，則不相類。如嘉靖初年，山東濟南刻的《黄帝内經》，書中無刻版年代，僅卷端有“歷城教諭田經校刊”一行，字作趙體，很像元板樣子；若書商挖去田經一行，冒充元刊，很容易被瞞過。後經查山東志書，知田經任歷城教諭，在明嘉靖初年，刻書時代乃定。論其字體，校之江南嘉靖本字體，相去甚遠。又如祝允明《懷星堂集》，萬曆三十七年（一六〇九）刻，字體風格，極類嘉靖本，若抽去前序，則皮相之談者必以爲嘉靖刻。同爲江南本，也有這樣情況。又葉子奇《草木子》，正德刊本，董傳性《詩史》，萬曆本，字體皆與常見嘉靖本同。這類刊本，如有遇見，不可不慎爲區别。①

版本學家常利用字體來鑒定版本，書估自然也會利用字體來作僞。魏隱儒曾舉例對此有所説明：

《史記》一百三十卷，漢司馬遷撰、宋裴駰集解、唐司馬貞索隱、唐張守節正義。明嘉靖六年（一五二七）王延喆翻刻宋本，刻印俱佳，頗有名氣，世稱“王本史記”。又有明嘉靖十三年（一五三四）秦藩朱惟焯鑒抑軒翻刻宋本《史記》。兩者同出一源，皆覆宋建安黄善夫本。……書商常將此二本作僞，手法多是抽掉刻序，挖去牌記，以其字體很像宋刻。最近發現幾册殘本，藏家著録爲宋本，實則震澤王氏本冒宋。鑒定《史記》一書，尤宜審慎。②

可見，字體雖然可以鑒定版本，但還必須綜合運用其他方法，才能獲得可信的結論。

---

① 《古書版本常談·如何鑒别版本》。

② 《古籍版本鑒定叢談》第十章《古籍版本中僞本的鑒定》。

第七節　原書序跋

一般古書都有序跋。序通常刻在卷首,跋則在卷末。序跋除叙述該書内容、編著意圖外,往往還介紹書的版本源流、修訂情況以及刊印過程,末署序跋作者的姓名和撰寫時間。序跋的撰寫時間同書的刻印時間往往相差不遠,因此序跋對鑒定版本具有重要的參考價值。

北京大學圖書館藏明初王璲撰《青城山人詩集》八卷,該書有王鎧後序一篇,即爲鑒定版刻年代提供了確切的依據,兹録於下:

> 右《青城詩集》若干卷,先大父文靖公之所著也。大父自幼以詩文名,接交當時海内儒碩非一,往來倡酬,靡不見之賦詠。自入國朝,登仕籍,洎升翰林,聲光益著。其製作特盛,然兩爲回禄所虐,稿皆殘缺。所幸别或收貯,得十之二。閲歲既久,鎧以菲才宦游古汴,柬以自隨,公暇因掇拾分類,繕寫一帙,有外集者附之,藏之篋中,家居以來,罔敢失墜。偶姻好華君彦謀過而見之,三復嗟嘆,遂於内各删百首,命工刊次。嗚呼!大父文名蓋一世,著述布天下,而遺稿灰滅無幾,又弗克傳世,豈造物者不使有於後哉?實子孫不肖,不能繼述先業之所致也。今大父殁餘三十年,而一旦幸表而出之,是明珠寶劍之起於重淵,必有待其時歟?彦謀讀書好義,嘗輯其族譜諸集行世,足羡故家子孫,立志超卓,不屑細故如是。時正統十二年嘉平望日孫鎧謹識。

讀此,我們不僅知道該書爲明正統十二年(一四四七)原刊本,而且還知道它寫作、編輯、刻印的大致情況。

跋的作用也類此。如《中國版刻圖録》著録的《古三墳書》,卷末有三衢沈斐刻書跋文四行:"余家藏此《古三墳書》,而時人罕有識者,恐遂湮没不傳於世,乃命刻於婺州學中,以與天下共之。紹興十七年歲次丁卯五月重五日三衢沈斐書。"《圖録》遂據跋文將該書定爲"宋紹興十七年婺州州學刻本"。

根據序跋鑒定版本有時也要經過一番考證。屈萬里、昌彼得云：

"中央圖書館"藏有元刊本《滄浪嚴先生吟卷》三卷，卷首有黄公紹序，序末但署"歲尚章攝提十月之望"，不著元號。其字體則筆畫清勁，約在宋元之間。按公紹咸淳元年(一二六五)進士，入元不仕。而序中云"余幼時見東鄉諸儒，藏嚴詩甚多，恨不及傳"云云，則知此序乃黄氏中年以後之作。尚章攝提格爲庚寅，而元代第一庚寅爲前至元二十七年，此序當是此年所作。公紹以宋人而入元，故但題干支，不著胡元年號也。序作於前至元二十七年，板式字體，又似宋末元初風尚，則此本即當刻於是年矣。

又如吴縣潘氏《滂喜齋藏書記》著録有《音點周禮詳節句解》，云爲宋刊本。記謂卷首有武夷勿軒居序，云"雲坡陳君以魯齋二禮句解屬序"，不著年代。按勿軒居士即熊禾，熊氏號勿軒，建陽人，咸淳十年(一二七四)進士(去宋亡僅五年)，授寧武州司户參軍。宋亡不仕，教授鄉里以終。其稱武夷勿軒居士，當爲入元後，以宋遺民隱居閩之武夷，故名。序此書時，亦當在元初，故不著胡元年號。則此書之刻在元初，亦無可疑也。魯齋二禮乃《周禮》《禮記》。"中央圖書館"藏有《音點禮記詳節句解》十六卷，與《周禮》同時所刻。其本刊刻頗精，故潘氏以爲宋刊而未深考耳。①

通過序跋，我們不僅能知道版刻年代，而且還能瞭解到版本源流及質量。清錢曾云：

昔者陸孟鳧先生有影鈔宋刻《水經注》，與吾家藏本相同，後多宋板題跋一葉，不著名氏，余因録之。其跋云："《水經》舊有三十卷，刊於成都府學宫。元祐二年(一〇八七)春，運判孫公始得善本於何聖從家，以舊編校之，才三分之一耳。乃與運使晏公委官校正，募工鏤

① 《圖書板本學要略》卷三《鑒別篇》。

> 板,完缺補漏。比舊本凡益編一十有三,共成四十卷,其篇帙小大,次第先後,咸以何氏本爲正。元祐二年八月初一日記。"詳觀跋語,是本在當時蓋稱完善,惜後人無翻雕之者,余故備録此跋,以告世之藏書家。①

利用序跋鑒定版本有幾點需要注意:

一是如果一書有好幾篇序跋,在通常情況下,刻版時間當以最後一篇爲准。潘承弼、顧廷龍《明代版本圖録初編》卷一著録《歐陽修撰集》八卷,指出:

> 《郘亭知見傳本書目》作永樂丙申(一四一六)刊本,是據唐光祖跋文紀年,不知尚有王克義序撰於永樂十五年(一四一七)六月朔者,讀吴溥後序有云"今其十世孫齊,復手自謄寫,鋟梓以傳"。是必寫梓稽時,至洪熙元年(一四二五)而畢工,當以最後一序爲準也。

因此編者將該書定爲明洪熙元年乙巳(一四二五)十世孫永康丞歐陽齊刊本。

但是,也有利用原版重印而另刻一篇序的情況。毛春翔説:"宋刻書有元人序,須細心研究。如《文苑英華纂要》八十四卷,宋刻。張氏《愛日精廬藏書志》,因是書有趙文序,遂定爲元刊,其實書中諱字甚多,元人序乃後加,非元刻也。"②再如南京大學圖書館藏《攸縣志》六卷,卷首載有康熙庚申(一六八〇)攸縣知事張潛序,明言用順治己亥(一六五九)刻本重印,只不過是另刻一序而已,故不應定爲康熙本。

二是翻刻本往往將原序也照樣翻刻了,如僅依序跋鑒定版本,也易致誤。施廷鏞曾舉一例:

---

① 《讀書敏求記》卷二《酈道元注水經四十卷》。

② 《古書版本常談·如何鑒别版本》。

遼刻書籍據宋沈括《夢溪筆談》裏説:"契丹書禁甚嚴,傳入中國者,法皆死。"無怪其極爲罕見,但是《天禄琳琅書目後編》卷八遼版經部著録有《龍龕手鑒》一部,當爲希世之珍。《筆談》又説:"幽州僧行均集佛書中字爲《切韻》訓詁凡十六萬字,分四卷,號《龍龕手鏡》。燕僧智光爲之序,甚有詞辨。契丹重熙二年(一〇三三)集。"此本書名與原題有鏡與鑒一字之差别,這是何原故?因鏡字是宋太祖趙匡胤祖父的嫌名,爲避諱而改爲同義的鑒字。此證還不足,再考是書内容,其序中鏡字闕末筆,金部並不載鏡字,木部並不載桓字,宀部完字闕筆。構字闕筆,餘如殷、敬、讓、恒、樹、慎、擴、昀等諱字皆刊落。若真爲遼刻,斷無避宋諱之理,而今本《龍龕手鑒》,題有統和十五年丁酉智光序。統和十五年(九九七)適當宋至道三年,恒、樹、桓、構、慎、擴、昀等字,皆宋太宗趙光義以後各統治者之諱,更無預避之理,此彰明較著之鐵證,編者不察,即謂"書雖不載刊刻年月,而智光序稱統和十五年丁酉七月癸亥,當即是時所刊本",豈不大謬?此《龍龕手鑒》刻於何時?以書中諱字來看,止於宋理宗趙昀的昀字,當是其時重刊本。①

三是要注意序跋是否佚失。原位於書前後的序跋,有的因爲古籍流傳既久,偶致破損遺落,有的則是因爲書估故意抽去,僞充古本。序跋佚失後往往導致鑒定版本的錯誤。如張之象在萬曆間刻的《文心雕龍》十卷,有萬曆七年(一五七九)張之象的序文,而《四部叢刊》影印本所據的本子因缺少這篇序,便誤題爲嘉靖年的刻本。又如《三國志通俗演義》二十四卷,有弘治七年(一四九四)庸愚子序和嘉靖元年(一五二二)修髯子序,商務印書館影印所據本適缺嘉靖元年序文,故誤將嘉靖本題爲弘治本。王重民撰《中國善本書提要》經部春秋類附録《春秋繁露》十七卷,按語云:

葉氏《郎園讀書志》卷二著録此本云:"明初黑口本,猶有宋、元遺

① 《中文古籍版本簡談》二《版本的種别》之四《刻本·遼刻本》。

風,非萬曆、天啓以下妄改臆補之比也。”此本有嘉靖甲寅(一五五四)趙維垣序,知爲嘉靖間四川布政司所校刻。葉氏謂爲明初,誤也。此本舊題爲“宋板”,尤誤。

葉氏之所以致誤,主要因爲没有看到嘉靖甲寅趙維垣序。

書估作僞抽去序跋是常見現象,我們應格外留心。毛春翔深有體會地説:

書估往往抽去序跋,以元版充宋版者,不可不謹防。如海源閣藏《大戴禮記》,紙極薄而有羅紋,四周邊闌極粗,左右雙邊,板心上記大小字數,下記刻工姓名,惟宋諱敦、慎、讓、敬皆不缺筆,字係趙體,傅沅叔先生審定爲宋刊,且云:“最爲罕秘,恐世無二本。”一九五八年十月,我到北京,看到是書,審其字體,疑非宋刊。老友陳君恩惠示我另一部同樣書,核對,則另一部前有元至正甲午(一三五四)劉真刻於嘉興路儒學序。海源閣藏本,此序已佚,遂誤定爲宋本。①

還有的書估作僞更加隱蔽,他們往往保留原序,而將原序所署時間挖改。屈萬里、昌彼得舉例云:

嘉靖間姚安府刊本《檀弓叢訓》,前有楊慎無年月序,卷末有弘治十五年(一五〇二)張志淳跋,書賈見其黑口,字近松雪體,乃將張跋“弘”字剜去,别於書中割一“至”字,以補其空缺,於是“弘治”變爲“至治”,欲以充元板;而卷前楊序,開首即曰“楊慎曰”云云。書賈之無識,真可笑也!

又如明吕柟所著《横渠張子釋》,前有嘉靖己丑(一五二九)葛澗序,開卷第二行低八格題“後學吕柟鈔釋”。紙質綿而薄,字仿鷗波(引者按:趙孟頫室名鷗波館)。估人欲以充元刻,遂將序文“嘉靖”二

① 《古書版本常談·如何鑒别版本》。

字挖去，另於他處取“大德”二字填補之。復將葛澗“澗”字之右邊挖去，另於他處取“徑”字之右邊“巠”字補之；將吕枏之“枏”字挖去，另於他處移一“元”字補之。於是“葛澗”遂成“葛涇”，“吕枏”遂成“吕元”。挖補處以僞印鈐之，幾若天衣無縫。倘不細審，直以爲元刊之罕見秘笈矣。①

綜上所述，在通常情況下，版刻時間應當同最後一篇序或跋所署時間相一致。但翻刻本一般都保留原序跋；利用原版重印時常常另刻序跋；因書估作僞等原因，序跋往往佚失或被挖改，所以我們在利用序跋鑒定版本時應詳加審究，有條件的最好能用同書别本來核對。

第八節　内　容

除據書籍物質形態的特徵外，還可以根據書籍的内容來鑒定版本的同異、真僞、優劣、是非。前人在這方面也積累了不少經驗，今舉例綜述如下：

一　據書名例

後人翻刻書籍往往改變書名，如唐劉肅的《大唐新語》被改爲《唐世説新語》，宋葉夢得的《巖下放言》被改爲《蒙齋筆談》。還有在原書名上增字的，如漢韓嬰的《詩外傳》被改爲《韓詩外傳》，宋姚鉉的《文粹》被改爲《唐文粹》。還有在原書名上減字的，如漢班固的《白虎通德論》被改爲《白虎通》，宋馬永卿的《嬾真子録》被改爲《嬾真子》。施廷鏞指出：“這些書，大部分出自明刻。”②

有些刻本，在書名上常冠以“國朝”“皇朝”“昭代”等字樣，以示對當時政權的尊重。而刻有“聖宋”“皇元”“大明”“皇清”等字的，其刊刻時代就

---

① 《圖書板本學要略》卷三《鑒别篇》。

② 《中文古籍版本簡談》三《版本的辨别》之一《在書名方面》。

更明确。同一書,如果後一朝代再刻,就不再用上述字樣,而改爲某朝。如《聖宋名賢五百家播芳大全文粹》《聖宋文選》,宋陳均編《皇朝編年備要》等,從書名冠詞來測定,必是宋刻。如《宋季三朝政要》《宋史全文續資治通鑒》《重刻宋朝十將傳》,從書名看則知其不出宋代。又如《宋元通鑒全篇》,則從書名可以推知,既非宋刻也非元刻,細審乃是明嘉靖刻本。元孫存吾編《皇元風雅》、元蘇天爵撰《國朝文類》《國朝名臣事略》、元蔡枘編校《類編皇朝大事記講義》,從冠詞看,應是元刻本。明李賢等撰《大明一統志》、明余象斗撰《新刻皇明諸司廉明奇判公案》,則明刻無疑。《英烈傳》冠"皇明"者是明代刻本,清代刻本就改稱爲"明朝"了。清代刻印的《皇清經解》《國朝先正事略》《昭代叢書》等,都是當代刻當代人著作。①

但也有例外,佟鎮凱云:"曾見過一部《皇明通紀直解》的書,原定爲明末刻本,書板的形式特徵全是明末之物,而且書名又題爲'皇明',應當説是無疑的了。可是細心翻檢一下,文中有'甲申殉主忠臣'字樣。'甲申'爲崇禎滅國之年,顯然該書刻於'甲申'之後。歷史告訴我們,清朝入關初期,其統治力量尚未擴及全國,一些明末逸民多有刻這類書以寄託他們懷念故國之幽思的。"②

二　據卷數例

一種書的不同版本,其卷數往往互有差異。傅增湘校《宛丘集》跋云:

> 《宛丘集》世傳卷數,最爲參差:聚珍本《武英殿聚珍版全書》題《柯山集》,五十卷;明嘉靖本(嘉靖甲申龍渠山人郝梁刊本)題《文潛集》,十三卷;鈔本題《張右史集》,有八十二卷者,有六十五卷者,有六十卷者,而《四庫》著録又爲七十六卷。至汪藻所編《張龍閣集》三十卷本,周紫芝所稱《譙郡先生集》百卷本,今已不可得見。蓋編刻之時

① 參看《古籍版本鑒定叢談》第七章《雕印本的鑒定》三《書名冠詞》及《目録編》第三章第一節。

② 《從古書的版本鑒定看版本學的形式主義傾向》,載《河北省圖書館學會第一次科學討論會文件》。

地不同，傳録之源流遂異。①

正因爲一種書不同的版本卷數往往有差異，所以人們能够利用卷數來鑒別版本。例如《四庫全書總目》卷四十八將《少微通鑒節要》與《歷代通鑒纂要》混爲一談，並在提要中說："《纂要》當即《節要》，蓋史偶異文。"其實《歷代通鑒纂要》九十二卷，《少微通鑒節要》五十卷，兩書判然有别。② 通過篇、卷、册數是可以審查一部書的完缺分合、版本差異以及被改易的情况的。③

三　據目録例

後人在翻刻或覆刻前人著作時，其差異往往從目録中反映出來，例如國家圖書館藏宋慶元六年（一二〇〇）華亭縣刻本《陸士龍文集》十卷，爲現存陸雲集子的最早刻本，此後又有明正德十四年（一五一九）陸元大刻《晉二俊文集》本，萬曆十一年（一五八三）南城翁文麓刻《漢魏諸名家集》本等等。薛殿璽云：

> 後世刻本與慶元本多有異處，僅就目録而言，以明刻《漢魏六朝諸家文集》本校之，計有下列不同：慶元本卷第二目録，《征東大將軍京陵王公會射堂皇太子見命作一首》《大將軍宴會被命作一首》《太尉王公以九贈命大將軍將軍讓公將還京邑祖餞贈一首》《大安二年夏四月大將軍出祖三羊二公於城南堂皇被命作一首》，明刻本"一首"皆作"此詩"。《從事中郎張彦明爲中護軍一首》《贈顧驃騎後二首》，明刻本《贈顧驃騎後二首》在前。卷第三，慶元本《贈鄭曼季往返八首》無細目，明刻本在總題之下，列有"鄭答""陸贈"等八目；《贈顧尚書一首》等六首，明刻本均無"一首"二字；《答吴王上將軍顧處微一首》，明刻本無"上將軍"三字；《贈鄱陽府君張仲鷹一首》，明刻本"鷹"作

---

① 《藏園群書題記》續集卷四。

② 見《中國善本書提要》史部編年類《歷代通鑒纂要》。

③ 參看《目録編》第三章第二節。

> “膺”。卷第六“頌、贊、嘲”,明刻本無“贊、嘲”二字。卷第七《九愍》題下,慶元本無細目,明刻本列有“九愍、修身、涉江、悲郢、行吟、紆思、考志、感逝、征”等目。卷第八《書》,明刻本無“書”字。卷第九《國起西園第表啓》,明刻本作《國啓西國第表啓》。卷第十《與張光禄書三首》,明刻本無“三首”;《車茂安書》,明刻本“車”前有“附”字。①

目録中反映出來的諸如此類的差異,對我們鑒别版本是很重要的。

此外,還要注意挖改目録的現象。《説郛》有多種版本,清順治四年(一六四七)陶珽姚安重編刊本流傳較廣。施廷鏞説:

> 陶珽重編刊本,曾見有幾種,卷數未改變,子目則互有差異,各與其總目相校,又都脗合,有以爲這是版本的不同,但版式、行款、字體無毫髮的區别,這是何故? 經審各本子目變化之迹,如卷十三原爲《演繁露》《學齋呫嗶》《李氏刊誤》《孔氏雜説》四種,因《演繁露》已闕,則挖移《孔氏雜談》以補之;如卷二十五中第四《因論》、第五《晉問》兩種已缺,則挖移卷二十四末兩種《緯略》《鈎玄》以補之;如卷十八末兩種原爲《墨娥漫録》《三水小牘》,因其已缺則鏟去其目,但餘痕猶存,可以證之。諸如此類,不悉列舉。從這可知各本子目之有差異,是由於每次重印時,版有殘闕,則就原刻總目,挖移子目或剷除之,以掩其失,並非版本的不同,於此可以瞭然。②

另一種情況是書估爲了將殘本充足本故意將目録割去。例如北京大學圖書館藏有兩部《新刻瓊琯白先生集》,皆爲明萬曆二十二年(一五九四)劉雙松安正堂刻本。但是一部爲十四卷,另一部爲八卷。細審八卷本,“係書商按殘存正文挖目作僞,冒充全書”。③ 美國國會圖書館藏有一部明世德堂刻本《冲虚至德真經》,王重民指出:“此本僅存前四卷,因割去

① 《北京圖書館藏善本書叙録(三)》,載《文獻》一九八五年第三期。
② 《中文古籍版本簡談》三《版本的辨别》之三《在卷數和種數方面》。
③ 《古籍版本鑒定叢談》第十章《古籍版本中僞本的鑒定》。

《仲尼》以下篇目，並劉向《叙録》，以圖欺售者。”①由此可見仔細檢查目録對我們辨別殘本、足本也是大有幫助的。

四　據人名例

通過對書籍編撰者、校刻者、作序者以及書中出現的其他人所生活時代的考證，也可以鑒定版本。今舉二例：

王重民《中國善本書提要》子部雜家類《括蒼二子》六卷云：

> 卷端有《刻括蒼二子序》云：“二先生之書，今學士大夫多能言之，而合梓以傳者，則羅源令楊君意也。楊君括蒼人，固亦櫜奇櫝異者，今且爲令，以高第稱。”謂此合刻爲楊君之意。卷内題：“郡後學文林郎楊瑞校梓。”……考《羅源縣志》，瑞知縣事在萬曆三年(一五七五)，則是書蓋刻於閩，時爲萬曆三年與九年(一五七五至一五八一)之間也。《北京圖書館善本書目》題“明正德刻本”，誤。

又杜信孚《明代版刻綜録》附《明代版刻淺談》云：

> 余曾在鎮江市圖書館見有《宋朝道學名臣言行録》一書，書衣上有康有爲的親筆題跋，鑒定此書爲宋本；再看此書總目下第二行有“張鰲山校正重刊”字樣。查張鰲山字仁弼，安福縣人，正德進士，官浙江道御史。從刻者生平，顯而易見此書爲明刻本，而非宋刻本。

五　據地名例

地名隨時代發展而有所沿革，正因爲它具有時代的烙印，所以也可據以鑒定版本。例如今傳世有宋本新編《方輿勝覽》一書，宋祝穆撰，凡七十卷。卷首有嘉熙三年(一二三九)吕午序，一般都根據吕序定爲嘉熙三年

① 《中國善本書提要》子部道家類。

刻本,《四庫全書總目》卷六十八即謂“是書前有嘉熙己亥吕午序,蓋成於理宗時”。楊守敬辨之云:

> 此本標題於浙西之嚴州,改稱建德府;浙東路之温州,改稱瑞安府;廣西路之宜州,改稱慶遠府;夔州路之忠州,改稱咸淳府。按和父(祝穆字)自序,書成於嘉熙己亥(一二三九);而改嚴、温、宜、忠等州爲府,在咸淳元年(一二六五),相去二十六年,其爲後人改編可知。①

《天禄琳琅書目》,亦著有此書七十卷本,云:“有咸淳丁卯(一二六七)祝洙跋。”又云:“洙稱先君子《方輿勝覽》,行於世者三十餘年,版老字漫,遣工新之;重整凡例,分爲七十卷。……元本拾遺,各入本州之下,新增五百餘條。”②顯然此書果如楊守敬所説是重編重刻之本。一般藏書家因爲未見到書後祝洙跋文,又未細審地名沿革,所以誤認爲嘉熙刻本。

因避諱而改地名反映在著作裏,當然也有助於鑒定版本。清錢大昕云:“《寶刻類編》,不著撰人姓名,考其編次,始周秦,訖唐五代,其爲宋人所撰無疑。宋寶慶初避理宗嫌名,改江南西路之筠州爲瑞州。此編載碑刻所在,有云瑞州者,又知其爲宋末人也。”③

六　據年代例

書籍内容中所涉及的年代對我們鑒定版本尤爲有用。魏隱儒曾舉一例:

> 《家禮集説》,不分卷,題錫山後學馮善編集。半葉八行,行十八字,四周雙邊,上下粗黑口,單魚尾。薄棉紙,四册。此書流傳極少,各家多不著録,若按字體,頗似元末風格,擬定爲元本。經細審内容,文中有“……維宣德幾年某月甲子朔……”等字樣,當爲明宣德刻本。

---

① 《日本訪書志》卷六。
② 《天禄琳琅書目》卷二。
③ 《潛研堂文集》卷二五《寶刻類編序》。

此書藏瀋陽故宫博物館。①

在版本鑒定的過程中，人們都十分注意書籍記事到哪一年止。因爲記事訖止時間一般同書籍編撰出版時間相差不遠。前地名舉例，亦可兼證此點。

七　據官名例

歷代官制不盡相同，官名時有改易，這當然不可避免地要反映在著作中，所以人們往往能通過官制、官名鑒定版本。如清錢大昕記所藏《顔氏家訓》云："淳熙中，高宗尚在德壽宫，故卷中構字，皆注太上御名，而闕其文。前序後有墨長記云：'廉臺田家印。'宋時未有廉訪司，元制乃有之。意者元人取淳熙本印行，間有修改之葉。"②又屈萬里、昌彼得云：

"中央圖書館"藏有明劉氏慎獨齋刻本《山堂先生群書考索》一書。劉氏刻書，多在正德年間；版式字體，猶略似元本。書賈遂將此本劉氏慎獨齋木記挖去，以充元本。然卷中有"教諭譚璋校正"等題署。而教諭之官，始於明初；據此，即不識板本者，亦必能斷其非元刻也。③

八　據體例例

書籍的編纂體例代有不同，所以人們也能據以鑒定版本。清錢曾《讀書敏求記》於卷一經類所著録《春秋公羊經傳何休解詁》十二卷《釋文》一卷云："此北宋槧本之精絶者，故附釋文於經傳後。若南宋人鏤刻，便散入逐條注下矣。"於卷二時令類宗懔《荆楚歲時廣記》四卷云："杜公瞻注：流

---

① 《古籍版本鑒定叢談》第十章《古籍版本中僞本的鑒定》。

② 《十駕齋養新録》卷一四《顔氏家訓》。

③ 《圖書板本學要略》卷三《鑒别篇》。據《元史》卷八一《選舉志》，元代已設教諭之官。此説可商。

俗本正文與注混淆,此則舊本也。”清錢大昕也注意到了這個問題,指出:

> 唐人撰九經疏,本與注別行,故其分卷亦不與經注同,自宋以後刊本,欲省兩讀,合注與疏爲一書,而疏之卷第遂不可考矣。……嘗見北宋刻《爾雅疏》,亦不載注文,蓋邢叔明奉詔撰疏,猶遵唐人舊式,諒《論語》、《孝經》疏亦當如此,惜乎未之見也。日本人山井鼎云:足利學所藏宋板《禮記注疏》,有三山黄唐跋云:“本司舊刊《易》《書》《周禮》,正經、注、疏,萃見一書,便於披繹。它經獨闕。紹興辛亥,遂取《毛詩》《禮記》疏義,如前三經編彙,精加讎正,乃若《春秋》一經,顧力未暇,姑以貽同志。”所云本司者,不知爲何司,然即是可證北宋時正義未嘗合於經注,即南宋初尚有單行本,不盡合刻矣。紹興初所刻注疏,初未附入陸氏釋文,則今所傳附釋音之注疏,大約光、寧以後刊本耳。今南、北監本,唯《易》釋文不攙入經注内,《公羊》《穀梁》《論語》俱無釋文。①

焦桂英、沙莎於上海古籍出版社二〇〇八年版《平津館鑒藏書籍記》卷首《標點説明》稱:“在判斷元版《奇效良方》時,孫星衍即根據元人書中‘詔’‘敕’‘上’‘命’等字俱提行寫的經驗,斷定該書爲元時所刊。”

九　據史實例

檢查史實與版刻時代是否相符也是鑒定版本的方法之一。謝國楨爲王重民《中國善本書提要》寫的序説:“有三兄(王重民)讀書,做事皆極爲認真,所以他著的提要,對於書籍的内容,主要的篇章,當時社會政治經濟的情況與所交往的人物,所談的都是確鑿有據,言之成理。尤其是有三兄湛深精思,考訂事物版本具有真知灼見。如我藏有一本繆荃孫批校宋朱彧著《萍洲可談》,經他和覺民兄(向達)審閲,認定是一個僞本,但確是宋人所著的另一部筆記。這樣,既糾正了前人之失,又在宋人筆記中多發現

① 《十駕齋養新録》卷三《注疏舊本》。

了一部新的著述，實在是一件發潛彰幽的益事。”下面我們就看看王重民是怎樣將《萍洲可談》鑒定爲僞本的。他説：

卷端有無惑（引者案：朱彧字無惑）自序，首句云：“嘉祐五年（一〇六〇），餘解紹倅歸。”餘當爲余字之誤。考《宋史》卷三百四十七，無惑父服熙寧間始成進士，則嘉祐五年，服僅二十上下，無惑或尚未出世，焉得有“解紹倅歸”之事？及檢閱全書，如記李易安卒後事，則又覺太晚（自嘉祐五年至易安之卒約近百年），而最末一條，記寶祐四年（一二五六）事，自著書至記事所止，相距約二百年，爲必無可能之事，遂不得不疑其僞作矣。①

書賈也常采用掩蓋事實的方法來作僞。屈萬里、昌彼得云：

書賈欲將後代編刊之書，以充舊刻，往往將書中所叙後代史事或人名割裂挖改。如“中央圖書館”明初建刊黑口本《歷代道學統宗淵源問對》，前題“後學臨川恕軒黎温編集”。卷二叙孔子襲封之裔，至五十九代孫孔彦縉。而於五十七代孫孔希學，五十八代孫孔鑒兩節，均多所割裂。按彦縉襲封，已逮永樂年間。希學之襲封，殆亦已入明。希學、鑒、彦縉等襲封之年，原書必曾明著；上文於宋元所封各衍聖公，均明著襲封年代，可證。書賈欲充元刻，故將希學等襲封年代挖去。②

十　據科研價值例

學者們往往根據科研價值來鑒定版本，其眼光常高於一般藏書家。如盧文弨《題賈長江詩集後》云：

① 《中國善本書提要》子部小説類。
② 《圖書板本學要略》卷三《鑒别篇》。

明海虞馮鈍吟有評本,長洲何義門得之稱善。其字句蓋遠出俗本之上,如云:“十年磨一劍,霜刃未曾試。今日把示君,誰爲不平事。”今本作“誰有不平事”。鈍吟云:“誰爲不平,便須殺却,此方見俠烈之概,若作誰有不平,與人報讎,直賣身奴耳。”一字之異,高下懸殊,舊本之可貴類若是,余得此本,因臨寫之,令後生知讀書之法。①

又鄭振鐸談到他一九五七年六月二日,農曆端午節,驅車到中國書店訪書,“見有嘉靖本《萬首唐人絶句》,大喜欲狂,即以半月糧購之”。並説:“此書常見者爲萬曆趙宧光刊本,然多所改易,與原本面目全非。此嘉靖本是從宋本翻雕者,最爲罕見。近來影印本即借北京圖書館所藏此本付照。予方從事唐詩版刻考證,乃不能不收入之。”②亦從科研角度判斷版本價值之一例。

第九節　題識與藏印

這裏所謂題識,是指藏書家或其他人在一些書籍的卷首卷末或書的前後副葉上所寫的題跋識語,③其内容一般介紹書的版刻時代、内容正誤、收藏源流並獲書經過。因爲這些藏書家及其他題識撰寫者一般都具有豐富的目録版本學知識,他們鑒定的成果歷來爲言版本者所重視。

繆荃孫《蕘圃藏書題識序》云:“其題識於版本之後先,篇第之多寡,音訓之異同,字畫之增損,授受之源流,繙摹之本末,下至行幅之疏密廣狹,裝綴之精粗敝好,莫不心營目識,條分縷析,跋一書而其書之形狀如在目前。”謝國楨序王重民《中國善本書提要》也説:

故友趙萬里先生嘗對我説:顧(廣圻)批、黄(丕烈)校、鮑(廷博)

① 《抱經堂文集》卷一三。

② 《西諦書目》附《西諦題跋》。

③ 這和書商所撰、内容近乎廣告、刻在書的前後的題識不同。後者葉德輝將其歸入牌記,見《書林清話》卷二《翻板有例禁始於宋人》。

鈔的書籍和他們所著的題識之所以可貴，因爲書籍經他們考定版刻的年代，評定真僞和當時獲得此書的情況，則此書的源流全都表現出來，給後人讀書或校刻書籍以不少的便利。

正因爲如此，所以人們都十分珍視名家的題識，周叔弢曾談到他獲得已佚的黄丕烈題跋的欣喜之情：

宋刻《監本纂圖重言重意互注點校毛詩》，士禮居舊藏，原有黄蕘圃手跋，不知何時佚去。江劍霞氏曾見原跋於趙静涵家……今年春正月北平書友王揩青忽郵寄黄氏《毛詩》手跋兩通，蠹痕宛然，正此書所佚者，其徒喬景熹新得之蘇州，當從趙氏散出。合浦珠還，爲之大喜過望，亟命工補綴，裝之首册；雖索值奇昂，亦不遑諧價矣。①

今録黄丕烈題識一則爲例：

唐女道士《魚玄機詩集》，陳氏《書録解題》載其名，其書則未之聞也。癸亥（一八〇三）閏餘之月，五柳主人以書棚本《朱慶餘詩集》易余番錢十圓而去，謂是蘭陵繆氏物，且聞其多宋刻小種，皆善本，惜遲遲散出，大都爲居奇計。余亦利其有，故於其始出也，不惜以重直艶之。既而五柳主人云有《魚玄機集》，亦宋本也。余聞其名，急欲一睹，適五柳主人出弔海寗，遷延不獲見所謂魚玄機者，方悵然若有所失，忽從他處遇之，即此《唐女郎魚玄機詩集》也。書廑十二葉耳，索白銀八金，惜錢之癖與惜書之癖交戰而不能决，稽留者數日矣。至是始許以五番售余，可云快甚。而後乃令《百宋一廛》又添一名書，好事之譏，余竊自哂。此集無别本可對，偶取洪邁《唐人絶句》，韋縠《才調集》本證之，題句亦互異。蓋洪、韋本俱宋刻，而彼有不同於此者，可知宋時亦非一本，烏能執而同之耶？遂用别紙條載其後。是本出項

① 《弢翁藏書題識》，載《文獻》一九八〇年第三輯。

墨林家,尤爲可寶。朱承爵字子儋,據《列朝詩集小傳》,知爲江陰人,世傳有以愛妾换宋刻《漢書》事,其人也好事之尤者。唐女郎何幸而爲其所珍重若斯。沈勁寒不知何人。茶僊一印,更不知其姓與名,俟博訪之。嘉慶八年(一八〇三)三月望春盡日挑燈讀畢書。黄丕烈。

茶僊一印,是義門先生圖章,辛未仲冬獲觀,因附誌於此。①

這則跋文寫得極有情致,讀來頗覺親切,也使人感到藏書家聚書之不易。

再如南京大學館藏《新城縣新志》十册,未著纂修者姓名。其第一册末葉有施廷鏞題識云:

《新城縣新志》,稿本,無纂修人姓名及年份。此稿《詩徵》後,附有全書目録,共十八卷。……現存有職官、選舉、人物、列女、金石、藝文六門,已非完書矣。經與民國廿四年乙亥(一九三五)王樹枏纂之《新城縣志》相校,如金石門《特建紀伽藍功德幢記》末句,初爲"洵有保存價值云",復易爲"若有鬼神呵護者,後之人其善爲保存焉",而王《志》悉如所易之文。……原有《五次修志録》,在此稿《詩徵》後,批有"由此處將五次修志姓名序跋各篇取出"之句,是此段不存之因。王《志》卷首有新城王樹枏序,在序後附有識語謂:"《新城續修縣志》,初爲雄縣劉君崇本所纂輯。去歲書成,衆論紛紜,教育局長宋樂山仁齡持其稿就正於余,堅請重新編纂以成巨製。"據此種情況,可以斷定爲王《志》所據之稿本。王《志》纂於民國廿四年,識語謂劉君崇本纂輯,去歲書成,則此稿當爲民國廿三年(一九三四)劉崇本所纂矣。

這篇識語考出了該志的作者、寫作時間、版本性質,幫助人們認清了它的本來面貌。

名家題識不僅有助於我們鑒定版本,而且也提高了書籍本身的價值。國家圖書館善本組輯《觀堂題跋選録》,序云:

① 《蕘圃藏書題識》卷七。參看圖版三十一。

王國維先生一生對史學、詞曲、文字學、考古學以及古書版本學等，都有很深的造詣。先生去世以後，他的一部分藏書歸於北京圖書館。先生生前，對這部分書曾用過許多本子手自勘校，並從學術體系、版本源流等多方面，對各書做了考證，親手寫成題跋，識於書後，因使這部分圖書的學術價值、資料價值以及版本價值，都顯得格外珍貴。①

王氏題識，本編第四章第六節論校本已録一例，可參看。又如南京大學圖書館藏紅格舊鈔校本《澹生堂書目》，鈔寫的字比較差，但首頁有"觀古堂"鈐印，並有顧千里、鈕樹玉的識語。顧千里識語云："此吾亡友袁壽階家物也，丙子（一八一六）春見之揚州坊間，慨嘆購歸，因漫記帙首。思適居士。"鈕樹玉識語云：

嘉慶丙子夏自吴門來廣陵，澗蘋（引者案：顧千里號）出示此本云："於市肆購得，係故友袁綬階家藏書也。"適有别本，屬對一過。别本甚疏略，不若此本之詳備，兹悉録於上，以見此本遠勝也。六月十六日清晨校畢。鈕樹玉識。

觀古堂是葉德輝藏書樓，顧廣圻、鈕樹玉、袁壽階、葉德輝皆爲清代著名學者和版本專家。此本經它們鑒定和收藏過，其價值立顯。

藏書家還有一個傳統，就是喜歡在自己所購書的卷端或卷内鈐上藏書印。② 此事起源甚早，唐王建《宫詞》云："集賢殿裹圖書滿，點勘頭邊御印同。真迹進來依數字，别收鎖在玉函中。"③從藏書印中，我們可以瞭解到該書曾被哪些藏書家鑒藏過，版本的時間下限當早於藏書家收藏時間，因此人們往往也通過藏書印來鑒定版本。

黄丕烈於所藏《唐求詩集》一卷題識云：

---

① 載《文獻》第九輯。

② 參看圖版十三、二十九。

③ 《全唐詩》卷三〇二。

> 泰興季振宜滄葦氏珍藏。此宋刻《唐求詩集》與宋刻《茅亭客話》同得於友人顧千里,云是桐鄉金謌巖家物而散入他人手者也。從前諸藏書家目録不多見,惟延令季氏書目於唐詩八家條下列其名,今卷中有"季振宜字詵兮號滄葦"一印,"季振宜藏書印",又有"泰興季振宜滄葦氏珍藏"墨書一行,其即延令季氏書目中物無疑。卷端有長方印甚古,惜其文莫辨,似三字,僅末"山"字可識。此外如"危氏大樸與之印""陶盧顧湄之印"共四印,皆表表可見者。惟"紫薇館"印不知誰氏。通卷僅八葉,而收藏自元明以來皆知寶貴,宜其珍秘如斯。①

黄氏從藏書印判定該書爲季振宜書目所著録,並爲元明以來歷代藏書家所珍藏,因此該宋本書的價值得到了確認。

正因爲識語與藏書印對鑒定版本十分重要,所以也出現了書估僞造識語與藏書印的現象,藏書家稍不留心就會受騙上當。例如:

> 《巴西文集》,不分卷,元鄧文原撰。此書不見刻本傳世,各家所藏皆鈔本。上海圖書館藏有清鮑廷博批校本,而其他藏本也多著鮑氏校字,並在卷尾題識云:"前借鈔振綺堂所藏《巴西文集》,頃觀新倉帶經樓本,計八十餘篇,始悉汪氏藏本未稱完善,尚有缺憾。今託友人重借帶經樓本付手民補録,庶後之庋藏家得窺全豹,豈非快事?乾隆四十年(一七七五)乙未夏四月,以文鮑廷博謹識。"並鈐"以文"朱文長方印,正文首鈐"遺稿天留"朱文方印,"知不足齋鈔傳秘册"方印。題識並非鮑氏手迹,而印章皆係僞作。知見藏有此作僞鈔校題識本者,有科學院圖書館、歷史研究所、考古研究所、清華大學、北京師範大學、南開大學、中山大學等十餘處。紙格全同,字亦同出一家鈔工之手,文字略有出入。有的另有金德輿跋,也是僞造。證假爲真,而皆金鑲玉裝,當爲書估所爲。當時曾獲高利。各家都按鮑氏校

① 《蕘圃藏書題識》卷七。

跋著録，采進時似已受騙，鑒定此類題跋校抄本，尤感費力。①

再如陳乃乾所談的一則書林軼事：

光緒末年，杭州文元堂主人楊耀松以六十元從塘棲購得舊書兩大簏。啓簏檢視，但見每册皆蠅頭小字批注滿幅，而無一棉紙書，大爲失望，以爲無利可獲矣。他日試以數册示京估，每册索十元，京估欣然受之。嗣後北京人相繼追踪而來，索購有蠅頭小字之書；傅沅叔亦派專人來杭，所獲較多，兩月之間，銷售一空，獲利兩萬餘金，楊氏以此起家。事後，始有人告耀松曰："爾所售去蠅頭小字書，皆勞季言批校本也。若持至京滬，每册當值百元以上。"耀松大爲悔恨，因僞刻勞氏藏印，苟得刻本稍舊而有批校者皆鈐之，如是數年，鈐僞印者皆得善價。②

陳乃乾還記載："古書流通處亦嘗僞刻抱經樓③等藏印，且雇鈔胥三人，每日以舊棉紙、桃花紙等傳鈔各書，鈐印其上，悉售善價。"④由此可見我們在利用題識與藏印鑒定版本時，也存在着一個辨僞問題。

第十節　著録情況

前人在鑒定版本方面做過大量工作，並運用版本目録的形式總結了他們的鑒定成果。版本目録除著録書名、卷數、册數、作者、版本外，往往還兼記牌記、刻工、諱字、版式、序跋、藏印等。⑤ 像這樣的目録對我們鑒定版本當然具有很高的參考價值，今舉王重民《中國善本書提要》經部易類一目爲例：

---

① 《古籍版本鑒定叢談》第十章《古籍版本中僞本的鑒定》。

②④ 《上海書林夢憶録》，載《中國現代出版史料》甲編。

③ 抱經樓，清鄞縣盧址書樓名。

⑤ 詳見目録編第三章第三節及第七章第五節。

周易玩辭十六卷

八册(《四庫總目》卷三)(北圖)

宋刻本〔十行二十字(二十點三乘十四點九)〕

宋項安世撰。按是書今惟有通志堂刻本,通志堂本翻元大德本,大德本當即從此本出。余持校通志堂本數葉,見其差誤甚多,益知此本之善。卷内有"延古堂李氏珍藏""讀易樓圖書記""醒齋真監""白石山房書畫之印"等印記。

自序〔慶元四年(一一九八)〕

人們在鑒定版本時都十分注意前人目録著録情况,略見本編第一章第二節引孫慶增之説。吴焯曾記朱彝尊竊録錢曾《讀書敏求記》的經過云:

錢遵王(曾)此《記》六百有一種,皆紀宋板元鈔及書之次第完缺,古今不同……書既成,扃置枕中,出入每自携。靈蹤微露,竹垞謀之甚力,終不可見。竹垞既應召,後二年,典試江左,遵王會於白下。竹垞故令客置酒高宴,約遵王與偕。私以黄金、翠裘予侍書小史啓鑰,預置楷書生數十於密室,半宵寫成而仍返之。①

這一傳説不盡可信,但却證明《讀書敏求記》的受到重視,而這又是因爲"遵王此書,述著作之源流,究繕刻之同異,留心搜討不遺餘力,於目録書中洵爲佳著"②,被當時人視爲"好古者之梯航"③。繆荃孫序《四庫簡明目録標注》也説,光緒丙子(一八七六),他見到《四庫簡明目録標注》"大喜捧歸,覓人録副,小小訛脱,見即訂正,並就所見書目,添注眉頭,藏諸篋中,以作枕秘"④。學者們搜集目録並加批注的目的之一是便於鑒定版本。

---

① 《讀書敏求記》吴焯跋。

② 《讀書敏求記》阮福序。

③ 《讀書敏求記》沈尚傑序。

④ 載《增訂四庫簡明目録標注》卷首。

曾經目録著録是版本鑒定的依據之一。謝國楨《春明讀書記》於國家圖書館藏南宋大字本《詩集傳》二十卷云：

按是書爲南宋刻大字本，每半頁七行，行十五字，注同。白口，上有大小字數，下有刻工姓名，白麻紙印，紙白版新，大字悦目，爲海寧吴騫舊藏，後有吴兔床拜經樓識。陳振孫《直齋書録解題》及《宋志》俱作《詩集傳》二十卷，《詩序辨説》一卷。此書自元延祐定科舉法，用以取士，遂有元延祐重刻本，流傳至廣，坊間翻刻本始多，併二十卷爲八卷，並删去《詩序辨説》不載，已失其原書面貌，此爲宋刊，極爲可珍。①

按語除提到該書在書口、紙張等方面具有宋版特徵外，還特别從收藏和著録情況確定它爲極可珍貴的宋刊本。

書估作僞往往也能利用目録識别出來。苦竹齋主《書林談屑・吴門訪書》有云：

文學山房在護龍街，從外表觀之，尚能保持舊書店之本來面目，惟營業亦極清淡。聞近日售書與無錫江南大學，稍獲濟窘之資。主人江姓，沉默寡言，應對謙謹，惟店夥喜僞作舊刻，私造古今藏書家名章，薰染紙色，改頭换面，矇混顧客。凡與往還者，咸懷戒懼之心。……余訪該肆，主人出示目録一本，首列宋板《諸儒校正唐書詳節》六十卷，黑口，黄紙，每半頁十四行，行二十四字，欄綫上有每事標題，又帝紀、列傳俱記其名位於欄綫之左，宋諱缺筆，有海源閣楊氏藏書印，余試細審其紙質與書法，即疑非宋刻，及查海源閣楊氏書目，果無此書，藏書印記顯屬僞造。從各家目録考之，可斷其爲元刻《十七史詳節》本也。②

① 載《文獻》第一輯。

② 載《中國現代出版史料》丁編。

從目録的著録情況還可以看出書籍流傳的多寡,從而判定書的價值。周叔弢於所藏《牧萊脞語》二十卷、《二藁》八卷題識云:

臨清徐梧生祭酒,以藏書之富聞於世,平居矜惜,不輕示人,其書之存定興者,歿逾十年,丁卯秋悉爲書估李文傑所得,凡數千種,乃皆尋常習見之書,惟《牧萊脞語》二十卷、《二藁》八卷,影元精鈔,諸家書目多未著録,只見《四庫全書存目》(知不足齋藏書),及曹氏《静惕堂書目》(作陳仁子《叢脞語》,蓋誤)而已。余遂以重值收之。沅叔三丈聞此書歸余,亟假傳録,亦可見其難得而可貴矣。①

特别是那些有解題的善本目録對鑒定版本的價值尤大。黄丕烈在一則題識中談到他曾受到錢曾《讀書敏求記》的啓發:

孟子注疏解經十四卷　舊鈔本

是書於辛亥(一七九一)歲,從學餘書肆中得來,始余於肆中見是書,携歸繙閲,見有殘缺,心不甚喜,因還之。復偶檢錢曾《讀書敏求記》,其所載《孟子注疏》十四卷,"是叢書堂録本。簡端五行爲匏翁手筆。古人於注疏皆命侍史繕寫,好書之勤若是,間以建本、監本校對踳謬脱落,乃知匏翁鈔此爲不徒也"云云。方悟所見之本爲也是翁家故物,亟往索之,云已携至玉峰書籍街去矣。迨至書船返棹而是書依然在焉,甚喜。携之歸,其爲叢書堂録本無疑。至卷中鈔寫不全,想係照宋刻録出之故,容俟暇日取他本校對以徵此本之善。噫,遵王所藏,曾幾何時而已入書賈之手,豈不可惜!然猶幸余之因《敏求記》中語而知是書而寶之,不亦快哉。壬子(一七九二)九月四日,命工重裝,書此數語於後。黄丕烈。②

① 載《文獻》一九八〇年第四輯《弢翁藏書題識》。
② 《蕘圃藏書題識》卷一。

需要注意的是目録著録也有不盡可據的，這是因爲有的版本鑒定有誤，有的則由於某些藏書家爲了提高自己藏書的聲價而故意將明清刻本著録爲宋元刻本。葉德輝云：

《天禄琳琅後編》所載宋版書，不如《前編》之可據。如卷四之《史記集解索隱正義》一百三十卷，目録後印校對宣德郎秘書省正字張耒八分書條記，因定爲元祐時槧。此書不見於各家書目，宋時官刻書又無此體式。其用八分而不用真書，正以掩其詐耳。①

魏隱儒、王金雨也説：

《選編省監新奇萬寶詩山》三十八卷，明葉景逵編，明宣德四年（一四二九）葉氏廣勤堂刻。陸心源皕宋樓舊藏。書商將前序"宣德四年"四字挖去，而保留末題"著雍作噩重九日"的莆陽余性初序。按干支推算，著雍在戊，作噩在酉，戊酉不相值，著雍和屠維字形相近。屠維作噩爲己酉，即宣德四年（一四二九）。僅僅憑序斷年，不去考慮字體、紙張等其他條件，往往發生問題。錢謙益《絳雲樓書目》、季振宜《秘本書目》、郁松年《宜稼堂目》、潘祖蔭《滂喜齋藏書記》、莫友芝《宋元本經眼録》、陸心源《皕宋樓藏書志》等都著録爲宋本。於是以訛傳訛，貽誤後人。②

藏書家爲了提高自己藏書的聲望，在著録時故意升高版本時代的代表人物要算陸心源。葉德輝云：

藏書固貴宋元本以資校勘，而亦何必虚僞。如近人陸心源之以皕宋名樓，自誇有宋本書二百也。然析《百川學海》之各種，强以單本

① 《書林清話》卷十《天禄琳琅宋元刻本之僞》。
② 《古籍版本鑒定叢談》第十章《古籍版本中僞本的鑒定》。

名之,取材亦似太易。况其中有明仿宋本,有明初刻似宋本,有誤元刻爲遼金本,有宋版明南監印本,存真去僞,合計不過十之二三,自欺欺人,毋乃不可。①

由此可見,我們在鑒定版本時需要查考目録,但又不應迷信目録。

書籍的各種情況當然主要是由目録來著録,其版本情況則主要由版本目録來著録,但除此之外,它如題跋、日記、書信、札記、詩文集及詩話中也每有涉及書籍版本的。它們可以作爲版本目録的補充,鑒定版本時也應廣泛搜采,加以利用。②

第十一節　別本比勘

在鑒定版本的過程中,用別一相同或相關的本子比勘是最可靠、最有説服力的方法。杜信孚在《明代版刻綜録·自序》中云:

清丁丙《善本書室藏書志》《盋山書影》,其中將《四書輯釋通義大成》定爲元刻本;余見《中庸》序後有挖改痕迹,經反復研究,定爲明正德(案:當作"正統")庚申年熊氏進德堂刊本。嗣後覓得同書比對,争議始息。甚矣,版本鑒定之難也。

比勘之法,用途甚廣,大體説來,有下列各點:一是可知某本源流。如錢曾云:

韓諤歲華紀麗七卷

此是舊鈔,卷中闕字數行,又失去末葉,無從補入。後見章丘李中麓藏宋刻本,脱落正同,知是此本之祖。蓋因歲久,墨敝紙渝,字迹

① 《書林清話》卷十《近人藏書侈宋刻之陋》。

② 參看本編第七章第四節、第五節。

不可捫揣，故鈔本仍之耳。①

又王重民《中國善本書提要》史部編年類於《新刊憲臺考正宋元通鑒全編》二十一卷云：

原題："巡撫四川都察院右副都御史宛陵徐元太，巡撫四川監察御史天雄赫瀛、豫章陳瑫同校。"題銜版式，均與曹樓校刻《少微通鑒》相同，知爲同時所刻者。余曾取《少微通鑒》舊本校之，文字與評語不盡相同，然疑大致本於正德間司禮監校刻本。今於《宋元通鑒》，余既得北京圖書館藏景泰間所刻劉剡原本，又有美國國會圖書館藏司禮監原本，並置案上，而始真知司禮監百分之九十九用劉剡原本，而此本注語評語，增於司禮監本者甚多，史文則幾無增損也。

二是可知某本之優劣。錢曾《讀書敏求記》卷四於《笠澤叢書》二卷《補遺》一卷云：

《叢書》爲陸魯望卧病松陵時雜著。元符庚辰（一一〇〇）樊開序而鏤諸板。政和改元，毗陵朱衮又爲後序刊行，止分上下二卷，補遺一卷。今人所抄元時刻本，已釐爲甲、乙、丙、丁四卷，詮次紛亂，兼少《憶白菊》《閑吟》二絶句，非經讎勘，無復知此本之善矣。

又傅增湘《藏園群書經眼録》卷一於明嘉靖十八年（一五三九）薛來芙蓉泉書屋刊本《韓詩外傳》十卷的按語云：

此書通津草堂所刻最稱善本，刊手亦最精。然余曾臨黄蕘圃校元本，則通津本誤字最多，而此本乃往往與元本合。乃知古書非比勘不知其優劣，未可據耳食爲定論也。

① 《讀書敏求記》卷二。

三是可知某本之真僞。施廷鏞云：

有書估以《振雅雲編》來售，驟見之，是一部從未見著録的叢書，亟欲收之，即以全書與其卷端總目相對，種數悉合，但總目與書内字體差别很大，而版心上魚尾下"振雅雲編"四字，顯然是用木戳加蓋，墨色濃淡也不一，疑非真本。按它總目所列各書，均見於《百川學海》，而字體又似明弘治十四年（一五〇一）無錫華珵仿宋刻本，經檢書相對，乃知係華刻《百川學海》的殘本。若不細加審察，則受其欺騙了。①

又秦更年於《楚辭章句》題識云：

《楚辭章句》十七卷，明隆慶辛未豫章夫容館重刻宋本，最爲精善，而傳世甚稀。往日在湘中見一本，爲葉郎園從子定侯購去。余後十年客居上海，始求得之，亦可謂難矣。……葉氏所得本，頃定侯來申，携在行篋，因從借歸，對讀一過。彼本首有王弇州（世貞）序，無書刻人姓名，宋諱皆缺筆，驟觀之，似若迥異，及驗其字之點畫，與夫邊欄格綫、自首徹尾無一不合，但印本彼略在後耳。然後知此書初印本，無序，有刻書人姓名，宋諱不缺筆，迨後增入王序，鏟去刻書人姓名，又將宋諱字末筆鏟去。惟沅、元等字亦缺筆，非以偏旁嫌也。似"沅""元"字無所用其闕避，殆鏟削之誤歟？要之，兩本實係一版，非有二刻也。森立之兩本並載，而不知爲一版，當係先後寓目，非若余之同几對勘，此版本之所以貴驗目也。②

有些人將他人著作改頭换面，攫爲己有，這也是一種作僞，經過比勘同樣能發現。王重民《中國善本書提要》史部傳記類於《聖門志》六卷云：

① 《中文古籍版本簡談》四《版本的鑒别》之六《辨僞》。
② 《古籍版本鑒定叢談》第十章《古籍版本中僞本的鑒定》。

原題："海鹽吕元善纂輯，上海杜士全、江寧顧起鳳參考，兄吕元美、侄吕濬編次，男吕兆祥、孫吕逢時訂閲。"卷一附啓、禎間請崇祀吕元善名宦鄉賢等案牘，及孔胤植撰《吕公墓誌銘》、孔貞叢撰《墓表》、賀萬祚撰《行狀》、岳元聲撰《吕兩公傳》等。按是書蓋纂成於天啓間，刻入《鹽邑志林》。原刻六卷，後印本删改爲五卷。此本亦就《志林》本删改而成，然其刷印時間尚在五卷本之前。此本所改换者，僅每卷卷端一兩葉，字體瘦小，行款亦與《志林》本異，而未改换葉，則字體行款莫不相同。《志林》本刻成於天啓四年（一六二四），其改换版片似在崇禎三年（一六三〇）以後，故此本竄入天啓四年至崇禎三年事迹。蓋刻《志林》之樊維城氏，自謝縣職以後，書版仍留縣署，吕氏爲海鹽望族，兆祥因得改换題銜，另印單本，謂爲家刻矣。

四是能發現目録著録版本的錯誤。魏隱儒、王金雨云：在古籍版本鑒定工作中，除常遇到的由於舊時坊肆書估牟利做些手脚的僞本而外，還會遇到由於歷史上藏家的疏忽或見聞所限而著録致誤，以致相沿很久未能糾謬。建國以後，不少個人藏書歸藏國家，因而有條件對照勘查，從而發現歷來著録錯誤之處。[①] 瞿冕良也説：

行款歧異，不見原本，固不能武斷其爲誰是也。應雲鸑刻王安石《臨川王先生荆公文集》一百卷，《邵目標注》（引者案：指邵懿辰《四庫簡明目録標注》）稱十一行二十一字，然《明代版本圖録初編》書影乃十二行二十字，吾於是知邵目之誤。尹家書籍鋪刻徐度《却掃編》，《藝風藏書續記》卷二注十行十八字，然《古書叢刊》影印本乃九行十八字，吾於是知繆氏之誤。但黄省曾刻陶宏景《貞白先生陶隱居文集》二卷，《邵目標注》稱八行十六字，《杭州大學善本書目》稱九行二十字……非目擊原書或其書影，此疑終不能釋然於懷也。[②]

---

① 參看《古籍版本鑒定叢談》第十章《古籍版本中僞本的鑒定》。

② 《版刻質疑·行款》。

五是通過比勘還能發現相似版本的細微差别,從而有助於鑒定工作。如《紅樓夢》一百二十回,有乾隆五十六年出的程甲本和乾隆五十七年出的程乙本。“乙本後印,傳世較多,售價較低;甲本傳世日稀,售價較昂。書肆好利者,嘗將乙本《引言》抽掉,冒充甲本出售,以索高價,牟取厚利。甲、乙兩本雖然多處不同,檢查起來亦感吃力。經驗中認爲區别處最容易而確切的根據是:第一回的回字,程甲本作‘囬’,程乙本作‘囘’。又如目次第七回程甲本作‘寧國府寶玉會秦鍾’;程乙本作‘宴寧府寶玉會秦鍾’。正文第十四回,程甲本作‘林如海捐館揚州城’;程乙本作‘林如海重返蘇州郡’。以此參照,辨明甲、乙則不難矣。”①

正因爲比勘是鑒定版本最科學的方法,所以我們在鑒定版本時應儘可能找相同版本,或影印本、書影以及其他有關版本來進行比勘。

第十二節　綜合考辨

爲什麼要綜合運用各種方法來鑒定版本呢?

首先,古籍浩如烟海,經過了漫長的累積和發展過程,存在着各種各樣的複雜情況,又從無統一的記録版本的制度和規定,這在客觀上給鑒定版本造成了困難。

其次是書估作僞,人爲地給鑒定版本增加了許多麻煩。他們常用的伎倆有改牌記、抽序跋、换年號、挖目録、易書名、重裝訂、染紙使呈舊色、僞造名家題識、剔除筆劃以僞造諱字、在書口扣填年號等。連一些經驗豐富的藏書家都難免上當。“如葉德輝刻覆宋本《南嶽總勝集》,賈人染色改裝,以繆荃孫這樣的大賞鑒家,也竟誤識爲真宋版,一時傳爲笑柄。”②所以我們鑒定版本不能不時刻注意,多方研究。

再次是我們介紹過的鑒定版本的方法,任何一種都有局限。就拿利用牌記鑒定版本來説,坊刻本、家刻本多有牌記,而官刻本一般没有牌記;

① 《古籍版本鑒定叢談》第十章《古籍版本中僞本的鑒定》。

② 王欣夫《古文獻學要略》第三章《版本》十《鑒别版本的方法》。

翻刻本照樣覆刻原有牌記，書估作僞往往挖改牌記。

鑒於以上情況，我們只有綜合運用各種鑒定版本的方法，才能做出正確的判斷。不少人根據自己的實際經驗談到過這一點，如毛春翔説：

鑒别宋刻，我始終認爲要每一特點都要注意到，一點對了，再看另一點；另一點對了，更看其他各點；各點都對頭，再參考名家書跋，才能作出最後决定。例如字體刀法對了，看紙色；如果竹紙印的，其簾紋是否有兩指寬；如爲羅紋紙印的更好；若爲皮紙印的，看紙是否厚實；若是紙背印的，那就最爲可靠了；又據明陳繼儒《太平清話》説："宋紙於明處望之，無簾痕。"是辨宋紙之一法。墨色是否香淡，一聞便悉；墨如點漆的，總是極少遇到的。字體、刀法、紙張、墨色都對了，再看版式行款；又都對了，再看前後序跋，及有無牌記，或校勘銜名，有無前人藏書印記等等。這樣一步一步的審閱之後，再參考前人書目題跋，乃下斷語，大概不會錯了。日本人僞作的延喜十三年（九一三）本《文選》，唐天祐二年（九〇五）本《歸去來辭》，紙用寫經故紙，字樣集寫經舊字，活字排印，做得很巧妙，我國傅雲龍、黎庶昌都被他騙過（《古文舊書考》）。我以爲即據活字排印一點，亦可判知其僞，因活字發明在宋仁宗時，唐人尚未知活字印書法。傅雲龍一見寫經紙、經生體字，便驚喜欲狂，宜乎被騙。單憑一點或幾點審别舊刻，鮮有不被騙的。①

下面就前人綜合考辨之法略舉二例。黄丕烈於《玄珠密語》十七卷題識云：

乙亥（一八一五）秋余養疴杜門，時郡中有託余轉購古書者，故書友之蹤迹日盈我門矣。託購者惟是宋元舊刻，一切舊鈔、名校，故余亦得藉是收得一二焉。七月小盡日，有書友告余曰：某收有舊鈔《玄

① 《古書版本常談·如何鑒别版本》。

珠密語》曾送閲乎？余曰："未也。"遂爲余言其詳，余即往購之。明晨，物主果以此書來，索番餅八枚，並爲余言某坊曾還直若干。又曾以新鈔本參閲，知彼爲十卷，而此爲十七卷。其書較全，又末缺失處僅少一葉零。書估之博識如是，而於此書之何本、鈔手之何時、藏弆之何人，皆未有以知之，但知其舊鈔而已矣，舊鈔之必争高價而已矣。及一入余手，而本則定其爲《道藏》也，驗諸卷一、卷二同卷而已矣。時則定其爲成弘也，驗諸欄格之闊黑口而已矣。人則定其爲名家也，驗諸書中之藏書圖記而已矣。及出《讀書敏求記》證之，知十七卷爲全。又驗諸《道藏》本目録，知卷一至十七共十三卷，蓋一、二同卷，五、六同卷，十一、十二同卷，十四、十五同卷，故又云十三卷。惟是坊間新鈔改爲十卷不知其由，文義亦微不同，故用他紙録此缺失者，本書仍以空格存其舊云。至於每篇叙次，此五行類《應紀篇》已下三篇，《道藏》目録在《地合運勝紀篇》後，似又歧異矣。①

黄丕烈爲了鑒定此書，采用了審内容、驗書口、辨圖記、查目録以及同別本比勘等多種方法，故能確定其版本。

又傅增湘《宋刊巾箱本八經書後》云：

宋巾箱本諸經正文，今存者，經凡《周易》二十二葉、《尚書》二十八葉、《毛詩》四十葉、《禮記》九十三葉、《周禮》五十五葉、《孝經》三葉、《論語》一十六葉、《孟子》三十四葉，蓋九經三傳之廑存者耳。每半葉二十行，每行二十七字，細黑口，左右雙闌，板心下方記刊工姓名，一、二、三字不等。補板則標明係刊换某板字。宋諱貞、恒、桓、慎、惇皆缺末筆，廓字不缺，寧宗以前刻板也。世傳宋巾箱本諸經正文，各家目録多載之，其行格正與此同，所謂"行密如檣、字細如髮"者。然簡端加闌上注字者，與此本異，且筆劃板滯，以視此本精麗方峭，真如婢學夫人矣。昔人指爲明靖江王府翻刻，殆非無見也。

① 《蕘圃藏書題識》卷四。

憶十年前述古於賈得此書於山左舊家,余偶得瞥見,詫其板式有異,即知爲延令書目冠首之帙。嗣爲寒雲(袁克文)公子所收,闢八經室以儲之。於時董君綬金、張君庾樓、徐君森玉特爲欣賞,展轉假得,留此影本,緘之篋中,匆匆數年,世事遷移,風飛雨散,原書流失,渺不可追。爰屬陶君蘭泉覆板行世,而諉余記其顛末,得已見書,如逢故人,益不勝中郎虎賁之感矣。

考景定《建康志·書籍門》,載五經正文有四:曰監本、曰建本、曰蜀本、曰婺本。歸安陸氏剛甫得世行小帙,即斷爲婺州刊本,謂與婺本重意《尚書》《周禮》相似。今此本結體方峭,筆鋒犀鋭,是閩工本色,决爲建本無疑。明靖江本即據以覆本,而加上闌焉,故行格尺寸同,避諱之字亦無不同。至秦氏刻《九經》,則改爲半葉十八行,而面目迥異矣。此巾箱本諸經正文相傳遞擅之大略,願與海内識者共證之。丙寅十月,鳳阿丙舍書。①

在這則題記中,傅增湘通過計葉數、驗版式、檢諱字、徵目録、校版本、審字體、述源流等手段,將這部書的版本特徵描述得清清楚楚。余嘉錫云:

藏園先生之於書,如貪夫之籠百貨,奇珍異寶,竹頭木屑,細大不捐,手權輕重,目辨真贋,人不能爲毫髮欺。蓋其見之者博,故察之也詳。吾嘗聞其談板本異同,如數家珍。有以書來者,望而知爲何時何地所刻,幾於暗中摸索,能别媸妍者。②

讀了《藏園群書題記》,我們也有同感。

因爲書估作僞時總要利用那些與宋、元刻本相似的書,所以在辨别僞本時綜合運用各種方法尤爲必要。下面我們就舉一個辨别以明初刻本僞作元刻本的例子。魏隱儒、王金雨云:

---

① 《藏園群書題記》卷一。

② 《藏園群書題記續集》序。

《增修附注資治通鑒節要續編》十卷,題"宋禮部員外郎兼國史院編修官臣李燾編,書林增入音釋批點校正重刊,大德甲寅朱氏尊德堂印行"銜名三行。前有元大德序,半葉十四行,行二十一字。字體、紙張略似元末風氣。在著録時若憑序斷年而不細審其他,則著爲元大德刻本。經查年表,大德並無甲寅干支紀年,從字體紙張看,又絶非大德刻本,可以肯定,確像明初刻本。再查宣德,確有甲寅干支,爲宣德九年(一四三四),繼而一再仔細審閲,發現銜名大德的"大"字是"宣"字所挖改,改後上鈐一閑文印章以資掩飾,僞裝巧妙,稍一疏忽即被瞞過。鑒定這樣本子是頗吃力的,此本現藏武漢大學圖書館。①

由於書籍不可避免地在許多方面表現出自己的時代、地區,乃至出版單位的特徵,所以綜合運用各種方法科學地鑒定版本,不僅是必要的,而且也是可能做到的。當然,要真正做到這一點,必須付出辛勤的勞動。

① 《古籍版本鑒定叢談》第十章《古籍版本中僞本的鑒定》。

第六章　非雕印本的區分與鑒定

古書可大分爲雕印本與非雕印本兩類。非雕印本又可分爲寫本與印本兩種。寫本包括稿本與鈔本，印本包括各種活字本與影印本。本章着重介紹非雕印本特有的一些鑒定方法，雕印本的鑒定方法可通於非雕印本者則從略。

第一節　稿　本

書的原稿稱稿本。作者親筆寫的稿本稱手稿本，稿本經他人代爲繕清，又經著者校定，基本上不再更定的稱爲清稿本。有的文獻使用這些概念時，含義略有差異。如《中國古籍善本書目徵求意見説明》云："本目中著録'手稿本'，係作者親筆手寫，如原書係他人代鈔，而經作者親筆校改、删補者，著録爲'稿本'，其無作者筆迹者，著録爲'鈔本'。"

稿本的可貴之處在於它是書中文字的原始形態，是校勘工作最可靠的依據。清吴振棫云："嘉靖間，錫山吕氏所藏朱子《論語·先進》一篇《注》稿真迹，凡二十五章，裝成四十二幅，筆勢迅疾，而遒勁如屈鐵。其塗竄處，與今本不同。"[①]可見通行本往往與稿本有差異。爲了理解著作的原始思想和面貌，我們在校勘時當然應當儘可能地依據稿本。吴則虞舉例説：

① 《養古齋叢録》卷七。

> 章太炎著《葑漢微言》(《章氏叢書》中有)稿本的發現,作用就很大。章太炎是反對袁世凱的,這本書是他被袁世凱關在錢糧胡同時寫的。有許多寫袁世凱的話,(刻本)都已删改,鬥争劇烈的語句也都被改頭换面。稿本可幫助我們瞭解當時他的真實思想。①

所以從事校勘工作最理想的是能發現原稿。

從稿本中我們還可以看到作品修改的情況,從而能够瞭解作品思想性、藝術性提高的過程。例如魯迅《爲了忘却的記念》中有兩句詩,手稿原作"眼看朋輩成新鬼,怒向刀邊覓小詩"。後來將"眼"改爲"忍";"邊"改爲"叢"。這兩字之改更加生動地説明了當時白色恐怖的嚴重性,從而深刻地表現了作者的愛憎。再如宋洪邁介紹過的王安石改詩的故事:"吴中士人家藏其草,初云'又到江南岸',圈去'到'字,注曰'不好',改爲'過',後又圈去而改爲'入',旋改爲'滿',凡如此十許字,始定爲'緑'。"②從王安石手稿中,人們發現他經過反復推敲,終於找到了一個既能起動詞作用,又能收到形容詞效果的"緑"字,它給千里江南帶來了盎然春意。

以上是稿本對刻本所具有的校勘價值。至於未經刊刻的稿本,如果出自名家,或具有一定的學術水平,則價值尤高。例如清代著名學者焦循的未刊稿《毛詩草木鳥獸蟲魚釋》就是作者近二十年的研究結晶。其自序云:

> 辛丑(一七八一)、壬寅(一七八二)開始讀《爾雅》,又見陸佃、羅願之書,心不滿之,思有所著述以補兩家之不足,創稿就而復易者三。丁未(一七八七)館於壽氏之鶴立堂,復改訂之,至辛亥(一七九一)改訂訖爲三十卷。壬子(一七九二)至乙卯(一七九五)又改一次,未愜意也。戊午(一七九八)春更芟棄繁冗,合爲十一卷,以考證陸璣疏一卷附於末,凡十二卷,蓋自辛丑至己未(一七九九)共十有九年,稿易

① 《古舊圖書業務知識·古典哲學書籍的收購和發行工作》。

② 《容齋續筆》卷八《詩詞改字》。

六次。①

這樣的稿本無疑是十分有用的。再如南京大學圖書館藏清徐衡撰《東海公年譜》稿本〔圖版四十四〕，對研究清代著名人物徐乾學當然是難得的資料。

有些名家的稿本往往采用統一的自印稿紙，例如南京大學圖書館藏清錢國祥撰《式古堂詞譜證異》五卷，稿本五册，其稿紙爲十行緑格，白口，四周單邊，版心有"式古堂稿"四字；又藏清時銘撰《掃落葉齋詩稿》一卷，稿本一册，其稿紙爲十一行墨格，白口，四周單邊，墨格下有"掃落葉齋詩稿"六字。這爲我們鑒定稿本提供了依據。武西山曾據汪辟疆先生稿紙等特徵購得先生手稿《方湖日記》一册，其跋云：

> 此册日記，無作者姓名，亦無圖章，係一九六六年十月二十四日以一角錢之代價購於莫愁路文雅書店。文雅主人俞弼臣君告我：此册日記係以廢紙之價購於挑高籮者。此册筆迹頗類《唐人小説》編者汪辟疆先生，又以日記多記與黄季剛師交往，詩酒酬倡之樂。再者，汪先生别號方湖，此日記魚尾處印有"方湖日記"數字，故審之爲汪辟疆先生所記。②

稿本多有署名，無署名者則更有賴於序跋。不少稿本往往有作者自己或其他人寫的序跋。例如南京大學圖書館藏清錢國祥《乙仲氏詩集》稿本三册，即有清葉廷琯、潘鍾瑞、汪芑、劉禧延跋；清張祖同《湘雨樓詩抄》稿本三册，即有王先謙題詩、陳三立跋；清施浴升撰《金鐘山房詩存》稿本二册，書前有光緒壬午(一八八二)楊峴、汪芑、潘鍾瑞跋。人們正是根據這些序跋進一步確認稿本的主名的。有的稿本還鈐有印記足資鑒定，毛春翔云：

---

① 見沈津《鈔本及其價值與鑒定》，載《四川圖書館學報》一九八二年第三期。
② 載《文教資料簡報》一九八一年第十二期。

清稿本必須以印記爲憑,印記或用姓名,或用别號,或用齋名,其例不一。一九六〇年,浙館收到一部殘本鈔本書。收購時,憑卷端"律詩"二字作爲書名;不知律詩二字,僅僅是書中詩的分體的標題,而不是書名。此書的書名是《陶庵集》,全書有二十二卷,浙館只購得殘本一册。著者爲明末極有名的抗清殉國的英雄黄淳耀,而書中題名爲黄金耀,是年輕時的名字,後更名淳耀。淳耀,知道的人多,金耀,知道的就不多了。他號陶庵,書中有陶庵二字陰文印記,故審定爲清稿本。

又如明岳凌霄著的《緑蘿堂詩草》二册,書中無著者姓名,只鈐有印記二方:一"廣霞"二字,一"凌霄私印"四字。因著者曾官寧國,查《寧國府志·職官表》有岳凌霄其人,因此著者姓名乃得肯定;又和書中印記對勘,知道是書爲清稿本,紙墨極舊,古香古色,至爲可愛。①

此外,還可以通過驗字迹的方式來鑒定稿本。稿本一般都有塗改的痕迹,如上海圖書館藏清顧千里撰《釋梧溪集訂訛》稿本,行間圈改處甚多;清孫星衍校集《漢官儀》稿本,眉上有批語,行間也有修改的符號。鈔本與稿本的差别,往往也會從字迹上反映出來。施廷鏞云:

曾有以明秀水馮夢禎《快雪堂日記》來售,説是馮氏手稿本。察其紙張,是用茶水漬染;審其内容,文義間有不暢者。因無别本據以校之,未能即斷其非手稿本,但其中訛誤之字,如"相待于錢塘門"之"于"字,寫爲"千"字;"偶日爲雌"之"爲"字,末無四點;"能呼茶留客"之"茶"字,寫爲"荼"字;"宋板文選"之"板"字,寫爲"扳"字;"桃花片"之"桃"字,寫爲"挑"字;又如"禪"字,寫成"禪"字……諸如此類,比比皆是。果係馮氏手迹,豈有如此訛誤之理,顯然是不大識字,不通文義的鈔手轉録,並非馮氏手稿,以之作爲轉鈔本,亦非佳者。類此情

① 《古書版本常談·如何鑒别版本》。

況，若不詳加審察，則受其愚。①

從上面的例子中也可看出，人們在實際鑒別稿本的過程中，常常兼及内容並綜合運用各種方法。

第二節　鈔　本

除稿本外，凡手寫的書統稱鈔本。

鈔本可以根據鈔寫時代區分爲唐寫本、宋鈔本、元鈔本、明鈔本、清鈔本〔圖版四十五〕。民國以後的鈔本習慣上稱爲新鈔本。那些年代難以確定的古代鈔本則籠統地稱爲舊鈔本。

將紙蒙在刻本上，照式摹寫，不差分毫，這樣的鈔本稱爲影鈔本。以宋刻本爲底本的影鈔本則稱爲影宋鈔本，以元刻本爲底本的影鈔本則稱爲影元鈔本。

明、清宫廷所鈔的書稱内府鈔本。明清私家鈔的書，可以姓氏爲稱，如毛晉汲古閣鈔的書可稱爲毛鈔本或簡稱毛鈔。

凡鈔本之書法工整而精緻的稱爲精鈔本。

在雕版印刷術發明以前，古書基本上是鈔本。我們介紹過的簡書、帛書就是鈔本的最初形式。例如在山東臨沂西漢墓發現的簡書《孫子兵法》《孫臏兵法》和在長沙馬王堆三號漢墓發現的帛書《老子》就是這種鈔本的現存實物。②

現存紙鈔本既早又有突出價值的是晉代人手鈔的《三國志》殘卷。晉以後，特别是隋、唐時期，我國的古書可以説是紙鈔本一統天下。從晉末至宋初紙鈔本的盛況，我們從現存三萬卷左右的敦煌卷子中可見一般。

宋以來雕印本盛行，但藏書家仍以鈔本彌補不足。如南宋著名目録學家陳振孫即藏有大量鈔本，宋周密云："近年惟直齋陳氏書最多，蓋嘗仕

① 《中文古籍版本簡談》二《版本的種别》之七《稿本》。

② 參看圖版六、十。

於莆,傳録夾漈鄭氏、方氏、林氏、吴氏舊書至五萬一千一百八十餘卷。”①元人也喜鈔書,但正如施廷鏞所説:

> 宋元鈔本見於藏書家目録者寥寥無幾。《蕘圃藏書題識》有宋鈔《楊太后宫詞》,《錢竹汀日記鈔》有《司馬温公集注楊子太玄》,《曝書雜記》有《天文會元占》,故宫博物院藏有宋許道珵書《大方廣圓覺修多羅了義經集注》。元人鈔本,《蕘圃藏書題識》著録有《書經補遺》《圖書見聞録》《策選》《刑統賦疏》《翰林珠玉》,故宫博物院藏有元趙孟頫書《心經》,並附仇英補像。②

明鈔本最重要的是《永樂大典》,全書正文二萬二千八百七十七卷,凡例、目録六十卷,裝成一萬一千零九十五册。參與其事的有兩千多人。此書當時僅鈔一部,嘉靖、隆慶間又録副一部。正本早已無存,何時散失,不詳。副本在乾隆間僅存九千六百七十七册,後又陸續散失不少。至光緒二十六年(一九〇〇)八國聯軍侵入北京時,大部分遭焚毁,剩下的多被帝國主義者劫走。後經國家圖書館歷年搜集,再加各方面贈送的共有二百十五册,此外還從國外圖書館和私人徵集到一部分複製本和照片,共得七百三十卷,於一九五九年由中華書局影印出版。

明代私家鈔書特别受到人們重視的是毛氏汲古閣。近人王文進《明毛氏寫本書目》著録了毛晉、毛扆父子兩代鈔書二百四十種,當時有人贈毛晉詩云“入門僮僕盡鈔書”③,信非虚語。在毛鈔中,最受人們稱贊的還是影宋鈔本。《天禄琳琅書目》特辟影宋鈔本一類,並稱:“毛晉藏宋本最多。其有世所罕見,而藏諸他氏,不能得者,則選善手,以佳紙墨影鈔之,與刊本無異,名曰影宋鈔。一時好事家皆争倣效。而宋槧之無存者,賴以傳之不朽。”在毛氏影響下,清初錢曾述古堂、黄丕烈士禮居、徐乾學傳是樓、汪士鐘藝芸書舍的影宋鈔本、影元鈔本質量也很高。

---

① 《齊東野語》卷一二《書籍之厄》。

② 《中文古籍版本簡談》二《版本的種别》之六《鈔本》。

③ 滎陽悔道人《汲古閣主人小傳》,載《汲古閣校刻書目》卷首。

現存鈔本中最重要的莫過於清代編纂的《四庫全書》。據中華書局《四庫全書總目》影印組仔細統計，"收入《四庫全書》中的有三千四百六十一種，七萬九千三百零九卷；存目中的有六千七百九十三種，九萬三千五百五十一卷。這些書籍，基本上包括了乾隆以前中國古代的重要著作（尤以元代以前的書籍收輯更爲完備）"。[①]《四庫全書》曾繕寫八部，雖經兵火，至今猶存四部。臺灣商務印書館及上海古籍出版社已將文淵閣本《四庫全書》全部影印出版，將更好地發揮它應有的作用。國家圖書館所珍藏的文津閣《四庫全書》之影印本，也由商務印書館於二〇〇八年一月一日出版。

明清不少藏書家都有大量鈔本，因爲距今時間近，所以留存多，影響也比較大，我們將在下文中提到。

許多學者和藏書家都認爲鈔本之貴重僅次於宋本。如明胡應麟云："凡本，刻者十不當鈔一，鈔者十不當宋一。"[②]黄丕烈跋《李群玉詩集》云："大凡書籍安得盡有宋刻而讀之，無宋刻，則舊鈔本貴矣。舊鈔本而出自名家所藏，則尤貴矣。"[③]下面我們就來談談鈔本的價值。

首先，許多著作賴鈔本以存。譬如王梵志詩、韋莊的《秦婦吟》就是在敦煌卷子中發現的，王重民等在敦煌卷子中還找到了不少唐人詩集殘卷，從而彌補了《全唐詩》之不足。[④] 再如清代修《四庫全書》時，從《永樂大典》中輯出不少失傳的古書。計經部六十六種，史部四十一種，子部一百零三種，集部一百七十五種，凡四千九百二十六卷。後人續輯者也很少。又如明趙清常道人脉望館鈔校本《古今雜劇》，是對中國文學史及社會文化史研究的極其重要的文獻，其中鈔本達一百七十五種，多爲世人所不易見的秘籍。

其次，不少鈔本比刻本完整，因而可補刻本之不足。佚名撰《楓窗小牘》卷下云："余家藏《春秋繁露》中缺兩紙，比從藏書家借對，缺紙皆然，即

① 《四庫全書總目》卷首《出版説明》。

② 《少室山房筆叢》甲部《經籍會通》卷四。

③ 《蕘圃藏書題識》卷七。

④ 見《全唐詩外編》:《補全唐詩》。

館閣訂本亦復爾爾……後從相國寺資聖門買得鈔本,兩紙俱全,此時歡喜,如得重寶。”又如《愧郯録》一書,清代藏書家黄丕烈謂原書及以後刻本皆缺去十頁,但是近人周越然購得滄生堂鈔本半部,所缺適在其中。張元濟輯印《四部叢刊》續編時,便據以補全了。①

另外,鈔本往往是校勘的絶好資料。譬如長沙馬王堆出土的《老子》甲、乙本是目前所能見到的《老子》一書的最古本子。張舜徽説:

> 依據這兩種最古的《老子》寫本去校勘今本《老子》,便大有不同。首先在編次方面,帛書甲、乙兩本,都是《德經》在前,《道經》在後,和今本《道經》爲上卷、《德經》爲下卷的編寫次第完全不同。其次,在章段方面,今存的《老子》河上公本、王弼本、傅奕本等等都分八十一章;帛書甲、乙本,都没有分章。説明《老子》原書,本不分章,而後世分章,大約出於注家所爲。因分章而引起的錯誤,確也不少。有些上下文意應連在一起講的,被割裂爲兩章;有些各自爲義的,反被合爲一章,這便導致注釋的分歧和不必有的争辯。照原文不分章,自可避免這一類的問題。就拿分了章的今本《老子》和帛書甲、乙本相對,第四十、四十一章次序顛倒;第八十、八十一章在六十七章之前;第二十四章在第二十二章之前。②

帛書《老子》甲、乙本與通行本《老子》在文字上也有許多歧異。張舜徽還舉例説明:一、可據甲本以訂乙本與通行本之誤;二、可據乙本與通行本以訂甲本之誤;三、可據甲、乙本以訂通行本之誤。

敦煌卷子校勘價值也很大。羅振玉云:“殘卷中各詩,今集本雖存而異同至多,篇題亦有異同,殆每篇中有數字。其尤甚者爲李昂、李白與高適三家。如《全唐詩》載李昂《戚夫人楚舞歌》,以殘卷校之,中間少四句。李白《胡無人》篇殘卷無末三句,《瀑布水》(今本題作《望廬山瀑布》)則卷

① 《四部叢刊》續編《愧郯録》張元濟《跋》。

② 《中國文獻學》第三編第三章《雕版印書以前的古寫本》。

集全異者四句。”①

宋、元以後的鈔本校勘價值同樣也很大。清孫慶增云：“明板坊本、新鈔本，錯誤遺漏最多，須覓宋元板、舊鈔本、校正過底本，或收藏家秘本細細讎勘，反覆校過，連行款俱要照式改正，方爲善本。”②

當然也不是所有的鈔本都可貴，施廷鏞分辨説：

> 鈔本之可貴，不在它是鈔本，而在它不同於常本。大率鈔本之可貴者，須具有幾項要素：一、名人手鈔，確認是某人真迹；二、其非名人手鈔，但經名手校正，而校正之字，勝於刻本；三、字句與刻本不同，其不同處，較刻本爲佳；四、通行本之字句，有爲鈔本所缺者，而所缺之字句，反足以證明刻本中文字有非撰者原文；五、刊本久佚，存者僅此鈔本，則此鈔本之價值，實與孤本或稿本無異；六、有名人手跋，或收藏印記。③

鑒定鈔本除和鑒定雕印本、稿本相同的方法之外，其突出之點是明清名家鈔本多用統一格式的紙。這是辨認和鑒定各家鈔本的重要依據之一。今據《書林清話》卷十《明以來之鈔本》，將明名家鈔本用紙的特點叙述如次：

> 吴鈔　長洲吴寬（匏庵）叢書堂鈔本。用紅格紙，版心有“叢書堂”三字。
>
> 葉鈔　崑山葉盛（與中）賜書樓鈔本。用緑、墨二色格紙，版心有“賜書樓”三字。
>
> 文鈔　長洲文徵明（衡山）玉蘭堂鈔本。格欄外有“玉蘭堂録”四字。
>
> 王鈔　金壇王肯堂（宇泰）鬱岡齋鈔本。版心有“鬱岡齋藏書”

---

① 《鳴沙石室佚書·唐人選唐詩》跋。

② 《藏書紀要》第四則《校讎》。

③ 《中文古籍版本簡談》二《版本的種别》之六《鈔本》。

五字。

沈鈔　吴縣沈與文(辨之)野竹齋鈔本。格欄外有“吴縣野竹齋沈辨之製”九字,或在版心刻“吴郡沈氏野竹齋校録”九字。

楊鈔　常熟楊儀(夢羽)七檜山房鈔本。版心有“嘉靖乙未七檜山房”八字,或“萬卷樓雜録”五字。

姚鈔　無錫姚咨(舜咨)茶夢齋鈔本。用藍格紙,版心有“茶夢齋鈔”四字。

秦鈔　常熟秦四麟(酉巖)致爽閣鈔本。版心有“致爽閣”三字,或“玄覽中區”四字,或“又玄齋”三字,或“玄齋”二字。

祁鈔　山陰祁承㸁(爾光)澹生堂鈔本。用藍格紙,版心有“澹生堂鈔本”五字。

毛鈔　常熟毛晉(子晉)汲古閣鈔本。用墨格,或不印格紙,版心有“汲古閣”三字,格欄外有“毛氏正本汲古閣藏”八字。毛氏又有緑君亭、目耕樓等室名。

謝鈔　長樂謝在杭(肇淛)小草齋鈔本。用墨格,半葉九行紙,版心有“小草齋鈔本”五字。

馮鈔　常熟馮舒(已蒼)、馮班(定遠)、馮知十(彦淵)兄弟空居閣鈔本。馮定遠鈔本,格闌外有“馮氏藏本”四字;馮彦淵鈔本,格闌外有“馮彦淵藏本”五字。

錢鈔　常熟錢謙益(牧齋)絳雲樓鈔本。用墨格、緑格紙,版心有“絳雲樓”三字。

葉鈔　常熟葉樹廉(石君)樸學齋鈔本。版框外有“樸學齋”三字。

以上是僅見《書林清話》的明代名家鈔本,他如明文徵明云:“吾蘇朱性甫存理,聞人有奇書輒從以求,以必得爲志,或手自繕録,動盈筐篋,群經諸史下逮稗官小説無所不有,尤精楷法,手録前輩詩文積百餘家。”①而朱氏

① 《甫田集》卷二九《朱性甫先生墓志銘》。

鈔本就不在葉氏所列之内。

至於清代名家鈔本用紙特點，則據同書有如下列：

錢遵王鈔本　用墨格紙，格闌外有"虞山錢遵王述古堂藏書"十字。錢遵王名錢曾，室名述古堂，常熟人。

錢履之鈔本　版心有"竹深堂"三字。履之名謙貞，室名竹深堂，常熟人。

曹潔躬鈔本　版心有"檇李曹氏倦圃藏書"八字。潔躬名溶，室名倦圃，秀水人。

徐健庵鈔本　版心有"傳是樓"三字。健庵名徐乾學，室名傳是樓，崑山人。

惠定宇鈔本　格闌外有"紅豆齋藏書鈔本"七字。定宇名棟，室名紅豆齋，吴縣人。

趙功千鈔本　格闌外有"小山堂鈔本"五字。功千名昱，室名小山堂，仁和人。

吴尺鳧鈔本　用緑格紙，版心有"繡谷亭"三字，或"西泠吴氏繡谷亭鈔書"九字，有的在左闌外刻"繡谷亭鈔本"五字，尺鳧名焯，室名繡谷亭，錢塘人。

朱竹垞鈔本　用毛泰紙，無格闌。竹垞名彝尊，室名潛采堂，秀水人。

吴槎客鈔本　用毛泰紙，無格闌。槎客名騫，室名拜經樓，海昌人。

鮑以文鈔本　用毛泰紙，半葉十行，版心有"知不足齋正本"六字。以文名廷博，室名知不足齋，歙縣人。

何元錫鈔本　何元錫，别號夢華，室名夢華館，錢塘人。

金檀鈔本　用墨格紙，版心有"文瑞樓"三字。金檀别號星軺，室名文瑞樓，桐鄉人。

王宗炎鈔本　格闌外有"十萬卷樓鈔本"六字。王宗炎，字以除，室名十萬卷樓，蕭山人。

顧芸美鈔本　有“塔影園客”朱色印。芸美名顧苓，室名雲陽草亭，長洲人。

此外，據錢基博《版本通義·餘記第四》所介紹，還有：

錢雪枝鈔本　用綠格紙，半葉十二行，格闌外有“守山閣鈔本”五字。雪枝名熙祚，室名守山閣，金山人。

姚彦侍鈔本　用綠格紙，半葉十三行，版心有“咫進齋”三字。彦侍名覲元，室名咫進齋，歸安人。

厲太鴻鈔本　用墨格紙，半葉八行。太鴻名鶚，室名樊榭山房，錢塘人。

鈕匪石鈔本　用綠格紙，半葉十行。匪石名樹玉，吴縣人。

魏隱儒《古籍版本鑒定叢談》第九章《批校、鈔本的鑒定》對上列又有所補充：

常熟葉奕苞，室名小有堂。鈔書用紙印墨格，版心刻“崑山葉氏小有堂鈔”八字。

錢塘吴城(吴焯之子)，室名瓶花齋。鈔書用紙印墨格，版心刻“瓶花齋”三字。

錢塘汪憲，室名振綺堂。鈔書格紙版心下刻“振綺堂”三字。

休寧汪森，室名裘杼樓。鈔書格紙版心下刻“裘杼樓”三字。

南昌彭元瑞，室名知聖道齋。鈔書格紙版心下刻“知聖道齋鈔校書籍”八字。半葉十行。

蕭山陸芝榮，室名三間草堂。鈔書用紙印藍格，半葉十行，左欄外下方刻“陸香圃三間草堂藏書”九字。

吴縣黄丕烈，室名士禮居、百宋一廛。鈔書用紙印墨格。

吴縣袁廷檮，室名貞節堂。鈔書用紙印綠格，版心下刻“貞節堂鈔本”五字。

穎川陳焯，室名湘管齋。鈔書用紙印墨格，左欄外上刻“穎川中子書”，下刻“湘管齋珍秘”。

望江倪模，室名經鉏堂。鈔書用紙印緑格，左欄外刻“經鉏堂重録”五字。

諸城劉喜海，室名嘉蔭簃、味經書屋。鈔書用紙印緑格，半葉十一行。版心下刻“東武劉氏味經書屋”八字；或在左欄外刻“燕庭校書”四字，或刻“嘉蔭簃藏書”五字。

海南孔繼勛，室名岳雪樓。鈔書用毛泰紙，版心下刻“岳雪樓”三字。

鄞縣全祖望，室名雙韭山房。鈔書用紙印墨格，版心下右刻“雙韭山房”四字。

鄞縣徐時棟，室名城西草堂。鈔書用紙印墨格，版心刻“城西草堂”四字。

獨山莫友芝，室名影山草堂。鈔書用紙印緑格或不印格，欄外刻“影山草堂”四字。

江陰繆荃孫，室名藝風堂。鈔書用紙印墨格，版心刻“藝風堂”三字。

顯然，這些著名藏書家鈔書紙的特徵，就像雕印本的牌記和版式那樣，爲我們鑒定版本提供了依據和綫索。

此外，人們也常通過研究序跋、識語、諱字、藏書印、字體以及比勘等與鑒定雕印本相同的方法來鑒定鈔本，今就王重民《中國善本書提要》集部唐人别集類略舉數例：

項斯詩集一卷　　一册　　（北圖）

鈔本　〔十行十八字〕

唐項斯撰。卷内有“石君”“寶研堂”“胥江”等印記，卷末有樸學齋老人題記。按葉樹蓮一名萬，字石君，藏書處曰樸學齋，事迹具徐乾學所撰傳中。（《憺園文集》卷三十四葉石君傳）録其題記如左：

> 《項子遷集》，亦從林宗藏本鈔謄。辛亥之冬，底本在林宗舊鄰人處，余從而購得，此爲重本，因置案頭，常爲展閱。康熙十五年樸學齋老人識於安定谷芳館。

從印記和題識中可以看出這一鈔本的大致年代。

白香山詩集二卷　　六册　　（國會）

鈔本　〔十一行二十二字〕

……書眉有音注，詩後有評釋，簡稱：“立名按。”考清汪立名編注《白香山詩集》四十卷，持校不盡相同，未審立名别撰此本，抑好事者從立名注節來？康熙諱皆避，爲顯出於汪本之證也。

從諱字可以看出這一鈔本所從出。

李校書集三卷　　一册　　（北圖）

明鈔本　〔十行十八字〕

原題：“趙郡李端正己著。”按此爲明鈔本而黄丕烈手校者。卷末題“時萬曆肆拾捌年正月初六日鈔完”，卷内有“東昌楊氏海源閣藏書記”“楊紹和審定”“楊氏海源閣藏”等印記。兹録黄氏題記於下方：

> 《李端集》三卷，見諸《書録解題》，藏書如《述古》未列於目，想傳本稀也。余於唐人集，遇本即收，不下數十餘種，而此集亦無。頃揚州估人携此求售，喜爲得未曾有。本係舊鈔，校者之筆亦是明人。前後所鈐圖記止一印，而印文印色皆非近時，則此本誠可寶矣。裝成並記，蕘翁。

從題記、印記、著録情況可以看出此書爲明鈔、明校，傳本稀見。

劉隨州詩集十卷文集一卷外集一卷　　一册　　（國圖）

明鈔本　〔十二行三十字〕

原題："隨州刺史劉長卿。"驗以《四部叢刊》影印明正德刻本，卷一《送宣尊師醮畢歸越》第四句："登刀入白雲。"①入字誤接《酬張夏》首句，在正德本中間適隔二葉，而影印本已鈔補之，則此鈔本與正德本所闕正相同，疑當同出一源也。然其異文，往往此勝於彼。此本卷十一爲文集，蓋正德本删之，此尤其可貴處。卷内有"葉文莊公家世藏""葉印子寅""葉德榮甫世藏""松靄藏書""盛昱之印""伯羲父""宗室文慤公家世藏""寒雲秘笈珍藏之印"等印記。附題記數條：

光緒己丑宗室伯兮鬱華閣藏。

己未二月寒雲樓重裝珍藏。

《劉隨州文集》十一卷，明人寫本，字甚拙古，惟間有脱誤。歷經葉文莊、周松靄、盛伯兮諸家藏，其珍貴可知。編次與宋本及宏治繙棚本悉合，惟古活字本以五古居首爲獨異，詩次亦不同。此册皆宋紙，頗足玩賞，客京師時所得。己未二月寒雲。

從印記、題記、字體，特别是經過比勘以後，可以看出此書係明鈔本，較明正德刻本多文集一卷，其異文，往往此勝於彼，且歷經名家收藏，極可珍貴。

以上諸例皆綜合運用了多種方法，從中我們也可以看出如何鑒别鈔本。

鈔本同樣也存在着辨僞問題，書估往往采用僞造題跋、鈐蓋假印的方法將一般鈔本冒充名家鈔本，將新鈔本冒充舊鈔本。玆舉沈津所考訂二例如次：

《竇氏聯珠集》一卷，清袁氏貞節堂鈔本。書中有朱筆校語，題清黄丕烈跋。黄跋云："朱筆校勘乃義門手筆……"有了黄跋，且又認爲朱筆所校乃何焯所爲，那此書的價值不問而知。然而文字牽强，筆墨

① "刀"一作"山"。

呆滯,雖貌似而神離,此其一也。何焯生於清順治十八年(一六六一),卒於康熙六十一年(一七二二)。貞節堂即袁廷檮,其鈔本所鈔時代當在乾、嘉間。廷檮生於乾隆二十九年(一七六四),卒於嘉慶十五年(一八一〇),豈有何氏卒後年月尚存之理? 此其二也。黄丕烈(一七六三至一八二五)爲版本目録之大家,況時代與袁氏同時,一生都是和書打交道,自稱爲"老眼",豈能寫出如此跋語,書賈原想在袁氏貞節堂鈔本上僞造黄跋,又通過黄跋來説明書中所校爲何焯之筆,這種"一箭雙雕"的伎倆却爲"聰明"所誤。……

在鈔本上鈐上名藏書家和學者的僞印,是作僞者經常使用的故伎。曾有《周易守》一卷,佚名撰,書中各本首葉均鈐有"王守仁印"方形圖記,末頁鈐有"彝尊私印"。按守仁,明嘉靖大名士,彝尊爲朱彝尊,清康熙間著名收藏家。此鈔本中"弘"字缺筆,當避弘曆諱,因此爲乾隆鈔本,而書中出現明人和清初人的印記,豈不怪哉! 這説明書賈得一鈔本後,出於牟利的目的,隨意鈐上王、朱印記,以充明鈔,實在可笑。[①]

第三節　活字本

凡用活字排印的書皆稱活字本。根據製造活字的原料又可分爲泥活字本、磁活字本、木活字本、銅活字本、鉛活字本等。

一　泥活字本

雕版印刷比手寫效率高多了,但要印一頁書必須雕一塊版,如刻一部大書,則不僅需要很多時間,而且耗費大量財力物力,於是人們又發明了活字印書法。

首先采用這種方法並有可靠文字記載的是北宋慶曆年間(一〇四一至一〇四八)的平民畢昇。宋沈括《夢溪筆談》卷十八詳細記載了畢昇製

① 《鈔本及其價值與鑒定》,載《四川圖書館學報》一九八二年第四期。

作泥活字並用其印書的過程，世所共知，此不贅述。

宋代泥活字印書雖無傳本，①但是其影響是深遠的。忽必烈的謀士姚樞（一二〇一至一二七八）隱居河南輝縣時，竭力提倡文化，自己除雕印小學書、《語孟或問》、《家禮》外，又因"小學書流布未廣，教弟子楊古爲沈氏活版，與《近思録》《東萊經史論説》諸書，散之四方"。② 元王禎對泥活字印書的經驗作了進一步總結：

後世有人别生巧技，以鐵爲印盔，界行内用稀瀝青澆滿，冷定，取平，火上再行煨化，以燒熟瓦字排於行内，作活字印板。爲其不便，又有以泥爲盔，界行内用薄泥，將燒熟瓦字排之，再入窑内燒爲一段，亦可爲活字板印之。③

可見畢昇發明泥活字印書法以後，人們又對它進行了改進。

明有泥活字版《韋蘇州集》，已見上注。

清道光九年（一八二九），蘇州李瑶曾用自製膠泥活字排印了清温睿臨《南疆繹史勘本》三十卷《摭遺》十卷。此書封面鎸"道光九年秋借吴山廟開局，暨陽程文炳排版"行書雙行十八字。道光十二年（一八三二），李瑶又用這套泥活字版印了其所校補的《校補金石例四種》，封面背葉題"七寶轉輪藏定本，仿宋膠泥版印法"篆文十四字。序云：

此書原刻精當，而微嫌夾注叢列，坊本則魚豕之病雜陳矣。余乃慨然思廣其傳，即以自治膠泥板統作平字捭之，且以近見吴江郭氏祥

① 葉德輝《書林清話》卷八《宋以來活字板》稱其所藏《韋蘇州集》十卷，即宋泥活字本，並説："其書紙薄如細繭，墨印如漆光。惟字畫時若齧缺，蓋泥字不如銅鉛之堅，其形製可想而知也。"但是張秀民却否定了這一點，指出："近人有藏《韋蘇州集》，以爲北宋膠泥活字本，字畫有齒痕，不避宋諱，半頁九行，行十七字。其實是明活字本唐人集之一種，所以行款、字數完全相同。"見《中國印刷術的發明及其影響》—《印刷術的起源》之三《活字板的發明》：《宋元泥活字》。

② 姚燧《牧庵集》卷一五《中書左丞姚文獻公神道碑》。

③ 《農書》卷末附《造活字印書法》。

伯之《金石例補》補之。……因别署其編曰《校補金石例四種》,都十七卷。庶使操觚家之有志於古者,如獲指南車焉。道光十有二年冬嘉平既望,吴郡李瑶子玉氏序於杭州吉羊里寓樓。

清道光二十四年(一八四四),安徽涇縣翟金生用泥活字排印了自著《泥版試印初編》〔圖版四十六〕。卷端題"涇上翟金生西園氏著並自造泥字",還注明其子發曾、一棠、一傑、一新同造泥字,孫家祥、内侄查夏生檢字,學生左寬等校字,外孫查光鼎等歸字,自己刷印。該書還附有五言絶句詠活字印刷,兹並録於下:

《自刊》:一生籌活版,半世作雕蟲。珠玉千箱積,經營卅載功。
《自檢》:不待文成就,先將字備齊。正如養兵足,用武一時提。
《自著》:舊吟多散佚,新作少敲推。爲試澄泥版,重尋故紙堆。
《自編》:明知終覆甕,此日且編成。自笑無他技,區區過一生。
《自印》:雁陣行行列,蟬聯字字安。新編聊小試,一任大家看。

翟金生還於道光二十七年(一八四七)用泥活字排印了友人黄爵滋《仙屏書屋初集》;道光二十八年(一八四八)排印了族弟翟廷珍《修業堂集》二十卷;道光三十年(一八五〇)排印了黄爵滋撰《仙屏書屋初集詩録》十六卷、《後録》二卷;咸豐七年(一八五七)又排印了《水東翟氏宗譜》。看來,自北宋畢昇以來,用泥活字印刷可謂綿延不絶了。

二 磁活字本

在泥活字的基礎上,人們也曾探索用磁活字印書。清王士禛云:"益都翟進士某,爲饒州府推官,甚暴横。一日,集窑户造青瓷《易經》一部,楷法精妙,如西安石刻十三經,式凡數易然後成。蒲城王孝齋官益都令曾見之。"①一九六一年夏,北京中國書店訪得一部磁版印本《周易説略》。該

① 《池北偶談》卷二三《瓷易經》。

書封面欄上題“泰山磁版”四字。卷首有徐志定序，略云：“戊戌冬，偶創磁刊，堅緻勝木，因亟爲次第校正，逾己亥春而《易》先成。”末署“康熙己亥四月泰山後學徐志定書於七十二峰之真合齋”。序中説“《易》先成”，是因爲除《周易説略》外，還用磁版印過張爾岐著的《蒿庵閒話》二卷，今藏國家圖書館。該書題濟陽張爾岐輯，真合齋校正。卷一末有“真合齋磁版”五字一行，訂成二册。清金埴云：“康熙五十六七（一七一七至一七一八）年，泰安州有士人，忘其姓名，能鍛泥成字，爲活字版。”①而據《民國重修泰安縣志》卷七《人物志》載，徐志定恰爲泰安人，雍正元年舉人，曾官泰安知縣。他用磁版印《周易説略》爲康熙己亥年，正好是康熙五十八年（一七一九）。究其時間、地點、行事皆與金埴所記相合，所以兩書提到的“磁版”爲磁活字版無疑。此外，行綫歪斜，行字有不整齊的現象，行格與邊欄有間隔，也都説明它們是用磁活字版印的書。②

三　木活字本

用木活字印的書稱木活字本。北宋沈括《夢溪筆談》卷十八《技藝》談到活字“不以木爲之者，文理有疏密，沾水則高下不平，兼與藥相粘，不可取”。可見早在北宋時期，人們就已經嘗試着用木活字印書，只是技術上還沒有過關。

在元代，王禎不僅成功地用木活字印了《大德旌德縣志》，而且還在其名著《農書》中總結了製作木活字印書的經驗。據《康熙奉化縣志》卷十一、《至正四明續志》卷七記載，在王禎以後二十多年，浙江奉化知州馬稱德“鏤活書板至十萬字”，並於至治二年（一三二二）用“活字書板印成《大

① 《巾箱説》，見《不下帶編》《巾箱説》合訂本。

② 魏隱儒《中國古籍印刷史》第三編《活字印刷術的發明和活字印書業的發展》第二十章《清代的活字印本書和磁版書》云：“經細加考究，發現《周易説略》卷一第四十八葉、卷七第十葉；《蒿庵閒話》卷一第二十二、二十三葉，書版斷裂情況顯著。按活字印書，係印前拼排成爲版面，不會斷裂，行綫也不會彎成弓形，分明是燒鍛時火候所致，因此我主張是磁版印本而不是活字印本。”此亦一家之説，録以備考。不過我們認爲正因爲燒鍛整塊磁版容易變形，而這種變形又不會只出現於一個平面上，因此燒鍛整塊磁版來印書似乎是不大可能的。

學衍義》等書”，其中“《大學衍義》一部，計二十册”。可見元代安徽、浙江一帶用木活字印書已比較流行。

用木活字排印圖書數量多、質量高的首推清武英殿聚珍版書。從乾隆三十八年（一七七三）十月起，迄乾隆五十九年（一七九四），武英殿用木活字印書一百二十四種。[①] 金簡於乾隆四十一年（一七七六）十二月對用木活字印書的經驗加以總結，寫成《武英殿聚珍版程式》一書，利用圖式對成造木子、刻字、字櫃、槽版、夾條、項木、中心木、類盤、套格、擺書、墊板、校對、刷印、歸類、逐日輪轉辦法等作了詳細介紹〔圖版四十七〕。

清代私家用木活字印書也蔚然成風。葉德輝云：

嘉道以來，民間則有吴門汪昌序嘉慶丙寅（一八〇六）印《太平御覽》一千卷。璜川吴志忠嘉慶辛未（一八一一）印五代丘光庭《兼明書》五卷、元迺賢《河朔訪古記》二卷、《洛陽伽藍記》五卷。朱麟書白鹿山房嘉慶壬申（一八一二）印《中吴紀聞》六卷、高似孫《緯略》十二卷。張金吾愛日精廬嘉慶己卯（一八一九）印宋李燾《續資治通鑒長編》五百二十卷。成都龍燮堂萬育嘉慶十四年（一八〇九）印《天下郡國利病書》一百二十卷，道光三年（一八二三）印《讀史方輿紀要》一百三十卷、《形勢紀要》九卷。京師琉璃廠半松居士印《南疆繹史》二十四卷、《摭遺》十八卷、《邮謚考》八卷、《南略》十八卷、《北略》二十四卷；留雲居士印明季稗史十六種，共二十七卷。咸同間則有仁和胡珽琳琅秘室印《琳琅秘室叢書》五集。江夏童和豫朝宗書屋印明嚴衍《資治通鑒補》二百九十四卷、附刊誤二卷，宋袁樞《資治通鑒紀事本末》四十二卷，明陳邦瞻《宋史紀事本末》二十六卷，《元史紀事本末》四卷，谷應泰《明史紀事本末》八十卷，馬驌《左傳事緯》十二卷、附録八卷，《陳思王集》十卷。光緒間，則有董金鑒重印《琳琅秘室叢書》四集，吴門書坊印日本《佚存叢書》全集。光緒戊子（一八八八）姚覲元印《北堂書鈔》七十餘卷，功未竟而覲元歿，板遂散佚。余見一殘本，

① 見陶湘編《武英殿聚珍版叢書目録》。

前有“光緒己丑集福懷儉齋以活字印行”字兩行。凡此皆以木刻活字印書者也。①

清代木活字印本當然遠不止此。譬如《紅樓夢》的最早印本，乾隆五十六年的程甲本和乾隆五十七年的程乙本皆爲木活字排印。程乙本序後引言云：

是書前八十回，藏書家鈔録傳閲幾三十年矣。今得後四十回合成完璧。緣友人借鈔争睹者甚夥，鈔録固難，刊板亦需時日，姑集活字印刷，因急欲公諸同好，故初印時不及細校，間有紕繆，今復聚集各原本，詳加校閲，改訂無訛，惟識者諒之。

又如北京隆福寺街東口路南有一家書坊，坊名就叫聚珍堂，用木活字排印了許多文藝作品。其所印《兒女英雄傳》，附有排印書目，計有《繡像王評紅樓夢》《濟公傳》《紅樓夢影》《批評兒女英雄傳》《忠烈俠義傳》（又名《三俠五義》）《紅樓夢賦》《續紅樓夢》《艾虎》《續聊齋志異》《蟋蟀譜》《聊齋志異拾遺》《藝菊新編》《御製悦心集》《想當然耳》等十四種。可見木活字本在清代出版物中是占有一定比重的。

四　銅活字本

五代天福時期（九三六至九四四）就可能用銅版印書了。明楊守澄云：“魏太和有石經，晉天福有銅板《九經》，皆可紙墨摹印，無庸筆寫。”②宋岳珂撰《相臺書塾刊正九經三傳沿革例》，談到他家塾所藏《九經》即有“晉天福銅板本”。問題是這“晉天福銅板本”不知是用整塊銅版刻成的，還是用銅活字排成的。

宋代雕刻銅版，用以印刷是有實物爲證的，一九五二年上海博物館陳

① 《書林清話》卷八《宋以來活字板》。

② 朱彝尊《經義考》卷二九三引。

列品説明書説：

> 在宋代，除了雕木板印刷圖書以外，也已能雕銅版，以便大量印刷之用。例如商店廣告和國家紙幣的印行，往往是用銅版的。這裏陳列的是濟南劉家針鋪印廣告所用的雕銅版，上列刻“濟南劉家功夫針鋪”，中間刻有一兔，兩旁刻“認門前白兔爲記”，下列刻“收買上等鋼條，造功夫細針……”①

元人文獻涉及銅版的有黄溍給智延和尚所作的《塔銘》，其中談道：

> 英宗皇帝以禪師先朝舊德，每入見，必賜坐，訪以道要。命於永福寺與諸尊宿校勘。三歲，將鏤銅爲板以傳。後因屑金書藏經，慮前賢撰集之書，或有僞濫，復命之删定焉。②

文中“將鏤銅爲板以傳”雖然是一種打算，但是也反映了元代工藝已有鏤銅爲版印刷的能力。中國科學院還藏有元代用銅版印刷的殘鈔。這種銅版上除了圖様、花紋之外，還鑄有九十個漢字和“至元寶鈔諸路通行”八個蒙古字。③

銅活字印刷術到明弘治、正德年間（十五、十六世紀之交）終於在江蘇無錫、常州、蘇州、南京一帶盛行了起來。著名的有無錫華燧會通館印本，明邵寶《會通君傳》云：

> 會通君，姓華氏，諱燧，字文輝，無錫人。少於經史多涉獵，中歲好校閲同異，輒爲辨證，手録成帙，遇老儒先生，即持以質焉。既而爲銅字版以繼之，曰：“吾能會而通矣！”乃名其所曰會通館。人遂以會

---

① 見《中國近代出版史料》初編卷四《銅刻小記》按語。

② 《金華黄先生文集》卷四一《榮禄大夫大司空大都大慶壽禪寺住持長老佛心普慧大禪師北溪延公塔銘》。

③ 見蔡美彪《銅活字印刷術起源問題》，載《史學》一九五四年第二十一號。

通稱，或丈之，或君之，或伯仲之，皆曰會通云。①

據《書林清話》卷八《明錫山華氏活字板》介紹，會通館印書見於著録的有：《容齋隨筆》十六卷、《續筆》十六卷、《三筆》十六卷、《四筆》十六卷、《五筆》十卷，《古今事類前集》六十三卷，《文苑英華辨證》十卷，《錦繡萬花谷》前集四十卷、後集四十卷、續集四十卷，《諸臣奏議》一百五十卷。多爲弘治八年（一四九五）至弘治十一年（一四九八）出版的。此外又有華堅的蘭雪堂。錢基博云："華堅，字允剛，無可考；然燧三子曰埛、奎、壁，五行之次火生土，皆取土旁爲名，則堅從土旁，殆燧之猶子歟？"②據《書林清話》卷八《明錫山華氏活字板》記載，蘭雪堂印書見於著録的有《春秋繁露》十七卷、《藝文類聚》一百卷、《蔡中郎文集》十卷、《外傳》一卷、《元氏長慶集》六十卷、《白氏長慶集》六十卷。多爲正德十年（一五一五）、十一年（一五一六）出版。無錫華氏以銅活字印書著名的還有華珵。其活字印本見於著録的有《渭南文集》五十卷，《四部叢刊》有影印本，此外還有《百川學海》，然"改竄宋本舊第，爲世所譏"。③ 此外用銅活字印書而著名的還有無錫人安國。《常州府志》稱安國"嘗以活字銅版印《吴中水利通志》"。④ 安氏銅活字印本傳世者還有《顔魯公文集》十五卷、《重校鶴山先生大全文集》一百一十卷、《石田詩選》十卷等。其他明銅活字印本傳世尚多，難以枚舉。

對於明銅活字本，葉德輝曾給予較高的評價，他説：

明人活字板，以錫山華氏爲最有名，活字擺印，固不能如刻印之多，而流傳至今四五百年，蟲鼠之傷殘，兵燹之銷燬，愈久而愈稀。此藏書家所以比之如宋槧名鈔，争相寶尚，固不僅以其源出天水舊槧，可以奴視元明諸刻也。⑤

---

① 《容春堂後集》卷七。

② 《版本通義・歷史第二》。

③ 《書林清話》卷八《明華堅之世家》。

④ 《常州府志》卷二五《孝友》。

⑤ 《書林清話》卷八《明錫山華氏活字板》。

但同時也指出了華氏銅活字印本校勘不精的缺點。

清代銅活字本最重要的要推《古今圖書集成》。經始於康熙三十九年（一七〇〇）畢功於雍正四年（一七二六）的《古今圖書集成》一萬卷，是中國從未有過的大百科全書，當時用銅活字印成六十四套〔圖版四十八〕。後來還用這批銅活字印了《律吕正義》《數理精藴》等。可惜的是後來竟將這批銅活字銷毁，用來鑄了錢。清高宗《題武英殿聚珍版十韻》有云："毁銅昔悔彼，刊木此慙予。"自注："康熙年間編纂《古今圖書集成》，刻銅字爲活版，排印蕆功，貯之武英殿。歷年既久，銅字或被竊缺少，司事者懼干咎，適值乾隆初年京師錢貴，遂請毁銅字供鑄。從之。所得有限而所耗甚多，已爲非計，且使銅字尚存，則今之印書不更事半功倍乎？深爲惜之。"①

清代其他銅活字印本還有康熙二十五年（一六八六）吹藜閣出的錢陸燦《文苑英華律賦選》，前有封面，左題"吹藜閣同板"五字②。再就是康熙五十二年（一七一三）用銅活字排印的陳夢雷《松鶴山房詩集》九卷。顧炎武所著《音學五書》，其中《音論》上中下三卷、《詩本音》十卷，也是用銅活字排印的。兩種書前各有封面，題"福田書海銅活字板，福建侯官林氏珍藏"四行十六字。《詩本音》後有鎸刻銅版姓氏"古閩三山林春祺怡齋捐鎸，兄季冠癡石校刊，長子永昌正書，次子毓昌辨體"四行，但無刻印年月。

五　錫活字本

錫的鎔點低，容易鎔化鑄造。早在元代，人們就已嘗試用錫活字印書。元王禎云："近世人又鑄錫作字，以鐵條貫之，作行，嵌於盔内，界行印書；但上項字様，難於使墨，率多印壞，所以不能久行。"③

潘天禎認爲明代無錫會通館印書不是銅活字而是錫活字本。他的依據是華燧的四篇傳記。如明末清初人華渚《三承事南湖公、會通公、東郊公傳》云："會通公，少於經史多涉獵，中歲好校閲異同，輒爲辨證，手録成

① 《武英殿聚珍版叢書》卷首。

② "同"當爲"銅"字之誤植。

③ 《農書》末附《造活字印書法》。

帙，遇老儒先生，即持以質焉。或廣坐通衢，高誦琅琅，旁若無人。既乃範銅板、錫字。凡奇書艱得者，悉訂證以行。"又明喬宇撰《會通華處士墓表》也稱華燧"復慮稿帙汗漫，乃範銅爲版，鏤錫爲字，凡奇書艱得者，皆翻印以行"①。另兩篇傳記内容大致相同，不俱引。潘天禎分析道：

> 華燧所印的書，一般在版心上印有出版年，在版心下印有出版室名和印刷方法，有的序文裏也提到印刷方法。例如華燧印的《容齋隨筆》，版心上印"弘治歲在旃蒙單閼"兩行，旃蒙單閼即是乙卯。弘治乙卯即是弘治八年（一四九五）。版心下印"會通館活字銅版印"兩行。上下連續即是弘治八年會通館活字銅版印。華燧所撰《會通館印正容齋隨筆序》説："燧生當文明之運，而活字銅版樂天之成。"這些原書上的記載，無疑是識别版本的可靠依據。可惜會通館所印原書上的記載，都是"活字銅版"，没有説明是銅活字還是錫活字。上引四篇華燧傳文的記載都是"錫字"，自以理解爲錫活字爲是。如不聯繫傳文研究，很容易把"活字銅版"理解爲"銅活字版"。一字不加，稍微變易字的順序，製造活字的原料也就變了。這可能是把華燧錫活字印書誤爲銅活字的重要原因。其實，銅版是指擺活字所用之版，字和版在我國古代活字印刷工藝上從來是兩個不同的組成部分，製造的材料也往往不同。……把華燧印書的"活字銅版"理解爲"銅活字版"，既不符合文獻記載，也不符合我國古代活字印書法的實際。②

潘説言之成理。其實物則如施廷鏞所舉："道光三十年（一八五〇），廣州佛山有個唐姓書商，用木刻的字印在澄泥上，做成字模，以錫澆鑄成錫字。用它排印的書，有元馬端臨《文獻通考》一百二十册。"③

---

① 載華方、華察輯《華氏傳芳集》卷一五。

② 《明代無錫會通館印書是錫活字本》，載《江蘇圖書館工作》一九八〇年第一期。

③ 《中文古籍版本簡談》二《版本的種别》之五《活字本》。

六 鉛活字本

早在明代弘治、正德間，我國便用鉛活字印書了。明陸深《金臺紀聞》云："近日毗陵人用銅、鉛爲活字，視板印尤巧便，而布置間訛謬尤易。"文中"近日"指弘治、正德間。陸氏自序其書云"成於乙丑之夏(弘治十八年，一五〇五)，訖於戊辰九月(正德三年，一五〇八)"可證。惜明常州鉛活字本未見。

中國首先發明包括活字印刷術在内的印刷術，對世界文明做出了偉大的貢獻；到了清代，外國人又將鉛活字印刷術反饋給我國，推動了我國印刷術的發展。净雨《清代印刷史小紀》云：

> 嘉慶十二年(一八〇七)春，倫敦布道會遣馬禮遜(Robert Morrison)來華傳教。……馬氏初編輯華英辭典及文法，又譯《新約》爲中文，遂有以西洋印刷術布印之意，秘雇匠人製字模，謀泄於有司，刻工恐罹禍，舉所有付諸丙丁，以滅其迹。是役，雖事敗受損，而華文改用西式字模鑄鉛，當以此爲嚆矢矣。①

此後繼續有所發展，到了一八七二年，英人美查(F·Major)才在創辦《申報》的同時，用鉛活字大量印書。胡道静《申報六十六年史》云：

> 《申報》鉛字聚珍板書，始於該報創刊不久。至一八九五年(光緒二十一年)申昌書局繼承此業，《申報》遂不續刊。其間刊印各書凡一百六十餘種，蔚爲大觀。在一八七七年(光緒三年)曾有《申報館書目》一册，著録所印書籍五十四種；一八七九年(光緒五年)又印有《申報館續書目》一册，著録六十四種，尚未盡將所刊各書完全著録也。②

① 載《中國近代出版史料》二編。

② 蔡爾康《申報館書目》序注一引，載《中國出版史料》補編。

在這以後，鉛字排印逐漸取代了傳統的雕印，成爲我國出版的主要方法。其間值得一提的，有集成圖書局用鉛字排印的《圖書集成》與《二十四史》。此外，丁三在用自製仿宋體鉛字來排印古籍也起過很大的作用。中華書局曾用丁氏仿宋體鉛字排印《四部備要》二千餘册。①

七　活字本之鑒定

活字本可以用鑒定雕印本、寫本的某些方法來鑒定，而它本身的特徵也爲我們提供了對之進行辨識和鑒定的依據。概括起來約有六點：

一、活字本有的字排得不整齊，且有倒置、卧排現象。魏隱儒曾舉一例：

> 雍正三年（一七二五）武水陳唐重訂本宋陳師道《後山居士詩集》六卷，正集目録一卷、後山先生逸詩五卷，逸詩目録一卷、詩餘一卷。字用軟體，排版整齊匀平，無傾斜歪扭之感，如不細審，多誤以爲精刻本。書中卷二第三葉第三行《次韻蘇公兩湖徙魚三首》的末首"緋懸嵓間終一碎"的"碎"字；卷六第九葉右面末行末一字的"天"字，二字均排倒，這是活字本的有力證據。但與另一同樣印本相互比對，其"碎""天"二倒字已糾正，由此説明前本爲初印，後者爲校訂後重印。兩本行款、版式、字體皆同，半葉九行，行二十一字，左右雙邊，上下黑口，單魚尾。②

二、活字本邊欄的四角，以及上下欄綫同行綫的連接處多有距離，行格間距離也每不相等。版心的魚尾因係拼排，故與左右行綫常有間隔。惟武英殿聚珍版例外，因爲它采用了套格的形式。清金簡《欽定武英殿聚珍版程式》介紹套格云：

① 參看陸費逵《六十年來中國之出版業與印刷業》，載《中國出版史料》補編。

② 《中國古籍印刷史》第三編《活字印刷術的發明和活字印書業的發展》第二十章《清代的活字印本書和磁版書》。

> 用梨木版,每塊面寬七寸七分、長五寸九分八釐,與槽版裏口畫一,周圍放寬半分爲邊,按現行書籍式樣,每幅刻十八行格綫,每行寬四分,版心亦寬四分,既將應擺之書名、卷數、頁數暨校對姓名,先另行刊就,臨時酌嵌版心。

因爲套格是整板刻成,所以邊欄、行綫、魚尾之間的銜接處都是一個整體,没有間隔。

三、活字本字的大小不一致,筆劃粗細不均匀。因爲雕印本統一寫樣,整板雕刻,所以字體筆劃容易統一,而活字係一字一刻,故難統一。例如嘉慶二十四年(一八一九),張金吾愛日精廬印的《續資治通鑒長編》五百二十卷,排版不精,行列傾斜,界欄多未印上,字個大小不一,粗細不等。又如明嘉靖活字本《欒城集》卷首《蘇文定公謚議》一文首半葉中的兩個"二"字、三個"三"字、七個"之"字彼此都有差異。

四、活字本墨色輕重不均,行格界綫時有時無。因爲排的字有時凸凹不平,所以印出來的字,墨色就輕重不匀;活字往往高於行格,所以行格往往不着墨。如北京市中國書店《關於活字版(初稿)》稱:

> 乾隆間武英殿聚珍本,爲當時風行的一般匠人字體,横細竪粗,字個大小均匀,筆道粗細不一。乾隆五十六年、五十七年程偉元印的《紅樓夢》比聚珍本字略小,字體相似,惟字個大小不一,行格界綫拼排不正,高低不平,曲折歪斜,時有時無。①

五、活字本字與字之間筆劃絶不交叉。一般雕印本寫稿上版,爲了字體結構美觀,在書寫時上下字之間,撇鈎竪捺有時交叉,但活字本則每字一刻,各自獨立,故字與字之間絶不交叉。例如:"明刻本《水東日記》,欄綫上下接連處有隔離現象,字有歪斜,墨色不匀,貌似活字印本。但經仔細翻閱檢查,發現上下字間有的交叉,而且有數處斷版裂版,據此可以

---

① 載河北省文化局編《古舊圖書業務知識》。

斷定其非活字本。"①

六、活字本無斷版裂版現象。一般雕版印本，有的因書版刻成太久，或多次刷印，或風吹日曬，書版可能會出現斷裂現象。活字印書，印完即拆版，再印再排，所以無此情況。魏隱儒、王金雨述其鑒定影刻活字本云：

> 《蔡中郎集》，影華堅蘭雪堂活字本，刻印、字體、版式、行格一仍其舊，惟書口"蘭雪堂"三字未刻，僅在卷六第十葉版心上端刻"蘭雪堂"三字，版心下端刻一"慶"字，書尾目後之"錫山蘭雪堂華堅允剛活字銅版印行"牌記二行未刻，書中有斷版處，曾經眼兩部對照皆如此，究係何人影刻不詳。②

如此所舉例，鑒定活字本特别應當注意將活字本同那些按照活字本的原樣影刻的所謂影刻活字本區分開來。因爲影刻活字本的字個大小不一、行字不齊、欄綫與行綫不銜接等情況都依活字本的原樣照刻。如不細加審辨，很容易被誤認爲活字本。例如鄧邦述曾在一部影刻活字本《蔡中郎集》上題識云："《中郎集》此本爲最古，目後有'正德乙亥春三月錫山蘭雪堂華堅允剛活字銅版印行'二行，今已爲市儈挖去，世之作僞者皆由無識目之，甲子三月檢記。"可見鄧氏仍把它當作活字本，而未察覺到它是影刻活字本③。但是既然影刻活字本是一種雕印本，它當然具有一般雕印本的特點，譬如其墨色較活字本均匀，且欄綫、行綫之間通常没有錯落離縫現象。下面再舉一個例子，看看人們是怎樣將活字本同影刻活字本區分開來的。

《武英殿聚珍版叢書》出版以後，蘇州、杭州、江西、福建和廣東都進行了翻刻，前三處翻刻本卷端也有"武英殿聚珍版"六個字，但開本都很小，被稱爲巾箱本，容易識别。而福建、廣東皆照原樣影刻，開本同原本也差不多，所以很相似。姚海泉《武英殿聚珍版及其識别問題》談到了兩者的不同之處：

---

①②③ 《古籍版本鑒定叢談》第八章《活字本的鑒定》。

一、字體：武英殿聚珍版的字體方正、生動，有如鈐上去的一般，字體結構疏朗，筆劃粗細匀稱，看上去較爲美觀悦目，翻刻本字形不够方正，或肥大，或瘦長，筆劃呆板，刻鋒畢露。

二、墨色：武英殿聚珍版墨色雖略有濃淡不一現象，但覺有光澤，而翻刻本即使墨色一致，但缺乏光澤。

三、文字的行列：武英殿聚珍版的文字排列，不够整齊，從横向看去，錯落現象十分明顯，翻刻本則比較整齊。

四、紙張：武英殿聚珍版書用太史連和竹紙（較厚實）印刷，竹紙簾紋較窄，約半公分寬，福建翻刻本用的竹紙簾紋較寬，約一公分，紙色較淡，廣東翻刻本用黄色的山貝紙和白色的本槽紙。

五、文字與界行的重合問題：武英殿聚珍版書的文字常常與界行或邊欄重合，壓綫出綫的情況甚多，翻刻本絶無此種現象。例如《牧庵集》卷一第四頁第四、七至九行下面或出綫或壓綫。《牧庵集》卷二十六第十八葉第二面上邊各字全部出綫，其他重合處甚多，不及備載。①

可見書籍一經翻刻，就有差異；既有差異，就爲版本的鑒定工作提供了依據。

第四節　影印本

采用照相製版等工藝使原書或原稿再現的復製本稱爲影印本。根據印版原料和技術的不同，印出來的書可分爲石印本、膠印本、珂羅版印本、鋅版印本等。中國近現代用石印的方法印了很多古籍，我們就着重介紹一下石印本。

賀聖鼐介紹中國石印書籍的歷史云：

① 載《圖書館工作》一九七九年第六期。

石印書籍以上海點石齋石印書局爲最先。該局爲英人美查(F·Major)所設。……開辦之初，即聘土山灣印刷所之邱子昂爲石印技師，最初印刷《聖諭詳解》一書。姚公鶴《上海閒話》："聞點石齋石印第一獲利之書爲《康熙字典》，第一批印四萬部，不數月而售罄；第二批印六萬部，適某科舉子北上會試，道出滬上，率購五六部以作自用及贈友人之需，故又不數月即罄。"書商見其獲利之鉅且易，於是至光緒七年（一八八一）粵人徐裕子（鴻復）有同文書局之設，購備石印機十二架，雇用職工五百名，專事翻印古之善本，《二十四史》《康熙字典》及《佩文齋書畫譜》等書尤其著者。寧人則有拜石山房之開設。當時石印書局三家鼎立，盛極一時。

石印術翻印之古本，文字原形，不爽毫釐，書版尺寸又可隨意縮小，蠅頭小字，筆劃清楚，在科舉時代頗得考生之歡迎。故於上海之外，武昌、蘇州、寧波、杭州、廣東等處亦相繼開設石印書局，以《萬年曆》或《致富全書》爲開場印品（取其長發吉祥之意）。然其出品，則多不如上海之精美。①

在晚清石印本中，以同文書局影印的《古今圖書集成》和《二十四史》爲最有名。該局"於京師寶文齋覓得殿板白紙《二十四史》全部、《圖書集成》全部，陸續印出，不下數十萬部，各種法帖，大小題文府等十數萬部，莫不惟妙惟肖，精美絶倫，咸推爲石印之冠。迨光緒十七年辛卯（一八九一），内廷傳辦石印《圖書集成》一百部，即由同文書局承印。壬辰年（一八九二）開辦，甲午年（一八九四）全集告竣進呈，從此聲譽益隆"②。

其後商務印書館也利用石印的方法影印了大量叢書，其最有名的有《四部叢刊》、百衲本《二十四史》、武英殿本《二十四史》及《影印四庫全書未刊珍本初集》。張元濟《印行四部叢刊啓》云："雕板之書，卷帙浩繁，藏之充棟，載之專車，平時翻閱，亦屢煩乎轉换；此用石印，但略小其匡，而不

① 《三十五年來中國之印刷術》，載《中國近代出版史料》初編。
② 《上海石印書籍之發展》注二，載《中國出版史料》補編。

併其葉,故册小而字大。册小而便度藏,字大則能悦目。”[①]此外,該館一九三五年出齊的《影印四庫全書未刊珍本初集》選書二百三十一種,計十一萬餘葉,分裝一千九百六十册,是一項很大的工程。

當代影印古籍極爲普遍,其中比較突出的有中華書局影印的《永樂大典》、臺灣商務印書館及上海古籍出版社影印的《四庫全書》。這兩項出版工程對學術研究和古籍整理工作已經發揮了很大作用,並將産生深遠影響。

影印本的優點是能够保留書的原貌[②]、印刷迅速、出版周期短、成本低、價格比較便宜。但是如果所選底本不善,影印本也會出現一些問題。錢基博云:

> 光緒間,泰西石印法初傳至中國時,粤之徐氏創同文書局,印精本書籍。最著名者爲覆印武英殿《二十四史》,皆全張付印。徒以所得非初印本,字迹漫漶,乃延人描使明顯,便於付印;又以書手非通人,遇字不可解者,輒改以臆,訛謬百出!尤可笑者,自云所據四年本,而不知四年所刻,固無《舊五代史》;又未見乾隆四十九年殿本,輒依殿板行款,别寫一通,版心亦題乾隆四年,書估無識有如此者,然世乃以其字迹清朗,稱爲佳本。竹簡齋印《二十四史》遂用同文書局本,故錯字一仍其舊;而以合兩行爲一行,有錯行者,有應另行而圖省紙與前行迸爲一者,至諸表則强以次葉附於前葉之下,乖舛不可究詰。[③]

所以影印本也有鑒定版本問題,一要看它所用底本善否,二要注意出版單位對底本加工過程中出現的錯誤。由於影印本是依據雕印本、寫本、活字本而産生的,所以鑒定雕印本、寫本、活字本的各種方法,自然也同樣適用於鑒定影印本。

---

① 《四部叢刊書録》卷首。

② 版面一般均縮小,亦有按原大者。

③ 《版本通義·讀本第三》。

第七章　版本的變異與傳承

書籍在傳鈔、編印、典藏、流通的過程中都會造成版本的變異。一種書的不同版本雖然存在着差異，但是它們在演變過程中，也都有着一定的傳承關係。研究版本的變異與傳承關係，對於我們鑒别與利用版本無疑是必要的。

第一節　版本的變異

版本的變異主要反映在内容增損、篇卷分合、字句差異等方面，各有其原因，今分述如下。

一　内容增損

我國早期圖書是以鈔本形式流傳的，印刷術發明並廣泛使用之後，鈔本仍然是圖書的一種重要形式。由於鈔寫比較自由，人們往往又各取所需，所以對原書進行删節是經常發生的。如劉向在《列子》書録中説："所校中書《列子》五篇，臣向謹與長社尉臣參校讎太常書三篇、太史書四篇、臣向書六篇、臣參書二篇，内外書凡二十篇。以校，除複重十二篇，定著八篇。"①如果《列子》原爲八篇，則可見劉向所見到的各種鈔本内容都不全。後世鈔本删節原書内容的現象也很普遍，如南宋徐夢莘的《三朝北盟會

① 《快閣師石山房叢書》本《七略别録佚文》引宋本《列子》。

編》二百五十卷，由於篇幅大、字數多，長期以鈔本的形式流傳，於是有的鈔本就删去了不少内容，如華東師範大學圖書館所藏鈔本即存在着以下問題：

（一）有選擇地鈔録。如卷一五二“劉嶸上萬言書”，各刊本共有七策，而此摘鈔本只存録其中有代表性的三策。

（二）大量删削無關緊要的記載。有的甚至將整卷原書删去，如删卷五五、卷一〇九、卷一一四等。又卷二二—四七整整二六卷，也都統統被删去了。

（三）對原書中重要或比較重要的章節或事件，則全部鈔録或詳細摘録，如卷六二、六三敘述宋金交涉及交割三鎮之事，卷一一〇傅芳使金談判，請求金承認高宗在南京繼位之合法及送回二帝的問題等等，均予照録。

可見華東師大所藏摘鈔本，大體上是大事詳、小事略；宋廷事詳，金國事略；外交事詳，内政事略。①

印本書也存在着删節問題，特别是坊刻本，書商爲了降低成本，獲取厚利，往往大量删去原書内容，此類現象，明代尤爲突出。如屈萬里稱：

“明人刻書而書亡”，清代的校刊家常常有這種感嘆。的確明代萬曆以後的刻本，多半是一塌糊塗。他們任意改字，任意删節，甚至任意改换書名。商濬所刻的《稗海》、陳繼儒所刻的《寶顏堂秘笈》，算是比較好一些的叢書了，然而仍舊免不了任意删改的毛病。譬如宋人王楙作的《野客叢書》本來是三十卷，可是《稗海》本和《寶顏堂秘笈》本，都只有十二卷，精核的地方多被删削。假若没有嘉靖年間王穀祥的刻本存在着，人們就很少能知道這書是三十卷了。②

---

① 仲偉民《新見〈三朝北盟會編〉摘鈔本及其價值》，載《文獻》一九九二年第一期。

② 《讀古書爲什麽要講究板本》，載《大陸雜志》第二卷第七期。

政治因素也是導致某些圖書内容被删的一個重要原因，如清高宗組織人編纂《四庫全書》時，銷燬抽燬大量圖書就是一個顯著例子。四庫館正總裁英廉在奏摺中談到他根據乾隆四十五年（一七八〇）四月十三日旨意，至乾隆四十七年（一七八二）二月二十一日爲止，在不到兩年的時間内，曾派十三名官員“將各省解送之明代以後各書，逐一覆加檢閲，詳細磨勘，務將誕妄字句删燬净盡，不致稍有遺漏。玆據各該纂修等已全行閲竣，共看出應行銷燬書一百四十四部，應酌量抽燬書一百八十一部”。① 在被抽燬的書中，不少是與受到政治迫害者有關的著作。如四庫館《奏繳咨禁書目條款》稱：

> 錢謙益、吕留良、金堡、屈大均等，除所自著之書俱應燬除外，若各書内有載入其議論、選及其詩詞者，原係他人所采録，與伊等自著之書不同，應遵照原奉諭旨，將書内所引各條簽明抽燬，於原板内剷除，仍各存其原書，以示平允，其但有錢謙益序文而書中並無違礙者應照此辦理。②

由於政治原因而删削圖書的問題，本書《校勘編》第三章《書面材料發生錯誤的原因》第二節《致脱的原因》十五《因政治原因而删》、《典藏編》第四章《書籍亡佚》第一節《禁燬》有詳細介紹，可參看。

圖書在流通過程中因爲禁燬、兵燹、自然災害等原因，許多書亡佚了，許多書變成了殘本。所以在流傳過程中散失也是導致不少圖書部分内容殘損的一個重要原因。如魯迅《嵇康集》序云：“魏中散大夫《嵇康集》，在梁有十五卷，《録》一卷。至隋佚二卷。唐世復出，而失其《録》。宋以來，乃僅存十卷。”③再如北宋曾鞏去世後，時人爲其編集，收集頗全，其弟曾肇在曾鞏《行狀》中稱其“既殁，集其稿爲《元豐類稿》五十卷、《續元豐類

① 《辦理四庫全書檔案》上册八二頁。
② 《辦理四庫全書檔案》上册六〇頁。
③ 《魯迅全集》卷十《古籍序跋集》。

稿》四十卷、《外集》十卷”。[①] 然而宋南渡後,《續元豐類稿》和《外集》已逐漸散佚,晁公武《郡齋讀書志》著録《元豐類稿》五十卷,陳振孫《直齋書録解題》除著録《元豐類稿》五十卷外,還有建昌守趙汝勵、建昌郡丞陳東重行刊校的《續稿》四十卷。元末兵燹,《續稿》又亡佚了,傳世的仍僅剩下《元豐類稿》五十卷。[②]

圖書的内容除删損外也會增益。早期的書籍鈔寫者尚未形成著作權觀念,他們往往根據自己的需要,把内容相近的其他人的著作鈔在一起。如劉向校定的《晏子》共八篇,而宫廷所藏《晏子》十一篇、臣參藏《晏子》十三篇。就在劉向校定的八篇中,有兩篇被列爲外篇,即不一定是晏子的作品。他在《晏子》書録中解釋道:“其書六篇,皆忠諫其君,文章可觀,義理可法,皆合六經之義。又有複重,文辭頗異,不敢遺失,復列以爲一篇;又有頗不合經術,似非晏子言,疑後世辯士所爲者,故亦不敢失,復以爲一篇,凡八篇。”[③]我國先秦古籍真贋雜糅,這是一個重要原因。

後世學者在整理出版前人著作時,常做搜亡輯佚的工作。將所輯佚作編入集中,當然會在原有的基礎上增加新的内容。例如陳師道的集子是他的學生魏衍在他去世十四年後編成的。魏衍《彭城陳先生集記》云:“受其所遺甲乙丙稿,皆先生親筆,合而校之,得古、律詩四百六十五篇,文一百四十篇。詩曰五七,雜以古、律;文曰千百,不分類。衍今離詩爲六卷,類文爲十四卷,次皆從舊,合二十卷,目録一卷,又手書之。”[④]而宋蜀刻有謝克家序之《後山居士文集》二十卷,詩文卷數與魏衍編本同,但詩多收二百一十八首,文多收二十九篇。多出的二百一十八首詩則散附在一、二、四、六卷後。可見宋蜀刻有謝克家序本在魏衍編本的基礎上,又將在社會上流傳的陳師道的詩文編入了集中。[⑤]

① 《曾鞏集》卷末《附録一》,中華書局一九八四年版。

② 參見陳杏珍《談曾鞏集的流傳和版刻》,載《文獻》第二十一輯。

③ 《四部叢刊》影印明活字本《晏子春秋》卷首。

④ 商務印書館《四部叢刊》縮印江安傅氏雙鑑樓藏高麗活字本《後山詩注》卷首。

⑤ 參見徐小蠻《陳後山集版本源流考》,載《文獻》第十九輯。

需要注意的是輯佚如果只求全備而不重視鑒別真僞，則會混入不少僞作。如清趙殿成於乾隆二年(一七三七)刻印的《王右丞集箋注》，其《箋注略例》云："自十四卷以前之詩皆須溪本所有者，其別本所增及他籍互見者，另爲外編一卷。"萬曼指出：

這一卷共詩四十七首，除了蜀本系統所羼入的王涯、張仲素詩三十首外，其餘大抵都是根據顧元緯本編入的，止最後一首係據《事文類聚》補。這些詩除應歸之王涯、張仲素外，還有王昌齡、張子容、孫逖、宋之問、孟浩然、鄭谷以及失名的作品，可以視爲王維佚詩的不過二三首，這是應該斟別一下的。《全唐詩》全部删去，甚是。[①]

古書傳世每有續作，這也是書籍内容有所增加的一個原因。劉知幾《史通・古今正史》嘗云："《史記》所書，年止漢武太初，以後闕而不録。其後劉向、向子歆及諸好事者，若馮商、衛衡、揚雄、史岑、梁審、肆仁、晉馮、段肅、金丹、馮衍、韋融、蕭奮、劉恂等，相次撰續，迄於哀平間，猶名《史記》。"總集與類書也有這種現象。如徐陵所纂《玉臺新詠》，其自序、《隋書・經籍志》、《新唐書・藝文志》、《郡齋讀書志》等皆著録十卷，但是明嘉靖十九年(一五四〇)鄭玄撫刻本却爲十五卷。其跋云：

徐陵世膺陳爵，恒猷厥酬，乃進《新詠》十卷，以備宫體。陵没，摛藻之徒取以爲則，播之宫商，幾四百餘年。俗瀰風下，靈秘莫珍，予夙悼之，博求世家，幸獲塵幾，篇殘簡亂，憑證無由。嘉靖己亥(一五三九)，方子敬明購諸金陵，歸而畀予。予始删其餘篇，理其落翰，進儷陳隋，演爲十五卷，乃揖敬明，與之校梓。

此書所增五卷實爲徐陵身後陳隋時代的作品。[②] 又，宋葉大慶指出："《藝

① 《唐集叙録・王維文集》。
② 參見躍進《〈玉臺新詠〉版本研究》，載《中國古籍研究》第一卷。

文類聚》唐太宗時歐陽詢所編也,而有蘇、李、沈、宋之詩,是皆後人所加。”並自注曰:“正月十五日有蘇味道《夜游》詩,洛水門有李嶠游洛詩,寒食門有沈佺期、宋之問詩,四子皆後人,歐陽安得預編之也。”①

後人對書做注釋,從而出現的各類注本,即在原書的基礎上增加了注釋部分,這也是圖書增加内容的一個原因。如蕭統編《文選》,唐李善爲之作注,並於顯慶三年(六五八)九月上《文選注》表。開元六年(七一八)又有吕延祚將吕延濟、劉良、張銑、吕向、李周翰等五臣注《文選》進表呈上。後來又有人將李善注與五臣注合成了六臣注。

後人對古書進行批評與校勘,那些附在原書上的批語與校勘記,也都使原書增加了新的内容。南宋劉辰翁在詩文的評點上下了很大功夫,明人曾匯刻《劉須溪批評九種》,包括《班馬異同評》《老子》《莊子》《列子》《世説新語》《李長吉歌詩》《王摩詰詩》《杜工部詩》《蘇東坡詩》。此外,《孟浩然集》《孟東野集》《王荆公詩文》《放翁詩選》等也有劉辰翁的評點。南宋興起的評點之風到了元明清仍然盛行,批評的對象從詩文經史發展到了小説戲曲。金聖嘆批評《水滸》《西厢記》就頗有影響。學者讀書在書的天頭地脚行間或采用簽條的方式留下批語、校勘記是十分普遍的現象,知名學者的批校本通常被當作善本。經過校勘的書籍出版時,校勘記通常附書以行,如清代由阮元主持校刻的《十三經注疏》。經文本來是單獨傳播的,宋人在經文的基礎上加注加疏,使原書内容不斷有所增加。“嘉慶二十有一年(一八一六)秋八月,南昌學堂重刊宋本《十三經注疏》,成卷四百十六,並附校勘記,爲書萬一千八百一十葉。”②原書附校勘記不但豐富了書的内容,也提高了書的價值。

此外爲圖書做補正工作,自然也會使原本增加新的内容。如張之洞的《書目答問》自光緒二年(一八七六)出版後,産生了廣泛的影響,後來范希曾又做了補正工作,並於一九三一年在柳詒徵的大力支持下,由國學圖書館印了《書目答問補正》。該書補録圖書一千二百種左右,在一定程度

① 《考古質疑》卷一。

② 胡稷《重刊宋本十三經注疏後記》,載中華書局影印本《十三經注疏》卷首。

上反映了自《書目答問》至《書目答問補正》這五十年間學術研究的主要成就。此外《書目答問補正》還補足或糾正了《書目答問》漏落或訛誤的書名、卷數、作者姓氏、刻書年代等近百處。①

總之，版本間内容有增損是十分普遍的現象，這也導致了版本的優劣與特色。我們在利用圖書時，當然要注意各種版本的特點及内容增損情況。

二　篇卷分合

版本在形式上的變化尤爲明顯，同一種書的不同版本，其版式、紙墨、字體、裝幀等許多方面都可能是各不相同的，我們在本編的有關章節已經作了論述，現僅就涉及文獻内容的篇卷分合問題作些説明。

我國古書多以竹木、帛、紙爲載體。文獻載體不同，圖書篇卷可能會有分合。如《管子》一書，劉向經過校讎定爲八十六篇，爲《漢書・藝文志・諸子略・道家》所著録，然《隋書・經籍志・子部・法家》却著録爲十九卷。顯然紙書比簡書的容量大，一卷紙書可以容納好幾篇文章。關於因爲載體不同而導致篇卷分合的詳細情況，可參見本書《目録編》第三章《目録的著録事項》第二節《篇卷》。

編輯體例不同也會導致一書各本間篇卷的分合。毛晉嘗云：

> 余藏襄陽詩甚多，可據者凡三種：一宋刻三卷逐卷意編，不標類目，共計二百一十首；一元刻劉須溪評者，亦三卷，類分游覽、贈答、旅行、送别、宴樂、懷思、田園、美人、時節、拾遺凡十條，共計二百三十三首；一弘治間關中刻孟浩然者，卷數與宋元相合，編次互有異同，共計二百一十八首。②

孟浩然集宋刻、元刻、明弘治刻雖均爲三卷，但是宋刻逐卷意編，元刻分類

---

① 參見上海古籍出版社一九八三年版《書目答問補正》前言。

② 《隱湖題跋・跋孟襄陽集》。

編排,明弘治刻編次與宋元本又有異同,故三個版本各卷内容不同,所收詩篇總數也互異。

還有的詩文集的編輯體例有分體、不分體和編年、不編年之别,各本之間的卷數也許相同,相應卷數的内容却有分有合。如杜荀鶴詩集,明末毛晉汲古閣刻本《唐風集》三卷,是分體編次的;而清初席啓寓刻《唐詩百名家全集》本《杜荀鶴文集》三卷,却統稱爲雜詩,不分體。兩本各卷的内容自然不同。一些按體裁排列的版本,如何分體,彼此也可能有别。如《全唐詩》本《杜荀鶴集》,卷一爲五律,卷二爲七律(僅有一首係七言八韻),卷三爲五、七言絶句。而《全五代詩》本《杜荀鶴集》,卷一爲五律,卷二爲九十六首七律,卷三爲四十四首七律外加五、七言絶句。① 再如《李商隱詩集》,《新唐書·藝文志》《直齋書録解題》《宋史·藝文志》均著録爲三卷,馮浩的《玉谿生詩集箋注》雖然也作三卷,由於采用了編年的方法,每卷的内容與過去的版本當然是不同的。其《玉谿生詩箋注發凡》稱:"舊本皆作三卷,而凌亂錯雜,心目交迷,其分體者更不免割裂之病。余定爲編年詩二卷、不編年詩一卷。行藏遞考,情味彌長,所不敢全編者,慎之也。"

出版叢書要求各叢書本在形式上保持一致,因此某些書在篇卷分合上往往要作些調整。據《舊唐書·王維傳》可知,《王維集》最初由其弟王縉編成,共十卷。其中六卷爲詩,四卷爲文,因此單行的《王維詩集》多爲六卷,但是明張遜業輯校《十二家唐詩》本,每家均分上、下兩卷,故《王摩詰集》也爲二卷。明楊一統刊《唐十二家詩》本,每家皆一卷,所以《王維集》也爲一卷。此外,明凌濛初刊朱墨二色套印本《王摩詰詩集》,五古、七古、五律、七律、五排、五絶、七絶各一卷,故共分七卷。王維的詩集雖有一卷、二卷、六卷、七卷之别,但是所收詩篇却大抵一致,不過有所分合而已。②

有些鈔本原就不全,爲了湊足卷數,往往對各卷内容進行分合。如南

① 參見汪長林《杜荀鶴詩集版本源流初探》,載《古籍研究》一九九六年第三期。

② 參見陳鐵民《〈王維集〉版本考》,載《古籍整理與研究》第五期。

京圖書館藏原丁丙家清鈔本《誠齋集》之卷首吴城題記云："余近見宋氏賓王、汪氏秀峰兩家所藏，俱一百三十三卷，始知插架舊本卷帙前後頗有錯亂，甚至以一卷分而爲二者，亦有以兩卷併而爲一者，妄行增損，欲謂之無心之誤，可乎？"試以國家圖書館藏原盧址家清鈔本《誠齋集》爲例，其文集部分闕失較多，最末一卷爲卷一二二《墓表》，卷一二三《墓志銘》並以下盡脱。即今存者，也殘損不完，如《四部叢刊》本之卷六六、六七爲《書》，共二十二首，此本竟無之。而以卷六九、七〇各分爲二，補足卷數。《四部叢刊》本卷八七至八九爲《千慮策》共十二篇，此本脱去其中的《論相》《論將》《論兵》《馭吏》四篇，而以其餘析爲三卷，補齊卷數。①

在刻本中也有分合篇卷以充全本的現象，例如《太平廣記》現存有殘宋本、明沈與文野竹齋鈔本、嘉靖隆慶之際的談愷刻本、萬曆間許自昌刻本等。殘宋本的總目録基本完整，總目録中全卷失佚者，僅有第一四一卷。遺憾的是，殘宋本第一四一卷的正文也殘缺了。今人所見《廣記》諸本之一四一卷，已經不是宋本之原來面目。明鈔本取宋本一四二卷後半截，充作一四一卷。而將宋本的一四三卷一分爲二，變作一四二、一四三卷。談本則將宋本一四二卷一分爲二，變作一四一、一四二兩卷。許本則一如談本處理。②

對原書加工整理，不僅會使原書内容有增減，而且也會使原書篇卷分合有明顯變化。如宋宋敏求《李太白文集後序》談到了唐宋李白集編纂情況：

> 唐李陽冰序李白《草堂集》十卷，云"當時著述，十喪其九"。咸平中，樂史别得白歌詩十卷，合爲《李翰林集》二十卷，凡七百七十六篇。史又纂雜著爲《别集》十卷。治平元年（一〇六四），得王文獻公溥家藏白詩集上中二秩，凡廣一百四篇，惜遺其下帙。熙寧元年（一〇六八），得唐魏萬所纂白詩集二卷，凡廣四十四篇。因裒唐類詩諸編，洎

---

① 參見吴鷗《誠齋詩集版本述略》，載《國學研究》第二卷。
② 參見張國風《試論〈太平廣記〉的版本演變》，載《文獻》一九九四年第四期。

> 刻石所傳，别集所載者，又得七十七篇，無慮千篇，沿舊目而釐正其彙次，使各相從，以别集附於後，凡賦、表、書、序、碑、頌、記、銘、讚文六十五篇，合爲三十卷。①

近人王國維《人間詞話》的版本，也因整理者不斷增加内容而在篇幅上逐步有所增加。徐調孚在《重印後記》中寫道：

> 王國維的《人間詞話》，最初祇有上卷，刊載在一九〇八年的《國粹學報》上，分三期登完。到了一九二六年，才有俞平伯先生標點、樸社出版的單行本。一九二七年，趙萬里先生又輯録他的遺著未刊稿，刊載於《小説月報》上，題爲《人間詞話未刊稿及其他》。一九二八年羅振玉編印他的《遺集》，便一併收入，分爲上下兩卷，以原來的爲上卷，趙輯的爲下卷。從這時候起，始有兩卷本。一九三九年開明書店要重印這書，我就《遺集》中再輯集他有關論詞的片段文字，作爲補遺附後：這便是現在印行的本子。其中署名山陰樊志厚的《人間詞》甲乙稿兩序，據趙萬里先生所作《年譜》，實在是王國維自己的作品，所以也一併收入附録中。這本小册子出版後，陳乃乾先生又從王氏舊藏各家詞集的眉頭，抄録他手寫的評語給我，我在一九四七年印第二版的時候再補附在最後。書中的注，一部分是周振甫先生所搜集的，一部分是我加的，全部都經過我的校訂。②

可見各本之間篇卷分合的情況也相當複雜，因載體、編輯體例、書商以殘本充全本，以及加工整理的方式與深度，都可能導致篇卷的分合與内容的增損。有的版本卷數相同，内容可能有異；有的版本卷數有異，内容可能相同。凡此種種都應引起讀者的注意。

---

① 《李太白全集》卷三一《附録一》。

② 載《蕙風詞話》《人間詞話》合訂本卷末，人民文學出版社一九六〇年版。

三　文字差異

版本之間存在着文字差異是十分普遍的現象。

我國幅員遼闊，各地方言頗不相同，因此各地鈔本之間很容易造成文字上的差異。如《楚辭·九章·惜往日》："妬佳冶之芬芳兮，嫫姆姣而自好。"洪興祖本云："佳，一作娃。"洪補注曰："娃，於佳切，吴楚之間謂好曰娃。"左思《吴都賦》："幸乎館娃之宫。"劉淵林注："吴俗謂好女爲娃。"①由此可見，娃與佳實際上是由方言的不同而造成的差異。再如《離騷》："憑不厭乎求索。"洪興祖本云："憑，一作馮。"王逸注："憑，滿也。楚人名滿曰憑。"馮，《説文解字》："馬行疾也。"段玉裁注："馮也，馬蹄着地堅實之貌。因之引申爲盛也，大也，滿也，懣也。"可見憑、馮同義，也僅是方言造成的差異。②

古今字體的變化也是導致版本之間文字差異的一個重要原因。如《左傳》襄公二十四年經文"秋七月甲子朔，日有食之。既"下，孔穎達《疏》云：

> 此與二十一年，頻月日食，理必不然，但其字則變古爲篆，改篆爲隸。書則縑以代簡，紙以代縑，多歷世代，年數遥遠喪亂，或轉寫誤失其本真，先儒因循，莫敢改易，執文求義，理必不通，後之學者宜知此意也。③

本書《校勘編》第三章《書面材料發生錯誤的原因》第一節《致訛的原因》—《因形近而訛》，詳細論述過這個問題，可參看。

在傳鈔編印的過程中，因疏忽、妄改導致文字上的差異也是十分普遍的現象，如惠棟跋宋本《禮記正義》云：

---

① 中華書局一九七七年影印胡克家刻本。
② 參見江林昌《〈楚辭〉異文考例》，載《文獻》一九九一年第三期。
③ 《春秋左傳正義》卷三五。

> 先是孔穎達奉詔撰《五經正義》,法周秦遺意,與經注别行。宋以來始有合刻,南宋後又以陸德明所撰《釋文》增入,謂之附釋音。《禮記注疏》編爲六十三卷。監板及毛氏所刻,皆是本也。歲久脱爛,悉仍其闕。今以北宋本校毛本,訛字四千七百有四,脱字一千一百四十有五,闕文二千二百一十有七,文字異者二千六百二十有五,羨文九百七十有一。①

再如宋蜀刻本《後山居士文集》第十四卷的九篇《記》,脱誤達七十六處。總共十四卷文集,脱五個字以上的地方竟有二十四處,最多的是第十六卷《送邢居實序》末尾,脱三百零二字,這一篇和另一篇脱題目和開頭六十字的《章善序》,兩篇風馬牛不相關的文章硬湊成一篇,使人不能卒讀。②

避諱與政治因素,同樣也是導致版本間文字差異的重要原因,如張元濟跋傳鈔本《崇山文集》云:

> 卷中遇"構"字稱"今上御名","慎"字稱"今上御名",其他廟號,及語涉宋帝,皆空格,或提行,仍宋刻舊式,是必出自乾道刊本。……《四庫》著録亦二十卷,編次悉同,惟館臣泥於時忌,遇原書詆斥金人詞句,無不竄改,甚至顛倒序次,變易意義,其不易更動者,則故作闕文,或加以刪削,有多至數百字者。③

再如明歸有光著《震川先生集》版本甚多,《四部叢刊》影印的康熙常熟刊本,經歸莊親手勘定,優於别本。由於該本刻於康熙前期,文字忌諱甚嚴,所以凡遇與皇上有關字樣一律空格,"夷""狄""胡""虜"等字均用墨釘迴避。④

---

① 載《涉園所見宋版書影》。

② 參見徐小蠻《陳後山集版本源流考》,載《文獻》第十九輯。

③ 《涉園序跋集録》,古典文學出版社一九五七年版頁二二一。

④ 參見《震川先生集》周本淳《前言》,上海古籍出版社一九八一年版。

本書《校勘編》第三章《書面材料發生錯誤的原因》，對文字出差異的原因做出了較爲詳細的論述，亦可參看。

第二節　版本的傳承

版本在内容、篇卷、文字上雖然常有很大差别，但是各種版本都由原著發展而來，理清版本源流，瞭解各本的特點與價值，對於讀書治學、從事古籍整理與出版工作，無疑也是必要的。

研究與揭示版本的傳承關係，首先應從諸家目録、有關記載，以及現存版本中查考明白，然後再按時代先後將各本逐一敘録。如郭紹虞的《陶集考辨》，作者先將陶集各種版本按時代先後分成：一、梁以前本；二、宋以前本；三、北宋本；四、南宋本上；五、南宋本下；六、元本；七、明本上；八、明本中；九、明本下；十、清本上；十一、清本下；十二、近代本。對於已佚的版本，根據文字記載，也一一作了分析。如其關於梁以前六卷本《陶潛集》的考辨稱：

> 《隋書·經籍志》云："宋徵士《陶潛集》九卷。"注云："梁五卷，録一卷。"是梁以前本原衹五卷。陽休之《序録》云："其集先有兩本行於世：一本八卷，無序；一本六卷，並序目。"是六卷本即梁五卷本，梁氏《陶集考證》所言是也。橋川氏《陶集版本源流考》謂此"六卷本隋時已佚，新、舊《唐志》所著録之五卷本，並蹈襲《隋志》所録而存其目"，其所推測亦不謬。大抵昭明本、陽休之本既行之後，此"編比顛亂兼復闕少"之書，固宜歸於淘汰。①

郭紹虞在考辨現存陶集時，頗注意分析諸本特點與價值。如其介紹近代古直《陶靖節詩箋定本》四卷道：

① 載《燕京大學學報》一九三六年十二月第二十期，梁氏指梁啓超，橋川氏指日人橋川時雄。

古直舊爲《述酒詩箋》,載《華國》月刊二期七册,此册出版之時,雖在一九二五年五月,而古氏作箋實在一九二四年夏旅居廬阜之時。一九二六年撰成《陶靖節詩箋》四卷,輯入《隅樓叢書》中,二十五年復寫爲定本,爲《層冰室五種》之一。古氏箋陶用力頗勤,前此雖有諸家箋注,古注不求備摭,汰棄殊多。其自爲注,頗能發明陶詩用事之長。竊以爲陶詩用事,真所謂水中著鹽,雖有鹽味不見鹽質者。古氏詳爲鈎稽,以發潛幽,不特可明陶詩用事之處,即於陶公學術思想,亦可爲印證之助。朱自清君有書評,載《清華學報》十一卷二期。

吴則虞考辨《清真詞》版本大抵采取了同樣辦法。他首先將《清真詞》版本可考者按時代分爲:宋刻得十有一種、元有二、明有五、清有八、近人校印者十、不詳者二,並一一羅列其名稱。接着又擇其要者,作了考辨。如關於《清真詞》之祖本,他考證道:

《宋史・藝文志》有《清真集》十一卷,《攻媿集》及《郡齋讀書志》有《清真先生文集》二十四卷,《直齋書録解題》有《清真雜著》三卷,書皆不傳。王灼《碧雞漫志》云:"美成集中多新聲。"《直齋書録解題》云:"《清真雜著》,在溧所作文記詩歌。"二者之中俱有長短句在内,盧炳、陳允平、强焕所據之本,疑從此出,此第一本也。《嚴州續志》有《清真詩餘》,此《清真詞》最早别行之本,黄昇《花庵詞選》即據以選録,《清真詩餘》收詞若干不可知,然《花庵》所選各詞,方、楊皆有和,似亦只九十餘首,後之《三英集》及毛晉所見不滿百闋之《美成長短句》與《清真集》,似俱從此出,此第二本也。祭海先河,後來各本,要皆此二者之支裔耳。①

對於各本淵源及優缺點,作者也作了考證與總結,如其考辨四印齋刻元巾

① 《清真詞版本考辨(附版本源流表及清真集考異)》,載中華書局一九八一年版《清真集》。方指方千里,楊指楊澤民,皆有和《清真詞》。

箱本《清真集》二卷集外詞一卷云：

元巾箱本《清真集》二卷，實即元龍之十卷本也，惟分卷編次不同。此分爲上下兩卷，上卷收詞四十七首，下卷收詞八十首(共一百二十七首，與注本同)，四印齋刻本悉依從之。其集中所無而見於毛刻者凡五十四闋，別爲集外詞一卷，置列於後(共百八十一首)。半塘翁一代詞宗，號爲精審，然此集之刻，殊有三失：毛本之九十四闋，其《鎖陽臺》等三首及補遺十首，王氏悉删去，或取或舍，欲全反缺，其失一也。又五十四闋中，《水調歌頭》"今夕月華滿"乃何大圭詞，《感皇恩》"小閣倚晴空"乃晁冲之詞，《鬢雲鬆》亦贋品，半塘翁欲去僞存真，而真僞雜糅，其失二也。《清真詞》分卷雖亂於元龍，而本來面目，猶髣髴見之，元巾箱本釐爲二卷，宋本堂廡，從此全毀，半塘翁既見陳注，而棄宋從元，舍刻從鈔，其失三也。所喜者，《清真詞》自宋以來，注本與强本分道揚鑣者已久，此刻而後，兩本漸匯而爲一，林大椿復事綜集，牉以合矣。①

爲了一目瞭然，有人還采用表格的形式記録版本，如徐小蠻的《陳後山集版本源流考》。今録其詩集各種爲例：

書　名	卷數	版　本	編校序者	備　注
後山詩注	六	宋蜀刻本	宋魏衍"集記" 王雲題記 許尹序 任淵編注並序	每卷各分上下
後山詩注	十二	元刻本		
後山詩注	十二	明弘治本	明楊一清跋	

① 《清真詞版本考辨(附版本源流表及清真集考異)》，載中華書局一九八一年版《清真集》。半塘翁指王鵬運，毛本指汲古閣刻《片玉詞》二卷。王氏指王鵬運，陳注指《詳注周美成片玉集》十卷陳元龍注，强本指强煥序《清真詞》二卷本。

續表

書　名	卷數	版　本	編校序者	備　注
後山詩注	十二	明嘉靖本		
後山詩注	十二	高麗活字本		據明弘治本排印,《四部叢刊》初編本據此影印
後山詩注	十二	清武英殿聚珍本		
後山詩集	十二	清雍正活字本	清陳唐編 吴淳還序	正集六卷,後集五卷,詩餘一卷
後山詩注箋補	十四	商務排印本	近人昌廣生箋	正集十二卷,逸詩上、下卷①

從表中可知陳師道的詩集版本雖多,但都源自任淵編注的《後山詩注》,他依據的本子是王雲所傳,而王雲得之魏衍的親授本。任淵的本子雖然只有六卷,但增加了注,每卷各分上下,等於十二卷。清雍正活字本,正集六卷、後集五卷、詩餘一卷,似有很大不同,其實其正集六卷是據《後山詩注》編次去掉任淵注而已,後集五卷是搜集正集外作品編集而成,所以仍然是由《後山詩注》演變而來。《後山詩注箋補》雖然爲十四卷,其中十二卷同《後山詩注》,另二卷爲逸詩。②

有的書版本相當複雜,研究者除對重要版本不斷進行介紹外,還采用圖表的形式揭示版本傳承關係,顯得尤爲明晰。吴則虞《清真詞版本考辨(附版本源流表及清真集考異)》就是這麽做的,因爲篇幅大,難以引證。兹以陳鐵民的《岑嘉州詩版本源流考》爲例,作者首先對現存岑參詩集的主要版本作了叙録:

(一)《岑嘉州詩》,八卷,存前四卷,宋刊本。每半頁十行,行十八字。前有杜確序。現藏北京圖書館。

(二)《岑嘉州詩集》,八卷,明鈔本。半頁十行,行二十字。有杜

---

① 載《文獻》第十九輯。

② 參見徐小蠻《陳後山集版本源流考》,載《文獻》第十九輯。

確序及目録。原係黄丕烈藏書,現存北京圖書館。

（三）《岑嘉州集》,八卷,明銅活字本。半頁九行,行十七字。有杜確序,現藏北京圖書館。

（四）《岑嘉州集》,二卷,明張遜業輯《十二家唐詩》本。嘉靖三十一年（一五五二）江都黄埻東壁圖書府刊。每半頁九行,行十九字。無杜確序,書藏北京圖書館。

（五）《岑參集》,一卷,明楊一統刊《唐十二家詩》本。萬曆十二年（一五八四）刊。半頁九行,行二十字。有目録,無杜確序。書藏北大圖書館。

（六）《岑嘉州集》,二卷,明許自昌輯《前唐十二家詩》本。萬曆三十一年（一六〇三）刊。半頁九行,行十九字。無杜確序,書藏北大圖書館。

（七）《岑嘉州集》,八卷,明刊《唐十二家詩》本。半頁十行,行十八字。有杜確序,書藏北大圖書館。

（八）《岑嘉州集》,八卷,明刊本。半頁十行,行十八字。有杜確序。有吴慈培校並補目,周叔弢校並跋。書藏北京圖書館。

（九）《岑嘉州集》,二卷,明鄭能刊《唐十二家詩》本。每半頁九行,行十九字。無杜確序。原爲鄭振鐸藏書,現存北京圖書館。

（十）《岑嘉州詩》,七卷,明正德十五年（一五二〇）熊相濟南刊本。半頁十行,行十七字。前有杜確序,後有邊貢、熊相二序。《四部叢刊》影印,北京圖書館藏有原刊本。

（十一）《岑嘉州詩》,七卷,明刊黑口本。半頁十行,行十七字。無杜確序,書藏北大圖書館。

（十二）《岑嘉州詩》,八卷,明正德十五年謝元良嘉州刊本。半頁十行,行二十字。無杜確序,有安磐《新刊岑嘉州詩引》,書藏北京圖書館。

（十三）《岑嘉州詩》,四卷,明正德十五年沈恩蜀中刊本。半頁十一行,行二十字。無杜確序,前有楊慎《新刊岑嘉州詩序》,後有沈恩跋。《四部叢刊》初編影印,北京圖書館藏有原刊本。

作者又就上述諸本的相互關係作了考述，並用圖表展示了版本源流：

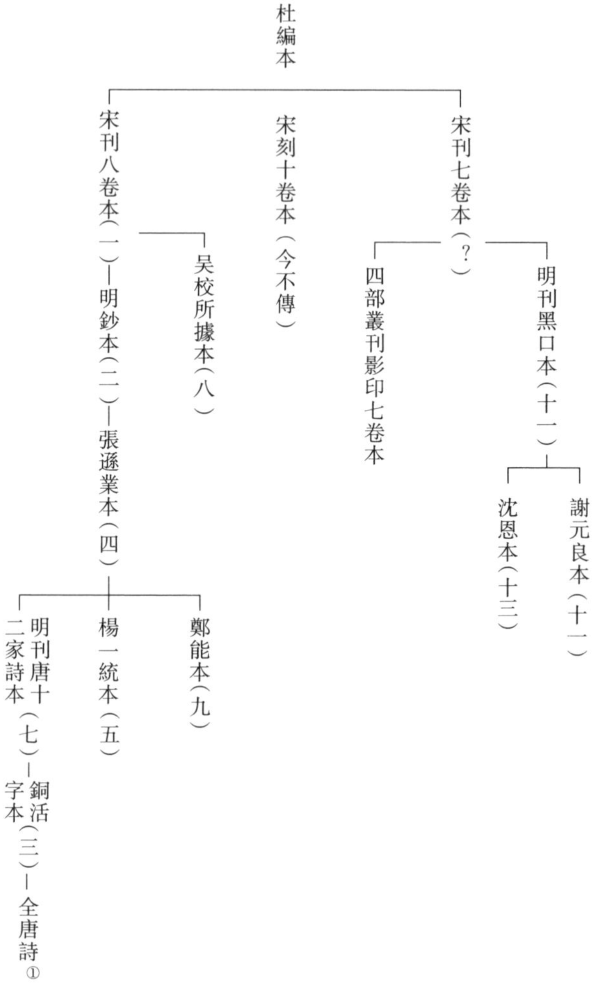

研究版本的變異與傳承，不僅使我們在讀書治學時，能够選擇可靠的版本，吸收各本的長處，而且還能使我們瞭解一部書的出版史與研究史。

---

① 載《文史》第六輯。

第八章　對版本的記録和研究

從劉向、劉歆父子校書以來，學者們就一直注意對書籍版本進行研究和記録。我國古籍基本上見於各種目録的著録，此外人們還利用書影、行格表、刻工表、題跋、論文等形式對圖書版本進行更加深入細緻的描述和探討。一些學者的日記、書信、札記中，涉及圖書版本的論述也不少。對前人在這方面的豐富遺産進行探索，不僅便於我們借鑒前人的研究成果，更重要的是其記録和研究版本的方式方法也是值得我們效法的。

第一節　目録著録

版本是目録應有的著録事項之一，如果專門着重版本的記録，則成爲版本目録。在目録編第七章第五節中，我們曾對此作過論述，現在僅將目録著録對版本研究的必要性略作説明。

版本的目録著録大抵可分兩類：先是側重於對版本的記録，繼而發展爲對版本的研究。

最早記録鈔本的，可追溯到劉向《别録》，如《管子書録》云："所校讎中管子書三百八十九篇，大中大夫卜圭書二十七篇，臣富參書四十一篇，射聲校尉立書十一篇，太史書九十六篇，凡中外書五百六十四篇。"①顯然

① 《四部叢刊》影印宋刊本《管子》卷首。

“中管子書”等指的都是管子的不同鈔本。最早記録雕印本的當推南宋尤袤的《遂初堂書目》。它在經總類、正史類、雜史類三類中標明了版本。明嘉靖間，晁瑮《晁氏寶文堂書目》分别按出版時間、地點、出版者、書籍形式著録了各類版本，比較全面地反映了明代的版刻源流與出版情況。此後，明人李鵬翀在他編的《得月樓書目》中，常注明某書是宋版、某書是元版、某書是鈔本、某書是活字本等。明末清初著名的藏書家錢曾的《述古堂書目》也往往運用附注的方法標明版本。但這幾種目録都只是記録了一部分書的版本。

對所著録的書全面記録版本的，要算清初季振宜編的《季滄葦藏書目》。然該目兼用分類、標目、附注等方法記録版本，顯得不够清晰。嘉慶十年（一八〇五），秦恩復編的《石研齋書目》統一用附注方法記録版本，受到了人們的稱贊，顧廣圻云：“今先生此目，創爲一格，各以入録之本詳注於下，既使讀者於開卷間目憭心通，而據以考信，遂不啻燭照數計。於是知先生深究《録》《略》，得其變通，隨事立例，惟精惟當也。特拈出之，書於後，爲將來撰目録之模範焉。”①

還有一些版本目録是采用分類的方式來記録版本的。此類目録中編得最有條理的，當推聊城楊氏《海源閣藏書目》。該目按經、史、子、集四部編排，每部又分宋本、元本、校本、鈔本四條，頗爲清晰。

至於側重對版本研究的版本目録，似萌芽於南宋陳振孫的《直齋書録解題》，如《高氏小史》一百三十卷，解題云：“此書舊有杭本，今本用厚紙裝褙夾面，寫多錯誤，俟求杭本校之。”②又如《杜工部詩集注》三十六卷，解題云：

> 蜀人郭知達所集九家注，世有稱東坡《杜詩故事》者，隨事造文，一一牽合，而皆不言其所自出，且其辭氣首末若出一口，蓋妄人依託以欺亂流俗者，書坊輒勦入集注中，殊敗人意，此本獨削去之。福清

---

① 《思適齋集》卷一二《石研齋書目序》。
② 《直齋書録解題》卷四。

曾噩子肅刻板五羊槽司，最爲善本。①

此類解題雖不多，但對後世研究版本的書目的發展，其作用無疑是很大的。

明末清初錢曾的《讀書敏求記》，特别注意從牌記、序跋、版式、字體、紙墨、裝幀、印章、校勘等方面來確定版本的年代和價值。清阮福在重刻此書所寫的序中説："遵王此書述著作之源流，究繕刻之同異，留心搜討，不遺餘力，於目録書中洵爲佳著。"②

清乾隆四十年（一七七五年），大學士于敏中奉敕編撰《天禄琳琅書目》十卷，是爲官書言版本之始。該目按宋版、元版、明版、影宋鈔本分類，每類又各以經、史、子、集爲次。各書刻於何時何地、何人收藏、鈐有何印，都一一記載，加以考證，爲以後側重於研究版本的目録提供了一個成功的模式。

此後，私家藏書目録多側重於對版本的研究，其中編製規範而又産生深遠影響的，是張金吾的《愛日精廬藏書志》。近人喬衍琯爲該書所撰叙録云：

昭文張氏愛日精廬世代藏書，多到八萬餘卷。宋元舊本、明刻精本和舊鈔、精鈔、精校部分，計七百六十五部。其中經部一百三十四部，續編十二部；史部一百七十八部，續編十二部；子部一百三十一部，續編四部；集部二百七十二部，續編二十六部。撰成《愛日精廬藏書志》三十六卷，續編八卷。各書著録書名、卷數、版本、撰人外，並迻録古人序跋、名家題識，且别擇頗嚴，不遺不濫，比《經義考》的體例要精審得多。其取舍標準，詳見書前凡例。後來楊紹和的《楹書隅録》、陸心源的《皕宋樓藏書志》，以及近人王文進《文録堂訪書記》、張元濟

① 《直齋書録解題》卷一九。《杜詩故事》，《四庫全書總目》提要引稱《東坡事實》，當即《老杜事實》。

② 《讀書敏求記》附録序跋。

《寶禮堂宋本書録》，都依照張氏的辦法。①

茲舉一例：

史記一百三十卷宋乾道蔡夢弼刊本　懷古堂藏書

漢司馬遷撰、宋裴駰集解、唐司馬貞索隱。目録後有“建谿蔡夢弼傅卿校正”一行。《三皇本紀》後有“建谿蔡夢弼傅卿親校刻梓於東塾，時歲乾道七月(當是年字)春王正上日書”兩行。《五帝本紀》後有“建谿三峰蔡夢弼傅卿親校，謹刻梓於望道亭”兩行。每葉二十四行，行二十二字，注二十八字。字畫精朗，古香可愛，蓋宋版中之絶佳者。

卷末有題識云：“共計三十本，辛丑年孟春重裝，懷古堂識。”又有題識云：“泰興縣季振宜滄葦氏珍藏。”蓋錢求赤藏本後歸季滄葦者。

史記集解序

補史記序

史記索隱序

史記索隱後序②

此後，晚清繆荃孫所撰《清學部圖書館善本書目》還注意到著録書的高廣尺寸及邊欄，在前人的基礎上又朝前邁進了一步。今舉一例：

詩集傳二十卷

宋朱子撰。宋刊大字本。每半葉七行，行大、小十五字，高五寸九分、廣四寸六分。白口，上有大、小字數，有刻工姓名。蝶裝。首行題“詩卷第幾，朱熹集傳”。今存小雅《鹿鳴》至《四月》，爲卷九之十二；大雅《蕩》至商頌《長發》，爲卷十八之二十。於宋諱

① 《愛日精廬藏書志》卷首，文史哲出版社一九八二年影印本。

② 《愛日精廬藏書志》卷八。

玄、畜、匡、樹、殷、恒、徵、慎、敦、鄴、覯等字皆缺筆，蓋寧宗時刊本也。楮墨大雅，字畫端好。又每册簽題"《詩朱氏傳》幾之幾"，殆宋槧之極精者。朱熹《詩集傳》二十卷，見《宋史·藝文志》、《玉海》藝文類。今四庫所收，尚是通行八卷之本。此雖殘帙，藉見坊刻未并以前廬山真面，豈非至寶。陳鱣《經籍跋文》所見即此本，亦闕。①

近人王重民的《中國善本書提要》認真吸取前人成功經驗，著録國内外藏弆的古籍善本四千四百餘種，對版本的記録與研究相當周詳精當。此外，全面反映我國收藏古籍善本實際情況的《中國古籍善本書目》對版本的記録和研究也頗具特色。例如：

朱慶餘詩集一卷　唐朱慶餘撰　宋臨安府陳宅經籍鋪刻本　清季振宜題款　黄丕烈、瞿中溶跋　十行十八字　白口，左右雙邊
一二七一

朱慶餘詩集一卷　唐朱慶餘撰　清初抄本　十行十八字，無格
一二七二

朱慶餘詩集一卷　唐朱慶餘撰　清康熙席氏琴川書屋刻《唐詩百名家全集》本　傅增湘校並跋　十行十八字　白口，左右雙邊
一二七三②

可見，《中國古籍善本書目》對一種書的不同版本皆分開著録，每種版本又對書名、卷數、著作時代、作者、著作方式、出版時代、出版單位、出版方式、題跋及版式等最重要、最能説明問題的項目進行了記録和描述。每書之下並附有編號，根據編號還可以在書目後藏書情況表中找到藏書單位。因此顯得特别謹嚴明晰，切實有用。

通過上述各家目録特别是版本目録的著録情況，我們大體可以知道

① 《清學部圖書館善本書目》經部詩類。

② 《中國古籍善本書目》集部别集類。

如何通過這一手段記録和研究版本。

第二節　書影留真

不少版本目録雖然對版刻特徵作了詳細的描述，但是人們仍然希望見到原書，因爲只有這樣才能對書的版式、字體等特徵有真切的瞭解，而古籍善本又不是很容易見到的，於是就想到采用影刻或影印的方式，再現其中的一二葉，以顯示書的原貌，以便與其他相同或相近的版本進行比較。此類作品稱爲書影。

最早的書影是楊守敬於清光緒辛丑年（一九〇一）刻印的《留真譜》，傅增湘曾對其作過公允的評價：

> ……楊氏惺吾乃廣采群籍，上起六朝，下逮朱明，旁及外邦，舉凡古鈔、舊刻、銅木活字、世間稀見之本咸入網羅，或影首篇，或采序跋，或録其校刻公牒銜名，或勒其官私牖鼎牌式，多則數葉，少乃數行，咸著其有關考訂者。至光緒辛丑刊成，判成初、二編，題曰《留真譜》，俾覽者一展卷而行款格式、版刻風氣粲然呈露，既省記録之繁，兼獲比較之益，於是著録家遂闢此一塗，後有作者莫之能廢焉。顧其爲書，取類過博，偶涉濫收，又緣惜費省工，字緣四周而匡中空白，未爲雅觀，然篳路藍縷開創之功，烏可泯耶！①

此後陸續出版了不少書影，例如：

宋元書式　有正書局輯　民國間上海有正書局影印本

寒雲書影　袁克文輯　一九一七年上海倉聖明智大學影印本

鐵琴銅劍樓宋金元本書影　瞿啓甲輯　一九二二年常熟瞿氏影印本

---

① 《嘉業堂善本書影》序。

故宫善本書影初編　故宫博物院圖書館輯　一九二九年故宫博物院圖書館影印本

盋山書影　南京國學圖書館輯　一九二九年南京國學圖書館影印本

嘉業堂善本書影　劉承幹輯　一九二九年吴興嘉業堂劉氏影印本

重整内閣大庫殘本書影　故宫博物院文獻館輯　一九三三年故宫博物院文獻館影印本

宋本書影　日本長澤規矩也輯　一九三三年日本東京書誌學會影印本

善本影譜　日本長澤規矩也、川瀨一馬輯　一九三四年日本東京書誌學會影印本

涉園所見宋本書影　陶湘輯　一九三七年武進陶氏影印本

文禄堂書影　王文進輯　一九三七年北京文録堂影印本

這些書影的共同點是都采用了影印的方法，從而克服了《留真譜》影刻可能失真的缺點。除《宋元書式》無目録外，其餘皆編了目次，撰有提要。今録二例：

南軒文集殘本二十八卷

宋張栻撰，朱熹編。宋刊本。宋諱避至擴字。楮墨瑩潤，宋槧之上乘也。惜原書四十四卷，此已佚其少半，計闕卷一至四，卷三十三至末共十六卷。經前人剜改卷二十九至三十二爲一至四卷，蓋僞作全書耳。然即此二十八卷中，較通行本已多詩文數首，是正訛脱，不可勝記。卷中間有鈔補之葉。有曲阿孫氏收藏印記。原藏昭仁殿。①

吕氏家塾讀詩記三十二卷　宋刊本

① 《故宫善本書影初編》集部。

> 前有朱子序，後有尤袤序，俱題淳熙壬寅九月。爲邱宗卿所刻。前序後有條例五則。宋諱朗、殷、匡、筐、恒、楨、貞、樹、勗、桓、構、冓、慎等字皆有闕筆，而惇、敦字不闕，蓋爲孝宗時刻本也。卷首、末俱有毗陵周氏九松迂叟藏書記、周良金印、周笈私印諸朱記。①

顯然，這些提要對我們瞭解書影，乃至全書都是極有幫助的。此外，這些書影所影印的對象基本上限於宋元善本。特别值得一提的，是日本人三澤安一於一九三五年編輯的《論語秘本影譜》，同年由東京斯文會影印。該譜分集解本、義疏本、注疏本、集注本、單經本、宋元注釋本六類，共收二十三種有關《論語》的珍本書影，並附《論語秘本影譜解説》加以説明。這説明書影越編越細。

此後將書影的編製工作提高到一個嶄新水平的是潘承弼、顧廷龍編的，並於一九四一年由上海開明書店出版的《明代版本圖録初編》。兹録其凡例數則以見其編纂宗旨與特點：

> 一、本録網羅明代所刻書籍，留真面以存一代雕槧之程式；
> 二、本録以圖版爲主，撰附略説，藉明原委，約分十二類以綜其要；
> 三、每一書采正文景片一幀，或遇本書有特點可資參考者增攝一二幀不等；
> ……
> 十二、末附人名書名室名索引一卷，藉便檢索。

該圖録共分分代、監本（官刻附）、内版、藩府、書院、家刻、毛刻、書林、活字、套印、繪圖、附録等十二卷。編者還對每類的版刻源流及特點作了精闢的論述。例如論内版云：

---

① 《鐵琴銅劍樓宋元本書影識語》卷一。

明内府雕版，閹寺主其事，發司禮監梓之，納經廠庫儲之，凡所刊者即稱之爲經廠本。沿習既久，莫溯厥源，而内府之名遂微。考之《宫史》云，經廠只管一應經書印版及印成書籍，佛藏、道藏、番藏皆佐理之。集賢宏業，託諸刑餘，傳本當不爲重，然其書版寬、行疏、字大、體勁，具有蜀刻遺意。煌煌鉅編，宜所甄録。①

又如對藩府刻本的介紹也顯示了編者對版本的深邃理解：

明時藩邸王孫襲祖宗餘蔭，優游文史，雕槧之業邁軼前朝。今可溯者殆十數家：蜀府最先，自洪武迄萬曆，傳本不絶。寧藩自號臞仙，所刊多道家養性保命諸籍。他如唐藩之《文選》、吉府之《賈子》，於今傳誦。餘則代、崇、肅三府各有垂典，並爲世睹。此成化以前藩邸之概略也。嘉靖以下，晉府最著淹雅，奕世載美，光啓前業。其所署有寶賢堂、志道堂、虚益堂、養德書院諸稱，循名可覘其實。其所刊有《文選注》《唐文粹》《宋文鑒》《元文類》《初學記》諸書。浩瀚卷帙，爲諸藩之冠。次則秦藩之《史記》、德藩之《漢書》、趙府之《詩輯》、益府之《玉篇》，並得擅美濟武。而鄭藩之通音律，所刊《樂律全書》尤爲審音家所推重，不獨以雕版著藝苑也。其他諸藩曰周、曰徽、曰瀋、曰伊、曰魯、曰楚、曰遼、曰潞。一二精槧，更僕難數，河間、衡陽無與爲盛。彙而録之，黼黻太平，具見一代之宏業云。②

本書於圖版皆附略説，這些叙録文字雖然不長，但參考價值頗高，堪稱版本鑒定的力作。兹舉一例：

寶庵集二十四卷　八册

明吴郡顧紹芳實甫撰

① 《明代版本圖録初編》卷三。

② 《明代版本圖録初編》卷四。

明萬曆四十年壬子(一六一二)刊本
匡高一九·四公分　寬一四公分
按此書版心有"崑山唐伯誠刻"六字,知刊成於崑山者。字體精勁,爲萬曆本中之别面目。紹芳爲亭林之本生祖,集中有胡虜之語,故禁燬不傳。①

此外,該圖録根據不同情況,分别按書的出版時代、出版單位、出版地區來編排,這對我們瞭解明代版刻的演變及各單位、各地區刻書的特點是大有幫助的。值得一提的是日本人長澤規矩也於一九四二年編印了《明清插圖本圖録》,共影印了六十種圖書中的部分插圖,且附有解説,也是一種很有特色的書影。

書影的集大成之作,爲北京圖書館編著的《中國版刻圖録》,一九六〇年由文物出版社出版,次年又出了第二版。卷首有序言一篇,論述了我國雕版印書史。《圖録》分三部分:第一部分爲刻版,計四百一十種;第二部分爲活字版,計四十種;第三部分爲版畫,計五十種。三部分皆按年代順序編排,但在刻版部分中的宋、金、元刻本則依刻版地區順序編排。這種編排方法,不僅用圖録的方式,向人們明確地展現了中國印書發展史,而且也便於人們瞭解和研究宋元時期各地區版刻的風貌,以及活字本、版畫的各自特點。《圖録》所收五百種書影皆有敘録,這些敘録反映了編者對版本所進行的深入研究。今舉一例:

申鑒注　明黄省曾撰　明正德十四年黄氏文始堂刻本　蘇州
圖版三九八

匡高一九·八釐米,廣一二·七釐米。九行,行十七字。細黑口,四周雙邊。版心下鐫"文始堂"三字。《兩京遺編》本即據此翻刻,行款版式同,版心鐫"文始堂"三字亦同,瞿氏《鐵琴銅劍樓書目》遂誤認爲黄氏原本,應予糾正。此本寫工周潮,刻工李澤、

① 《明代版本圖録初編》卷一。

李清、章悦、李經、李樸，皆正、嘉間蘇州地區良工。此外刻工單字署名，全不相同，一望可辨。①

總的來説，迄今爲止，《中國版刻圖録》堪稱書影的典範著作。

此後，陳堅、馬文大編輯之《宋元版刻圖釋》，二○○○年由學苑出版社出版，二○○八年還出了第二版。該書《凡例》稱："本書爲研究、檢閲、鑒定宋、元版刻圖籍的圖録性工具書，共輯入宋代版本書影六百六十餘種，遼、西夏、金版本書影五十五種，元代版本書影三百七十餘種，另輯録宋元版畫九十九種、一百三十幅。"該圖釋亦足資參考。

書影爲我們瞭解圖書版式之異同、字畫之形體、行幅之疏密廣狹提供了依據，所以一直爲言版本者所重視。②

第三節　行格表、刻工表

同一書的不同版本，其行款可能是不同的，因而研究版本者往往將行款作爲鑒定版本的依據之一，許多版本目録、題跋乃至書影都記録了版本的行款。如黄丕烈《百宋一廛賦注》《士禮居藏書題跋記》、張金吾《愛日精廬藏書志》、吴騫《拜經樓藏書題跋記》、陳鱣《經籍跋文》、錢泰吉《曝書雜記》《甘泉乡人稿》、陸心源《皕宋樓藏書志》《儀顧堂題跋》《儀顧堂續跋》、瞿鏞《鐵琴銅劍樓書目》、楊紹和《楹書隅録》、孫星衍《平津館鑒藏書籍記》、丁日昌《持静齋書目》、莫友芝《宋元舊本書經眼録》、朱緒曾《開有益齋讀書志》、日人澁江全善、森立之《經籍訪古志》、邵懿辰《四庫全書簡明目録標注》，以及顧廣圻《思適齋集》、洪頤煊《讀書叢録》、錢大昕《竹汀先生日記鈔》《十駕齋養新餘録》、楊守敬《留真譜》等。

但是，這些著作對行款的記載，分散各處，難於稽考，不便利用，於是清末江標根據上面所提到的著作著《宋元本行格表》，並讓其弟子劉肇隅

① 《中國版刻圖録》一《刻版・明》。

② 參看劉奉文、魏芳華《中國古書書影小史》，載《古籍整理研究學刊》一九八七年第三期。

協助編校。劉氏叙云：

> 肇隅既手自編寫，間亦拾遺補闕，私以例隱括之。其四行至二十行，與四部分列之數及行字先少後多，悉依師説，詳主引用之書。其稱景宋鈔本、景元鈔本、明繙宋本、明仿宋本者，苟非塙有取證，概附卷末，以示矜慎，亦師旨也。編成質之吏部師（引者案：指葉德輝），師以爲完善無恨。①

此書優點有三：一是書名按半葉行數與經史子集四部編次，頗便檢索核對；二是詳注引用之書，徵信可靠；三是附注版本其他特徵，利於驗證。兹舉八行經之屬、九行史之屬各一目爲例：

> 宋殘本中字春秋經傳集解行十七字
>
> 《百宋一廛賦注》《皕宋樓藏書志》云：士禮居相臺殘本，小字雙行，每卷末有"相臺岳氏刊梓荆溪家塾"十字篆文橢圓木記。左綫標某公幾年，版心有字數及刊工姓名，版心魚尾全墨，上魚尾之上、下魚尾之下有細墨，即世稱小黑口也。

> 宋蜀大字殘本漢書行十六字小字雙行二十字存卷六十四上、下，六十五至六十七，六十九上、中
>
> 版心有刻工姓名，玄、朗、匡、殷、敬、榖、竟、境、完、桓、貞、徵、慎、恒、讓等字缺避，桓注淵聖御名，構注今上御名，蓋紹興初蜀中刊本而孝宗時修改。《儀顧堂續跋》又見《皕宋樓藏書志》。

顯然，《宋元本行格表》實際上也是一種版本目録。

行格表之外，將各書刻工列表也是記録和研究版本的方法之一。這項工作開創於日本長澤規矩也的《宋元刊本刻工名表初稿》，以後續作者

① 《宋元本行格表》卷首。葉德輝清末曾官吏部主事。

不乏其人，其内容方法均已詳本編第五章第二節，今不重述。

第四節　題　跋

宋代用題跋的形式來考訂金石字畫已蔚然成風，如歐陽修的《六一題跋》、董逌的《廣川書跋》、蘇頌的《魏公題跋》等；蘇軾、黄庭堅、晁補之、朱熹等的題跋除考訂金石字畫外，還用來寫讀書心得或隨想。

廣泛運用題跋來記録版本研究成果的，當首推明代閩縣徐𤊹。清繆荃孫輯《重編紅雨樓題跋》二卷，收録徐𤊹自萬曆十三年（一五八五）至崇禎十五年（一六四二）所撰題跋二百二十二篇。這些題跋除記述收藏始末外，還從書籍的内容、形式、印記、識語等方面對版本作了鑒定工作。兹録一例：

> 左傳
>
> 建安楊讓，字允謙，文敏公之仲子也。少從潛習禮、李時勉游，造詣甚深，所著有《澹庵集》。此書前有印章謙卦，余得之建州書肆，知爲讓家所存也。腦後有"丙戌"字，當是時成化二年（一四六六）。卷末題曰"淳熙柔兆涒灘閩山阮氏種德堂"，當是宋孝宗淳熙三年丙申（一一七六）也。古本書不易得。卷首又有《春秋諸國地理圖》《世次圖》《名號歸一圖》《傳授次序圖》，皆古本所無者也。天啓乙丑（一六二五）初秋，送南中丞公至建州，購於開元寺，書以誌喜。東海徐興公識。①

清初林佶曾録徐𤊹題跋一卷，跋云："興公題跋最精確。"繆荃孫也曾手鈔徐𤊹題跋，"時時檢閲，奉爲導師"。② 可見其深受重視。

宋、元、明私家刻本，每附識語。這些識語具有廣告性質，頗與牌記混淆，其中也往往言及版本。而把刻書跋語匯集成書的則以明末毛晉的《隱

① 《重編紅雨樓題跋》卷一。

② 均見《重編紅雨樓題跋》卷首。

湖題跋》爲最早。崇禎癸酉(一六三三)春,拂水山樵李毅叙云:"子晉自甲子(一六二四)以來校刻經、史、子、集及唐、宋、元名人詩詞凡二百餘種,每刻必求宋元善本而折衷焉,或争勝於前哲,或兼俟之後人,輒跋數語於篇終,俾讀者考其世,知其人,非僅僅清言泠語,逞詞翰之機鋒已也。"①今亦録一例:

跋孟襄陽集

余藏襄陽詩甚多,可據者凡三種:一宋刻三卷,逐卷意編,不標類目,共計二百一十首;一元刻劉須溪評者,亦三卷,類分游覽、贈答、旅行、送别、宴樂、懷思、田園、美人、時節、拾遺凡十條,共計二百三十三首;一弘治間關中刻孟浩然者,卷數與宋元相合,編次互有異同,共計二百一十八首。至近來《十二家唐詩》及王、孟合刻等,或一卷,或二卷,或四卷,詮次寡多,本本淆訛,予悉依宋刻,以元本、關中本參之,附以拾遺,共得二百六十六首,間有字異句異先後倒者,分注元刻、今刻某,不敢臆改云。

從跋文中我們略可窺見《孟襄陽集》版本的流變。

清乾隆年間,彭元瑞曾奉敕撰《天禄琳琅書目》十卷,所見秘本甚多,曾作韻語自述云:"一領文淵,再校天禄。善和千卷,尚未能讀。幼即焚膏,老猶秉燭。有見輒書,璅綴末幅。過此以往,庶幾日續。"②他所撰《知聖道齋讀書跋》對版本源流的介紹頗具參考價值。如《昭明文選》跋云:

古今書籍版行之盛者,莫如《文選》,予所見宋本夥矣。細校字畫、款式、題識,確然無疑者凡四:其一,有國子監準敕序文云:"五臣注《文選》,傳行已久,竊見李善《文選》,援引該贍,典故分明,若許雕印,必大段流布。欲乞差國子監説書官員校定净本後,鈔寫版本,更

① 《隱湖題跋》卷首。

② 《知聖道齋讀書跋》卷一。

切對讀後，上版就三館雕造，候敕旨。”奉敕：“宜依所奏施行。”是爲國子監本。其一，每卷末刊校對、校勘、覆勘銜名三四人。其覆勘，贛州學教授張之綱、贛州司户參軍李盛、贛州石城縣尉蕭倬、贛州觀察推官鄒敦禮，皆章貢僚屬，是爲贛州本。其一，有識云：“右《文選》版歲久漫滅殆甚，紹興二十八年（一一五八）冬十月，直閣趙公來鎮是邦，下車之初，以儒雅飾吏事，首加修正，字畫爲之一新，俾學者開卷免魯魚亥豕之訛，且欲垂斯文於無窮云。右迪功郎明州司法參軍兼監盧欽謹書。”是爲明州本。其一，有識云：“此集精加校正，絶無舛誤，見在廣都縣北門裴宅印賣。”又識云：“河東裴氏考訂諸大家善本，命工鍥於宋景定辛酉（一二六一）季夏，至咸淳甲戌（一二七四）仲春工畢。把總鍥手曹仁。”是爲廣都本。彙記之，以資識別。今坊間間有大字白紙闕宋諱本，乃明袁褧尚之影廣都本重雕。始嘉靖甲午（一五三四），成於己酉（一五四九），計十有六年之工力。自識云：“匡郭字體，未少改易，尤足亂真也。”①

利用題跋來記録和研究版本，最爲人們稱道的是乾嘉時期黄丕烈的藏書題跋與刻書題跋，前已論及。今舉其題識一則爲例：

劉子新論　校宋明鈔本

宋本

裝潢　二册根號乾坤

題簽　劉子新論宋板神品

圖書　第一册副葉上　子儋　鑒定法書之印　在明刻補缺目録第一葉一行上　季印振宜藏書　滄葦　在明刻補缺目録第一葉一二行上　沈子僑印　在宋刻卷五第十三葉末行　蒓谿草堂　在第二册副葉上　良惠堂沈九川印　鑒定法書之印　在宋刻鈔補卷六第一葉第一二行之中　季振宜藏書　蒓谿　在宋刻第六卷第十葉後三行　志雅齋　在宋刻第七卷第一葉前二行　九龠　趙氏子昂　在宋刻第八卷第一葉前二行

---

①《知聖道齋讀書跋》卷二。

竹塢　在宋刻第十卷　第十葉不計行　宗伯　沈文私印　御史振宜之印

葉數　目録二葉　卷一八葉　卷二九葉　以上皆明刻　卷三計十葉内脱第八葉　卷四計十葉内脱第四第五葉　卷五計十三葉全　卷六計十葉内鈔補首二葉　卷七計八葉全　卷八計九葉内脱第六葉　卷九計八葉内脱第二第三第四葉　卷十計十葉全無鈔補

版心　白口上記大小字數

小耳　記每章章名於每葉葉尾欄外上方　實存宋刻六十八葉　内鈔半葉　校宋刻畢復記宋刻面目　如右　在卷首

余好古書，無則必求其有，有則必求其本之異，爲之手校，校則必求其本之善，而一再校之。此余所好在是也。……復翁，時癸酉五月二十有六日，三男生有一載矣，能讀父書者賴此子。①

這是一個突出的例子，從中我們可以清楚地看到黄丕烈對版本的研究是何等細緻精密。繆荃孫稱黄丕烈"跋一書而其書之形狀如在目前"②，信非虚語。後人非常重視黄丕烈的題跋，喬衍琯《愛日精廬藏書志·叙録》云："黄丕烈既富於收藏，亦精於鑒賞，所留下的題識也很多。身後藏書散出，多歸汪士鐘藝芸精舍。汪氏收購時，凡有黄氏手跋，每册要多付十元書價。因爲這些題識等於是各書的鑒定證明書。"③黄丕烈鑒定古書的題跋，有一八八二年潘祖蔭編輯的《士禮居藏書題跋記》六卷，一八九六年繆荃孫編輯的《士禮居藏書題跋記續》一卷，一九一一年繆荃孫編輯的《士禮居藏書題跋再續記》二卷，一九一七年孫祖烈編輯的《士禮居藏書題跋記續編》五卷，一九一九年繆荃孫編輯的《蕘圃藏書題識》十卷、《蕘圃刻書題識》一册，以及一九三三年王大隆編輯的《蕘圃藏書題識續録》四卷。此後屠友祥將黄丕烈藏書題識彙編成《蕘圃藏書題識》一書，並做了校注，由上海遠東出版社於一九九九年出版。題跋這種記録研究版本成果的形式，

① 《蕘圃藏書題識》卷五。
② 《蕘圃藏書題識》卷首。
③ 《愛日精廬藏書志》卷首，文史哲出版社一九八二年影印本。

經黄丕烈運用以後，産生了廣泛而深遠的影響。

與黄丕烈同時的顧千里的題跋也很有名，除《思適齋集》所載數十篇外，王大隆輯有《思適齋書跋》四卷，蔣祖詒、鄒百耐輯有《思適齋集外書跋輯存》一卷。舉例如次：

詩外傳十卷　元刊本

此綬階袁君三硯齋書也，無刊刻序跋歲月，袁君定之爲元本。近從借歸，以勘程榮、毛晉諸刻，實遠勝之。如稱《詩》，與載王伯厚《詩考》者不異，字句與諸子書每相出入，亦與唐宋人注書及類書所引往往有同者，且其標目分條以至佚字脱句皆未失古意，足正後來不能闕疑之非，即宋本之善，應不過是也。内失葉二十餘翻，他本無足中補寫考。予謂宜但作烏絲闌虚以待焉。想袁君亦必以爲當也。乙卯九月，澗薲顧廣圻書。①

此後，吴騫撰、吴壽暘編《拜經樓藏書題跋記》五卷，陳鱣撰《經籍跋文》一卷，陸心源撰《儀顧堂題跋》十六卷，《儀顧堂續跋》十六卷也皆有名。這些題跋都比較注重研究書的行款、序跋、版本源流，還常記録校勘成果，今僅舉一例：

宋耿秉槧本《史記》跋

《史記》一百三十卷，宋槧本，每頁二十二行，行二十五字，版心有字數及刊工姓名。淳熙丙申（一一七六），張杅介父守桐川，以蜀小字本《史記》改爲中字，刊於郡齋，而削褚少孫所補。趙山甫爲守，取褚少孫書别刊爲一帙。淳熙辛丑（一一八一），耿秉爲郡，復以褚書依次第補，刊之集解之後，繼以索隱，而無正義。校以王延喆、柯維熊、毛子晉及官刊本，頗有勝處。《殷本紀》“炮格”，“格”不誤“烙”；《高祖本紀》“司馬𡰥”，“𡰥”不誤“尼”……皆較諸

① 《思適齋集外書跋輯存》經類。

本爲勝。至集解、索隱字句異同足以正今本之失者,更不勝枚舉耳。①

葉德輝也愛用題跋的形式來記録版本研究的成果。他自稱:"余於所讀之書,必於餘幅筆記數語,或論本書之得失,或辨兩刻之異同,故能刻骨銘心,對客瀾翻不竭。"②其題跋的特點是"合考訂、校讎、收藏、賞鑒爲一家言"。③ 今録一則爲例:

辛稼軒長短句十二卷　厲樊榭先生手書本

辛稼軒詞,宋時有二本,陳振孫《直齋書録解題》著録爲四卷本。又云信州本十二卷,視長沙本爲多。然則《直齋》著録之四卷本當是長沙本。明毛晉汲古閣刻《六十家詞》中有《辛稼軒長短句》四卷,後跋不言出自何本,而目録注原本十二卷,則是信州本矣。《宋史・藝文志》云十二卷,必據信州本入載。明嘉靖丙申(一五三六)王詔所刊,及近時桂林王氏四印齋重刊元大德信州書院本,皆此本也。黄丕烈《士禮居題跋記》有元本十二卷,今歸聊城楊氏海源閣,桂林王氏假以重刊。王跋謂"毛氏汲古閣本之四卷,即十二卷之合併",是固然矣。特未考原目,當時已注明耳。士禮居又有校元本,即以信州本校於王詔本之上。其本亦歸聊城楊氏。黄跋云:"卷十《爲人慶八十席上戲作》有云:'人間八十最風流,長貼在兒兒額上。'校者云:'下兒字當作孫。'顧澗蘋以爲'兒兒'或是'奴家'之稱。二語之意以八字作眉字解,如此則可改'兒'爲'孫',豈不可笑。今按毛晉、王詔兩刻皆已改'兒'爲'孫',可見通人難遇,古今同慨。"此本八卷,爲厲樊榭徵君鶚手鈔真迹,卷數較毛本爲多,較信州本爲少,而詞則無所缺佚,"兒兒"未改"兒孫",知所據必是善本。全謝山撰徵君墓碣,稱其詞

---

① 《儀顧堂題跋》卷二。
② 劉肇隅《郋園讀書志》序引,載《郋園讀書志》卷首。
③ 劉肇隅《郋園讀書志》序,載《郋園讀書志》卷首。

深入南宋諸家之勝，王述庵《蒲褐山房詩話》稱其詞直接碧山、玉田。今觀此册，知徵君用力之勤，嗜書之篤，宜其與朱竹垞並爲浙西一代詞宗，豈僅書法古拙足供清玩已哉！光緒丙午（一九〇六）夏六月初又日，葉德輝識。①

現代運用題跋記録研究版本成果的力作有莫伯驥的《五十萬卷樓群書跋文》。容肇祖序其書云：

余校讀一過，以爲先生之書五述而有三長，擬於今人則有二似可得言焉。五述者：一曰述人，著書者之小傳，書之序跋人，有可述者述之。刻書、鈔書、藏書亦必明考其人，連類附及。二曰述事，著書之緣起以至書林掌故，談之覼縷，不厭其詳。三曰述考，文字、史迹、典故可資考證者詳述之。四曰述學，專門之學，經、史、理學、文學等間有闡述。史學如遼、金、蒙古、滿洲，以及色目人之漢化、西北之地理、社會生活風俗、文學史料等有裨學者之取益。五曰述文，文書之佚篇佚句、新奇雋永之文，以及傳奇志怪足資談助者，間亦援引。三長者：一曰博徵，以科學之法治舊學，事必舉證，語必求因，此一長也。二曰讎校，校傳本之誤，必求善本，一字之得，冰釋理順，此二長也。三曰明通，説古而不泥於古，理有獨得，必求通今，此三長也。至於二似，余以爲先生治學有似於陳援庵師垣，而目録之學則略似余季豫先生嘉錫。

現亦録一篇，以見其例：

漢書一百二十卷後漢書一百二十卷　明汪文盛刊本

《漢書》，漢班固撰；《後漢書》，宋范曄撰。此爲明汪氏文盛刊本。文盛字希周，崇陽人，正德間進士，歷官僉都御史，巡撫雲南，進

① 《郎園讀書志》卷一六。

> 大理卿。《明史》附見毛伯温傳中,有《節愛府君遺詩》二卷,見清《四庫總目》集部附存卷三,吾家藏明刻《鄭善夫詩集》十二卷,亦汪氏編集,是汪氏固好詩者,故朱氏《明詩綜》亦録其詩。汪氏生當正嘉之間,爲前明刻書最盛之時,所刻兩《漢書》、《五代史》均有盛名。徐氏康《前塵夢影録》稱:"明汪文盛等覆刊兩《漢書》,祖本爲湖廣鹺務官校刻。予於劫後游虞山,見於楊濠叟案頭,卷首有元人字及葉石林墨迹,紙薄而韌,極可愛玩。聞之老輩云,汪文盛尚有《史記》及《三國志》,惜罕見矣。"是其校讎之本,久爲前人所重。拜經樓吴氏藏宋刻《漢書》殘本十四卷。盧氏抱經跋云:"誤字不多。今所通用者,顔注尚有脱落,何論蕭該、子京、三劉,而此獨全,可寶也。"杭氏世駿《欣託齋藏書記》云:"宋刻兩《漢書》,板縮而行密,字畫活脱,注有遺落,可以補入,此真宋字也,汪文盛猶得其遺意。"盧蓋謂其淵源之善,杭氏則謂其板刻之精矣。半葉十二行,行二十二字,注雙行,二十八字。①

此外,張元濟、傅增湘也在用題跋形式記録版本研究成果方面做出了突出貢獻。張元濟先生自一九一五年初至一九五九年逝世,爲商務印書館主持編校影印百衲本《二十四史》、《四部叢刊》、《續古逸叢書》、《孤本元明雜劇》等大部叢書。其所校印之書,往往各撰跋文一篇。這些跋文曾由顧廷龍編爲《涉園序跋集録》,由古典文學出版社於一九五七年出版。傅增湘,字沅叔,晚號藏園居士,一九二二年退職家居,校勘古籍,研究版本目録之學。其平生校書近八百種,過目珍本極多,曾於一九三一年至一九三三年將自己的校書題跋編印出版,有《藏園群書題記》初集八卷、續集六卷。他的孫子熹年又根據他的手稿整理出一部《藏園群書經眼録》,一九八三年由中華書局出版。今舉傅氏跋文一則爲例:

---

① 《五十萬卷樓群書跋文》史部一。

韋蘇州集十卷　唐韋應物撰

宋刊本，半葉十行，行十八字，白口，左右雙闌。版心魚尾上記字數，下方間記刊工姓一字，有余、何、應等字，惟第二卷首記“余同甫刁”四字。宋諱貞、恒、徵、構、完、樹皆爲字不成。

每卷首尾有“乾隆御覽之寶”及“天禄琳琅”小璽。又有“張用禮印”“周印子重”“鄞人周琓”“青瑣仙郎”“濂溪後裔”“清白傳家”諸印。又“嘉興鯌湖戴氏家藏書畫印記”朱文大長方印。

按：明刻韋集十行十八字者，世皆稱爲翻宋本，然比較此本則有三異：宋本目録皆兩排並列，明本則改爲每題占一行。宋本卷一擬古詩十二首皆銜接而下，明本每首加“其二”“其三”等字，則行第全移，非復舊觀矣。宋本卷八《詠露珠》下脱去原詩二行，又脱下《詠水精》題一行，於是《詠露珠》題而接《詠水精》詩矣，明本從而改正之，則行次又異矣。又卷八《仙人祠》一首，宋本在一、二葉間，明本則附在卷八之尾，於是結題又不得不移前三行矣。至卷中字爲明刊訛謬者又不可計。其卷首沈明詰補傳，宋本無之，則爲明人所補，蓋顯然可見，又不足論也。頗疑明本所翻宋本與此同出一源，惟目録及卷一行次有異，餘亦大段相同。沅叔（丁巳）。①

近人鄭振鐸、李一氓也有《西諦題跋》《一氓題跋》之作。這些自編或由他人代編的題跋專集，同版本目録没有本質上的差别。還有一些旨在研究版本的題跋散見於各人的文集中，我們就不再在這裏爬梳了。總之，題跋是前人常用來處理版本研究成果的一種較爲靈活的形式。

第五節　日記、書信、札記、論文

有些學者還在日記中記録版本研究的成果。比較突出的例子是清何元錫編的《竹汀先生日記鈔》。此類著作雖然不拘一格，但散金碎玉隨處

① 《藏園群書經眼録》卷一二。

可見。兹舉二例,以見一般:

> 黄蕘圃出示宋小字《説文》,與述庵(引者案:王昶號述庵)家藏本無異,唯卷末多一行,有十一月江浙等處儒學字,殆元翻刻也。

> 讀《歐陽文忠公集》五十卷,每卷首題"臨江後學曾魯得之考異",卷末題"熙寧五年(一〇七二)秋九月男發等編定,紹興二年(一一三二)三月郡人孫謙益校正",最後卷末題"柔兆攝提格縣人陳斐允章重校訛謬"。此書於宋諸帝不跳行,知爲元刻矣。①

學者們對版本的見解還往往見於他們的往來書信中。② 這方面的代表作,當推商務印書館一九八三年出版的《張元濟傅增湘論書尺牘》。兹録一九一八年三月十四日張元濟致傅增湘一函爲例:

> 宋本《資治通鑒》全書業已寄到。印本尚不錯,惜缺去序目及校勘銜名,鈔補凡二百餘葉,損破者亦數葉。避諱至寧宗嫌名,與常熟瞿氏藏本相同。江蘇書局所刊校勘記爲常熟張君所撰,不明言所據宋本爲何氏所藏,然料必爲瞿氏之物。取以對校,間有歧異,亦有宋本似誤,而此本已經改正者,則此本似當在後。第二百五十八卷末卷第行後有鏟去字迹,辨是"至元"二字,其餘不可復識。此外尚有數卷末葉卷第行後亦有剜補痕迹。又有數處桓、恒、敦等字原爲缺筆,後經鑲補完成者,痕迹顯然(此事似未經前人道及)。豈此版至元時尚存,不欲留前朝之諱,故滅其迹耶?然鑲補處極少,又何以不盡滅之耶?書中戊字多有作戌者,此字似非宋諱,若謂與曙字同聲,則此外同聲者多不缺筆,殊不解。公聞見多,敢祈見教。

① 均見《竹汀先生日記鈔》卷一。
② 參見本編附録楊鳳苞《與許青士書》。

葉德輝的《書林清話》，是用札記形式記録版本研究成果的傑作。其序云："吾家累代楹書，足資取證，而生平購求之所獲，耳目之所接，既撰《藏書十約》，挈其大綱。其有未詳者，隨筆書之，積久成帙，逾十二萬言，編爲十卷。引用諸家目録題跋，必皆注明原書。"①《書林清話》的成就在於突破了版本目録及題跋等對一書版本研究的範圍，而對於版本源流，各種名稱術語，歷代刻書的規格、材料、工料價值，以及印刷、裝訂、鑒別、保存等方法都進行了廣泛而深入的探討，並且還叙述了古代活字印刷、彩色套印的創始和傳播，各時代特出的著名刻本，刻書、鈔書、賣書、藏書的許多掌故。葉啓崟《書林清話》跋云：

> 是書之作，蓋因宗人鞠裳講學撰《藏書紀事詩》，唯采掇歷來藏書家遺聞佚事，而於鏤版緣始，與夫宋元以來官私坊刻三者派別，莫得而詳，於是檢討諸家藏書目録、題跋，筆而録之。於刻本之得失，鈔本之異同，撮其要領，補其闕遺，推而及於宋、元、明官刻書前牒文校勘諸人姓名，版刻名稱，或一版而轉鬻數人，雖至坊估之微，如有涉於掌故者，援引舊記，按語益以加詳。凡自來藏書家所未措意者，靡不博考周稽，條分縷析。此在東漢劉、班，南宋晁、陳以外，别自開一蹊徑也。②

《書林清話》及其續編《書林餘話》爲言版本者不可缺少的參考書，是世所公認的。

對某個時代、某個地區、某個單位的刻本，對某部書的版本源流、某種版本現象進行深入研究以後，還可以寫成學術論文。如王國維的《五代兩宋監本考》③《兩浙古刊本考》④、顧廷龍的《唐宋蜀刻本簡述》⑤、張秀民的

---

① 《書林清話》卷首。

② 《書林清話》卷末。

③ 載《王國維遺書》第十一册。

④ 載《王國維遺書》第十二册。

⑤ 載《四川圖書館學報》一九七九年第三期。

《南宋刻書地域考》①、蔣元卿的《中國書籍裝訂術的發展》②、冀淑英的《談談版刻中的刻工問題》③等等都是極有參考價值的。

前人對於版本的記録和研究,大體不外上列幾種方式,我們既可據以探討版本學中的各種問題,也可加以仿效,將自己的記録或心得用適當的方式發表。

① 載《圖書館》一九六一年第三期。

② 載《中國現代出版史料》丁編下卷。

③ 載《文物》一九五九年第三期。

參考書目舉要

《書林清話》 附《書林餘話》 葉德輝 古籍出版社 一九五七年

《中國雕版源流考》 孫毓修 商務印書館 一九三四年

《中國書史》 陳彬龢 查猛濟 商務印書館 一九三一年

《版本通義》 錢基博 古籍出版社 一九五七年

《中國印刷術的發明和它的西傳》 (美)卡特(T・F・Carter)著 吴澤炎譯 商務印書館 一九六二年

《圖書板本學要略》 屈萬里 昌彼得 中華文化出版事業委員會 一九五五年

《古籍版本淺説》 陳國慶 遼寧人民出版社 一九五七年

《中國印刷術的發明及其影響》 張秀民 人民出版社 一九五八年

《中國圖書史略》 昌彼得 文史哲出版社 一九七六年

《中國書史簡編》 劉國鈞著 鄭如斯訂補 書目文獻出版社 一九八二年

《古書版本常談》 毛春翔 上海人民出版社 一九七五年

《古文獻學要略》 王欣夫 南京大學中文系油印本 一九八三年

《中國古代書史》 錢存訓 香港中文大學 一九七五年

《中文古籍版本簡談》 施廷鏞 南京大學圖書館油印本 一九七三年

《版本通論》 吴則虞 《四川圖書館》一九七八年第四期,《四川圖書館學報》一九七九年第一、二、三、四期

《中國古籍印刷史》 魏隱儒 印刷工業出版社 一九八四年

《古籍版本鑒定叢談》 魏隱儒 王金雨 印刷工業出版社 一九八四年

《中國古代書籍史》 李致忠 文物出版社 一九八五年

附　録

楊鳳苞與許青士書注

龐　俊[①]

癸酉之春，余方養痾家居，有諸生詣余，持問《目録學》中數事。《目録學》者，雙流劉君咸炘教於大學所纂之課本也。卷末附録龔自珍《家塾策問》一道，楊鳳苞《與許青士書》一首。以謂教科書末，例有習題，今録此二篇，能答上篇之所問，則目録學有成矣；能注下篇之出處，則版本學有成矣。此生疑滯，即在於是。余謂龔氏所問，經涉廣漠，世人既多宣究，綜薈爲書，慮非十數萬言之所罄也。楊書出處，庶可盡得。於時八表同昏，倚席不講，俯仰頹檐，精神遐漂。既答問已，聊以暇日，漫爲之注。版本之學，既非所知，翰墨亂思，賢於博弈云爾。

注曰：此文見《湖州叢書》：《楊秋室先生集》。陸心源序云："先生名鳳苞，字傅九，號秋室，又號萸沜。自稱小玲瓏山樵，晚號西圃老人。歸安學稟生，世家烏程之南潯鎮。早工詞章，以《西湖秋柳詞》知名。後務爲證經推史之學，尤留心明季遺事。嘗病温氏《南疆逸史》體例未純，事多訛漏，擬另撰一書，未就，其大凡見十三跋中。阮文達督學浙江，欲拔以貢成均，因母病不赴試。嘉慶二十一年卒，年六十四。"

① 龐俊（一八九五—一九六四），字石帚，綦江人，曾任四川大學、華西大學教授，著有《國故論衡疏證》《養晴室筆記》。本篇原載《國立四川大學季刊》第一期文學院專刊。

承詢宋刻書籍，前時倉猝，未有報也。緬夫熹平一字，以刻石肇端；長興諸經，實刊本始作。開運乃其繼起，顯德又爲後時。昔陳鶚工率更之法，梓本多其所書；振孫竇元度之編，《字樣》存其初造。《宋史·藝文》，志始於周；《十國春秋》，歸美於蜀，非定論也。

注曰：此叙雕版之緣起也。

《後漢書·靈帝本紀》："熹平四年春三月，詔諸儒正五經文字，刻石立於太學門外。"

《蔡邕傳》："邕字伯喈，陳留圉人。拜郎中，校書東觀，遷議郎。邕以經籍去聖久遠，文字多謬，俗儒穿鑿，疑誤後學。熹平四年，乃與五官中郎將堂谿典，光禄大夫楊賜，諫議大夫馬日磾，議郎張馴、韓説，太史令單颺等，奏求正定六經文字。靈帝許之，邕乃自書丹於碑，使工鐫刻，立於太學門外。於是後儒晚學，咸取正焉。碑始立，觀視及摹寫者，車乘日千餘輛，填塞街陌。"

按熹平石經，有一字、三字之説（一字謂隸書，三字謂隸、篆、古文），自來聚訟。朱彝尊《經義考》、王昶《金石萃編》並列衆説。朱氏則以爲一字，王氏則以爲三字。然今世所傳，實惟一字。王氏謂邕以隸書名世，故隸獨傳，而篆與古文並没，此説亦未必然也。今録朱説於此，餘姑略焉。《經義考》卷二百八十九曰："漢立石經，蔡邕所書本一字，惟因范史《儒林傳》云爲古文、篆、隸三體書法，以相參檢，樹之學門，而楊衒之《洛陽伽藍記》、《北史·劉芳傳》因之。唐竇蒙，宋郭忠恕、蘇望、方匋、歐陽棐、董逌、姚寬等，均仍其誤，獨張演謂邕以三體參檢其文，而書丹於碑則定爲隸，其義爲允。載考衛恒及江式傳、酈道元《水經注》，皆以一字爲漢石經。迨趙明誠《金石録》、洪適《隸釋續》辨之甚詳，足以徵信。其載一字石經遺文，後列堂谿典、馬日磾等姓名。使一字石經出於魏，當更列正始中正字諸臣姓名，亦何取仍列典、日磾等諸人於經文之後哉？又史家體例，以時代爲前後，《隋·經籍志》列一字石經於前，次魏文帝《典論》，然後叙三字石經於後，是一字屬漢，而三字屬魏，不待解説始明。其曰魏正始中又立一字石經,相承以爲七經正字。蓋雕本相沿,偶訛三字爲一爾。今漢石經遺字,猶有搨本存者。余嘗見宛平孫氏所藏,定爲漢隸無疑也。"

《舊五代史·唐書·明宗紀》:"長興三年二月辛未,中書奏請依石經文字刻《九經》印版,從之。"又《周書·馮道傳》:"唐明宗時,以諸經舛謬,與同列李愚委學官田敏等取西京鄭覃所刻石經雕爲印板,流布天下,後進賴之。"

王溥《五代會要·經籍類》:"長興三年二月,中書門下奏請依石經文字刻九經印板。敕國子監集博士儒徒,將西京石經本,各以所業本經句度,鈔寫注出,仔細看讀,然後召僱能雕字匠人,各部隨帙刻印板,廣頒天下。如諸色人要寫經書,並須依所印刻本,不得更使雜本交錯。"

陳振孫《直齋書録解題》:"《九經字樣》一卷:往宰南城,出謁,有持故紙鬻於道者。得此書,乃古京本,五代開運丙午所刻也,遂爲家藏書籍之最古者。"

《五代會要》:"顯德二年二月,中書門下奏:國子監祭酒尹拙狀稱,敕准校勘《經典釋文》三十卷,雕造印板。"

洪邁《容齋續筆》:"予家有舊監本《經典釋文》,末云顯德六年己未三月,太廟室長朱延熙書,列宰相范質、王溥名,而田敏以禮部尚書爲詳勘官。此書字畫端嚴有楷法,更無舛誤。"

王應麟《玉海·藝文類》:"周顯德中,詔刻序録《易》《書》《儀禮》《周禮》四經《釋文》,皆田敏、尹拙校勘。自是相繼校勘《禮記》、三《傳》、《毛詩音》,並拙等校勘。又《古文尚書音義》,周顯德六年田敏等校勘,郭忠恕覆定古文並書刻板。"

"陳鶚工率更之法","陳"當作"李",字之誤也。王明清《揮麈録》:"後唐平蜀,明宗命太學博士李鍔(他書均作鶚,鍔字蓋誤,詳下)書五經。仿其制作,刊板於國子監。明清家有鍔書五經印本存焉,後題長興二年也。"《玉海》:"景德二年九月,國子監言:《尚書》《孝經》《論語》《爾雅》四經訛舛,請以李鶚本别雕。"趙明誠《金石録》:"唐汾陽王《真堂記》,李鶚書。鶚五代時仕至國子丞,九經印板多其所書,前輩頗貴重之。余後得此記，其筆法蓋出歐陽率更，然窘於法度，而韻不能高，非名書也。”按日本室町氏所刊《爾雅》，黎氏《古佚叢書》有復刊本，其末有將仕郎守國子四門博士臣李鶚書一行，猶可以仿佛見其書體。

唐唐元度著《九經字樣》一卷，陳振孫得其初本，已見上注。

《宋史·藝文志》：“周顯德中始有經籍刻板，學者無筆札之勞，獲睹古人全書。”

《舊五代史·唐書·明宗紀》注引唐柳玭《家訓序》（葉夢得《石林燕語》引作《訓序》）：“中和三年，癸卯夏，鑾輿在蜀之三年也，余爲中書舍人，旬休，閱書於重城之東南。其書多陰陽雜記、占夢、相宅、九宮五緯之流，率雕板印紙，浸染不可曉。”又朱翌《猗覺寮雜記》：“雕印文字，唐以前無之，唐末益州始有墨版。”按《十國春秋》之說蓋即祖此。

逮《釋文》繼雕於開寶，《易》《書》重梓於祥符，景祐定兩漢之書，嘉祐刊七朝之史。凡杜鎬等之覆讎，趙安仁之留寫，曾、王存校上之文，余、宋察館中之本，經史大備矣。

注曰：此叙宋代校刻經史之事也。

《玉海》：“開寶五年，判監陳鄂與姜融等四人，校《孝經》《論語》《爾雅》釋文，上之。二月，李昉知制誥，李穆、扈蒙校定《尚書》釋文。原注，德明《釋文》用《古文尚書》，命判監周惟簡與陳鄂重修定，詔並刻板頒行（周顯德中已校刻《釋文》，蓋尚未畢，此繼續其事也，已見上注）。又祥符七年九月，《易》《詩》重刻板本，仍命陳彭年、馮元校定。自是《九經》及《釋文》有訛誤者，皆重校刻板。”

大德本《漢書》有一文云：“景祐元年九月，秘書丞余靖上言，國子監所印兩《漢書》（淳化時先已校刻，見《玉海》），文字舛訛，恐誤後學。臣謹參括衆本，旁據他書，列而辨之，望行刊正。詔送翰林學士張觀等詳定聞奏，又命國子監直講王洙與余靖偕赴崇文院讎對（中略）。

靖、洙悉取館閣諸本參校。二年九月校書畢,凡增七百四十一字,損二百一十二字,改正一千三百九字。"《後漢書》亦有此文,末云:"凡增五百一十二字,損一百四十三字,改正四百一十一字。"

《玉海》:"景祐元年九月癸卯,詔選官校正《史記》,前、後《漢書》,《三國志》,《晉書》。二年九月壬辰,詔翰林學士張觀刊正前(前下當有後字)《漢書》,下胄監頒行。秘書丞余靖請刊正前(前下當有後字)《漢書》,因詔靖盡取秘閣古本校對。逾年,乃上《漢書刊誤》三十卷,至是改舊摹板。"

晁公武《郡齋讀書志》:"以《宋》《齊》《梁》《陳》《魏》《北齊》《周》書舛謬亡缺,始命館閣職讎校。曾鞏等以秘閣所藏本多誤,不足憑以是正,請詔天下藏書之家悉上異本,久之始集。治平中,鞏校定《南齊》《梁》《陳》三書上之,劉恕等上《後魏書》、王安國上《周書》,政和中始皆畢。"

《玉海》:"嘉祐六年八月庚申,詔三館秘閣校理《宋》《齊》《梁》《陳》《後魏》《周》《北齊》七史,書有不全者訪求之。又嘉祐七年十二月,詔以七史校本四百六十四卷,送國子監鏤板頒行。"

《宋史·儒林傳》:"判監李至言:'本監先校定諸經疏,其間大字訛謬尚多,深慮未副仁君好古誨人之意也。蓋前所遣官多專經之士,或通《春秋》者未習《禮記》,或習《周易》者不通《尚書》。至於旁引經史,皆非素所傳習,以是之故,未得周詳。伏見國子博士杜鎬,直講崔頤正、孫奭,皆苦心强學,博貫九經,問義質疑,有所依據。望令重加刊正,冀除舛謬。'從之。"

《宋史·趙安仁傳》:"安仁雍熙二年登進士第。會國子監刻五經正義板,以安仁善楷、隸,遂奏留書之。"曾鞏、王洙、余靖、宋祁,並詳《宋史》各本傳。其校上序録及敕牒,並見其所校諸書中。

故景德庫藏,漆板逾萬;天禧降詔,書價禁增。或看詳於秘省,乃充坊行;或下詔於臨安,再令雕造。此宋刻之可貴也。

注曰：此言宋代國子監刻書讎勘精審，足資考證，故可貴也。

《玉海》："咸平元年正月丁丑，劉可名上言，諸經板本多誤，上令擇官詳校。景德二年五月一日戊申，幸國子監歷覽書庫，觀群書漆板。問祭酒邢昺曰：'板數幾何？'昺曰：'國初印板，止及四千，今僅至十萬，經史義疏悉備。'帝曰：'非四方無事，何以臻此！'因益書庫十步，以廣所藏。又詔褒之。九月辛亥，命侍講學士邢昺與兩制詳定《尚書》《論語》《孝經》《爾雅》文字。先是國子監言群經摹印歲深，字體誤缺，請重刻板。因命崇文檢詳杜鎬、諸王侍講孫奭詳校，至是畢。又詔昺與兩制詳定而刊正之。"

又曰："天禧元年九月癸亥，詔國子監群書更不增價。"

又曰："景德三年五月庚辰，求逸書；十月甲寅，命知制誥王舉正看詳。"

又曰："景祐元年閏六月，以三館秘閣所藏有謬濫不全之書。辛酉，命翰林學士張觀，知制誥李淑、宋祁將館閣正副本書看詳，定其存廢。僞謬重複，並從删去。内有差漏者，令補寫校對。倣《開元四部録》，約《國史藝文志》著爲目録。仍令翰林學士盛度等看詳（清内府藏宋本《漢書》有景祐元年余靖上言，嘉祐六年陳澤重校、歐陽修看詳雕印字樣。見《天禄琳琅》）。"

又曰："紹興九年九月七日，詔下諸郡索國子監元頒善本校對鏤板。十五年閏十一月，博士王之望請群經義疏未有板者，令臨安府雕造。"

夫正脱簡、訂訛字、存舊式，其所長也；字或臆改，注多妄增，又其短也。

注曰：此言宋刻亦有長短，佞宋之徒，不問是非，專奉宋槧爲金科玉律，亦是一蔽。此數語提挈維綱，以下分别論之。

《禮記》諸家，疏多闕失；《詩譜》弁首，文竟佚亡。脱杜預之叙，未發冢出書之由；滅郭璞之辭，失就注作音之例。《史記》亂守節之舊次，《正義》復《集解》皆删；後漢去劉昭之序文，范書與司馬相混。此脱簡之失也。

注曰：以上言正脱簡，宋本之善一事。

阮元《禮記注疏校勘記》序："《禮記》七十卷之本，出於吴中吴泰來家。乾隆間惠棟用以校汲古閣本，識之云：'訛字四千七百有四，脱字一千一百四十又五，闕文二千二百一十有七，文字異者二千六百二十有五，羨文九百七十又一。點勘是正四百年來闕誤之書，犂然備具，爲之稱快。'"

《毛詩注疏》前有鄭玄《詩譜》序一篇，阮元《校勘記》云："毛本此序文並《正義》悉脱，閩本、明監本有。案毛本即據明監本重刻，乃其本偶失此序，更不知補，誤甚（監本乃用閩本重雕，閩本又出於宋本）。"

杜預《左傳》後序云："大康元年三月，吴寇始平，余自江陵還襄陽，解甲休兵，乃申抒舊意，修成《春秋釋例》及《經傳集解》始訖。會汲郡汲縣有發其界内舊冢者，大得古書，皆簡編科斗文字，發冢者不以爲意，往往散亂。科斗書久廢，推尋不能盡通。始者藏在秘府，余晚得見之。所記大凡七十五卷，多雜碎怪妄，不可訓知。《周易》及《紀年》最爲分了。《周易》上、下篇，與今正同，别有《陰陽説》，而無《彖》《象》《文言》《繫辭》。疑於時仲尼造之於魯，尚未播之於遠國也。其《紀年篇》起自夏、殷、周，皆三代王事，無諸國别也。惟特記晉國，起自殤叔，次文侯、昭侯，以至曲沃莊伯。莊伯之十一年十一月，隱公之元年正月也，皆用夏正建寅之月爲歲首，編年相次。晉國滅，獨記魏事，下至魏哀王之二十年，蓋魏國之史記也。推校哀王二十年，大歲在壬戌，是周赧王之十六年，秦昭王之八年，韓襄王之十三年，趙武靈王之二十七年，楚懷王之三十年，燕昭王之十三年，齊湣王之二十五年也。上去孔丘卒百八十一歲，下去今大康三年五百八十一歲。哀王於《史記》，襄王之子，惠王之孫也。惠王三十六年卒而襄王立，立十六年卒而哀王立。古書《紀年篇》，惠王三十六年改元，從一年始，至十六年而稱惠成王卒，即惠王也。疑《史記》誤分惠成之世以爲後王年也。哀王二十三年乃卒，故特不稱謚，謂之今王。其著書文意，大似《春秋經》。推此足見古者國史策書之常也。文稱魯隱公及邾莊公盟於姑蔑，即《春秋》所書邾儀父，'未王命，故不書爵，曰儀父，貴之也'。又稱晉獻公會虞師伐虢滅下陽，即《春秋》所書'虞師晉師滅下陽。先書虞，賄故也'。又稱周襄王會諸侯於河陽，即《春秋》所書'天王狩於河陽，以臣召君，不可以訓也'。諸若此輩甚多，略舉數條，以明國史皆承告據實而書時事。仲尼修《春秋》，以義而制異文也。又稱衛懿公及赤翟戰於洞澤，疑洞當爲泂，即《左傳》所謂熒澤也。齊國佐來獻玉磬紀公之甗，即《左傳》所謂賓媚人也。諸所記多與《左傳》符同，異於《公羊》《穀梁》。知此三書，近世穿鑿，非《春秋》本意審矣。雖不皆與《史記》《尚書》同，然參而求之，可以端正學者。又别有一卷，純集疏《左氏傳》卜筮事，上下次第及其文義，皆與《左傳》同，名曰《師春》。師春似是鈔集者人名也。《紀年》又稱殷仲壬即位居亳，其卿士伊尹。仲壬崩，伊尹放太甲於桐，乃自立也。伊尹即位放太甲，七年，太甲潛出自桐殺伊尹。乃立其子伊陟、伊奮，命復其父之田宅而中分之。《左氏傳》：伊尹放太甲而相之，卒無怨色。然則太甲雖見放，還殺伊尹，而猶以其子爲相也。此爲大與《尚書》叙説太甲事乖異。不知老叟之伏生，或致昏忘？將此古書亦當時雜記，未足以取審也？爲其粗有益於左氏，故略記之，附《集解》之末焉。"《左傳注疏校勘記》云："宋本《正義》、淳熙《經注》本、明萬曆監本注疏，並載此序。十行本、閩本失刊，毛本仍之。"

《爾雅校勘記》："明吴元恭仿宋刻《爾雅》，絶無私意竄改處，不附《釋文》，而郭《注》中之某音某，完然無闕。爲經注本之最善者，必本宋刻無疑。如《釋詁》注云：'嗟，咨㜎也。'注云：'音兔罝。'明陳深《十三經解詁》本删此三字，不若吴本之可據也。"

《四庫提要》："《史記正義》，唐張守節撰。守節始末未詳，據此書所題，則其官爲諸王侍讀、率府長史也。是書自序三十卷，晁公武、陳振孫二家所録則作二十卷。蓋其標字列注，亦必如《索隱》。後人散入句下，已非其舊。至明代監本采附《集解》《索隱》之後，更多所删節，失其本旨。注地理脱十七條，故實注脱二十五條，音注脱二十三條。其他一兩字之出入，殆千有餘條，尤不可毛舉。苟非震澤王氏刊本具存，無由知監本之妄删也。”又曰：“《史記集解》，江蘇巡撫采進本。自明代監本，以《索隱》《正義》附入，其後又妄加删削，訛舛遂多。如《五帝本紀》‘昔高陽氏有才子八人’句下，‘高辛氏有才子八人’句下，俱脱‘名見《左傳》’四字。《秦始皇本紀》‘輕車重馬東就食’句下，脱‘徐廣曰：一無此重字’八字。《項羽本紀》，其‘九月會稽守’句下，脱‘徐廣曰：爾時未言太守’九字。《武帝紀》‘祀上帝明堂’句下，脱‘徐廣曰：常五年一修耳，今適二年，故但祀明堂’十八字。‘然其效可睹矣’句下，脱‘又數本皆無可字’七字。《河渠書》‘岸善崩’句下，脱‘如淳曰：河水岸’六字。《司馬相如傳》‘徬徨乎海外’句下，此引郭璞云：‘青邱山名，上有田，亦有國，出九尾狐，在海外。’《太史公自序》‘《易大傳》’句下，此引‘張晏曰：謂《易·繫辭》’。監本均誤作《正義》。又如《夏本紀》‘灃水所同’句下，引‘孔安國曰：灃水所同，同於渭也’。坊本闕一‘同’字。《項羽本紀》‘乃封項伯爲射陽侯’句下，脱‘徐廣曰：項伯名纏字伯’九字，是又出監本下矣。惟《貨殖傳》‘蘗麴煮鹽豉千瓵’句下，監本引‘孫叔敖云：瓵，瓦器，受斗六升爲瓵’。當是孫叔然之誤。此本亦復相同，是校讎亦不免有疏，然終勝明人監本也。”

明汪文盛刊《後漢書》，有梁劉昭《注補續漢書八志》序云：“臣昭曰，昔司馬遷作《史記》，爰建《八書》，班固因廣，是曰《十志》。天人經緯，帝政紘維。區分源奥，開廓著述。創藏山之秘寶，肇刊石之遐貫，誠有繫於《春秋》，亦自敏於改作。至乎永平，執簡東觀，紀傳雖顯，書志未問，推檢舊記，先有《地理》，張衡欲存炳發，未有成功。《靈憲》精遠，《天文》已焕。自蔡邕大宏鳴條，實多紹宣。協妙元卓，《律曆》已詳。承洽伯始，《禮儀》克舉。郊廟社稷，《祭祀》該明。輸騑冠章，《車服》贍列，於是應譙纘其業，董巴襲其軌，司馬續其書，總爲八志。《律曆》之篇，仍乎洪、邕所構；《車服》之本，即依董、蔡所立。《儀》《祀》得於社制,《百官》就乎故簿,並藉據前修,以濟一家者也。王教之要,國典之源,粲然略備,可得而知矣。既接繼班書,通其流貫,體裁淵深,雖難逾等,序致膚約,有傷懸越。後之名史,弗能罷意。叔駿之書,是紹十典,矜緩殺青,竟亦不成。二子丕業,俱稱麗富。華轍亂亡,典則偕泯。雅言邃義,於是俱絶。沈《宋》因循,尤鮮功創。時改見句,非更搜求。加藝文以矯前棄,書流品采自近録。初平、永嘉,圖籍焚喪,塵消煙滅,焉識其限。借南晉之新虚,爲東漢之故實,是以學者亦無取焉。范曄《後漢》良史,誠跨衆氏;序或未周,志遂全闕。國史鴻曠,須寄勤閑;天才富贍,猶俟改具。若草昧厥始,無相憑據。窮其身世,少能已畢。還有承考之言,固深資父之力。太初以前,班用馬史。十《志》所因,實多往制。升入校部,出二十載。續志昭表,以助其間。成父述者,夫何易哉!況曄思雜風塵,志撓成毁。弗克員就,豈以兹乎?夫辭潤婉贍,可得起改。覈求見事,必應寫襲。故序例所論,備精與奪,及語八志,頗褒其美。雖出拔前群,歸相沿也。又尋本書,當作《禮樂志》,其《天文》《五行》《百官》《車服》,爲名則同,此外諸篇,不著紀傳。《津曆》《郡國》,必依往式。曄遺書自序,應編作諸志,前漢有者,悉欲備製。卷中發論,以正得失。書雖未明,其大旨也。曾臺雲構,所闕過乎榱桷;爲山霞高,不終逾於一壝。鬱絶斯作,吁可痛哉!徒懷纘緝,理慙鈎遠。迺借舊志,注以補之。狹見寡陋,匪同博遠。及其所值,微得論列。分爲二十卷,以合范史。求於齊工,孰曰文類。比兹闕恨,庶賢乎已。昔褚先生補子長之削少,馬氏接孟堅之不畢。相成之義,古有之矣。引彼先志,又何猜焉?而歲代逾邈,立言湮散,義存廣求,一隅未覿。兼鐘律之妙,素揖校讎;參曆算之微,有慚證辨。星候秘阻,圖緯藏嚴。是須甄明,每用疑略。時或有見,頗邀旁遇。非覽正部,事乖詳密。今行禁止,此書外絶。其有疏漏,諒不足誚(此文他本皆闕載,惟見汪本)。"何焯《義門讀書記》曰:"《八志》,司馬紹統之作,本漢末諸儒所傳,而述於晉初。劉昭補注,别有總叙。緣諸本或失載劉《叙》,故孫北海《藤陰劄記》亦誤出蔚宗志《律曆》之文。"《四庫提要》曰:"洪邁《容齋隨筆》,已誤以八志爲范書,則其誤不自孫承澤始。”

《士冠》訛建作捷，誤讀夫德明音注之文；《天官》亂玉於王，研辨於倦翁校經之例。《檀弓》之子路、子貢，過泰山者似兩人；《釋草》之卷葹、卷施，解拔心者有二物。修脩字異，《詩》則蜀越之體殊；尸户形疑，《傳》惟淳熙之本正。至於弖文謬亞，韋賢之《傳》從疑；婁縣訛安，吴郡之名難考。誤尾作危，誤軫作井，分野之度失，而《地理志》鮮通；以宣爲寧，以平爲年，封國之號殊，而《百官表》失讀。此訛字之失也。

注曰：以上言訂訛字，宋本之善二事。

錢大昕《潛研堂答問》：“問：‘《士冠禮》，冠者以柶祭醴，興，坐，晬醴，捷柶，《唐石經》作建，顧氏以《石經》爲誤，然否？’曰：‘《士昏禮》，婦受醴，亦有“以柶建醴”，“坐，晬醴，建柶”之文，則《石經》作建爲是，敖總公本亦與《石經》同。是宋時猶未誤也。今本所以誤者，乃緣陸氏《釋文》有捷柶二字，疑爲經文，遂妄改建爲捷爾。鄭注本云：建柶扱柶於醴中，陸所見本扱柶作捷柶，故云本又作插，或作扱。要是注文，非經文有捷字也。《經典釋文》本單行之書，今注疏本以《釋文》散入各經注下，頗有舛訛，而《儀禮》一經尤多芟削，甚至以《釋文》溷入注中。讀者不察，乃謂鄭君注經已有反切，校刊之不謹，貽誤後生多矣。’”案錢氏《十駕齋養新録》卷二亦説此條，自注云：“余見小字宋本《儀禮》經注俱是建字。”

宋岳珂《九經三傳沿革例》云：“天官小宰贊王幣爵之事，諸本‘王’皆作‘玉’。惟越注疏及建大字本作‘王’。大宰贊玉幣爵，上文有贊王牲事，則玉幣爵不得再言王。小宰職卑，不獲贊牲事，且此上文未有王字，故言王幣爵。注所謂從大宰助王，其義甚明。”案珂字肅之，號倦翁，湯陰人，居於嘉興，鄂忠武王飛之孫也。

《禮記・檀弓》：“孔子過泰山側，有婦人哭於墓者而哀，夫子式而聽之，使子路問之。”《禮記校勘記》云：“惠棟校宋本，‘路’作‘貢’，石經、宋監本、岳本同。”《石經考文提要》云：“案《九經三傳沿革例》云：

實使子貢，而興國本及建諸本皆作子路，疏亦不明言何人。及考石本、舊監本、蜀大字本、越上注疏本，皆作子貢，以《文選》李善注及《藝文類聚》《白孔六帖》《太平御覽》《孔子家語》所引證之，則作子貢是也。”

《爾雅・釋草》：“卷施草拔心不死。”《爾雅校勘記》云：“唐《石經》、單疏本、雪牕本同。《釋文》‘施’或作‘葹’同。”《石經考文提要》引至善堂九經本亦作‘施’，注疏本‘施’誤‘旆’。

《詩・豳風》：“予尾脩脩。”《九經三傳沿革例》曰：“監、蜀、越本皆作‘脩脩’，以疏爲據。興國本及建寧諸本皆作‘翛翛’，以《釋文》爲據也。”

宣公十二年，《左傳》：“屈蕩尸之。”錢大昕跋余仁仲《校刻左傳》云：“家藏淳熙《九經》，及長平游御史本、巾箱小本，俱作‘户’字。”《左傳校勘記》曰：“石經、宋本、淳熙本、岳本‘尸’作‘户’，是也。《漢書・王嘉傳》注、李善《文選》注、范蔚宗《宦者傳論》注，引並同。”

《漢書・韋賢傳》：“黼衣朱紱。”注：“朱紱爲朱裳，畫爲亞文也。亞，古弗字。”宋祁曰：“亞當作亞(案亞當作於弜)。”錢大昕《廿二史考異》曰：“亞當作於弜，兩己相背也，與亞次字音義全别。此朱紱諸侯之服，當訓爲韠，不當作黼黻講，師古誤。”

《十駕齋養新録》卷六曰：“《續漢書・郡國志》：‘吴郡有安縣。’考《前書》及晉、宋《志》皆無之。此志亦不載何年置，前無所承，後無所併，疑即婁之壞字。因‘婁’訛爲‘安’，校書家不能是正，疑有脱漏，又增婁於無錫之後，並改十二城爲十三。盧熊《蘇州府志》謂東漢省錢唐而增安縣，又謂建安中孫權以安縣屬屯田典農校尉，當在無錫以西。然沈約《志》初無以安屬屯田典農校尉之説，未審盧氏何據，大約後人臆造耳。監本無婁字，新刊本依宋本增之，其實宋本未必是，監本未必非也。《漢志》婁縣下云：‘有南武城，闔閭所築以備越。’《續志》安縣下注：‘《越絶》云：有西岑冢，越王孫開所立，以備春申君，使其子守之。子死，遂葬城中。’兩縣俱有備越遺迹，益信安與婁非二地矣。”

又曰:"《地理志》:'自東井六度至亢六度謂之壽星之次。''東井'當作'軫'。'自危四度至斗六度,謂之析木之次。''危'當作'尾'。"

又曰:"予撰《漢書考異》,謂《哀帝紀》:'元壽二年春正月。''元壽'二字衍文。《景武昭宣元成功臣表》:'孝成五人。''成鄉'當作'成都'。樂成下衍'龍'字。《百官公卿表》:'寧平侯張歐','寧'當作'宣'。'俞侯樂賁','樂'當作'欒'。'安年侯王章','年'當作'平'。'平喜侯史中','喜'當作'臺','廣漢太守孫寶','寶'當作'寶'。《五行志》:'能者養之以福。''之以'當作'以之'。《地理志》:'逢山長谷,諸水所出。''諸'當作'渚'。'博水東北至鉅定','博'當作'時'。《張良傳》:'景駒自立爲楚假王,在陳留。''陳'字衍。《枚乘傳》:'凡可讀者不二十篇。''不'當作'百'。《韓安國傳》:'梁城安人也。''城'當作'成'。《韋賢傳》:'畫爲亞文。''亞'當作'弫'。《佞倖傳》:'龍雒思侯夫人。''雒'當作'頟'。向見北宋景祐本,此十數處,皆與予説合(原注:景祐本後題:二年九月,校書畢,凡增七百四十一字,損二百一十三字,改一千三百三字)。"

南宋始行兼義,則先時疏乃別行;古籍皆首小題,則開卷發端已失。《貨殖傳》失於跳行,而班掾以濫載貽譏;《律曆志》失於排列,而劉歆之遺法難考。《釋文》附經,不兩讀者必至牽改;《索隱》合《史》,其更定者難考本來,年表删徐廣之字,而史公以甲子紀年,是當以後表正之;列傳有郭泰之稱,而范氏以家諱載筆,是當於分注求之。此舊式之亡也。

注曰:以上言存舊式,宋本之善三事。

宋本、閩、監本《周易注疏》,卷首並題云《周易兼義》。阮元《周易校勘記》曰:"兼義字乃合刻注、疏者所加,取兼並注疏之意也。蓋其始注疏無合一之本,南北宋之間,以疏附於經注者,謂之某經兼義。至其後則謂之某經注疏,此變易之漸也。"《十駕齋養新録》卷三曰:"唐人撰《九經》疏,本與注別行,故其分卷亦不與經注同。自宋以後刊本,欲省兩讀,合注與疏爲一書,而疏之卷第遂不可考矣。予嘗見宋本《儀禮疏》，每葉三十行，每行二十七字，凡五十卷。惟卷三十二至三十七闕。末卷有大宋景德元年校對、同校、都校諸臣姓名，及宰相吕蒙正、李（原注：不署名，蓋李沆也）、参政王旦、王欽若銜名。又嘗見北宋刻《爾雅疏》，亦不載注文。蓋邢叔明奉詔撰疏，猶遵唐人舊式，諒《論語》《孝經》疏亦當如此，惜乎未之見也。”日本人山井鼎云：“足利學所藏宋板《禮記注疏》有黄唐跋云：‘本司舊刊《易》《書》《周禮》，正經、注、疏，萃見一書，便於披繹，它經獨闕。紹興辛亥，遂取《毛詩》《禮記》疏義，如前三經編彙，精加讎正。乃若《春秋》一經，顧力未暇，姑以貽同志。’所云本司者，不知爲何司，然即是可證北宋時正義未嘗合於經注。即南渡初，當有單行本，不盡合刻矣。”

《養新餘録》云：“古書多大題在下。陸氏《經典釋文》云：‘《毛詩》故大題在下。案馬融、盧植、鄭元注《禮記》，並大題在下。班固《漢書》、陳壽《三國志》亦然。’予案唐刻《石經》皆大題在下，如《詩經》卷首《周南詁訓傳第一》列於上，《毛詩》兩字列於此行之下，所謂大題在下也。宋元以來，刻本皆移大題於上，而古式遂亡。今讀者且不知何語矣。予曾見《史記》宋大字本，亦大題在下（原注：淮南轉運司監雕本）。”

盧文弨《鍾山札記》亦論古書大題多在小題下，亦引陸氏《釋文》，謂今人率意紛更。《釋文》所云，並未寓目，題與説兩相矛盾，而亦不自知也。《漢書》《三國志》，汲古閣版行者猶存舊式，他本則不盡然云。

又《鍾山札記》曰：“《貨殖》等傳，以事名篇，與《八書》差相類，固未嘗一一標姓名也。乃譏《漢書》者謂范蠡、子貢、白圭非漢人而入《漢書》，以爲失於限斷，其實班氏何嘗爲范蠡諸人立傳，即彼蜀卓、宛孔，閭里猥瑣之流，亦豈屑屑爲之標目，與夫因人立傳者同哉？”案盧説甚是。《貨殖》等傳，每多跳行，一若人各爲傳者，故有濫載之疑。向令舊式俱存，連屬勿斷，必無此譏矣。

劉歆《三統曆》遺法，見《漢書・律曆志》。王先謙《補注》曰：“錢大昕、李鋭皆謂今本行列失次，古本三統，每統各八十一章，每九章當爲一列(原注:自甲子元首至丙寅孟止爲一列)。每章又分三行(原注:自甲子元首至丙午爲一行,甲辰二統至丙戌爲一行,甲申三統至丙寅爲一行)。以孟、仲、季三字依次分注各行之下,是也。”

《養新録》曰:“《春秋正義》自隱公至昭公,皆言某公以周某王某年即位,是歲在某次。定公以敬王十一年即位,脱‘是歲歲在某次’句。哀公則不載《正義》本文,但於白文《疏》下出同上兩字。謂與陸氏《釋文》相同,不復重出也。《釋文》與《正義》各自爲書,宋初本皆單行,不相殽亂,南宋後乃有合正義於經注之本。又有合《釋文》與《正義》於經注之本,欲省學者兩讀,但以注、疏之名標於卷首,則當以《正義》爲主。即或偶爾相同,亦當並存,豈有删《正義》而就《釋文》之理。況以前十一公考之,皆《正義》詳於《釋文》。《正義》之例,每公皆引《魯世家》,皆有以某王某年即位之語,而《釋文》無之。獨哀公《釋文》多‘敬王二十八年即位’一句,此必校書者以意竄之。謬妄相承,蔑有悟其非者,可三嘆也。”又曰:“紹興初所刻注疏,初未附入陸氏《釋文》,則今所傳附釋音之注疏,大約光、寧以後刊本耳。今南北監本,惟《易》《釋文》不攙入經注内。《公羊》《穀梁》《論語》俱無釋文。”

《四庫提要》云:“《索隱》本於《史記》之外别行,及明代刊刻監本,合裴駰、張守節及此書散入句下,恣意删削。如《高祖本紀》母媪、母温之辨。有關考正者,乃以其有異舊説,除去不載。又如《燕世家》啓攻益事,貞注曰:‘經傳無聞,未知其由。’雖失於考據《竹書》,亦當存其原文。乃以爲冗句,亦删汰之。此類不一,漏略殊甚,然至今沿爲定本。此單行之本,爲北宋秘省刻板,毛晉得而重刻者,録而存之,猶可以見司馬氏之舊,而正明人之疏舛焉。”

《養新録》曰:“史記諸年表,皆不記干支,注干支出於徐廣。《六國表》周元王元年,‘徐廣曰乙丑’。《秦楚之際月表》秦二世元年,‘徐廣曰壬辰’,是也。《十二諸侯年表》,共和元年,亦當有‘徐廣曰庚申’字。今刊本乃於最上添一格書干支,而删去徐廣注,遂疑爲史公本文。曾不檢照後二篇,亦太疏矣。考徐注之例,惟於每王之元年注干支,此表(《十二諸侯年表》)每十年輒書甲戌、甲申、甲午、甲辰、甲寅、甲子字，不特非史公正文，並非徐氏之例。其爲後人羼入，鑿鑿可據。且史公以太陰紀年，故命太初之元爲閼逢攝提格，依此上推，共和必不值庚申。則庚申爲徐注，又何疑焉？"

又曰："《後漢書·郭太傳》，'初太始至南州'以下七十四字，本章懷注引謝承《後漢書》之文，今誤作大字，溷入正文。予嘗見南宋本及明嘉靖己酉福建本，皆不誤。蔚宗書避其家諱，於此傳前後皆稱林宗字，不應忽爾稱名，且其事已載《黄憲傳》，毋庸重出也。"

不得最先之本，孰正後來之失？然而嚮壁虚造，妄正是非者，謬也；專己守殘，不能别白者，又固也。蘇子瞻謂近人以意改書，鄙淺之人，從而和之；陸放翁謂近世喜刻書版，略不校讎，錯本散滿。觀張淳《識誤》之編，岳珂《沿革》之例，所舉各本，未盡同原。而況搜遺於麻沙市中，訪舊於睦親坊下，經或别爲纂圖，史每珍爲詳節，又宋本之至下者乎！

注曰：宋本有三善，校書者據以爲質，固其宜矣。然宋本自有多種，豈可盡據，其有嚮壁虚造，憑臆妄改者，此固宋人之謬，而今人惟知專己守殘，貴遠賤近，本不誤者，反因宋本而誤，斯亦可謂固陋也已。

蘇軾《仇池筆記》謂："近世人輕以意改書，鄙淺之人，好惡多同，故從而和之者衆。遂使古書日就訛舛，深可忿疾。"

陸游《渭南文集·跋歷代陵名》云："近世士大夫所至喜刻書版，而略不校讎。錯本書散滿天下，更誤學者，不如不刻之爲愈也，可以一嘆。"

張淳《儀禮識誤》所據有周廣順三年及顯德六年刊行監本、汴京巾箱本、杭細字本、嚴重刊巾箱本、湖北漕司本。

岳珂《九經三傳沿革例》所據有唐石刻本、晉天福銅版本、京師大字舊本、紹興初監本、監中現行本、蜀大字舊本、蜀學重刻大字本、中字本、中字有句讀附音本、潭州舊本、撫州舊本、建大字本（原注：俗稱無比九經）、俞紹經家本，又中字凡四本，婺州舊本，並興國于氏、建余仁仲凡二十本，又越中注疏舊本、建有音釋注疏本、蜀注疏本，合二十三本。

祝穆《方輿勝覽》："建寧府土産書籍行四方。"原注云："麻沙、崇化兩坊産書，號爲圖書之府。"朱熹《嘉禾縣學藏書記》云："建陽麻沙板本書籍行四方者，無遠不至。"觀此足知麻沙板本流傳之廣，然實板刊不精。陸游《老學庵筆記》有云："三舍法行時，有教官出《易》義題云：乾爲金，坤又爲金，何也？諸生乃懷監本至簾前請曰：先生恐是看了麻沙版，若監本則坤爲釜也。"葉夢得《石林燕語》亦載此事。又曰："今天下印書，以杭州爲上，蜀本次之，福建最下也。"

葉德輝《書林清話》云："南宋臨安業書者，以陳姓爲最著。諸家藏書志、目、記、跋載：睦親坊棚北大街陳解元或陳道人，或陳宅書籍鋪刊行。印行者以唐宋人詩文小集爲最多。"方回《瀛奎律髓》注云："陳起，字宗之，睦親坊賣書開肆。予丁未至行在所，至辛亥，凡五年，猶識其人，且識其子。今近四十年，肆燬人亡，不可見矣。"（葉氏考臨安書估事極詳，見《清話》卷二）

戴表元《剡源集·題孫過庭書譜後》云："杭州陳道人印書，書之疑處，率以己意改令諧順，殆是書之一厄。"案戴氏之言如此，則陳道人書亦不盡善矣。惟其人頗知文學，又好名喜事，故當時江湖詩人多與之交，並詳見葉氏《清話》。

《書林清話》云："宋刻經子有纂圖、互注、重言、重意標題者，大都出於坊刻，以供士人帖括之用。經有南宋刻巾箱本《纂圖附釋音重言重意互注周易》九卷，《略例》一卷，見森《志》（日本森立之《經籍訪古志》）。《纂圖附釋音重意重言互注尚書》十三卷，見《天禄琳琅後編》。婺州本《點校重言重意互注尚書》十三卷，見陳《跋》（陳鱣《經籍跋文》）、瞿《目》（瞿鏞《鐵琴銅劍樓書目》）、黄《書録》（黄丕烈《百宋一廛書録》）。監本《纂圖重言重意互注點校尚書》十三卷，見繆《續記》（繆荃孫《藝風堂藏書續記》）。監本《纂圖重言重意互注點校毛詩》二十卷，見《天禄琳琅》、陳《跋》、黄《續記》（黄丕烈《士禮居藏書題跋記續》）、楊《録》（楊紹和《楹書隅録》）。宋麻沙本《附釋音纂圖重言重意互注毛詩》二十卷，附《毛詩舉要圖》《毛詩篇目》，見張《志》（張金吾《愛日精廬藏書志》）。京本《附釋音纂圖互注重言重意周禮》十二卷，見《天禄琳琅》、吴《跋》(吴壽瑒《拜經樓藏書題跋記》)、陳《跋》、黄《記》、瞿《目》、陸《續跋》(陸心源《儀顧堂續跋》)。宋巾箱本《纂圖附音重言重意互注周禮鄭注》十二卷,見森《志》。《原本點校附音重言重意互注禮記》二十卷,見森《志》、楊《譜》(楊守敬《留真譜》)。監本《纂圖重言重意互注禮記》二十册,見丁《志》(丁丙《善本書室藏書志》)。南宋麻沙本《纂圖互注禮記》二十卷,《禮記舉要圖》一卷,見陸《志》(陸心源《皕宋樓藏書志》)。京本《纂圖附音重言重意互注春秋經傳集解》三十卷,見《天禄琳琅》、陳編《廉石居記》(陳宗彝編《廉石居藏書記》)、莫《録》(莫友芝《宋元舊本書經眼録》)。監本《纂圖春秋經傳集解》三十卷,見丁《志》。監本《纂圖重言重意互注論語》二十卷,見楊《譜》。大氏經有七種,《儀禮》《孟子》非場屋所用,故置之。”

《續文獻通考·經籍考》:“《十七史詳節》二百七十三卷,吕祖謙撰。”

夫若網在綱,田敏不無妄改;未死而謚,伯厚猶滋誤讀。《漢表》始元,明允見爲元始者,非善本也;武王十亂,原父疑爲稱臣者,循衍文也。况乎壺矢壹關,師古存疑;竇力竇刀,之推致誚。誶訊不辨,憯慘同音,《釋文》之謬也;雝雍互更,毆毆失考,《石經》之舛也。以及箕子荄滋,見疑於孟喜之傳;柳穀昧谷,駁難於虞翻之書。《酒誥》俄空,《彼都》誌佚,漢魏以前,尚難徧信。何必執建寧之遺刻,據宋世所刊行,秘在枕中,奉爲圭臬。則必金根白及,字字可遵;淮别銀鐺,孜孜必究。是執削者之長,非操觚者之正矣。

注曰:此節更申上文之意,宋本不無訛舛,蘇子瞻、陸放翁亦既言之。更求其證,則宋之通人名士,且不免誤校誤讀之累,從是上溯,則雖漢唐諸儒,尚難徧信。豈得獨據宋槧,以爲依歸,訛字脱文,猶相沿襲,不其惑歟!若徒賞字畫之精妍,而不顧義理之當否,此爲匠人執削者之所夸,誠非學士操觚者之正軌也。

《宋史·儒林傳》:“田敏雖篤於經學,亦號爲穿鑿。所校九經,頗以獨見自任。如改《尚書》'若網在綱'爲'若綱在綱',重言'綱'字。又《爾雅》:'椴木槿。'注曰'日及'改爲'白及'。如此之類甚衆。世頗非之。"

《困學紀聞》卷六:"衛侯賜北宫喜謚曰貞子,賜析朱鉏謚曰成子,是人臣生而謚也。"何焯評云:"杜氏注云:'皆未死而賜謚及墓田,傳終言之。'近得不全宋槧本作'皆死而賜謚及墓田,傳終言之'。少'未'字,而義尤協,意尤明,似勝王氏所據之本。"閻若璩評云:"何屺瞻告余,頃得宋槧本不全《左傳》,恰有昭二十年衛賜北宫喜事,杜注云:'皆死而賜謚及墓田,傳終言之。'較近刻少'未'字,意尤明,義尤協,似勝王氏所據之本。王氏本與吾輩今日同。余擊節曰:'若果未死賜謚,是豫凶事,非禮也,杜當以爲譏,不應云終言之。一字之增,何啻霄壤,宋槧本真寶也。'"

《漢書·王子侯年表》下:"始元五年。"殿本作"元始",引劉攽曰:"當爲'始元'。"錢大昕曰:"劉説是也。蘇氏謂此卷皆元始之際,王莽僞褒宗室而侯者。正由讀此誤本,不能校正耳(案蘇氏語見《嘉祐集·史論中篇》)。"

《養新録》云:"'予有亂十人。'《尚書》《論語》各一見。《春秋傳》兩見(襄廿八年、昭廿四年)。唐《石經》皆無臣字。今石刻旁添'臣'字者,宋人妄作耳。陸氏《釋文》亦同,云本或作'亂臣十人',非。五代國子監校刻九經,始據誤本添入'臣'字。邢昺《論語疏》亦承監本,於是劉原父有子無臣母之疑,蘇子瞻《太皇太后輓詞》,亦有'允矣才難十亂臣'之句。"

《漢書·薛宣傳》:"掾宜從衆歸對妻子,設酒餚,請鄰里,壹关相樂。"應劭曰:"以壺矢相樂也。"晉灼曰:"'書篆形壹关字象壺矢,因曰壺矢。'此説非也。"師古曰:"晉説是也。壹关謂一爲歡关耳,关,古笑字也。"

《顔氏家訓·勉學篇》:"《書》曰:'好問則裕。'《禮》云:'獨學而無友,則孤陋而寡聞。'蓋須切磋相起明也。見有閉門讀者,師心自是,稠人廣坐,謬誤差失者多矣。《穀梁傳》稱'公子友與吕挐相搏,左右呼曰孟勞’。孟勞者，魯之寶刀名，亦見《廣雅》。近在齊時，有姜仲岳謂：‘孟勞者，公子左右姓孟名勞，多力之人，爲國所寶。’與吾苦諍。時清河郡守邢峙，當世碩儒，助吾證之，赧然而伏。”

戴震《毛鄭詩攷正》曰：“《陳風·墓門》二章，‘歌以訊止’。‘訊’乃‘誶’字轉寫之訛，《毛詩》云：‘告也。’《韓詩》云：‘諫也。’皆當爲‘誶’，誶音碎，故與萃韻。訊音信，問也，於詩義及音韻咸扞格矣。屈原賦《離騷》篇：‘謇朝誶而夕替。’王逸注引《詩》‘誶予不顧’。又《爾雅》：‘誶，告也。’《釋文》云：‘沈音粹，郭音碎。’則郭本‘誶’不作‘訊’明矣。今轉寫亦訛。《張衡傳》：《思元賦》注引《爾雅》仍作誶。《釋文》於此詩云：本又作誶，音信。徐：息粹反。蓋於誶、訊二字未能决定也。”

《養新録》云：“誶訓告，訊訓問，兩字形聲俱别，無可通之理。六朝人多習草書，以卒爲卆，遂與卂相似。陸元朗不能辨正，一字兩讀，沿訛至今。《詩》陳風：‘歌以訊之。’‘訊予不顧。’陸云：‘本又作誶，言信。徐：息悴反，告也。’《小雅》：‘莫肯用訊。’陸云：‘音信。徐：息悴反，告也。’按此兩詩本是誶字，王逸注《楚辭》引‘誶予不顧’，其明證矣。徐仙民兩音息悴反，是徐本亦從卒也。陸氏狃於韻緩不改字之説，讀誶爲信，豈其然乎？《大雅》：‘執訊連連。’此正訊問字，陸音信是也。而又云：‘字又作訊，又作誶，並同。’《禮記·王制》：‘以訊馘告。’陸云：‘本又作誶。’《學記》：‘多其訊。’陸云：‘字又作誶。’則真以訊誶爲一字矣。《爾雅》：‘誶，告也。’陸引沈音粹，郭音碎，當矣。而又云：‘本作訊，音信。’其誤亦同。今《毛詩正義》《石經》皆作訊，又承陸氏之誤。”

又曰：“唐《石經》俗體字，如‘雝’作‘雍’(《詩》)、‘櫜’作‘櫜’(《周禮》《爾雅》)、‘毆’作‘毆’(《周禮》)、‘齎’作‘賷’(《儀禮》)、‘總’作‘揔’(《春秋傳》)、‘督’作‘晳’(《爾雅》)、‘横’作‘揁’(《爾雅》)。”

《漢書·儒林傳》：“蜀人趙賓好小數書，後爲《易》，飾《易》文。以爲箕子明夷，陰陽氣無箕子，箕子者，萬物方荄兹也。賓持論巧慧，《易》家不能難，皆曰非古法也。云受孟喜，喜爲名之。後賓死，莫能持其説。

喜因不肯仞,以此不見信。”師古曰:“《易·明夷卦》彖曰:‘内文明而外柔順,以蒙大難,文王以之。利艱貞,晦其明也,内難而能正其志,箕子以之。’而六五爻辭曰:‘箕子之明夷,利貞。’此箕子者,謂殷父師説《洪範》者也。而賓妄爲説耳。荄兹,言其根荄方滋茂也。”

《吴志·虞翻傳》注:《翻别傳》云:“又奏鄭玄解《尚書》違失事因,古大篆卯字讀當爲柳,古柳卯同字,而以爲昧。”臣松之案:“翻云‘古大篆卯字讀當爲柳,古柳卯同字’。竊謂翻言爲然,故劉、留、聊、柳同用此字,以從聲故也。”

惠棟《九經古義》曰:“《今文尚書》云:‘度西曰柳穀。’伏生《書傳》云:‘秋祀柳穀。’康成云:‘柳,聚也。’賈公彦云:‘柳者,諸色所聚,日將没,其色赤,兼有餘色,故云柳穀。’今鄭注《尚書》從古文作‘昧谷’,故虞仲翔奏鄭解《尚書》違失云云。”

《法言·問神篇》云:“昔之説《書》者《序》以百,而《酒誥》之篇俄空焉。”

《彼都誌佚》,“誌”當爲“詩”,字之誤也。《小雅·都人士》篇,襄十四年《左傳》引首章“行歸於周,萬民所望”。服虔注曰:“逸《詩》也。”《禮記·緇衣》篇引首章六句,鄭注曰:“此詩《毛詩》有之,三家則亡。”《毛詩》孔疏云:“今《韓詩》實無此首章,時三家列於學官,《毛詩》不得立,故服以爲逸。”

李綽《尚書故實》云:“昌黎子昶,性闇劣,爲集賢校理。史傳有金根車,昶以爲誤,乃悉改根爲銀字。”

田敏改“日及”爲“白及”,已見上注。

《文心雕龍·練字》篇云:“《尚書大傳》:‘别風淮雨。’《帝王世紀》云:‘列風淫雨。’‘别’‘列’‘淮’‘淫’,字似潛移。‘淫’‘列’義當而不奇;‘淮’‘别’理乖而新異。傅毅制誄,已用‘淮雨’,固知愛奇之心,古今一也。”

《顔氏家訓·文章篇》云:“《後漢書》:‘囚司徒崔烈以鋃鐺鏁。’鋃鐺,大鏁也。世間多誤作金銀字。武烈太子亦是數千卷學士,嘗作詩云:‘銀鏁三公脚,刀撞僕射頭。’爲俗所誤。”

圖　版

圖版一　龜甲文

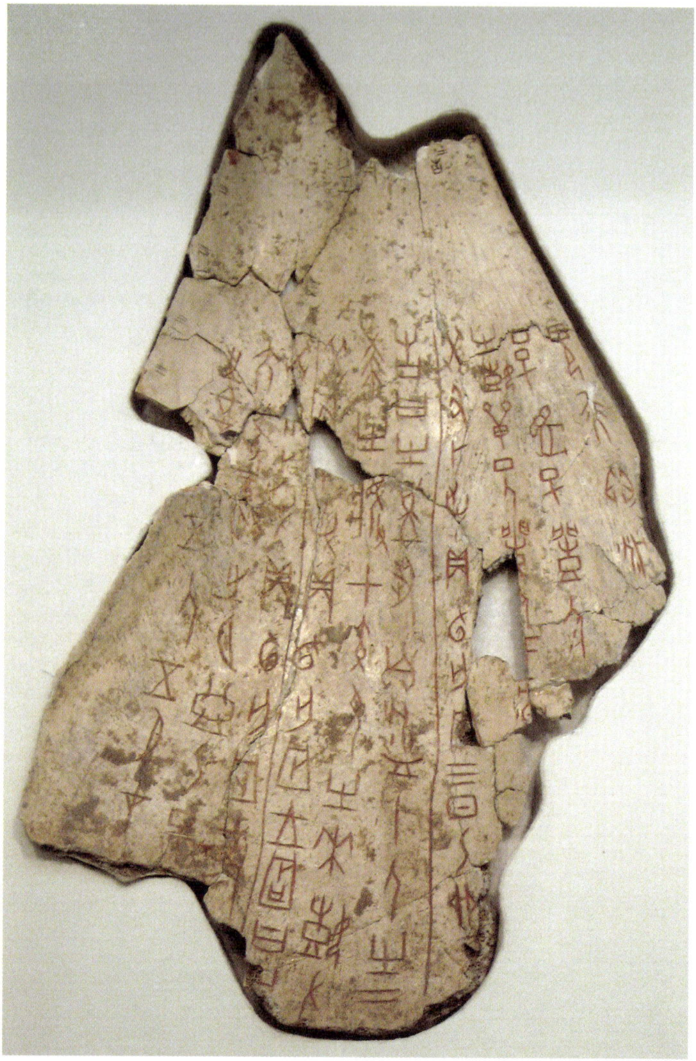

圖版二　獸骨文

圖版三　西周青銅器毛公鼎及其銘文

圖版四　石鼓文

圖版五　《熹平石經》殘石

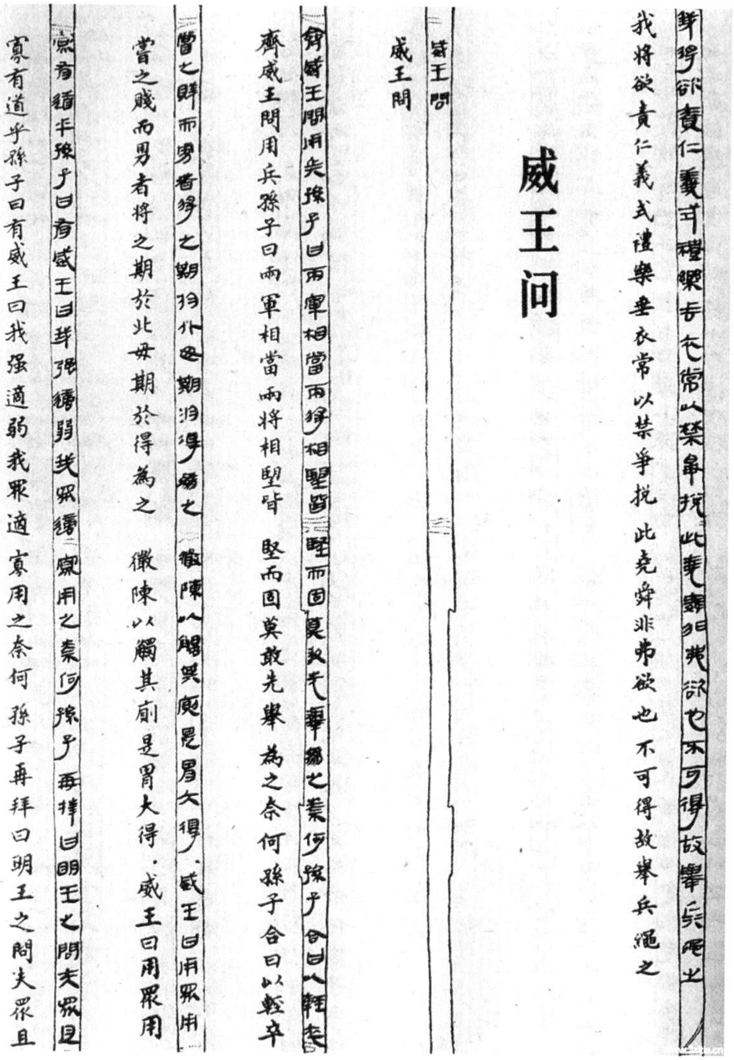

圖版六　臨沂銀雀山西漢墓出土《孫臏兵法》竹簡

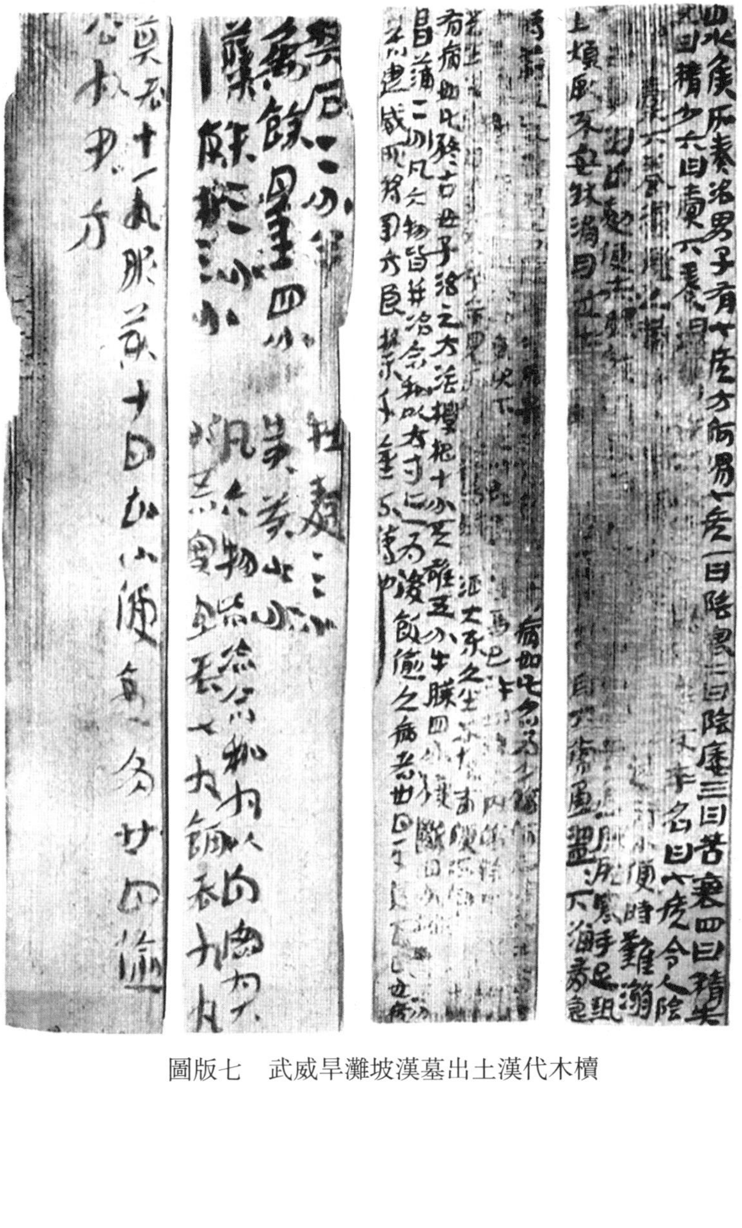

圖版七　武威旱灘坡漢墓出土漢代木牘

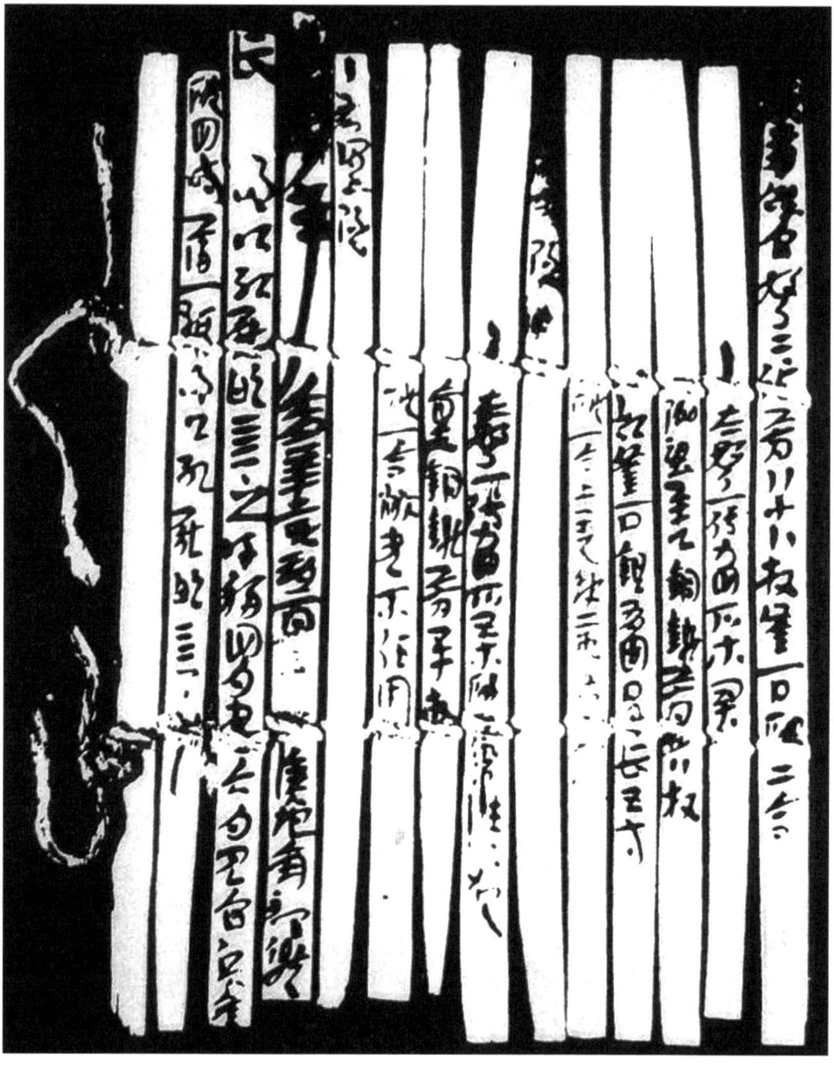

圖版八　居延出土東漢永元五年至七年（九三至九五）間用木簡所寫器物冊

圖版九　長沙出土戰國繒書陳槃摹本

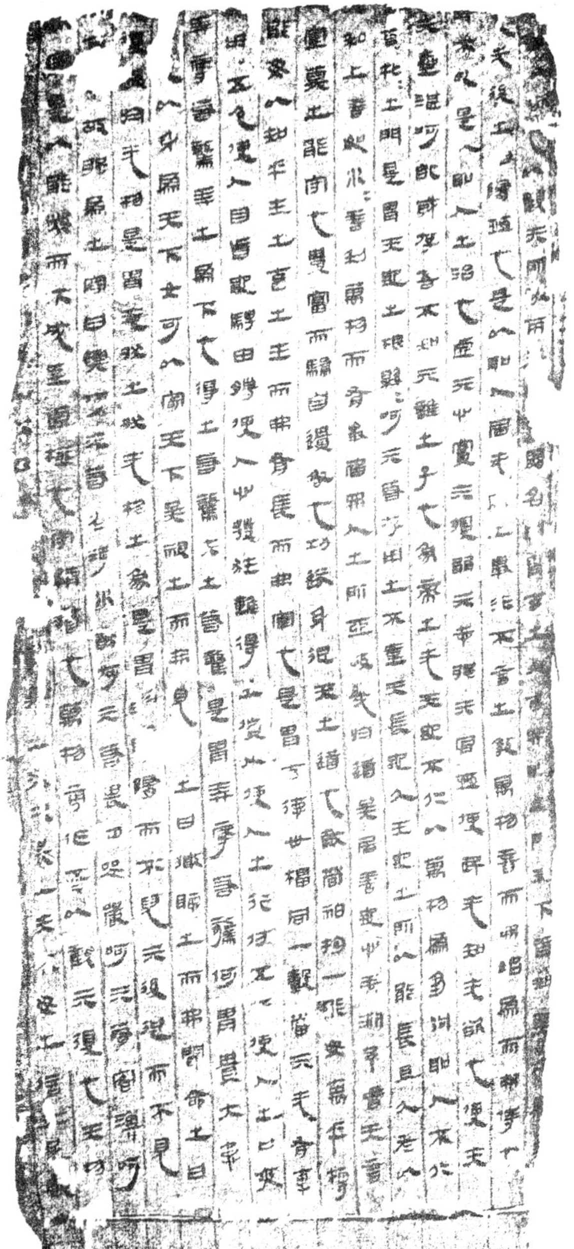

圖版十　長沙馬王堆漢墓出土帛書《老子》乙本

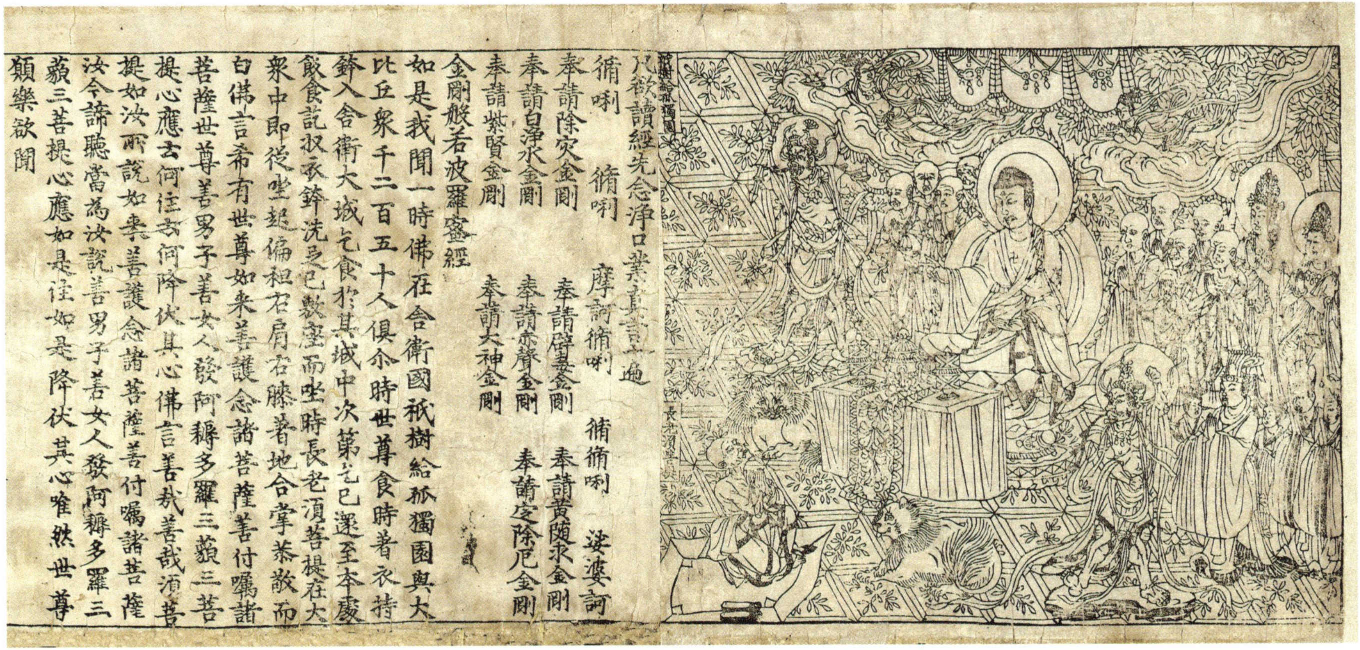

圖版十一　唐咸通九年（八六八）刻本《金剛經》

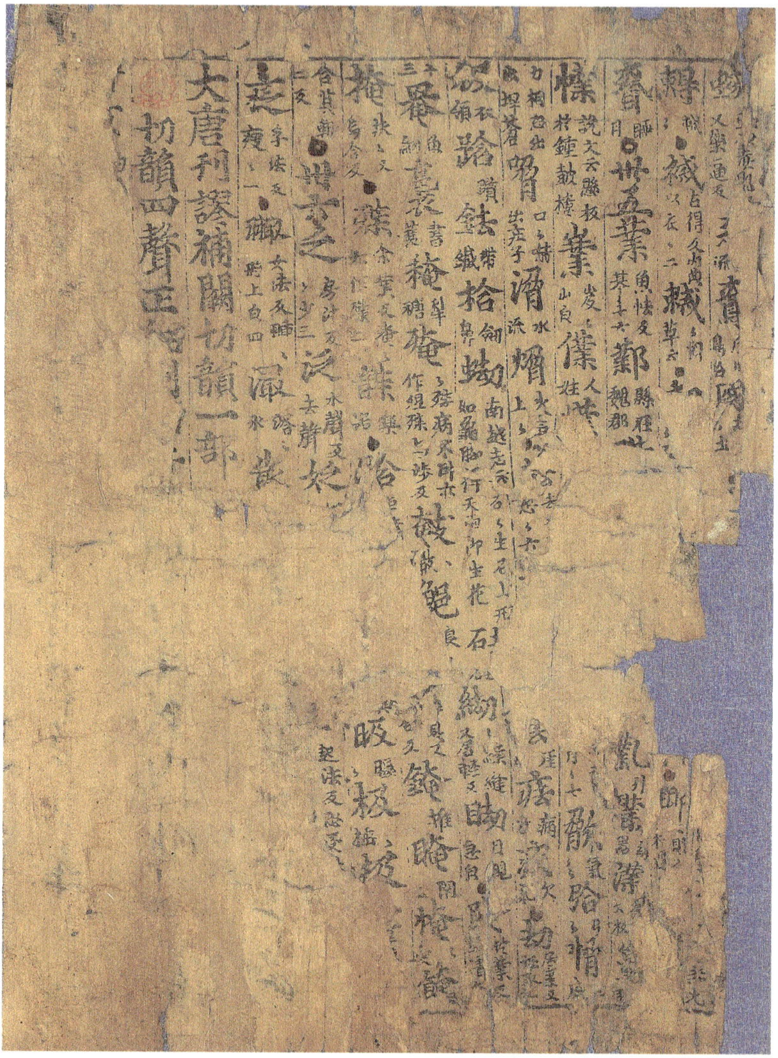
大唐刊謬補闕切韻一部

切韻四聲正

圖版十二　敦煌發現五代刻本大唐刊謬補闕《切韻》

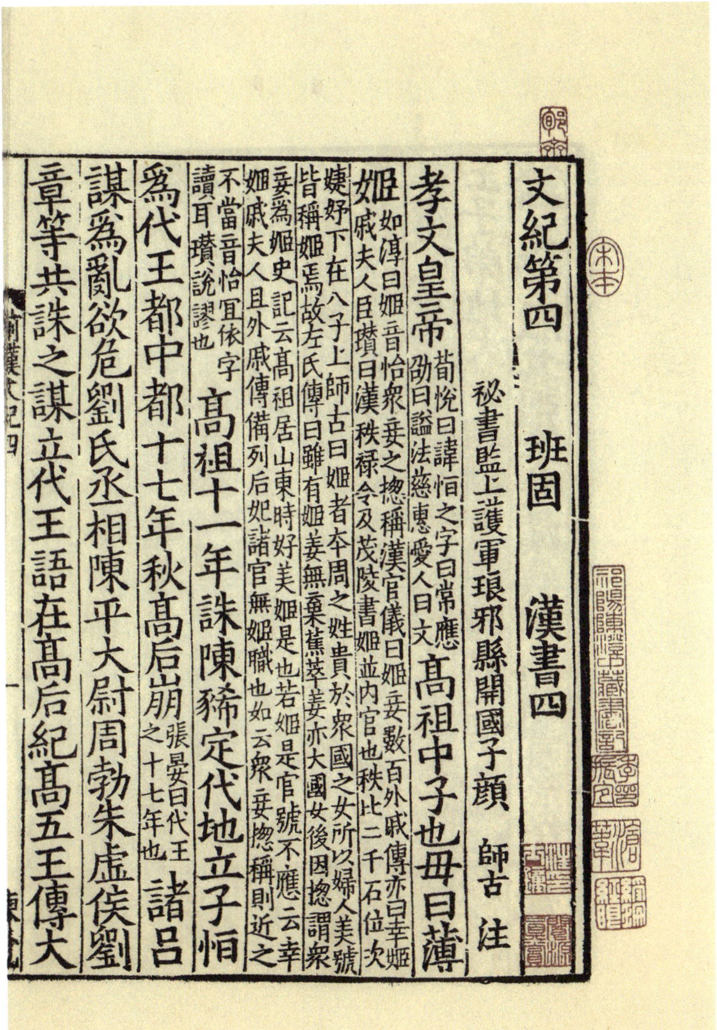
文紀第四　班固　漢書四

秘書監上護軍琅邪縣開國子顔　師古　注

孝文皇帝荀悦曰諱恒之字曰常應劭曰謚法慈惠愛人曰文高祖中子也母曰薄姬如淳曰姬音怡衆妾之摠稱漢官儀曰姬妾數百外戚傳亦曰幸姬戚夫人臣瓚曰漢秩禄令及茂陵書姬並内官也秩比二千石位次婕妤下在八子上師古曰姬者本周之姓貴於衆國之女所以婦人美號皆稱姬焉故左氏傳曰雖有姬姜無棄蕉萃姜亦大國女後因摠謂衆妾爲姬史記云高祖居山東時好美姬是也若姬是官號不應云幸姬戚夫人且外戚傳備列后妃諸官無姬職也如云衆妾摠稱則近之不當音怡宜依字讀耳瓚説謬也高祖十一年誅陳豨定代地立子恒爲代王都中都十七年秋高后崩張晏曰代王之十七年也諸呂謀爲亂欲危劉氏丞相陳平大尉周勃朱虚侯劉章等共誅之謀立代王語在高后紀高五王傳大

前漢文紀四　一

圖版十三　北宋刻遞修本《漢書注》

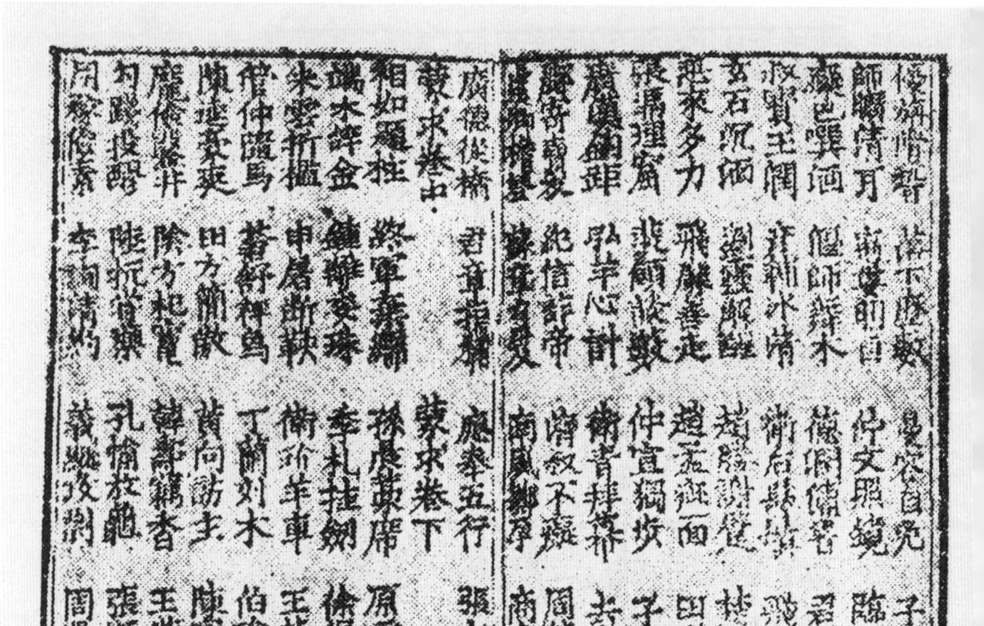

圖版十四　應縣木塔藏遼刻本《蒙求》

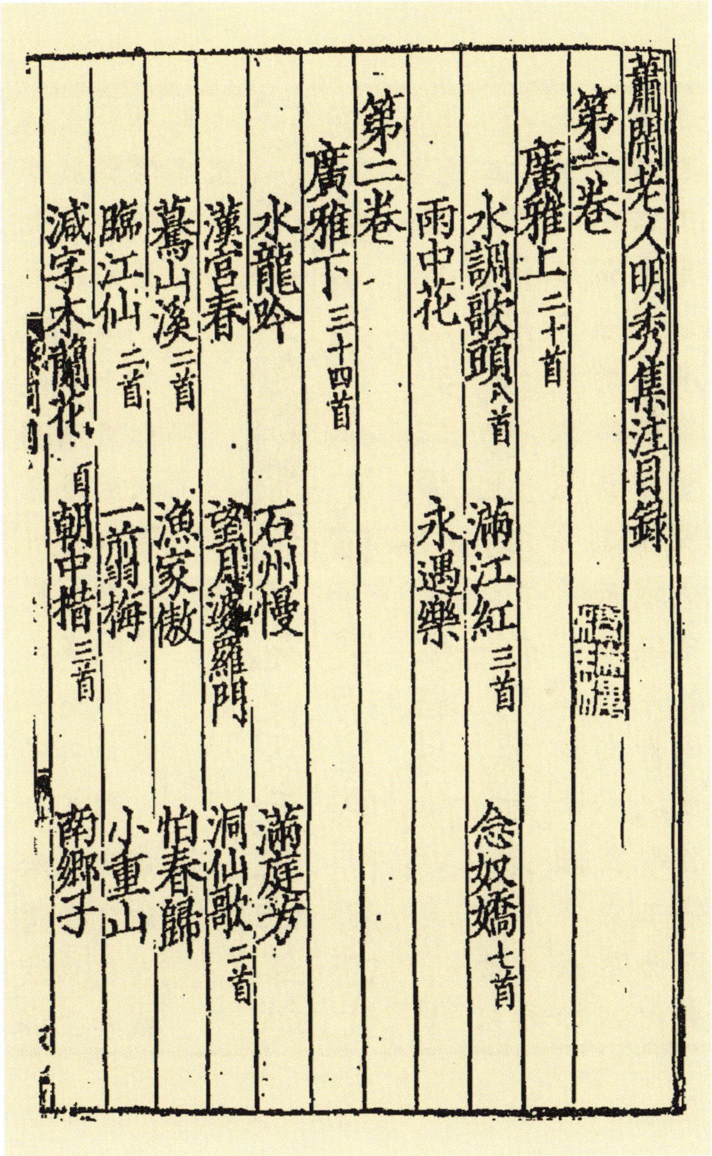
蕭閑老人明秀集注目錄

第一卷

廣雅上 二十首

水調歌頭 八首　滿江紅 三首　念奴嬌 七首

雨中花　永遇樂

第二卷

廣雅下 三十四首

水龍吟　石州慢　滿庭芳

漢宮春　望月婆羅門　洞仙歌 二首

驀山溪 二首　漁家傲　怕春歸

臨江仙 二首　一翦梅　小重山

減字木蘭花 首　朝中措 三首　南鄉子

圖版十五　金刻本《蕭閑老人明秀集注》

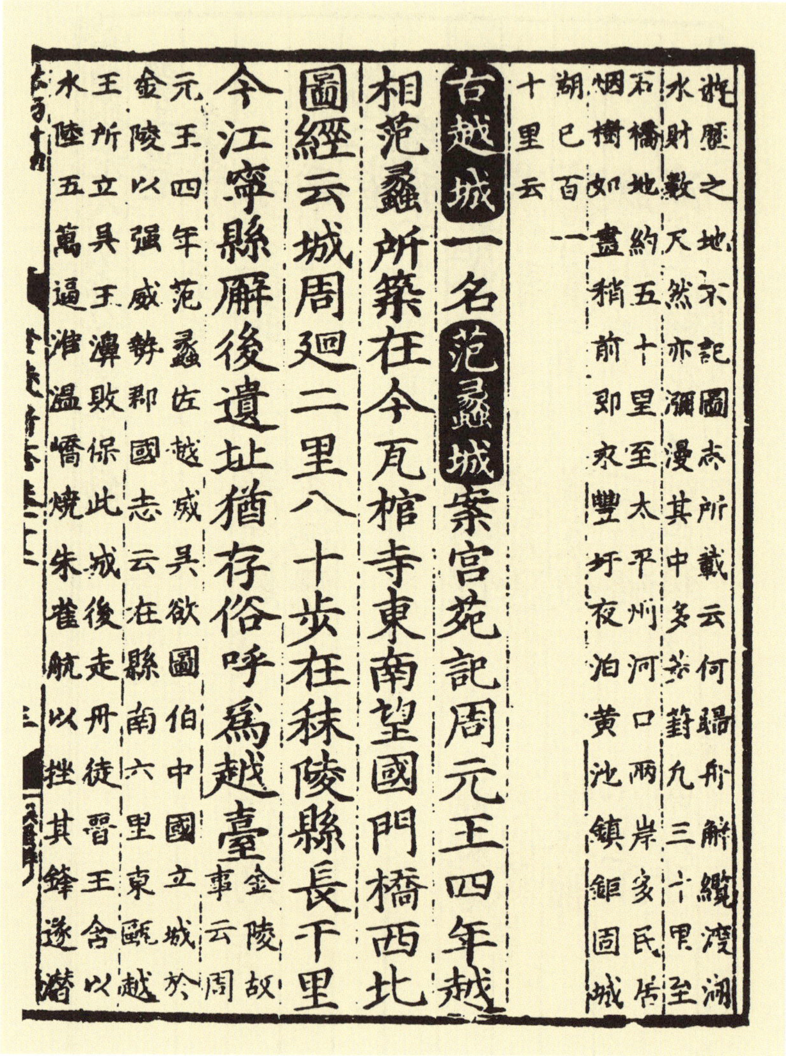
遊歷之地不記圖志所載云何賜舟解纜渡湖水財數天然亦瀰漫其中多菰葑九三十里至石橋地約五十里至太平州河口兩岸多民居烟樹如畫稍前即永豐圩夜泊黄池鎮鉅固城湖已百一十里云

古越城一名**范蠡城**案宮苑記周元王四年越相范蠡所築在今瓦棺寺東南望國門橋西北圖經云城周廻二里八十步在秣陵縣長干里今江寧縣廨後遺址猶存俗呼爲越臺金陵故事云周元王四年范蠡佐越滅吳欲圖伯中國立城於金陵以强威勢郡國志云在縣南六里東甌越王所立吳王濞敗保此城後走卅徒晋王含以水陸五萬逼淮温嶠燒朱雀航以挫其鋒遂潛

圖版十六　元至正四年（一三四四）集慶路儒學溧陽州學溧水州學刻本《金陵新志》

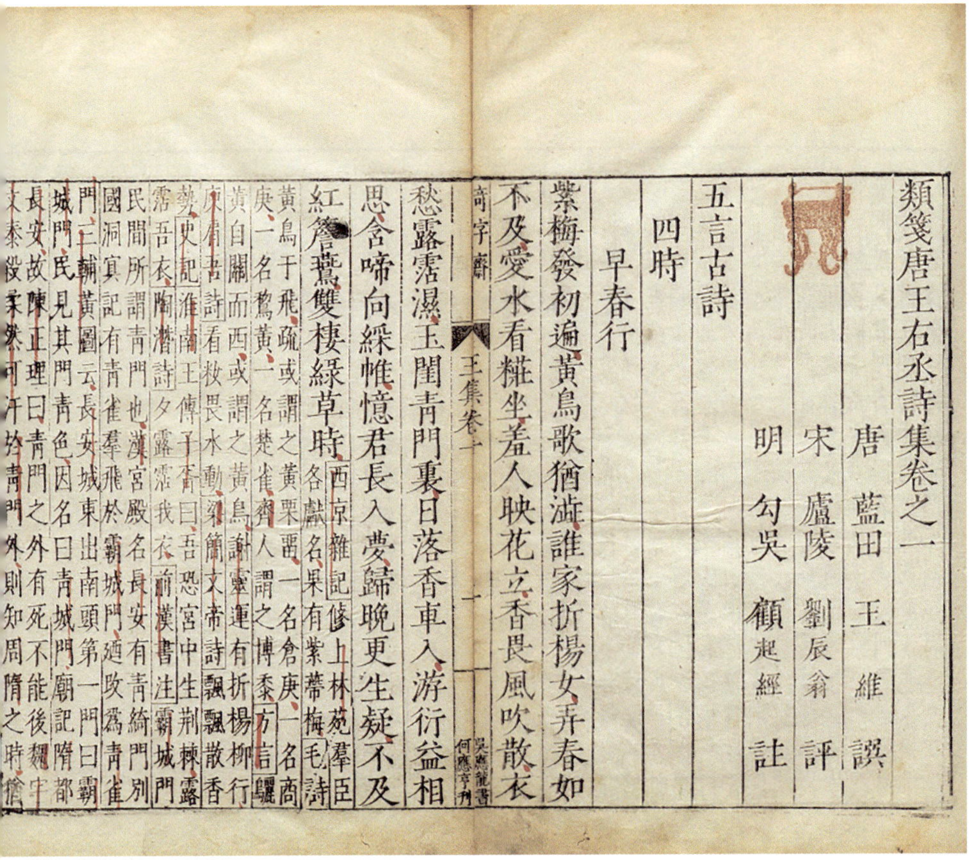

類箋唐王右丞詩集卷之一

唐　藍田　王　維　譔

宋　廬陵　劉辰翁　評

明　勾吳　顧起經　註

五言古詩

四時

早春行

紫梅發初遍黃鳥歌猶澁誰家折楊女弄春如
不及愛水看糚坐羞人映花立香畏風吹散衣

奇字齋　王集卷一　一　吳應龍書　何應亨刋

愁露霑濕玉閨青門裏日落香車入游衍益相
思含啼向綵帷憶君長入夢歸晚更生疑不及
紅簷鸞雙棲綠草時西京雜記脩上林苑羣臣各獻名果有紫蔕梅毛詩
黃鳥于飛疏或謂之黃栗留一名倉庚一名商庚一名鵹黃一名楚雀齊人謂之摶黍方言驪
黃自關而西或謂之黃鳥謝靈運有折楊柳行
庾肩吾詩看妝畏水動梁簡文帝詩飄飄散香
勢史記淮南王傳子胥曰吾恐宮中生荊棘露
霑吾衣陶潛詩夕露霑我衣前漢書注霸城門
民間所謂青門也漢宮殿名長安有青綺門別
國洞冥記有青雀羣飛於霸城門遂改爲青雀
門三輔黃圖云長安城東出南頭第一門曰霸
城門民見其門青色因名曰青城門廟記隋都
長安故陳正理曰青門之外有死不能後魏守
文泰殺𡨥然可汗於青門外則知周隋之時猶

圖版十七　明嘉靖三十五年（一五五六）顧氏奇字齋刻本《類箋唐王右丞詩集》

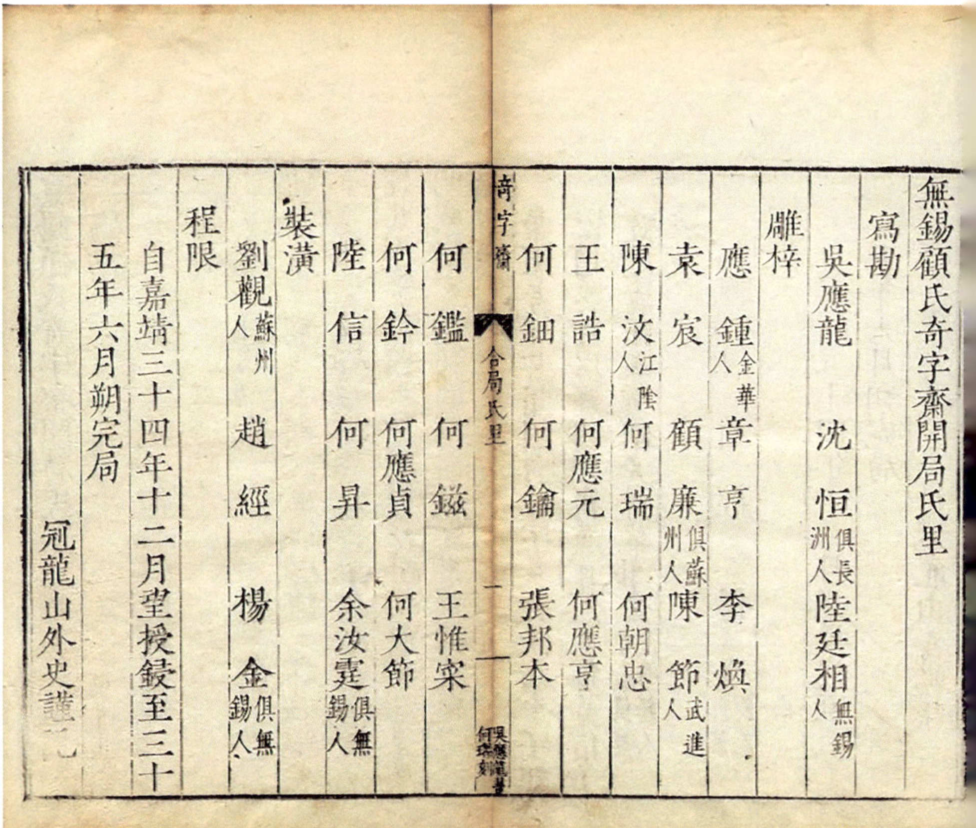

無錫顧氏奇字齋開局氏里

寫勘

吳應龍　沈　恒俱長洲人　陸廷相無錫人

雕梓

應　鍾金華人　章　亨　李　煥

袁　宸　顧　廉俱蘇州人　陳　節武進人

陳　汶江陰人　何　瑞　何朝忠

王　誥　何應元　何應亨

何　鈿　何　鑰　張邦本

奇字齋　合局氏里　一　吳應龍書　何瑞刻

何　鑑　何　鎡　王惟寀

何　鈐　何應貞　何大節

陸　信　何　昇　余汝霆俱無錫人

裝潢

劉　觀蘇州人　趙　經　楊　金俱無錫人

程限

自嘉靖三十四年十二月望授鋟至三十五年六月朔完局

冠龍山外史謹識

圖版十八　明嘉靖三十五年（一五五六）顧氏奇字齋刻本《類箋唐王右丞詩集》附無錫顧氏奇字齋開局氏里

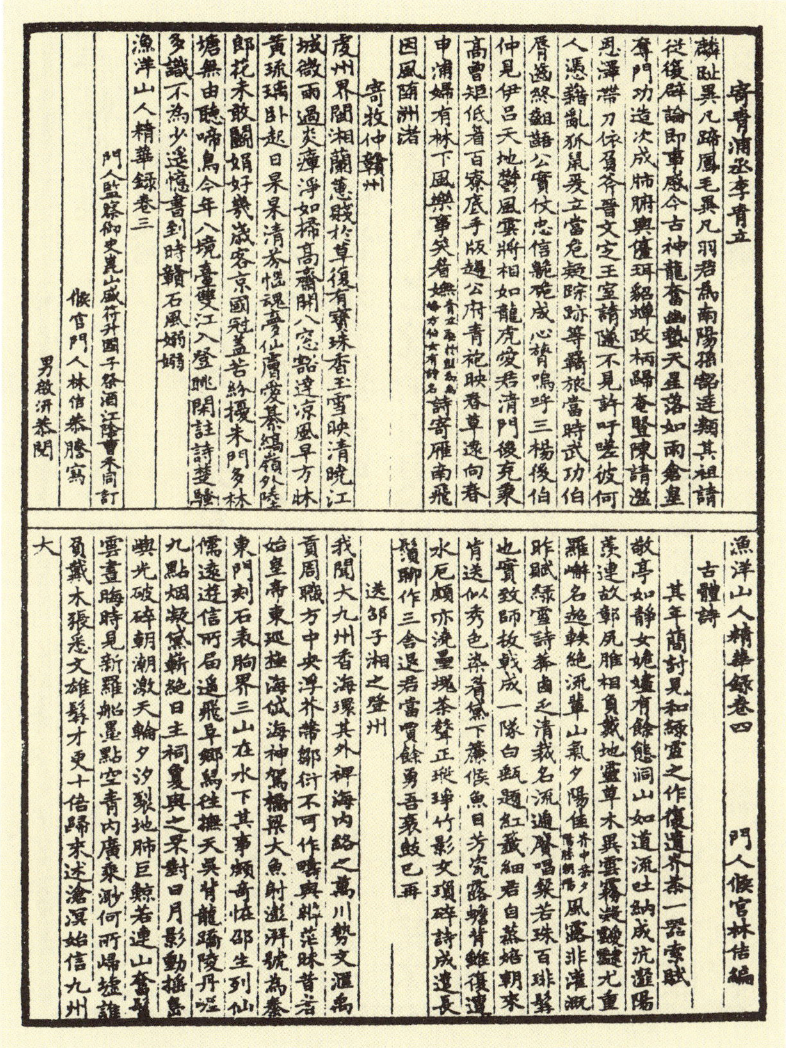

寄胥浦丞李胥立

麟趾異凡蹄鳳毛異凡羽君爲南陽孫鄧逵𩔗其祖請從彼辟論即事感今古神龍奮幽蟄天星落如雨侖皇奪門功造次成肺腑輿儓珥貂蟬政柄歸奄豎陳請謚恩澤滯刀俎負斧晉文定王室請隧不見許吁嗟彼何人憑藉亂狐鼠爰立當危疑蹤跡等羇旅當時武功伯胥遇怒齟齬公實仗忠信鯁骨成心膂嗚呼三楊後伯仲見伊呂天地鬱風雲將相如龍虎愛君清門後克秉高曾矩低眉百寮底手版趨公府青袍映春草遙向春申浦嫦有林下風樂事笑眉嫵胥立妻某氏能詩方仙女有詩名詩寄雁南飛因風隨洲渚

寄牧仲贛州

虔州界閩湘蘭蕙賤於草復有寶珠香玉雪映清曉江城微雨過炎瘴淨如掃高齋開八窗豁達涼風早方昧黃琉璃卧起日杲杲清芬愜魂夢山僧愛慕嶺外陸郎花未敢鬭娟好幾歲客京國冠蓋苦紛擾未門多林塘無由聽啼鳥今年入境臺雙江入登眺閒註詩楚騷多識不爲少遙憶書到時贛石風嫋嫋

漁洋山人精華錄卷三

門人監察御史崑山盛符升國子祭酒江陰曹禾同訂

候官門人林佶恭膳寫

男敬汧恭閱

漁洋山人精華錄卷四　　門人候官林佶編

古體詩

其年簡討見和綠蠶之作復遺介茶一器索賦

敬亭如靜女𡟰嫿有餘態洞山如道流吐納成沆瀣陽羨連故鄣凡雅相負戴地靈草木異雲霧凝黯黮尤重羅嶰名逸軼絕流輩山氣夕陽佳芥中語夕陽佳朝陽風露非灌溉昨賦綠蠶詩藩鹵乏清裁名流適賡唱粲若珠百琲髯也實致師挑戰成一隊白甄題紅籤細君自蒸焙朝來肯送似秀色染眉黛下簾候魚目芳瓷露蟾背雖復遭水厄頗亦澆壘塊茶聲正瑽琤竹影文瑣碎詩成遣長鬚聊作三舍退君當賈餘勇吾衰鼓已再

送邵子湘之登州

我聞大九州香海環其外裨海內絡之萬川勢交匯禹貢周職方中央浮芥蒂鄒衍不可作疇與辨菑昧昔者始皇帝東巡極海岱海神駕橋梁大魚射巖[illegible]號爲秦東門刻石表朐界三山在水下其事頗奇怪邵生列仙儒遠遊信所屆遙飛卑鄉島往撫天吳背龍蹻陵丹[illegible]九點烟凝黛嶄絕日主祠夐與之衆對日月影動搖島嶼光破碎朝潮激天輪夕汐裂地肺巨鯨若連山奮鬐雲畫晦時見新羅船遙點空青內廣乘渺何所歸墟誰負戴木禾悉文雄髯才更十倍歸來述滄溟始信九州大

圖版十九　清林佶寫刻本《漁洋山人精華録》

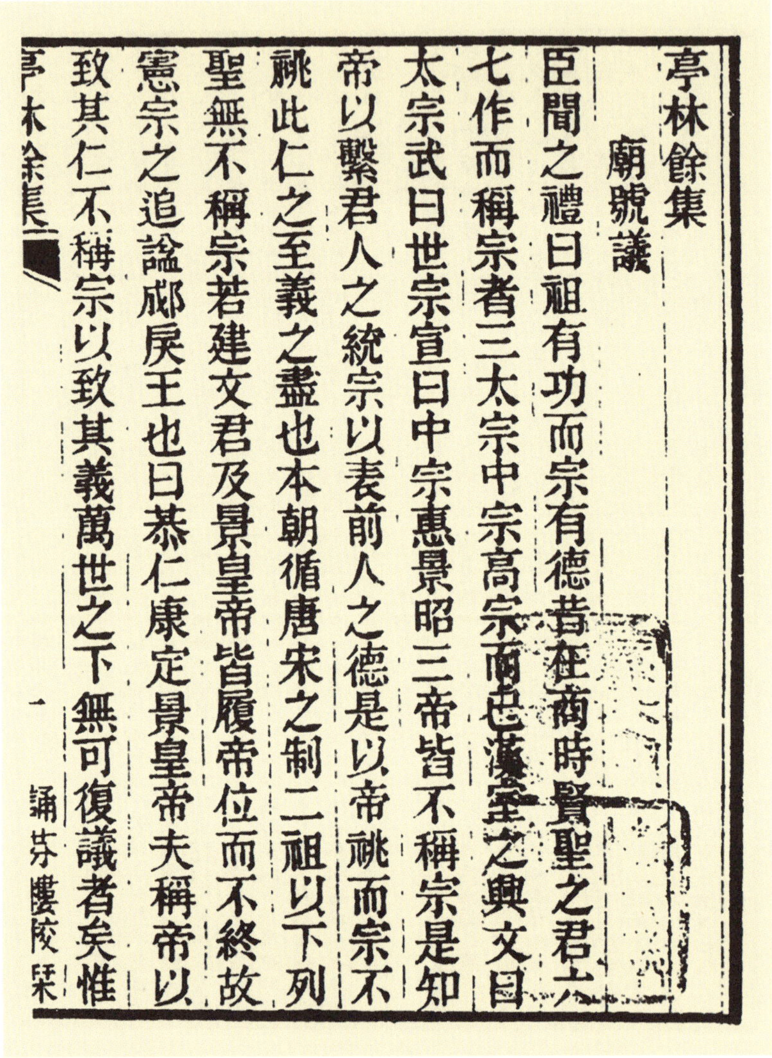

亭林餘集

廟號議

臣聞之禮曰祖有功而宗有德昔在商時賢聖之君六七作而稱宗者三太宗中宗高宗而已漢室之興文曰太宗武曰世宗宣曰中宗惠景昭三帝皆不稱宗是知帝以繫君人之統宗以表前人之德是以帝祧而宗不祧此仁之至義之盡也本朝循唐宋之制二祖以下列聖無不稱宗若建文君及景皇帝皆履帝位而不終故憲宗之追謚郕戾王也曰恭仁康定景皇帝夫稱帝以致其仁不稱宗以致其義萬世之下無可復議者矣惟

亭林餘集二　一　誦芬樓陵栞

圖版二十　清光緒年間誦芬室刻本《亭林餘集》

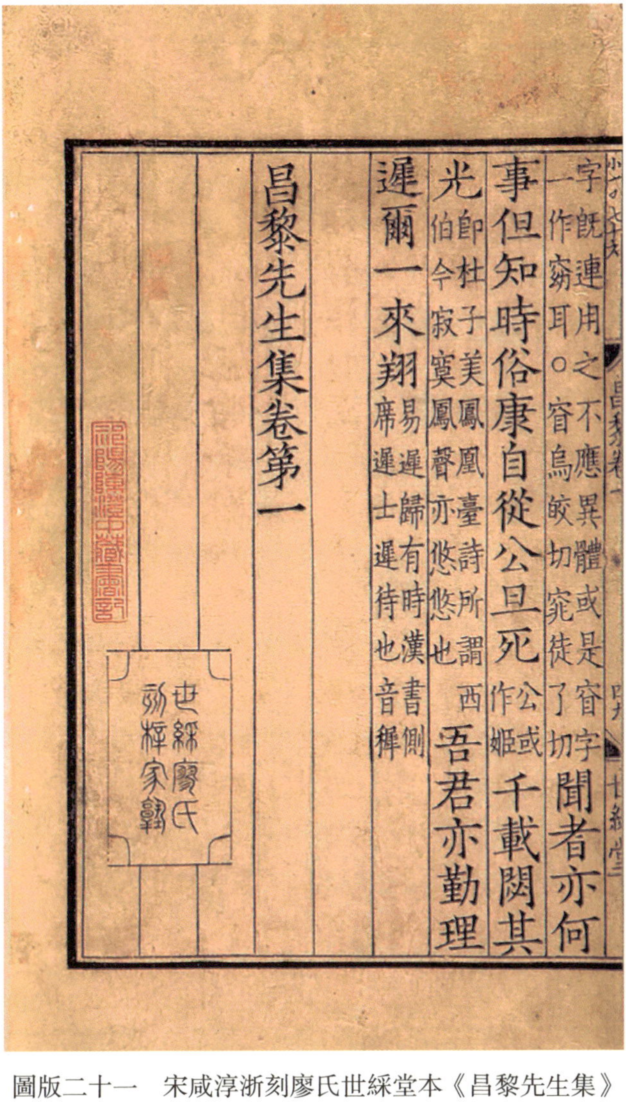

圖版二十一　宋咸淳浙刻廖氏世綵堂本《昌黎先生集》

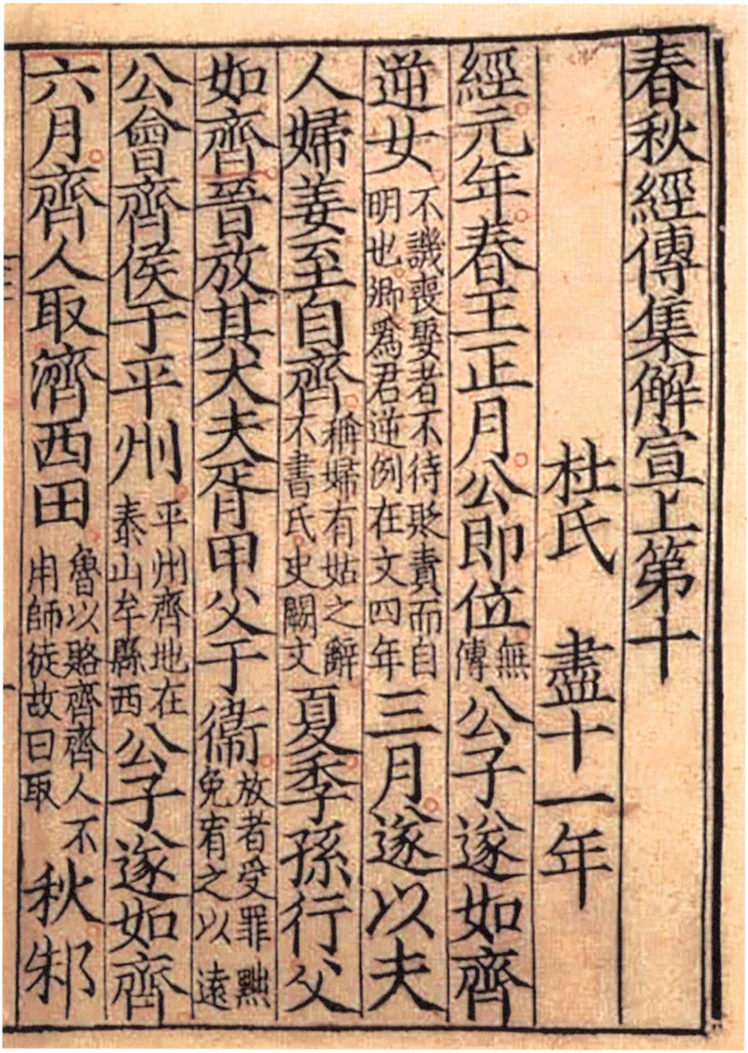
春秋經傳集解宣上第十

杜氏　盡十一年

經元年春王正月公即位（無傳）公子遂如齊逆女（不譏喪娶者不待貶責而自明也卿爲君逆例在文四年）三月遂以夫人婦姜至自齊（稱婦有姑之辭不書氏史闕文）夏季孫行父如齊晉放其大夫胥甲父于衛（放者受罪黜免宥之以遠）公會齊侯于平州（平州齊地在泰山牟縣西）公子遂如齊六月齊人取濟西田（魯以賂齊齊人不用師徒故曰取）秋邾

圖版二十二　宋蜀刻本《春秋經傳集解》

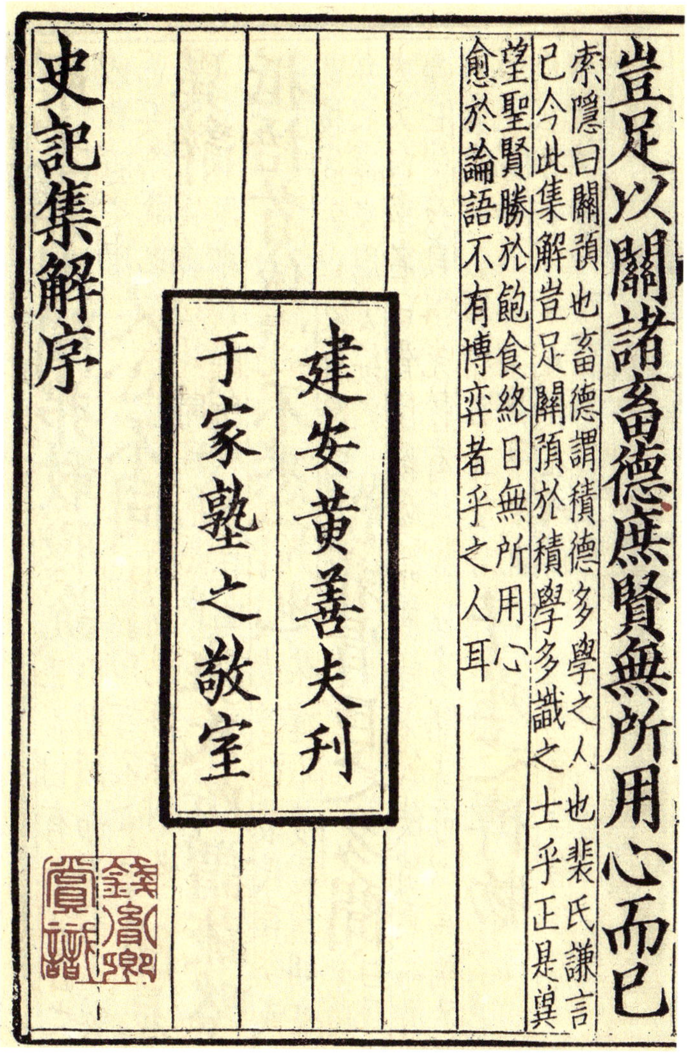

豈足以關諸畜德庶賢無所用心而已索隱曰關預也畜德謂積德多學之人也裴氏謙言己今此集解豈足關預於積學多識之士乎正是與望聖賢勝於飽食終日無所用心愈於論語不有博弈者乎之人耳

建安黄善夫刊
于家塾之敬室

史記集解序

圖版二十三　宋建刻黄善夫《史記集解索隱正義》

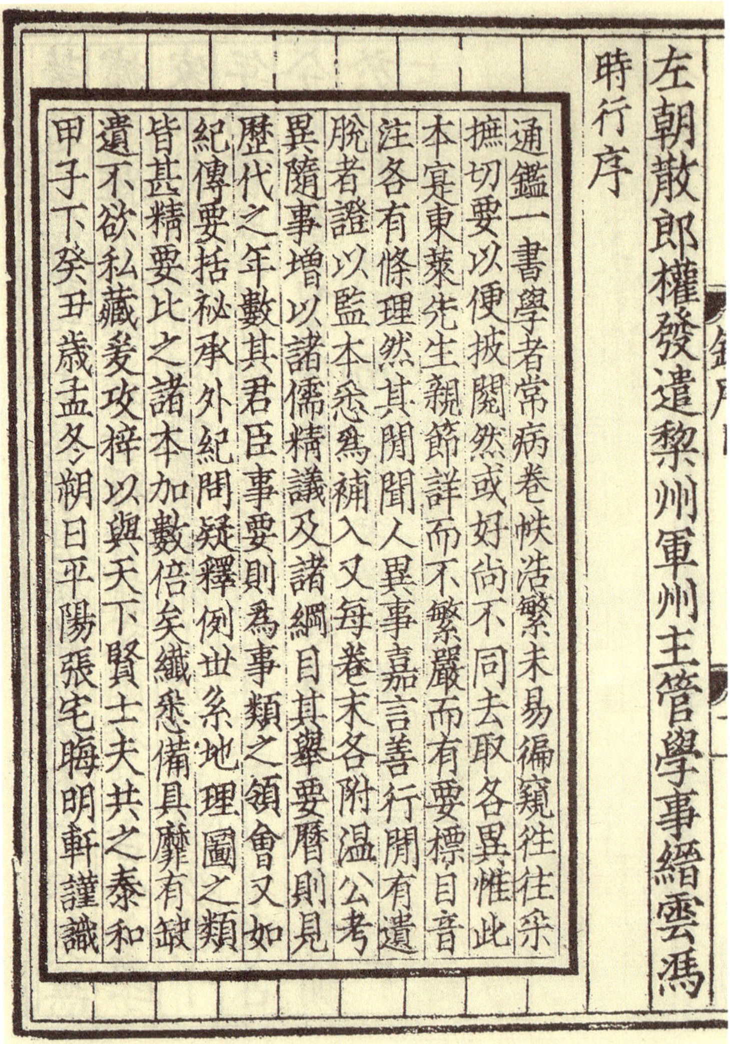
左朝散郎權發遣黎州軍州主管學事繒雲馮
時行序
通鑑一書學者常病卷帙浩繁未易徧窺往往采
摭切要以便披閱然或好尚不同去取各異惟此
本寔東萊先生親節詳而不繁嚴而有要標目音
注各有條理然其閒聞人異事嘉言善行閒有遺
脫者證以監本悉為補入又每卷末各附温公考
異隨事增以諸儒精議及諸綱目其舉要曆則見
歷代之年數其君臣事要則為事類之領會又如
紀傳要括祕承外紀問疑釋例世系地理圖之類
皆甚精要比之諸本加數倍矣纖悉備具靡有缺
遺不欲私藏爰攻梓以與天下賢士夫共之泰和
甲子下癸丑歲孟冬朔日平陽張宅晦明軒謹識

圖版二十四　蒙古憲宗三年至五年（一二五三至一二五五）平水刻張宅晦明軒本《資治通鑑》

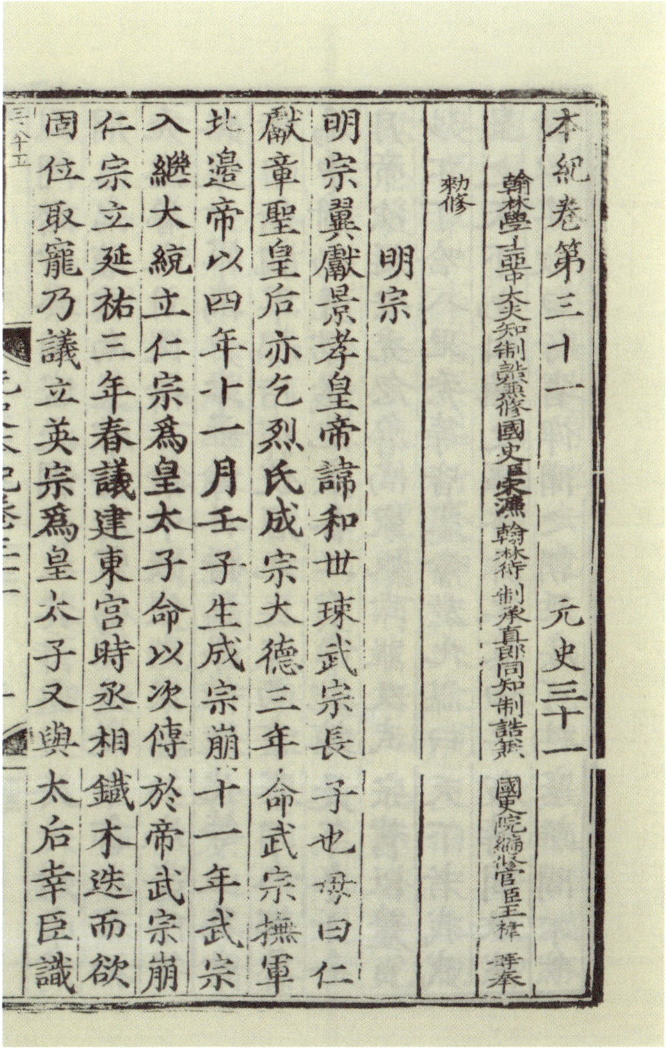
本紀卷第三十一　　元史三十一

翰林學士亞中大夫知制誥兼修國史臣宋濂　翰林待制承直郎同知制誥兼國史院編修官臣王禕　等奉

勅修

明宗

明宗翼獻景孝皇帝諱和世㻋武宗長子也母曰仁獻章聖皇后亦乞烈氏成宗大德三年命武宗撫軍北邊帝以四年十一月壬子生成宗崩十一年武宗入繼大統立仁宗爲皇太子命以次傳於帝武宗崩仁宗立延祐三年春議建東宮時丞相鐵木迭而欲固位取寵乃議立英宗爲皇太子又與太后幸臣識

圖版二十五　明洪武三年（一三七〇）經廠刻本《元史》

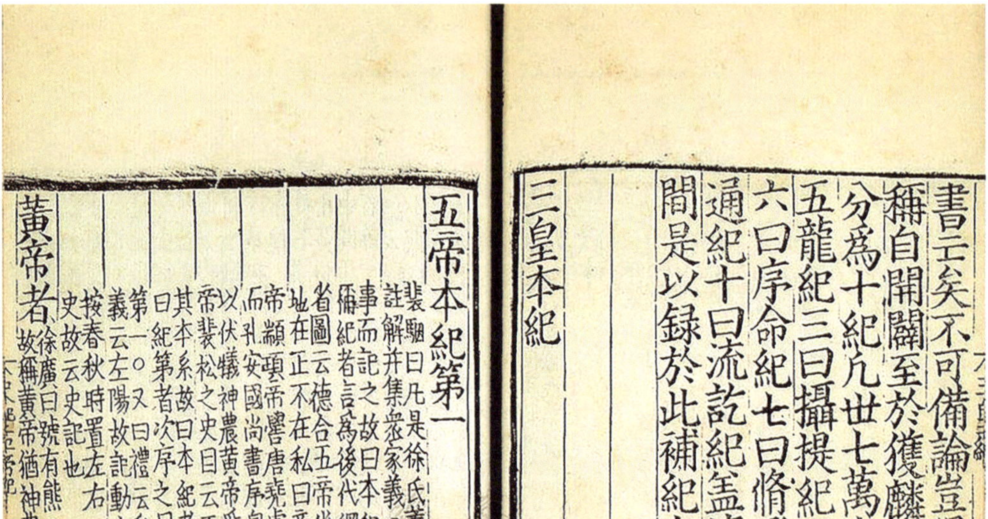
書亡矣不可備論豈得謂無帝王耶故春秋緯
稱自開闢至於獲麟凡三百二十七萬六千歲
分爲十紀凡世七萬六百年一曰九頭紀二曰
五龍紀三曰攝提紀四曰合雒紀五曰連通紀
六曰序命紀七曰脩飛紀八曰回提紀九曰禪
通紀十曰流訖紀盖流訖當黃帝時制九紀之
間是以録於此補紀之也

史壹阡柒拾壹字
注柒伯單玖字

三皇本紀　補史記

五帝本紀第一　史記一

裴駰曰凡是徐氏義稱徐姓名以别之餘者悉是駰
註解并集衆家義。司馬貞索隱曰紀者記也本其
事而記之故曰本紀又紀理也絲縷有紀而帝王書
稱紀者言爲後代綱紀也。正義曰鄭玄注中候勑
省圖云德合五帝坐星者稱帝又坤靈圖云德配天
地在正不在私曰帝按太史公依世本大戴禮以黃
帝顓頊帝嚳唐堯虞舜爲五帝譙周應劭宋均皆同
而孔安國尚書序皇甫謐帝王世紀孫氏注世本並
以伏犧神農黃帝爲三皇少昊顓頊高辛唐虞爲五
帝裴松之史目云天子稱本紀諸侯曰世家本者繫
其本系故曰本紀者理也統理衆事繫之年月名之
曰紀第者次序之目一者舉數之由故曰五帝本紀
第一。又曰禮云動則左史書之言則右史書之正
義云左陽故記動右陰故記言言爲尚書事爲春秋
按春秋時置左右
史故云史記也

黃帝者徐廣曰號有熊。索隱曰按有土德之瑞土色黃
故稱黃帝猶神農火德王而稱炎帝然也此以黃

圖版二十六　明嘉靖十三年（一五三四）秦藩刻本《史記集解索隱正義》重修本

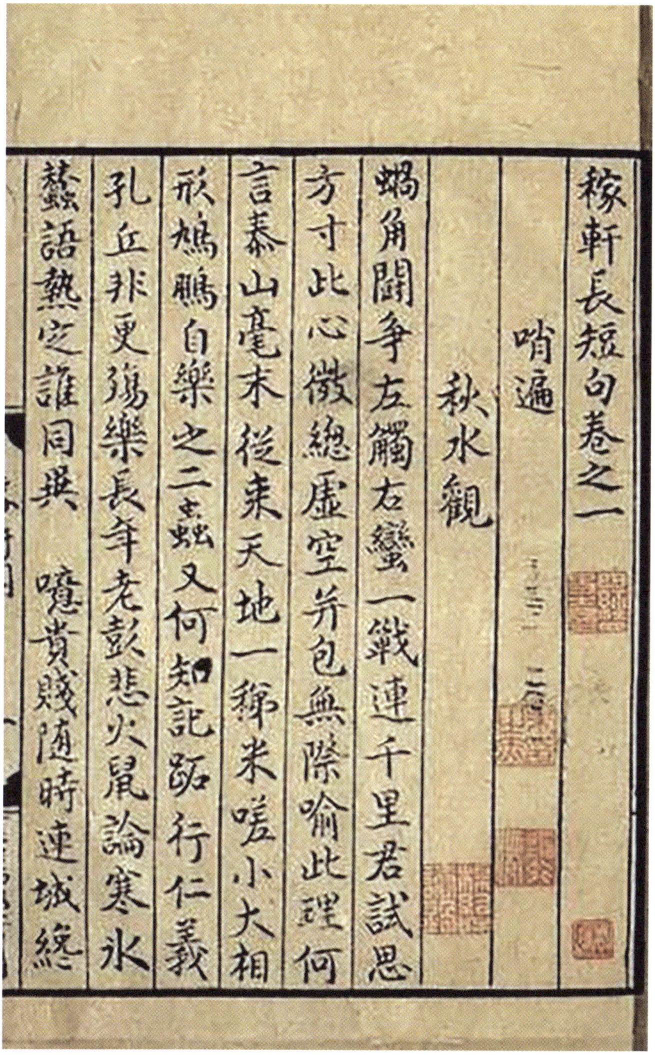

圖版二十七　元大德三年（一二九九）廣信書院刻本《稼軒長短句》

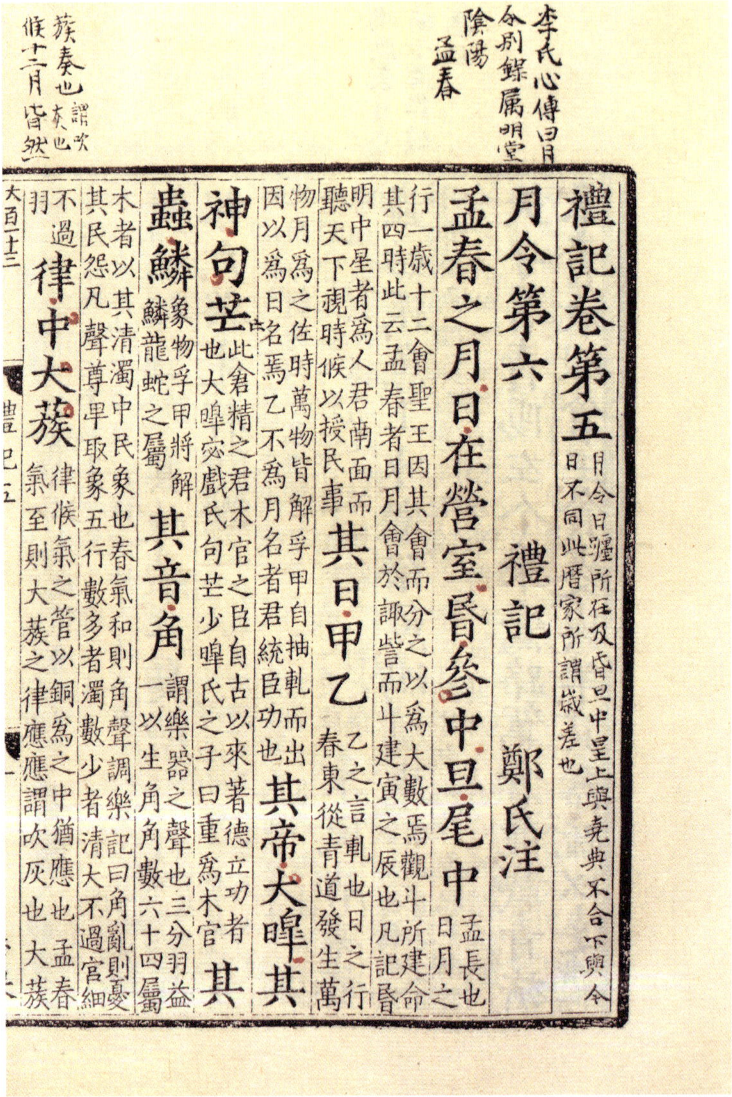

李氏心傳曰月令刑鉏屬明堂陰陽
孟春

蔟奏也謂吹灰也
候十二月皆然

禮記卷第五 月令日躔所在及昏旦中星上與堯典不合下與今日不同此曆家所謂歲差也

月令第六　禮記　鄭氏注

孟春之月日在營室昏參中旦尾中 孟長也日月之行一歲十二會聖王因其會而分之以爲大數焉觀斗所建命其四時此云孟春者日月會於諏訾而斗建寅之辰也凡記昏明中星者爲人君南面而聽天下視時候以授民事 其日甲乙 乙之言軋也日之行春東從青道發生萬物月爲之佐時萬物皆解孚甲自抽軋而出因以爲日名焉乙不爲月名者君統臣功也 其帝大皞其神句芒 此蒼精之君木官之臣自古以來著德立功者也大皞宓戲氏句芒少皞氏之子曰重爲木官 其蟲鱗 象物孚甲將解鱗龍蛇之屬 其音角 謂樂器之聲也三分羽益一以生角角數六十四屬木者以其清濁中民象也春氣和則角聲調樂記曰角亂則憂其民怨凡聲尊卑取象五行數多者濁數少者清大不過宮細不過羽 律中大蔟 律候氣之管以銅爲之中猶應也孟春氣至則大蔟之律應應謂吹灰也大蔟

大百一十三　禮記五

圖版二十八　宋淳熙四年（一一七七）撫州公使庫刻本《禮記》

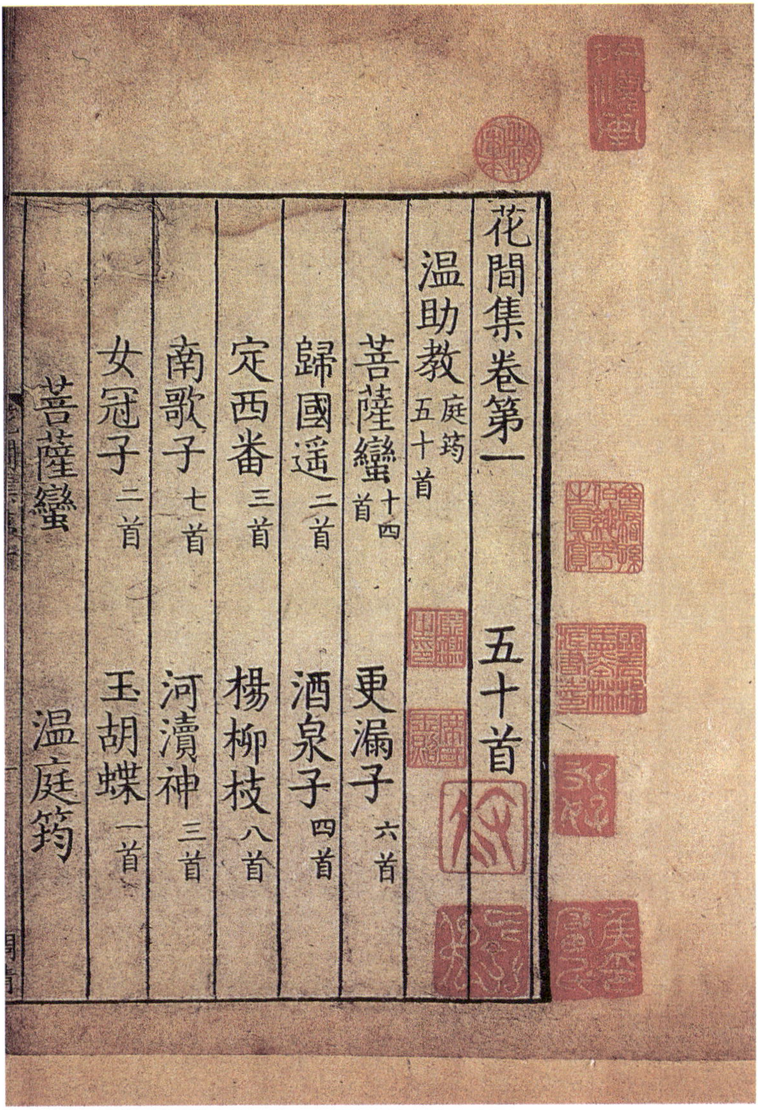
花間集卷第一　五十首
温助教 庭筠 五十首
菩薩蠻 十四首　更漏子 六首
歸國遥 二首　酒泉子 四首
定西番 三首　楊柳枝 八首
南歌子 七首　河瀆神 三首
女冠子 二首　玉胡蝶 一首
菩薩蠻　温庭筠

圖版二十九　宋紹興十八年（一一四八）建康郡齋刻本《花間集》

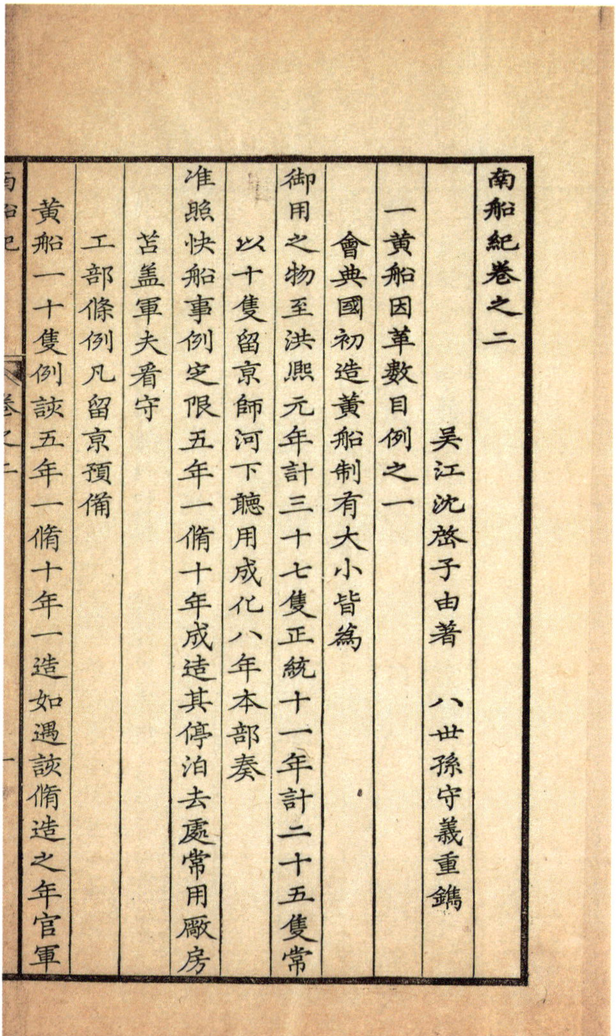
南船紀卷之二

吴江沈啓子由著　八世孫守羲重鐫

一黄船因革數目例之一

會典國初造黄船制有大小皆爲

御用之物至洪煕元年計三十七隻正統十一年計二十五隻常

以十隻留京師河下聽用成化八年本部奏

准照快船事例定限五年一脩十年成造其停泊去處常用廠房

苫蓋軍夫看守

工部條例凡留京預備

黄船一十隻例該五年一脩十年一造如遇該脩造之年官軍

圖版三十　清乾隆六年（一七四一）寫刻本《南船紀》

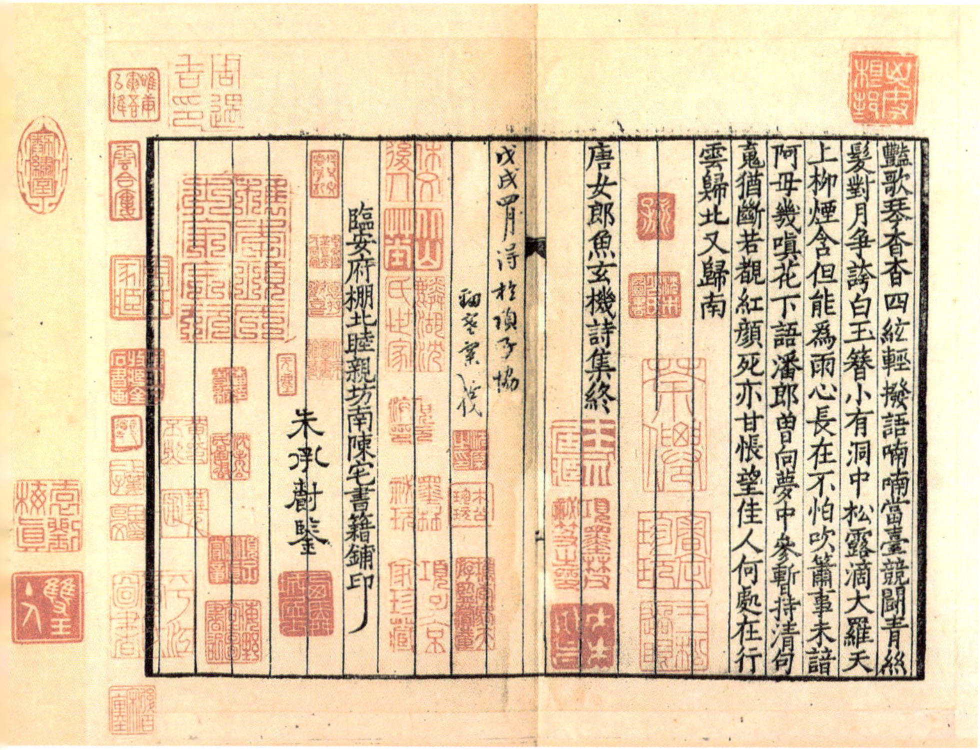
豔歌琴杳杳四絃輕撥語喃喃當臺競鬬青絲
髮對月争誇白玉簪小有洞中松露滴大羅天
上柳煙含但能爲雨心長在不怕吹簫事未諳
阿母幾嗔花下語潘郎曾向夢中參暫持清句
魂猶斷若覩紅顔死亦甘悵望佳人何處在行
雲歸北又歸南

唐女郎魚玄機詩集終

臨安府棚北睦親坊南陳宅書籍鋪印

朱承爵鑒

圖版三十一　宋臨安府陳宅書籍鋪刻本《唐女郎魚玄機詩集》

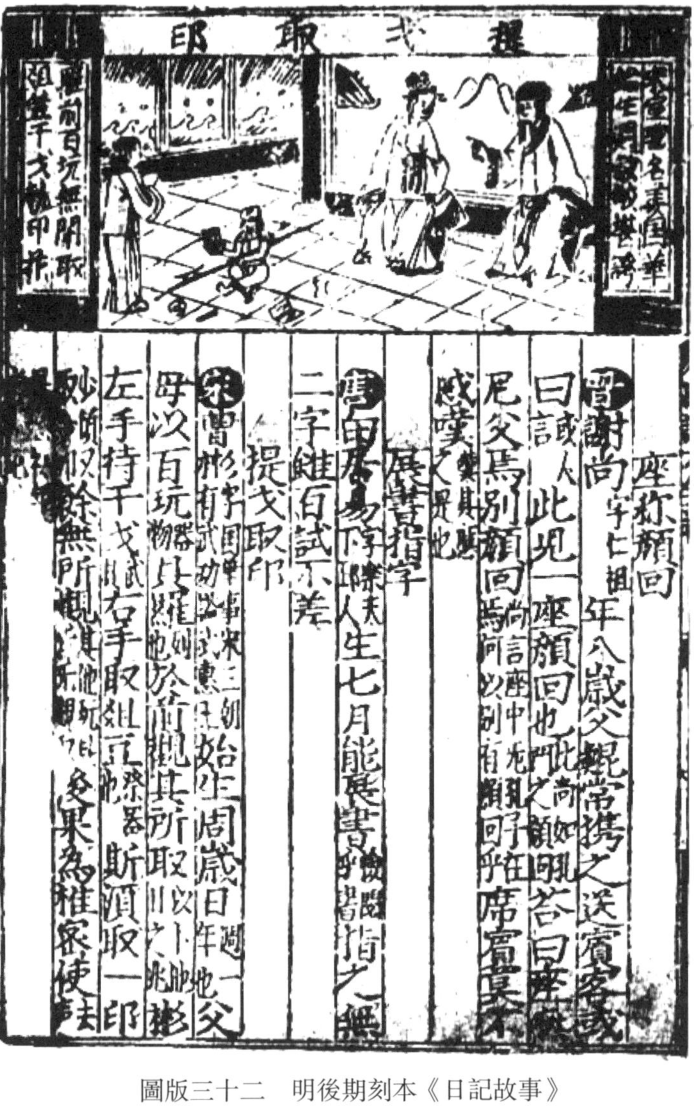

圖版三十二　明後期刻本《日記故事》

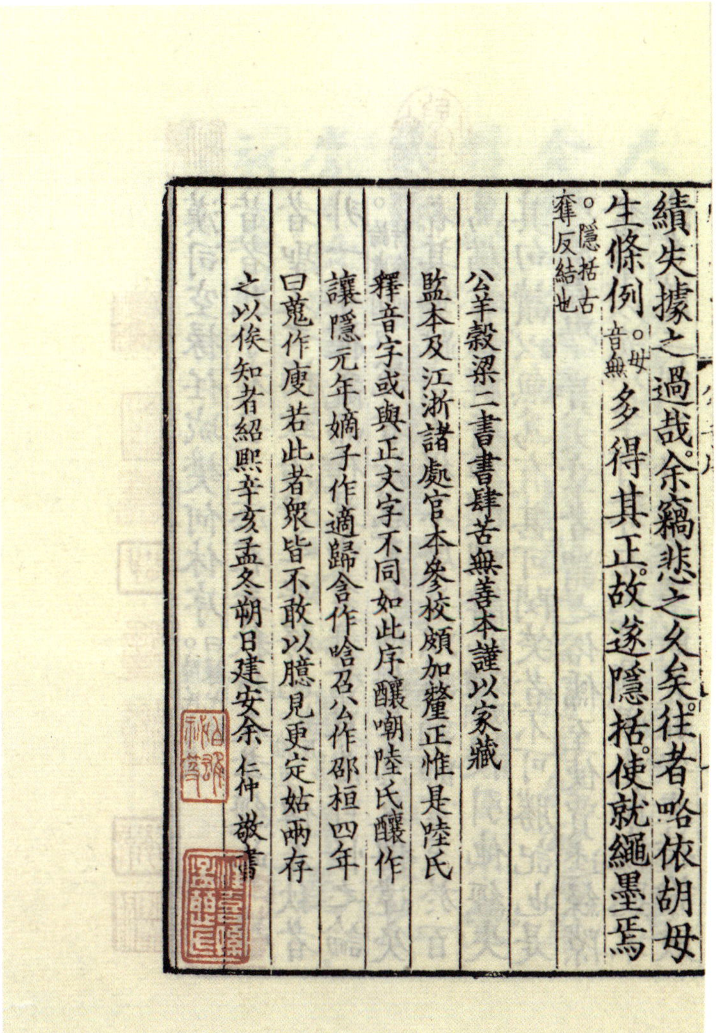
續失據之過哉余竊悲之久矣徃者略依胡毋生條例毋音無多得其正故遂隱括使就繩墨焉○隱括古奪反結也

公羊穀梁二書書肆苦無善本謹以家藏監本及江浙諸處官本參校頗加釐正惟是陸氏釋音字或與正文字不同如此序釀嘲陸氏釀作讓隱元年嫡子作適歸含作唅召公作邵桓四年曰蒐作廋若此者衆皆不敢以臆見更定姑兩存之以俟知者紹熙辛亥孟冬朔日建安余仁仲敬書

圖版三十三　宋紹熙二年（一一九一）余仁仲萬卷堂刻本《春秋公羊經傳解詁》（一）

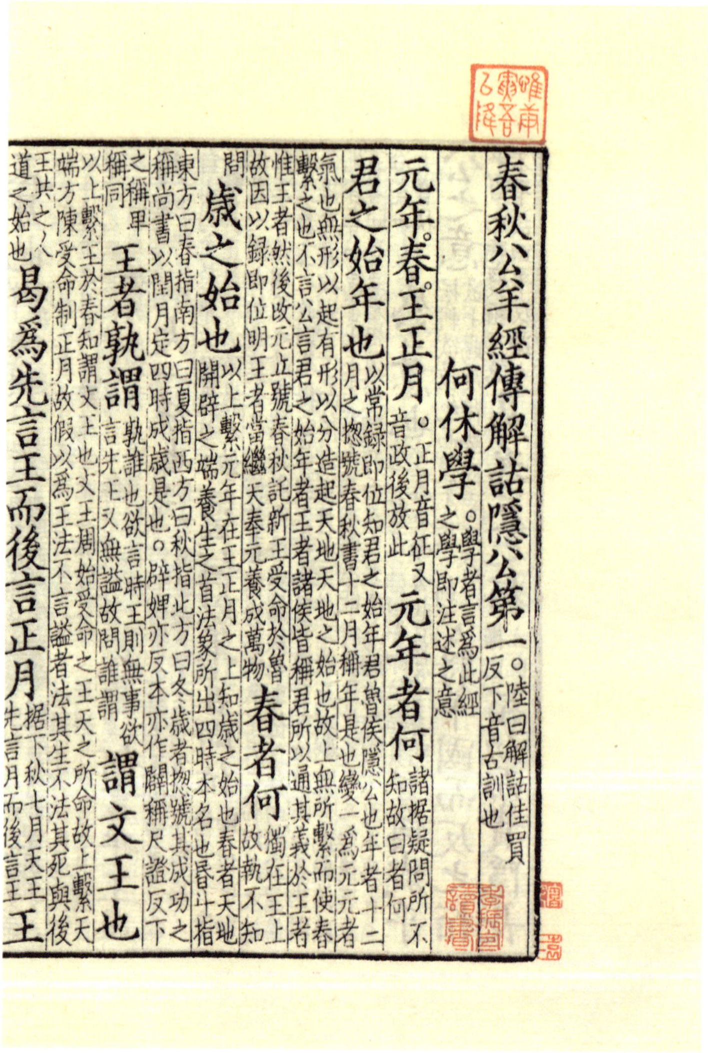
春秋公羊經傳解詁隱公第一。陸曰解詁佳買反下音古訓也
何休學。學者言爲此經之學即注述之意
元年。春。王正月。正月音征又音政後放此元年者何諸據疑問所不知故曰者何君之始年也以常錄即位知君之始年君魯侯隱公也年者十二月之揔號春秋書十二月稱年是也變一爲元元者氣也無形以起有形以分造起天地天地之始也故上無所繫而使春繫之也不言公言君之始年者王者諸侯皆稱君所以通其義於王者惟王者然後改元立號春秋託新王受命於魯故因以錄即位明王者當繼天奉元養成萬物春者何獨在王上故執不知問歲之始也以上繫元年在王正月之上知歲之始也春者天地開辟之端養生之首法象所出四時本名也昬斗指東方曰春指南方曰夏指西方曰秋指北方曰冬歲者揔號其成功之稱尚書以閏月定四時成歲是也。辟婢亦反本亦作闢稱尺證反下之稱甲稱同王者孰謂孰誰也欲言時王則無事欲言先王又無謚故問誰謂謂文王也以上繫王於春知謂文王也文王周始受命之王天之所命故上繫天端方陳受命制正月故假以爲王法不言謚者法其生不法其死與後王共之人道之始也曷爲先言王而後言正月據下秋七月天王先言月而後言王王

圖版三十四　宋紹熙二年（一一九一）余仁仲萬卷堂刻本《春秋公羊經傳解詁》（二）

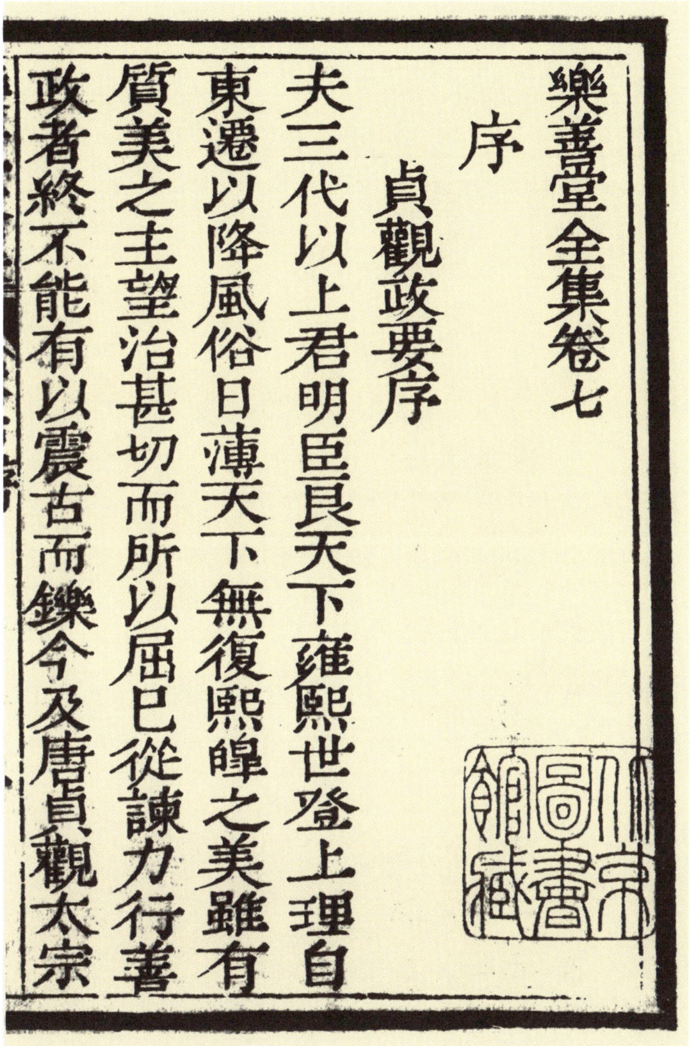
樂善堂全集卷七

序

貞觀政要序

夫三代以上君明臣良天下雍熙世登上理自
東遷以降風俗日薄天下無復熙皞之美雖有
質美之主望治甚切而所以屈己從諫力行善
政者終不能有以震古而鑠今及唐貞觀太宗

圖版三十五　清乾隆元年（一七三六）内府刻本《樂善堂全集》

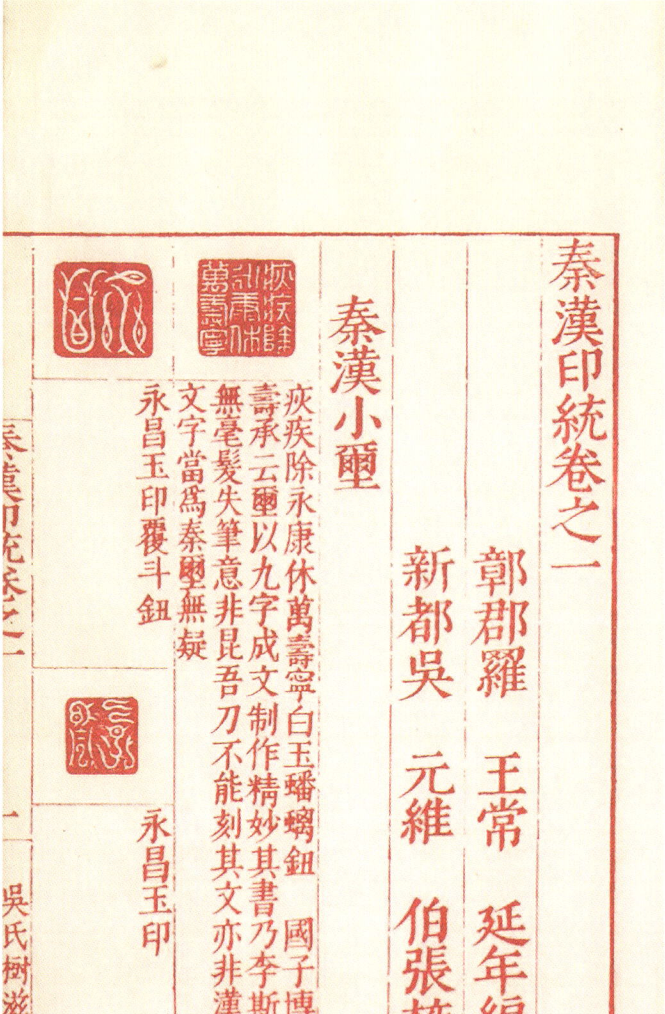

秦漢印統卷之一

鄣郡羅　王常　延年編

新都吳　元維　伯張校

秦漢小璽

疢疾除永康休萬壽寧白玉蟠螭鈕　國子博士文壽承云璽以九字成文制作精妙其書乃李斯小篆無毫髮失筆意非昆吾刀不能刻其文亦非漢已後文字當爲秦璽無疑

永昌玉印覆斗鈕

永昌玉印

秦漢印統卷之一　一　吳氏樹滋堂

圖版三十六　明萬曆三十四年（一六〇六）新都吴氏樹滋堂刊朱印本《秦漢印統》

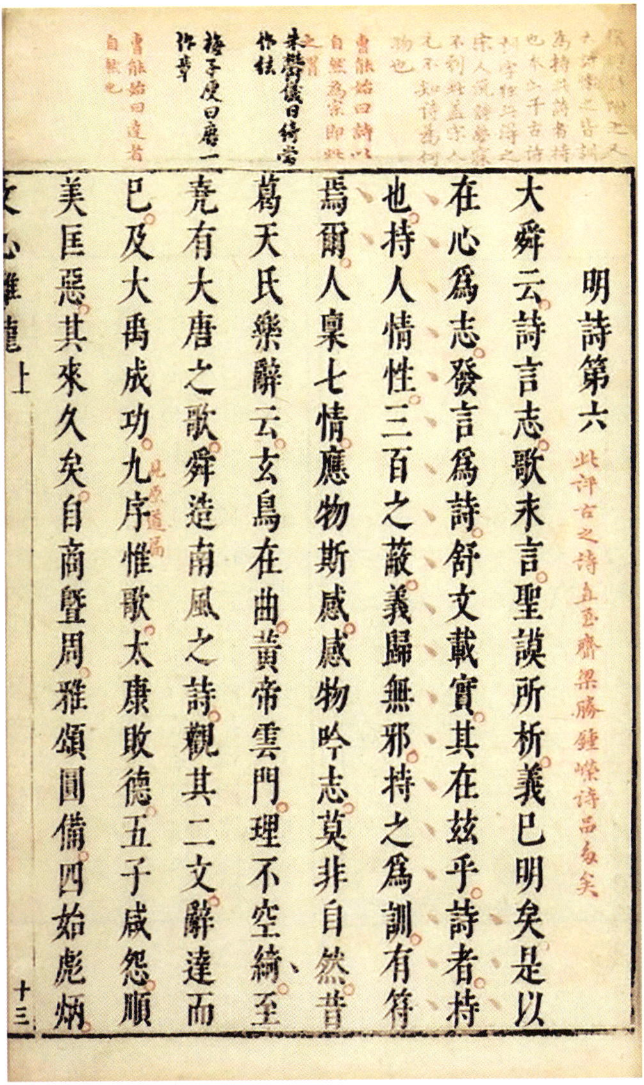
明詩第六　此評古之詩直至齊梁勝鍾嶸詩品多矣

大舜云詩言志歌永言聖謨所析義已明矣是以在心爲志發言爲詩舒文載實其在茲乎詩者持也持人情性三百之蔽義歸無邪持之爲訓有符焉爾人稟七情應物斯感感物吟志莫非自然昔葛天氏樂辭云玄鳥在曲黃帝雲門理不空綺至堯有大唐之歌舜造南風之詩觀其二文辭達而已及大禹成功九序惟歌太康敗德五子咸怨順美匡惡其來久矣自商暨周雅頌圓備四始彪炳

文心雕龍上　十三

圖版三十七　明閔繩初五色套印本《文心雕龍》

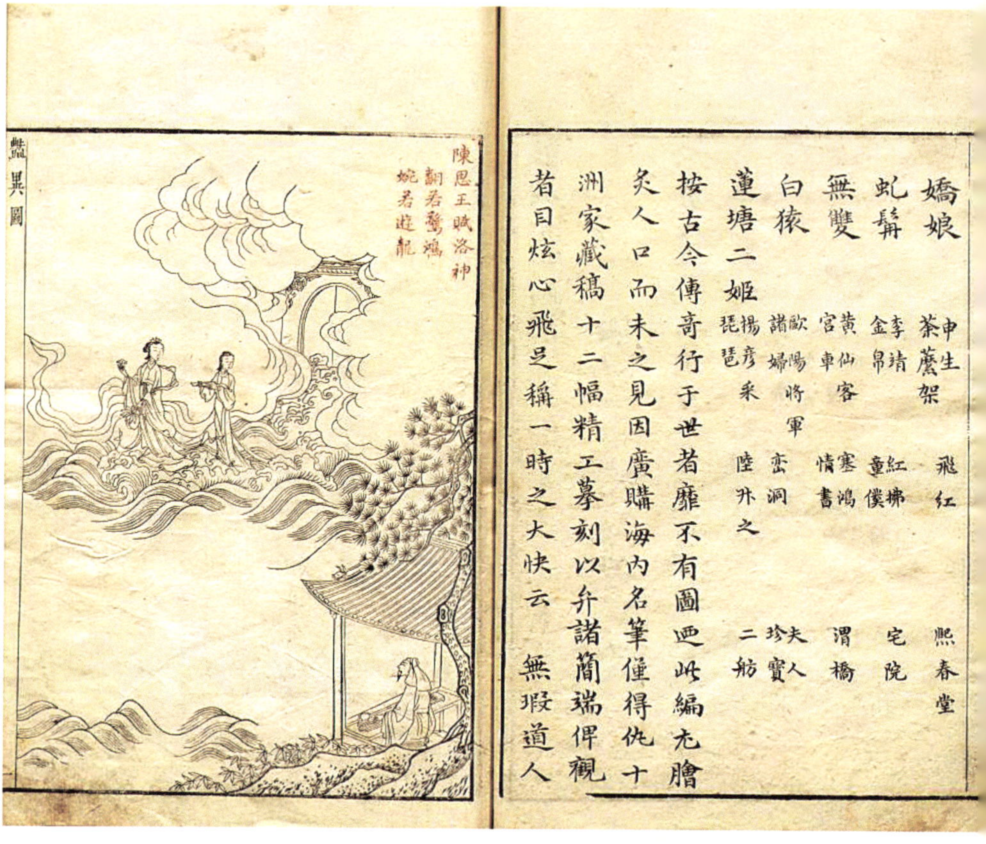

嬌娘　申生荼蘼架　飛紅　熙春堂

虯髯　李靖金帛　紅拂童僕　宅院

無雙　黃仙客宮車　塞鴻情書　渭橋

白猿　歐陽將軍諸婦　峦洞　夫人珍寶

蓮塘二姬　楊彥釆琵琶　陸升之　二舫

按古今傳奇行于世者靡不有圖匯此編尤膾炙人口而未之見因廣購海内名筆僅得仇十洲家藏稿十二幅精工摹刻以弁諸簡端俾觀者目炫心飛足稱一時之大快云　無瑕道人

圖版三十八　明末閔氏朱墨套印本《玉茗堂摘評王弇州先生艳异艷異編》

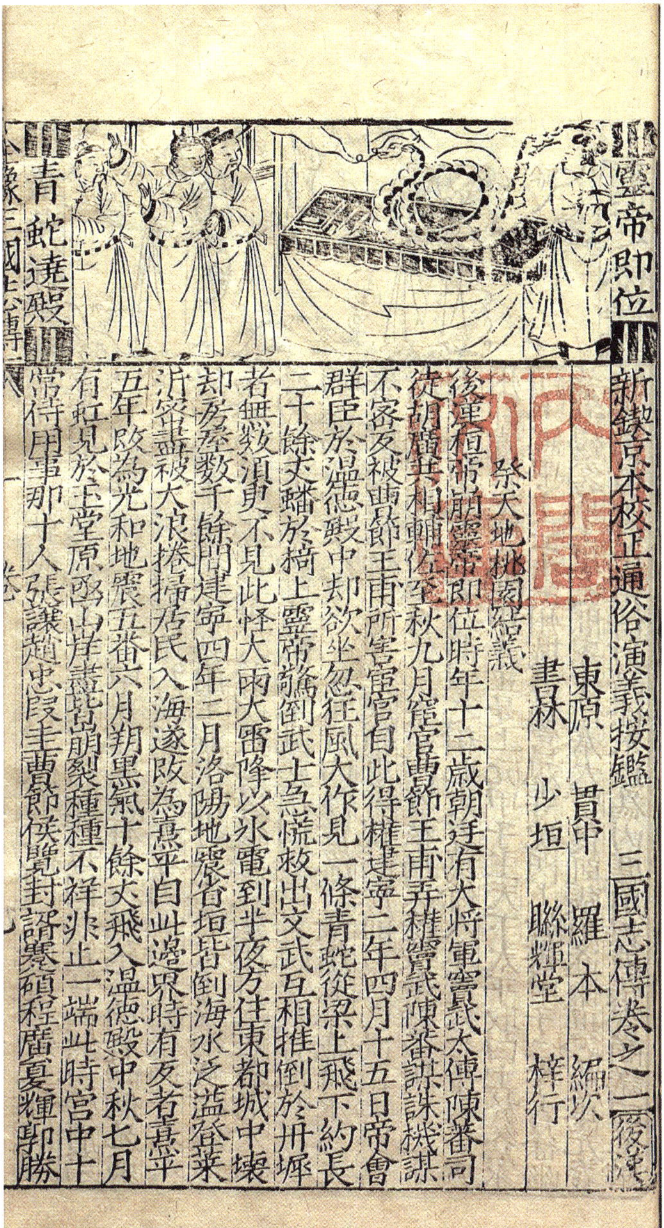

新鍥京本校正通俗演義按鑑三國志傳卷之一　後漢

東原　貫中　羅　本　編次

書林　少垣　聯輝堂　梓行

祭天地桃園結義

後漢桓帝崩靈帝即位時年十二歲朝廷有大將軍竇武太傅陳蕃司徒胡廣共相輔佐至秋九月宦官曹節王甫弄權竇武陳蕃謀誅機謀不密反被曹節王甫所害宦官自此得權建寧二年四月十五日帝會群臣於溫德殿中却欲坐忽狂風大作見一條青蛇從梁上飛下約長二十餘丈蟠於椅上靈帝驚倒武士急慌救出文武互相推倒於丹墀者無數須臾不見此怪大雨大雷降以冰雹到半夜方住東都城中壞却房屋數千餘間建寧四年二月洛陽地震省垣皆倒海水泛溢登萊沂密盡被大浪捲掃居民入海遂改為熹平自此邊界時有反者熹平五年改為光和地震五番六月朔黑氣十餘丈飛入溫德殿中秋七月有虹見於玉堂原郡山岸盡皆崩裂種種不祥非止一端此時宮中十常侍用事那十人張讓趙忠段圭曹節侯覽封諝蹇碩程曠夏惲郭勝

圖版三十九　明萬曆三十三年（一六〇五）鄭氏聯輝堂三垣館刊本《京本通俗演義按鑑三國志傳》

生下太祖武德皇帝來紅光滿天異香經宿不散乃是上界霹靂大仙下降英雄勇猛智量寬洪一條桿棒打四百座軍州都姓趙掃清寰宇蕩淨中原國號大宋建都汴梁九朝皇帝班定四百年開基帝主因此邵堯夫讚道一旦雲開復見天正如久百姓再見天日之面那時西嶽華山有個陳摶處士一日騎驢下山向華陰道中正行間听得人說如今東京柴榮讓位與趙檢點登基陳摶先生心中歡喜以手加額在驢背上大笑人問其故那先生曰庚申年間受禪開基即位十七年天下太平自此定矣傳位與御弟太宗在位二十二年傳位與太子仁宗乃是上界赤脚大仙降生之時晝夜啼哭不止朝廷出榜召人醫治天遣太白金星下界化作一老叟揭榜直奏召入内苑看視太子却在太子耳邊說道八個字云文有文曲武有武曲太子便不啼哭那老

圖版四十　明萬曆甲午年（一五九四）余象斗雙峰堂刻本《京本增補校正全像忠義水滸志傳評林》

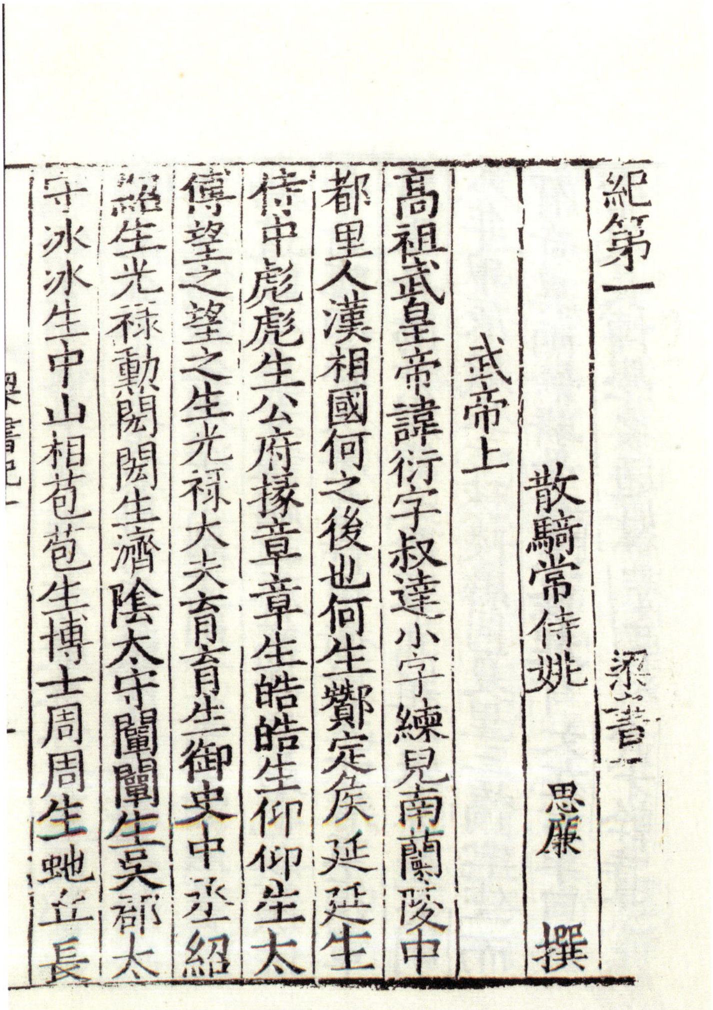

紀第一　　梁書一

散騎常侍姚　思廉　撰

武帝上

高祖武皇帝諱衍字叔達小字練兒南蘭陵中
都里人漢相國何之後也何生酇定侯延延生
侍中彪彪生公府掾章章生皓皓生仰仰生太
傅望之望之生光祿大夫育育生御史中丞紹
紹生光祿勳閎閎生濟陰太守闡闡生吳郡太
守冰冰生中山相苞苞生博士周周生蛇丘長

梁書紀一

圖版四十一　南宋刻元修本《梁書》

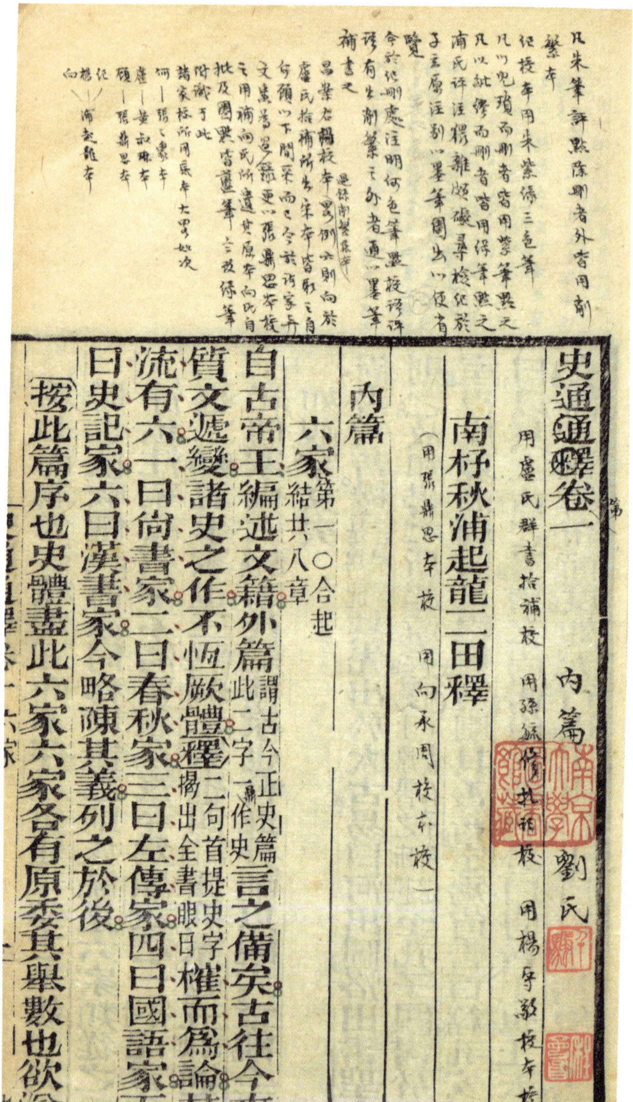
史通通釋卷一

南杼秋浦起龍二田釋

內篇

六家第一（結共八章）

自古帝王編述文籍外篇言之備矣古往今來質文遞變諸史之作不恆厥體（謂古今正史篇 此二字一本作史 二句首提史字揭出全書眼目）權而為論其流有六一曰尚書家二曰春秋家三曰左傳家四曰國語家五曰史記家六曰漢書家今略陳其義列之於後

〔按〕此篇序也史體盡此六家六家各有原委其舉數也欲稔

圖版四十二　程千帆批校本《史通通釋》

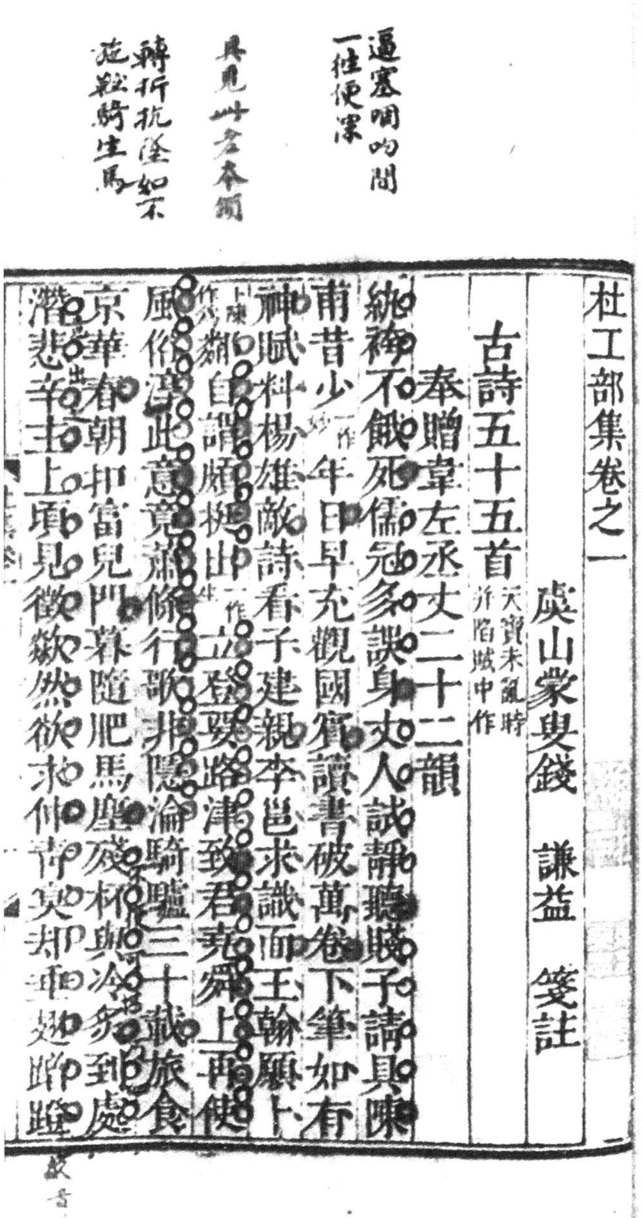

逼塞咽喉間一往便深

具見此公本領

轉折抗墜如不施鞍騎生馬

杜工部集卷之一

虞山蒙叟錢　謙益　箋註

古詩五十五首 天寶未亂時并陷賊中作

奉贈韋左丞丈二十二韻

紈袴不餓死儒冠多誤身丈人試靜聽賤子請具陳

甫昔少年日早充觀國賓讀書破萬卷下筆如有

神賦料揚雄敵詩看子建親李邕求識面王翰願卜

鄰自謂頗挺出立登要路津致君堯舜上再使

風俗淳此意竟蕭條行歌非隱淪騎驢三十載旅食

京華春朝扣富兒門暮隨肥馬塵殘杯與冷炙到處

潛悲辛主上頃見徵欻然欲求伸青冥卻垂翅蹭蹬

圖版四十三　清張行忠過録查他山、陸冰修批點《錢注杜工部集》

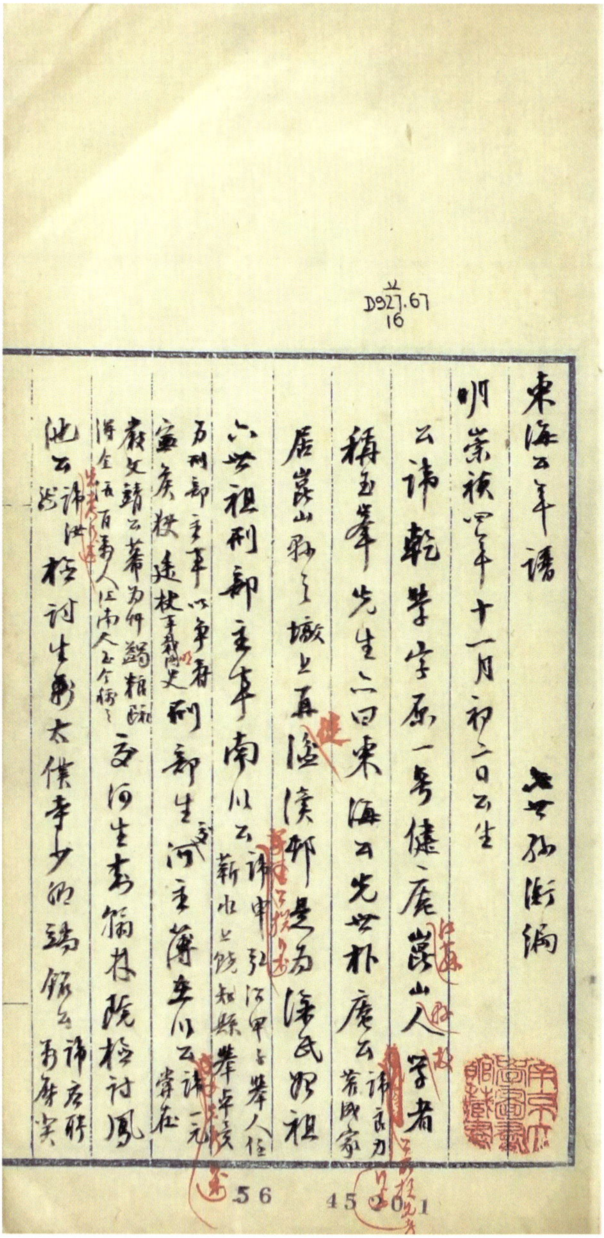
東海公年譜　六世孫衡編
明崇禎四年十一月初二日公生
公諱乾學字原一號健庵崑山人學者

圖版四十四　徐衡稿本《東海公年譜》

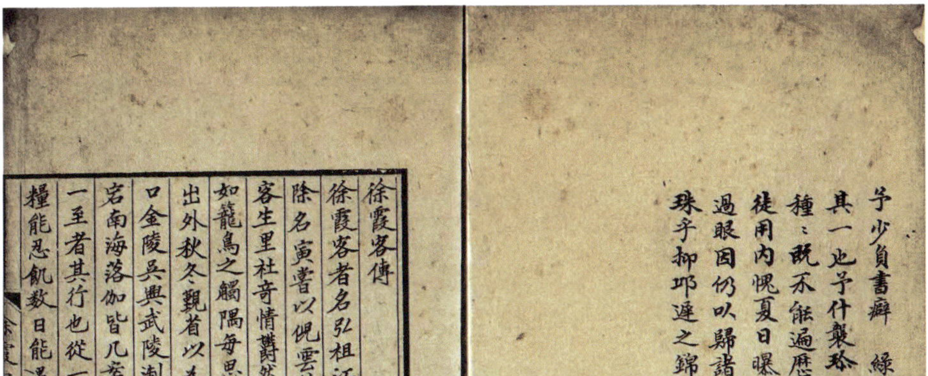

予少負書癖　緑飲先生每割愛見贈徐霞客遊記其一也予什襲珍之迄今不下三十年矣自頗類毛種々既不能遍歷名山又不能窮探學海挹殘守缺徒用內愧夏日曝書偶得此編猶喜不致散為雲煙過眼因仍以歸諸插架噫先生視之將以為孟嘗之珠乎抑邛遷之錦乎嘉慶丁巳吳騫記

徐霞客傳

徐霞客者名弘祖江陰梧塍里人也高祖經與唐寅同舉除名寅嘗以倪雲林畫卷償博進三千手跡猶在其家霞客生里社奇情鬱然元對山水力耕奉母踐更徭役處々如籠鳥之觸隅每思颺去年三十母遣之出遊每歲三時出外秋冬覲省以為常東南佳山水如東西洞庭陽羨京口金陵吳興武陵淛西徑山天目淛東五泄四明天台雁宕南海落伽皆几案衣帶間物耳有再三至有數至無僅一至者其行也從一奴或一僧一杖一襆被不治裝不裹糧能忍飢數日能遇食即飽能徒步走數百里淩絕壁冒

圖版四十五　清鮑廷博知不足齋鈔本《徐霞客游記》

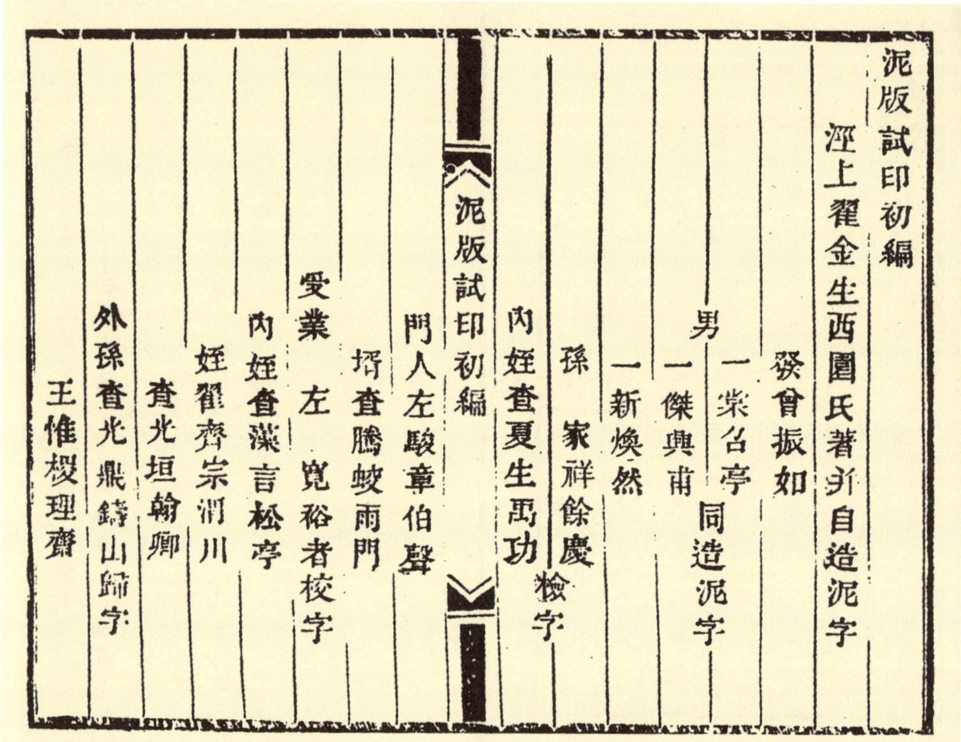

泥版試印初編

涇上翟金生西園氏著并自造泥字

男　發曾振如

一棠名亭

一傑與甫　同造泥字

一新煥然

孫　家祥餘慶　檢字

內姪查夏生禹功

泥版試印初編

門人左駿章伯聲

壻查騰蛟雨門

受業　左寬裕者校字

內姪查藻言松亭

姪翟齊宗渭川

查光垣翰卿

外孫查光鼎鑄山歸字

王惟楔理齋

圖版四十六　清道光二十四年（一八四四）泥活字印本《泥版試印初編》

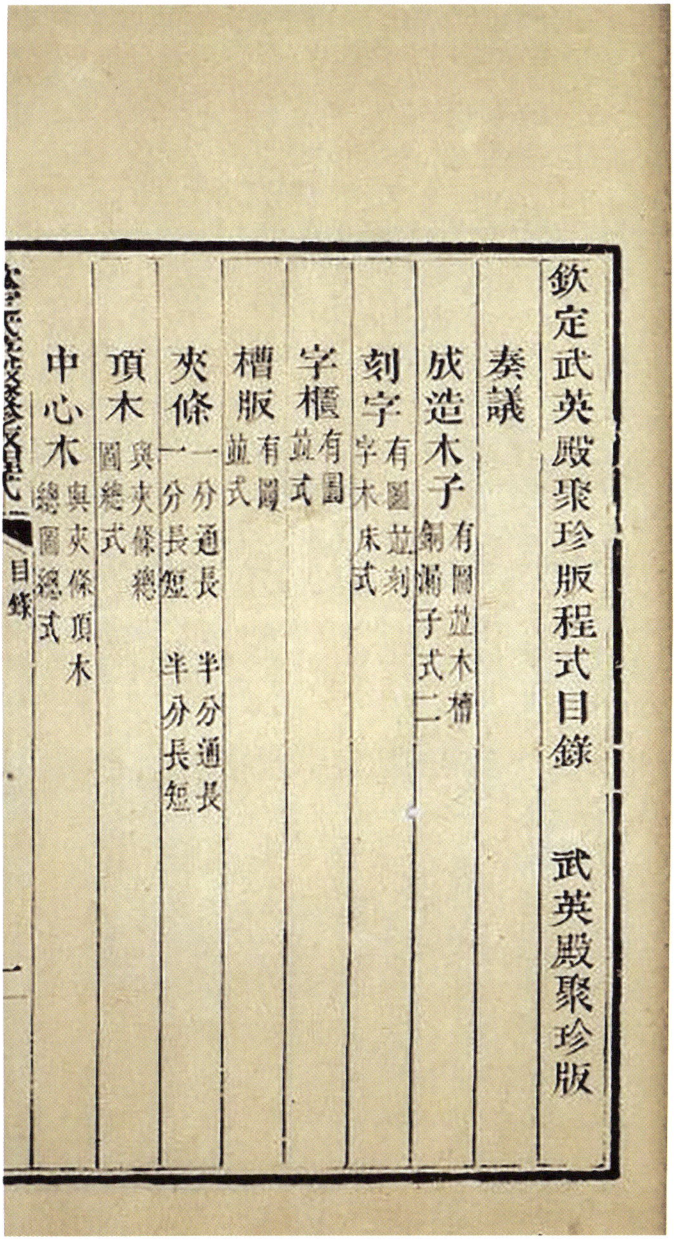

圖版四十七　清乾隆四十一年（一七七六）武英殿聚珍版印本《欽定武英殿聚珍版程式》

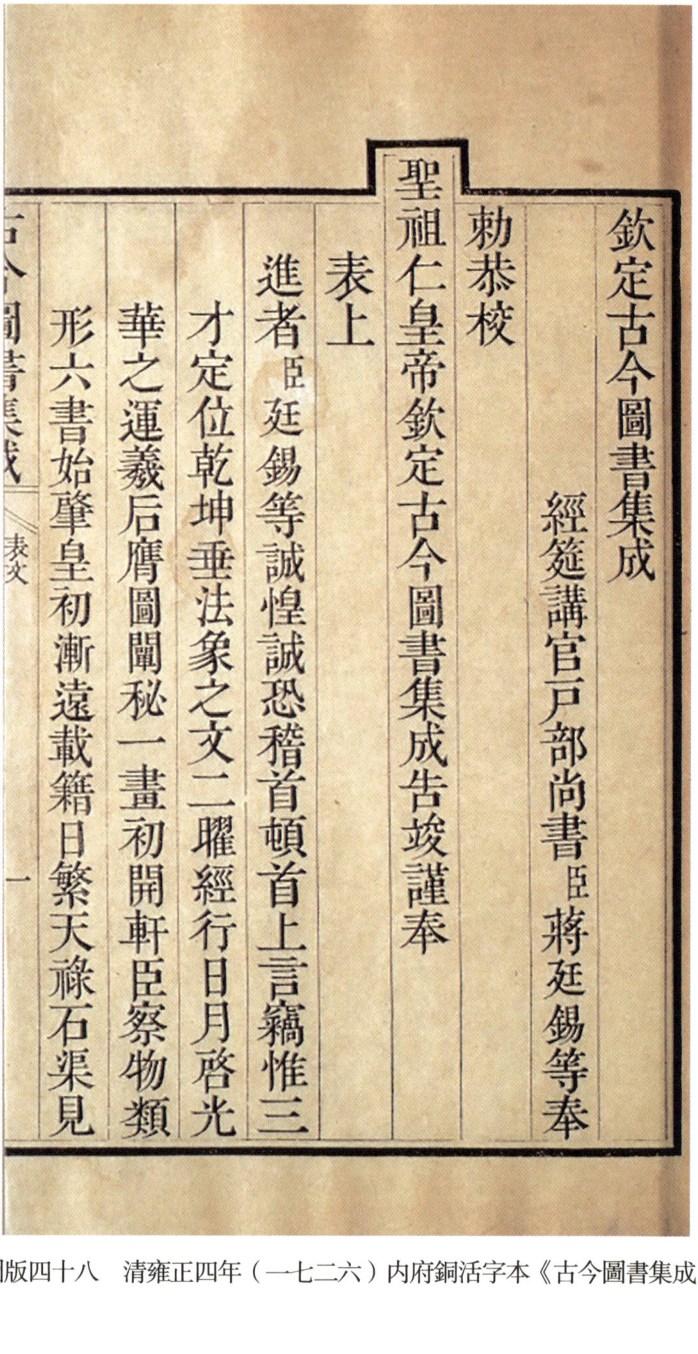
欽定古今圖書集成　　經筵講官戶部尚書臣蔣廷錫等奉
勅恭校
聖祖仁皇帝欽定古今圖書集成告竣謹奉
表上
進者臣廷錫等誠惶誠恐稽首頓首上言竊惟三
才定位乾坤垂法象之文二曜經行日月啓光
華之運羲后膺圖闡秘一畫初開軒臣察物類
形六書始肇皇初漸遠載籍日繁天祿石渠見

古今圖書集成　表文　一

圖版四十八　清雍正四年（一七二六）内府銅活字本《古今圖書集成》

校讎廣義·校勘編

程千帆
徐有富
撰

第一章　校勘學的界義與功用

第一節　校勘與校勘學的發展

校的本義是犯人帶的木枷。許慎云:“校,木囚也。”[1]一副木枷由兩片組成,而兩片大小必須大體一致,才便於上鎖,因此事先要將它們放在一起加以比較。這樣,校字用作動詞時便有比勘核對的意思。後來人們又引申其義指校正書面材料的文字異同。《國語·魯語下》云:“昔正考父校商之名頌十二篇,以《那》爲首。”鄭玄《詩譜》也引用了這段話,孔穎達《商頌譜》疏加以解釋説:“韋昭云:‘名頌,頌之美者。’然則言‘校’者,宋之禮樂雖則亡散,猶有此詩之本。考父恐其舛謬,故就太師校之也。”[2]這裏的校字顯然是指校正文字錯誤。

又徐鉉《説文》新附云:“勘,校也。”[3]勘亦作刊。清鈕樹玉考證道:“古書用竹簡,故校勘字作刊。《廣雅》刊訓定。《玉篇》:‘刊,削也,定也,除也。’義並與勘合。”[4]勘或刊有削除覆定的含義,與中國早期圖書利用竹木作載體有關。漢應劭云:“劉向爲孝成皇帝典校書籍二十餘年,皆先

① 《説文解字》第六上。
② 《毛詩正義》卷二〇之三。
③ 《説文解字》第十三上。
④ 《説文新附考》卷六。

書竹,爲易刊定。可繕寫者,以上素也。"①可見古人整理圖書是先寫在竹簡上的。這便於發現錯誤時削除改正。待校訂無誤後,再寫在帛上。唐韓愈《秋懷》詩中"不如覷文字,丹鉛事點勘"②的勘字,也指校正文字錯誤。

校勘一詞可能出現於南北朝時期,梁沈約《上言宜校勘譜籍》云:"宜選史傳學士諳究流品者爲左民郎、左民尚書,專供校勘。"③又《北史·崔光傳》云:"光乃令國子博士李郁與助教韓神固、劉燮等勘校石經。"這一術語歷唐宋而更流行。如唐元和年間,詩人王初即有《送陳校勘入宿》詩④。校勘當即校書郎。唐制,弘文館設校書郎二人,"掌校理典籍,刊正錯謬"。⑤ 宋代,校勘一詞的使用尤爲普遍。歐陽修《書春秋繁露後》云:"董生之書流散而不全,方俟校勘。"⑥李清照《金石録後序》亦云:"每獲一書,即同共校勘,整集籤題。"⑦皆其例證。

簡而言之,所謂校勘就是改正書面材料上由於種種原因而形成的字句篇章上的錯誤,使之恢復或接近本來面目。唐顔師古《漢書注》首有叙例一篇,其中談及了他的校勘工作,似爲將校勘工作條理化的較早文獻,今録兩例,以見一般:

> 《漢書》舊文,多有古字,解説之後,屢經遷易。後人習讀,以意刊改,傳寫既多,彌更淺俗。今則曲覈古本,歸其真正,一往難識者,皆從而釋之。
>
> 古今異言,方俗殊語,末學膚受,或未能通,意有所疑,輒就增損,流遯忘返,穢濫實多。今皆删削,克復其舊。⑧

---

① 《風俗通義·古制》佚文,據王利器《風俗通義校注》輯本。
②④ 《全唐詩》卷三三六。
③ 《全梁文》卷二七。
⑤ 《舊唐書》卷四三《職官志二》。
⑥ 《歐陽文忠公文集》卷七三。
⑦ 王仲聞《李清照集校注》卷三。
⑧ 《漢書》卷首,中華書局點校本。

可見顔師古在注解《漢書》時，也作了必要的校勘，其要旨就是“克復其舊”、“歸其真正”。清段玉裁在《與諸同志論校書之難》中也説：“校經之法，必以賈還賈，以孔還孔，以陸還陸，以杜還杜，以鄭還鄭。”①也就是説研注群經，必須恢復賈公彦、孔穎達、陸德明、杜預、鄭玄等先儒注釋它們時所依據的底本的本來面目。

校勘亦稱校讎。此詞最早見於劉向《孫卿新書書録》。唐卷子本《玉篇》言部引《别録》，也有“讎校中經”之文。應劭《風俗通義》解釋道：“一人讀書，校其上下，得繆誤，爲校。一人持本，一人讀書，若怨家相對，故曰讎也。”②可見校讎的原始意義就是校勘。但校讎事業並不限於校正文字，它逐步發展成爲一種系統全面的治書之學，即校讎學。因此校讎自來就有廣狹兩個界義。狹義的僅指改正書面材料上的文字錯誤，廣義的則兼指研究書籍的版本、校勘、目録、典藏等方面的問題。如宋鄭樵的《校讎略》、清章學誠的《校讎通義》所討論的範圍，都涉及廣義的校讎。爲了便於區分，後人往往將狹義的校讎稱爲校勘。本編討論的是狹義的校讎，故以校勘名編。

校勘的目的是改正書面材料上的錯誤，而校勘學則是研究和總結校勘規律的一門科學。我國的校勘事業起源很早，周、秦時代已有從事校勘的實例。如《吕氏春秋·慎行論·察傳》云：“子夏之晉，過衛，有讀史記者，曰：‘晉師三豕涉河。’子夏曰：‘非也，是己亥也，夫己與三相近，豕與亥相似。’至於晉而問之，則曰：‘晉師己亥涉河也。’”己字的古文作，缺去兩“丨”，便誤爲三。古文亥作，豕作，非常近似，《説文解字》指出：“古文亥爲豕，與豕同。”故子夏得據文義及字形加以校勘，從而糾正其錯誤。顯然，這則故事已顯示了校勘學的萌芽。

從劉向等進行大規模的校書活動以來，人們就對校勘規律進行了不斷地探索。學者們在這方面最具體的成就，就是總結出不少錯誤的形態

① 《經韻樓集》卷一二。

② 《文選》卷六《魏都賦》注引《風俗通》曰：“案劉向《别録》：‘讎校，一人讀書，校其上下，得繆誤，爲校；一人持本，一人讀書，若怨家相對。’”末脱“故曰讎也”四字，兹據《太平御覽》卷六一八補。

和改正的方法。

就現存《别録》佚文來看，劉向等人在校勘實踐中已經認識到了書面材料發生錯誤的一些規律。如《尚書古文經》五十八篇書録云："古文或誤以見爲典，以陶爲陰，如此類多。"所指當爲因形近而誤。《列子》八篇書録云："或字誤以盡爲進，以賢爲形，如此者衆。"所指當爲因音近而誤。又《戰國策》三十三篇書録云："本字多誤脱爲半字，以趙爲肖，以齊爲立，如此字者多。"①所指當爲因字形殘闕而誤。《漢書・藝文志》書類序也指出："劉向以中古文校歐陽，大、小夏侯三家經文，《酒誥》脱簡一，《召誥》脱簡二，率簡二十五字者，脱亦二十五字；簡二十二字者，脱亦二十二字。"②則所指當爲由於綴繫時竹簡之脱落導致書寫時文字之脱落。

陸德明撰於陳朝的《經典釋文》，卷首《條例》對經和注出現文字錯誤的情況和原因作了比較系統的概括，今節引其語如次：

> 世變人移，音訛字替，如徐仙民反易爲神石，郭景純反餤爲羽鹽，劉昌宗用承音乘，許叔重讀皿爲猛。……鄭康成云："其始書之也，倉卒無其字，或以音類比方，假借爲之，趣於近之而已。受之者非一邦之人，人用其鄉，同言異字，同字異言，於兹遂生矣。戰國交争，儒術用息；秦皇滅學，加以坑焚，先聖之風，埽地盡矣。漢興，改秦之弊，廣收篇籍，孝武之後，經術大隆。然承秦焚書，口相傳授，一經之學，數家競爽。章句既異，踳駁非一。……"班固云："後世經傳既已乖離，傳學者又不思多聞闕疑之義，而務碎義逃難，便詞巧説，安其所習，毁所不見，終以自弊，此學者之大患也。……"《爾雅》本釋墳典，字讀須逐五經，而近代學徒，好生異見，改音易字，皆采雜書，唯止信其所聞，不復考其本末。

宋彭叔夏《文苑英華辨證》十卷，在前人的基礎上又朝前邁進了一步。

---

① 《快閣師石山房叢書・七略别録佚文》。

② 歐陽指歐陽高，大、小夏侯指夏侯勝和他的侄子夏侯建。他們都是西漢今文《尚書》學派的代表人物。

他將自己和周必大、胡柯等人共同校勘《文苑英華》過程中有關校勘方面的成果歸納爲十類四十五子目：

用字一：凡字有本之前人，不可移易者。
用字二：凡字因疑承訛，當是正者。
用字三：凡字有兩存，於義亦通者。
用韻一：凡前人用韻，有兩音而不可輒改者。
用韻二：唐賦韻數，平側次序初無定格，今略舉一二。
事證：凡用事可以證他本之非者。
事誤一：事有訛誤當是正者。
事誤二：前人用事元自舛誤，而《文苑》有襲之者。
事疑：事有可疑或兩存者。
人名一：凡用事有人名與他本異，不可輕改者。
人名二：其有訛舛當是正者。
人名三：人名有與經傳集本異，不可輕改者。
人名四：其有訛舛，質於史傳，當是正者。
人名五：其有與史、集異同，當並存者。
官爵一：凡官職封爵有與史、集異，不可輕改者。
官爵二：其有訛舛當是正者。
官爵三：其或有疑當兩存者。
郡縣一（地名附）：凡郡縣名及地名有不可以他本而輕改者。
郡縣二：其有訛舛當是正者。
郡縣三：其或有疑當兩存者。
年月一：凡年月與他本異，不可輕改者。
年月二：其或訛舛當是正者。
年月三：其有他本原誤，《文苑》因而襲之者。
年月四：其有與史全異所當考者。
名氏一：凡撰人名氏，或有以甲爲乙，當以《文苑》爲正者。
名氏二：其有舛誤當是正者。

名氏三：其有可疑及當兩存者。
題目一：凡題目有訛舛當是正者。
題目二：又有題目是而文則非者。
門類：凡門類混淆當是正者。
脱文一：凡有脱文見於他本者。
脱文二：又
脱文三：其有他本節略而《文苑》有全篇者。
脱文四：其有原本脱逸而《文苑》因而襲之者。
同異：凡詩文與他本有題同而詞異者。
離合：凡詩有一篇析而爲二，二篇合二爲一者。
避諱：凡避諱而易以他字者。
異域：異域國名有與史傳異者。
鳥獸：凡鳥獸名有訛舛及與他本異者。
草木：凡草木有訛舛及與他本異者。
雜録一至五①

由於其條理的精密與清晰度越前人，故爲學林所推重。如四庫館臣認爲："叔夏此書，考核精密，大抵分承訛當改；别有依據，不可妄改；義可兩存，不必遽改三例。……其用意謹嚴，不輕點竄古書，亦於是可見矣。"②顧廣圻亦云："此書乃校讎之模楷，豈獨讀《英華》者資其是正哉！"③

清代學者王念孫對誤例的總結達到了嶄新的水平，其《讀書雜志・淮南内篇》後序列舉各種誤例凡六十二事：

一　　有因字不習見而誤者
二　　有因假借之字而誤者
三　　有因古字而誤者

---

① 《文苑英華辨證》卷首《目録》及各卷小標題。
② 《四庫全書總目》卷一八六《文苑英華辨證》提要。
③ 《思適齋集》卷一五《書文苑英華辨證後》。

四　有因隸書而誤者
五　有因草書而誤者
六　有因俗書而誤者
七　有兩字誤爲一字者
八　有誤字與本字並存者
九　有校書者旁記之字而闌入正文者
十　有衍至數字者
十一　有脱數字至十數字者
十二　有誤而兼脱者
十三　有正文誤入注者
十四　有注文誤入正文者
十五　有錯簡者
十六　有因誤而致誤者
十七　有不審文義而妄改者
十八　有因字不習見而妄改者
十九　有不識假借之字而妄改者
二十　有不審文義而妄加者
二十一　有不識假借之字而妄加者
二十二　有妄加字而失其句讀者
二十三　有妄加數字至二十餘字者
二十四　有不審文義而妄删者
二十五　有不識假借之字而妄删者
二十六　有不識假借之字而顛倒其文者
二十七　有失其句讀而妄移注文者
二十八　有既誤而又妄改者
二十九　有因誤字而誤改者
三十　有既誤而又妄加者
三十一　有既誤而又妄删者
三十二　有既脱而又妄加者

三十三　有既脱而又妄删者
三十四　有既衍而又妄加者
三十五　有既衍而又妄删者
三十六　有既誤而又改注文者
三十七　有既誤而又增注文者
三十八　有既誤而又移注文者
三十九　有既改而又改注文者
四十　　有既改而復增注文者
四十一　有既改而復删注文者
四十二　有既脱且誤而又妄增者
四十三　有既誤且改而又改注文者
四十四　有既誤且衍而又妄加注釋者
四十五　有因字誤而失其韻者
四十六　有因字脱而失其韻者
四十七　有因字倒而失其韻者
四十八　有因句倒而失其韻者
四十九　有句倒而又移注文者
五十　　有錯簡而失其韻者
五十一　有改字而失其韻者
五十二　有改字以合韻而實非韻者
五十三　有改字以合韻而反失其韻者
五十四　有改字而失其韻又改注文者
五十五　有改字而失其韻又删注文者
五十六　有加字而失其韻者
五十七　有句讀誤而又加字以失其韻者
五十八　有既誤且脱而失其韻者
五十九　有既誤且倒而失其韻者
六十　　有既誤且改而失其韻者
六十一　有既誤而又加字以失其韻者

六十二　有既脱而又加字以失其韻者

彭叔夏《文苑英華辨證》的誤例主要是從書面材料的内容（如人名、地名、年月、官爵等）角度來分類總結的，而王念孫的誤例主要從書面材料發生誤、脱、衍、倒等錯誤類型的角度來分類總結的，因此具有更加普遍的意義，標誌着對校勘條例的概括進入了一個新階段。

俞樾《古書疑義舉例》卷五至卷七，又在王念孫的基礎上增加了不少誤例，汰除與王氏所舉誤例重複及與校勘無關者，尚有二十四例：

五十二　兩字義同而衍例
五十三　兩字形似而衍例
五十四　涉上下文而衍例
五十六　涉注文而誤例
五十七　以注説改正文例
六十　　因誤衍而誤倒例
六十五　重文作二畫而致誤例
六十六　重文不省而致誤例
六十七　闕字作空圍而致誤例
六十八　本無闕文而誤加空圍例
六十九　上下兩句互誤例
七十　　上下兩句易置例
七十一　字以兩句相連而誤疊例
七十二　字以兩句相連而誤脱例
七十三　字句錯亂例
七十九　文隨義變而加偏旁例
八十　　字因上下相涉而加偏旁例
八十一　兩字平列而誤倒例
八十二　兩文疑複而誤删例
八十三　據他書而誤改例

八十五　分章錯誤例
八十六　分篇錯誤例
八十七　誤讀夫字例
八十八　誤增不字例

俞氏誤例晚出，作者博採群書，“刺取《九經》諸子”①，繼王氏之後又發現不少新的誤例，並能舉出豐富的實證，因此産生了較大影響，有不少仿其體例的補充之作。如中華書局一九五六年出版的《古書疑義舉例五種》，即收有劉師培的《古書疑義舉例補》、楊樹達的《古書疑義舉例續補》、馬叙倫的《古書疑義舉例校録》、姚維鋭的《古書疑義舉例增補》等。這些著作雖涉及古書疑義的各個方面，但對校勘學都或多或少有所貢獻。

近人在總結誤例方面取得突出成績的是陳垣的《校勘學釋例》。其自序云：“余以元本及諸本校補沈刻《元典章》②，凡得謬誤一萬三千餘條，其間無心之誤半，有心之誤亦半，既爲札記六卷，闕文三卷，表格一卷，刊行於世矣。乃復籀其十之一以爲之例，而疏釋之，將以通於元代諸書，及其他諸史，非僅爲糾彈沈刻而作也。”今録其目次如左：

卷一　行款誤例
　第一　　有目無書有書無目例
　第二　　條目訛爲子目例
　第三　　非目録誤爲目録例
　第四　　誤連上文例
　第五　　錯簡例
　第六　　闕文例
　第七　　字體殘闕逕行删去例
　第八　　空字誤連及不應空字例

---

① 《古書疑義舉例序》。
② 沈刻，指沈家本刻本。

第九　正文訛爲小注小注訛爲正文例

第十　擡頭遺迹改革未盡例

第十一　表格誤例

卷二　通常字句誤例

第十二　形近而誤例

第十三　聲近而誤例

第十四　因同字而脱字例

第十五　因重寫而衍字例

第十六　因誤字而衍字例

第十七　重文誤爲二字例

第十八　一字誤爲二字例

第十九　妄改三例

第二十　妄添三例

第二十一　妄刪三例

第二十二　妄乙三例

卷三　元代用字誤例

第二十三　不諳元時簡筆字而誤例

第二十四　以爲簡筆回改而誤例

第二十五　不諳元時譯音用字而誤例

第二十六　用後起字易元代字例

第二十七　元代用字與今不同例

卷四　元代用語誤例

第二十八　不諳元時語法而誤例

第二十九　不諳元時用語而誤例

第三十　因元時用語而誤例

第三十一　因校者常語而誤例

第三十二　用後代語改元代語例

第三十三　元代用語與今倒置例

卷五　元代名物誤例

第三十四　不諳元時年代而誤例
第三十五　不諳元朝帝號廟號而誤例
第三十六　不諳元時部族而誤例
第三十七　不諳元代地名而誤例
第三十八　不諳元代人名而誤例
第三十九　不諳元代官名而誤例
第四十　不諳元代物名而誤例
第四十一　不諳元代專名而誤例
第四十二　不諳元時體制而誤例
卷六　校例
第四十三　校法四例
第四十四　元本誤字經沈刻改正者不校例
第四十五　元本借用字不校例
第四十六　元本通用字不校例
第四十七　通用字元本不用例
第四十八　從錯簡知沈刻所本不同例
第四十九　從年月日之增入疑沈刻别有所本例
第五十　一字之誤關係全書例

《校勘學釋例》的突出貢獻是通過對《元典章》一書的解剖,總結出"一代語言特例,並古籍竄亂通弊"。① 陳垣在此書的《重印後記》中曾説明他所以要用《元典章》一書作校勘例子的理由:"要找一本好而又重要又錯誤多的書,莫如沈刻《元典章》。《元典章》係一部内容豐富而又極通俗的書,通俗的書難得板本好,寫刻精,沈刻《元典章》不然,寫刻極精,校對極差,錯漏極多,最合適爲校勘學的反面教材,一展卷而錯誤諸例悉備矣。同人以爲便於初學。"

其次,因爲《元典章》有特點,所以總結出來的誤例,如卷一《行款誤

① 《校勘學釋例序》。

例》、卷三《元代用字誤例》、卷四《元代用語誤例》、卷五《元代名物誤例》等都可以彌補前人所舉他書誤例之不足,因而也具有普遍意義。例如卷五《元代名物誤例》第四十一《不諳元代專名而誤例》云:

> 一時代有一時代所用之專名,校書者對於本書時代所用之專名,必須有相當之認識,此《方言》《釋名》所由作也。
>
> "腹裏"爲元代專名,謂中書省所統山東西河北之地也。沈刻既誤爲"腸裏",又誤爲"服裏":
>
> 吏六三　　腸裏已有貢舉定例　　元作"腹裏"。
>
> 刑七十六　　服裏犯奸刺配　　元作"腹裏"。

例子雖然是特殊的,而其提出的原則對校勘工作却具有普遍的指導意義。

此外,作者還注意舉例分析錯誤産生的原因,使讀者能一目瞭然。例如卷二《通常字句誤例》第十三《聲近而誤例》云:

> 聲近而誤,有由於方音相似者,有由於希圖省筆者。
>
> 何謂方音相似?如"吏"、"例","記"、"繼","程"、"陳","點"、"典"諸字,以廣州音讀之,不相混也,今沈刻《元典章》多混之,知必與鈔者之方音相似也。
>
> 何謂希圖省筆?廣州音"黄""王"不分,今沈刻《元典章》多誤"黄"爲"王",但不見誤"王"爲"黄",則不過希圖省筆而已,蓋以爲吏人姓名無關重輕也。

再如卷四《元代用語誤例》第二十九《不諳元時用語而誤例》云:

> 凡一代常用之語言,未必即爲異代所常用,故恒有當時極通用之語言,易代或不知爲何語,亦校者所當注意也。
>
> 最顯著者爲元代"他每"、"人每"之"每"字,其用與今之"們"字同,而沈刻《元典章》輒改爲"每每",是不知"每"之用與"們"同也。

其次爲"您"字。"您"是元時第二人稱之多數,蒙古汗對大臣恒用之。《元秘史》單數稱"你",多數稱"您"。今沈刻《元典章》輒改"您"爲"你",非當時語意。

《校勘學釋例》卷六《校例》還對校勘的方法和原則進行了概括和總結,對校勘學理論與校勘實踐都産生了較大影響,我們將在下文論及。

除對書面材料發生錯誤的規律進行不斷的總結外,人們還對校勘的作用、方法、據以校勘的資料、校勘者應具備的條件、校勘成果的處理形式等,都進行過不斷的探索,從而在校勘實踐的基礎上逐步形成了校勘學。校勘之事雖然源遠流長,但校勘之學一般認爲確立於清代。梁啓超云:"清儒之有功於史學者,更一端焉,則校勘也。古書傳習愈希者,其傳鈔踵刻訛謬愈甚,馴致不可讀,而其書以廢。清儒則博徵善本以校勘之。校勘遂成一專門學。"①

清代文網密布,學者們往往被迫遺棄世務,考究古籍,因而導致了考據之風的盛行。故柳詒徵云:"前代文人受禍之烈,殆未有若清代者,故雍、乾以來,志節之士,蕩然無存。有思想才力者,無所發洩,惟寄之於考古,庶不干當時之禁忌。"②在這種學風影響下,清代校勘古籍的工作遂蓬勃興起,出現了一大批著名的校勘學家。僅據張之洞《書目答問・國朝著述諸家姓名略》的不完全統計,以校勘名家者達三十一人之多。而爲張氏歸入他家者,也多精通校勘之學。

這門學術的出現和發達使得清代出現了大批古籍精校本,此外還産生了一些理論性著作。而且由於清人對文字、音韻、訓詁、版本、目録等相關學科的知識同樣有着深入的研究,故清代學者在校勘理論與實踐方面,都有許多新的建樹。

隨着校勘學的發展,清代也出現了校勘學這一專門術語。如謝章鋌

① 《飲冰室合集》本《清代學術概論》十六。

② 《中國文化史》第三編《近世文化史》第八章《康乾諸帝之於文化》。

云:"校勘之學,宋儒所不廢。"①朱一新云:"國朝人於校勘之學最精。"②清末葉德輝亦云:"近人言藏書者,分目録、板本爲兩種學派。大約官家之書,自《崇文總目》以下,至乾隆所修《四庫全書總目》提要,是爲目録之學。私家之藏,自宋尤袤遂初堂、明毛晉汲古閣,及康雍乾嘉以來各藏書家,斷斷於宋元舊鈔,是爲板本之學。然二者皆兼校讎,是又爲校勘之學。"③

人們從校勘的實踐中發現了它們的規律,而規律的發現又促進了校勘工作的發展。孫詒讓云:"詒讓學識疏譾,於乾嘉諸先生無能爲役,然深善王觀察《讀書雜志》及盧學士《群書拾補》,伏案研誦,恒用檢覈,間竊取其義法以治古書,亦略有所寤。"④孫詒讓明言自己在校勘方面的成就,是學習王念孫、盧文弨"義法"的結果。陳垣在《校勘學釋例》的序文中,談到他的這部書"以較彭叔夏之《文苑英華辨證》,尚欲更進一層"。不言而喻,他的校勘實踐與校勘學理論是借鑒了彭叔夏的《文苑英華辨證》的。正是在這種不斷的繼承、探求與進步中,系統嚴密的校勘學逐步建立起來。

第二節　校勘與校勘學的功用

胡適云:"校勘之學起於文件傳寫的不易避免錯誤。文件越古,傳寫的次數越多,錯誤的機會也越多。校勘學的任務是要改正這些傳寫的錯誤,恢復一個文件的本來面目,或使他和原本相差最微。"⑤因此,它最主要的作用便是爲人們讀書治學提供符合或接近原稿的書面材料。王叔岷對此曾加以發揮,他説:

> 校書雖爲愚事,而實治學之本也。何以明之? 我國古籍,秦火以後,代有散亡,即或求而復出,得之先後不同,存者多寡亦異,雖經先

① 《課餘偶録》卷三。
② 《無邪堂答問》卷三。
③ 《書林清話》卷一《板本之名稱》。
④ 《札迻·自序》。
⑤ 《胡適文集》第五册《校勘學方法論》。

> 儒整理,又難免改文從意,其間錯雜竄亂,曷可勝紀? 即未經散亡之書,亦以鈔刊流傳,展轉致訛。如篆、隸、正、草、俗書之相亂,六朝、隋、唐寫本之不同,宋、元、明刻本之各殊。淄澠並泛,準的無依。鼠璞同呼,名實相悖。夫研讀古籍,必先復其本來面目。欲復其本來面目,必先從校讎入手。昔人有謂盧文弨者曰:他人讀書,受書之益;子讀書,則書受子之益。已失其本來面目之書,經校讎而復其舊觀,豈非使書受其益哉? 書受其益,然後可以進而明至論之旨。治學當有本末,求之有漸。字句未正,是非未定,惡足以言至論之旨哉!①

幾乎所有的樸學家都在校勘上下過苦功,上面提到的清代著名校勘專家盧文弨即一例,其《群書拾補序》云:"文弨於世間技藝,一無所能。童時喜鈔書,少長漸喜校書。在中書之日,主北平黄崑圃先生家,退值之暇,兹事不廢也。其長君雲門,時爲御史,謂余曰:人之讀書,求己有益耳,若子所爲,書並受益矣。余灑然! 知其非譽而實諷也。……然余手校之書,將來必有散於人間者,則雖無益於己,寧不少有益於人乎?"孫詒讓還談了自己從事校勘工作的具體感受:"每得一佳本,晨夕目誦。遇有鉤棘難通者,疑牾纍積,輒鬱轖不怡。或窮思博討,不見耑倪,偶涉它編,迺獲塙證,曠然昭寤,宿疑冰釋,則又欣然獨笑,若陟窮山,榛莽霾塞,忽覯微徑,竟達康莊。"②

我們再舉一些實例來説明校勘對讀書治學的作用。例如《漢書·藝文志》云:"《古文尚書》者,出孔子壁中。武帝末,魯共王壞孔子宅,欲以廣其宫,而得《古文尚書》及《禮記》《論語》《孝經》凡數十篇,皆古字也。……孔安國者,孔子後也,悉得其書,以考二十九篇,得多十六篇。安國獻之。遭巫蠱事,未列於學官。"但《史記·孔子世家》的末尾説:"安國爲今皇帝博士,至臨淮太守,蚤卒。"這兩條記載顯然是矛盾的。既然司馬遷在寫《史記》時已稱孔安國早死,那麽他怎麽能在死後獻《古文尚書》並遭巫蠱

---

① 《校讎通例》,載《歷史語言研究所集刊》第二十三本下册。

② 《札迻·自序》。

事呢？對此清初閻若璩解釋説：

> 予嘗疑安國獻書，遭巫蠱之難，計其年必高，與馬遷所云蚤卒者不合。信《史記》早卒，則《漢書》之獻書，必非安國；信《漢書》獻書，則《史記》之安國，必非早卒。然馬遷，親從安國游者也，記其生卒必不誤也。竊意天漢後，安國死已久，或其家子孫獻之，非必其身，而苦無明證。越數載，讀荀悦《漢紀·成帝紀》云："魯恭王壞孔子宅，得《古文尚書》多十六篇。武帝時，孔安國家獻之，會巫蠱事，未列於學官。"於安國下，增一"家"字，足補《漢書》之漏。①

朱彝尊也説：

> 《史記·孔子世家》稱："安國爲今皇帝博士，至臨淮太守，早卒。"《自序》有云："予述黄帝以來，至太初而迄。"又云："卒述陶唐以來，至於麟止。"是安國之卒，本在太初以前。若巫蠱事發，乃征和二年，距安國之没，當已久矣。《漢紀》：孝成帝三年，劉向典校經傳，考集異同，於《古文尚書》云："武帝時，孔安國家獻之。"則知安國已没，而其家獻之。《漢書》《文選》録本流傳，偶脱去"家"字耳。②

閻若璩、朱彝尊通過校勘，根據荀悦《漢紀》，補上《漢書》脱去的一個"家"字，從而使這個疑問涣然冰釋。

下面我們再舉一個文學方面的例子。敦煌卷子中有一首《菩薩蠻》詞：

> 枕前發盡千般願，要休且待青山爛。水面上秤槌(錘)浮，直待黄河徹底枯。白日參辰現，北斗回南面，休即未能休，且待三更見日頭。

---

① 《尚書古文疏證》卷二。

② 《曝書亭集》卷五八《尚書古文辨》。

潘重規校以倫敦不列顛圖書館所藏斯坦因敦煌第四三三二號寫本，指出：

> 這首詞，王重民《敦煌曲子詞集》、任二北《敦煌曲校録》都已收入。王重民曾見原卷，任二北看過照片，但“日頭”都誤作“月頭”。三更見日頭，乃不可能之事，與水面秤錘浮，青山爛，黄河枯，參辰日現，北斗南回等同類。通俗稱月，或云月亮、月兒、月子、月姐，似乎没有稱“月頭”的。可見“月頭”之“月”，必是錯字。我讀此詞時，注意到原卷確作“日頭”，“日”字寫得特别工整清楚，不知任、王何以致誤。如果作月字，那全篇的統一性，便遭到破壞。這首詞情意的真摯，想像的恢詭，設譬的精奇，屬辭的頓挫，可與漢樂府鐃歌《上邪》一首並駕齊驅。《上邪》的歌辭説：“上邪！我欲與君相知，長命無絶衰！山無陵，江水爲竭，冬雷震震，夏雨雪；天地合，乃敢與君絶！”雖然兩首的風格、情意、用詞異常相似，也都没有作者的姓名，但可斷言，絶非摹擬的複制品。……樂府《上邪》，後世久無嗣響，賴敦煌《菩薩蠻》一詞，炳爍聯華，後先輝映，成爲我國歌曲中的並蒂奇葩，爲文藝界添一段異彩。惟“日”誤爲“月”字，一字之差，便損傷了全體真美。我有幸得見原卷，證明了一個“差之毫釐，謬以千里”的關鍵字，省去後人不必要的揣測和猜疑，似乎對優美作品也有了一分“參與感”，心中自然充滿無限喜悦。但一計算這次在倫敦小住，旅館日租二十英鎊，竟用去臺幣一萬元。“一字萬金”，只説明我獲見作品真面目的代價。至於文章本身，縱然是倒海量珠，傾山獻玉，也不足評估它的身價了！①

如果我們讀誤書而不能校正，相反地還曲爲之説，那就不免要鬧笑話。如《新唐書》“《藝文志》僞史類蕭方《三十國春秋》三十卷、《宋史·藝文志》史部霸史類同。蕭方當爲蕭方等之誤。方等，梁元帝世子，以釋氏《方等經》命名。《隋志》：‘《三十國春秋》三十卷，蕭方等撰’可證。修《唐

---

① 《敦煌詞話·一字萬金》。

書》者誤以等字爲等類之等而删之，昔人謂歐九不學，洵然。《宋志》亦承其誤”。①

再如段玉裁《戴東原先生年譜》末附戴震語録云：“《水經注》：‘水流松果之山。’鍾伯敬本‘山’訛作上，遂連圈之，以爲妙景。其可笑如此。松果之山見《山海經》。”

由此可見，讀書治學只有依據符合或接近原貌的書面材料，方能得出正確或較爲正確的結論；而這種材料的獲得往往又非通過精審的校勘手段不可，因爲古代文籍中存在着訛誤，幾乎是無可避免的。

其次，讀書宜求善本，善本的意義已詳本書《版本編》，其最基本的條件就是符合或接近原稿，而校勘不但是使今本符合或接近原稿的一種特定手段，而且也是鑒定其是否符合或接近原稿的一種可靠方法。所以它又是有益於鑒藏書籍的。

例如錢曾在談到《王右丞文集》十卷時指出：“此刻是麻沙宋板，集中《送梓州李使君》詩，亦如牧翁所跋，作‘山中一半雨，樹杪萬重泉’。知此本之佳也。”②丁丙在論及元刊本《藍田王摩詰詩》六卷時也説：

> 《書録解題》云：建昌本與蜀本次序不同，顧廣圻謂題摩詰者蜀本也，題右丞集者，建昌本也。建昌本前六卷詩，後四卷文，自是寶應二年表進之舊。黄丕烈云：不知何時僅梓得六卷。又云：嘉慶癸酉借得元刻劉須溪評點王摩詰詩，與宋刻對，其序次悉同。錢遵王云：右丞集，麻沙宋板《送梓州李使君》詩“山中一半雨”，據蒙叟跋，“一夜”作“一半”。蓋言其風土，深山冥晦，晴雨相半，故曰“一半”，此本亦作“半雨”。又趙松谷《右丞集箋注例略》：摩詰詩所見者，廬陵劉氏須溪、武陵顧氏元緯、句吴顧子可久、吴興凌氏初成，凡四家。而須溪、

① 沈濤《銅熨斗齋隨筆》卷六《蕭方》。案胡仔《苕溪漁隱叢話》前集卷三四引《西清詩話》載王安石論《楚辭》有“歐九不學之過”語。《宋稗類鈔》卷五《博識》亦載劉敞云：“好個歐九，極有文章，可惜不甚讀書。”

② 《讀書敏求記》卷四。牧翁指錢謙益。其《跋王右丞集》見《牧齋初學集》卷八三。

句吴皆作六卷。吴興、武陵二本所載游春詞三十餘首是王涯作，此本獨不誤入，益可知其善矣。①

再如顧千里於元刊本《韓詩外傳》十卷跋云："此綬階袁君三硯齋藏書也。無刊刻序跋歲月，袁君定之爲元本。近從借歸以勘程榮、毛晉諸刻，實遠勝之。如稱《詩》與載王伯厚《詩考》者不異，字句與諸子書每相出入，亦與唐宋人注書及類書所引往往有同者，且其標目分條以至佚字脱句皆未失古意，足正後來不能闕疑之非，即宋本之善應不過是也。"②又傅增湘於一明鈔本《鮑溶詩集》題記云：

此明鈔本，出天一閣舊藏，不分卷第，其式甚古，疑即歐公相傳之本，第其詩較毛刻又少六首，或歷世既久，更有脱佚耶。取汲古閣本校之，訂正凡一百四十四字，兹取前兩卷異字述之，如："宫鴉叫赤光"，不作"宫鷄"；"夢神本無迹"，不作"不無迹"；"萬里隨人去"，不作"萬事"；"迴首九天門"，不作"九仙"；"北築秦民冤"，不作"秦氏"；"萬里防禍源"，不作"禍根"；"宫闕□千門"，不作"啓千"；"一念皎之詩"，"詩"不作"時"；"一望客人還"，不作"容人"；"開閉秦北門"，"秦"不作"奏"；"青塚入内地"，不作"清塚"。其詞旨均勝原本。尤異者，第三卷《憶舊游》詩"幾世身在夢"下，多"百年雲無根，悠悠竟何事"二句，檢閱席本，亦缺，則此本淵源之古可知矣。③

以上例子説明，許多著名學者和藏書家都把校勘當作鑒别古書是否善本的有效方法。

爲了提高文獻的可靠性，藏書家往往都對所藏書籍進行校勘工作。《新唐書・韋述傳》稱其"蓄書二萬卷，皆手校定，黄墨精謹，内秘書不逮也"。在古代的文獻記載中，這種事例幾乎俯拾即是。清初孫從添總結藏

① 《善本書室藏書志》卷二四。蒙叟也指錢謙益。
② 《思適齋集外書跋》經類。
③ 《藏園群書題記》卷五。

書經驗撰成《藏書紀要》一卷，其第四則爲《校讎》，略云：

> 古人每校一書，先須細心紬繹，自始至終，改正字謬錯誤，校讎三四次，乃爲盡善。至於宋刻本，校正字句雖少，而改字不可遽改書上，元板亦然。須將改正字句，寫在白紙條上，薄漿浮簽，貼本行上，以其書之貴重也。凡校正新書，將校正過善本對臨可也。倘古人有誤處，有未改處，亦當改正。明板坊本、新鈔本，錯誤遺漏最多，須覓宋元板、舊鈔本、校正過底本或收藏家秘本細細讎勘，反覆校過，連行款俱要照式改正，方爲善本。若古人有弗可考究無從改正者，今人亦當多方請教博學君子善於講究古帖之士，又須尋覓舊碑版文字，訪求藏書家秘本，自能改正。然而校書非數名士相好聚於名園讀書處，講究討論，尋繹舊文，方可有成，否則終有不到之處。所以書籍不論鈔刻好歹，凡有校過之書，皆爲至寶。

所論校勘應當注意之處，頗爲詳盡，足資矜式。

藏書家精於校勘在客觀上保留了許多古籍善本的原貌，爲科學研究提供了可靠的依據，其成就也應予以充分肯定。校勘工作是從事學術研究，特别是古代典籍研究的起點。而且審慎精密的校勘成果往往可以防止和杜絶許多望文生義的無稽之談，爲獲得正確的結論準備了條件。清管庭芬曾談到陳鱣"晚客吴門，聞黄蕘圃主政百宋一廛，九經三傳各藏異本，於是欣然定交，互携宋鈔元刻，往復易校。校畢，並繫以跋語，以疏其異同，兼誌刊版之歲月、册籍之款式、收藏之印記，莫不精審確鑿，俾經生家如見原書，不至爲俗刻所誤，其功與考定石經無以異"。① 王欣夫也盛贊黄丕烈云："其鑒别精，搜羅富，每一得書，必丹黄點勘，孜孜不倦，務爲善本留真，以待後人研討，存古之功，自不可没。"②這些評價都是符合實際的。

---

① 《經籍跋文跋》。

② 《蕘圃藏書題識再續録跋》。

再次，它也有益於書籍的整理與出版。

書面材料出現錯誤是極其普遍的現象，如王念孫《廣雅疏證》自序云："蓋是書之訛脱久矣，今據耳目所及，旁考諸書以校此本，凡字之訛者五百八十，脱者四百九十，衍者三十九，先後錯亂者百二十三，正文誤入音内者十九，音内字誤入正文者五十七。"陳垣《校勘學釋例》自序亦云："余以元本及諸本校沈刻《元典章》，凡得謬誤一萬二千餘條。"

正因爲書面材料出現錯誤是普遍現象，所以從劉向開始，校勘就成了整理和流布書籍的基本環節。孫德謙《劉向校讎學發微》將劉向等整理書籍的工作歸納爲二十三項内容，其中備衆本、訂脱誤、删複重、辨異同、增佚文、存别義等六項都屬於校勘工作。西漢成帝之前，特别是先秦的古書經過劉向等的精心校勘，保留了一大批定本，爲我國的文化事業作出了巨大貢獻。

唐五代以後，雕版印書盛行，人們仍然把校勘當作整理和出版書籍的基礎工作。在這方面，五代國子監的刻書工作開了一個好頭，當時朝廷專門委派了學有所長的碩儒充當詳勘官。北宋國子監繼承了五代國子監刻書重視校勘的優良傳統。王國維《五代兩宋監本考》卷中《北宋監本》曾録《毛詩正義》校勘經進銜名如下：

廣文館進士臣韋宿書
鄉貢進士臣陳元吉書
承奉郎守大理評事臣張致用書
承奉郎守光禄寺丞臣趙安仁書
勘官承奉郎守大理評事臣秦奭
勘官徵事郎守太子右贊善大夫臣胡令問
勘官承事郎守太子左贊善大夫柱國臣解貞吉
勘官中散大夫國子博士同判國子學柱國臣解損
都勘官朝請大夫守國子司業柱國賜紫金魚袋臣孔維
詳勘官將仕郎守開封府雍丘縣主簿臣孫俊
詳勘官許州觀察支使登仕郎大理寺丞兼監察御史臣王元貞

詳勘官登仕郎守將作監丞臣尹文化

詳勘官登仕郎守光禄寺臣牛韶

詳勘官儒林郎大理寺丞臣畢道昇

朝請郎守國子學丞臣劉弼再校

奉直郎守太子右贊善大夫臣畢道昇再校

朝請郎守殿中丞賜緋魚袋臣胡令問再校

中散大夫守國子祭酒兼尚書工部侍郎柱國會稽縣開國男食邑三百户賜紫金魚袋臣孔維都再校

宣德郎守尚書水部員外郎直史館兼判國子監學賜緋魚袋臣李覺都再校

淳化三年壬辰四月　日朝散大夫給事中參知政事柱國賜紫金魚袋臣李沆等進①

可見刻書時除首先選擇具有一定專業知識的官員寫樣上版外，還設有勘官、詳勘官、都勘官、再校、都再校等多人參與此項工作。一書的刻成，前後需要校勘多遍，以期無誤。

我國古代私家刻書，爲了使所刊書籍臻於完善，也同樣重視校勘，清鮑廷博刻《知不足齋叢書》就是一個例子。其《凡例》有云：

一　是編諸書有向來藏弆家僅有傳鈔而無刻本者，有時賢先輩撰著脱稿而未流傳行世者，有刻本行世久遠舊板散亡者，有諸家叢書編刻而訛脱略未經人勘正者，始爲擇取校正入集。若前人已刻，傳世甚廣，而卷帙更富，概未暇及。

一　舊本轉寫，承訛襲謬。是編每刻一書，必廣借諸藏書家善本參互校讎。遇有互異之處，擇其善者從之，義皆可通者兩存之，顯然可疑而未有依據者仍之，而附注按語於下，從未嘗以己見妄改一字。蓋恐古人使事措辭後人不習見，誤以致疑，反失作者本來也。詳慎於

① 又見島田翰《古文舊書考》卷二。

寫樣之時,精審於刻竣之後,更番鉛槧,不厭再三,以期無負古人。間有未盡,則几塵風葉之喻,前人已難之矣,尚期同志隨時指示,以便刊正。

朱文藻稱鮑廷博"一編在手,廢寢忘食,丹鉛無已時。一字之疑,一行之缺,必博徵以證之,廣詢以求之。有得則狂喜如獲珍貝;不得,雖積累歲月不休。溪山薄游,常携簡策自隨,年幾五旬,精明不憊,懃懃懇懇,若將終身"。① 顧千里亦云:

嘗論刻書之難有三:所據必善本而後可,一難也;所費必多貲而後可,二難也;所校必得人而後可,三難也。此三者不具,終無足與刻書之數,豈非難乎?今之具此三難而以之刻書者,其莫如吾友鮑君以文也。君收儲特富,鑒裁甚精,壯歲多獲兩浙故藏書家舊物。偶聞他處有奇文秘册,或不能得,則勤勤假鈔厥副,數十年無懈倦。其稱説一書,輒舉見刻本,若鈔本、校本凡幾,及某刻本如何,某鈔本如何,不爽一二也。……每定一書,或再勘、三勘,或屢勘、數四勘。祁寒毒暑,舟行旅舍,未嘗造次鉛槧去手也。②

顯然,歷代私家刻書,不少人精於校勘,爲我國典籍的保存與傳播作出了自己應有的貢獻。

現代商務印書館出版的《四部叢刊》之所以享有盛譽,原因之一也是在校勘方面下過很大功夫。例如不少書的底本缺行少頁,編者都作了搜亡補闕的工作。張元濟《重印四部叢刊刊成記》曾舉例説明其事,略云:

古籍傳世遼遠,斷簡闕文、短篇欠葉,恒所不免。至於序跋,詳載鐫印源流,言簿録者尤所珍尚。重印每涉一書,必羅致多本,參考互

① 《知不足齋叢書》卷首朱氏《知不足齋叢書序》。

② 《知不足齋叢書》卷首顧氏《知不足齋叢書序》,亦見《思適齋集》卷一二。

證，挹彼注兹，藉得補正。《管子》原闕《重令》篇一葉，今補全；《白虎通德論》今改用初印元本，增目後第四葉；《李賀歌詩編》無外集，今補以宋本；《權載之文集》《李衛公文集》，今各補佚文若干首；《元氏長慶集》卷十，闕第五、六葉，今據宋本補；《白氏長慶集》卷三十一，闕七十三行，今據錫山華氏活字本補；《李義山文集》卷一，遺四百餘字，今據徐氏箋注本補；《遺山先生文集》卷二十二第五葉後有所殘闕，今據靈石楊氏本補《陽曲令周君墓表》半首；《有學集》據金匱山房重訂本補詩文百餘首；《抱經堂文集》卷三十三，據别本補《盧雅雨墓誌銘》一首；《唐詩紀事》卷三十八、《詩話總龜》卷二十均有闕葉，今各補完。他若《春秋經傳集解》之杜預前後序，《春秋繁露》之樓郁序……漏略雖出原本，究爲全書之玷，今復廣搜舊刊，旁考他籍，爲之裒輯，俾成完璧。①

如果整理出版書籍不事校勘，或校勘不精，甚至妄改，那將會給讀者造成損失。校勘不精之弊以某些坊刻本最爲嚴重，顧廣圻云："南宋時，建陽各坊刻書最多。惟每刻一書，必倩僱不知誰何之人，任意增删换易，標立新奇名目，冀以衒價，而古書多失其真。"②妄改的風氣到了明代越演越烈，顧炎武指出：

萬曆間人，多好改竄古書，人心之邪，風氣之變，自此而始。且如駱賓王《爲徐敬業討武氏檄》，本出《舊唐書》。其曰"僞臨朝武氏"者，敬業起兵在光宅元年九月，武氏但臨朝而未革命也。近刻古文改作僞周武氏，不察檄中所云"包藏禍心，睥睨神器"，乃是未篡之時，故有是言。（越六年，天授元年九月，始改國號曰周）其時，廢中宗爲廬陵王，而立相王爲皇帝，故曰"君之愛子，幽之於别宫"也。不知其人，不論其世，而輒改其文，繆種流傳，至今未已。又近日盛行《詩歸》一書，

① 《涉園序跋集録》。

② 《思適齋集》卷十《重刻古今説海序》。

> 尤爲妄誕。魏文帝《短歌行》:"長吟永嘆,思我聖老。"聖考,謂其父武帝也,改曰"聖老",評之曰:"聖老字奇。"《舊唐書》,李泌對肅宗言:天后有四子,長曰太子宏,監國而仁明孝悌。天后方圖稱制,乃鴆殺之,以雍王賢爲太子。賢自知不免,與二弟日侍於父母之側,不敢明言,乃作《黄臺瓜辭》,令樂工歌之,冀天后悟而哀愍。其辭曰:"種瓜黄臺下,瓜熟子離離。一摘使瓜好,再摘使瓜稀,三摘猶尚可,四摘抱蔓歸。"而太子賢終爲天后所逐,死於黔中。其言四摘者,以況四子也。以爲非四之所能盡,改爲"摘絶"。此皆不考古而肆臆之説,豈非小人而無忌憚者哉?[①]

清黄廷鑑也認爲:"妄改之病,唐宋以前,謹守師法,未聞有此。其端肇自明人,而盛於啓、禎之代,凡《漢魏叢書》,以及《稗海》《説海》《秘笈》中諸書,皆割裂分併,句删字易,無一完善,古書面目全失,此載籍之一大阨也。"[②]某些明刻本的缺點還在於任意改變書名、删削卷數、攙入其他資料。清杭世駿云:

> 古集皆手定,人不一集,集不一名。東坡七集、欒城四集、山谷内外集,明人妄行改竄,第曰東坡、欒城、山谷集而已。朱子集多至三百餘卷,明人編定止四十卷。李綱《梁谿集》多至百三十餘卷,《建炎進退志》及《時政記》附焉。閩中改刻,題曰《李忠定集》,亦止四十卷。前後互易,古人之面目失矣。宋刻兩《漢書》,板縮而行密,字畫活脱,注有遺落可以補入,此真所謂宋字矣。汪文盛猶得其遺意,元大德版,幅廣而行疏。鍾人傑、陳明卿輩稍縮小之,今人錯呼爲宋字,拘板不靈,而紙墨之神氣薄矣。甚至《説文》而傀入《五音韻譜》,《通典》而傀入宋人議論,《夷堅志》而傀入唐人事迹,與元書迥不相謀,明人之

---

① 《日知録》卷一八《改書》。案顧氏所引《舊唐書》分見卷六七《李勣傳》附《孫敬業傳》及卷一一六《承天皇帝倓傳》。《詩歸》明鍾惺撰。其説分見《古詩歸》卷七、《唐詩歸》卷一。

② 《第六絃溪文鈔》卷一《校書説二》。《秘笈》,指陳繼儒編《寶顔堂秘笈》。

妄如此！①

當代出版社如果無知妄改也會受到批評。例如黄世仲的《洪秀全演義》是近代小説史上一部有一定價值的著作，清末先在香港的《新中國報》上連載，《新中國報》被迫停刊後，由《少年報》連載。光緒末年，上海即出版了石印的單行本。一九八一年，上海古籍出版社翻印此書，在出版説明中聲稱對石印本的明顯錯誤“徑予改正，取其文從句順，不另出校記”。結果，嚴重地損害了書的原貌。陳新特撰《還須手下留情》一文提出批評，並舉例道：該書卷首原有一詩：“漢家正統自英雄，百戰如何轉眼空。憑弔金陵天子氣，啼痕猶灑杜鵑紅。”“這是作者追懷太平天國，揭櫫寫作這部小説的主旨，傾向性十分鮮明。就形式來説，是模仿演義小説的格局，《三國演義》即有類似的卷首詞。而八一年本却把這首詩移到了第一回，把卷首詩改成回前詩。這樣，性質就完全變了，不僅隱晦了全書的主題，且這首詩和第一回毫無瓜葛。”②

以上所舉正反兩方面的書證可以説明校勘有益於書籍的整理和出版，認真校勘就能爲文化事業作出貢獻，反之則會造成損害。

---

① 《道古堂集》卷一八《欣託齋藏書記》。汪文盛，明嘉靖間校刻有《漢書》《後漢書》等；鍾人傑，明嘉靖間校刻有《唐宋叢書》等；陳明卿，明人，批注有《南華經》等。

② 載《讀書》一九八三年第二期。

第二章　書面材料錯誤的類型

如前所述，由宋至清，學者們已初步總結了書面材料的錯誤情況。在此基礎上，我們將書籍文字的錯誤歸納爲四種類型：訛——原有文字寫錯了；脱——原有文字弄丢了；衍——增加了原來没有的文字；倒——原有文字變换了位置。有的書面材料只出現一種錯誤類型，我們稱之爲單項錯誤；有的書面材料同時出現兩種或三種錯誤類型，我們稱之爲多重錯誤。以下將分別舉例説明。王念孫爲清代校勘學大師，所著《讀書雜志》集中反映了他校《逸周書》《戰國策》《史記》《漢書》《管子》《晏子春秋》《墨子》《荀子》《淮南内篇》的成果，内容極爲豐富。梁啓超曾指出：其"校法最精最慎，隨校隨釋，妙解環生，實爲斯學第一流作品"。① 因此我們舉例主要依據此書，而以他家輔之。

第一節　單項錯誤

一　訛

訛亦稱誤，是書面材料最常見的錯誤現象。晉葛洪已云："書字，人知

① 《中國近三百年學術史》十四《清代學者整理舊學之總成績（二）——校注古籍辨僞書　輯佚書》。

之，猶尚寫之多誤，故諺曰：'書三寫，魚成魯，虚成虎。'此之謂也。"①

書中訛誤，以錯一、二字爲較多。如《漢書·禮樂志》有云："音聲足以動耳，詩語足以感心。"王念孫認爲"詩語"原文應爲"詩歌"，他説：

自漢以前，無以詩語二字連文者，詩語當爲詩歌，字之誤也。上文曰："和親之説難形，則發之於詩歌詠言，鐘石管弦。"又引《堯典》："詩言志，歌詠言，聲依詠，律和聲，八音克諧。"此文"音聲足以動耳"，承上聲、律、八音而言；"詩歌足以感心"，承上詩、歌而言，則"語"爲"歌"字之誤明矣。《漢紀·孝惠紀》正作"詩歌足以感心"。②

前章所引《吕氏春秋》"三豕涉河"之例，則連錯了兩個字。

還有一句話或一段話錯好幾個字的。例如宋洪邁《容齋四筆》卷二有一段記載：

周益公以《蘇魏公集》付太平州鏤版，亦先爲勘校。其所作《東山長老語録序》云："側定政宗，無用所以爲用；因蹄得兔，忘言而後可言。"以上一句不明白，又與下不對，折簡來問。予憶莊子曰："地非不廣且大也，人之所用容足爾。然而廁足而墊之致黄泉，知無用而後可以言用矣。"始驗"側定政宗"當是"廁足致泉"，正與下文相應，四字皆誤也。

再如宋周必大《二老堂詩話·陶淵明山海經詩》云：

江州《陶靖節集》末載：宣和六年，臨溪曾紘謂靖節《讀山海經詩》其一篇云："形夭無千歲，猛志固常在。"疑上下文義不貫，遂按《山海經》，有云："刑天，獸名，口銜干戚而舞。"以此句爲"刑天舞干戚"，因

① 《抱朴子内篇》卷一九《遐覽》。唐馬總《意林》卷四《抱朴子四十卷》引此作："諺云：'書三寫，魚成魯，帝成虎。'"

② 《讀書雜志·漢書第四·禮樂志·詩語》。

筆畫相近,五字皆訛。岑穰晁詠之撫掌稱善。①

以上例子中的誤字都連在一起,但在多數情况下,誤字倒是不連在一起的。《墨子》卷九《非儒下》有云:"昔大以治人,小以任官;遠施用偏,近以循身。"王念孫云:

> 此文本作"皆大以治人,小以任官;遠施周偏(與徧同),近以脩身"。言君子之行仁義,皆大以治人,小以任官,遠則所施周徧,近則以脩其身也。今本"皆"作"昔","周"作"用","脩"作"循"(隸書脩、循相亂,説見《管子·形勢》篇),則義不可通。②

此例三個誤字皆不相連。

二　脱

書面文字在傳寫中脱去一字或數字稱脱文,亦稱奪文或闕文。孔子已云:"吾猶及史之闕文也。"③可見脱文現象出現甚早。古代簡書因編繩斷爛,在重編時失去一簡或數簡稱爲脱簡,後世因而也稱脱文較多的現象爲脱簡。

脱去一字或數字的現象較爲常見。《戰國策·秦策》有云:"商君治秦,法令至行,公平無私。孝公行之八年,死。惠王代後莅政。"宋姚宏《戰國策注》云:"一本'八'上有'十'字。"王念孫指出:"一本是也。"其説云:

> 《史記·秦本紀》:孝公元年,衛鞅入秦;三年,説孝公變法;五年,爲左庶長;十年,爲大良造;二十二年,封爲商君;二十四年,孝公卒。

① 案此詩異文,歷來有不同看法,參見逯欽立校注《陶淵明集》卷四及王孟白《關於陶集校勘問題》,載《齊齊哈爾師院學報》一九八三年第一期。

② 《讀書雜志·墨子第三·非儒下·昔 用偏 循身》。隸書脩、循相亂的情况詳見《讀書雜志·管子第一·形勢·循誤爲脩》。

③ 《論語注疏》卷一五《衛靈公》。

> 計自爲左庶長，至孝公卒時，已有二十年。又《商君傳》：商君相秦十年而孝公卒。《索隱》曰：案《戰國策》云，孝公行商君法十八年而死。與此文不同者，蓋連其未作相之年説耳。據此則策文本作十八年明矣。①

此脱一字之例。周祖謨云："《洛陽伽藍記》卷一《永寧寺》條：'時太原王（爾朱榮）位極心驕，功高意侈，與奪臧否肆意。''與奪'下脱漏'任情'二字。見《魏書・孝莊帝紀》。"②此脱二字之例。《莊子・天地》篇有云："夫道，覆載萬物者也。"王叔岷認爲這句話脱去了四字，他説：

> 古書無言"道，覆載萬物"者，《鶡冠子・學問》篇注引"覆載"下有"天地"二字。《大宗師》篇言至道"覆載天地"（又見《天道》篇），《淮南子・原道》篇亦云："夫道，覆天載地，化生萬物者也。"疏："虚通之道，包羅無外，二儀待之以覆載，萬物待之以化生。"是其明證。今本脱"天地化生"四字，則文不成義矣。③

也有脱去一句或數句的。如《晏子春秋》外篇云："子胥忠其君，故天下皆願得以爲子。"王念孫校曰："此文原有四句，今脱去中二句，則文不成義。《秦策》云：'子胥忠其君，天下皆欲以爲臣；孝己愛其親，皆欲以爲子。'文義正與此同。下文今爲人子臣云云，正承上四句言之。"④

有的古書在傳寫中甚至脱去數句、數十字。如《莊子・天運》篇有云："孔子曰：吾乃今於是乎見龍。"王叔岷指出：

> 《藝文類聚》九十引，"曰"下有"人如飛鴻者，吾必矰繳而射之"十二字；九六引有"人用意如飛鴻者，爲弓弩射之。如游鹿者，走狗而逐

---

① 《讀書雜志・戰國策第一・秦・八年》。

② 《古籍校勘述例》，載《中國語文》一九八〇年第二期。

③ 《校讎通例》四六《傳寫誤脱》，載《歷史語言研究所集刊》第二十三本下册。

④ 《讀書雜志・晏子春秋第二・外篇重而異者・子胥忠其君二句》。

之。若游魚者,鉤繳以投之”三十字;《御覽》六一七引有“吾與汝處於魯之時,人用意如飛鴻者,吾走狗而逐之。用意如井魚者,吾爲鉤繳以投之”三十四字;《天中記》五六引有“吾與汝處於魯之時,人用意如飛鴻者,吾爲弓弩射之。如游鹿者,吾走狗而逐之。用意若井魚者,吾鉤繳以投之”四十三字。據諸書所引,今本“孔子曰”下,蓋脱“吾與汝處於魯之時,人用意如飛鴻者,吾爲弓弩而射之。用意如游鹿者,吾爲走狗而逐之。用意如井魚者,吾爲鉤繳以投之”四十八字。①

詩詞當然也存在着脱句現象,如《文選·洛神賦》注引《定情詩》尚有“何以消滯憂? 足下雙遠游”二句。有人據此認爲:“則唐以來,此詩之有訛奪,蓋可見矣。”②又如唐圭璋指出:

《玉京秋》爲周密自度曲,宋詞無第二首可校。原詞云:“烟水闊。高林弄殘照,晚蜩淒切。碧砧度韻,銀床飄葉。衣濕桐陰露冷,採涼花,時賦秋雪。嘆輕别。一襟幽事,砌蛩能説。　客思吟商還怯。怨歌長、瓊壺暗缺。翠扇陰疏,紅衣香褪,翻成消歇。玉骨西風,恨最恨、閑却新涼時節。楚簫咽。誰倚西樓淡月。”《欽定詞譜》卷二十四據《詞緯》引周密《蘋洲漁笛譜》此詞,“晚蜩淒切”下尚有“畫角吹寒”一句四字。③

也有脱簡脱葉的,屈萬里曾指出:

家傳户誦的十七史,明以後所流傳的本子,就有許多闕葉。例如《南齊書》,清武英殿本於志第七州郡下,缺十八行。傳第十六,缺十四行又三十字。傳第二十五,缺十四行又四字。傳第二十九,缺十五行又七字。明北監本和汲古閣本,缺處和殿本完全相同。核計這四

① 《校讎通例》四六《傳寫誤脱》,載《歷史語言研究所集刊》第二十三本下册。

② 《游國恩學術論文集·居學偶記》。《定情詩》爲東漢詩人繁欽的作品。

③ 《詞學論叢·讀詞三記》。

處的闕文，應當各佔宋本的一葉。商務印書館影印百衲本二十四史時，好容易找到一個宋本，補起了兩葉（州郡下第三葉和列傳十六第十葉）；其餘兩葉，仍舊没能補起。

又如《魏書·廣平王懷傳》“廣平王懷”下，宋本就注了一個“闕”字，可見在宋時已有殘闕，但究竟闕了多少字，現在已無法知道。《樂志》劉芳上言“先王所以教化黎元，湯武所以”下，明以後的本子，都缺了三百多字，恰合宋本的一葉，而這一葉的闕文，却被陳援庵從《册府元龜》和《通典》分别找出來（詳見《輔仁學誌》第十一卷第一、二合期葉德禄君所作《魏書缺葉補》一文）。《周書》第六卷本紀闕八十八字，也由陳援庵據《册府元龜》補足。①

還有脱篇、脱卷的。例如《漢書·藝文志·六藝略》著録《太史公百三十篇》，注云“十篇有録無書”，可見司馬遷的《史記》在漢代就有十篇已經亡佚。三國魏張晏《漢書注》云：“遷没之後，亡《景紀》《武紀》《禮書》《樂書》《兵書》《漢興以來將相年表》《日者列傳》《三王世家》《龜策列傳》《傅靳蒯列傳》。元、成之間，褚先生（少孫）補缺，作《武帝紀》《三王世家》《龜策》《日者》，言辭鄙陋，非遷本意也。”②再如《文心雕龍·隱秀》篇脱去一頁，後人所補，已非原文。近人黄侃指出：“此紙亡於元時，則宋時尚得見之。惜少徵引者。惟張戒《歲寒堂詩話》引劉勰云：‘情在詞外曰隱，狀溢目前曰秀。’此真《隱秀》篇之文。今本既云出於宋槧，何以遺此二言？然則赝迹至斯愈顯，不待考索文理而亦知之矣。”③顧千里嘗舉一例：“鈐庵殿撰重刊《宋名臣言行録》成，屬爲覆校，因悉心細勘一過，底本有全葉落去者，如《後集》十二卷之十及十三卷之十三、十四是也，皆據别本補之。”④

至於書前脱序及目録，書後脱跋文附録，也往往有之。這些除了無意之脱，還有有意之删；不但有有意之删，而且有有意之增，如張元濟《校史

① 《讀古書爲什麽要講究板本》，載《大陸雜志》二卷七期。援庵，陳垣字。

② 參看《余嘉錫論學雜著·太史公書亡篇考》。

③ 《文心雕龍札記·隱秀第四十》。

④ 《顧千里集》卷九《宋本名臣言行録後序》。

隨筆·宋史·闕葉錯簡彌縫之謬》云:

> 錢大昕《廿二史考異》:孝宗紀淳熙七年十二月,以新除成都府路提點刑獄禄東之權四川制置使應。(成化本卷三十五第七葉尾)監本此下誤以第三十三卷之第十一葉攙入。按錢氏之言,尚微有誤,監本行款與成化本不同,成化本第十五卷第八葉,監本全脱,即以第九葉直接第七葉,文義雖不貫,猶不甚顯,而其所攙入之第三十三卷之第十一葉,亦爲成化本一全葉,乃以列入第三十五卷第九葉之次。其末句爲九月己酉楊存,與第三十五卷第十葉首句甲寅以謝廓然同知樞密院事,文義太不聯接。此葉文字,前見於第三十三卷,相去僅四十七葉,乃全已忘却,漫將楊存二字,改爲地震,以泯其迹,闕葉錯簡,事所恒有,而其謬乃在於不加尋究,擅改原文。猶不止此。成化本第七葉末所載爲七年十二月事,其誤接之第九葉,不及一行,即爲夏四月云云。其中失去八年春季之事,何以全不覺察,一也。第九葉所載,爲夏四月至八月之事,其下誤攙第三十三卷之第十一葉,又復見秋七月,八月之後復見七月,仍不覺察,二也。萬曆重刊監本時,去南監補修廣東刻本,爲時甚近,遇有疑義,何竟不取之一校,且任意作僞以自欺欺人。武英殿本校刊之日,成化舊本,館臣豈一無弆藏,乃亦絶不措意,任其以訛傳訛,官事之不可信如此。

則更是歧中有歧,非細心考索,難以明其究竟了。

三　衍

原稿本無而傳寫中誤增的文字稱衍文,亦稱羨文、衍字。《禮記·檀弓上》云:"天子之哭諸侯也,爵弁經,紂衣。"鄭玄注曰:"天子至尊,不見尸柩,不弔;服麻,不加於采。此言經,衍字也。"可見漢師解經,已注意到這一現象。

衍一字或數字較常見,如《後漢書》卷六十五《鄭玄傳》所録鄭玄《戒子書》云:"吾家舊貧,不爲父母昆弟所容。去廝役之吏,游學周秦之都,往來幽、并、兖、豫之域。獲覲乎在位通人、處逸大儒,得意者咸從奉手,有所授焉。"乾隆六十年(一七九五),阮元在山東學政任内,特地到鄭玄故鄉拜謁他的祠墓,並在積沙中找到了一塊金承安重刻唐萬歲通天史承節撰後漢大司農鄭公碑,發現"《傳》'不爲父母群弟所容',碑無'不'字"。[①] 後來陳鱣見到元大德本《後漢書》,"不爲父母昆弟所容"一句也無"不"字。[②] 顯然鄭玄在給兒子的信中説自己不樂爲吏,"爲父母昆弟所容",比較符合這位漢代大儒的品格和口吻,"不"字當爲衍文。再如《淮南子·氾論》云:"誦先王之詩書,不若聞得其言;聞得其言,不若得其所以言。"王念孫校云:

> "誦先王之詩書","詩"字因上文《詩》《春秋》而衍。先王之書泛指六藝而言,非《詩》《書》之書也。"不若聞得其言,聞得其言",兩"得"字皆因下句"得"字而衍。高注云:"聞聖人之言,不如得其未言時之本意。"則聞下無得字明矣。《文子·上義》篇正作"誦先王之書,不若聞其言;聞其言,不若得其所以言"。[③]

也有衍一句或數句的,如《淮南子·天文》篇云:"天有九野、五星、八風、二十八宿、五官、六府。注曰:'二十八宿,東方角亢氐房心尾箕,北方斗牛女虚危室壁,西方奎婁胃昴畢觜參,南方井鬼柳星張翼軫也。'"王引之校曰:

> "二十八宿"四字,及注二十八宿云云,皆後人所加也。下文於九野、五星、八風、五官、六府皆一一釋之,而不及二十八宿,但於所説九野中,附以其星角亢氐云云,使有二十八宿四字,下文不應不爲解釋,且不應以二十八宿併入九野條内,使綱目不相當也。然則此處原文

---

① 《小滄浪筆談》卷四《封泰山論》。

② 《簡莊綴文》卷三《元大德本後漢書跋》。

③ 《讀書雜志·淮南内篇第十三·氾論·詩書　聞得其言》。高注指《淮南子》高誘注。

無二十八宿四字明矣。①

再如《史記・司馬相如列傳》有云:“揚雄以爲靡麗之賦,勸百風一,猶馳騁鄭衛之聲,曲終而奏雅,不已虧乎?”這幾句話出自《漢書・司馬相如傳》末贊語,用在這兒顯然是衍文。宋王應麟已指出:“《司馬相如傳》贊:揚雄以爲勸百而風一。江氏(家)曰:雄後於遷甚久,遷得引雄辭何哉!蓋後人以《漢書》贊附益之。”②《古詩爲焦仲卿妻作》“新婦初來時,小姑始扶床;今日被驅逐,小姑如我長”四句中也有衍文,清馮舒指出:

> 此四句是顧況《棄婦》詩,宋本《玉臺》無“小姑始扶床,今日被驅逐”十字。《樂府詩集》、左克明《樂府》亦然。其增之者,蘭雪堂活字《玉臺》始也。初看此詩,似覺少此十字不得。再四尋之,知竟是後人妄添。何以言之?逋翁一代名家,豈應直述漢詩,可疑一也。逋翁詩云“及至見君歸,君歸妾已老”,則扶床之小姑,何怪如此?此詩前云“共事二三年,始爾未爲久”,則何得三年未周,長成遽如許耶?正是後人見逋翁詞,妄增入耳,幸有諸本可以確證。今蘇郡刻左氏《樂府》,反據《詩紀》增入,更隔幾十年,不可問矣。③

還有因校刻裝訂者的疏忽造成的複葉重文現象,如清武英殿本《新唐書・方鎮表八》多出第六頁,與第三、四頁重複;《宋史・孝宗紀三》第八頁與《孝宗紀一》第十頁至十二頁重複四百字;《元史・文宗紀五》第九頁與《順帝紀三》第六至七頁重複四百字。④ 這也是校書時所當留意的。

四 倒

倒指原稿文字具存,並無訛誤、缺脱或衍羨,但在流傳過程中,文字的

---

① 《讀書雜志・淮南内篇第三・天文・二十八宿》。

② 《困學紀聞》卷一一《考史》。案:王氏所謂“附益之”者,蓋後人讀《史記》此文時,録《漢書》贊語於其旁以資參證,而轉寫者不知,遽以之入正文,遂傳於後世也。

③ 《詩紀匡謬・新婦初來時小姑始扶床今日被驅逐小姑如我長》。

④ 參看張元濟《涉園序跋集録》:《新唐書》《宋史》《元史》。

先後次序却被弄顛倒了的現象。先後次序被弄顛倒了的文字稱倒文，糾正則稱爲乙正或乙轉。字數較多的倒文習慣上稱錯簡。這其中又有字倒、句倒、篇章倒等不同情況，甚至目録、表格也有錯亂現象。今分類各舉一二例以明之。

甲　字例

最簡單的就是上下兩字被調换了位置。如《淮南子·人間》篇云："家富良馬。"王念孫指出："良馬本作馬良，與家富相對爲文。《漢書》《後漢書注》《藝文類聚》《太平御覽》引此並作'家富馬良'。"①王叔岷補證道："王校是也，《記纂淵海》九八、《事文類聚後集》三八、《天中記》五五引，亦並作'家富馬良'，今本'馬良'二字誤倒。"②再如《史記·秦始皇本紀》云："收天下兵，聚之咸陽，銷以爲鍾鐻，金人十二，重各千石，置廷宫中。"王念孫指出："此當作'置宫廷中'，今本廷字誤在宫字之上，則文不成義。《文選·過秦論》注、《太平御覽·皇王部》引此並作'置宫廷中'，《通鑑·秦紀二》同，'庭'、'廷'古字通。"③

有的倒文則彼此相隔一兩個字或好幾個字。如《莊子·秋水》篇云："於是逡巡而却，告之海曰：夫千里之遠，不足以舉其大；千仞之高，不足以極其深。"王叔岷認爲"海"字當在"曰夫"二字之下。他指出："《藝文類聚》八，《御覽》六十、九三二，《事類賦》六《地部》一，《天中記》九，引'海'字並在'曰夫'二字之下，今本誤錯在'曰夫'二字上，不詞。"④再如《荀子·非相》篇云："談説之術，矜莊以莅之，端誠以處之，堅强以持之，分别以喻之，譬稱以明之。"王念孫認爲"分别"與"譬稱"的位置弄顛倒了。他道：

> "分别"當在下句，"譬稱"當在上句。譬稱所以曉人，故曰"譬稱以喻之"；分别所以明理，故曰"分别以明之"。今本"譬稱"與"分别"互易。《韓詩外傳》及《説苑·善説》篇，引此並作"譬稱以喻之"，"分

---

① 《讀書雜志·淮南内篇第十八·人間·良馬》。

② 《校讎通例》五十《誤倒》，載《歷史語言研究所集刊》第二十三本下册。

③ 《讀書雜志·史記第一·秦始皇本紀·置廷宫中》。

④ 《校讎通例》四五《傳寫誤錯》，載《歷史語言研究所集刊》第二十三本下册。

别以明之”。①

乙　句倒

文句間，特别是並列的文句間常發生相互顛倒的現象。如《老子》第十四章有“迎之不見其首，隨之不見其後”兩句。周祖謨指出：“漢代帛書《老子》乙本作‘隋而不見其後，迎而不見其首’。唐廣明元年焦山《道德經幢》作‘隨之不見其後，迎之不見其首’，與帛書合。今本誤倒。”②再如《淮南子·俶真》篇云：“勢利不能誘也，辯者不能説也，聲色不能淫也，美者不能濫也，智者不能動也，勇者不能恐也。”俞樾認爲：“‘聲色’句當在‘辯者’句前，則聲色貨利以類相從；辯者、美者、智者、勇者，亦以類相從矣。《文子·九守》篇正如此，可據以訂正。”③

丙　錯簡

整段文字被挪動了位置的現象也不乏其例。如今本《管子·七法·爲兵之數》云：“舉之如飛鳥，動之如雷電，發之如風雨，莫當其前，莫害其後，獨出獨入，莫敢禁圉。”同篇《選陣》復云：“有風雨之行，故能不遠道里矣；有飛鳥之舉，故能不險山河矣；有雷電之戰，故能獨行而無敵矣。”而在一九七二年於山東臨沂銀雀山一號漢墓出土的《管子》殘簡中，上面的這兩段話却是連在一起的，作：“動如雷神（電），起如蜚（飛）鳥，往如風雨，莫當其前，莫害其後，獨出獨入，莫能禁止。有風雨之疾，則不萛（難）遠道；有蜚（飛）鳥之起，則□□山河；有雷神（電）之威，則能獨制而無適（敵）。”周祖謨認爲“這些文句的層次很順，今本因簡册錯亂而傳録有誤”。④

下面我們再舉一個通過校勘發現大批錯簡的有名例子。據今本《史記·屈原列傳》，至少有三個問題難以解釋：一、屈原作《騷》之時；二、屈原被放之時；三、子蘭所怒何事。劉永濟經過深入研究，發現《傳》中有錯簡，

① 《讀書雜志·荀子第二·非相·分别　譬稱》。

②④ 《古籍校勘述例》，載《中國語文》一九八〇年第二期。

③ 《古書疑義舉例》卷六《上下兩句易置例》。

如將錯簡加以調整，上述三個問題皆可迎刃而解。因而其所作《史記屈原列傳發疑》一文很受推重，今全録如下：

屈子事迹，僅載於司馬遷《史記·屈原列傳》，而屈傳中有可疑者數處，前人亦曾指出，今即據以立論，略以己意疏通證明之。

一、作騷之時　史遷於“王怒而疏屈平”下，接以“屈平疾王聽之不聰也，讒諂之蔽明也，邪曲之害公也，方正之不容也，故憂愁幽思而作《離騷》”云云，故王逸以來，多以屈子作《騷》在懷王之世。惟梁玉繩《史記志疑》謂《離騷》之文刺子蘭，宜在懷王末年，頃襄王世。今按以本傳此段考之，王逸之説，原無可疑。惟史遷《報任安書》又有“屈原放逐，乃賦《離騷》”之言。然則作騷之時，究在被疏之後，抑在被放之時，史遷一人亦有兩説，理不可通。郭焯瑩作《屈子紀年》，乃謂史公叙賦《騷》之旨於怒疏之後，推本《騷》之繇作，非即賦《騷》於是時也。蓋亦見其難通而爲此揣度之辭也。此可疑者，一也。

二、被放之時　顧炎武《日知録》曰：“《屈原傳》‘雖放流，睠顧楚國，繫心懷王，不忘欲反’。‘卒以此見懷王之終不悟也’。似屈原放流於懷王之時。又云：‘令尹子蘭聞之大怒，卒使上官大夫短屈原於頃襄王，頃襄王怒而遷之。’則實在頃襄王之時矣。放流一節當在此文之下。太史公信筆書之，失其次序。”今按上文曰“王怒而疏屈平”，曰“屈平既絀”，曰“屈平既疏，不復在位”，皆無放流之文，獨於“屈平既嫉之”下曰“雖放流”云云，文義不順，且下文始曰“頃襄王怒而遷之”，故梁玉繩亦以爲“雖放流”至“豈足福哉”一段，當在“頃襄王怒而遷之”下也。此可疑者，二也。

三、子蘭所怒何事　子蘭之怒，爲屈子被放之因。今按本傳於“豈足福哉”下，忽接“令尹子蘭聞之大怒”，不知子蘭之怒爲聞屈子作騷邪？抑爲聞國人咎之，屈子嫉之邪？如曰爲聞作騷，則本傳叙作《騷》在懷王怒而疏屈平之後，時不相及。如曰爲聞國人咎之，屈平嫉之，則中插雖放流一節二百有六字，亦文不相蒙。此可疑者，三也。

總按上舉三疑，皆於屈子行誼文章所關至鉅，學者所當深究。亭林但以史公信筆所書説之,亦恐未允。後世文士以史遷文章奇瑋,遂處處以奇求之,謂此等處爲史公妙筆,尤爲妄説。竊嘗反復尋繹,頗疑史遷之文,初不如此。其間次序,苟非錯簡,必中有脱文。今考"屈平既絀"一段,加"令尹子蘭聞之大怒"至"頃襄王怒而遷之"數句,共四百四十九字,皆述屈子行誼之文,"屈平疾王聽之不聰也"一段,加"雖放流"一段共四百七十六字,皆論屈子行誼文章之文,字數大略相當,其間是否錯簡,惜無古本質正。今姑依顧、梁二氏之説,就今本文句,更定次序如後,而附著鄙見以釋所疑。

"屈原者"至"王怒而疏屈平"。"屈平既絀"至"屈平既嫉之"。"令尹子蘭聞之大怒"至"頃襄王怒而遷之"。"屈平疾王聽之不聰也"至"雖與日月争光可也"。"雖放流,睠顧楚國"至"豈足福哉"。"屈原至於江濱"至"過湘水投書以弔屈原"。

如右所更文次觀之,上舉三疑,皆可通貫。第一,被放之因,乃子蘭聞國人咎之,屈子嫉之也。第二,被放之時,頃襄王即位之元年,秦師壓境取楚十六城之後也。第三,賦騷之時,又當在被放江南之先也。何以言之?觀《離騷》之文,多往復自白之辭,其情致宛轉纏綿,不如《九章》之決絶,而於去留之際,猶再三審度,冀望復用,意殊深切,皆與流放之人情事不合。蓋頃襄爲齊所立,齊者與楚締結從約之國,而己又主從親齊之人也。頃襄内惑子蘭之言,外迫强秦之兵,疏視屈子,日甚一日,此在屈子觀之,或非頃襄本意,今雖不爲所親信,未嘗不可觀時待勢,委曲求全,以申其救國之志也。惟子蘭與己異趣,子蘭一日不與己合,則國事無可爲之望。故《騷》辭每不能忘情於子蘭,一則曰:"予以蘭爲可恃兮,羌無實而容長。"再則曰:"覽椒蘭其若兹,又況揭車與江離。"惋惜之意,溢於言表。以理推之,頃襄即位之初,朝政紛紜必甚,此時屈子之危疑可知。《騷》辭之中,於此種情緒,表示最顯。至子蘭之於屈子,必出於放流,亦勢之不得不然。蓋懷王入秦,屈子所力阻,而子蘭所力勸也。入秦而懷王竟不得反國,國人之怨子蘭可知。此史遷所以有"楚人既咎子蘭以勸懷王入秦"之文,而《項羽本紀》又有"自懷王入秦不反,楚人憐之至今",《楚世家》

叙秦歸懷王之喪於楚,亦有"楚人皆憐之,如悲親戚"之語也。國人憐王之情既深,則其咎子蘭者必至切,咎子蘭者既切,則傾心於屈子者亦必至衆。屈子一旦得衆,則子蘭誤國之罪益不可得免。當此之時,苟令屈子韜光養晦,已在必斥之列,况復嫉之之言,流於道路,子蘭聞之,安得不大怒哉!且其時秦兵壓境問罪。屈子者,秦之所惡也。放流屈子,當亦緩禍之一策。當此之時,使子蘭獨以國家利害爲言,頃襄已不得不從,况更激之使怒邪?以此觀之,其先後事迹,固已憭若黑白矣。

復次,《騷》辭曰"老冉冉其將至兮",曰"予既不難夫離别兮",曰"願依彭咸之遺則",曰"伏清白以死直",皆與懷王十六年時事不合。若爾時初被疏絀,不在高位,不應便以死自矢如此。且懷王十六年屈子年約過三十,不應曰老將至。叔師叙《騷》,亦沿史誤。故上文曰"王乃疏屈原",下文又曰"言已放逐離别,中心愁思,猶依道徑以諷諫君"。後人疑其難通,故或本改"疏"作"逐",李善注《文選》,引此文又作"流"。劉師培《楚辭考異》轉謂作"流"爲長。不知此文之誤,不在"疏"字,乃在叙賦《騷》於懷王疏之時也。然王氏《騷》注中又有"己雖見放流,猶蒔衆香"之語,又有"懷襄二世不明,故群下好蔽忠正之士"之言,足證王氏亦未嘗不謂賦《騷》在頃襄即位之後,其序文之誤,蓋沿遷史也。今以《騷》辭求之,以當時事勢證之,定放流在頃襄即位之後,賦《騷》在被放至江南之前,其文中"濟沅湘"、"就重華"等辭,乃設想如是耳,與《涉江》所言爲親歷者不同。學者幸明辨之,不可以本傳文疑而信之也。

復次,史遷此傳,多採淮南王之文。班固稱武帝愛《騷》,命淮南作傳(傳本作傅,同賦)。王逸稱淮南王安作《離騷章句》,大義粲然。本傳"國風好色而不淫,小雅怨悱而不亂"數句,孟堅序《騷》,彦和辨《騷》,皆以爲淮南王所作傳或章句,皆近理之説。且就行文體勢而論,"屈子疾王聽之不聰",及"雖放流"兩節,顯然與他處不同,又皆論屈子行誼文章之文,非叙事之筆。或謂史公之文,往往叙事中夾議論,此文何獨不然。按《索隱》於"人君無智愚賢不肖"下注曰:"此以下太史公傷楚懷王之不任賢,信讒而不能反國之論也。"則是以此下爲太史公之文,所取淮南王文當盡於"卒以此見懷王之終不悟也"句,説亦近理。此段之後,復叙原事,則仍是叙事中夾議論也。雖别無可質正,以文義求之,要如右所更定者差能貫通。至今本《太史公書》,非盡史遷之舊,爲自來學者所公認。然則予於本文發此三疑,自異鑿空之談矣。

又按作《騷》之時,予别有專條詳論,以爲在懷王二十八年至頃襄王元年,四年之中,非懷王十六年張儀詐楚之時,亦非放逐江南之後。此文係舊作,但就史公屈傳研究,將史公叙作《騷》一段移置於"子蘭聞之大怒""頃襄王怒而遷之"之後,庶可免後人認作《騷》在懷王十六年之誤。至究在懷王三十年入秦以後,頃襄王即位之初,抑在懷王入秦以前,都無確據,要非可早在十六年,遲到放逐江南以後也。又傳中於"屈平屬草"下至"豈足福哉",皆稱屈平,其前後則稱屈原,正足爲史公取材他人之證,附記於此。①

丁　篇章倒

在古籍中整篇整章的文字也可能被調换位置。人們早就注意到了這種現象,如漢鄭玄《詩譜·邶鄘衛譜》云:"《載馳》序云:'懿公爲狄所滅,露於漕邑。'則戴公詩也,在文公下者,後人不盡得其次第,闌於下耳。"《詩譜·豳譜》復云:"召公爲保,周公爲師,相成王,爲左右。周公致政之後,留爲大師。是《狼跋》之作在致政之後也。計此七篇之作,《七月》在先,《鴟鴞》次之,今《鴟鴞》次於《七月》,得其序矣。《伐柯》《九罭》與《鴟鴞》同年,《東山》之作在《破斧》之後,當於《鴟鴞》之下,次《伐柯》《九罭》《破斧》《東山》,然後終以《狼跋》。今皆顛倒不次者,張融以爲簡札誤編,或者次詩不以作之先後。"

再如一九七三年十二月在長沙馬王堆漢墓出土的《老子》帛書甲、乙兩本都是《德經》在前,《道經》在後,而今本《老子》皆《道經》在前,《德經》

---

① 《屈原賦通箋》附《箋屈餘義·史記屈原列傳發疑》。

在後。張政烺説:"關於帛書《老子》中《德經》在前的問題,我以爲古本本來如此,傳世的材料也可以説明這一點,不過久不爲人注意而已。《韓非子》中《解老》《喻老》兩篇,都是先'德'後'道'。今天所見最早的《老子》注解,是西漢嚴遵的《道德真經指歸》,開卷就是《德經》的'上德不德'篇。"①此外,帛書《老子》甲、乙兩本皆不分章,而今本《老子》都分爲八十一章,其次序也頗有不同。高亨、池曦朝指出:"如果也按今本分章,則甲、乙兩本章次相同(與今本章次有不同之處,今本第二十四章,在甲、乙兩本爲第二十二章。今本第四十一章,在乙本爲三十九章,甲本没有此章,大概是抄寫時漏掉了。今本第八十章及八十一章,在甲、乙兩本爲第六十七章及六十八章)。"②

在傳世的其他古書中,也有這種情況。例如一九七二年在山東臨沂銀雀山的漢墓中出土的《孫子兵法》簡書二千多枚,二千四百餘字。與竹簡伴出的,還有一枚記載《孫子兵法》篇題的木牘。其篇次與今本就有一些差别,如今本《虚實》在《軍争》之前,而簡本在《軍争》之後;今本《行軍》在《軍争》之後,而簡本在《軍争》之前;今本《火攻》在《用間》之前,而簡本在《用間》之後。③

戊　目録錯亂

前後兩詩或兩文的標題往往會出現倒置現象,唐圭璋曾舉一例:

稼軒《漢宫春》詞,題作《會稽秋風亭觀雨》云:"亭上秋風,記去年裊裊,曾到吾廬。山河舉目雖異,風景非殊。功成者去,覺團扇、便與人疏。吹不斷,斜陽依舊,茫茫禹迹都無。　千古茂陵詞在,甚風流章句,解擬相如。只今木落江冷,眇眇愁余。故人書報,莫因循、忘却蓴鱸。誰念我、新涼燈火,一編太史公書。"按此首題作"觀雨",詞中却無雨中景象。但在此首前一首,亦有一首《漢宫春》,題作《會稽

① 《座談長沙馬王堆漢墓帛書》,載《文物》一九七四年第九期。

② 《試談馬王堆漢墓中的帛書〈老子〉》,載《文物》一九七四年第十一期。

③ 參看《銀雀山漢墓竹簡〈孫子兵法〉》,文物出版社一九七六年版及李零《〈孫子〉篇題木牘初論》,載中華書局一九八三年版《文史》第十七輯。

蓬萊閣懷古》云:"秦望山頭,看亂云急雨,倒立江湖。不知雲者爲雨,雨者雲乎?長空萬里,被西風、變滅須臾。回首聽,月明天籟,人間萬竅號呼。　　誰向若耶溪上,倩美人西去,麋鹿姑蘇。至今故國人望,一舸歸歟。歲云暮矣,問何不、鼓瑟吹竽。君不見、王亭謝館,冷烟寒樹啼烏。"上片正寫雨中景象。由此可知,《漢宫春》"亭上秋風"一首,當題作《會稽秋風亭懷古》。詞題"觀雨"與"懷古"前後顛倒,當係錯簡。①

一組詩文的目録標題出現錯亂的現象也偶然能見到,如蔣禮鴻、任銘善曾指出:"晉代文學家陸雲寫了一篇《九愍》,是摹仿屈原《九章》的,也是篇題居首,章的小題記於每章之末。但是宋代編刻《陸士龍文集》時,不知道這個道理,把最後一章的題目給删掉,把第一章記在章末的題目誤認爲第二章的題目,第二以下各章附在章末的題目都認爲下章的題目。"②

己　表格内容錯亂

唐顔師古給《漢書》作注時,就已發現表格内容容易錯亂,指出:"諸表列位,雖有科條,文字繁多,遂致舛雜。前後失次,上下乖方,昭穆參差,名實虧廢。今則尋文究例,普更刊整,澄蕩愆違,審定阡陌,就其區域,更爲局界,非止尋讀易曉,庶令轉寫無疑。"③陳垣也説:"表格之用,最重位置,位置一亂,則失其效用。然位置之所以能不亂者,全在横直綫,横直綫一失,而欲位置不亂,難矣。"④例如明徐𤊹《紅雨樓書目》集部宋集部分,用表格排列,甚便觀覽,但往往有書名與姓氏錯置現象。像《安陽集》應在韓琦名上,却安在范鎮名上;《傳家集》應在司馬光名上,却安在周敦頤名上,又把周敦頤的《濂溪集》安在程顥名上。好在一九五七年古典文學出版社的新版,這些錯誤已經得到了糾正。

① 《詞學論叢·讀詞續記》。
② 《古漢語通論》第十九章《目録學知識》五《古書體制》。
③ 《漢書》卷首《叙例》。
④ 《校勘學釋例》卷一《行款誤例》第十一《表格誤例》。

第二節　兩重錯誤

《春秋公羊傳》昭公十二年："春，齊高偃帥師，納北燕伯于陽。伯于陽者何？公子陽生也。子曰：我乃知之矣。"漢何休認爲這段話中的"公子陽生"四字，"公誤爲伯，子誤爲于，陽在，生刊滅，闕"。① 可見古人早就注意到了書面材料的多重錯誤。如果將錯誤情況排列組合，除相疊的情況如一訛再訛之外，兩重錯誤有六種，今述之如次：

一　既訛且脱

《莊子·秋水》篇有云："願以竟内累矣。"王叔岷指出："《文選》潘安仁《秋興賦》注、《藝文類聚》九六、《御覽》九三一、《事類賦》二八《鱗介部》一，引'累矣'並作'累子'。疑'累矣'本作'累夫子'，今本'夫'既誤爲'矣'，又脱'子'字，文意遂不完矣。《御覽》八三四引，正作'累夫子'。"②

《漢書·五行志》有云："宣帝地節四年十月，大司馬霍禹宗族謀反，誅，霍皇后廢。"王念孫認爲這段話中的"十"字當爲"七"字，並脱"八月"二字，他分析道：

> "十月"當爲"七月"，《宣紀》《百官表》及《漢紀》《通鑑》，載誅霍禹事，皆在七月。《太平御覽·咎徵部五》引此志，亦作七月。其"霍皇后廢"上，原有"八月"二字，後人以爲"八月"不當在十月後，故删此二字，而不知"十月"爲"七月"之訛也。《宣紀》及《漢紀》《通鑑》載廢霍后事，皆在八月。《太平御覽》引此志亦云："八月，霍皇后廢。"③

《論衡·超奇》篇有云："孫叔敖决期，令君之兆著。"孫詒讓指出："'期'下當捝'思'字，'君'當爲'尹'。《淮南子·人間訓》云：'孫叔敖決期

---

① 《春秋公羊傳注疏》卷二二注。

② 《校讎通例》四八《既誤且脱》，載《歷史語言研究所集刊》第二十三本下册。

③ 《讀書雜志·漢書第五·五行志·十月　霍皇后廢》。

思之水,而灌雩婁之野,莊王知其可以爲令尹也。'"①

吴孟復指出:"《全唐詩外編》中收入某一補輯本,中有褚亮《梁父吟》,仔細一看,却是諸葛亮的《梁父吟》中六句。從《藝文類聚》到王士禎《古詩箋》皆標爲諸葛亮作。大約由'諸'與'褚'形近而訛,又脱葛字,輯者便認作另有一褚亮了。"②

二　既訛且衍

《戰國策·楚策》有云:"黄雀俯噣白粒,仰棲茂樹,鼓翅奮翼,自以爲無患,與人無争也。不知夫公子王孫,左挾彈,右攝丸,將加乎十仞之上,以其類爲招,晝游乎茂樹,夕調乎酸鹹。倏忽之間,墜於公子之手。"王念孫認爲其中"類"係"頸"之誤字,"倏忽之間,墜於公子之手"爲衍文。其説云:

> "以其類爲招","類"當爲"頸"字之誤也。招,的也。言以其頸爲準的也。(《吕氏春秋·本生》篇曰:"萬人操弓,共射一招。"高注:"招,埻的也。"《别類》篇曰:"射招者,欲其中小也。")《文選》阮籍《詠懷》詩注,引此作"以其頸爲昀"。《藝文類聚·鳥部》《太平御覽·羽族部》並引此云:"左挾彈,右攝丸,以加其頸。"姚曰:"《春秋後語》云'以其頸爲昀',昀或爲招。"(以上姚校本語)招、昀古聲相近,故字亦相通也。(凡從勺聲之字,古音皆屬宵部,故昀從勺聲而通作招。《説文》:杓,從木,勺聲,甫摇切。尥,從尢,勺聲。《玉篇》:平交、力弔二切,皆其例也。)"倏忽之間,墜於公子之手。"姚云:《三同集》無此十字,曾云一本有。念孫案:無此十字者,是也;一本有者,後人妄加之耳。夕調乎酸鹹,謂烹之也。既烹之矣,何又言倏忽之間,墜於公子之手乎!下文説黄鵠之事,至晝游乎江河,夕調乎鼎鼐,以下更不贅一語。此獨於"夕調乎酸鹹"之下加二語以成蛇足,甚無謂也。《文

---

① 《札迻》卷九《論衡·超奇篇》。

② 《古籍點校疑誤彙録》三《古詩古文校注得失例談》。案:此見《全唐詩外編》第四編童養年《全唐詩續補遺》卷一。

選》詠懷詩注，及《藝文類聚》《太平御覽》引《戰國策》，並無此十字。《新序・雜事》篇亦無此十字。①

《燕丹子》卷下有云："民氏日，太子置酒請軻。"孫星衍校曰："'民氏'，疑'昏昏'之訛。"孫詒讓指出：

"民氏日"固不可通，孫疑作"昏昏日"亦未安，疑"民"乃"后"之訛，"氏"則衍文也。"后"與"後"同。後文云："後日，與軻之東宫，臨池而觀。"又云："後日，軻從容曰。"可證。②

繆元朗云："近讀上海古籍出版社出版的校點本《開元天寶遺事十種》，輯校者在《開元天寶遺事》的《後記》中説是'以《顧氏文房小説》本爲底本，參校《五朝小説大觀》本、《唐代叢書》本'校點而正今本的。因爲所據版本不多，故在校勘、標點中不免疏失。"如《鬥花》有云："長安王士安，春時鬥花，戴插以奇花多者爲勝，皆用千金市名花植於庭苑中，以備春時之鬥也。"繆氏指出：

此處"王士安"應爲"士女"，"王"與"士"形近而衍，"安"與"女"形近而誤。鬥花就是賽花，不是個人的活動，否則何辨勝負，而且王士安一人"用千金市名花植於庭苑中"，前面就不該再有"皆"字了。所以"王士安"應據《唐人説薈》《説庫》本，改爲"士女"。③

此亦既訛且衍之一例。

三　既訛且倒

《説苑・善説》篇有云："今夕何夕兮，搴中洲流。"盧文弨《群書拾補》

---

① 《讀書雜志・戰國策第二・楚・以其類爲招　倏忽之間墜於公子之手》。高指東漢高誘，姚指南宋姚宏。

② 《札迻》卷七《燕丹子》卷下。

③ 《古籍點校疑誤彙録》四《〈開元天寶遺事〉校點商榷》。

校曰:"'中洲',《御覽》作'舟中',《書鈔》無'洲'字。"孫詒讓指出:"《玉臺新詠》亦作'搴舟中流'是也。今本'舟'誤作'洲',又倒著'中'下,遂不可通。"①

《漢書·五行志》有云:"成帝建始三年十月丁未,京師相驚言大水至。渭水虒上小女陳持弓,年九歲,走入横城門,入未央宫。尚方掖門、殿門門衛户者莫見,至句盾禁中而覺得。"王念孫認爲"十月"當爲"七月","門衛户者"當爲"門户衛者","而覺得"當爲"覺而得",他分析道:

> "十月"當爲"七月",字之誤也。《成紀》曰:建始三年秋,關内大水。七月,虒上小女陳持弓,聞大水至,走入横城門云云,是其證。《開元占經·人占》篇引《五行志》,正作七月也。又案"門衛户者"當作"門户衛者",言門户之衛者,皆莫之見也。今作"門衛户者",則文不成義。《開元占經》引此,正作"門户衛者"。又"至句盾禁中而覺得",師古曰:"覺得,事覺而見執得也。"案此當作"至句盾禁中(句)覺而得(句)"即師古所謂事覺而見執也,今作"而覺得",亦文不成義。《漢紀·孝成紀》正作"覺而得"。②

胡迎建曾指出:宋邵雍的詩"《首尾吟》'車穩如茵草上歸',宋本作'草嫩如茵車上歸'。明本'草'訛爲'車',復改'嫩'爲'穩',又將'車'誤爲'草',遂使文義不通。證之以《南園晚步思亡弟》'南園之南草如茵',可知明本誤"。③ 顯然,宋本這句詩中的"草""車"兩字被弄顛倒了,"嫩"字又被訛作"穩"字。

四 既脱且衍

《吕氏春秋·忠廉》篇有云:"摯執妻子。"王叔岷認爲此句脱一"其"字、衍一"摯"字或"執"字。其説云:"此當作'摯其妻子',或作'執其妻

---

① 《札迻》卷八《説苑·善説》。

② 《讀書雜志·漢書第五·五行志·十月 門衛户者 而覺得》。

③ 《新發現的宋刻本邵堯夫詩集》,載《古籍整理出版情況簡報》第一九三期。

子’。摯、執古通。今本作‘摯執妻子’，蓋一本‘摯’作‘執’，寫者誤合之，又奪‘其’字耳。《文選》鄒陽獄中上書注引，正作‘執其妻子’。”①

《史記·滑稽列傳》云：“女雖長，何益？幸雨立。我雖短也，幸休居。”王念孫認爲“‘幸雨立’本作‘雨中立’，今本‘雨’上‘幸’字，涉下‘幸休居’而衍，又脱去‘中’字，遂致文不成義。《太平御覽·天部》引此作‘幸雨立’，亦後人依《史記》改之。《初學記·人部》，《御覽》人事部、樂部引此並作‘雨中立’”。②

宋周邦彦《清真詞》卷下《迎春樂》有云：“人人艷色明春柳。”大鶴山人鄭文焯校曰：“元本‘艷色’作‘花艷’。”蔣禮鴻肯定了鄭的意見，並申論云：

> 上卷十九頁後《玉樓春》云：“大堤花艷驚郎目。”本卷四頁前《六么令》云：“華堂花艷對列，一一驚郎目。”陳元龍於《六么令》注引梁武帝《襄陽歌》：“大堤諸女兒，花艷驚郎目。”是則花艷爲美成所常用，且有所本，此當從元本。③

可見《迎春樂》中花艷之誤爲艷色，乃脱一“花”字，衍一“色”字所致。

五　既脱且倒

《莊子·天地》篇云：“厲之人，夜半生其子，遽取火而視之，汲汲然唯恐其似己也。”王叔岷指出：“‘夜半生其子’，元纂圖互注本無‘其’字，《記纂淵海》五十引同。有‘其’字不詞。《白帖》七、《御覽》三八二引，亦並無‘其’字，子下有‘其父’二字，屬下讀，當從之。今本‘其’字誤錯在‘子’字上，又脱‘父’字也。”④

《莊子·山木》篇云：“功成者隳，名成者虧，孰能去功與名，而還與衆

① 《校讎通例》四二《兩字誤合入一句》，載《歷史語言研究所集刊》第二十三本下册。

② 《讀書雜志·史記第六·滑稽列傳·幸雨立》。

③ 《懷任齋文集·大鶴山人校本〈清真詞〉箋記》。

④ 《校讎通例》四七《既錯且脱》，載《歷史語言研究所集刊》第二十三本下册。

人?”奚侗指出:“《管子·白心》篇:‘功成者隳,名成者虧,孰能去名與功,而還與衆人同?’房玄齡注:‘君棄功名,則與衆不異。’《管子》以隳、虧爲韻,功、同爲韻,本書‘功’、‘名’二字誤倒,人下又挩‘同’字,既失其義,又失其韻矣。當據《管子》訂補。”①

以上皆既脱且倒之灼然可見者。

六　既衍且倒

《墨子·大取》篇云:“愛衆衆也,與愛寡也相若。兼愛之有相若。愛尚世與後世,一若今之世人也。”王引之云:“‘愛衆衆也’,下‘衆’字衍,當作‘愛衆也,與愛寡也相若’。‘今之世人’,當作‘今世之人’。‘今世’與‘尚世’(尚與上同)、‘後世’相對爲文也。”②

《晏子春秋·内篇問下》云:“吾聞之,莫三人而迷,今吾以魯一國迷慮之,不免於亂,何也?”王念孫指出:

> 既言迷,不當更言亂,此迷字蓋涉上迷字而衍。魯字當在“不免於亂”上。“今吾以一國慮之,魯不免於亂”者,“以”,猶與也。言吾與一國慮之,而魯猶不免於亂也。《韓子·内儲説》作“今寡人與一國慮之,魯不免於亂”,是其證。今本“迷”字重出,“魯”字又誤在“一國”上,則文不成義。③

第三節　三重錯誤

除重疊現象外,若將錯誤情況排列組合,三重錯誤有二十四種可能;但在一段話中,同時發生三重錯誤,在古書流傳中出現較少,改正較難,因而其準確率也不高。今僅就有代表性的四種情況各舉數例,以見一斑。

---

① 《莊子補注》卷三。
② 《讀書雜志·墨子第四·大取·愛衆衆也　一若今之世人也》。
③ 《讀書雜志·晏子春秋第一·内篇問下·今吾以魯一國迷慮之不免於亂》。

一　既訛且脱又衍

《管子・明法解》云:“明主之治國也,案其當宜,行其正理。”王念孫指出:“《群書治要》作‘案賞罰行其正理’是也。下文‘當賞’、‘當罰’即承此句而言。今本‘賞’字作‘其當’二字,涉下文‘其當賞者’而誤,又脱一‘罰’字,衍一‘宜’字。”①

《墨子・經説下》云:“論誹誹之可不可,以理之可誹,雖多誹,其誹是也。其理不可非,雖少誹,非也。”王引之認爲這段話“當作‘論誹之可不可,以理之可誹不可誹。理之可誹,雖多誹,其誹是也;其理不可誹,雖少誹,非也。’今本‘論誹’下,衍‘誹’字,‘以理之可誹’下,脱‘不可誹,理之可誹’七字,‘其理不可誹’,‘誹’又訛作‘非’”。②

《史記・越王句踐世家》云:“吾不貴其用智之如目見豪毛而不見其睫也。”王念孫指出:“此文本作‘吾患其用智之如目,見豪毛而不自見其睫也’。只因‘患’訛作‘貴’,後人不得其解,遂於‘貴’上加‘不’字耳。”王氏還指出:“不自見其睫,今本脱‘自’字。《太平御覽・人事部七》引此有‘自’字。”③

二　既訛且脱又倒

《管子・心術下》云:“是故内聚以爲原,泉之不竭,表裏遂通。泉之不涸,四支堅固。能令用之,被服四固。是故聖人一言解之,上察於天,下察於地。”王念孫校曰:

> “以爲原”,當依《内業》篇作“以爲泉原”。下文“泉之不竭”,即承此句言之。劉以爲缺“泉”字,是也。“表裏遂通”,“通”當爲“達”,“達”與“竭”爲韻。“被服四固”當爲“被及四圄”。據尹注,但言“被及”而不言“被服”,則正文本作“被及”明矣。服字右半與及相似,故

① 《讀書雜志・管子第十・明法解・案其當宜》。
② 《讀書雜志・墨子第四・經説下・論誹誹之可不可》。
③ 《讀書雜志・史記第三・越王句踐世家・不貴　不見》。

及誤爲服。"圄"與"固"亦相似,又涉上文"堅固"而誤耳。圄即圉字也。孫炎注《爾雅》曰:"圉,國之四垂也。"此言被及四圄,察於天地。《内業》篇言"窮天地,被四海",其義一也。不言四海,而言四圄者,變文協韻耳。"一言解之",當依《内業》篇,作"一言之解"。解與地爲韻,尹注皆非。①

《淮南子·脩務》篇云:"今鼓舞者,繞身若環,曾撓摩地,扶於猗那,動容轉曲,便媚擬神,身若秋葯被風,髮若結旌,騁馳若騖。"高誘注曰:"扶轉周旋,更曲意更爲之。"王念孫指出:

高注傳寫脱誤,當作"扶於周旋也。轉,更也。曲竟更爲之"。今本脱去"於"字、兩"也"字,"轉"字誤在"周旋"上,"竟"字又誤作"意",遂致文不成義……《太平御覽·樂部十二》引高注作:"轉,更也。曲竟,更爲之。"是其證。②

三　既訛且衍又倒

《荀子·君道》篇云:"以天下之王公莫好之也,然而于是獨好之;以天下之民莫欲之也,然而于是獨爲之。好之者貧,爲之者窮,然而于是獨猶將爲之也。"王念孫曰:

三"于是"皆義不可通,當依《外傳》作"是子"。"是子"二字,對上文"王公"與"民"而言。下文曰:"非于是子莫足以舉之,故舉是子而用之。"是其證。今本作"于是"者,"是子"訛爲"是于",後人因改爲"于是"耳。"莫欲之"亦當依《外傳》作"莫爲之"。"莫好之"與"獨好之"相應,"莫爲之"亦與"獨爲之"相應,今本作"欲之",則既與"爲之"不相應,又與"好之"相複矣。"于是獨猶將爲之"當作"是子猶將爲

① 《讀書雜志·管子第六·心術下·以爲原　表裏遂通　被服四固　一言解之》。劉指劉績,尹指尹知章。

② 《讀書雜志·淮南内篇第十九·脩務·扶於　便媚　若騖》。

之”,言雖好之者貧,爲之者窮,而是子猶將爲之也。“猶”上不當有“獨”字,蓋涉上文兩“獨”字而衍,《外傳》無。①

《淮南子・説林》篇云:“屠者羹藿,爲車者步行,陶者用缺盆,匠人處狹廬。”王念孫指出:

> “羹藿”本作“藿羹”,“藿羹”與“步行”相對爲文,諸書多言“藿羹”,無言“羹藿”者,此寫者誤倒也。“爲車者步行”本作“車者步行”,古者百工各以其事爲名,故《考工記》曰:“攻木之工,輪輿弓廬匠車梓。”此言車者,猶《考工記》言車人也。後人誤以車爲車馬之車,故又加“爲”字耳。“陶者”本作“陶人”,與“匠人”相對爲文,今本人作者,因上二句而誤。“盧”與“廬”同。道藏本、劉本均作盧,莊改“盧”爲“廬”,未達假借之義。《太平御覽・器物部三》引此正作:“屠者藿羹,車者步行,陶人用缺盆,匠人處狹盧。”②

《論衡・治期》篇云:“吏百石以上,若升食以下。”孫詒讓指出:“此當作‘吏百石以下,斗食以上’,今本‘下’‘上’互易,又訛‘斗’爲‘升’,遂不可通。《漢書・百官公卿表》云:‘縣百石以下,有斗食佐史之秩,是爲少吏。’顔《注》引《漢官名秩簿》云:‘斗食月俸十一斛。’是也。”③

四　既脱且衍又倒

《淮南子・説山》篇云:“信有非禮而失禮。”王念孫指出:“當作‘信有非而禮有失’。下文‘此信之非,此禮之失’,皆承此句言之。今本‘而禮’二字誤倒,又脱一‘有’字,衍一‘禮’字,遂致文不成義。”④

---

① 《讀書雜志・荀子第四・君道・于是　莫欲之　獨猶將爲之》。

② 《讀書雜志・淮南内篇第十七・説林・羹藿　爲車者　陶者　狹盧》。劉本,指明劉績本。莊指清莊逵吉。

③ 《札迻》卷九。

④ 《讀書雜志・淮南内篇第十六・説山・禮而失禮》。

又《淮南子・人間》篇云:"夫走者,人之所以爲疾也;步者,人之所以爲遲也。今反乃以人之所爲遲者反爲疾。"王念孫校曰:"此當作'今乃反以人之所以爲遲者爲疾'。上文曰:'此衆人所以爲死也,而乃反以得活。'即其證。今本'乃反'二字誤倒,又脱一'以'字,衍一'反'字。"①

一九八二年中華書局版《東京夢華録注》卷八《秋社》云:"人家婦女皆歸外家,晚歸即外公姨舅皆以新葫蘆兒、棗兒,俗云宜良外甥。"劉益安認爲這段話"文字晦澀,很難理解。查《歲時廣記》,引文作:'人家婦女皆歸外家,晚即歸;外公姨舅皆以新葫蘆兒、棗兒爲遺。俗云:是日歸寧,宜外甥。'據此,至正本'歸即'爲'即歸'之誤,脱'是日歸寧',衍一良字,致使原文不可卒讀"。②

① 《讀書雜志・淮南内篇第十八・人間・今反乃以人之所爲遲者反爲疾》。
② 《對新版〈東京夢華録〉注本質疑》,載《河南師大學報》一九八三年第四期。

第三章　書面材料發生錯誤的原因

書面材料發生錯誤的原因大致有兩種：一種是由客觀因素造成的，如風吹、日曬、火燒、水浸、蟲蛀等自然現象導致書面材料的亡佚、殘缺或模糊不清；一種是由主觀因素造成的。後者又有無心之誤與有心之誤兩種情況，如王念孫《讀淮南雜志叙》云："凡所訂正，共九百餘條。推其致誤之由，則傳寫訛脱者半，憑意妄改者亦半也。"陳垣《校勘學釋例・序》也稱沈家本刻《元典章》，"其間無心之誤半，有心之誤亦半"。無心之誤是由疏忽、錯覺等心理因素造成的，有心之誤則出於誤改。我們將於以下各節作進一步的探討。

第一節　致訛的原因

致訛的原因主要是人們在傳寫或刊印書籍時，對原稿或底本的字形、字音、詞義等的誤解。誤解導致誤改，其原因和呈現的形態也很複雜。今略述如次：

一　因形近而訛

不少漢字的字形相近，極易混淆。前引《抱朴子・遐覽》篇："書三寫，魚成魯，虚成虎。"説的就是這個問題。

如《淮南子・説林》云："褰衣涉水，至陵而不知下，未可以應變。"王念孫指出："陵當爲陸，字之誤也。陸與水相對，作陵則非其指矣。《意林》引此正作陸。"①

司馬遷《報任少卿書》首句云:"太史公牛馬走司馬遷再拜言。"宋吴仁傑指出:"牛當作先,字之誤也。《淮南書》曰:'越王勾踐親執戈爲吴王先馬走。'"②"先馬走"猶後世所謂馬前走卒。劉向《晏子書録》就已指出了以"先"爲"牛"的現象。此外牛與午之間也易寫錯。張鷟曾判唐給事中楊珍奏狀以崔午爲崔牛之誤,斷笞三十,徵銅四斤。③

《王利器論學雜著》之《杜集校文釋例》二十三《形近之誤》云:"宋本卷第十五《寒雨朝行視園樹》:'丹桔黄甘此地無。'錢鈔本'此地'作'北地',是。按:此爲夔州詩,前《暮春題瀼西新賃草屋五首》方云:'此邦千樹桔。'何得遽云'此地無'呢?則作'此地無'者,決知其誤。"

二　因偏旁而訛

在因形近而訛的現象中,因偏旁而訛占的比重相當大。

甲　因誤增偏旁而訛

《新論·九流》篇云:"農者,神農、野老、宰氏、范勝之類。"孫詒讓指出:"'范'當爲'氾'。《漢志》農家《氾勝之》十八篇。"④

中華書局標點本《舊唐書》卷一八八《羅讓傳》謂讓"累遷至福建觀察使兼御史中丞,甚著仁惠。有以女奴遺讓者,讓問其所因。曰:本某等家人。兄姊九人,皆爲官所賣,其留者唯老母耳。讓慘然,焚其券書,以女奴歸其母"。修月云:

> 該女奴自謂"本某等家人","某等"是複數,一個女奴怎能分屬數人?故扞格不通。按《太平御覽》卷五百人事部《奴婢》條所載謂:"有以女奴遺讓者,讓訪其所自,曰:'本某寺家人,兄姊九人,皆爲官所鬻,其留者唯老母耳。'讓慘然,焚其丹書,以歸其母。"因知《舊唐書》

① 《讀書雜志·淮南内篇第十七·説林·至陵》。

② 《兩漢刊誤補遺》卷七《太史公》四。

③ 見《龍筋鳳髓判》卷一。

④ 《札迻》卷十。

本傳“某等”爲“某寺”之誤。①

胡迎建《新發現的宋刻本邵堯夫詩集》云:“《觀棋大吟》:‘竇鄧緣中饋’,‘饋’宋本作‘貴’,指顯貴内臣。李白《古風》:‘中貴多黄金’。明本增‘食’旁。”②

乙　因誤减偏旁而訛

《論衡·累害》篇云:“是故魏女色艷,鄭袖鼻之。”孫詒讓指出:“‘鼻’當爲‘劓’。事見《戰國策·楚策》及《韓非子·内儲説下·六微篇》。”③

《淮南子·詮言》篇云:“生有以樂也,死有以哀也。”蔣禮鴻指出:“生宋本作性,是也,當據改。死字衍。性有以樂也有以哀也作一句讀。下云:‘今務益性之所不能樂,而以害性之所以樂,故雖富有天下,貴爲天子,而不免爲哀之人。’正承此句而言,豈云死而後哀哉? 性誤作生,校者乃輒加死字耳。”④

丙　因誤换偏旁而訛

《史記·殷本紀》云:“於是紂乃重刑辟,有炮烙之法。”段玉裁云:“炮烙本作炮格。江鄰幾《雜志》引陳和叔云:‘《漢書》作炮格。’今案《索隱》引鄒誕生云:‘格,一音閣。’又云:‘爲銅格,炊炭其下,使罪人步其上。’又楊倞注《荀子·議兵》篇,音古責反。觀鄒楊所音,皆是格字無疑。鄭康成注《周禮·牛人》云:‘互,若今屠家縣肉格。’意紂所爲亦相似。庋格、庋閣,兩音皆可通。《吕氏春秋·過理》篇云:‘肉圃爲格。’高氏注:‘格以銅爲之,布火其下,以人置上,人爛墮火而死。’《列女傳》所説亦相類。是其爲格顯然,而不但以燔灼爲義。今諸書皆爲後人改作炮烙矣。”王念孫補充道:“段説是也。韓子《喻老》篇曰:‘紂爲肉圃,設炮格,登糟邱,臨酒池。’肉圃、炮格、糟邱、酒池,皆相對爲文。今改炮格爲炮烙,則文不相對矣。《難勢》篇又云:‘桀紂爲高臺深池,以盡民力,爲炮格以傷民性。’言設言

---

① 《〈舊唐書〉勘誤一例》,載《中國史研究》一九八四年第一期。

② 載《古籍整理出版情况簡報》第一九三期。

③ 《札迻》卷九。

④ 《懷任齋文集·〈淮南子〉校記》。

爲,則必有所設所爲之物。今改炮格爲炮烙,則不知爲何物矣。"①

胡迎建《新發現的宋刻本邵堯夫詩集》云:"《觀棋大吟》:'今日之所强,明日之或羸。''羸',宋本作'羸',與'强'義相反而對仗,明本改'羸'下部'羊'爲'女',義不通。"②

三　因字體變化而訛

漢字字體始終處於發展變化之中,書面材料當然也會隨之不斷地有所改易,這在客觀上也會造成一些新的錯誤。誠如孫詒讓《札迻·自序》所説:"秦漢文籍,誼恉奧博,字例文例多與後世殊異,如荀卿書之'案',墨翟書之'唯毋',晏子書之以'敚'爲'對',淮南王書之以'士'爲'武',劉向書之以'能'爲'而',驟讀之,幾不能通其語。復以竹帛梨棗,鈔刊婁易,則有三代文字之通叚,有秦漢篆隸之變遷,有魏晉正艸之�淆,有六朝唐人俗書之流失,有宋元明校槧之羼改,逵徑百出,多歧亡羊,非覃思精勘,深究本原,未易得其正也。"下面我們就對因字體變化造成的訛誤作些分析。

甲　因古字而訛

《戰國策·趙策》云:"夫用百萬之衆,攻戰踰年歷歲,未見一城也。"王念孫云:"見當爲㝵。㝵,古得字,形與見相近,因訛爲見。下句曰'今不用兵而得城七十',即其證也。《史記·趙世家》正作'未得一城'。"③

《晏子春秋·内篇雜下》云:"名山既多矣,松柏既茂矣,望之相相然,盡目力不知厭。"王念孫校云:"相相二字,於義無取。相當爲梱(音忽)。《説文》:'梱,高貌,從木曶(音忽)聲。'故山高貌亦謂之梱。梱與相字相似,世人多見相,少見梱,故梱誤爲相。此言'望之相相然',下言'登彼相相之上',則相爲梱之誤明矣。"④

對此,王念孫還在《讀書雜志·淮南内篇第二十二》後序中説:"有因

① 段説見盧文弨《鍾山札記》卷二《炮格》。王説載《讀書雜志·史記第一·殷本紀·炮烙》。

② 載《古籍整理出版情况簡報》第一九三期。

③ 《讀書雜志·戰國策第二·趙·未見一城》。

④ 《讀書雜志·晏子春秋第二·内篇雜下·相相然》。

古字而誤者。《時則》篇：‘孟秋之月，其兵戉’，‘戉’，古鉞字也，而各本乃誤爲戈矣。《齊俗》篇：‘煎敖燎炙，齊咊，萬方。’‘齊’讀爲劑，‘咊’即甘受和之和。咊與味字相似，而各本遂誤爲味矣。《脩務》篇：‘感而不應，敀而不動。’‘敀’，古迫字也，而各本乃誤爲攻矣。”

乙　因籀文而訛

《莊子·山木》篇云：“舜之將死，真泠禹曰：女戒之哉。”陸德明指出：“真，司馬本作直。泠音零。禹，司馬云：‘泠，曉也。謂以直道曉禹也。’泠，或作命，又作令。命猶教也。”①王引之云：“直當爲卥。卥，籀文乃字，隸書作迺。卥形似直（繹山碑：“乃今皇帝”，乃字作卥，形似直字），故訛作直，又訛作真。命與令古字通。作命作令者是也。卥令禹者，乃命禹也。”②

丙　因篆文而誤

《商子·境内》篇云：“内通則積薪，積薪則燔柱。”孫詒讓云：“‘内’當爲‘穴’，篆文相似而誤。《墨子·備穴》篇云：‘古人有善攻者，穴土而入，縛柱施火，以壞吾城。’即穴攻之法也。”③

《戰國策·秦策》云：“秦王愛公孫衍，與之間有所立。”王引之云：“‘間有所立’四字，文不成義。立當爲言，間私也，謂與之私有所言也，故下文即云：‘因自謂之曰：寡人且相子。’篆文言字作，隸作，因訛而爲立。《韓子·外儲説》右篇，正作‘間有所言’。”④

丁　因隸書而誤

《史記·秦始皇本紀》云：三十三年，“西北斥逐匈奴。自榆中並河以東，屬之陰山，以爲三十四縣，城河上爲塞。又使蒙恬渡河，取高闕、陶山、北假中，築亭障以逐戎人”。王念孫以爲：“陶山之名不見於各史志。陶當爲陰，隸書陶字或作陰，陰字或作陰，二形相似，故陰訛陶。《水經·河水

① 《經典釋文》卷二七。“司馬本”批司馬彪《莊子注》。

② 《讀書雜志》餘篇上《莊子·真泠禹曰》。

③ 《札迻》卷五。

④ 《讀書雜志·戰國策第一·秦·間有所立》。

注》:'秦始皇逐匈奴,並河以東,屬之陰山。'今本陰訛作陶,即其證也。"①

《論衡·謝短》篇:"服革於腰,佩刀於右,舞劍於左,何人備?"孫詒讓指出:"'舞'當作'帶',隸書'帶'字或作'帶',又變作'帶'(《禮記·雜記》'率帶',《釋文》云:'本又作帶。'漢孟郁脩《堯廟碑》《張壽碑》'帶'並作'帶'),與'舞'形近而誤。"②

戊　因草書而訛

《淮南子·原道》篇:"是故鞭噬狗、策蹏馬而欲教之,雖伊尹、造父弗能化,欲寅之心亡於中,則飢虎可尾,何況狗馬之類乎?"王念孫校云:

> "欲寅之心","寅"當爲"宍",字之誤也。宍與肉同。(《干禄字書》云:"宍,肉。上俗下正。"《廣韻》亦云:"肉俗作宍。"《墨子·迎敵祠》篇:"狗彘豚鷄食其宍。"《大元元數》:"爲食爲宍。")欲肉者,欲食肉也。諸本及莊本,皆作欲害之心,害亦宍之誤。(害字草書作宍,與宍相似)《文子·道原》篇亦誤作害,劉績注云:"古肉字。"則劉本作宍可知,而今本亦作害。蓋世人多見害,少見宍,故傳寫皆誤也。(《吴越春秋·句踐陰謀外傳》:"斷竹續竹,飛土逐宍。"今本宍誤作害。《論衡·感虚》篇"厨門木象生肉足",今本《風俗通義》,肉作害。害亦宍之誤。)③

顧廣圻復指出:"欲宍之心亡於中,宋本宍未誤寅。"④從而證實了王念孫所校不誤。

又,《陳垣史源學雜文·書十七史商榷第一條後》亦舉一例:"李勉百衲琴事,出唐人李綽撰《尚書故實》,韋絢《劉賓客嘉話録》亦載之。今《學海類編》本《劉賓客嘉話》作李汧公勉取桐絲之精者雜綴爲琴。桐絲當作桐孫,草書相似而訛也,《寶顔堂秘笈》本《尚書故實》正作桐孫。桐孫者,桐之幼枝。《太平御覽》九五六引《風俗通》云:'梧桐生於嶧山陽岩石之

---

① 《讀書雜志·史記第一·秦始皇本紀·陶山》。

② 《札迻》卷九。

③ 《讀書雜志·淮南内篇第一·原道·欲寅之心》。

④ 《讀書雜志·淮南内篇補》。

上，采東南孫枝爲琴，聲甚清雅。'《庾子山集》五《詠樹》詩'楓子留爲式，桐孫待作琴'，以孫對子，是也。"

己　因俗字而訛

所謂俗字是指在民間流行的通俗字體。潘重規曾將敦煌俗寫的習慣歸納成："字形無定、偏旁無定、繁簡無定、行草無定、通假無定、標點無定等條例。字形無定，如雨、兩不分，人、入不分等；偏旁無定，如木、扌不分，忄、巾不分等；繁簡無定，如佛作仏、蘭作蘭等；行草無定，如風作、通作等；通假無定，如知麼作知磨、今宵作金宵等；標點符號也和現代通用符號大不相同，如删除符號作'卜'等。"①

俗字當然也會反映在書面材料中，宋岳珂已云："開元所書《五經》，往往以俗字易舊文，如以頗爲陂，以便爲平之類更多。"②對俗字缺乏了解，同樣會使書面材料出現訛誤。

《逸周書・大聚》篇云："闢閈修道。"王念孫指出："闢閈修道，文不成義。閈本作關。闢關修道，皆所以來遠人。故下文言'遠旅來至，關人易資'也。俗書關字作関，閈字作開，二形相似而誤。《玉海》二十四、六十引此並作辟關。"③

郭在貽、張涌泉亦曾就此舉例云：

> 《敦煌變文集・百鳥名》："花没鴿，色能姜，一生愛踏伽藍地。"（頁八五三）文中的"能"相當於"恁"，表"如此"的意思。（詳《敦煌變文字義通釋》）如同篇下文："青雀兒，色能青。""能"字義同。但"色能青"好懂，而"色能姜"則費解，顯然文字上有錯誤。蔣禮鴻先生在《敦煌變文字義通釋》"能"條下引了這句話，校"姜"爲"美"，但没有説明理由。考"美"字俗書或作"羙"（慧琳《一切經音義》卷十："美，《説文》從羊從大，經從父作羙，非也。"），如《敦煌變文集・父母恩重經講經

① 《敦煌卷子俗寫文字與俗文學》，載《"中研院"國際漢學會議論文集》，一九八一年十月。

② 《九經三傳沿革例・字畫》。

③ 《讀書雜志・逸周書第二・大聚・闢閈修道》。

文》:"長大了擇時騁與人,[①]六親九族皆歡美。"(頁六八六)原卷伯二四一八"美"作"羙",是其例。"羙""姜"形至近,"色能姜"之"姜"顯然就是"羙"字形近之誤,"羙"則又是美的俗書。[②]

庚　因簡化字而訛

一九六四年五月,中國文字改革委員會編出《簡化字總表》,作爲使用簡化字的規範,共計二千二百三十八個簡化字,一共簡化了二千二百六十四個繁體字。一九七七年十二月,中國文字改革委員會又公布了《第二次漢字簡化方案》(草案)。書面材料在繁體字轉换爲簡化字、簡化字轉换爲繁體字的過程中,往往會出現一些訛誤。如:

江西人民出版社一九八三年版《周邦彦集》附有清真集詩文輯佚一卷,其中《楚村道中之一》云:"果逢南使還,冯寄好消息。"謝思煒指出:"'冯'爲'馮'的簡化字,'馮'的本字應是'憑',即憑借的憑,選用簡化字當選用'凭'字,不可用'冯'字。"[③]

同恕《榘庵集》卷十二《壽趙翁九十》詩:"正大天興事不遺,白閒春染黑絲絲。……緑酒辦誰留此日,青山能我對當時。"第二句裹的"閒"字,《全元詩》初校者把它看作"閑"字的異體,並依現在規範化的漢字,改閒作"閑"。李知文指出:"'閒'字在這裏有其特定的讀音與釋義,可改作現在規範化的'間'(间),讀 jiān。如果寫成'閑'(闲),則音義俱失,變得不可解了。'白閒春染黑絲絲',謂趙翁心有春意,精神愉快,白髮的間隙中生出纖細的黑髮,意即越活越年輕。"[④]這裏也可看出簡化字有其局限性,增加了整理與閱讀古書的困難。

中華書局點校本《穀山筆麈》云:"處士以虚名被徵爲世所譏者,代有一人焉。漢之樊英、唐之田游岩、宋之種放、國朝之吴與弼是也。"王邁指出:"此誤以种爲種之簡體,排版或過録,誤翻爲種。按《姓源》,种爲仲山

---

① 案騁爲聘之誤字。

② 《俗字研究與古籍整理》,載《古籍整理與研究》第五期。

③ 《周邦彦集點校失誤舉例》,載《古籍整理簡報》第一七五期。

④ 《略論校異文與校是非》,載《古籍整理出版情況簡報》第一九七期。

甫之後,避仇改爲种。望出河南。种放雖爲時人所譏,但其兄子世衡以下,世出名將,亦可欽之族姓也。小説《水滸》亦有老种經略相公。种非稀姓,不應有誤。”①

四 因重文作二畫而訛

明楊慎云:“古鐘鼎銘文‘子二孫二’,字皆不複書,漢石經改篆爲八分,如《易》之‘乾二’、《書》之‘安二’,亦如之,今行草皆然,竟不知其何義也? 嘗質之李文正公,公曰:‘二乃古文上字,言字同於上,省複書也。千古書流,習而不察,關係雖小,亦所當知。’”②

清俞樾於此亦曾舉例云:“古人遇重文,止於字下加二畫以識之,傳寫乃有致誤者。如《詩・碩鼠》篇:‘逝將去女,適彼樂土;樂土樂土,爰得我所。’《韓詩外傳》兩引此文,並作‘逝將去女,適彼樂土;適彼樂土,爰得我所’。又引次章亦云:‘逝將去女,適彼樂國;適彼樂國,爰得我直。’此當以韓詩爲正。《詩》中疊句成文者甚多。如《中谷有蓷》篇疊‘慨其嘆矣’兩句,《丘中有麻》篇疊‘彼留子嗟’兩句,皆是也。毛、韓本當不異。因疊句從省不書,止作‘適二彼二樂二土二’,傳寫誤作‘樂土樂土’耳。下二章同此。”③

重文符號還有作其他形式的,也可能産生訛誤。如中華書局一九八三年版《王梵志詩校輯》第二五一首詩云:“生促死路長,久住何益當。”郭在貽指出:“原文當爲‘生促死路長,長住何益當’。下句‘長’字寫一個重文符號‘々’,《校輯》誤録爲‘久’。”④

陳垣也曾指出:“古書遇重文,多作二畫。元刻《元典章》重文多作兩點,沈刻既改爲工楷,故有兩點變成‘二’字者:吏五三二‘止於本等官上許進一階,二滿者更不在封贈之限’。‘二滿’應作‘階滿’。”又云:“元刻《元典章》重文有作‘又’字者,元小字旁寫,沈刻改爲正寫,義遂不明。”如:“刑

① 《古籍整理中出現的字誤》,載《古籍整理出版情況簡報》第一八一期。

② 《升庵文集》卷六三《篆書重疊字》。李文正公指李東陽。

③ 《古書疑義舉例》卷五之六五《重文作二畫而致誤例》。

④ 《〈王梵志詩校輯〉誤校示例》,載《古籍整理出版情況簡報》第一八四期。

十一七：'三犯徒者流，又而再犯者死。'應作'流而再犯者死'。"①

重文符號尚有表示句子重複的，忽略此點也會導致書面材料訛誤，如上海文藝出版社一九八二年版《中國十大古典悲劇集》本李玉《清忠譜》第五折有句唱詞："滔滔怒浪生生是英英伍相靈。"徐沁君指出："《古本戲曲叢刊》第三集影印清順治年間樹滋堂刻本在'浪'字斷句，誤，今標點之誤即承此。原刻本'生'字原有一個重文符號，是表示疊句，不是表示疊一個字。按律，'滔滔怒浪生'常疊句，'生'字押韻。所以應點作'滔滔怒浪生，滔滔怒浪生，是英英伍相靈'。"②

五　因闕字作空圍而訛

周亮工云："古逸書，如《穆天子傳》《汲冢周書》類，凡闕字類作□。武王几銘'皇皇惟敬，□□生垢，□戕□'亦闕文也。鍾、譚目□爲口字。友夏云：四口字疊出，妙語不以爲纖。伯敬云：讀口戕口三字，竦然骨驚。不知几銘與四口字何涉，可發一噱。"③這段話介紹了一些人不知道空圍是闕字的標誌，而誤當成口字所鬧出的笑話。而書面材料也確有因闕字作空圍而致誤的現象，俞樾曾就同一事例分析道：

> 校書遇有缺字，不敢臆補，乃作□以識之，亦闕疑之意也。乃傳寫有因此致誤者。大戴記《武王踐阼》篇："几之銘曰：'皇皇惟敬，口生垢，口戕口。'"盧注曰："垢，恥也。言爲君子榮辱之主，可不慎乎？垢，垢詈也。"孔氏廣森《補注》曰："垢有兩訓，疑記文本作'垢生垢'，故盧意謂君有垢恥之言，則致人之垢詈也。"按：此説是也。惟其由垢生垢，故謂之"口戕口"。今作"口生垢"者，蓋傳寫奪"垢"字，校者作空圍以記之，則爲"□生垢"，遂誤作"口生垢"矣。④

---

① 《校勘學釋例》卷二第十七《重文誤爲二字例》。沈指沈家本。

② 《〈清忠譜〉整理本校點的失誤》，載《古籍整理出版情況簡報》第一五四期。

③ 《書影》卷二《古逸書闕字作□》。鍾惺、伯敬及譚元春、友夏評語並見《古詩歸》卷一。

④ 《古書疑義舉例》卷五之六七《闕字作空圍而致誤例》。盧指北周盧辯。

《管子·地數》篇云:"請刈其莞而樹之,吾謹逃其蚤牙。"孫詒讓云:"'吾'當爲'五',下又挩'穀'字。'請刈其莞而樹之五穀',言芟艸而蓺穀也,傳本挩'穀'字,校者於五下著一□,寫者不審,遂並爲'吾'字矣。"①

下面一例也屬於這種情況。張元濟《校史隨筆·南齊書·地名脱誤》云:"《州郡志》上,南徐州南平昌郡安丘縣下,有新樂、東武、高密三縣。又越州齊寧郡開城縣下,有延海、新邑、建初三縣,明監本、汲古本均有之,而殿本均佚。又末行齊隆郡,殿本注先屬交州,中改爲闞州,永泰元年改爲齊隆,還屬闞州。按是本無兩'闞'字,惟原文漫漶不可辨,三朝本同,汲古本各空一格,明監本則各注'闕'字,殿本遂誤闕爲闞,郡名無改稱爲闞之理,且當時亦無所謂闞州也。"

六　因字形缺壞而訛

《戰國策·宋策》云:"(宋康王)射天笞地,斬社稷而焚滅之……罵國老諫曰。"鮑改"諫曰"爲"諫臣"(見吴校本)。王念孫指出:"'曰'與'臣'形聲俱不相近,若本是臣字,無緣誤爲曰。考《太平御覽·人事部》引此作'罵國老諫者'。《賈子·春秋》篇、《新序·雜事》篇,並作'罵國老之諫者'。則舊本'曰'字乃'者'字脱去上半耳,且諫者即指國老而言,蓋群臣莫敢諫,唯國老尚有諫者,而康王罵之也。鮑不達而以意改之,斯爲妄矣。"②

又錢大昕嘗云:"《續漢書·郡國志》:吴郡有安縣。考前書、晉宋志皆無之。此《志》亦不載何年置,前無所承,後無所並,疑即婁之壞字。因婁訛爲安,校書家不能是正,疑有脱漏,又增婁於無錫之後,並改十二城爲十三。盧熊《蘇州府志》謂東漢省錢唐而增安縣,又謂建安中孫權以安縣屬屯田典農校尉,當在無錫以西。然沈約《志》初無以安屬屯田典農校尉之説,未審盧氏何據? 大約後人臆造耳。監本無婁字,新刊本依宋本增之。其實宋本未必是,監本未必非也。《漢志》'婁縣'下云:有南武城,闔閭所

① 《札迻》卷四。

② 《讀書雜志·戰國策第三·宋·罵國老諫曰》。吴校本,指吴師道校本。

築以備越。續《志》安縣下注:《越絶》云,有西岑冢,越王孫開所立,以備春申君,使其子守之。子死,遂葬城中。兩縣俱有備越遺迹,益信安與婁非二地矣。"①

七 一字訛爲兩字

《戰國策·秦策》云:"范雎至秦,王庭迎,謂范雎曰:'寡人宜以身受令久矣。今者義渠之事急,寡人日自請太后。今義渠之事已,寡人乃得以身受命。'"王念孫云:"既云今義渠之事已,則上文義渠之事急二句,乃追叙之詞,不得言今者。《史記·范雎傳》作'會義渠之事急'是也。言適會義渠之事急,故寡人不得以身受命耳。今者二字,即一會字之訛。"②

《國語·晉語》云:"吾觀晉公子,賢人也。其從者,皆國相也。以相一人,必得晉國。"俞樾云:"僖二十三年《左傳》曰:'吾觀晉公子之從者,皆足以相國;若以相,夫子必反其國。'疑此文'一人'二字乃'夫'字之誤。'以相'絶句,即《左傳》所謂'若以相'也。'夫必得晉國'絶句,即《左傳》所謂'夫子必反其國'也。'夫'者,指目其人之辭,説詳襄二十三年《左傳正義》。今誤作'一人'二字,義不可通矣。"③

八 兩字訛爲一字

《戰國策·趙策》云:"太后明謂左右:'有復言令長安君爲質者,老婦必唾其面。'左師觸讋願見太后,太后盛氣而揖之。"元吴師道曰:"觸讋,姚云:'一本無言字,史亦作龍。'案《説苑》(《敬慎》篇):'魯哀公問孔子,夏桀之臣,有左師觸龍者,諂諛不正。'人名或有同者,此當從讋以别之。"④王念孫糾之云:

吴説非也,此策及《趙世家》,皆作"左師觸龍言願見太后",今本

① 《十駕齋養新録》卷六《安縣即婁縣之訛》。

② 《讀書雜志·戰國策第一·秦·今者》。

③ 《古書疑義舉例》卷五之六三《一字誤爲二字例》。

④ 《戰國策校注》卷六《趙》。

龍言二字誤合爲讋耳。太后聞觸龍願見之言,故盛氣以待之,若無言字,則文義不明。據姚云,一本無言字,則姚本有言字明矣,而今刻姚本亦無言字,則後人依鮑本改之也。《漢書·古今人表》正作左師觸龍。又《荀子·議兵》篇注曰:"《戰國策》:'趙有左師觸龍。'"《太平御覽·人事部》引此策曰"左師觸龍言願見",皆其明證矣。又《荀子·臣道》篇曰:"若曹觸龍之於紂者,可謂國賊矣。"《史記·高祖功臣侯者表》有臨轅夷侯戚觸龍;《惠景閒侯者表》有山都敬侯王觸龍。是古人多以觸龍爲名,未有名觸讋者。①

一九七三年十二月在長沙馬王堆三號漢墓出土的帛書《戰國縱橫家書》作"左師觸龍言願見"②,從而證實了王説的正確。

又,張元濟《校史隨筆·南齊書·舌中血出》云:"殿本《紀》第一:'秉弟遐坐通嫡母殷氏養女,殷舌中血出,衆疑行毒害。'三朝本、汲古本均作'殷言中血出'。言字不可通,明監本改爲舌字。然其人生存,僅僅舌中血出,何足以云毒害,是本乃作'殷亡,口中血出',原板'亡口'二字略小,墨印稍溢,遂相混合。由'亡口'而誤爲'言',由'言'而變爲'舌',愈離愈遠矣。按《宋書·長沙景王道憐傳》:'義宗子遐,字彦道,與嫡母殷養女雲敷私通,殷每禁之。殷暴卒,未大殮,口鼻流血。'與是本'殷亡口中血出'云云相合,殿本沿監本之訛,而案情輕重,相去不可以道里計矣。"③

九　因假借字而訛

字音相同或相近是書面材料致訛的主要原因之一。陸德明《經典釋文序》引鄭玄云:"其始書之也,倉卒無其字,或以音類比方,假借爲之,趣於近之而已。受之者非一邦之人,人用其鄉,同言異字,同字異言,於兹遂生矣。"今舉例略述如下:

① 《讀書雜志·戰國策第二·趙·觸讋》。姚指宋姚宏。

② 《戰國縱横家書》,文物出版社一九七六年版。

③ "是本"指宋治平二年(一〇六五)刻本。

甲　因音同而訛

《論衡·案書》篇云:"韓非著書,李斯採以言事;楊子雲作《太玄》,侯鋪子隨而宣之。非、私同門,雲、鋪共朝。"孫詒讓指出"'私',當作'斯'",音同而誤。①

一九七五年,在江西星子縣橫塘鄉開挖排水溝時,出土了一座宋墓,墓中發現兩部宋本邵堯夫詩集:一部題爲《重刊邵堯夫擊壤集》,一部題爲《邵堯夫先生全集》。胡迎建取之與今傳明刊本《擊壤集》相校,發現集中《年老逢春》詩有云:"故宅廢功除瓦礫,新畦加意種蘭薰。""'廢',宋本作'費'。'費'與'加'俱爲動詞,對仗。明本字以同音而誤。"②

乙　因音近而訛

《禮記·禮運》云:"大夫死宗廟,謂之變。"鄭玄注:"變當爲辯,聲之誤也。辯猶正也。"孔穎達疏曰:"讀爲辯,辯即正也。以聲相近,故致字誤。"③又,《禮記·大學》云:"見賢而不能舉,舉而不能先,命也。"鄭玄注曰:"'命'讀爲'慢',聲之誤也。舉賢而不能使君以先己,是輕慢於舉人也。"④

又,胡静《〈明史·李自成傳〉勘誤一則》云:"《明史·李自成傳》載,清順治二年,'自成走延寧、蒲圻,至通城,竄於九宫山'。李自成是否到過通城,本文不願涉及。但至於延寧一名,查《明史·地理志》《寰宇通志》及《讀史方輿紀要》,皆無蹤影。按:'延寧'爲'咸寧'之誤,即今湖北咸寧縣。延寧、咸寧音近而誤。據《綏寇紀略》卷九:'自成將東下,遇風雹,乃以四月二十四日改由金牛、保安走咸寧、蒲圻至通城,竄九宫山。'光緒十一年重修《武昌縣志》卷八:'李自成主武昌,謀奪舟南下,改由金牛、保安,走咸寧、蒲圻過通城。'即是咸寧誤爲延寧的確證。"⑤

此外,古代漢語裏同音或音近的字的通用或假借,即所謂古音通假,

---

① 《札迻》卷九。

② 《新發現的宋刻本邵堯夫詩集》,載《古籍整理出版情況簡報》第一九三期。

③ 《禮記正義》卷二二。

④ 《禮記正義》卷六〇。

⑤ 載《史學月刊》一九八四年第四期。

已見前引鄭玄之説。不了解這種情況，或缺少這方面的知識，也會導致書面材料的訛誤。如中華書局一九八三年版張錫厚《王梵志詩校輯》第七十九首詩云："東西無濟着，到處即安居。"校記："安居，原作女居，據文義改。"郭在貽指出："'女'即'汝'字通假，不必改。"①

丙　因希圖省筆用同音字而訛

陳垣説："何謂希圖省筆？廣州音'黄''王'不分，今沈刻《元典章》多誤'黄'爲'王'，但不見誤'王'爲'黄'，則不過希圖省筆而已，蓋以爲更人姓名無關重輕也。"並舉例道："刑九十一庫官王慶，元作'黄慶'。刑十六廿六王喜兒，元作'黄喜兒'。"②

十　因字習見與否而訛

書面材料中的不習見字爲習見字所代替，這也是經常出現的錯誤原因之一。如《淮南子·説山》篇云："視日者眩，聽雷者聾。"王念孫校云："人視日則眩，聽雷則未必聾也。《玉篇》：'聵，女江切。'《淮南子》曰：'聽雷者聵。'注云：'耳中聵聵然。《埤蒼》云：耳中聲也。'（《廣韻》與《埤蒼》同）據此則古本作'聽雷者聵'，今本'聵'作'聾'，而無'耳中聵聵'之注，則後人以意删改之耳。"③這顯然是因爲人們習見聾而少見聵。

不習見的多音節詞中的某個字，往往也會被習見的多音節詞中的某個字所代替。如《淮南子·覽冥》篇云："鳳皇之翔至德也，雷霆不作，風雨不興，川谷不澹，草木不摇。而燕雀佼之，以爲不能與之争於宇宙之間。"《注》："宇，屋簷也。宙，棟梁也。《易》曰：上棟下宇。"王叔岷曰：

"宇宙"當作"宇棟"，高《注》本作："宇，屋簷也。棟，梁也。《易》曰：上棟下宇。"釋宇棟之義後，又引《易》以證之也。世人習見宇宙連文，罕見宇棟連文，傳寫遂誤爲宇宙，又於《注》文"棟"上妄加"宙"字耳。燕雀所適，在於宇棟，故輕侮鳳皇，以爲不能與之争於宇棟之間

① 《〈王梵志詩校輯〉誤校示例》，載《古籍整理出版情況簡報》第一八四期。

② 《校勘學釋例》卷二第十三《聲近而誤例》。

③ 《讀書雜志·淮南内篇第十四·説山·聽雷者聾》。

也。若作宇宙,則不倫矣。①

不習見人名往往也會被習見人名所代替。如《管子・小匡》篇云:"故使鮑叔牙爲大諫。"王念孫指出:"鮑叔牙本作東郭牙。下文管仲曰:'犯君顔色,進諫必忠,不辟死亡,不撓富貴,臣不如東郭牙,請立以爲大諫。'是其證。《晏子春秋・問》篇、《吕氏春秋・勿躬》篇、《韓子・外儲説》左篇、《新序・雜事》篇並同。世人多聞鮑叔牙,寡聞東郭牙,故以意改之耳。"②

十一　因上下文而訛

甲　因上文而訛

《管子・形勢》篇云:"蛟龍得水,而神可立也;虎豹得幽,而威可載也。"王念孫曰:"得幽,當依明仿宋本及朱東光本作託幽,此涉上句'得'字而誤,後《形勢解》正作'託幽'。"③

又,《漢書・張馮汲鄭傳》云:"河内失火,燒千餘家。上使黯往視之。還報曰:家人失火,屋比延燒,不足憂。臣過河内,河内貧人傷水旱萬餘家,或父子相食。臣謹以便宜持節,發河内倉粟,以振貧民。"王念孫以爲:"《史記》'臣過河内'及'河内貧人'、'河内倉粟',三'河内'並作'河南',唯上文'河内失火'作'河内'。"並分析道:

> 《史記》是也。蓋河内失火,武帝使黯往視,道經河南,見貧民傷水旱,因發倉粟振之。是黯未至河内,先過河南,故曰"臣過河南"。若黯已至河内,而發粟振民,則當云"臣至河内",不得言"過"矣。《漢書》後三"河内",皆因上文"河内失火"而誤。④

---

① 《校讎通例》八八《習見連文之誤》,載《歷史語言研究所集刊》第二十三本下册。

② 《讀書雜志・管子第四・小匡・鮑叔牙》。

③ 《讀書雜志・管子第一・形勢・得幽》。

④ 《讀書雜志・漢書第九・張馮汲鄭傳・河内》。

乙　因上文偏旁而訛

《莊子·外物》篇:"魚不畏網,而畏鵜鶘。"王叔岷云:"鶘當作胡,此因鵜字而誤加鳥旁也。《六帖》九八引無鶘字。《劉子新論·去情》篇'魚不畏網,而畏鵜',即用此文,亦無鶘字。唐寫本,鵜鶘作鵜胡。此鳥本單呼鵜,以其頷下胡大能抒水(詳《詩·曹風·候人》正義引陸璣疏),故又名鵜胡,則作鵜鶘者,非也。舊鈔卷子本原亦作鵜胡,後又將胡字塗去,而改爲鶘,反失古本之舊矣。"①

又,王利器《杜集校文釋例》三十一《涉上下偏旁而誤》云:"宋刊門類增廣十注本卷第四《別李義》:'憶惜初見時。'宋刊本作'憶昔初見時'。此涉上文而妄沾偏旁也。"②

丙　因下文而訛

《吕氏春秋·適音》篇:"觀其音而知其俗矣,觀其政而知其主矣。"王叔岷謂:"上觀字當作聽,《淮南子·主術》篇:'聽其音則知其俗'(《文字·精誠》篇作'聽其音則知其風'),即本此文,字正作聽。今本作觀,蓋涉下觀字而誤。《先初》篇:'是故聞其聲而知其風。'(《注》:風,俗。)聞猶聽也,可爲旁證。"③

又,《吴越春秋·吴太伯傳》云:"古公曰:'君子不以養害害所養。'"孫詒讓云:"此文不可通,當作'君子不以養者害所養'。徐《注》引《孟子》可證。此'者'字涉下'害'字而誤。"④

丁　因下文偏旁而訛

《詩經·周南·關雎》云:"悠哉悠哉,輾轉反側。"王引之指出:"展字因轉字而誤加車(《説文》車部無輾字。尸部:'展,轉也。'則展與轉同義,故以展轉連文。《釋文》:'輾,本亦作展。'是舊本尚有不誤者)。"⑤

又,《管子·輕重》篇云:"緦繑而踵相隨。"王念孫以爲:"繑與屩同

---

① 《校讎通例》九《因偏旁而誤加》,載《歷史語言研究所集刊》第二十三本下册。
② 載《王利器論學雜著》。
③ 《校讎通例》三《涉上下文而誤》,載《歷史語言研究所集刊》第二十三本下册。
④ 《札迻》卷三《吴越春秋》。徐指徐天祐。
⑤ 《經義述聞》卷三二《通説》下《上下相因而誤》。

(《集韻》:'屩,或作繑。'),緥當作曳。曳,引也。言引屩而踵相隨也。今作緥者,因繑字而誤加糸耳。"①

十二　因注文而訛

《韓非子·外儲説》左篇云:"吾父獨冬不失袴。"舊注曰:"刖足者不衣袴,雖終其冬夏,無所損失也。"俞樾云:"正文本作'吾父獨終不失袴',故注以'終其冬夏無所損失'釋之。今作'冬不失袴',即涉注文而誤'終'爲'冬'。"②

《淮南子·覽冥》篇云:"羽翼弱水,暮宿風穴。"王念孫云:"'羽翼弱水'四字,文不成義。'羽翼'當爲'濯羽',故高《注》云:'濯羽翼於弱水之上。'今本作'羽翼',即涉注内羽翼而誤也。舊本《北堂書鈔·地部二·穴下》引此正作'濯羽弱水,暮宿風穴'。(陳禹謨本删去)《文選·辯命論》注、《白帖》九十四並同。《説文》'鳳濯羽弱水,莫宿風穴',即用《淮南》之文。"③

十三　因誤改而訛

古人校書,因誤改致訛見譏,《顔氏家訓·書證》篇多有其例。唐初顔師古《漢書叙例》已謂:"《漢書》舊文多有古字,解説之後,屢經遷易。後人習讀,以意刊改,傳寫既多,彌更淺俗。"蘇軾《東坡志林》復云:"近世人輕以意改書,鄙淺之人,好惡多同,從而和之者衆,遂使古書日就訛舛,深可忿疾!"顧炎武亦稱:"三代《六經》之音,失其傳也久矣。其文之存於世者,多後人所不能通;以其不能通而輒以今世之音改之,於是乎有改經之病,始自唐明皇改《尚書》,而後人往往效之。然猶曰舊爲某,今改爲某,則其本文猶在也。至於近日,鋟本盛行,而凡先秦以下之書,率臆輕改,不復言其舊爲某,則古人之音亡而文亦亡,此尤可嘆也。"④顧千里亦云:"予性素

① 《讀書雜志·管子第十二·輕重戊·緥繑》。

② 《古書疑義舉例》卷五之五六《涉注文而誤例》。

③ 《讀書雜志·淮南内篇第六·覽冥·羽翼》。

④ 《亭林文集》卷四《答李子德書》。

好鉛槧，從事稍久，始悟書籍之訛，實由於校。據其所知，改所不知，通人類然，流俗無論矣。”①今將誤改書面材料的情況分類舉例如下：

甲　因不明詞義而改

《戰國策·趙策》云：“魯連見辛垣衍，辛垣衍曰：‘吾視居此圍城之中者，皆有求於平原君者也。今吾視先生之玉貌，非有求於平原君者，曷爲久居若圍城之中而不去也。’”王念孫指出：“鮑據上文及《史記·魯仲連傳》，改‘若’爲‘此’，吴云：‘若’，疑‘居’字訛衍。”並分析道：

> 鮑之改，吴之疑，皆非也。若，猶此也。隱四年《公羊傳》“以子翬恐若其言聞乎桓”，謂此其言也。莊四年《傳》“有明天子，則襄公得爲若行乎”，謂此行也。《論語·公冶長》篇“君子哉若人”，謂此人也。古字或兼數義，後人不能徧識，或改之，或删之，而古義寖亡矣。②

不明詩文中所用成語典故，也可能導致誤改。佚名《漫叟詩話·黄山谷用船官事》：“‘王侯文采似於菟，洪甥人間汗血駒。相將問道城南隅，無屋止借船官居。’或云當作‘官船居’，非也。庾子山賦云‘風吹雲夢，涷合船官’，注：‘船官，官船也。’凡讀人詩，不可以臆見擅改字。”③郎瑛亦云：“東坡《跋和靖詩集》：‘詩如東野不言寒，書似西臺差少骨。’蓋西臺乃南唐李建中，今因不知李而改爲西施，謬解遠矣。”④

乙　因不明通假而改

蔣禮鴻云：“周邦彦《漁家傲》詞：‘賴有蛾眉煖客，長歌屢勸金杯側。’各本都作‘煖客’，鄭文焯疑‘煖’是錯字，據《西泠詞萃》本改作‘緩’，‘緩客’反而不可通了。他不知道‘煖、暖、軟’都是‘餪’的假借字，唐宋以來有軟脚、暖房、煖女、暖壽等説法，是以酒食餉人的意思。《集韻》上聲二十四

① 《思適齋集》卷一五《書文苑英華辨證後》。

② 《讀書雜志·戰國策第二·趙·久居若圍城之中》。鮑指鮑彪，吴指吴師道。

③ 《宋詩話輯佚》卷上。

④ 《七修類稿》卷四二《和靖詩刻》。案：蘇詩原文作“差少肉”，此肉作骨，蓋郎瑛誤記也。

緩韻:'餪,乃管切(作者按:這正與"煖"同音),《博雅》:"餪、餫,饋也。"一曰:女嫁三日後餉女曰餪女。'宋代學者宋祁曾改正兒媳家裏送食物書的'煖父'爲'餪女',見邵博《邵氏聞見後録》卷二十九。由此可知,'煖客'和'餪女'一樣,都是以酒食餉人之意,所以周詞下句是'長歌屢勸金杯側'。鄭氏不知宋人俗間常語,也不知溯源於《博雅》的'餪',輕信《詞萃》,以誤改不誤,其所以然之故,就是不通訓詁。"①

又張錫厚《王梵志詩校輯》録王梵志詩云:"人有七貧時,七富還相報。從財不顧人,且看來時道。"校曰:"從,原作'徒',據大藏本改。"袁賓指出:"'從財'不辭,改'徒'作'從',誤。'徒'係'圖'的同音借字。敦煌卷子中常見借'徒'爲'圖'例,如《捉季布傳文》:'爲立千金搜季布,家家圖賞罷耕耘。'(《敦煌變文集》六十七頁)例中'圖'字,原卷即作'徒',係據他本校改。(參《變文集》原校記)又梵志詩《夫婦擬百年》:'入户圖衣食,不肯知家事。'(一百八十五頁)'圖'原亦作'徒',《校輯》校改爲'圖',是,可作本例之證。"②

丙　因不審文義而改

没有把詩文意思弄明白而誤改的現象,也常常出現。如《逸周書·明堂》篇云:"天子之位,負斧扆南面立,率公卿士,侍於左右。"王念孫校云:

> "率公卿士"本作"群公卿士"。"侍於左右",謂侍於周公之左右也。今本作"率公卿士"者,後人不曉文義而改之耳。上文既言"周公攝政,君天下,大朝諸侯於明堂之位",則此"負扆南面立"者,即周公也。乃又言"率公卿士,侍於左右",則"率公卿士"者,果何人耶?此理之不可通者也。《玉海》九十五引此正作"群公卿士"。③

又,蔣禮鴻指出:

---

① 《懷任齋文集·誤校七例》。
② 《〈王梵志詩校輯〉校釋補正》,載《社會科學》一九八五年第六期。
③ 《讀書雜志·逸周書第三·明堂·率公卿士》。

沈括《夢溪筆談·雜志一》:"嘉祐中,蘇州崑山縣海上,有一船,桅折,風飄抵岸。……蓋東夷之臣屬高麗者。……時贊善大夫韓正彦知崑山縣事,召其人,犒以酒食。食罷,以手捧首而驟,意若歡感。"王秉恩校"驟"爲"驒",他的意思是"驒然"是笑貌,同"歡感"相應。然而他没有考慮到,假如是笑,那明明是"歡"了,"意若"這兩個字豈非多餘?他也没有考慮到船上來的是殊方異俗之人,自有其表示歡喜和感激的動作方式。這個"驟"就是打滾。洪邁《夷堅丁志·閻四老》:"方城縣鄉民閻四老,得疾已亟,忽語其子曰:'吾且爲驢,試視我打驟。'即翹足仰身,翻復作勢,其狀真與驢等。"王氏没有從異域情調設想,隨便改字,未免把文章看得簡單了。①

不明詩意、詞意而改字的現象也不少。楊慎嘗云:"古人詩句,不知其用意用事,妄改一字,便不佳。孟蜀牛嶠《楊柳枝詞》:'吴王宫裏色偏深,一簇烟條萬縷金。不分錢唐蘇小小,引郎松下結同心。'按古樂府《小小歌》有云:'妾乘油壁車,郎乘青驄馬。何處結同心,西陵松柏下。'牛詩用此意詠柳而貶松,唐人所謂尊題格也。後人改'松下'作'枝下',語義索然矣。"②蔣禮鴻也指出:"文章的意義要通貫,文字中間自然也有脈絡可尋,不審察文字中間的脈絡,就難免有輕易改竄或割裂的危險。例如周邦彦《蝶戀花》詞:'不見長條低拂酒,贈行應已輸先手。'各本都作'先手',勞巽卿抄校本作'纖手',鄭文焯從勞氏改'纖'。按:古人折柳贈别,'不見長條',是因爲已被先前送行的人折掉,現在再要折贈,已經遲了。'先手'和'不見',正是一因一果的關係,改作'纖手',這個關係就被破壞了。這也是'纖手'太爲人所熟悉,所以不顧文脈所輕易改竄。"③

丁　因不知修辭手段而改

爲了加强語言的表達效果,作者往往在行文中運用一些修辭手段,稍有忽視,即會出現誤改之弊。

---

① 《懷任齋文集·校勘略説》。

② 王仲鏞箋證本《升庵詩話》卷五《松下》,上海古籍出版社一九八七年。

③ 《懷任齋文集·誤校七例》。

有不知對偶而改者。如《淮南子·覽冥》篇云:“當此之時,禽獸蝮蛇,無不匿其爪牙,藏其螫毒。”王念孫指出:“此後人妄改之也,禽獸蟲蛇,相對爲文,所包者甚廣,改‘蟲蛇’爲‘蝮蛇’,則舉一漏百,且與禽獸二字不類矣。《文子·精誠》篇正作禽獸蟲蛇,《韓子·五蠹》篇亦云人民不勝禽獸蟲蛇。”①

有不知排比而改者。如楊慎指出:“孟東野詩:‘花嬋娟,泛春泉。竹嬋娟,籠曉烟。雪嬋娟,不長妍。月嬋娟,真可憐。’其辭風華秀艷,有古樂府之意。‘雪嬋娟’,今本或作‘妓嬋娟’,非也。余嘗令繪工繪此爲四時嬋娟圖,以花當春,以竹當夏,以月當秋,以雪當冬也。”②

有不知叶韻而改者。爲了便於記憶、誦讀,並形成一定的藝術效果,古書中除詩歌以外也有用韻的。不了解這一點,也會産生誤改現象。如《列子·説符》篇云:“爵高者,人妒之;官大者,主惡之;禄厚者,怨逮之。”俞樾云:“《淮南子·道應》篇作‘禄厚者,怨處之’。是也。‘怨處之’,謂怨讎之所處也。猶曰:爲怨府也。處與妒、惡爲韻,若作逮,則失其韻矣。蓋由淺人不達處字之義而臆改。”③王重民謂“俞説是也,《御覽》四百五十九引逮正作處”。④ 王叔岷也提出了補證:“《册府元龜》七八八引《韓詩外傳》、《藝文類聚》三五引《文子》,亦並作‘禄厚者,怨處之’。”⑤

有不知互文而改者。在引文中,詞句間的含義相互包容、相互補充的現象稱爲互文。不熟悉這種修辭手法,也會誤改,如《荀子·王霸》篇:“國危者,無樂君;國安者,無憂民。亂則國危,治則國安。今君人者急逐樂而緩治國,豈不過甚矣哉?”蔣禮鴻指出:

顧廣圻以爲“無憂民”應作“無憂君”。用今人作文的眼光來看,

① 《讀書雜志·淮南内篇第六·覽冥·蝮蛇》。

② 《升庵詩話》卷九《四嬋娟》。王仲鏞箋證云:“《四部叢刊》本影印明弘治本《孟東野詩集》即作‘妓嬋娟’。”

③ 《諸子平議》卷一六《列子·説符》。

④ 《列子校釋》,載《國立北平圖書館月刊》第三卷第二號。(一九二九年八月)

⑤ 《校讎通例》七九《改字而失韻》,載《歷史語言研究所集刊》第二十三本下册。

“樂君”和“憂君”豈不是一氣貫串，十分確當嗎？其實這裏的“樂君”、“憂民”就是互文見義的一例。因爲國危無樂君，當然也不會有樂民；國安無憂民，當然更不會有憂君。以君包民，以民包君，這就是互文。説國安無憂民，就能表現治國的利益之大，也就反襯了逐樂的爲害之甚，比之象顧氏那樣改字，意義豐富多了。①

有不知語氣之爲反問而誤改者。王梵志詩云：“爲人何必樂，爲鬼竟何怨？”張錫厚《王梵志詩校輯》校記云：“何必樂，原作‘可必樂’，據文義改。”蔣紹愚糾正道：“‘可必樂’不誤，唐代可有豈義（見張相《詩詞曲語辭匯釋》），‘可必樂’即‘豈必樂’，改爲‘何必樂’反而不妥。”②

戊　因誤據本書而改

《淮南子·精神》篇云：“其生也天行，其死也物化。静則與陰俱閉，動則與陽俱開。”王念孫指出：“‘與陰俱閉，與陽俱開’，本作‘與陰合德，與陽同波’。後人以《原道》篇云‘與陰俱閉，與陽俱開’，故據彼以改此也。不知‘波’與‘化’爲韻，若如後人所改，則失其韻矣。《文子·九守》篇‘静即與陰合德，動即與陽同波’，即用《淮南》之文。《莊子·天道》篇‘其生也天行，其死也物化。静而與陰同德，動而與陽同波’（《刻意》篇同），又《淮南》所本也。”③

己　因誤據他書而改

《史記·孔子世家》云：“詩有之，高山仰止，景行行止。”王念孫指出：“宋本‘行止’作‘行之’，王應麟《詩考》引此，亦作‘行之’。今本仍作‘行止’者，後人依詩文改之也。案《小雅·車舝》，《釋文》曰：‘仰止，本或作仰之’，又《表記》引《詩》‘高山仰止，景行行止’，《釋文》曰：‘仰止，本或作仰之；行止，《詩》作行之。’是陸本《毛詩》，上句作‘止’，下句作‘之’也。《詩》正義曰‘仰之’、‘行之’，則上下句皆作‘之’，未可輒據今本《毛詩》以改《史記》也。《三王世家》載武帝《制》曰：‘高山仰之，景行嚮之，朕甚慕焉。’雖

---

① 《懷任齋文集·誤校七例》。顧校原文見《讀書雜志·荀子補遺》。

② 《〈王梵志詩校輯〉商榷》，載《北京大學學報》一九八五年第五期。

③ 《讀書雜志·淮南内篇第七·精神·静則與陰俱閉動則與陽俱開》。

‘嚮’與‘行’異文,而上下句亦皆作‘之’。”①

楊慎論古書不可妄改,舉例云:“曹子建《名都篇》:‘膾鯉臇胎蝦,寒鱉炙熊膰。’此舊本也。五臣妄改作‘炰鱉’。蓋‘炰鱉膾鯉’,《毛詩》舊句,淺識者孰不以爲‘寒’字誤而從‘炰’字邪?不思‘寒’與‘炰’字形相遠,音呼又别,何得誤至於此?《文選》李善注云:‘今之時餚謂之寒,蓋韓國饌用此法。’《鹽鐵論》:‘羊淹鷄寒。’《崔駰傳》亦有‘鷄寒’,曹植文‘寒鵠蒸麑’,劉熙《釋名》‘韓鷄爲正’,古字‘寒’與‘韓’通也。”②

庚　因據誤本而改

書面材料出現各種錯誤現象後,校讀者没有發現,反而進行了誤改,也是有的。今舉數例如下:

因本有訛文而改。王念孫《讀書雜志・淮南内篇》後序云:“有因誤字而誤改者。《道應》篇:‘孔子亦可謂知化矣。’知化,知事理之變化,化誤爲礼,而後人遂改爲禮矣。”

因本有脱文而改。《淮南子・時則》篇云:“若或失時,行罪無疑。”王叔岷指出:“《吕氏春秋・仲秋紀》作:‘無或失時,行罪無疑。’《月令》作:‘毋或失時,其有失時,行罪無疑。’此文‘若或失時’當作‘無或失時’,‘時’下更當有‘其有失時’四字,蓋由後人不知‘時’下有脱文,乃妄改‘無’爲‘若’耳。”③

因本有衍文而改。《韓非子・詭使》篇云:“名之所以成,城池之所以廣者,戰士也。”俞樾校曰:“‘池’乃‘地’字之誤,‘名之所以成’、‘地之所以廣’,相對成文,不當有城字,‘城’即‘成’字之訛而衍也。”④案:“城”字蓋涉上文“成”字而衍,校讀者不知,遂改“城地”爲“城池”。

因本有倒文而改。《史記・高祖功臣侯者年表》云:“棘蒲剛侯陳武,以將軍,前元年,率將二千五百人起薛。”王念孫以爲“‘率將二千五百人’,當依《漢表》作‘將卒二千五百人’。上文‘陽夏侯陳豨,以特將將卒五百

---

① 《讀書雜志・史記第三・孔子世家・景行行止》。

② 《升庵詩話》卷五《古書不可妄改》。

③ 《校讎通例》十七《因脱而妄改》,載《歷史語言研究所集刊》第二十三本下册。

④ 《古書疑義舉例》卷五之五三《兩字形似而衍例》。

人'即其證。今本'將卒'二字誤倒,'卒'字又誤作率"。其説可信。①

十四　因避諱改字而訛

甲　因避諱而改

因避諱而改字是我國古代書面材料的普遍現象,如錢大昕指出:"唐石經《毛詩》:'洩洩其羽'、'桑者洩洩兮'、'無然洩洩'、'是緤絆也'、'俾民憂洩',避世旁。'甿,刺時也','甿之蚩蚩'、'甿六章',避民旁。"②這段話是説唐石經《毛詩》中的"泄"、"紲"、"氓"字,之所以分别被改寫成"洩"、"緤"、"甿"諸字,是因爲避唐太宗李世民的諱。

因避諱而改字在一定程度上造成了書面材料的混亂。如陳垣云:"《漢書·藝文志》,儒家有莊助四篇、縱横家有莊安一篇、賦有莊忽奇賦十一篇、嚴助賦三十五篇。師古曰:'上言莊忽奇,下言嚴助,史駁文。'蓋莊爲漢諱,故列傳改作嚴助、嚴安、嚴忽奇。《志》之或莊或嚴,則録自《七略》避改有未盡,或後人回改也。"③

對避諱改字現象,也容易産生誤會。陳垣復云:"《後漢書·儒林傳》:孔僖因讀吴王夫差時事,廢書嘆曰:'若是所謂畫龍不成反爲狗者。'劉攽注曰:'按古語皆云畫虎不成,此誤。'《野客叢書》三十謂:'此非誤,蓋章懷太子避唐諱所改爾。正如令狐德棻《後周書》引韋祐語,古人稱不入獸穴、焉得獸子同意。亦避虎字,非誤也。'"④

乙　因不識諱字而改

《詩·小雅·無將大車》云:"無將大車,祇自塵兮。無思百憂,祇自疧兮。"陳垣指出:"'疧'本作'痻',與'塵'爲韻。唐人避諱,缺筆爲氏,遂誤爲'疧'。《小雅·白華》篇:'有扁斯石,履之卑兮;之子之遠,俾我疧兮。'此'疧'字正從氏,與卑爲韻。痻字缺筆,則與疧字混。"⑤

《後漢書·張奂傳》云:"敦煌酒泉人也。"注:"酒泉,縣名,地多泉水。

---

① 《讀書雜志·史記第二·高祖功臣侯者年表·率將》。

② 《十駕齋養新録》卷三《石經避諱改字》。

③⑤ 《史諱舉例》卷四《因避諱而生之訛異》。

④ 《史諱舉例》卷六《不講避諱學之貽誤》。

今永州晉昌縣東北。”(陳垣案:考《新唐書·地理志》,晉昌縣屬瓜州,永字誤。)陳垣指出:“酒泉,郡名,非縣名,當作淵泉。胡三省注《通鑑》云:‘奂,敦煌淵泉人。’胡所見本,尚未訛也。《漢志》敦煌郡有淵泉縣,《晉志》作‘深泉’,蓋避唐諱。章懷本亦當作深,後人習聞酒泉之名,妄改爲酒耳。”①

對此,前於陳垣的楊慎也曾舉例道:“李太白詩:‘昔日繡衣何足榮,今朝貰酒與君傾。且就東山賒月色,酣歌一夜送泉明。’泉明即淵明,唐人避高祖諱,改淵爲泉也。今人不知,改泉明作泉聲,可笑。”②

十五　因政治原因而改

秦始皇焚書、禁書,書不能且不必盡焚、盡禁,乃有竄改之法。

甲　爲迎合人主而改

陳寅恪《元白詩箋證稿》第三章《連昌宫詞》論詩中誤字云:“其最可異者,莫如‘爾後相傳六皇帝,不到離宫門久閉’之句下注云‘肅代德順憲穆’六字。據詩中文義,謂‘今皇’平吴蜀,取淮西(《連昌宫詞》此數句,可與《元氏長慶集》貳壹《代嚴綬諭淮西書》參證),則‘今皇’自是指憲宗而言,自玄宗不到離宫之後,順數至‘今皇’即憲宗,只有五帝,何能預計穆宗或加數玄宗而成‘六皇帝’? 嘗徧考諸本,俱作‘六’,無作‘五’者,可知此誤字相傳已久。頗疑微之於本朝君主傳代之數,似不應訛誤至此,而諉爲野老記憶不真之言。如《元氏長慶集》伍貳《沂國公魏博德政碑》所云:‘五紀四宗,容受隱忍。’其‘四宗’自指肅代德順四宗而言,所言既無訛舛,以彼例此,則應亦不致誤述也。或者此詩經崔潭峻之手進御於穆宗,閹椓小人,未嘗學問,習聞當日‘消兵’之説,圖復先朝巡幸之典,殊有契於‘老翁此意深望幸,努力廟謨休用兵’之句,遂斷章取義,不顧前後文意,改‘五’爲‘六’,藉以兼指穆宗歟?”陳氏推斷似屬可信。此字當是宦官爲了取悦時主,迎合其政治意圖而改。

---

① 《史諱舉例》卷六《不講避諱學之貽誤》。

② 《升庵詩話》卷七《泉明》王仲鏞箋證云:“杜甫《王兵馬使二角鷹》詩‘崑崙虞泉人馬蹄’,用《淮南子·天文》篇‘日至於虞淵,是謂黄昏’事,亦改淵爲泉。”

乙　因迫於壓力而改

書面材料中，有些文字的改動是迫於政治壓力造成的。黄侃《日知録校記序》云："《録》中《論古文未正之隱》曰：文信國《指南録序》中，'北'字者'虜'字也；後人不知其意，不能改之。"其實，顧炎武的《日知録》在清代出版時，爲避文網，不少文字都遭到過改動。章炳麟《日知録校記序》説：

昔時讀《日知録》，怪顧君仕明至部郎，而篇中稱明，與前代無異，疑爲後人改竄。又《素夷狄行乎夷狄》一條有録無書，亦以爲乾隆抽毁也。後得潘次耕初刻，與傳本無異，則疑顧君真迹已然，結轖不怡者久之。去歲聞友人張繼得亡清雍正時寫本，其缺不書者固在，又多出"胡服"一條，纚纚千餘言；其書"明"則"本朝"，涉明諱則用之。信其爲顧君真本，曩之所疑，於是砉然凍解也。

清人刻書，爲避清朝滿族統治者種族之諱而改字的現象，也屬這種情況。如王利器《杜集校文釋例》四十三《清人避諱改字》云：

宋本卷第十六《有感五首》之五："胡滅人還亂。"玉句草堂本作"盜滅人還亂"，此清人避諱改字也。宋本卷第二《塞盧子》："胡行速如鬼。"《全唐詩録》"胡行"改"寇行"；宋本卷第七《八哀詩》之三《贈左僕射鄭國公嚴公武》："胡騎忽縱横。"《全唐詩》"胡騎"改"賊騎"；《八哀詩》之七《故著作郎貶台州司户滎陽鄭公虔》："胡塵昏坱莽。"《全唐詩》"胡塵"改"邊塵"；同一"胡"字，恣意改之，竟一爲"寇"，一爲"賊"，一爲"邊"也。①

丙　爲蒙蔽讀者而改

爲了蒙蔽讀者，封建社會的統治者也常改動書面材料，乾隆四十六年（一七八一）圖明阿的一份奏摺即可説明這一點。其奏摺云："奴才圖明阿跪奏，爲恭録勘辦劇本，進呈御覽事。竊照查辦劇曲，昨奴才擬請凡有關

① 載《王利器論學雜著》。

涉本朝字句,及宋、金劇本扮演失實者,應遵旨删改抽掣,另繕清本,同原本粘簽進呈;其餘曲本,有情節乖謬,恐其誑惑愚民者,亦照此辦理;若但係字句違礙,則止將原本粘簽改正進呈等情具奏。奉到原硃批:'好,知道了。此亦正人心之一端,但不可過於滋擾耳。欽此。'"①乾隆批語中"正人心"三字恰可作爲蒙蔽讀者的注脚。

魯迅曾指出:"單看雍正、乾隆兩朝的對於中國人著作的手段,就足够令人驚心動魄。全毁、抽毁、剜去之類也且不説,最陰險的是删改了古書的内容。乾隆朝的纂修《四庫全書》,是許多人頌爲一代之盛業的,但他們却不但搗亂了古書的格式,還修改了古人的文章;不但藏之内廷,還頒之文風頗盛之處,使天下士子閲讀,永不會覺得我們中國的作者裏面,也曾經有過很有些骨氣的人。"他還舉例道:"《四部叢刊》續編裏的影明抄本宋晁説之《嵩山文集》在這裏,卷末就有單將《負薪對》一篇和四庫本相對比,以見一斑的實證,現在摘録幾條在下面,大抵非删則改,語意全非,仿佛宋臣晁説之已在對金人戰栗,囁嚅不吐,深怕得罪似的了。"如舊鈔本"金賊以我疆埸之臣無狀,斥堠不明,遂豕突河北,蛇結河東"。被四庫本改成"金人擾我疆埸之地,邊城斥堠不明,遂長驅河北,盤結河東"。舊鈔本"彼金賊雖非人類",被四庫本改成"彼金人雖甚强盛"。舊鈔本"忍棄上皇之子於胡虜乎?"被四庫本改成"忍棄上皇之子於異地乎?"②

十六　爲方便讀者而改

爲了便於讀者閲讀理解,古人常對引文中深奥的詞語進行改寫。今人張鈞才對這個問題作過研究,他認爲司馬遷《史記》引《尚書》有"以訓詁字代經文例",指出:

> 《尚書》文義之艱深,甚於他經,經士傳説,多已改爲簡明之字,史公作史,尤貴明易,故每以訓詁字代之。

① 《元明清三代禁毁小説戲曲史料》(增訂本):《乾隆四十六年圖明阿奏遵旨查辦戲劇違礙字句》。

② 《且介亭雜文·病後雜談之餘》。

《五帝本紀》曰："敬順昊天。"《堯典》篇曰："欽若昊天。"案《爾雅·釋詁》曰："欽，敬也。"《釋言》曰："若，順也。"

張鈞才認爲《史記》引《尚書》還有"以通用及義近之字代經文例"：

史引經文，往往以通用字及義近字代之，此或所據本不同，或任意更改，求其義明者耳。

《五帝本紀》曰："盲者子。"《堯典》篇曰："瞽子。"案"盲"、"瞽"二字義相近。《説文》目部曰："盲，目無牟子。""瞽，目但有眹也。"段氏曰："用於散文則通，用於對文則别。"①

又，張元濟曾舉出："《元史·泰定帝紀一》即位詔書，原爲口語譯文，改作文言。"②同樣也是爲了便於讀者閲讀。

十七　因提高文字水平而改

爲提高文字水平而改字的現象出現甚早。今本《尚書大傳·周傳》有云："别風淮雨。"《後漢書·南蠻西南夷列傳》作"烈風雷雨"，注曰："别風淮雨。"劉勰指出："《尚書大傳》有'别風淮雨'，《帝王世紀》曰：'列風淫雨。''别'、'列'，'淮'、'淫'，字似潛移。'淫'、'列'義當而不奇，'淮'、'别'理乖而新異。傅毅制誄，已用'淮雨'，固知愛奇之心，古今一也。"③

再如高彦休《唐闕史》卷上引鄭畋題馬嵬詩云："肅宗迴馬楊妃死，雲雨雖亡日月新。終是聖明天子事，景陽宫井又何人。"陳寅恪校云：

吴曾《能改齋漫録》捌《馬嵬詩》條載臺文此詩，"肅宗"作"明皇"，"聖明"作"聖朝"。計有功《唐詩紀事》伍陸亦載此詩，惟改"肅"字爲"玄"字（又"聖明"作"聖朝"），今通行坊本選録臺文此詩，則並改"雖

---

① 《史記引尚書文考例》，載《金陵學報》第六卷第二期。

② 《涉園序跋集録·影印百衲本二十四史序》。

③ 《文心雕龍·練字》。

亡”爲“難忘”，此後人逐漸改易，尚留痕迹者也。但臺文所謂“肅宗迴馬”者，據《舊唐書》拾《肅宗紀》略云：

於是玄宗賜貴妃自盡。車駕將發，留上（肅宗）在後宣諭百姓。衆泣而言曰，請從太子收復長安。玄宗聞之，令〔高〕力士口宣曰，汝好去。上（肅宗）迴至渭北，時從上惟廣平、建寧二王，及四軍（寅恪案，此言四軍，可與《舊唐書》伍壹《后妃傳·楊貴妃傳》參證）將士纔二千人，自奉天而北。

蓋肅宗迴馬及楊貴妃死，乃啓唐室中興之二大事，自宜大書特書，此所謂史筆卓識也。“雲雨”指楊貴妃而言，謂貴妃雖死而日月重光，王室再造。其意義本至明顯平易。今世俗習誦之本易作：

玄宗迴馬楊妃死，雲雨難忘日月新

固亦甚妙而可通，但此種改易，必受《長恨歌》此節及玄宗難忘楊妃令方士尋覓一節之暗示所致，殊與臺文元詩之本旨絶異。①

後人將“肅宗”改爲“玄宗”，“雖亡”改爲“難忘”，從而表現了玄宗舊地重游，見到物是人非所産生的無限情思。這樣做雖然大大提高了原詩的感染力，但是也改變了原詩的本來面目。

順便提及，有的作者對自己的作品被改動，還表示了贊賞。如李東陽《麓堂詩話》云：“《唐音遺響》所載任翻《題台州寺壁》詩曰：‘前峰月照一江水，僧在翠微開竹房。’既去，有觀者取筆改‘一’字爲‘半’字。翻行數十里，乃得‘半’字，亟回欲易之，則見所改字，因嘆曰：‘台州有人。’”但這已經不屬於校勘學而屬於修辭學範疇的事了。

第二節　致脱的原因

致脱的原因，有自然因素，也有人爲因素。在人爲因素中，有無意而脱，也有有意而删。今分别舉例如下：

---

① 《元白詩箋證稿》第一章《長恨歌》。

一　因書籍缺損而脱

書面材料因爲火燒、水浸、蟲蛀、霉爛，或在流傳過程中散佚、磨損等原因都會出現缺脱現象。

唐弢説過："建國初期，我在華東文化部文物處工作，由於廢紙破書集中城市，曾經發動書商，從堆棧裏檢出不少珍貴古籍和革命文獻。今存北京圖書館的三十卷本五臣注《文選》殘本，就是當時收獲之一。這部書最後印有一行牌記：'杭州猫兒橋河東岸開箋紙馬鋪鍾家印行。'"①蕭新祺進一步介紹了這部書的情況："一九六四年春，中國書店專家服務部從安定門内國子監孔廟遷到琉璃廠海王村營業。開業前，將歷年收進的宋元明諸善本，已售於各圖書館及學術單位的佳本古籍，借了回來，舉辦善本書展，内有宋刻本《文選五臣注》，南宋初年杭州猫兒橋開箋紙馬鋪鍾家刊本，清王懿榮題簽，季振宜舊藏。原書三十卷，惜僅存二十九、三十兩卷。每半頁十二行，行十九字，注文雙行，行二十七字，左右雙欄，白口，單魚尾，字歐體。第二十九卷售予北京大學圖書館，第三十卷售予北京圖書館。"②顯然，這部宋刻五臣注《文選》所缺二十八卷是在流傳過程中亡佚的。另外，歷史上大量出土的簡書、帛書、紙書，由於斷裂、腐爛，不少已變得殘缺不全，也極爲可惜。

脱文一般用墨釘或空圍來表示。例如一九七三年十二月長沙馬王堆漢墓出土的《老子》甲、乙本皆有闕文。經整理後，其中有一段甲本作："天下有道，□走馬以糞；天下無道，戎馬生於郊。罪莫大於可欲，禍莫大於不知足，咎莫憯於欲得，□□□□□，恒足矣。"③

脱文較多可約計脱文字數，空出一定的行格。如顧廣圻於元刊本《詩外傳》十卷跋云："此綬階袁君三硯齋書也……其標目分條以至佚字脱句，皆未失古意，足正後來不能闕疑之非。即宋本之善，應不過是也。内失葉二十餘翻，他本無足中補寫者，予謂宜但作烏絲闌虚以待焉，想袁君亦必

① 《晦庵書話·書城八記·版本》。

② 《宋刻本〈文選五臣注〉殘帙簡介》，載《古籍整理出版情況簡報》第二〇三期。

③ 《馬王堆漢墓出土〈老子〉釋文》，載《文物》一九七四年第十一期。

以爲當也。”①

校勘家對脱文常以“闕”、“下闕”、“疑闕”、“以下脱若干字”等字樣表示。如《晏子春秋》内篇《諫下》云：“梁邱據死。景公召晏子而告之曰：‘據忠且愛我，我欲豐厚其葬，高大其壟。’晏子曰：‘敢問據之忠與愛於君者，可得聞乎？’公曰：‘吾有喜於玩好，有司未能我共也，則據以其所有共我，是以知其忠也。每有風雨，暮夜求必存，吾是以知其愛也。’晏子曰：‘嬰對則爲罪，不對則無以事君，敢不對乎？嬰聞之，臣專其君，謂之不忠；子專其父，謂之不孝；妻專其夫，謂之嫉。事君之道，導親於父兄，有禮於群臣，有惠於百姓，有信於諸侯，謂之忠。爲子之道，以鍾愛其兄弟，施行於諸父，慈惠於衆子，誠信於朋友，謂之孝。爲妻之道，使其衆妾皆得歡忻於其夫，謂之不嫉。今四封之民，皆君之臣也。而維據盡力以愛君。’”盧文弨注云：“疑闕。”②王念孫注云：“此下各本脱去九十九字。”③據《群書治要》，此九十九字爲：“何愛者之少邪？四封之貨，皆君之有也，而維據也以其私財忠於君，何忠者之寡邪？據之防塞群臣，壅蔽君，無乃甚乎！公曰：‘善哉！微子，寡人不知據之至於是也。’遂罷爲壟之役，廢厚葬之令，令有司據法而責，群臣陳過而諫，故官無廢法，臣無隱忠，而百姓大説。”再如屈萬里指出：“《魏書・廣平王懷傳》‘廣平王懷’下，宋本就注了一個‘闕’字，可見在宋時已有殘闕，但究竟闕了多少字，現已無法知道。”④

有些書面材料的脱文没有標明，少數人甚至還設法泯滅脱文的痕迹。如王重民在談到明嘉靖間刻本《臨川王先生荆公文集》一百卷時説：“及持嘉靖間翻臨川本相較，脱詩每均在一整葉上，而此本既不標明脱葉，反將脱葉抹煞，連接其葉數，以泯其真迹。葉相接矣，而詩不相接，爲此本舊主所發覺，因用嘉靖本校補之。安正堂刻書頗多，於是集乃竟草率若是，此坊本所以不見重於學人也。”⑤再如張元濟在校勘《宋史》時指出：“傳第一

---

① 《思適齋集外書跋》經類。

② 見黄以周《晏子春秋校勘》上《内篇諫下第二》。

③ 《讀書雜志・晏子春秋第一・内篇諫下・脱文九十九》。

④ 《讀古書爲什麽講究板本》，載《大陸雜志》二卷七期。

⑤ 《中國善本書提要》集部别集類。

百八十八《張栻傳》，元本末葉爲第二十五葉，前葉末句爲‘卒年四十有’。成化本行款已改，然於‘有’字下猶留墨板，爲待訪補刻之地。至北監本，則於‘有’字下增八字，足成語氣，以掩其不全之迹。”①

需要注意的是，書面材料中對脱文的標注可能有錯誤。詳見本章第三節《致衍的原因》十六《本無闕文而誤加空圍》。

二　因重文而脱

《列子・仲尼》篇云：“孤犢未嘗有母，非孤犢也。”俞樾指出：“此本作‘孤犢未嘗有母，有母非孤犢也’。《莊子・天下》篇釋文引李云‘言孤則無母，孤稱立則母名去’，是其義也。因兩‘有母’字相連，誤脱其一。”②

《吕氏春秋・審爲》篇云：“不能自勝則縱之，神無惡乎！”畢沅校曰：“‘縱之’下當再疊‘縱之’二字，《文子・下德》篇、《淮南子・道應》篇俱疊作‘從之，從之’。”王叔岷補證云：“畢氏謂‘縱之’二字當疊，是也。《注》：‘言人不能自勝其情欲則放之，放之，神無所憎惡。’以‘放’詁‘縱’，而疊‘放之’二字，則正文本疊‘縱之’二字明矣。”③

又，《春秋繁露・身之養重於義》篇云：“今握棗與錯金以示嬰兒，必取棗而不取金也。握一斤金與千萬之珠以示野人，野人必取金而不取珠也。”孫詒讓指出：“《日鈔》引，疊‘嬰兒’二字是也，當據校補。下文亦疊‘野人’二字，文例正同。”④

三　因忽略重文符號而脱

古書中的重文符號在傳鈔轉刻的過程中，可能被寫錯了，也可能被寫脱了。如《漢書・霍光傳》云：“先是，後元年，侍中僕射莽何羅與弟重合侯通謀爲逆，時光與金日磾、上官桀等共誅之，功未録。”管吉指出：

---

① 《校史隨筆・宋史・張栻傳補闕一葉》。

② 《古書疑義舉例》卷六之七二《字以兩句相連而誤脱例》。“李”指晉李頤。

③ 《校讎通例》五三《誤不疊》，載《歷史語言研究所集刊》第二十三本下册。

④ 《札迻》卷二。《日鈔》指黄震《黄氏日鈔》。

"後元年"句有脱漏。"後元"乃漢武帝年號,共二年。此指何年,甚不明確。今查同書《武帝紀》,當爲後元元年。該年六月條記載:"侍中僕射莽何羅與弟重合侯通謀反,侍中駙馬金日磾、奉車都尉霍光、騎都尉上官桀討之。"古人書寫重字,但於字下作小"二",疑本條"後元元年"即如此,流布過程中,重字符號被傳抄者脱去。現當據《武帝紀》補上。①

有的重文符號還表示句子的重複,稍有疏忽就會造成句子或字詞的脱漏。如《説苑·反質》篇云:"故上不禁技巧,則國貧民侈,國貧窮者爲奸邪,而富貴者爲淫佚,則驅民而爲邪也。"王利器云:

這段文章,義不相屬,敦煌本作"故上不禁技巧則國二貧二民二侈二則貧窮者爲奸耶,而富足者爲淫泆,則驅民爲耶也"。《群書治要》作"故上不禁技巧,則國貧民侈;國貧民侈,則貧窮者爲奸邪,而富足者爲淫泆,則驅民而爲邪也",正和敦煌本同。因爲今本都脱小"二",於是就搞不通了。②

又,《論衡·語增》篇云:"凡天下之事,不可增損。考察前後,效驗自列。自列,則是非之實有所定矣。"裘錫圭校曰:

此文本當作"考察前後,效驗自列。效驗自列,則是非之實有所定矣"。古人於重複之字句皆用重文符號表示。如此文,於漢時必書作"考察前後,效二驗二自二列二,則是非之實有所定矣"。蓋"效驗"二字後之重文符號因傳寫脱落,遂成今本之文。《論衡》中脱落重文之例頗爲常見,《校釋》《集解》皆曾屢加舉正,可參閲。③

---

① 《漢書校記二則》,載《史學月刊》一九八三年第六期。

② 《王利器論學雜著》:《校讎學方法論》四《重文與疊語》。

③ 《論衡札記》,載《文史》第五輯。案:《校釋》,黄暉《論衡校釋》也。《集解》,劉盼遂《論衡集解》也。

如前所述,重文符號是多種多樣的,其他形式的重文符號,稍不留心也會造成脱文。潘重規曾舉一例:

倫敦藏斯坦因五五四〇號敦煌卷子鈔寫了《山花子》四行。王重民《敦煌曲子詞集》、任二北《敦煌曲校録》、饒宗頤《敦煌曲》都收録了這一首絶妙好詞,但都顯示出殘缺不全的面貌。現在先將他們記録的詞句寫下:

去年春日長相對,今年春日千山外。落花流水東西路,離期會。　　西江水竭南山碎,憶得終日心無退。當時只合同携手,悔□□。

任二北《校録》云:"'悔'字下,王《集》注'下缺',乃缺二字,待補。'悔'亦可能爲韻,則所缺二字在'悔'字之上。"饒著《敦煌曲》"悔"字下同樣作缺字符號。(據黄建基先生見告,一九七四年九月一日香港中文大學《新亞學報》第十一卷上册,饒宗頤先生《〈長安詞〉〈山花子〉及其他》已將缺文補出。)王重民、饒宗頤兩先生久居歐陸,親見原卷,任二北教授或許只看見照片。三人都出同樣的紀録,使得一首美妙無比的名作,到最後戛然打斷,令人心頭綁上一個死結,非常的不舒服。今年雙十"國慶",我在倫敦圖書館,把原卷借出,原來是一本蝴蝶裝册子,共三葉,每半葉八行,鈔寫了《百行章》《燕子賦》等。第三葉就是這首《山花子》詞。由於歲隔千年,紙墨顔色非常黯淡。仔細辨認,"悔"字下正中有分開相當距離的兩點,作"悔、、"。……寫本使用標點符號的慣例,不但兩點"、、"表示重文,有時一點也表示重文。所以這兩個單點即是兩個重文。而且這首詞抄寫的人增加句號,每一斷句處都有一圓點"·","悔、、"的最後一點的旁側,也加了一個斷句的圓點"·",可見這一句是"悔悔悔"三個字。既不是"悔"字下缺兩個字,也不是"悔"字上缺兩個字。……這首詞情思的婉轉,設想的恢奇,開闢了後代詞家新境界。南宋朱淑真有名的《生查子》詞,以"去年元日"、"今年元日"兩兩對比,正是此詞"去年春日"、"今年春日"的翻版。陸放翁有名的《釵頭鳳》,在"一懷愁緒,幾年離索",無可奈何之餘，不禁吐出了“錯！錯！錯！”的哀音，文情體態，不正是《山花子》“悔！悔！悔！”的同調嗎？失去了這個精彩的結尾，玉缺便不成其爲完璧了！①

四　因上下文而脱

這種現象是由傳鈔者的錯覺造成的。脱文的末一字或末數字往往與上下文的末一字或末數字相同。陳垣曾論之云：

鈔書脱漏，事所恒有，惟脱漏至數字或數十字者，其所脱之末一二字多與上文同，在沈刻《元典章》中此爲通例，因鈔書之人，目營手運，未必顧及上下文理，一時錯覺，即易將本行或次行同樣之字句誤認爲已經鈔過，接續前鈔，遂至脱漏數字數行而不知。此等弊端，尤以用行款不同之鈔格者爲易犯。

其脱漏三數字者，其末字多與上文同：

吏二十五“立嫡長子”下　脱“若嫡長子”四字。

兵一三七“大小軍官”下　脱“首領官”三字。

兵一五三“萬户千户”下　脱“百户”二字。

其脱漏數十字以上者，其末一二字亦多與上文同：

吏六六五一行“吏目”下　脱五十四字。末二字亦爲“吏目”。

刑十九四十十行“的人”下　脱七十八字。末二字亦爲“的人”。②

又，《論衡·卜筮》篇云：“又試使人罵天而卜，敺(毆)地而筮，無道至甚，亦得兆數。苟謂兆數天地之神，何不滅其火，灼其手，振其指，而亂其數，使之身體疾痛，血氣湊踊?”裘錫圭指出：

① 《敦煌詞話·完整無缺的山花子曲子調》。

② 《校勘學釋例》卷二第十四《因同字而脱字例》。

"兆數"不得謂爲"天地之神"。下文有"兆數非天地之報"語，此文"苟謂兆數天地之神，何不滅其火……"，本當作"苟謂兆數天地之報，天地之神何不滅其火……"。蓋鈔書者誤將"之報"前之"天地"，與"之神"前之"天地"混而爲一，遂致脱去"之報天地"四字。①

五　正文誤入注文

前人早已注意到古書中正文注文互相闌入這種現象。唐人郭京著有《周易舉正》，自序云："得王輔嗣、韓康伯手寫真本，比校今所習者，或將經入注，用注作經。"正文誤入注文，對正文來説是脱，對注文來説則是衍，我們在這兒僅從正文的角度來談這個問題。如《淮南子·説林》篇云："栗得水濕而熱，甑得火而液。水中有火，火中有水。疾雷破石，陰陽相薄。"注曰："自然之勢。"王念孫指出："'自然之勢'四字，乃是正文，非注文，言疾雷破石，此陰陽相薄，自然之勢也。《太平御覽·火部》二引此，四字在正文内，是其證。"②又同篇有云："行者思於道，而居者夢於床。慈母吟於巷，適子懷於荆。"注曰："精相往來也。"王念孫云：

"巷"當爲"燕"，字之誤也。"道"與"床"相對，"燕"與"荆"相對，今本"燕"作"巷"，則非其指矣。"精相往來也"五字，乃是正文，非注文。《吕氏春秋·精通》篇："身在乎秦，所親愛在於齊，死而志氣不安，精或往來也。"高彼《注》曰："《淮南》記曰：'慈母在於燕，適子念於荆，言精相往來也。'"《太平御覽·人事部》十九："《淮南子》曰：'適子懷於燕，慈母吟於荆，情相往來也。'"詞雖小異，而字皆作"燕"，且精相往來句，皆與上二句連引。③

---

① 《論衡札記》，載《文史》第五輯。

② 《讀書雜志·淮南内篇第十七·説林·自然之勢》。案：《二十二子》本《淮南子》，"自然之勢"四字即在注中。

③ 《讀書雜志·淮南内篇第十七·説林·吟於巷 精相往來也》。高謂高誘。

六　因字體殘闕而删

陳垣《校勘學釋例》卷一第七《字體殘闕逕行删去例》對這個問題作過分析，今節録如下：

> 鈔刻書籍，遇有殘闕字體，應爲保留，以待考補，不得將殘闕字句逕行抹去。今沈刻《元典章》目録禮部門内，殘闕多條，尚留空位待補，是也。然亦有將殘闕字句逕行删去，不留空位者：
>
> 目録三六　望講經史　應作“朔望講經史例”。
>
> （中略四條）
>
> 舉程式條目　應作“科舉程式條目”。
>
> ……
>
> 右六條，每條之上，皆殘闕一字，緣吴氏繡谷亭本（即涵芬樓藏本）此數葉紙有殘闕也。由此可知沈刻此卷實由繡谷亭本出，特未知是直接是間接耳。然所闕者目録，本可用本書校補，即未及校補，亦應預留空位，今乃逕行删去，疏忽之誚，似不能辭。又書中標目，亦有似此殘闕逕行抹去者。
>
> 兵三五十　馳驛　“馳”上應有“枉道”二字。
>
> 刑七十四　犯姦出舍　“犯”上應有“舍居女”三字。
>
> 右目二條，因元刻上有殘闕，本可據卷首目録校補，即未及校補，亦應預留空位，不應逕行抹去，致令人疑爲無闕也。

又，户八六三“提調官歸縣達魯花赤”，“‘歸’上元有一字殘闕，據汲古閣藏本尚殘留‘禾’字，當是秭歸”。户八八一“大字直書鹽不得犯界”，“‘鹽’上元有一字殘闕，據汲古閣藏本尚殘留‘厶’字，當是私鹽”。

七　因不識假借字而删

《戰國策·齊》云：“衛鞅謀於秦王曰：夫魏氏，其功大而令行於天下，有十二諸侯而朝天子，其與必衆。”王念孫曰：“‘有十二諸侯’，有下當有從字,有讀爲又(《戰國策》通以有爲又,《史記》《漢書》及諸子並同)。上文云‘又從十二諸侯朝天子’是也。下文亦云‘今大王之所從十二諸侯’。今本無從字者,後人誤讀有爲有無之有,則與從字義不相屬,因删去從字耳。”①

《淮南子·人間》篇:“此何遽不爲福乎?”王念孫校云:“‘何遽不爲福’本作‘何遽不能爲福’,能與乃同(‘乃’、‘能’古字通,説見《漢書·谷永傳》‘能或滅’之下)。言何遽不能爲福也。下文曰:‘此何遽不能爲禍乎?’即其證。此及下文兩‘何遽不爲福’,《藝文類聚·禮部》《太平御覽·禮儀部》,並引作‘何遽不乃爲福’。又‘何遽不能爲禍’,亦引作‘何遽不乃爲禍’。”②王氏還進一步指出,這是“有不識假借之字而妄删者。《人間》篇:‘此何遽不能爲福乎?’能,讀曰乃。言何遽不乃爲福也。後人不知能與乃同,遂删去能字矣”。③

八　因不明詞義而删

《淮南子·道應》篇:“敖幼而好游,至長不渝。”王念孫曰:“此本作‘至長不渝解’,今本無解字者,後人不曉渝解二字之義而削之也。不知渝與解同義。《太元·格次三》:‘裳格鞶鉤渝。’范望曰:‘渝,解也。’字亦作愉。《吕氏春秋·勿躬》篇‘百官慎職而莫敢愉綎’,高注曰:‘愉,解也;綎,緩也。’又《方言》:‘揄,撌,脱也;解,輸,脱也。’郭璞曰:‘挩,猶脱耳。’《文選·七發》:‘揄棄恬怠,輸寫淟濁。’李善注引《方言》:‘揄,脱也。’脱亦解也。渝、愉、揄、輸,並聲近而義同。《太平御覽》引作‘至長不渝解’,《蜀志》注引作‘長不喻解’,《論衡》作‘至長不偷解’,字雖不同,而皆有‘解’字。”④

《淮南子·道應》篇復云:“得其精而忘其粗,在内而忘其外。”王念孫指出:“‘在’下本有‘其’字,後人以意删之也。《爾雅》曰:‘在,察也。’察其

① 《讀書雜志·戰國策第一·齊·有十二諸侯》。

② 《讀書雜志·淮南内篇第十八·人間·何遽不爲福》。

③ 《讀書雜志·淮南内篇》後序。

④ 《讀書雜志·淮南内篇第十二·道應·不渝》。

内即得其精也,忘其外即忘其粗也。後人不知在之訓爲察,故删去'其'字耳,《蜀志·郤正傳》注引此,正作'在其内而忘其外',《列子》同。《白帖》引作'見其内而忘其外',雖改'在'爲'見',而'其'字尚存。"①

九 因不審文義而删

書面材料中常有校讀者没有弄清詩文的整體含義,誤認爲其中某些字句、段落是衍文而删去的現象。蔣禮鴻曾舉一例論之云:

> 已故的羅根澤、戚法仁兩先生的《先秦散文選注》選録《荀子·天論》,終於"故錯人而思天,則失萬物之情"句,注道:"本文下面還有兩段,都與《天論》無關,疑他篇竄入,兹不録。"近來選録《天論》的大多這樣處理,這實在是錯誤的。《荀子》這一篇"故錯人而思天,則失萬物之情"這一段的開頭説:"在天者莫明於日月,在地者莫明於水火,在物者莫明於珠玉,在人者莫明於禮義。故日月不高則光輝不赫,水火不積則暉潤不博,珠玉不睹(睹)乎外則王公不以爲寶,禮義不加於國家則功名不白。故人之命在天,國之命在禮。"很明顯,"禮義不加於國家則功名不白"、"國之命在禮"是這段文章裏的主要意思,而"在人者"的"禮義"也正是"錯人而思天"的"人"的命根。那麼請看羅、戚兩先生認爲是他篇竄入的第一段裏的話:"水行者表深,表不明則陷;治民者表道,表不明則亂。禮者,表也。非禮,昏世也;昏世,大亂也。"這裏的"明"豈不是"在人者莫明於禮義"的"明","禮"豈不也是"在人者莫明於禮義"、"國之命在禮"的"禮"嗎?要是羅、戚兩先生認爲"在人者莫明於禮義"、"國之命在禮"與《天論》有關,那麼憑甚麼斷言"治民者表道,表不明則亂。禮者,表也"與《天論》無關呢?再者,在這個"他篇竄入"的第一段裏又提到了"道貫"和"道",説道:"故道之所善,中則可從,畸則不可爲,匿則大惑。"楊倞注以爲"言禮可以爲道之條貫也",又説:"畸者,不偶之名,謂偏也。"這是不錯的。而"他

① 《讀書雜志·淮南内篇第十二·道應·在内》。

篇竄入”的第二段的開頭就説:“萬物爲道一偏,一物爲萬物一偏,愚者爲一物一偏,而自以爲知道,無知也。”這不是“畸者不可爲”的申説嗎?這裏所説的“道”,不就是“治民者表道”的“道”嗎?就這兩段被删去的本文和這兩段的前一段的本文加以尋繹,就足以證明這三段文章脈絡貫通,不容割裂。[①]

中華書局編輯部《史記點校後記》也曾論及這種情況:“我們發見金陵局本有兩處是删得不妥當的。一處是《周本紀》‘夫獸三爲群,人三爲衆,女三爲粲。王田不取群,公行不下衆,王御不參一族’。張文虎據《國語》韋昭注及曹大家説,删去‘公行不下衆’的‘不’字。其實按上下的語氣,這個‘不’字是不應該删的。《國語》無‘不’字,顯然是脱誤,正好據《史記》來校正《國語》。朱駿聲也認爲應作‘公行不下衆’。他説:‘蓋公行則人宜下車以避,有三人則下車較緩,且恐仍不及避以致罪也,此曲體人情也。’(《經史答問》卷二)一處是《高祖本紀》‘忽聞漢軍之楚歌’,張文虎據梁玉繩説删去‘之’字。其實有個‘之’字也講得通,吴汝綸更認爲删去了倒反‘失史文之神理’。這兩處我們都把它改回來了。”

又,中華書局一九八八年版《宋東京考》卷十一《望京樓》云:“望京樓,即汴城西門樓也。樓舊無名,唐令狐綯登樓詩有‘因上此樓望京國’,便名樓作望京樓。”下有校記云:“便名樓作望京樓,此句下原有‘句因名’三字,於文義不通,係爲衍文,今删。”崔文印指出:

“句因名”三字並非衍文,點校者所以誤認作衍文,是把令狐綯的兩句詩,誤認作一句所致。令狐綯的《登望京樓賦》收在《全唐詩》卷五六三,全詩四句:“夷門一鎮五經秋,未得朝天不免愁。因上此樓望京國,便名樓作望京樓。”

需要指明的是,《宋東京考》大部分都是因襲《汴京遺迹志》而來,《汴京遺迹志》卷八《望京樓》條云:“即汴城西門樓也,樓舊無名,唐令

① 《懷任齋文集·誤校七例》。

狐綯登樓詩有'望京'字,因名。"《宋東京考》的作者,只是移録了令狐綯的兩句詩,連《汴京遺迹志》的原句式都没有改變,其因襲之迹是不待辨而自明的。準此,更可證明"句因名"三字非衍,正確的標點應該是:"樓舊無名,唐令狐綯登樓詩有'因上此樓望京國,便名樓作望京樓'句,因名。"①

十　因據他書而删

《荀子·勸學》篇云:"蓬生麻中,不扶而直。"王念孫指出:"此下有'白沙在涅,與之俱黑'二句,而今本脱之。《大戴記》亦脱此二句。今本《荀子》無此二句,疑後人依大戴删之也。楊不釋此二句,則所見本已同。今本此言善惡無常,唯人所習,故'白沙在涅'與'蓬生麻中'義正相反,且'黑'與'直'爲韻,若無此二句,則既失其義,而又失其韻矣。《洪範》正義云:'荀卿書云:蓬生麻中,不扶自直;白沙在涅,與之俱黑。'褚少孫續《三王世家》云:'傳曰:蓬生麻中,不扶自直;白沙在泥,與之皆黑者,土地教化使之然也。'《索隱》曰:'蓬生麻中以下,並見《荀卿子》。'案上文引傳曰:青采出於藍云云;下文引傳曰:蘭根與白芷云云,皆見《荀子》,則此所引傳亦《荀子》也。然則漢唐人所見《荀子》,皆有此二句,不得以大戴無此二句而删之也。又案《群書治要》:'《曾子·制言》篇云:故蓬生麻中,不扶乃直(《燕禮》注:乃猶而也);白沙在泥,與之皆黑(大戴同)。'考《荀子》書多與《曾子》同者,此四句亦本於《曾子》,斷無截去二句之理。"②

又,《史記·刺客列傳》云:"故嘗事范、中行氏。"王念孫校曰:"'范、中行氏',本作范氏及中行氏。今本無'氏及'二字者,後人依《趙策》删之也。不知古人屬文,或繁或省,不得據彼以删此。下文言'范、中行氏'者,前詳而後略耳,亦不得據後以删前。《索隱》本出'事范氏及中行氏'七字,解云:'范氏,謂范昭子吉射也。中行氏,中行文子荀寅也。'則有'氏及'二字

---

① 《宋東京考誤删一例》,載《古籍整理出版情況簡報》第二五三期。

② 《讀書雜志·荀子第一·勸學·蓬生麻中不扶而直》。

明矣。《群書治要》引此，亦作'范氏及中行氏'。"①

十一　因據誤本而删

書面材料産生各種錯誤後，校讀者没有發現，爲了文從字順，往往會出現據誤本之文更加删削，以致形成錯上加錯的現象。

甲　因訛文而删

《大戴禮記·曾子立事》篇云："君子既學之，患其不博也；既博之，患其不習也；既習之，患其無知也；既知之，患其不能行也；既能行之，貴其能讓也。"王念孫校云："'貴其能讓也'，本作'患其不能以讓也'。篇内五患，其文義相承，此句不當獨異。'患'與'貴'上半相似，因訛而爲'貴'。後人不得其解，因删去'不'字、'以'字耳。盧注本作'患其以己能而競於人'，今本作'貴不以己能而競於人'，亦是後人據已誤之正文改之。《群書治要》引《曾子》，正作'患其不能以讓也'。《説苑·説叢》篇：'既能行之，患其不能以讓也。'即用《曾子》之文。今依阮氏芸臺《曾子注釋》訂正。"②

乙　因脱文而删

《莊子·天道》篇云："廣廣乎其無不容也。淵乎其不可測也。"王叔岷校云："《道藏》褚伯秀《義海纂微》本廣字不疊，與下句作'淵乎'相耦。陳碧虚《闕誤》引江南古藏本疊淵字，與上句作'廣廣乎'相耦，江南古藏本是也，褚本蓋不知下句脱一'淵'字，乃於上句妄删一'廣'字耳。"③

王念孫《讀書雜志·淮南内篇》後序也指出："有既脱而又妄删者，《天文》篇：'天地之偏氣，怒者爲風；天地之合氣，合者爲雨。'藏本上句脱'地'字，劉本又删去下句'天'字，則是以風屬天，雨屬地，其失甚矣。"④

丙　因衍文而删

俞樾云："凡有衍字，宜從删削，乃有删削不當，反失其本真者。《周

---

① 《讀書雜志·史記第五·刺客列傳·范中行氏》。

② 《經義述聞》卷一一《大戴禮記》上《貴其能讓也》。盧注本指北周盧辯注本。

③ 《校讎通例》三三《因脱而妄删》，載《歷史語言研究所集刊》第二十三本下册，褚本，指宋褚伯秀《南華真經義海纂微》。

④ 劉本，指明劉績本。

易·升》象傳:'君子以順德,積小以高大。'《釋文》曰:'以高大,本或作以成高大。'按:此本作'積小以成大',《正義》所謂'積其小善以成大名'也。後誤衍'高'字而作'積小以成高大',則累於辭矣。校者不知'高'字之衍而誤删'成'字,此删削不當而失其本真者也。"①

丁　因倒文而删

《淮南子·主術》篇:"堯舜禹湯文武,王皆坦然天下而南面焉。"王念孫校云:"次句當作'皆坦然南面而王天下焉'。今本顛倒,不成文理。劉本删去'王'字,尤非。(莊本同)"②

十二　寫工闕鈔

也有因寫工疏忽導致闕鈔的現象,如毛扆于《宋名家詞》第三集周必大《近體樂府》一卷題識云:"宋詞六十家,從收藏家徧借舊録本校勘,鎮廿年矣。惟益公詞,昔年以家藏集本付梓,先君所謂句錯字淆者是也,未借别本一校,挂懷不釋。己巳正月廿四日,因往崑山,從含經堂借得集本,即日返棹,到家已夜分矣。次早比較一過,《點絳脣》前一首脱後段,後一首脱前段,蓋因二首皆是一韻,抄書者但看底字韻,便接後去。所以抄書,必當影寫,方無此失,即此可以爲戒。"查原文,周必大《點絳脣》共四首,第一首、第二首的最後一個字均爲"翠",頗易看錯。

寫工闕鈔造成的脱文多爲闕篇,故意少寫字句者較少見。周煇談到王荆公與宋次道同爲三司判官時,"次道出其家藏唐詩百餘編,託荆公選其佳者。荆公乃簽出俾吏鈔録,吏每於長篇字多倦於筆力,隨手削去。荆公醇德,不疑其欺也。今世所傳本,乃群牧吏所删者"。③

陳垣也曾指出:"沈刻《元典章》闕文甚多,其所闕最巨者,爲吏部卷三,闕倉庫官等六門,凡三十六葉,在方氏等半葉十行本則爲四十七葉,蓋所據將此卷分裝二册,而闕鈔其下册也。其餘所闕,則刑部卷内爲多,且

---

① 《古書疑義舉例》卷五之五九《因誤衍而誤删例》。

② 《讀書雜志·淮南内篇第九·主術·王皆坦然天下而南面焉》。劉本指明劉績本。莊本指清莊逵吉本。

③ 《清波雜志》卷八。

每在一類之末一二條，似有意刊落，而非偶然脱漏者。”如在繫獄類末就少抄了“孕囚出禁分娩”三條。①

又，潘景鄭云：“陶岳《五代史補》世鮮善本，汲古閣本亥豕滿目，爲世所鄙。嘗讀《蕘圃藏書題識》，著録校鈔本《五代史補》一書，有徐駿跋，蓋蕘翁亦過録徐校者。徐校原本，不可蹤迹，而蕘翁所校一本，亦不知存在何處。頃賈人携示鄉先輩張巽夫先生手校本一册，卷末附徐駿跋語，與蕘翁所録，當同出一源，得之狂喜。按徐氏跋於雍正三年，有云：‘王明清《揮麈餘話》所録毋昭裔刊書一事，載陶岳《五代史補》，此編獨遺其事，想未爲全書，或繕寫人手倦删去，鈔本書最患此病，每爲廢卷嘆息，可見此書早無完本矣。’”②

十三　出版單位刊落

書面材料的某些闕文也有的是由出版單位無意或有意刊落造成的，約有以下三種類型：

甲　漏刻

如明嘉靖三十年高翀、吴鳳刊《重校鶴山先生大全文集》一百十卷，杜信孚指出其中“卷四《豢龍詩》、卷六十七《賀帥子長啓》、卷七十《教授彭子遠墓志銘》，均不見於目”。③ 這顯然是在無意中漏刻造成的。

乙　誤删

唐圭璋云：“毛氏既誤補名詞，亦有誤删名詞者。復舉一例明之。如歐公《清商怨》云：‘關河愁思望處滿。漸素秋向晚。雁過南雲，行人回淚眼。　　雙鸞衾裯悔展。夜又永、枕孤人遠。夢未成歸，梅花聞塞管。’此詞見宋人《歐陽文忠公近體樂府》，原無可疑。乃毛氏據《庚溪詩話》，以爲確是晏殊之作，乃删歐集而增入晏《珠玉詞》。但予復按《庚溪詩話》，原文云：‘紹興庚午歲，余爲臨安秋賦考試官。同舍有舉歐陽公長短句詞曰：“雁過南雲，行人回淚眼”，因問曰：“南雲其義安在？”余答曰：“嘗見江總

---

① 《校勘學釋例》卷一第六《闕文例》。

② 《著硯樓書跋·張巽夫校五代史補》。

③ 《明代版刻綜録》卷四。

詩:'心逐南雲去,身隨北雁來。故園籬下菊,今日見花開。'恐出於此耳。"'此又分明言'雁過南雲'一首乃歐公之作。毛氏誤記,因而誤删。吾人閲《六十名家詞》,凡毛氏所增所删,皆須考訂,切不可信之不疑。"①

丙　故削

明郎瑛指出:"我朝太平日久,舊書多出,此大幸也,惜爲福建書坊所壞。蓋閩專以貨利爲計,但遇各省所刻好書,聞價高,即便翻刊。卷數目録相同,而於篇中多所減去,使人不知,故一部止貨半部之價,人争購之。近徽州刻《山海經》,亦效閩之書坊,只爲省工耳。"②清周亮工曾舉一例:"故老傳聞羅氏爲《水滸傳》一百回,各以妖異語引其首。嘉靖時,郭武定重刻其書,削其致語,獨存本傳。金壇王氏《小品》中亦云:'此書每回前各有楔子,今俱不傳。'予見建陽書坊中所刻諸書,節縮紙板,求其易售,諸書多被刊落。此書亦建陽書坊翻刻時删落者。"③

十四　因避諱而删

陳垣《史諱舉例》卷四《因避諱空字後人連寫遂脱一字例》云:"《南》《北史》於官名治書侍御史及治中從事,多脱去'治'字,今本有'治'字者,皆後人增入也。《四庫全書通志考證》於梁吴平、侯景傳及梁伏曼容傳,均云:'治書侍御史,刊本沿唐諱,删治字,今據《梁書》增。'疑當時實係空而不書,後人連寫,遂脱一字耳。後晉天福八年,義成軍節度使匡翰碑,匡翰,建瑭之長子也。碑於建字下,空文以避石敬瑭諱,此其例也。《容齋三筆》卷十:'鄂州興唐寺鐘題誌云"唐天祐二年鑄"。勒官階姓名者兩人,一曰金紫光禄大、檢校尚書左僕射,兼御史大陳知新;一曰銀青光禄大、檢校尚書右僕射,兼御史大楊琮。大字之下,皆當有夫字,而悉削去。楊行密父名怤,怤與夫同音。是時行密據淮南,故將佐爲之諱。'於'夫'字皆空而不書。其後建國曰吴,乃改大夫爲大卿。因此,疑避諱去人名一字者,亦多元本空字,特後人連寫耳。"

---

① 《詞學論叢·讀詞札記·毛晉誤删名詞》。

② 《七修類稿》卷四五《書册》。

③ 《書影》卷一。

十五　因政治原因而删

有些書面材料的字句、段落、篇章，往往因爲政治原因而遭到删削，有些書面材料甚至還因此遭到查禁焚毁。今略舉數例分别述之如下：

甲　删字句

此類現象在清代尤爲普遍，如傳世的王建詩集有八卷本和十卷本之别。十卷本除宋本外，尚有清康熙四十一年洞庭席氏琴川書屋刻《唐詩百名家全集》本。沈津指出："席刻多有墨釘，而宋本則小有數處，可補席刻之缺。如卷一第一首《涼州行》中'邊頭州縣盡胡兵'、'洛陽家家學胡樂'，'胡'字在席刻中被墨釘隱去。"①王重民《中國善本書提要》楊殿珣序引王氏説云："余持《大典》本《兩朝綱目備要》，以校《四庫》輯本卷十三之前十葉，發現差誤之處甚多。……因避清代忌諱而删節者，如'六月丁亥。韃靼之先與女真同種，蓋皆靺鞨之後也'。《四庫》本删節爲'塔坦蓋靺鞨之後'。'方金人盛時，韃靼歲時入貢。'《四庫》本删節爲'方金人盛時入貢'。如此則失其本來意義矣。"

國民黨政府對魯迅的雜文，也曾采用過删削的手段。後來魯迅在編雜文集時，將删去的部分一一補上，並用黑點在旁邊標明，一覽可知。如《過年》中的一段話："中國的可哀的紀念太多了，這照例至少應該沉默；可喜的紀念也不算少，然而又怕有'反動分子，乘機搗亂'，所以大家的高興也不能發揚。"②孫用指出："'反動分子'四字被删，編者只好添一'人'字。"③《過年》中下面這段話被删去得更多：

> 在實際上，悲憤者和勞作者，是時時需要休息和高興的。古埃及的奴隸們，有時也會冷然一笑。這是蔑視一切的笑。不懂得這笑的意義者，只有主子和自安於奴才生活而勞作較少，并且失了悲憤的奴才。

① 《跋宋刻本王建詩集》，載《文史》第二十六輯。

② 《魯迅全集》第五卷《花邊文學》。

③ 《魯迅全集校讀記・花邊文學校讀記》。

乙　删段落

如魯迅一九三六年寫的《"這也是生活"……》曾説過："記得前年，也在病後，做了一篇《病後雜談》，共五節，投給《文學》，但後四節無法發表，印出來只剩了頭一節了。"①現將魯迅的另一篇雜文《同意和解釋》中全文被删的兩段鈔録於下：

據説現在的世界潮流，正是龐大權力的政府的出現，這是十九世紀人士所夢想不到的。意大利和德意志不用説了；就是英國的國民政府，"它的實權也完全屬於保守黨一黨"。"美國新總統所取得的措置經濟復興的權力，比戰争和戒嚴時期還要大得多。"大家做動物，使上司不必徵求什麽同意，這正是世界的潮流。懿歟盛哉，這樣的好榜樣那能不學？

不過我這種解釋還有點美中不足，中國自己的秦始皇帝焚書坑儒，中國的韓退之等説："民不出米粟麻絲以事其上則誅。"這原是國貨，何苦違背着民族主義，引用外國的學説和事實——長他人威風，滅自己志氣呢？②

這種删節書面材料的做法，在"文革"期間也不乏其例，例如中華書局一九七七年印行的陳邦瞻《宋史紀事本末》，有的段落就被砍掉了，王樹民曾指出：

原書還有一段正文："陳邦瞻曰：交州在宋世凡再叛，初以侯仁寶，後以沈起。仁寶死，起竄，足爲邊臣不務安輯而生事者之戒。雖然，交州小丑，再勤王師，卒無成功，宋之不振甚矣。"排印時因其無關紀事，且有"放毒"之嫌，全文删去，破壞了全書的完整性。③

---

① 《魯迅全集》第六卷《且介亭雜文附集》。

② 《魯迅全集》第五卷《准風月談》。

③ 《標點本〈宋史紀事本末〉正誤》，載《河北師範學院學報》一九八四年第一期。

丙　删篇章

金聖嘆腰斬《水滸傳》就是一個著名的例子，魯迅指出："至於刊落之由，什九常因於世變。胡適(《文存》三)説：'聖嘆生在流賊遍天下的時代，眼見張獻忠、李自成一班强盜流毒全國，故他覺得强盜是不能提倡的，是應該口誅筆伐的。'故至清，則世異情遷，遂復有以爲'雖始行不端，而能翻然悔悟，改弦易轍，以善其修，斯其意固可嘉，而其功誠不可泯'者，截取百十五回本之六十七回至結末，稱《後水滸》，一名《蕩平四大寇傳》，附刊七十回之後以行矣。"①鄭振鐸也説：

> 他又删去了不少詩詞。其中有些是不應該删去的。特别像第十回裏面的《恨雪》詞："廣莫嚴風刮地，這雪兒下的正好，扯絮撏綿，裁幾片大如栲栳，見林間竹屋茅茨，争些兒被他壓倒。富室豪家，却道是'壓瘴猶嫌少'，向的是獸炭紅爐，穿的是棉衣絮襖，手捻梅花，唱道'國家祥瑞'，不念貧民些小。高卧有幽人，吟詠多詩草。"這和大家都知道的白日鼠白勝在炎夏的時候所唱的歌："赤日炎炎似火燒，野田禾稻半枯焦。農夫心内如湯煮，樓上王孫把扇摇。"同樣充滿了被壓迫者的怨和怒。金聖嘆删去這一類的詩詞，顯然是從他那反動的政治思想出發的。②

魯迅的作品被國民黨政府整篇删去的也很多，他在一九三四年十一月二十八日致劉煒明的信中説："《二心集》我是將版權賣給書店的，被禁之後，書店便又去請檢查，結果是被删去三分之二以上，聽説他們還要印，改名《拾零集》，不過其中已無可看的東西，是一定的。"③魯迅逝世後，許廣平將編好的《魯迅全集目録》呈送内政部審核登記，結果：

> 完全禁止發行的，有：《毁滅》(係法捷耶夫長篇小説譯本，三閑書

① 《魯迅全集》第九卷《中國小説史略》第十五篇《元明傳來之講史》下。
② 《水滸全傳》卷首《水滸全傳序》，人民文學出版社一九五四年版。
③ 《魯迅書信集》下卷。

屋印行)《二心集》(一九三〇—三一年雜文,合泉書店出版)《僞自由書》(一九三二—三三年作短評集)《南腔北調集》(一九三二—三三年的雜文,聯華書局印行)四種。

必需改名的,是:《准風月談》改爲《短評七集》,《花邊文學》改爲《短評八集》。

部分删改的最多。《壁下譯叢》(譯俄國及日本作家與批評家之論文集)删改達三分之一。《三閑集》中之《太平歌訣》《鏟共大觀》兩文均删去。《頭》《現今的新文學概觀》均删去一段。《華蓋集》中之《十四年的讀經》,也被删去。《壞孩子》(譯本)部分删。《小小十年小引》删一段。①

又,建國後中華書局重印高步瀛《唐宋詩舉要》,原引有曾國藩評語,因范文瀾《中國近代史》上編第一分册從一九四五年在延安草成時,即附有《漢奸劊子手曾國藩的一生》一文。直至一九五一年這部書已發行七版,此文仍未改動,影響很大,所以中華書局也將曾氏評語全部删去。其實所評對唐宋詩篇頗有見解,不應以人廢言。

第三節　致衍的原因

致衍的原因,多爲無意之增,也有有意之加,細加分析,約有以下幾種類型:

一　因形似而衍

俞樾《古書疑義舉例》卷五有《兩字形似而衍例》,舉了不少的例子。如《墨子・天志》下篇云:"而况有踰人之牆垣,担格人之子女者乎?"俞樾指出:"'担'字衍文,'格人之子女'與'踰人之牆垣'相對成文,'担'即'垣'

---

① 沈鵬年輯《魯迅研究資料編目》附録六《關於國民黨反動政府内政部所命令通過、禁止和删改魯迅全集的記載》。

字之誤而衍者。”此外，他還舉例道：

《商子·兵守》篇：“四戰之國，好舉興兵以距四鄰者，國危。”“舉”字即“興”字之誤而衍。《管子·事語》篇：“彼壤狹而欲舉與大國爭者。”“舉”字即“與”字之誤而衍。《吕氏春秋·異寶》篇：“其主，俗主也，不足與舉。”“舉”字亦即“與”字之誤而衍。《淮南子·泰族》篇：“夫欲治之主不世出，而可與興治之臣不萬一。”“興”字亦即“與”字之誤而衍。

再如《莊子·徐無鬼》篇云：“是以一人之斷制利天下。”王叔岷指出：“‘斷制’下有‘利’字，不詞。蓋即‘制’字之誤而衍者也。唐寫本正無‘利’字。《注》：‘則其斷制不止乎一人。’《疏》：‘恣其鴆毒，斷制天下。’是正文原無‘利’字明矣。”①

二　因殘字而衍

《莊子·山木》篇：“此木以不材得終其天年。夫子出於山。”《釋文》本無子字，云：“夫者，夫子，謂莊子也。本或即作夫子。”王叔岷指出：

今本並作“夫子”。《藝文類聚》九一、《意林》、《御覽》九一七、《事類賦》十九《禽部》二、《天中記》五八引，並無“夫子”二字。《釋文》本無“子”字，是也。惟“夫”乃“矣”之壞字，當屬上絕句，“此木以不材得終其天年”下，《御覽》九五二引有“矣”字，是其明證。因“矣”壞而爲“夫”，後人遂於“夫”下妄加“子”字，以之屬下讀矣。《吕氏春秋·必己》篇正作：“此以不材得終其天年矣（‘此’下疑脱‘木’字）。出於山。”當據正。②

---

① 《校讎通例》十《由誤而衍》，載《歷史語言研究所集刊》第二十三本下册。

② 《校讎通例》五六《因壞而妄加他字》，載《歷史語言研究所集刊》第二十三本下册。

三　因不明通假字而衍

《莊子·讓王》篇云:“今周見殷之亂,而遽爲政,上謀而下行貨,阻兵而保威。”王念孫以爲:“‘上謀而下行貨’,‘下’字後人所加也。‘上’與‘尚’同,上謀而行貨,阻兵而保威,句法正相對。後人誤讀‘上’爲上下之上,故加‘下’字耳。《吕氏春秋·誠廉》篇正作‘上謀而行貨,阻兵而保威’。”①

《淮南子·人間》篇云:“戰武士必其死。”王念孫云:“‘戰武’,戰士也。‘必’與‘畢’同,言戰士皆致死也。《淮南》一書,通謂士爲武,後人不達,又於武下加士字,必下加其字矣。”②指出《太平御覽·疾病部》四、《刑法部》五,引此句並作“戰士畢死”。

又,《史記·范雎蔡澤列傳》云:“吾聞先生相李兑曰:百日之内,持國秉政,有之乎?”王念孫云:

> “政”字後人所加,《索隱》本出“持國秉”三字而釋之曰:“案《左傳》云:‘國子實執齊秉。’(見哀十七年傳,今本秉作柄)服虔曰:秉,權柄也。”據此,則“秉”下本無“政”字,“持國秉”即“持國柄”也。《絳侯世家》:“許負相條侯曰:君相三歲而侯,侯八歲爲將相,持國秉。”是其明證矣。(《説文》,柄或作棅。書傳通作秉。《齊語》:“治國家不失其柄。”《管子·小匡》篇作秉。《史記·天官書》:“二十八舍,主十二州,斗秉兼之。”《周官·鼓人》注:“鐃如鈴,無舌有秉。”並讀與柄同。)後人不知秉爲柄之借字,故妄加政字。《太平御覽·方術部》引此作“持國秉政”,亦後人依《史記》加之。《人事部》引此正作“持國柄”。③

---

① 《讀書雜志》餘編上《莊子·讓王·上謀而下行貨》。

② 《讀書雜志·淮南内篇》後序。

③ 《讀書雜志·史記第四·范雎蔡澤列傳·持國秉政》。

四　因兩字義同而衍

俞樾云:"古書有兩字同義而誤衍者。蓋古書未有箋注,學者守其師説,口相傳受,遂以訓詁之字誤入正文。"①

如《國語・晉語》云:"若無天乎?云若有天,吾必勝之。"王念孫校曰:"'若無天乎云'文不成義,且與下二句不相聯屬。'云'字當在下文'若'字下,而以'若無天乎'爲一句,'若云有天'爲一句。"②俞樾補充道:

> 王説是矣,而未盡也。古本蓋止作"若無天乎?若云天,吾必勝之"。云,即有也。《廣雅・釋詁》曰:"云,有也。"文二年《公羊傳》曰:"大旱之日短而云災,故以災書。此不雨之日長而無災,故以異書也。""云災"、"無災",相對爲文。云災,即有災也。此以"無天"、"云天"相對爲文,正與彼同。"云"、"有"二字同義而誤衍,傳寫又誤倒之耳。③

《墨子・備城門》篇:"令吏民皆智知之。"俞樾謂:"'智'、'知'義同。《釋名・釋言語》曰:'智,知也。'《墨子》原文本作'令吏民皆智之'。傳其學者謂此'智'字乃知識之'知',因相承而衍'知'字矣。《淮南子・人間》篇:'曉然自以爲智知存亡之樞機,禍福之門户。''知'字亦誤衍,與《墨子》同。"④

又《荀子・仲尼》篇云:"能耐任之,則慎行此道也;能而不耐任,則恐失寵,則莫若早同之,推賢讓能,而安隨其後。"楊倞注"能耐任之"曰:"耐,忍也。言人有賢能者,雖不欲用,必忍而用之。"又注"能而不耐任"曰:"有能者,不忍急用之。"王念孫指出:

> "能耐任之"、"能而不耐任",兩"能"字皆衍文,"耐"即"能"字也。

---

①③④　《古書疑義舉例》卷五之五二《兩字義同而衍例》。

②　《經義述聞》卷二一《國語》下《若無天乎云》。

(《禮運》:"故聖人耐以天下爲一家,以中國爲一人者。"鄭注曰:"耐,古能字。傳書世異,古字時有存者,則亦有今誤矣。"《樂記》:"故人不耐無樂。"鄭注曰:"耐,古書能字也。後世變之,此獨存焉。"成七年《穀梁傳》:"非人之所能也。"《釋文》能亦作耐。《管子·入國》篇:"聾盲喑啞,跛躄偏枯,握遞不耐自生者。"耐即能字。)"耐任之則慎行此道"者,言能任國家之大事(此承上"理任大事"而言),則慎行此道也。今作"能耐任之"者,後人記"能"字於"耐"字之旁,而傳寫者因誤合之也。"而不耐任"云云者,"而"讀爲"如",言如不能任其事,則莫若推賢讓能也。今作"能而不耐任"者,傳寫者既"能"、"耐"並録,而"能"字又誤在"而不"二字之上也。楊氏不得其解,故曲爲之詞。①

五　因不明詞義而衍

詞義是發展變化的,只知詞的今義而不知詞的古義,或不知某時代的特殊用語,不知詞所涉及的名物典章制度,反以爲書面材料有錯誤,爲了文從字順而增字的現象,也不乏其例:

甲　不知古義而衍

《漢書·西南夷兩粵朝鮮傳》云:"獨左將軍並將戰益急,恐不能與。"如淳曰:"不能與左將軍相持也。"師古曰:"此説非也。不能與,猶言不如也。"《史記》"恐不能與"下有"戰"字。王念孫論之云:

如、顔皆未曉"與"字之義。《史記》"與"下有"戰"字,則後人妄加之也。"與",猶敵也,言左將軍並將兩軍,而戰益急,恐不能敵也。古者謂相敵曰與。《匈奴傳》曰"單于自度,戰不能與漢兵",言不能敵漢兵也。襄二十五年《左傳》曰:"閭丘嬰與申鮮虞乘而出,行及弇中,將舍。嬰曰:'崔慶其追我。'鮮虞曰:'一與一,誰能懼我?'"懼,病也。言狹道之中,一以敵一,雖崔慶之衆,不能病我也。哀九年《傳》曰:

① 《讀書雜志·荀子第二·仲尼·能耐任之　能而不耐任》。

“宋方吉，不可與也”，言宋不可敵也。《越語》曰“彼來從我，固守勿與”，《老子》曰“善勝敵者不與”，皆謂兩軍相敵也。《管子·輕重戊》篇曰：“即以戰鬥之道與之矣。”與之，敵之也。《秦策》曰“以此與天下，天下不足兼而有也”，言以此敵天下也。《淮南·人間》篇曰：“大之與小，强之與弱也，猶石之投卵，虎之啗豚。”言以大敵小，以强敵弱也。《史記·燕世家》曰“龐煖易與耳”；《白起傳》曰“廉頗易與”；《淮陰侯傳》曰：“吾平生知韓信爲人易與耳”。“易與”，皆謂易敵也。《高祖紀》曰：“上自東往擊陳豨，聞豨將皆故賈人也。上曰：‘吾知所以與之。’”言吾知所以敵之也。後人不知“與”之訓爲敵，故或曰“不能與左將軍相持”，或曰“不能與猶言不如”，又或於《史記》“恐不能與”之下，妄加“戰”字，蓋古義之失其傳久矣。（杜預注《左傳》“不可與”曰“不可與戰”。韋昭注《越語》“固守勿與”曰“勿與戰”。王弼注《老子》“善勝敵者不與”曰“不與爭”。蓋誤釋“與”爲“與共”之“與”，而以戰字、爭字，增成其義，不知“與”訓爲“敵”，即是戰爭之義也。如淳曰“不能與左將軍相持”，亦是增字以成其義。而讀《史記》者，遂於“與”下加“戰”字矣。①）

乙　不知某時代特殊詞義而衍

《顔氏家訓·風操》云：“昔侯霸之子孫，稱其祖父曰家公。”盧文弨校曰：“《王丹傳》：‘丹徵爲太子少傅。時大司徒侯霸，欲與交友，及丹被徵，遣子昱候於道。昱迎拜車下，丹下答之。昱曰：家公欲與君結交，何爲見拜？丹曰：君房有是言，丹未之許也。’案：此‘孫’字、‘祖’字或誤衍。”②王利器補證云：

趙與旹《賓退録》四引此文，並云：“之推，北齊人，逮今七百年，稱家祖者，復紛紛皆是，名家望族，亦所不免。家父之稱，俗輩亦多有

① 《讀書雜志·漢書第十四·西南夷兩粵朝鮮傳·恐不能與》。

② 《抱經堂叢書》本《顔氏家訓》卷二《風操》盧文弨補注。

> 之,但家公家母之名少耳。山簡謂'年三十不爲家公所知'(案見《晉書·山簡傳》),蓋指其父,非祖也。"左暄《三餘偶筆》十:"《孔叢子》:'子高以爲趙平原君,霸世之士,惜其不遇時也。其子子順以爲衰世好事之公子,無霸相之才也。申叔問子順曰:子之家公,有道先生,既論之矣;今子易之,是非安在?'是對子而亦稱其父爲家公也。"

誠如錢玄所説:"舊校者不知當時稱'家公'即指家父,而誤以'公'是祖輩之稱,故妄增'孫'、'祖'兩字。"①

丙　不明詞中所涉名物制度而衍

《淮南子·覽冥》篇云:"夫陽燧取火於日,方諸取露於月。"王念孫指出:

> "夫陽燧"本作"夫燧",今本有"陽"字者,後人所加也。彼蓋誤以"夫"爲語詞,又以《天文》篇"陽燧見日則然而爲火,方諸見月則津而爲水",故加入"陽"字。不知夫燧即陽燧也。"夫燧"與"方諸"相對爲文,《周官》"司烜氏掌以夫遂取明火於日"。("遂"與"燧"同)鄭注曰:"夫遂,陽遂也。"下文云"夫燧之取火,慈石之引鐵",並以"夫燧"二字連文,故高注云:"夫,讀大夫之夫。"則"夫"非語詞明矣。②

《晉書·阮瞻傳》:"舉止灼然。見司徒王戎……戎咨嗟良久,即命辟之。"勞格《晉書校勘記》曰:"孫志祖云'止'字疑衍。'灼然'者,晉世選舉之名,於九品中正爲二品。"③見《温嶠傳》《鄧攸傳》。余嘉錫也指出:"余考《書鈔》六十八引《續漢書》云:'陳寔字仲躬,舉灼然,爲司徒屬,大丘長。'則灼然爲科目,自後漢已有之,不起於魏之中正也。"④顯然,校者不知灼然爲科目之名,而把"舉灼然"改成了"舉止灼然"。

---

① 《校勘學》第一章《字句校勘》第二節《衍文》四《不審詞義而妄增》。

② 《讀書雜志·淮南内篇第六·覽冥·夫陽燧》。

③ 《晉書校勘記》卷二《阮瞻傳》。

④ 《世説新語箋疏》中卷下《賞譽第八》。

陳垣《校勘學釋例》卷五爲《元代名物誤例》。其第三十四《不諳元時年代而誤例》云："元年號有至大，有大德，而沈刻《元典章》有至大德，其中必有一字係衍文：吏二三一'近睹至大德二年'，'德'字衍。""又元時大德年號祗有十一年，今乃有十六年：吏五廿七'大德十六年'，'六'字衍。"第三十五《不諳元朝帝號廟號而誤例》云："元世祖不稱高皇帝，而沈刻《元典章》有世祖高皇帝，蓋清人習聞清朝帝號，乃以加之元帝也。新刑五三'世祖高皇帝'，'高'字衍。"第三十七《不諳元代地名而誤例》云："刑十四八'河南行省咨陝州路'，元作'峽州'，陝州元時不稱路。""新刑六十'婺州路蘭州溪州同知'，元作'蘭溪州同知'，'蘭'下'州'字衍。若蘭州，則不屬婺州路。"第四十一《不諳元代專名而誤例》云："一時代有一時代所用之專名，校書者對於本書時代所用之專名，必須有相當之認識，此《方言》《釋名》所由作也。"如"'係官公廨''係官房舍'爲元代專名，沈刻輒改爲'係是官員房舍'，有同蛇足矣。工二十八'委實係是官員公廨'，元作'委是係官公廨'。工二二十'禁賣係是官員房舍'，元作'禁賣係官房舍'。"第四十二《不諳元時體制而誤例》云："元制，皇帝聖旨稱'欽此'，皇太后懿旨及太子令旨稱'敬此'。""刑十五四五'麽道懿旨了也敬此欽此'，'欽此'二字衍。""又元制，笞杖始於七，止於百七，朝綱一五'諸杖罪一百七十以下'，'十'字衍。"

六　因不明文義而衍

没有弄清詩文的含義，爲了符合自己對書面材料的理解而加字的現象也是常有的。如《戰國策·趙策》云："士爲知己者死，女爲悦己者容，吾其報知氏之讎矣。"王念孫曰：

> "之讎"二字，後人所加也。"吾其報知氏"者，承上文"爲知己者死"言之，謂報知氏之恩，非報知氏之讎。下文曰："知伯以國士遇臣，臣故國士報之。"又曰："而可以報知伯矣。"並與此句同義。後人以下文多言爲知伯報讎，故加"之讎"二字。不知彼自言報讎，此自言報恩也。《史記·刺客傳》曰："今智伯知我，我必爲報讎而死，以報智伯。"

此雖兼報讎言之，而"報智伯"三字，仍謂報恩，非謂報讎也。《太平御覽·人事部》引此策有"之讎"二字，則所見本已誤。《文選·報任少卿書》注引此正作"吾其報知氏矣"。①

《莊子·山木》篇："昨日山中之木，以不材得終其天年；今主人之鴈，以不材死。"王叔岷校云："上文所言木與鴈，皆昨日之事，則'主人之鴈'上，不當有'今'字，蓋淺人妄加也。《文選》盧子諒《贈劉琨詩》注、《藝文類聚》九一、《意林》、《御覽》九一七、《事類賦》十九《禽部》二、《事文類聚後集》四六、《合璧事類别集》六六引，皆無'今'字。《吕氏春秋·必己》篇同。當據删。"②

七　因不明句讀而衍

不明句讀而衍實際上也就是不明文義而衍的一種，因爲這種情況是限於斷句方面，所以單列一例。

《戰國策·趙策》云："秦攻趙於長平，大破之，引軍而歸，因使人索六城於趙而講。趙王與樓緩計之曰：與秦城何如？不與何如？"王念孫指出："此以'與秦城'爲句，'何如不與'爲句。'不與'下本無'何如'二字。《齊策》：'田侯召大臣而謀曰：救趙，孰與勿救？'猶此言'與秦城，何如不與'也。後人誤讀'與秦城何如'爲句，因於不與下加'何如'二字，而不知其謬也。《太平御覽·人事部》引此作'與秦地，何如勿與？'"③

《淮南子·覽冥》篇云："以治日月之行，律治陰陽之氣，節四時之度。"王念孫引陳觀樓説云："'律'下本無'治'字，'律陰陽之氣'與上下相對爲文，讀者誤以'律'字上屬爲句，則'陰陽之氣'四字文不成義，故又加'治'字耳。高注'律，度也'三字，本在'律陰陽之氣'下，傳寫誤在'律'字之下，'陰陽'之上，隔斷上下文義，遂致讀者之惑。"並補證道："《文子·精誠》篇

① 《讀書雜志·戰國策第二·趙·報知氏之讎》。

② 《校讎通例》二三《不審上下文而妄加》，載《歷史語言研究所集刊》第二十三本下册。

③ 《讀書雜志·戰國策第二·趙·與秦城何如不與何如》。

作‘調日月之行,治陰陽之氣’,此用《淮南》而改其文也。後人不知‘律’字之下屬爲句,故依《文子》加‘治’字耳。”①

又,《漢書·酷吏傳》云:尹齊“以刀筆吏,稍遷至御史,事張湯,湯素稱以爲廉武。帝使督盜賊。”王念孫指出:“‘帝’字後人所加,此言張湯素稱尹齊之廉武,使之督盜賊。非謂武帝使督盜賊也。《史記》‘使督’上無‘帝’字,是其明證矣。後人誤以‘廉’字絶句,而以‘武’字屬下讀,因妄加‘帝’字耳。下文曰:‘上以爲能,拜爲中尉。’方指武帝言之。”②

八　注文誤入正文

古書在傳寫時,注文即於正文之下,而字體大小相差也往往不够分明,鈔録時稍不留心,注文即會混入正文。如《莊子·天運》篇云:“夫至樂者,先應之以人事,順之以天理,行之以五德,應之以自然;然後調理四時,太和萬物。”王叔岷指出:

> 唐寫本、趙諫議本、道藏成玄英本、王元澤本、林希逸本,皆無此三十五字,乃疏文誤入正文者也。見道藏本成疏“故曰:汝近自然也”下。上文“吾奏之以人,徵之以天,行之以禮義,建之以太清”,與下文“四時迭起,萬物循生,一盛一衰,文武倫經”云云,本爲韻文,意亦一貫。《書鈔》一百五、《玉海》一百三引,亦並無此三十五字,宣穎本删之,是也。③

《淮南子·人間》篇云:“非其事者勿仞也,非其名者勿就也,無故有顯名者勿處也,無功而富貴者勿居也。”王引之曰:“‘無故有顯名者勿處也’,義與上句無别,當即是上句之注,而今本誤入正文也。下文云:‘夫就人之名者廢,仞人之事者敗,無功而大利者後將爲害,’皆承上文言之,而此句

---

① 《讀書雜志·淮南内篇第六·覽冥·律治陰陽之氣》。

② 《讀書雜志·漢書第十四·酷吏傳·湯素稱以爲廉武帝使督盜賊》。

③ 《校讎通例》六一《注疏誤入正文》,載《歷史語言研究所集刊》第二十三本下册。趙諫議本指宋蜀中安仁趙諫議宅本《南華真經注》十卷。趙諫議無考。

獨不在内,則非正文明矣。"①

錢大昕《十駕齋養新録》卷六《後漢書注攙入正文》也指出:"《郭太傳》'初太史'至'南州'以下七十四字,本章懷注引謝承《後漢書》之文,今誤作大字,溷入正文。予嘗見南宋本及明嘉靖己酉福建本,皆不誤。蔚宗書避其家諱,於此傳前後皆稱林宗字,不應忽爾稱名。且其事已載《黄憲傳》,毋庸重出也。"②該書同卷尚有《三國志注誤入正文》一篇可參看。

九　校者旁記之字誤入正文

王念孫曾指出:"書傳多有旁記之字誤入正文者。"③如《晏子春秋》内篇《問》下云:"《詩》云'高山仰止,景行行止之'者其人也。"盧文弨指出:"下止字衍",並分析道:"今《詩》作'景行行止',而古來所引,每作'行之'。王伯厚《詩考》引《史記·孔子世家》作'行之',今《史記》改作'行止'矣。《禮記·表記》釋文又云:'行止,《詩》作行之',又互異也。此書必本作'行之',後人以今《詩》'止'字注其旁,遂誤入正文耳。"④

《淮南子·時則》篇云:"始雨水,桃李始華,倉庚鳴。"王念孫引其子引之説云:

> 次句内本無"始"字,今本有者,後人據《月令》,旁記"始"字,因誤入正文也。高注曰:"自冬冰雪,至此春分穀雨(案:'春分穀雨'四字,乃後人所改。《逸周書·時訓》篇:'雨水之日桃始華',則非春分穀雨時也。《吕氏春秋》注作'自冬冰雪至此,土發而耕'),故曰始雨水。"是首句有"始"字也。又曰:"桃李於是皆秀華",是次句無"始"字也。《月令》:"桃始華,倉庚鳴。"皆三字爲句,若無"始"字則句法參差矣。此文"桃李華,倉庚鳴"亦三字爲句,若加一"始"字,則句法又參差矣。

---

① 《讀書雜志·淮南内篇第十八·人間·無故有顯名者勿處也》。

② 范曄字蔚宗,其父名泰。郭泰字林宗。范曄爲避家諱,改郭泰爲郭太,遇泰名皆稱林宗。

③ 《經義述聞》卷三二。

④ 《群書拾補》:《晏子春秋》内篇《問》下第四。

故桃李華不言始，而桃華則言始；倉庚鳴不言始，而蟬鳴則言始；蟬鳴言始，而寒蟬鳴則不言始。皆變文協句也。《吕氏春秋·仲春》篇，正作"桃李華"。①

校讀者旁記之字有涉及詞義的，也有涉及名物、諱字的，今分别舉例如下。《史記·司馬相如列傳》云："相如乃與馳歸，家居徒四壁立。"王念孫指出：

"家居徒四壁立"本作"居徒四壁立"。居即家也。（家、居二字，古聲義並相近，故《説文》曰："家，居也。"《周官·典命》注曰："國家，國之所居。"）《索隱》引孔文祥云："家空無資儲，但有四壁而已。"家字正釋居字，故《漢書》作"家徒四壁立"。宋本及各本皆作"家居徒四壁立"，則文不成義。此後人依《漢書》旁記家字，而寫者因誤入正文也。汲古閣單行《索隱》本，本作"居徒四壁立"，後補入"家"字，而字形長短不一，補刻之迹顯然。《文選·詠史》詩注，引作"居徒四壁立"。《六帖》二十二曰："司馬相如，居徒四壁。"則無家字明矣。②

《史記·曆書》云："端旃蒙者，年名也。"王念孫謂："《爾雅》之'旃蒙'，《史記》作'端蒙'。此作'端旃蒙'者，後人旁記'旃'，因誤入正文耳。"③又，陳垣亦曾就此舉例云：

《史記·酈生傳》："王者以民人爲天，而民人以食爲天。"《索隱》引《管子》云："王者以民爲天，民以食爲天。"今本正文，皆作民人，蓋唐人避太宗諱，民作人，後人於人旁注民，其後遂將民人二字連寫，致衍人字。

《通典·食貨》篇："荆河豫州，厥土惟壤。"豫，唐代宗諱。代宗時

① 《讀書雜志·淮南内篇第五·時則·桃李始華》。
② 《讀書雜志·史記第六·司馬相如列傳·相如乃與馳歸家居徒四壁立》。
③ 《讀書雜志·史記第二·曆書·端旃蒙》。

改豫州爲蔡州。杜佑於古豫州不得改爲蔡州，又不得直稱爲豫州，於是用《禹貢》“荆河惟豫州”一語，稱古豫州爲荆河州。後人於荆河旁注豫字，鈔書者遂並荆河豫三字連寫，成此衍文。①

又，王重民《午風堂叢談跋》云：“《遺書》本卷三《歐陽文忠集考異》條云：‘此本尚是元刻，余於書攤得此，藏書家不多見也。此明洪武五年刻。’‘此明洪武五年刻’七字，殊爲贅疣，檢原本無之，必讀者注語誤入正文者。甚矣，校刻書之難也！”②此亦一特例。

此外，有的讀者將可參考的文字寫在所讀書旁，也會被後人鈔入正文。如《史記·司馬相如列傳》云：“相如雖多虚辭濫説，然其要歸引之節儉，此與《詩》之風諫何異。”爲了加以比較，讀者將《漢書·司馬相如傳》末贊語中的一段話鈔在旁邊，後人將其混入了正文。

十　涉上下文而衍

涉上下文而衍的字皆與上下文中的某個字或某些字相同，這顯然是傳鈔不慎造成的。

甲　涉上文

《史記·孝景本紀》云：“二年秋，衡山雨雹，大者五寸，深者二尺。”王念孫云：“‘深者二尺’，‘者’字因上句而誤衍也。雹有大小，故言‘大者五寸’，若深二尺，則平地皆然，不得言‘深者二尺’也。《秦始皇紀》：‘二十一年，大雨雪，深二尺五寸。’《漢書·五行志》：‘宣帝地節四年五月，山陽濟陰雨雹如鷄子，深二尺五寸。’皆不言深者二尺五寸也。又《五行志》：‘元帝建昭二年十一月，齊楚地大雪，深五尺’，不言深者五尺也。《初學記》《太平御覽·天部》引《史記》，並無‘者’字。”③

又，《史記·商君列傳》云：“孝公既用衛鞅，鞅欲變法，恐天下議己。衛鞅曰：‘疑行無名，疑事無功。’”王念孫指出：“‘鞅欲變法’，‘鞅’字因上

① 《史諱舉例》卷四。

② 《中國善本書提要》附録《中國善本書題跋》。《遺書》指《常州先哲遺書後編》。

③ 《讀書雜志·史記第二·孝景本紀·深者二尺》。

文而衍。此言孝公欲從鞅之言而變法，恐天下議己也。孝公恐天下議己，故鞅有疑事無功之諫。若謂鞅恐天下議己，則與下文相反矣。《商子・更法》篇：'孝公曰：今吾欲變法以治，更禮以教百姓，恐天下之議我也。公孫鞅曰：疑行無成，疑事無功。君亟定變法之慮，殆無顧天下之議之也。'是其明證矣。《新序・善謀》篇同。"①

乙　涉下文

《管子・樞言》篇云："衆人之用其心也，愛者，憎之始也；德者，怨之本也。唯賢者不然。"王念孫謂："此六句，皆涉下文而衍。下文云：'衆人之用其心也：愛者，憎之始也；德者，怨之本也。其事親也，妻子具，則孝衰矣；其事君也，有好業，家室富足，則行衰矣。唯賢者不然。'此則重出而脱其太半矣。又下文尹氏有注，而此無注，若果有此六句，則尹氏何以注於後而不注於前？然則尹所見本無此六句明矣。"②

又如中華書局編輯部《史記點校後記》云："《楚世家》'於是靈王使棄疾殺之'，《左傳》作'王使速殺之'。疾速同義，'疾殺之'就是'速殺之'，只因下文有'公子棄疾'，就衍了一個'棄'字，如果不删去，'棄疾'二字連讀，那就變成人名了，所以我們標點作'於是靈王使(棄)疾殺之'。"③

丙　涉上下文

《爾雅・釋地》云："北方有比肩民焉，迭食而迭望。"郭璞注："此即半體之人，各一目、一鼻、一孔、一臂、一脚，亦猶魚鳥之相合。"周祖謨《爾雅校箋》卷中曰："'各有一目、一鼻、一孔'，唐寫本作'各有一目、一鼻孔'。《文選》王元長《曲水詩序》注，引作'人各有一目、一鼻孔'。案：《山海經・海外西經》云：'一臂國，一目、一鼻孔。'即此注所本。今本'鼻'下衍'一'字，當據唐寫本改正。"錢玄亦就此謂："'一鼻'則與常人無異，'一孔'則其義不明。此因上下均有'一'字而誤衍。"④

---

① 《讀書雜志・史記第四・商君列傳・鞅欲變法》。

② 《讀書雜志・管子第二・樞言・衍文六句》。尹氏指唐尹知章。

③ 中華書局點校本《史記》卷末。

④ 《校勘學》第一章《字句校勘》第二節《衍文》。《山海經》原文作"一臂國在其北，一臂一目一鼻孔"。

《淮南子·人間》篇云："事或欲以利之，適足以害之；或欲害之，乃反以利之。利害之反，禍福之門户，不可不察也。"王念孫指出："或欲利之，或欲害之，相對爲文。'利'字上不當有'以'字，此因下句'以'字而誤衍也。《太平御覽·學部》三引此無'以'字。'禍福之門户'，'户'字亦因上文'禍福之門户'而衍。利害之反，禍福之門，相對爲文，則'户'字可省。《覽冥》篇'利害之路，禍福之門'即其證。《太平御覽》引此無'户'字，《文子·微明》篇同。"①

十一　誤　疊

因字詞誤疊而衍，實際上是涉上下文而衍的一種特殊形式。如《莊子·天運》篇云："故西施病心而矉其里，其里之醜人見而美之，歸亦捧心而矉其里。其里之富人見之，堅閉門而不出；貧人見之，挈妻子而去之走。"俞樾校曰："兩'其里'字，皆不當疊，'病心而矉'、'捧心而矉'，文義甚明，若作'矉其里'，則不可通矣。皆涉下句而衍。"②王叔岷補證云："俞説是也。唐寫本上'其里'字不疊，《御覽》三九二、七四一，《記纂淵海》五五、《事文類聚》前集一二、别集二四、《合璧事類》續集四四、《錦繡萬花谷》後集一五，引兩'其里'，字皆不疊。"③周祖謨也分析道："此處'其里'二字傳寫誤重，當删。'矉'是蹙額的意思，字亦作'嚬'。它是個自動詞，後面不能帶賓語。"④

《淮南子·地形》篇云："鳥魚皆生於陰，陰屬於陽。"王念孫指出："下'陰'字蒙上而衍，此謂鳥魚皆屬於陽，非謂陰屬於陽也。《大戴禮》《家語》並作'鳥魚皆生於陰，而屬於陽。'盧辯曰：'生於陰者，謂卵生也；屬於陽者，謂飛游於虚也。'則無下'陰'字明矣。《文選·辯命論》注、《太平御

① 《讀書雜志·淮南内篇第十八·人間·欲以利之　門户》。

② 《諸子平議》卷一八《莊子》二《天運》。

③ 《校讎通例》七二《因誤疊而失句讀》，載《歷史語言研究所集刊》第二十三本下册。

④ 《古籍校勘述例》，載《中國語言》一九八〇年第二期。

覽·羽族部》一引《淮南》,皆無下'陰'字。"①

又,上海古籍出版社版《中吴紀聞》云:"洞與潘閬、錢易爲友,狂放不羈。閬坐盧多遜黨,亡命,乃變姓名,僧服入中條山。洞密贈之詩曰:'潘逍遥,平生才氣如天高。倚天大笑無所懼,天公嗔汝口呶呶。罰教臨老頭,補衲歸中條。我願中條山,山神鎮長在。驅雷叱電,依前趕出這老怪。'"王邁指出:"'我願中條山,山神鎮長在',應删去一'山'字,兩句合爲一句,作九字句。點校者已校出兩種讀法,但采取了錯誤讀法,也未下斷語應作九字句。丁傳靖《宋人軼事彙編》'我願'句,亦作九字。"②

陳垣認爲此類錯誤"有以已鈔爲未鈔而誤衍者",有的甚至重鈔了十多字。如沈家本刻《元典章》:"兵一三七'照依樞密院條畫禁的事理不得違犯仰樞密院條畫禁的事理不得違犯仰樞密院',衍'條畫'至'樞密院'十四字。""新吏四'本部呈先准中書省劄付本部呈先准中書省劄付',衍'本部'至'劄付'十字。"③

十二　涉注文而衍

前已論及,古書一般都是正文注文連寫,而以大小字區别之。這也會出現正文受注文影響而增字的現象。

如《荀子·仲尼》篇云:"任重而不敢專,財利至則言善而不及也,必將盡辭讓之義然後受。"楊倞注曰:"'善而不及',而,如也。言己之善寡如不合當此財利也。"元刻正文無"言"字。王念孫指出:"無'言'字者是也,據楊注云:'善而不及',而,如也。'則善上無言字明矣。注又云:'言己之善寡如不合當此財利也。'此'言'字乃申明正文之詞,非正文所有也。宋本有'言'字,即涉注文而衍。"④

《淮南子·脩務》篇云:"禹沐浴霪雨,櫛扶風。"高誘注曰:"禹勞力天下,

---

① 《讀書雜志·淮南内篇第四·地形·陰屬於陽》。

② 《古籍整理中出現的字誤》,載《古籍整理出版情況簡報》第一八一期。

③ 《校勘學釋例》卷二第十五《因重寫而衍字例》。

④ 《讀書雜志·荀子第二·仲尼·財利至則言善而不及也必將盡辭讓之義而後受》。

不避風雨,以久雨爲沐浴。扶風,疾風。以疾風爲梳櫛也。"王念孫指出:

> "沐"下本無"浴"字,此涉高《注》"沐浴"而誤衍也。沐霪雨、櫛扶風,相對爲文。多一"浴"字,則句法參差矣。(劉本又於'櫛'上加'梳'字以對沐浴,尤非)《藝文類聚·帝王部》一、《太平御覽·皇王部》七、《文選》謝朓《和王著作八公山詩》注,引此皆無"浴"字。《莊子·天下》篇"禹沐甚雨,櫛疾風",此即《淮南》所本。①

《禮記·曲禮》上云:"前有塵埃,則載鳴鳶;前有車騎,則載飛鴻;前有士師,則載虎皮。"王引之指出:"'飛'字涉注文而衍。《注》云:'鴻,取飛有行列也。'此釋'載鴻'之義,非經文有'飛'字也。下載'虎皮'注云:'虎,取其有威勇也。'亦是釋'載虎皮'之義,經文豈有威勇字邪?《正義》釋'載鳴鳶'云:'不直言鳶而云鳴者,鳶不鳴則風不生,故畫作開口如鳴時。'此專釋鳴字之義也。若'鴻'上有'飛'字,則《正義》亦必專釋之。而《正義》云:'前有車騎則載鴻者,鴻,鴻鴈也。鴈飛有行列,與車騎相似。若軍前遥見有車騎,則畫鴻於旌首而載之,使衆見而爲防也。'但言畫鴻而不言畫飛鴻,則所見本無'飛'字可知。……案郭璞注《爾雅》'錯革鳥曰旟'云:'此謂全剥鳥皮毛置之竿首,即《禮記》云載鴻及鳴鳶。'是古本無'飛'字也。鈔本《北堂書鈔·武功部》八引作'則戴鴻'('戴'與'載'同),《車部》上引作'則載鴻',足證隋唐間舊本尚不誤。唐石經始衍'飛'字。"②

十三 因據誤本文字而加

書面材料有錯誤,讀不通,人們未經認真校勘,相反地却根據自己的理解而增字的,也不乏其例:

甲 因訛文而加

《淮南子·俶真》篇:"雲臺之高,墮者折脊碎腦,而蟁蝱適足以翺翔。"

---

① 《讀書雜志·淮南内篇第十九·脩務·沐浴霪雨》。

② 《經義述聞》卷一四《禮記》上《載飛鴻》。

高誘注曰:“蝨蝨微細,故翱翔而無傷毁之患。”王念孫校曰:

“適足以翱翔”當作“適足以翾”。高注“翱翔而無傷毁之患”,當作“翾飛而無傷毁之患”。《説文》:“翾(許緣反),小飛也。”《原道》篇曰:“跂行喙息,蠉飛蝡動。”蠉與翾同。下文曰:“飛輕微細者,猶足以脱其命。”“飛輕”二字,正承“翾”字言之。若翱翔則爲鳥高飛之貌。蝨蝨之飛,可謂之翾,不可謂之翱翔也。又下文“雖欲翱翔”,高注曰:“翱翔,鳥之高飛,翼上下曰翱,直刺不動曰翔。”而此注不釋翱翔之義,則正文本無翱翔二字明矣。隸書翱字或作翺(見漢唐公房碑),形與翾相近,故翾誤爲翱。後人不知翱爲翾之誤,因妄加翔字耳。《藝文類聚·蟲豸部》引此正作“蝨蝨適足以翾”。①

又,《漢書·匈奴傳》云:“朕與單于,俱由此道,順天恤民,世世相傳,施之無窮,天下莫不咸嘉使。”王念孫指出:“‘天下莫不咸嘉使’本作‘天下莫不咸便’。便,安也。言順天恤民,天下咸安之也。下文‘漢與匈奴鄰敵之國’,乃起下之詞,非承上之詞。‘便’與‘使’相近,因誤爲‘使’。後人不得其解,遂於‘咸’下增‘嘉’字。……《史記》作‘天下莫不咸便’是其證。”②

陳垣總結校《元典章》經驗時也説:“有誤字不知爲誤,而疑爲脱,仍將誤字録存,另加他字者,則又誤又衍矣。”如:“吏三十八‘歷一任者即陞教授’,元作‘歷一考即陞教授’,‘考’誤爲‘者’,遂加‘任’字。”③

乙　因脱文而加

《莊子·至樂》篇:“吾安能棄南面王樂,而復爲人間之勞乎?”王叔岷指出:“陳碧虚《闕誤》引張君房本,‘人間’作‘生人’,據上文‘諸子所言,皆生人之累也’則作‘生人’者是也。《疏》:‘誰能復爲生人之勞,而棄南面王之樂邪?’是成本亦作‘生人’。今本作‘人間’,蓋由‘人’上脱‘生’字,後人

① 《讀書雜志·淮南内篇第二·俶真·翱翔》。
② 《讀書雜志·漢書第十四·匈奴傳·天下莫不咸嘉使》。
③ 《校勘學釋例》卷二第十六《因誤字而衍字例》。

乃於‘人’下妄加‘間’字耳。”①

《淮南子·主術》篇:“是故十圍之木,持千鈞之屋。五寸之鍵,制開闔。”王念孫云:“‘制開闔’三字,文義未足。《説苑·説叢》篇作‘而制開闔’。《文子》作‘能制開闔’。能亦而也。二書皆本於《淮南》,則《淮南》原文本作‘五寸之鍵,而制開闔’明矣。道藏本脱‘而’字,劉績不能考正,乃於‘制開闔’下加‘之門’二字,而諸本及莊本皆從之,謬矣。”②

《大戴禮記·曾子立事》篇云:“多知而無親,博學而無方,好多而無定者,君子弗與也。”俞樾謂:“下文云:‘君子多知而擇焉,博學而算焉,多言而慎焉。’據此,則本文‘好多’二字亦當作‘多言’,校者因奪‘言’字而誤補‘好’字,此校補之不當者也。”③

丙　因衍文而加

《淮南子·氾論》篇云:“履天子之圖籍,造劉氏之貌冠。”王念孫云:“‘履天子之圖籍,造劉氏之貌冠。’本作‘履天子之籍,造劉氏之冠。’《史記·高祖紀》曰:‘高祖爲亭長,以竹皮爲冠。及貴,常冠,所謂劉氏冠乃是也。’故曰‘造劉氏之冠’。今本作‘履天子之圖籍,造劉氏之貌冠’者,‘貌’字涉高注‘委貌冠’而衍。後人又誤以籍爲圖,遂於‘籍’上加‘圖’字,以與‘貌冠’相對,而不知‘貌’爲衍文,且圖籍不可以言履也。”④

又,《史記·周本紀》云:“幽王以虢石父爲卿。用事,國人皆怨。石父爲人佞巧,善諛好利。王用之,又廢申后,去太子也。申侯怒,與繒西夷犬戎攻幽王。”王念孫指出:

> 廢申后去太子一事,已見上文,此處不應重見。“王用之”三字,亦與上文用事相複。今案:“王用之,又廢申后去太子也”本作“王之廢申后去太子也”,乃復舉上文,以起下文申侯與犬戎攻周之事,與虢

① 《校讎通例》二六《因脱而妄加》,載《歷史語言研究所集刊》第二十三本下册。成指成玄英。

② 《讀書雜志·淮南内篇第九·主術·制開闔》。莊指莊逵吉。

③ 《古書疑義舉例》卷五之六一《因誤奪而誤補例》。

④ 《讀書雜志·淮南内篇第十三·氾論·貌冠》。

石父之事各不相涉。衹因王之廢申后去太子，“王”下衍一“用”字，遂致不成文理。後人不得其解，遂於“廢申后”上加一“又”字，以曲爲彌縫耳。《群書治要》引此，作“王之廢后去太子也”。《太平御覽·皇王部》十引作“幽王之廢申后去太子也”。今據以訂正。①

丁　因倒文而加

《晏子春秋》内篇《諫》上云：“夫陽生而長，國人戴之。”孫星衍校本於“而長”上加“生”字，云：“今本脱一‘生’字，以意增。”王念孫正之曰：“孫加‘生’字非也。此文本作‘夫陽生長而國人戴之’。言陽生長於荼，而爲國人所戴也。今本‘長而’誤作‘而長’，又加‘生’字於其上，則贅矣。《群書治要》正作‘夫陽生長而國人戴之”。②

《史記·張耳陳餘列傳》云：“外黄富人女甚美，嫁庸奴亡其夫去抵父客。”《集解》於“亡其夫”下注曰：“一云其夫亡也。”王念孫指出：

一本是也。“嫁”字後人所加，“亡”字本在“其夫”下。“庸奴其夫”爲句，“亡去”爲句，“抵父客”爲句。《漢書》作“外黄富人女甚美，庸奴其夫(師古曰：言不恃賴其夫，視之若庸奴)。亡邸父客(如淳曰：父時故賓客也)”是其證也。因“亡”字誤在“其夫”之上，遂與“庸奴”二字義不相屬。後人不得其解，輒於“庸奴”上加“嫁”字，而讀“嫁庸奴”爲句(《廿二史劄記》謂“所嫁者乃庸奴，故逃之”。非也，既爲富人女，而又甚美，則無嫁庸奴之理)。“亡其夫”爲句，其謬甚矣。③

十四　因誤據他篇而加

《史記·秦始皇本紀》云：“更爲書賜公子扶蘇、蒙恬，數以罪，其賜死。”王念孫指出：“‘賜死’上本無‘其’字，後人據《李斯傳》加之耳。不知

---

① 《讀書雜志·史記第一·周本紀·王用之又廢申后去太子也》。

② 《讀書雜志·晏子春秋第一·内篇諫上·而長》。

③ 《讀書雜志·史記第五·張耳陳餘列傳·嫁庸奴亡其夫去》。

彼言‘其賜死’，乃趙高所爲始皇書語；此言‘賜死’，乃史公記事之文，不當有‘其’字也。《太平御覽·皇王部》引此無‘其’字。”①

《漢書·景紀》云：“丞相屈氂下獄，要斬妻子梟首。”王念孫校云：“‘妻’下‘子’字，乃後人依《劉屈氂傳》加之也。（《劉屈氂傳》云：‘妻子梟首華陽街。’）景祐本無‘子’字。宋祁亦曰：‘舊本無子字。’據鄭氏《注》云：‘妻作巫蠱，夫從坐，但要斬也。’則鄭所見本無‘子’字明矣。《五行志》曰：‘屈氂坐祝禮要斬，妻梟首。’《漢紀》曰：‘屈氂妻坐爲巫蠱祝詛，屈氂要斬，妻梟首。’‘妻’下皆無‘子’字。”②

十五　因誤據他書而加

《墨子·七患》篇云：“一穀不收謂之饉，二穀不收謂之旱，三穀不收謂之凶，四穀不收謂之餽，五穀不收謂之饑。”畢沅於此下增“五穀不孰謂之大侵”，並説：“八字舊脱，據《藝文類聚》增。”王念孫糾之云：“既言‘五穀不收謂之饑’，則不得又言‘五穀不孰謂之大侵’。《藝文類聚·百穀部》引《墨子》‘五穀不孰謂之大侵’者，乃涉上文引《穀梁傳》‘五穀不升謂之大侵’而衍。故《太平御覽·時序部》二十、《百穀部》一引《墨子》皆無此八字。《墨子》所記本與《穀梁傳》不同，不可强合也。”③

又，《史記·曹相國世家》云：“北救東阿。”王念孫指出：“‘阿’上本無‘東’字，此後人依《漢書》加之也。東阿故城，在今陽穀縣東北，本戰國時阿邑，《田完世家》所謂‘齊威王烹阿大夫’者也。漢始置東阿縣，故《史記》中或謂之阿，或謂之東阿。《索隱》本出‘北救阿’三字，注云：‘阿即東阿也。’《正義》曰：‘今濟州東阿也。’則正文内無‘東’字甚明。今本既加‘東’字，又删去《注》内‘阿即東阿也’五字，其失甚矣。《絳侯世家》‘擊秦軍阿下’，亦不稱東阿。”④

---

① 《讀書雜志·史記第一·秦始皇本紀·其賜死》。

② 《讀書雜志·漢書第一·景紀·妻子》。

③ 《讀書雜志·墨子第一·七患·五穀不孰謂之大侵》。畢沅校語見畢沅校本《墨子》卷一。

④ 《讀書雜志·史記第三·曹相國世家·東阿》。

十六　本無闕文而誤加空圍

《逸周書·本典》篇云:“能求士□者,智也;與民利者,仁也。”王念孫指出:“能求士者,智也;與民利者,仁也。句法上下相同,則上句不當有闕文。下文‘士有九等,皆得其宜’,正所謂‘能求士者,智也’。其無闕文明矣。《玉海》六十七引此無闕文。”①

《逸周書·官人》篇云:“有知而言弗發,有施而□弗德。”王念孫校曰:“此文本作‘有知而弗發,有施而弗德’,‘發’讀曰‘伐’。高注:‘《淮南·修務》篇曰:伐,自矜大其善也。’有知而弗發,有施而弗德,皆五字爲句,上句本無‘言’字,下句亦無闕文。後人於‘弗發’上加‘言’字(後人不知‘發’與‘伐’同,而誤以爲發言之‘發’,故加‘言’字),則上句多一字矣。校書者不知‘言’字爲後人所加,而以爲下句少一字,遂於下句内作空圍,以對‘言’字,此誤之又誤也,《大戴記》正作‘有知而不伐,有施而不置’(‘置’與‘德’同,《繫辭》傳:‘勞而不伐,有功而不德。’《釋文》:‘德,鄭、陸、蜀本作置。’鄭云:‘置當爲德。’《荀子·哀公》篇:‘言忠信而心不德,仁義在身而色不伐。’《大戴記·哀公問五義》篇,‘德’作‘置’)。”②

又,孔凡禮《全宋詞校補》載沈伯文《望海潮》云:“山連嵩岱,疆分齊魯,濟南自古多奇月。魄墮英星,芒剪瑞□(按此處脱一字,補□),來參漢主龍飛。”劉凱鳴指出:

> 查詞譜,《望海潮》上片第三句爲六字句,非七字句,當至“奇”字句斷,孔校誤將“月”字從上,遂從而誤判“脱一字”。“月”爲韻脚,與“龍飛”以下“枝、龜、蹊、旗、扉、歸、嘶、衣、池”等韻字不叶,且導致割裂“月魄”、“星芒”。今謂實無脱文。“濟南自古多奇”,奇,奇士,猶名士。沈詞蓋化用杜甫《陪李北海宴歷下亭》“濟南名士多”句意。奇,上平聲支韻字,與“飛、枝……衣、池”等支韻、微韻字并屬詞韻第三

① 《讀書雜志·逸周書第三·本典·能求士□者智也》。

② 《讀書雜志·逸周書第三·官人·言弗發□弗德》。

部。而“月”入聲字,屬第十八部,自不能與第三部通押。①

十七　爲牟利而加

在古籍傳播中,爲了牟利而故意加字的情況是很少的,任繼愈曾舉一例:“如《房山雲居寺石經》可謂善本,其中有些石刻佛經體現了《遼藏》的面貌,但其中也有刻工貪圖省工,出現許多上下文不相連屬的‘一’字,從一般校勘原理看,這與字形、字音、字義或上下的錯簡毫無關係,只是由於刻工按版計酬,爲了省力,又能占滿版面,才出現了不應出現的許多‘一’字,漢字中只有一字筆劃最少,刻起來又省力,用來充字數最方便。”②

十八　爲説明自己的觀點而加

汪辟疆云:“余家舊藏明黄正色活字本《御覽》,《文部》五百八十六引鍾嶸《詩品》。其上品十二家之末,下有‘陶潛’二字,分注平列,張海鵬、鮑崇城二本同。頗疑元明間人不滿記室平品,因除去古詩一家不計外,擅移中品之陶公於小注,以足十二人之數。此明人妄改古書之明證也。今日偶取涵芬樓景印宋本《御覽》覆按之,果無陶潛,而以《詩品》評陶一條,别行引之,益足取證也。”③

蔣禮鴻亦曾舉一例:“《樂府詩集》卷五十九所引的唐人劉商《胡笳曲序》説:‘蔡文姬善琴,能爲離鸞、别鶴之操。胡虜犯中原,爲胡人所掠。入番爲王后,王甚重之。武帝與邕有舊,敕大將軍贖以歸漢。胡人思慕文姬,乃卷蘆葉爲吹笳,奏哀怨之音。後董生以琴寫胡笳聲爲十八拍,今之《胡笳弄》是也。’序中的董生是誰,有人以爲是唐代著名琴師董庭蘭,有一位名家則以爲就是文姬歸漢後所嫁的董祀,而序中‘董生’前頭應補上個‘嫁’字。因爲他老人家認爲現傳的《胡笳十八拍》曲辭確是蔡文姬所撰而不是像很多人那樣認爲的僞作(或擬作),如若不補這個‘嫁’字,那麽胡笳

---

① 《〈全宋詞補輯〉校語辨正》,載《文史》第二十八輯。

② 《任繼愈學術論著自選集·關於編輯〈中華大藏經〉(漢文部分)的意義》。

③ 《汪辟疆文集·讀常見書齋小記·明人妄改詩品》。

曲的琴譜就是‘董生’所作而非文姬所作，‘如果胡笳聲都不是蔡文姬譜出的，那麽《胡笳十八拍》的辭更不是蔡文姬作的了’。這就是所以要補字的原由。但是頗有疑竇。大凡校書補字，或者上下文有過這個缺文，或者見於别的書或類書所稱引，才算有憑有據。現在補上這個字，兩種根據都没有，僅因文姬曾嫁過董祀，這衹能説是想當然的揣測，不能算作科學的論斷。董生是否董庭蘭，也還要找證據。但是元稹的《小胡笳引》却給了我們一些材料。這篇樂府歌辭的題注道：‘桂府王推官出蜀匠雷氏琴，請姜宣彈。’歌辭道：‘哀彈慢指董家本，姜生得之妙思忖。’這是有個姓董的人制作了胡笳的琴曲而爲姜宣所學習所彈奏的確證。這個人當然不是文姬，也更不可能是董祀。那麽劉序的‘後董生’應補成‘後嫁董生’的説法更加動摇了。元稹和劉商同是唐人，我們有理由設想元詩所説那個姓董的人就是劉序的董生。再按劉序的文字，‘卷蘆葉爲吹笳，奏哀怨之音’出於胡人，是文姬歸漢以後的事，文姬何從知道而寫之以琴呢？《胡笳十八拍》曲辭的著作權問題可以再討論（有人説‘曲以拍名，起於唐代’，至少漢代尚無拍名，這是值得注意的），但爲肯定著作權屬於蔡文姬而在劉序中加字，這是淺昧所未以爲安的。”①

十九　爲便於閲讀而加

古文簡奥，後人爲便於閲讀，往往在書面材料中改字或加字。如李零云：“在《孫子》一書的校勘上，銀雀山簡本的發現對我們有很多的啓發。首先，我們發現今本之間的差異與簡本相比，往往微不足道，簡本與今本之間的差異要比這大得多。這種差異可分爲三種情況，一種是屬於换字，如簡本《實虚》‘膠其所之也’，‘膠’是‘繆’的借字，今本改爲‘乖’，《九地》‘輕地吾將使之僂’，‘僂’是‘遱’的借字，今本改爲‘屬’，都是把難懂的字换成易懂的字。一種是填字，如簡本‘善者’，今本都改爲‘善用兵者’，也是爲了便於讀懂。還有一種是變散文爲對句，如簡本《刑》‘善守者，臧

① 《懷任齋文集·誤校七例》。名人，指郭沫若，其《談蔡文姬的〈胡笳十八拍〉》云：“序文裏的‘後董生’應該是‘後嫁董生’，董生即陳留董祀。”文載《郭沫若全集》文學編卷八《蔡文姬》附録。

(藏)九地之下,動九〔天之上〕',今本在'動九〔天之上〕'前加'善攻者'。這種差異在古書流傳中應當是一種帶有普遍性的現象。"①

陳垣校沈家本刻《元典章》也發現有類似現象,指出:"刑部卷内有一句添至三四字者,頗似經生之添字解經,有時或較元文意義顯明,然實不可爲訓,假令别有所本,亦當注明出處也。"如:"刑十九四,'召其親人認識領去完聚',元作'召親完聚',四言成句,而六字妄添。""刑十九八,'此實古今之通論也',元作'古今通論也',五言成句,而四字妄添。"②

第四節　致倒的原因

古籍文字顛倒,有的出自無心,有的則出於有意乙正。因爲人們對古書的理解有深淺,故校者乙正之文,也有是有非。今就其求是反非的情況詳加分析,以見讀古書之不易。校書時,妄乙也和妄改、妄删、妄補一樣,都是不負責任的表現,學者所應特别注意。

一　因上下字相關聯而倒

上下兩個字或幾個字相連或相隔不遠,傳鈔者稍有疏忽,就可能産生相互顛倒的現象。

甲　兩字平列而倒

《禮記・月令》篇云:"制有小大,度有長短。"王念孫指出:"'長短'本作'短長',與裳、量、常爲韻,今作'長短',則失其韻矣。此蓋涉下文'視長短'而誤。《正義》作'長短',亦後人依已誤之經文改之。唐《月令》已删此二句,無從考正,唯宋撫州本及岳本皆作'短長',《吕氏春秋・仲秋》篇同,足正今本之失。"③《禮記・月令》篇復云:"量小大,視長短。"俞樾指出:

① 《關於〈孫子兵法〉研究整理的新認識》,載《古籍整理與研究》一九八七年第一期。

② 《校勘學釋例》卷二第二十《妄添三例》。原文"而四字妄添"當爲"而三字妄添"。參看《經義述聞》卷三二《通説》下《增字解經》。

③ 《經義述聞》卷一四《禮記》上《長短》。

"'小大'當依衛湜《集説》本作'大小'。上文云:'制有小大,度有短長。'則'小'字當在'大'字之前,以下句'短'字在'長'字之前,'小大''短長'各相當也。此云:'量大小,視長短',則大字當在小字之前,以下句長字在短字之前,'大小'、'長短',亦各相當也。《正義》曰:'大,謂牛、羊、豕成牲者;小,謂羔、豚之屬也。'先釋大字,後釋小字,是其所據本不誤。此類宜悉心訂正,庶不負古人文理之密察也。"①俞樾説:"平列之字,本無順倒,雖有錯誤,文義無傷;然亦有不可不正者。"②上述兩例涉及叶韻、對偶、文章内容,當然是應當糾正的。

乙　字相連不平列而倒

書面材料中,字相連基本上都不平列,故此類錯誤較多。

如《國語·周語》云:"若貪陵之人來而盈其願,是不賞善也。"王念孫指出:"'不賞善',《左傳》成十三年《正義》引作'賞不善'是也。貪陵之人,不善之人也,而如其願以予之,則是賞不善也。今本'賞'、'不'二字倒轉,則義不可通。"③

《商子·更法》篇云:"愚者笑之,智者哀焉;狂夫之樂,賢者喪焉。"孫詒讓指出:"'笑之',《新序》作'之笑',與下文'狂夫之樂'正相對,是也,當據正。'哀',《新序》作'憂',義亦較長。"④

《淮南子·精神》篇云:"是故視珍寶珠玉猶石礫也,視至尊窮寵猶行客也,視毛嬙、西施猶頬醜也。"王引之云:"'石礫'本作礫石。《説文》:'礫,小石也。'《逸周書·文傳》篇云:'礫石不可穀。'《楚辭·惜誓》:'相與貴夫礫石。'王注云:'相與貴重小石也。'《韓詩外傳》云:'太山不讓礫石,江海不辭小流。'皆其證也。'石'與'客'、'魄'爲韻,若作石礫,則失其韻矣。'頬醜'本作'倛魄',此'魄'誤爲'醜',後人又改'倛'爲'頬'耳。"⑤

丙　字相近而倒

字不相連,但相距甚近,也容易形成誤倒現象。如《逸周書·官人》篇

①② 《古書疑義舉例》卷七之八一《兩字平列而誤倒例》。

③ 見王引之《經義述聞》卷二〇《國語》上《不賞善》。

④ 《札迻》卷五。

⑤ 《讀書雜志·淮南内篇第七·精神·石礫》。

云:“以其隱觀其顯。”王念孫指出:“此本作以其顯觀其隱。人之聲顯而易見,其心氣則隱而不可見,故曰‘以其顯觀其隱’,即上文所云‘聽其聲,處其氣’也。今本‘顯’、‘隱’二字互易,則義不可通。《大戴記》作‘以其見占其隱’,‘見’亦‘顯’也。”①

再如《漢書·李廣蘇建傳》云:“武罵律曰:‘女爲人臣子,不顧恩義,畔主背親,爲降虜於蠻夷,何以女爲見?’”師古曰:“言何用見女爲也。”王念孫謂:“‘見’字當本在‘女’字上,‘何以見女爲’,猶《論語》言‘何以文爲’、‘何以伐爲’耳。若云‘何以女爲見’,則文不成義矣。《漢紀·孝昭紀》作‘何用見女爲兄弟乎’,‘爲’下加‘兄弟’二字,遂失其指,然據此知《漢書》本作‘何以見女爲’也。”②

丁　詞組平列而字倒

《老子》二十一章云:“自古及今,其名不去,以閱衆甫。”馬叙倫校曰:“各本作自古及今,非是。古、去、甫,韻。”③帛書《老子》甲、乙本及王弼注皆作“自今及古”。④

《莊子·山木》篇云:“一上一下,以和爲量。”俞樾指出:“此本作‘一下一上,以和爲量’,上與量爲韻;今作一上一下,失其韻矣。《秋水》篇:‘無東無西,始於元冥,反於大通。’亦後人所改。《莊子》原文本作‘無西無東’,東與通爲韻也。王氏念孫已訂正。‘上下’‘東西’,人所恒言,後人口耳習熟,妄改古書,由不知古人倒文協韻之例耳。”⑤

《逸周書·大聚》篇:“具百藥以備疾災,畜五味以備百草。”王念孫校云:“下句當作‘畜百草以備五味’(‘百草’與‘百藥’對文)。今本‘百草’與‘五味’互易,則義不可通。”⑥

---

① 《讀書雜志·逸周書第三·官人·以其隱觀其顯》。

② 《讀書雜志·漢書第十·李廣蘇建傳·何以女爲見》。

③ 《老子校詁》卷二。

④ 參見《馬王堆漢墓出土老子釋文》,載《文物》一九七四年十一期。

⑤ 《古書疑義舉例》卷一之一三《倒文協韻例》。王念孫説見《讀書雜志餘篇》上《莊子·秋水·無東無西》。

⑥ 《讀書雜志·逸周書第二·大聚·畜五味以備百草》。

戊　兩句平列而字倒

俞樾説："古書有上下兩句平列，而傳寫互誤其字者。"如《論語·季氏》篇云："不患寡而患不均，不患貧而患不安。"他指出："'寡'、'貧'二字，傳寫互易，此本作'不患貧而患不均，不患寡而患不安。''貧'以財言，'不均'亦以財言，不均則不如無財矣，故'不患貧而患不均'也。'寡'以人言，'不安'亦以人言；不安則不如無人矣，故'不患寡而患不安'也。《春秋繁露·度制》篇引孔子曰'不患貧而患不均'，可據以訂正。"①

《晏子春秋》内篇《問》下云："從重不爲進，從輕不爲退。"王念孫以爲："當作'從輕不爲進，從重不爲退'。輕，易也（見《吕氏春秋·知接》篇注）；重，難也（見《漢書·元帝紀》注）。謂不見易而進，不見難而退也。今本'輕'、'重'互易，則義不可通。《家語·三恕》篇作'從輕勿爲先，從重勿爲後'。注曰：'赴憂患，從勞苦，輕者宜爲後，重者宜爲先。'語意正與此同。"②

《莊子·大宗師》篇云："故曰：天之小人，人之君子；人之君子，天之小人也。"奚侗校曰："此文四句義複，下二句'人'字、'天'字互誤。"③王叔岷補證云："奚説是也，舊鈔本《文選》江文通《雜體詩》注引下二句正作'天之君子，民之小人'。今本'民'作'人'，唐人避太宗諱改。"④

己　句相連不平列而字倒

書面材料中，句相連但不平列的現象居絶大多數，故此類錯誤也不少。

《漢書·何武王嘉師丹傳》云："事下將軍中朝者，光禄大夫孔光、左將軍公孫禄、右將軍王安、光禄勳馬宫、光禄大夫龔勝，劾嘉迷國罔上不道，請與廷尉雜治。勝獨以爲嘉備宰相，諸事並廢，咎由嘉生；嘉坐薦相，罪微薄，以應'迷國罔上不道'，恐不可以示天下。"王念孫論此文之誤曰：

---

① 《古書疑義舉例》卷五之六九《上下兩句互誤例》。
② 《讀書雜志·晏子春秋第一·内篇問下·從重 從輕》。
③ 《莊子補注》卷一。
④ 《校讎通例》五一《互誤》，載《歷史語言研究所集刊》第二十三本下册。

"劾嘉"之上,不當有"光禄大夫龔勝"六字,下文"勝獨以爲"上,當有"光禄大夫龔"五字。此謂諸臣皆"劾嘉迷國罔上",而光禄大夫龔勝獨以爲不然,故師古曰:"孔光以下,衆共劾嘉,而勝獨爲異議也。"若"劾嘉"上有"光禄大夫龔勝"六字,則與"勝獨以爲"之語相反。校書者不知此六字之爲衍文,反删去下文之"光禄大夫龔"五字,斯爲顛倒矣。《漢紀·孝哀紀》云:"事下將軍中朝者,皆劾嘉迷國罔上不道,光禄大夫龔勝獨以爲嘉坐薦相等罪微薄,應以迷國罔上不道,不可以示天下。"足正今本之誤。又《龔勝傳》云:"左將軍公孫禄、司隸鮑宣、光禄大夫孔光等十四人,皆以爲嘉應迷國不道法。勝獨曰:嘉舉相等過微薄。"尤足與此傳互相證明。①

《淮南子·主術》篇云:"所謂亡國,非無君也,無法也;變法者,非無法也。有法者而不用,與無法等。"王念孫指出:"'有法者而不用','者'字當在上文'所謂亡國'下,與'變法者'相對爲文,今誤入此句内,則文不成義。"②

二　因上下句相關聯而倒

上下兩句或數句相連,意思相關,傳鈔者稍有疏忽,便可能造成句子間相互顛倒的現象。

甲　兩句平列而倒

就此俞樾曾以《論語》爲例云:"《論語·公冶長》篇:'朋友信之,少者懷之。'《韓詩外傳》引作'少者懷之,朋友信之'。《雍也》篇:'知者樂水,仁者樂山。'李鼎祚《周易集解》引作'仁者樂山,知者樂水'。《泰伯》篇:'啓予足,啓予手。'《魏書·崔光傳》引作'啓予手,啓予足'。'巍巍乎其有成功也,焕乎其有文章。'《後漢書·馬融傳》注引作'焕乎其有文章,巍巍乎其有成功'。'菲飲食而致孝乎鬼神,惡衣服而致美乎黻冕。'《文選·東京

① 《讀書雜志·漢書第十三·何武王嘉師丹傳·光禄大夫龔勝 勝獨以爲》。
② 《讀書雜志·淮南内篇第九·主術·所謂亡國 有法者》。

賦》注引作‘惡衣服而致美乎黻冕，菲飲食而致孝乎鬼神’。《鄉黨》篇：‘與下大夫言，侃侃如也；與上大夫言，誾誾如也。’《史記·孔子世家》作‘與上大夫言，誾誾如也；與下大夫言，侃侃如也’。《先進》篇：‘言語，宰我、子貢；政事，冉有、季路。’《鹽鐵論》作‘政事，冉有、季路；言語，宰我、子貢’。‘有民人焉，有社稷焉。’《論衡·問孔》篇作‘有社稷焉，有民人焉’。《顔淵》篇：‘非禮勿視，非禮勿聽，非禮勿言，非禮勿動。’《禮記·曲禮》正義引作‘非禮勿動，非禮勿言，非禮勿視，非禮勿聽’。《子路》篇：‘父爲子隱，子爲父隱’。《韓詩外傳》引作‘子爲父隱，父爲子隱’。《憲問》篇：‘晉文公譎而不正，齊桓公正而不譎。’《風俗通義·皇霸》篇引作‘齊桓公正而不譎，晉文公譎而不正’。《季氏》篇：‘危而不持，顛而不扶。’《後漢書·安帝紀》引作‘顛而不扶，危而不持’。《子張》篇：‘仕而優則學，學而優則仕。’《玉篇·人部》‘仕’下引作‘學而優則仕，仕而優則學’。以上並見翟氏灝《論語考異》。按：即《論語》一書，而它書所引上下倒置者已不可勝計，則群經可知矣。雖於義理無甚得失，亦讀古書者所宜知也。”①

乙　數句平列而倒

俞樾云：“古書凡三四句平列者，其先後本無深義，傳寫或從而易置之。”②但其中有涉及文章内容和形式者，則校勘時也當注意糾正，不可疏忽。

《老子》第二十一章云：“道之爲物，惟恍惟惚。惚兮恍兮，其中有象；恍兮惚兮，其中有物。”俞樾指出：“‘惚兮恍兮’兩句，當在‘恍兮惚兮’兩句之下。蓋承上‘惟恍惟惚’之文，故先言‘恍兮惚兮，其中有物’，與上文‘道之爲物，惟恍惟惚’四句爲韻。下云‘惚兮恍兮，其中有象’，乃始轉韻也。王弼注曰：‘萬物以始以成，而不知其所以然，故曰“恍兮惚兮，惚兮恍兮，其中有象”也。’注文當是全舉經文，而奪‘其中有物’四字，可知王氏所據本猶未倒也。”③

《淮南子·俶真》篇：“勢利不能誘也，辯者不能説也，聲色不能淫也，美者不能濫也，智者不能動也，勇者不能恐也。”俞樾謂：“‘聲色’句當在

①②③　《古書疑義舉例》卷六之七〇《上下兩句易置例》。

‘辯者’句前,則聲色貨利以類相從;辯者、美者、智者、勇者,亦以類相從矣。《文子·九守》篇正如此,可據以訂正。”①

丙　句相連相近而倒

句子雖不對仗、平列,但相連、相近也易造成互倒現象,此類錯誤在詩歌中出現較多。仇兆鰲《杜詩詳注·凡例·杜詩刊誤》云:“至於上下錯簡,句法顛倒者,如《古柏行》‘君臣已與時際會’二句,當在‘雲來’、‘月出’之下。如《姜少府設鱠》‘偏勸腹腴愧年少’二句,當在‘落碪’、‘放筯’之下。如《過吴侍御宅》‘仲尼甘旅人’二句,當在‘閉口’、‘嘆息’之下。如《郭代公故宅》‘精魄凛如’二句,當在顧步涕落之下。如《夢李白》《贈蘇渙》《呈聶耒陽》諸詩,各有顛錯之句,今皆訂正,文義方順。”

句相連而倒,如《古柏行》:“孔明廟前(一作階)有老柏,柯如青銅根如石。霜(一作蒼)皮溜雨(一作水)四十圍,黛色參天二千尺。雲來氣接巫峽長,月(一作日)出寒通雪山白。(二句舊在‘愛惜’之下,今依須溪改正)君臣已與時際會,樹木猶爲人愛惜。(首詠夔州柏,而以君臣際會結之。銅比幹之青,石比根之堅。霜皮溜雨,色蒼白而潤澤也。四十圍,二千尺,形容柏之高大也。氣接巫峽,寒通雪山,正從高大處想見其聳峙陰森氣象耳。君臣際會,即起下先主武侯。)”②此爲《古柏行》之第一段,正如仇氏所分析的那樣,寫了古柏之柯、之根,之大、之高,之氣勢、之影響,以“老柏”開頭,以“樹木”作結,並以君臣際會引起下文,顯得相當自然而貼切。若原先的倒文未加乙正,則詩人的構思難以體現,詩意也會受到很大影響。

句相近而倒,如《夢李白二首》其一:“死别已吞聲,生别常惻惻。江南瘴癘地,逐(一作遠)客無消息。故人入我夢,明我長(一作常)相憶。君今在羅網,何以(一作似)有羽翼。(‘君今’二句,舊在‘關塞黑’之下,今從黄生本移在此處,於兩段語氣方順。)恐非平生魂,路遠(一作迷)不可測。魂來楓林(一作葉)青,魂(一作夢)返關塞黑。落月滿屋梁,猶疑照(一作見)

① 《古書疑義舉例》卷六之七〇《上下兩句易置例》。

② 《杜詩詳注》卷一五。

顔色。水深波浪闊,無使蛟龍得。”仇氏指出:“此章次序,當依黄氏更定,分明一頭兩脚體,與下篇同格。”①

散文中當然也會有此類現象,如《法言·學行》篇云:“吾不睹參辰之相比也,是以君子貴遷善。遷善者聖人之徒也。百川學海而至於海,丘陵學山而不至於山,是故惡夫畫也。頻頻之黨,甚於鷃斯,亦賊夫糧食而已矣。”俞樾云:“‘遷善’與‘參辰’不相比,意不相承;‘頻頻之黨’與‘惡畫’之義,亦不相承,此兩節疑傳寫互易。當曰:‘吾不睹參辰之相比也,頻頻之黨,甚於鷃斯,亦賊夫糧食而已矣。百川學海而至於海,丘陵學山而不至於山,是故惡夫畫也。是以君子貴遷善,遷善者聖人之徒也。’兩節傳寫互易,而其義皆不可通。”②乙正之後就説得通了。

三 因錯簡錯葉而倒

書籍在流傳的過程中,簡書中的一簡或數簡改變了原來的次序即造成了錯簡現象;紙書中的一葉或數葉改變了原來的次序即造成了錯葉現象。帛書初由簡書傳寫,某些部分當然也會出現顛倒現象。錯簡、錯葉及其他文字較多、距離較遠的倒文現象,一般可統稱爲錯簡。

錯簡現象多數是在編連、裝訂過程中疏忽造成的。王念孫《讀書雜志·淮南内篇》後序云:“有錯簡者,《天文》篇:‘陽氣勝,則日脩而夜短;陰氣勝,則日短而夜脩。其加卯酉,則陰陽分,日夜平矣。’各本‘其加卯酉’三句,錯簡在下文‘帝張四維,運之以斗’一節之下,則既與上文隔絶,又與下文不相比附矣。”③

明吕兆禧《吕錫侯筆記》云:“宋刻陸賈《新語·辨惑第五》,其末云‘權歸於三家邑土單於彊’,下便云‘無以制其剛’,文理甚不接。嘗與友人王季常讀之,得其脱簡於《慎微第六》‘人不堪其憂’之下,‘齊夫用人若彼’至‘不操其柄者則’凡二百二十七字。考之閩浙新本皆然。如南雍《子匯》、河北《西京遺編》,俱名公校讎,亦復仍誤,當是千慮一失耳。”李偉國云:

① 《杜詩詳注》卷七。

② 《古書疑義舉例》卷六之七四《簡策錯亂例》。

③ 參看《讀書雜志·淮南内篇第三·天文·其加卯酉三句》。

> 查今《四部叢刊》本及《諸子集成》本《新語·辨惑第五》末云："……而定公拘於三家，陷於衆口，不能卒用孔子者，内無獨見之明，外惑邪臣之黨，以弱其國而忘其身，權歸於三家，邑土單於彊，無以制其剛。"此叙述孔子和魯國之事未完，且"邑土單於彊"不成語，亦無法與下句連接。
>
> 又《慎微第六》有云："顔回一簞食，一瓢飲，在陋巷之中，人不堪其憂。齊夫用人若彼，失人若此，然定公不覺悟，信季孫之計，背貞臣之策……夫言道因權而立，德因勢而行，不在其位者，則無以齊其政，不操其柄者，則回也不改其樂……"開頭説的是顔回，中間突然涉及魯國國政，至"不操其柄者"，語實未完，又轉到了顔回之事，難以理解。
>
> 如從吕兆禧的説法，第五篇末了的文字應爲："而定公拘於三家……邑土單於彊齊。夫用人若彼……不操其柄者，則無以制其剛。"第六篇述顔回的一段則應爲："顔回一簞食，一瓢飲，在陋巷之中，人不堪其憂，回也不改其樂，禮以行之，遜以出之。"無論從整段的意思，還是從語句的銜接來看，都相契合，證明吕説是正確的。①

再如《漢書·百官公卿表》云："地節三年七月壬辰，大司馬禹下獄要斬。"王念孫校云："此十二字，當在四年下。'七月'二字與上文相複，則其爲四年之七月可知。《宣紀》《外戚表》《五行志》及《漢紀》《通鑑》載誅禹事，皆在四年。"②

除正文外，目録也有這種現象。王利器曾指出："漢人稱《吕氏春秋》爲《吕覽》，以當時傳本篇次爲《八覽》《六論》《十二紀》故也。古書往往以首篇爲大名，而以序文爲全書大尾；今《序意》篇在《十二紀》之末，正是古書舊式。但《序意》篇有'一作《廉孝》'之説，此與《序意》全無干涉；當是由以《有始覽》所缺之篇目錯入者；當於《序意》篇出之，而於《有始覽》入之，

---

① 《陸賈〈新語〉的一處錯簡》，載《中華文史論叢》一九八二年第四輯。

② 《讀書雜志·漢書第三·百官公卿表·錯簡十二字》。

如是,則《有始覽》所缺者不缺,而《序意》篇所錯入者得歸原位,庶幾毫無遺憾矣。"①又張元濟跋《西村翁詩集》云:"徐君曉霞贈余一部,與此同出一板。目録第一、二葉,因斷板致錯簡,此未訂正。"②

還有的錯簡則是由書籍編輯整理時疏忽造成的,例如《全金元詞》所録程文海詞,有三首的部分句子彼此淆亂,現將王鍈《〈全金元詞〉刊誤》的有關内容録之於下:

第七九二至七九四頁程文海詞三首彼此淆亂,兹以江刻宋元名家詞《雪樓樂府》比勘於下:

《全金元詞》

臨江仙　壽聰山

海鶴松間襟韻,梅花雪後精神。皇家蓍蔡老元臣。彝常千載事,品物四時春。　人道聰山毓秀,秀如嵩岳帝京賢牧守,人世妙神仙。　年甲偶同人却别,我今早已華顛。羨君福禄正如川。印章金磊磊,階樹玉娟娟。

《雪樓樂府》

臨江仙　壽聰山

海鶴松間襟韻,梅花雪後精神。皇家蓍蔡老元臣。彝常千載事,品物四時春。　人道聰山毓秀,秀如嵩岳生申。壽身壽國壽斯文。三階明紫極,一氣轉洪鈞。

《全金元詞》

臨江仙　壽尹留守

六月灤陽天似水,月弓初上新弦。一篇來壽我同年。物爲春,向揫斂中間寓至仁。是紱麟盛旦,黄鐘應候,一陽方動,萬彙俱萌。億兆蒼生,鈞陶繫命,壽國端如壽此身。梅花遠,倩新詞描寫,來侑芳尊。

---

① 《王利器論學雜著·訪日講學記》引其《吕氏春秋釋名》講稿大旨。

② 《涉園序跋集録·西村翁詩集》。

《雪樓樂府》

臨江仙　壽尹留守

六月灤陽天似水，月弓初上新弦。一篇來壽我同年。帝京賢牧守，人世現神仙。　　年甲偶同人却別，我今早已華顛。羡君福禄正如川，印章金磊磊，階樹玉娟娟。

《全金元詞》

沁園春　壽李秋谷平章　十一月朔

河漢無雲，淡月疏星，玉宇初澄。漸金仙掌上，露華高潔，西風陣裏，霜氣崚嶒。浪蕊浮花，狂茨怪蔓，此日紛紛一掃平。誰歟似，有天公錫號，秋谷山人。須知與生申。壽身壽國壽斯文。三階明紫極，一氣轉洪鈞。

《雪樓樂府》

沁園春　壽李秋谷平章　十一月朔

河漢無雲，淡月疏星，玉宇初澄。漸金仙掌上，露華高潔，西風陣裏，霜氣崚嶒。浪蕊浮光，狂茨怪蔓，此日紛紛一掃平。誰其似，有天公錫號，秋谷山人。　　須知與物爲春，向擎斂中間寓至仁。是紱麟聖旦，黄鐘應候；一陽方動，萬彙俱萌。億兆蒼生，鈞陶繫命，壽國端如壽此身。梅花遠，倩新詞描寫，來侑芳樽。

由右列《雪樓樂府》三詞的結構可知：一、《全金元詞》之《臨江仙·壽聰山》中加點部分，應接《臨江仙·壽尹留守》未加點部分。二、《臨江仙·壽尹留守》中加點部分，應接《沁園春》之未加點部分。三、《沁園春》中加點部分，應接《臨江仙·壽聰山》未加點部分。此外，二者字詞尚有小異，可存而不論。①

還有的錯簡是由傳鈔及刊行時疏忽造成的。如陳垣指出："沈刻《元典章》錯簡之例有三：曰單錯，曰互錯，曰衍漏錯。單錯者，本處有闕文，錯簡在他處是也。互錯者，本處有闕文，錯簡在他處，他處亦有闕文，錯簡在

① 載《古籍整理出版情況簡報》第九九期。

本處,所謂彼此互錯也。衍漏錯者,本處有闕文,而重出他處之文於此,又衍又漏是也。”其中以互錯之例最能説明問題,如:“吏七六,四行‘公出疾病在假即日’八字,應在五行‘長官’下;五行‘掌判其行用印信’七字,應在四行‘長官’下。户三七,五行‘因而在外另籍或’七字,應在七行‘漏籍人口’下;七行‘各年軍籍内’五字,應在五行‘附籍人口’下。”①由於錯簡處上面兩三個字完全相同,可見爲傳鈔者竄行所造成。

四　因不明字音而乙

《史記·太史公自序》云:“惠之早霣,諸吕不台;崇彊禄、産,諸侯謀之;殺隱幽友,大臣洞疑,遂及宗禍。”王念孫指出:“‘諸侯謀之’,本作‘諸侯之謀’。之,是也(若《詩》言‘先君之思’、‘嬿婉之求’、‘維子之好’之類)。言吕后崇彊禄、産而謀劉氏,故下文即云‘殺隱幽友’也。後人以‘謀’與‘台’、‘疑’韻不相協,故改‘之謀’爲‘謀之’。而不知‘謀’字古讀若‘媒’(詳見《唐韻正》),正與‘台’、‘疑’爲韻。且吕后稱制之時,諸侯未敢謀之也。”②

《荀子·解蔽》篇:“《詩》曰:‘鳳皇秋秋,其翼若干,其聲若簫。有鳳有皇,樂帝之心。’”王念孫指出:“‘有鳳有皇’,本作‘有皇有鳳’。‘秋’、‘簫’爲韻,‘鳳’、‘心’爲韻。《説文》,鳳從凡聲,古音在侵部,故與心爲韻也。鳳從凡聲,而與心爲韻,猶風從凡聲,而與心爲韻也。後人不知古音,而改爲有鳳有皇,則失其韻矣。王伯厚《詩考》引此已誤。《藝文類聚》祥瑞部,《太平御覽》人事部、羽族部引此並作有皇有鳳。”③

又,楊慎《升庵詩話》卷三《梁宫人前溪歌》云:“‘當曙與未曙,百鳥啼前窗。獨眠抱被嘆,憶我懷中儂,單情何時雙。’用韻甚古。窗,粗叢切;雙,疎工切。今《樂府》刻倒其字作‘窗前’,失其音矣。”④

---

①　《校勘學釋例》卷一第五《錯簡例》。

②　《讀書雜志·史記第六·太史公自序·諸侯謀之》。

③　《讀書雜志·荀子第七·解蔽·有鳳有皇》。

④　詩見《樂府詩集》卷四五,題爲《前溪歌》,作者爲包明月。該句作“百鳥啼窗前”。中華書局點校本。

五　因不明假借字而乙

《墨子·尚賢中》云:“故(一本作胡)不察尚賢爲政之本也。”盧文弨校曰:“當云‘尚賢之爲政本’。”①王念孫辯之云:“盧説非也。下文曰:‘胡不察尚賢爲政之本也。且以尚賢爲政之本,亦豈獨墨子之言哉。’與此文同一例,則不得倒‘之’字於‘爲政’上矣。‘故’與‘胡’同,故下文又曰:‘故不察尚賢爲政之本也。’(今本脱‘爲’字)《管子·侈靡》篇:‘公將有行,故不送公。’亦以‘故’爲‘胡’。”②顯然,盧氏没有注意到“故”爲“胡”之假借字,而將原句“之”字倒在“爲政”上,從而將原來的反問句改成了陳述句。

《吕氏春秋·愛類》篇云:“且有不義。”王叔岷指出:“‘且有’當作‘有且’,‘有’讀爲‘又’。《淮南子·脩務》篇作‘又且爲不義’,是其塙證。本書《觀世》篇‘有且以人言’,《壅塞》篇‘有且先夫死者死’,並與此同例。今本作‘且有’,蓋淺人不知‘有’與‘又’同,而妄乙之耳。”③

又,王念孫《讀書雜志·淮南内篇》後序云:“有不識假借字而顛倒其文者。《人間》篇:‘國危不而安,患結不而解,何謂貴知?’而,讀曰能。言危不能安,患不能解,則無爲貴智也。後人不知‘而’與‘能’同,遂改爲‘國危而不安,患結而不解’矣。”④

六　因不明詞義而乙

人們不知詞涉古語、方言、名物制度的特殊含義,爲了讀通書面材料而誤乙的現象也時有發生,今略述如下:

甲　不知詞涉古語方言而乙

《漢書·食貨志》云:“枯旱蝗蟲相因。”王念孫校曰:“‘蝗蟲’本作‘蟲

---

①　見畢沅校本《墨子》卷二《尚賢中》。

②　《讀書雜志·墨子第一·尚賢中·故不察尚賢爲政之本》。

③　《校讎通例》三六《不識假借字而妄乙》,載《歷史語言研究所集刊》第二十三本下册。

④　參看《讀書雜志·淮南内篇第十八·人間·而不》。

蝗’。枯旱、蟲蝗相對爲文。後人不解蟲蝗二字之義，故改爲蝗蟲。案：蟲蝗猶言蟲螟（見《月令》），亦猶《禮》言草茅，《傳》言烏烏，《荀子》言禽犢，今人言蟲蟻耳。《五行志》引京房《易》傳曰：‘厥風微而温，生蟲蝗，害五穀。’《月令》曰：‘孟夏行春令，則蟲蝗爲災。’（今本改爲‘蝗蟲’，辨見《經義述聞》）①《説文》曰：‘禽獸蟲蝗之怪謂之蠥。’皆其證也。又《荆燕吴傳》：‘蝗蟲起’（《史記》亦誤作‘蝗蟲’），《夏侯勝傳》：‘蝗蟲大起。’皆本作‘蟲蝗’，而後人改之。凡言蟲蝗者，非獨蝗爲災也，他蟲亦有焉。考《五行志》，自武帝元光五年，至征和四年，兼有螟蝗之災，故夏侯勝總而言之曰：‘蟲蝗大起。’不得改‘蟲蝗’爲‘蝗蟲’也。”②

陳垣也指出沈家本刻《元典章》有“不知古語而妄乙，失其意義者”。如：“户七八，‘依添上答價值’，元作‘依上添答價值’，不諳‘添答’方言，妄乙爲‘添上’。”“户七十八，‘今年後銷糧内’，元作‘今後年銷糧内’，不諳‘年銷’用語，妄乙爲‘今年’。”③

乙　不知詞涉名物制度而乙

楊慎云：“杜子美詩：‘近來海内爲長句，汝與東山李白好。’流俗本妄改作‘山東李白’。按樂史序《李白集》云：‘白客游天下，以聲妓自隨，效謝安石風流，自號東山，時人遂以東山李白稱之。’子美詩句，正因其自號而稱之耳，流俗不知而妄改。近世《大明一統志》，遂以李白入山東人物類，而引杜詩爲證，近於郢書燕説矣。噫！寡陋一至此哉？”④

又陳垣指出，沈家本刻《元典章》，“户八八三，‘路府州縣司’，元作‘司縣’，不諳‘路府州司縣’等第，妄乙爲‘州縣’”。“户九二十，‘勸司農官吏’，元作‘勸農司官吏’，不諳‘勸農司’官制，妄乙爲‘司農’。”“新兵十一

---

① 見《經義述聞》卷一三《禮記》上《蝗蟲》。

② 《讀書雜志·漢書第四·食貨志·蝗蟲》。

③ 《校勘學釋例》卷二第二二《妄乙三例》。

④ 《升庵詩話》卷七《東山李白》。王仲鏞《箋證》云：“樂史《李翰林别集序》無此語。李陽冰《草堂集序》云：‘公乃浪迹縱酒，以自昏穢，詠歌之際，屢稱東山。’魏灝《李翰林集序》云：‘間携昭陽金陵之妓，迹類謝康樂，世號爲李東山。’則太白嘗有東山之號，故升庵以此爲説也。由於長處謫戍，升庵著書，每憑腹笥，偶有疏誤，誠所難免。”

'整治赤站(本葉二見)'元作'站赤',不諳'站赤'專名,妄乙爲'赤站'。"①亦屬此類。

七　因不明文義而乙

中華書局編輯部《史記點校後記》云:"有幾處文字前後倒置,把它移正比較方便的,我們就移正了。例如《夏本紀》:'予辛壬娶塗山癸甲生啓予不子',《尚書》作'娶于塗山,辛壬癸甲,啓呱呱而泣,予弗子'。裴駰《集解》引僞《孔傳》只增一'四'字,説'辛日娶妻,至於甲四日,復往治水',張守節《正義》也只據《集解》爲説,可見他們所見的本子都作'予娶塗山,辛壬癸甲',而别本傳寫偶誤,把'辛壬'錯在'塗山'上了。我們把它移正,標點作:'予(辛壬)娶塗山,〔辛壬〕癸甲,生啓予不子。'這一移正很重要,否則就得讀爲'予辛壬娶塗山,癸甲生啓,予不子',那就講不通了。司馬貞也説'豈有辛壬娶妻,經二日生子,不經之甚'。"②

因不明文義而誤讀,誤讀往往也會導致誤乙。如《漢書·韓彭英盧吴傳》云:"願君留意臣之計,必不爲二子所禽矣。"王念孫指出:

> "必不爲二子所禽矣",本作"不(句),必爲二子所禽矣。"不與否同,言若不用臣之計,則必爲二子所禽也。《史記》作"否,必爲二子所禽矣",是其證。後人不知"不"字自爲一句,而以"不必"二字連讀,遂不得其解,而改"不必"爲"必不",以爲陳餘用李左車之計,則必不爲二子所禽,不知上文明言兩將之頭,可致戲下,豈特不爲所禽而已乎?弗思甚矣。(《通典·兵》十三作:"不然,必爲所禽矣。"《通鑑·漢紀二》作:"否,則必爲二子所禽矣。")③

---

① 《校勘學釋例》卷二第二二《妄乙三例》。

② 中華書局點校本《史記》卷末。

③ 《讀書雜志·漢書第八·韓彭英盧吴傳·必不爲二子所禽矣》。

八　因不明修辭手法而乙

爲了增强語言的表達效果，古書常采用一些修辭手法，傳鈔轉刻者或有忽略，也往往會出現誤乙現象，出現較多者有以下兩種情況：

甲　不明對偶而倒

《墨子·非儒下》云："夫仁人事上竭忠，事親得孝，務善則美，有過則諫。"俞樾指出："'得'字、'務'字傳寫誤倒，本作'事親務孝，得善則美'。'務孝'與'竭忠'，'得善'與'有過'，皆相對成文。"①

有的對句字數較多，易於出現倒文，而且頗難發現。如《墨子·魯問》篇云："翟慮耕天下而食之人矣。"王念孫將其改爲："翟慮耕而食天下之人矣。"並注明："舊本'而食'二字在'天下'之下，今據下文乙正。"②案畢沅校本《墨子》原云："翟慮耕天下而食之人矣盛，然後當一農之耕分諸天下，不能人得一升粟，籍而以爲得一升粟，其不能飽天下之饑者，既可睹矣；翟慮織而衣天下之人矣盛，然後當一婦人之織分諸天下，不能人得尺布，籍而爲得尺布，其不能煖天下之寒者，既可睹矣。"顯然這是一個對句，上下兩句各個部分之間的句法應當是一致的，所以王念孫根據"翟慮織而衣天下之人矣"，而將這段話的開頭十字乙正爲"翟慮耕而食天下之人矣"，就文同一律，更加通順了。

詩歌也有這種現象，如《全唐詩》卷七九三載皮日休、陸龜蒙聯句詩《獨在開元寺避暑頗懷魯望因飛筆聯句》有云："煙重迴蕉扇，輕風拂桂帷。"陳漢英指出："《甫里集》作'風輕'。案'風輕'是，《全唐詩》應予乙正，與'煙重'對偶。"③

乙　不明叶韻而倒

《管子·宙合》篇云："可淺可深，可沈可浮，可曲可直，可言可默。"王引之指出："'可沈可浮'，當從上文作'可浮可沈'。'深'、'沈'爲韻，'直'、

---

① 《古書疑義舉例》卷六之七三《字句錯亂例》。

② 《讀書雜志·墨子第四·魯問·倒文四》。

③ 《點校陸龜蒙集所見全唐詩之誤》，載《古籍整理出版情況簡報》第一八八期。

'默'爲韻。"①

《莊子·秋水》篇:"無南無北,奭然四解,淪於不測。無東無西,始於元冥,反於大通。"王念孫云:"'無東無西',當作'無西無東','北'、'測'爲韻,'東'、'通'爲韻。"②

《淮南子·俶真》篇云:"若夫真人,則動溶於至虛,而游於滅亡之野,騎蜚廉而從敦圄,馳於外方,休乎宇内,燭十日而使風雨,臣雷公,役夸父,妾宓妃,妻織女,天地之間何足以留其志。"王念孫指出:"馳於外方,休乎内宇,宇與野、圄、雨、父、女爲韻。各本作'宇内',則失其韻矣。"③

九　因習見詞語而乙

《莊子·山木》篇云:"純純常常,乃比於狂。削迹捐勢,不爲功名。"王叔岷指出:"'功名'當作'名功',功(古音讀如岡)與上文'常'、'狂'爲韻,今本誤倒,遂失其韻矣。唐寫本正作'不爲名功'。"④又,《莊子·庚桑楚》篇云:"能抱一乎,能勿失乎,能無卜筮而知吉凶乎。能止乎,能已乎,能舍諸人而求諸己乎。"王念孫指出:"'吉凶'當爲'凶吉','一'、'失'、'吉'爲韻,'止'、'已'、'己'爲韻。《管子·心術》篇:'能專乎,能一乎,能毋卜筮而知凶吉乎。'是其證。"⑤這兩段話中的"名功"、"凶吉"之所以被誤乙爲"功名"、"吉凶",顯然是因爲"功名"、"吉凶"常見,"名功"、"凶吉"不常見。

陳垣也指出沈家本刻《元典章》有"習見常語而妄乙,失其意義者"。如:"臺綱二四'所用飲食火油紙札',元作'油火',因習見'火油'二字而妄乙之。""吏二十六,'親賫文解及祖父原受的宣敕',元作'父祖元受的宣敕','父祖'謂父與祖,妄乙爲'祖父',則單指祖父矣。""户八廿六,'場官知情賣貨者',元作'貨賣者',因習見'賣貨'二字而妄乙之。"⑥

---

① 《讀書雜志·管子第二·宙合·可沈可浮》。

② 《讀書雜志·餘編上·莊子·無東無西》。

③ 《讀書雜志·淮南内篇》後序。

④ 《校讎通例》七七《誤倒而失韻》,載《歷史語言研究所集刊》第二十三本下册。

⑤ 《讀書雜志·餘編上·莊子·吉凶》。

⑥ 《校勘學釋例》卷二第二二《妄乙三例》。

十　因據誤本而乙

不知所讀之書文字本有訛、脱、衍、倒，爲讀通而誤乙之，也是致倒的一個原因，今分别述之如下：

甲　因訛文而乙

《列子·力命》云："臣奚憂焉?"王重民校曰："吉府本'臣'作'詎'，疑本作'奚巨憂焉?'奚巨複詞，讀者不達其義，遂以意移巨於奚字之上也。"①王叔岷補證云："《道藏》白文本'臣'亦作'詎'。林希逸本作'巨'，云：'巨與詎同'，是也。'奚巨'誤爲'奚臣'，後人乃妄乙爲'臣奚'耳。"②

《荀子·君道》篇云："以天下之王公莫好之也，然而于是獨好之；以天下之民莫欲之也，然而于是獨爲之。好之者貧，爲之者窮，然而于是獨猶將爲之也。"王念孫校曰："三'于是'皆義不可通，當依《外傳》作'是子'。'是子'二字，對上文'王公'與'民'而言。下文曰'非于是子莫足以舉之，故舉是子而用之'是其證。今本作'于是'者，'是子'訛爲'是于'，後人因改爲'于是'耳。"③

乙　因脱文而乙

《逸周書·周祝》篇云："石有玉而傷其山，萬民之患在□言。"王念孫指出："此闕文本在'在'字上，今在'在'字下，誤也。考其原文，本作'石有玉而傷其山，萬民之患固在言'。言山之所以受傷者，以其有玉，人之所以致患者，故在言也（'故'今通作'固'）。上文云：'文之美而以身剥，自謂智者故不足。'文義正與此同。《文子·符言》篇：'石有玉，傷其山，黔首之患固在言。'即用《周書》之文。"④

《大戴禮記·帝繫》篇："顓頊娶於滕氏，滕氏奔之子，謂之女禄。"王念孫云：此文"當作'顓頊娶於滕奔氏，滕奔氏之子，謂之女禄'。今本上'滕

---

① 《列子校釋》，載《國立北平圖書館月刊》第三卷第二號。

② 《校讎通例》三七《因誤而妄乙》，載《歷史語言研究所集刊》第二十三本下册。

③ 《讀書雜志·荀子第四·君道·于是》。

④ 《讀書雜志·逸周書第四·周祝·在□言》。

奔氏'脱'奔'字，下'滕奔氏'，'奔'字又倒在'氏'字下，今訂正"。[①] 顯然，下"滕奔氏"的"奔"字之所以倒在"氏"字下，是因爲上"滕奔氏"脱去"奔"字造成的。

丙 因衍文而乙

俞樾云："校古書者鹵莽滅裂，有遇衍字不加删削，而以意移易使成文理者。《大戴記・哀公問於孔子》篇：'君何以謂已重焉？'此本作'君何謂以重焉'。'以重'即'已重'，'以'、'已'古字通也。後人據《小戴記》作'已重'，旁記'已'字，因而誤入正文，校者不知删削，乃移'以'字於'謂'字之上，使成文理。此因誤衍而誤倒者也。"[②]

《大戴禮記・曾子大孝》篇云："加之如此謂禮終矣。"王念孫指出："此本作'如此之謂禮終矣'。今本'加'字即'如'字之誤而衍者，'之'又倒在'如此'上，則文不成義。《祭義》作'此之謂禮終'是其證。"[③]可見這段話在衍一"加"字之後，文理不通，後人就又將"之"字倒在"如此"上，與"加"字構成"加之"一詞，遂錯上加錯。

又，揚子《太玄・玄瑩》篇云："嘖情也，抽理也，瑩事也，昭君子之道也。"俞樾校云："上文云：'陰陽所以抽嘖也，從横所以瑩理也，明晦所以昭事也。'此當云'抽嘖也，瑩理也，昭事也'，方與上合。今'抽嘖'誤作'嘖情'，'情'字蓋即'嘖'字之誤而衍者。於是移'抽'字以易下句'瑩'字，而'瑩理'誤作'抽理'矣。又移'瑩'字以易下句'昭'字，而'昭事'誤作'瑩事'矣。至'昭'字無可易，乃移置下句之首，而'君子之道也'誤作'昭君子之道也'。蓋因一字之誤衍，而遂使諸字以次而疊降，以此校書，亦可云不憚煩矣。"[④]

丁 因倒文而乙

書面材料中出現了倒文，實際上就導致一處出現了衍文，一處出現了脱文，糾正的方法是加以乙正，如果乙正錯了就會出現新的倒文。王念孫

---

① 《經義述聞》卷一一《大戴禮記上・滕氏》。

②④ 《古書疑義舉例》卷五之六〇《因誤衍而誤倒例》。

③ 《經義述聞》卷一一《大戴禮記上・加之如此》。

所校正的《墨子》錯簡六條，大抵屬於這種情況，今録其一：

《尚賢》下篇：是故昔者堯有舜，舜有禹，禹有皋陶，湯有小臣，武王有閎夭、泰顛、南宫括、散宜生，而天下和，庶民阜。是以近者安之，遠者歸之，日月之所照，舟車之所及，雨露之所漸，粒食之所養，（自"而天下和"至此凡三十七字，舊本誤入下文"國家百姓之利"之下，今移置於此。）得此莫不勸譽。且今天下之王公大人士君子，中實將欲爲仁義，求爲上士。上欲中聖王之道，下欲中國家百姓之利。（自"得此莫不勸譽"至此，凡四十五字，舊本誤入上文"而天下和之"上，今移置於此。"得此莫不勸譽"，舊本脱"莫"字，今補。"求爲上士"，舊本脱"上"字，今據各篇補。）故尚賢之爲説，而不可不察此者也。①

還有史表，如果一格出現了倒文，以下幾格將會出現錯亂現象。如《漢書·景武昭宣元成功臣表》云："江陽康侯蘇息。"王念孫指出：

此條第三格内，當有"四月壬申封三年薨"八字。（四月者，景帝六年四月也。至中元年凡三年，而康侯息薨。其中二年，則爲懿侯盧之元年。）史表云："六年四月壬申，康侯蘇嘉元年。"是其證。其"中二年懿侯盧嗣"云云，則當在第四格内，今本第三格内脱去八字，而第四、第五、第六三格内之字，皆以次移上一格，當改正。②

此外，古書正文出現了倒文，注文往往也會因之出現倒文。王念孫曾舉《漢書·張騫李廣利傳》文爲例，今録之如下：

圍其城，攻之四十餘日，其外城壞，虜宛貴人勇將煎靡，（師古曰：宛之貴人爲將而勇者，名煎靡也。煎音子延反。）宛大恐，走入中城，

---

① 《讀書雜志·墨子第六·雜守·錯簡六條》。
② 《讀書雜志·漢書第三·景武昭宣元成功臣表·脱八字》。

相與謀曰:漢所爲攻宛,以王毋寡,(自"其外城壞"至此,凡三十二字,又注文師古曰"宛之貴人"云云,凡二十一字,舊本並誤入下文"共殺王"之下,今依《史記·大宛傳》移置於此。)匿善馬,殺漢使,(師古曰:毋寡,宛王名。)今殺王而出善馬,漢兵宜解,即不,迺力戰而死,未晚也。宛貴人皆以爲然,共殺王,(自"匿善馬"至此,凡三十七字,又注文"師古曰毋寡宛王名"八字,舊本並誤入上文"其外城壞"之上,今依《史記》移置於此。舊本"匿善馬"之上,又衍"宛貴人謀曰王毋寡"八字,今依《史記》删。)持其頭,遣人使貳師。①

十一 因誤據他書而乙

《左傳》宣十八年云:"楚莊王卒,楚師不出,既而用晉師,楚於是乎有蜀之役。"俞樾指出:"此二十一字,本在上文'夏,公使如楚乞師,欲以伐齊'之下,編次者因經書'甲戌楚子旅卒',在'邾人戕鄫子于鄫'之後,遂割傳文而綴諸此,使經事相次耳,非左氏之舊。"②

《吕氏春秋·觀世》篇云:"此吾所以不受也。其卒,民果作難殺子陽。受人之養,而不死其難,則不義。死其難,則死無道也。死無道,逆也。"王叔岷校曰:

> "其卒,民果作難殺子陽"九字,當在下文"死無道,逆也"下,"受人之養"云云,正承上文"此吾所以不受也"而言,仍是《列子》之辭,《新序》作:"此吾所以不受也。且受人之養,不死其難,不義也。死其難,是死無道之人,豈義也哉?('也'字據《册府元龜》八百五引補。)其後,民果作難殺子陽。"是其明證。今本"其卒,民果作難殺子陽"九字,錯在"此吾所以不受也"下,疑後人據《莊子》《列子》《高士傳》諸書所妄乙,不知《莊子》《列子》《高士傳》諸書,本無"受人之養"以下之文也。③

① 《讀書雜志·漢書第十一·張騫李廣利傳·錯簡正文六十九字注文二十九字》。
② 《古書疑義舉例》卷六之七四《簡策錯亂例》。
③ 《校讎通例》三八《依他書妄乙》,載《歷史語言研究所集刊》第二十三本下册。

十二　因政治原因而顛倒原書

較爲突出的例子是唐代李姓皇帝爲了提高自己的地位，冒認老子爲祖先，並封之爲玄元皇帝。爲了提高老子的地位，還將他列爲《史記》列傳之首，張文虎指出：

> 《伯夷列傳》，王、柯本題《老子伯夷列傳第一》。別行注云："《正義》本，老子、莊子、伯夷居列傳之首。《正義》曰：'老子、莊子，開元二十三年奉敕升爲列傳首，處夷、齊上。然漢武之時，佛教未興，道教已設。道則禁惡，咸致正理，制禦邪人，未有佛教可導，故列老、莊於申、韓之上。今既佛道齊妙，興法乖流，理居列傳之首也。'今依《正義》本。"凌本亦有此注，而無末五字。蓋《正義》止"老子"以下至"首也"七十九字，首尾皆合刻者語。王、柯本皆依《正義》次序，以老子居列傳首。凌本雖亦用宋人合刻本，而不依其次，故删去末五字。其餘各本，本無《正義》，悉依史公舊次。《索隱》本成書在《正義》前，未奉開元敕改，更無論矣。今校刊本亦依凌本之次，並删去此條，恐讀《正義》者以爲不備，故附列於此。①

錢曾也説過："唐尊老子爲玄元皇帝，開元二十三年敕升於《史記》列傳之首，處伯夷上。予昔藏宋刻《史記》有四，而開元本亦其一焉。"②

此外，《唐會要》卷五十云："天寶元年二月二十日敕曰：'《古今人表》玄元皇帝升入上聖。'"宋吴曾也談道：徽宗"政和八年詔：'《史記》老子升於列傳之首，自爲一袟。《前漢・古今人表》，引於上聖，其舊本並行改正。'"③

---

① 《校刊史記集解索隱正義札記》卷五。王指明王延喆，柯指明柯維熊，凌指明凌稚隆。

② 《讀書敏求記》卷二《史記一百三十卷》。

③ 《能改齋漫録》卷一三《詔史記升老子傳爲列傳首》。

第四章　校勘的資料

校勘目的既然是糾正書面材料中的各種錯誤，使之恢復或接近本來面目，那就必須掌握一批可以用來比勘、佐證的資料。

校勘的取資範圍是相當廣泛的，王鳴盛在談到自己長期從事校勘工作時，曾“購借善本，再三讎勘。又搜羅偏霸雜史、稗官野乘、山經地志、譜牒簿録，以暨諸子百家、小説筆記、詩文别集、釋老異教，旁及於鐘鼎尊彝之款識、山林冢墓祠廟伽藍碑碣斷闕之文，盡取以供佐證”。①

校勘的資料雖然十分廣泛，但基本上可分爲本書的異本，他書的引文，其他有關資料等三類，現分述如下：

第一節　本書的異本

早在西漢劉向校書時，就十分注意對異本的搜集。清章學誠指出：“校書宜廣儲副本，劉向校讎中秘，有所謂中書，有所謂外書，有所謂太常書，有所謂太史書，有所謂臣向書、臣某書。夫中書與太常太史，則官守之書不一本也；外書與臣向臣某，則家藏之書不一本也。夫博求諸本，乃得讎正一書，則副本固將廣儲以待質也。”②廣搜異本的傳統一直被我國校勘家保持着，清葉名澧的《橋西雜記》在介紹邵懿辰《四庫簡明目録標注》

① 《十七史商榷序》。

② 《校讎通義》卷一《校讎條理第七》。

的編寫情況時説:"位西[①]居京師,購書甚富,案頭置《簡明目録》一部,所見宋元舊刻本、鈔本,手記於各書之下,以備校勘之資。"此書廣求各書異本,分别加以著録,以便按圖索驥,就很適應校勘工作的需要,至今爲學者所重視。下面我們就對各種異本作些介紹。

一　稿本

稿本一般指作者成書時的最初文字記録,亦即此書的本來面目,因此它是校勘最可靠的依據。從一些零星記載來看,前人已注意到這個問題。如《洪駒父詩話》十《樂天詩草》指出:"世傳樂天詩云:'文誇蓋世徒爲爾,命壓人頭不奈何。'予見李侍郎家收得樂天墨迹詩草,乃云'病壓人頭'。"[②]宋曾季貍也曾記載:

> 荆公《定林》詩云:"定林修木老參天,横貫東南一道泉。五月杖藜尋石路,午陰多處弄潺湲。"嘗見許子禮吏部云:"渠親見定林題壁,不云'修木'云'喬木',不云'石路'云'去路',不云'弄潺湲'云'聽潺湲'。"又《試院中》詩云:"白髮無聊病更侵,移床向竹卧秋陰。"子禮云見荆公真本,不云"向竹卧秋陰",却云"卧竹向秋陰"。皆與印本不同。[③]

當然,時代較早的稿本,我們現在已經很難見到了。但是一些時代較近因而得以保存至今的稿本,我們在校勘時還是應當充分利用的。如近年來發現的蒲松齡《聊齋志異》手稿雖然只有半部,仍舊是校勘《聊齋志異》諸刻本最原始、最珍貴的資料。像《聊齋志異·仇大娘》下面這段文字:"時有巨盜,事發遠竄,乃誣禄寄資,禄依令徙口外。"讀起來很通順,似乎毫無問題,但用稿本對校,才知道本作"魏又見絶,嫉妒益深。恨無瑕之可蹈,乃引旗下逃人誣禄寄貲。國初立法最嚴,禄依令徙口外"。顯然,今

---

① 位西,邵懿辰字。

② 《宋詩話輯佚》卷下。

③ 《歷代詩話續編·艇齋詩話》。

傳刻本的文字是因爲怕觸犯滿族統治者的忌諱而竄改了的。

再如,清陳廷焯《白雨齋詞話》稿本原有十卷,光緒二十年(一八九四)夏,始由其門人許正詩等删并成八卷問世。嗣後,竟相翻印。如果將八卷本同原稿相比,就會發現原稿被删去三十五條,另有一條删五字,一條删兩句,兩條各删一段,一條删兩段,一條删三段,此外還被改動十九處。校勘此書,這個稿本當然是最珍貴的資料①。

潘景鄭《著硯樓書跋》還專門介紹了《説文解字音韻表》稿本的校勘價值:

> 此江子蘭先生《説文解字音韻表》稿本,存十六、十七兩部,都二卷。全書已刻入《續經解》中,此猶是先生手筆。卷前並録段懋堂先生序語,及先生自撰弁言,爲《經解》本所無。卷末有道光二十九年先生孫光煒跋語,云:"先生以三十年之精力,得成此編,欲募刊而罕有顧問者,因出篋中所存録副未竟者數卷,先出以問諸當世。"則此本雖非全帙,當募刊時,即以此本爲號呼者,惜未有所成,至刻入《經解》,其間訛奪益復不可勝計矣。此册猶是先生手筆,楷書精整,版心鎸明《説文解字音韻表》七字,署名猶稱江沅略疏。蓋先生虚受之懷,不敢居爲撰述也。取《經解》本略校一過,文字移易處甚多。如"㙛"字,稿本在卷首,而《經解》本移在"企"字下,其後來傳刻之誤,可概見也。②

但用稿本校勘時要注意,某些稿本可能是作者的初稿而非定稿。古人著書態度極爲嚴肅,往往多次修訂,方成定稿。故用稿本校勘時,特别要注意將各種稿本的是非優劣問題與異同多寡問題分别處理,其出作者手定之稿,或經删改而更能代表作者的見解,或因完備而更有資料價值,這是使用稿本特别是手稿時所必須注意的。詩文稿本尤其如此,例如歐陽修寫文章喜歡反復推敲,其定稿的校勘價值自然要超過初稿。朱熹曾

① 《白雨齋詞話》十卷本,現已由其後人交由上海古籍出版社印行。

② 《著硯樓書跋・説文解字音韻表稿本》。

指出："《醉翁亭記》稿，初説'滁州四面有山'，凡數十字。末後改定，只曰'環滁皆山也'五字而已。"①朱自清曾將歐陽修《吉州學記》的初稿與定本加以比較，指出："初稿繁，定本簡，是一望而知的。細加比較，定本似乎更得體些，也更扼要些。"②可見初稿的校勘價值往往不如定本。初稿當然是重要的校勘資料之一，但如果不加别擇，逕據初稿修改定本，那將會違背作者意願。

宋沈作喆云："歐陽公晚年嘗自編定平生所爲文，用思甚苦。其夫人止之，曰：'何自苦如此？尚畏先生嗔耶？'公笑曰：'不畏先生嗔，却怕後生笑。'"③這又産生了一個新問題，文章經過反復修改，當然會改變它公開發表産生社會影響時的面貌。校勘工作究竟以何本爲據，的確是一個複雜的問題，需要分别具體對待。

二　鈔　本

稿本爲數甚少，留存無多。在雕版印刷術發明之前，書籍是以鈔寫的方式流傳的；即在雕版印刷術發明之後，特别是其初期，鈔本仍不失爲書籍的一種主要形式。因此，鈔本，特别是舊鈔本的校勘價值是相當高的。如《舊唐書・顔師古傳》云："太宗以經籍去聖久遠，文字訛謬，令師古於秘書省考定《五經》。師古多所釐正，既成奏之。太宗復遣諸儒重加詳議。於時諸儒傳習已久，皆共非之。師古輒引晉、宋已來古今本，隨言曉答，援據詳明，皆出其意表，諸儒莫不嘆服。於是兼通直散騎常侍，頒其所定之書於天下，令學者習焉。"今録顔師古利用鈔本校勘一例：

> 孔安國《古文尚書序》云："先君孔子，生於周末，覩史籍之煩文，懼覽者之不一，遂乃定禮樂，明舊章。""覽者"謂習讀之人，猶言學者爾。蓋思後之讀史籍者，以其煩文，不能專一，將生異説，故删定之。

---

① 《朱子語類大全》卷一三九。

② 《朱自清古典文學論文集・剪裁一例》。《吉州學記》定本見於歐陽修手定的《居士集》卷三九，初稿見於《外集》卷十三。

③ 《寓簡》卷八。

凡此數句，文對旨明，甚爲易曉。然後之學者，輒改“之”字居“者”字上，云“覽之者不一”。雖大意不失，而顛倒本文，語更凡淺，又不屬對，亦爲妄矣。今有晉、宋時書不被改者，往往而在，皆云“覽者之不一”。①

鈔本種類甚多，現依文獻載體，分别述之如下：

甲　簡書

現存簡書，可以説基本上是舊鈔本，較多地保留了書的原貌，是極可珍貴的校勘資料。早在北宋時代，黄伯思就利用漢簡校勘過《後漢書》，並撰有《漢簡辨》一文，今録於此：

近歲關右人發地，得古甕，中有東漢時竹簡甚多，往往散亂不可考。獨永初二年《討羌符》文字尚完，皆章草書，書迹古雅可喜。其詞云：“永初二年六月丁未朔二十日丙寅，得車騎將軍幕府文書，上郡屬國都中二千石守（此五字古本缺）丞廷義縣令三水，十月丁未到府受印綬，發夫討畔羌，急急如律令。”案范曄《後漢書·安紀》，永初元年夏，先零種羌畔，遣車騎將軍鄧騭、征西校尉任尚討之。二年正月，騭爲羌所敗於冀西。七月戊辰詔，有“羌貊畔戾，夙夜克己”之語。其年十月庚寅，任尚與羌戰於平襄。十一月辛酉，拜騭大將軍，召還。則此簡所謂車騎將軍者，即鄧騭也。所討畔羌者，即先零也。然以《紀》所書日月及漢簡參考之，簡云六月丁未朔，則二十日正得丙寅，而戊辰乃此月二十二日也。六月末既有戊辰，則七月不應復有之。而《安紀》是年復有戊辰之詔，蓋《紀》誤也。又據《安紀》，是年七月之後，繼書閏月。閏月有辛丑，九月有庚子，亦當復有辛丑，即是年閏當在七月。據漢簡六月丁未朔，則後百二十日得兩丁未，故簡又云十月丁未正合也。而據《紀》於七月閏，則丁未當在九月矣，又與簡不相合，亦《紀》誤也。又《紀》書永初元年夏，羌畔，遣騭討之，二年冬始召還。

① 《匡謬正俗》卷二《尚書》。

而隲本傳云："永初元年夏，羌畔，於是詔隲將左右羽林北軍五校及諸部兵擊之。西屯漢陽。冬，召隲班師。"據《紀》，討羌在元年夏，召隲在二年冬，漢簡亦有二年之文，正與《紀》合，而傳云元年詔還班師者，亦誤也。簡書甚明，乃當時文字，又日月首尾相應，非如史之先後差謬，宜以簡所書爲正。於戲！千載之下，幸是簡偶存，得以考正范史所書之誤，是以君子貴乎博學而多識也。①

關於簡書，在中國歷史上有許多次重大發現，每次發現都給校勘工作提供了許多重要資料。例如清光緒三十四年（一九〇八），英人斯坦因在新疆、甘肅一帶所得漢朝至晉代木簡有九百九十一枚之多，現存英國倫敦博物院。其中有許多關於邊防的文書檔案，還有語言學著作《蒼頡》《急就篇》等。近人羅振玉、王國維利用這批材料編成《流沙墜簡》。羅氏序云：

遺文所記，裨益甚宏，如玉門之方位，烽燧之次第，西域二道之分歧，魏晉長史之治所。部尉曲候，數有前後之殊；海頭樓蘭，地有東西之異。並可補職方之記載，訂史氏之闕遺。若夫不觚證宣尼之嘆，馬夫訂墨子之文；字體别搆，拾洪丞相之遺；書迹遞遷，證許洨長之説。此又名物藝事，考鏡所資。如斯之類，僂指莫罄。②

下面我們再舉兩個利用簡書進行校勘的實例。一九七二年，山東臨沂銀雀山漢墓出土了大量竹簡，其中有《孫子兵法》，又有《孫臏兵法》，這就解決了從漢代以來懸而未決的《孫子兵法》著作權問題，同時也爲校勘今本《孫子兵法》提供了依據。許荻指出：

《孫子兵法》殘簡雖僅存千餘字，對於校訂今本是十分有益的。僅舉一個例子：今本《虛實》篇："出其所不趨，趨其所不意。"漢殘簡：

---

① 《東觀餘論》卷上。
② 《流沙墜簡》卷首。

> “出於所必”(下缺)。“必”下所缺自是“趨”字。今本作“不趨”,漢殘簡作“必趨”,兩意相反。無論從理論上看,或者從旁證來看,漢殘簡是正確的。今本,縱是宋刊本(中華書局有影印本和排印本)、明刊本(即《四部叢刊》本)都作“不趨”,顯然是錯誤的。理論上,上文是講敵佚(逸)而我能勞之,我要先處戰地以待敵,以逸待勞。則我出兵,是求敵人來犯。若敵人不趨,我豈不撲空?自應作“必趨”。旁證是曹操注:“攻其所必愛,出其所必趨。”李筌注:“出其所必趨,擊其所不意。”由此看來,魏、唐人所據本也作“必趨”。孫星衍校本(《岱南閣叢書》本,以後《諸子集成》本)也用它改“不”爲“必”,是有理由的。由此也可見漢殘簡的可貴之處。①

一九七五年,湖北省雲夢縣睡虎地十一號秦墓出土了一千多枚竹簡,其中有秦國的《編年紀》,對校勘《史記·秦本紀》也極有參考價值。安平秋指出:

> 中華點校本無論在校勘上,還是在標點上,都存在一些錯誤。如:《秦本紀》有“王齕將伐趙(武安)皮牢,拔之”(中華點校本第一册第二一四頁)。原有“武安”二字,中華點校本删去,所依據的是張文虎在《校刊史記集解索隱正義札記》裏説的“蓋‘武安’二字涉上而衍”(中華書局一九七七年版第六四頁),即認爲上面有“武安君”三字,此處又有“武安”,必是衍文;而梁玉繩也曾説過:“《白起傳》言齕攻拔皮牢,不言武安……二字宜衍。”(《史記志疑》,中華書局一九八一年版第一五九頁)即認爲并無拔武安事。但一九七五年,湖北雲夢睡虎地出土的秦簡中有秦國的《編年紀》,其中有秦昭襄王“卌八年,攻武安”,可見攻武安確有其事,删去“武安”二字不妥。②

① 《略談臨沂銀雀山漢墓出土的古代兵書殘簡》,載《文物》一九七四年第二期。
② 《〈史記〉版本述要》,載《古籍整理與研究》一九八七年第一期。

乙 帛書

帛書也是一種舊鈔本，其校勘價值與簡書同。一九七三年十二月，在長沙馬王堆三號漢墓中出土了一批古代帛書，中有《易經》《老子》《戰國策》等。其中《老子》保存較多，且有兩種鈔本。一種不避漢高帝劉邦的諱，可證它是劉邦稱帝以前鈔寫的，被稱爲甲本；一種獨避劉邦的諱，而不避惠帝劉盈和文帝劉恒的諱，可證它是劉邦稱帝以後，劉盈、劉恒爲帝以前鈔寫的，被稱爲乙本。這批帛書皆可用作校勘之資。

以《老子》爲例，帛書甲、乙本均不分章，可見不分章是《老子》書的原樣。而今本《老子》的某些錯誤則是由分章引起的。高亨、池曦朝校云：

> 有的本是一章而誤分爲兩章，例如第十八章："大道廢，有仁義。慧智出，有大僞。六親不和，有孝慈。國家昏亂，有忠臣。"第十九章："絶聖棄智，民利百倍。絶仁棄義，民復孝慈。絶巧棄利，盜賊無有。此三者以爲文不足，故令有所屬，見素抱樸，少私寡欲。"依文意，這兩章本是一章，是老子反對儒家所講的仁義忠孝等德目教條。先講有這些東西，都是亂的現象，後講抛棄這些東西，才有治的結果。今本分爲兩章是錯誤的。有的把上章的語句誤劃入下章，例如第十九章的末句，今本列爲第二十章的首句。第二十章的原文是："絶學無憂。唯之與阿，相去幾何？善之與惡，相去何若？人之所畏，不可不畏。……"很明顯，"絶學無憂"一句，與第十九章"見素抱樸，少私寡欲"文意并列關聯，與第二十章"唯之與阿"等語絶不相關。那麽，這一句應當劃入第十九章，而今本劃入第二十章，是錯誤的。①

帛書《老子》甲、乙本對糾正今本《老子》段落間的錯亂現象也是有幫助的。如果我們將今本《老子》和帛書相對照，就會發現第二十四章在第二十二章之前，第四十、四十一章次序顛倒，第八十、八十一章在第六十

① 《試談馬王堆漢墓中的帛書〈老子〉》，載《文物》一九七四年第十一期。

七章之前①。過去有關《老子》某些章節的争論,也因帛書的發現而得到解决。所以洪誠以爲:"古鈔本之可貴,在於能定校勘之是非,決疑文之真僞。如王弼本《老子》第三十一章,或疑非老子作,或以爲注文雜入正文。今漢初帛書本出土,全章文字赫然俱在,一切臆説皆破滅無餘。"②

據帛書《老子》還可糾正今本字句上的一些錯誤,如今本《老子》第十章云:"滌除玄覽,能無疵乎?"高亨、池曦朝指出:

> "滌除玄覽"四字講不圓通。"覽"字當讀爲鑒,"鑒"與"鑑"同,即鏡子。《淮南子·脩務》:"執玄鑒於心,照物明白。"《太玄·童首》"修其玄鑒",都是此義。老子是説:洗去内心的塵垢,即清除内心的私欲等,則觀察事物就能没有錯誤了吧? 現在我們一查帛書,"覽"字甲本作"藍",乙本作"監"。"監"字即古"鑒"字。《説文》作"[illegible]",古銅器銘文作"[illegible]"(頌鼎)、作"[illegible]"(頌壺),乃從人、從目(不是臣)、從皿,中有一點像水。古人用盆裝上水,當做鏡子,以照面孔,稱它爲"監",所以"監"字像人張目以臨水盆之上。《尚書》記周公姬旦引古人的話:"人無於水監,當於民監。"(《酒誥》)即古人用水盆做鏡子的明證。以後才有銅鏡,再後才有玻璃鏡。乙本作"玄監",自是《老子》原文。後人不懂"監"字本義,改作"覽"字是錯誤的。甲本作"藍",則以同聲借用。③

---

① 參看張舜徽《中國文獻學》第三編《整理古代文獻的基礎知識之一——版本》第三章《雕版印書以前的古寫本》。

② 《訓詁學》第二章《與訓詁有關的書面上的基本情況》第三節《傳寫有訛誤》。洪誠原注道:董思靖《太上老子道德經集解》(《叢書集成》五三九册)三十一章:"王弼云:'此章疑非老子所作',然此語蓋因時而發也。"晁説之《道德經跋》也謂王弼知"佳兵"章非老子語。晁氏跋作於公元一一一五年,董氏序作於公元一二四六年,二人之言相同如此。董氏且謂王弼之語因時而發,則王弼注中確有此語可知。今傳本無有,殆爲後人删去。畢沅云:"今所傳王弼本獨此章無注,故晁氏云爾。然王弼未嘗明指其非是也。"畢説非晁氏意。蘇轍《老子解》割"君子居則貴左"至章末列入注文。焦竑《老子翼》(《叢書集成》五四一册)引明人王純甫云:"此章自兵者不祥之器以下,似古之義疏混入經者。"日人島田翰《古文舊書考》亦謂全章係注文雜入正文。

③ 《試談馬王堆漢墓中的帛書〈老子〉》,載《文物》一九七四年第十一期。

其他帛書同樣具有校勘價值。如吴楓云:“《戰國縱横家書》寫於漢初,共二十七章三百二十五行一萬一千多字。其中有十一章内容見於《戰國策》和《史記》,文字大體相同。另外十六章是久已失傳的佚書。帛書與《戰國策》《史記》的有關篇章相對照,可以補充或糾正後者的一些錯誤。西漢末年劉向編輯《戰國策》時未見此書,因而把公元前三世紀的蘇秦事迹,推到四世紀末,把張儀、蘇秦的時序改爲蘇秦、張儀。把五國伐秦錯成了六國合縱,還推早了四十五年(前二八八至前三三三)。帛書《戰國縱横家書》的重要文獻價值,在於保存了已被埋没兩千多年的真實可信的關於蘇秦的書信和談話十四章,既可以糾正有關蘇秦歷史的許多錯誤,又可校補這段戰國時代的歷史記載。”①

丙　紙鈔本

簡書、帛書畢竟留存不多,比較豐富的當然還是六朝以來各個時期的紙鈔本。北齊顔之推就已談到他和當時的一些人利用紙鈔本進行校勘的情況,兹舉二例:

> 《詩》云:“將其來施施。”毛《傳》云:“施施,難進之意。”鄭《箋》云:“施施,舒行皃也。”《韓詩》亦重爲施施,河北《毛詩》皆云施施。江南舊本悉單爲施,俗遂是之,恐爲少誤。
>
> 《漢書》:“田肯賀上”,江南本皆作宵字,沛國劉顯博覽經籍,偏精班《漢》,梁代謂之漢聖。顯子臻不墜家業,讀班史呼爲田肯。梁元帝嘗問之,答曰:“此無義可求,但臣家舊本以雌黄改宵字爲肯。”元帝無以難之。吾至江北,見本爲肯。②

既云“以雌黄改宵字”,可見《顔氏家訓》中提到的江北本、江南本、臣家舊本等皆爲紙鈔本。

紙書不易保存,所以流傳至今的古鈔本多爲出土文物,其時代最早的

---

① 《中國古典文獻學》第二章《古典文獻的源流與分類》第二節《甲骨、金文、簡牘與帛書》。

② 《顔氏家訓》卷六《書證》。

紙鈔本當推一九二四年在新疆鄯善縣發現的東晉寫本《三國志·吴書》殘卷。張元濟介紹道:"友人有得新疆鄯善古寫本《國志》者,起《吴書·虞翻傳》'權於是大怒'句'怒'字,訖《張温傳》'臣自入遠境'句'境'字,凡八十行,中有蠹損,存字一千九十許,用校此本,頗有異同。"如宋本《吴書·張温傳》云:"便欲大搆於蜀",古寫本"搆作構,蜀作丕"。他又指出:

> 其"大搆於丕"一句,友人謂足以糾正宋本之非。按張温使蜀,爲吴黄武三年,是時魏以兵力迫吴,曹休、曹仁、曹真等先後進擊,權以揚越蠻夷多未平集,内難未弭,不得不屈意求和,然外託事魏,而非誠服也,故與蜀釋嫌修好,先以鄭泉往聘,逮蜀以鄧芝來報,邦交漸復。吴是時實有聯蜀圖魏之意,故於後來黄龍元年與蜀所立盟辭,痛斥操、丕,且有"今日滅叡,禽其徒黨,非漢與吴,將復誰在"之語。若如宋本原文,"便欲大搆於蜀",則與前後事實均不相應,且果欲搆蜀,權何必以"恐諸葛孔明不知吾所以與曹氏通意"之語語温?温到蜀後,又何敢爲稱美蜀政之辭?是可知宋本"蜀"字實訛,而寫本"丕"字爲正,誠可謂一字千金矣。①

敦煌卷子的發現爲我們打開了古代紙鈔本的寶庫,給我們提供了極爲豐富而可靠的校勘資料。例如敦煌寫本《文心雕龍》雖然所存僅占全書百分之二十六,但專家們比較一致的意見,認爲可據以校正今本誤字四百七十餘。趙萬里指出:"據以迻校嘉靖本,其勝處殆不可勝數。又與《太平御覽》所引及黄本所改輒合;而黄本妄訂臆改之處,亦得據以取正。彦和一書,傳於人世者殆遍,殆未有如此卷之完勝者也。"②楊明照也説以敦煌寫本"比對諸本,勝處頗多。吉光片羽,確屬可珍"。③ 敦煌卷子對校訂唐代詩歌,作用也十分明顯。孫欽善曾舉一例:

---

① 《校史隨筆·三國志·古寫本之異同》。此本指宋紹興刻本《三國志》。
② 《唐寫本〈文心雕龍〉殘卷校記》,載《清華學報》第三卷第一期。
③ 《文心雕龍校注拾遺》附録《版本第八》—《寫本》:《唐人草書殘卷本》。

《高適詩集》，伯三八六二，凡三十六題，四十八首，爲敦煌殘卷保存高詩較多者，訂訛補遺之價值亦很高。如其中有後世傳本佚詩三首：《雙六頭賦送李參軍》《遇崔二有别》《奉寄平原顔太守》。第三首思想藝術成就尤高，又是考證高適身世的重要資料。《武威作》二首即後世傳本之《登百丈峰》二首，可據以訂正後人嚴重妄改之訛誤。如《其一》首句，諸本均作“朝登百丈峰”，此本作“朝登百尺烽”。以“百尺烽”爲是，“烽”即烽火臺，古時烽火臺甚高，西北地區至今仍有遺迹。“烽”因形近誤作“峰”（或後人不解古時烽燧之制而妄改），遂又將“百尺”妄改爲“百丈”。其他可資訂訛之處尚多，此不贅述。①

敦煌卷子的内容涉及面甚廣，對他類著作同樣也具有很高的校勘價值。如劉俊文《談談〈唐律疏議〉的點校經過》云：

我一共校讀過四遍，每遍各有重點。……第二遍是用敦煌、吐魯番出土的唐人寫本校讀，重點是通過比較寫本與版本形式和内容的異同，考查《唐律疏議》的原貌。在這方面，我獲得了較大的成功。例如在形式上，滂喜齋本疏文前作“‘疏’議曰”，而至正本等則作“疏議曰”，二者究竟哪個更接近原貌呢？從敦煌、吐魯番出土的六件律疏殘卷來看，其疏文前皆作“議曰”，根本没有“疏”字。因知“疏”字乃後人傳刻時所加，滂喜齋本把“疏”字括在“議曰”的外面更接近原貌。又如在内容上，滂喜齋本卷六有三處疏文，末尾又出現“議”云云，而至正本、文化本等只有其中一處。從“議”云云的文字來看，並不是在疏解律文，且與上下疏文語意不屬。這究竟是怎麽回事呢？經過核查吐魯番出土律疏殘卷，根本没有“議”云云，因知各種版本出現之“議”云云乃是後代傳刻時妄增，並非《唐律疏議》原有之内容。這就爲校改提供了堅實有力的依據。②

① 《高適集版本考》，載《文獻》第十一輯。

② 載《書品》一九八七年第三期。文化本指日本文化二年刻本。

舊鈔本的"舊"主要指鈔書時間與著書的時間較近,亦即與作者原稿時間較近,所以《聊齋志異》《紅樓夢》的清代鈔本當然也就算舊鈔本了。例如:"《聊齋志異》在作者生前就有不少鈔本流傳,但後來都已失傳。乾隆十六年(一七五一),歷城張希傑根據濟南朱氏殿春亭鈔本過録了一個本子,是爲《鑄雪齋鈔本聊齋志異》。殿春亭本是雍正元年(一七二三)根據蒲松齡的原稿本鈔録的,此本久已亡佚。蒲氏的原稿本建國後雖已發現,但只剩半部。還有半部的面目如何,只能從現存最早而又保存最完整的鑄雪齋鈔本中去窺其端倪。"①則該鈔本在校勘方面的價值當然是不言而喻的。例如我們在上文論及稿本時曾引用過《聊齋志異・仇大娘》中的一段話,該刻本爲避清諱進行了删改,而鑄雪齋鈔本則同稿本一樣,保持了原貌。

國外,特别是日本和朝鮮保存着不少我國古書鈔本,也可取資。如日本京都高山寺藏有兩種六朝鈔本《史記》殘卷,一九一八年曾以《古寫本史記殘卷》名義影印刊出。其中之一爲《史記集解酈生陸賈列傳》全卷,安平秋指出它可以勘正今本的一些訛誤:

> 如:中華點校本有"酈生食其者,陳留高陽人也。好讀書,家貧落魄,無以爲衣食業,爲里監門吏。然縣中賢豪不敢役,縣中皆謂之狂生"。(第八册,第二六九一頁)張守節《正義》爲:"《戰國策》云:齊宣謂顔斶曰:'夫監門閭里,士之賤也。'"里閭的監門這個職務,是個賤職,不屬吏,説"爲里監門吏",於義理不通。而鈔卷後半句作"爲里監門然吏縣中賢豪不敢役縣中皆謂之狂生",與今本相比,"然"、"吏"二字順序相倒。按鈔卷文字,斷句則爲:"好讀書,家貧落魄,無以爲衣食業,爲里監門,然吏、縣中賢豪不敢役。"這即是説酈食其雖身任里監門這個低賤的小職務,但官吏及縣中賢豪都不敢役使他。鈔卷較今本文義明白、合理。②

① 上海古籍出版社版《鑄雪齋抄本聊齋志異》卷首《出版説明》。

② 《〈史記〉版本述要》,載《古籍整理與研究》一九八七年第一期。

前此，錢曾也説過：

童年讀《史記·孔子世家》，引子貢曰："夫子之文章，可得聞也；夫子之言天道與性命，弗可得聞也已。"又讀《漢書》列傳四十五卷贊引子貢云："夫子之言性與天道，不可得而聞已矣。"竊疑古文《論語》與今本少異，然亦無從辨究也。後得高麗鈔本何晏《論語集解》，檢閲此句，與《漢書》適合，因思子貢當日寓嗟嘆意於不可得聞中，同顔子之"如有所立，卓爾"。故以"已矣"傳言外微旨，若脱此二字，便作了語，殊無低徊未忍已之情矣。他如"與朋友交言而不信乎"等句，俱應從高麗本爲是。此書乃道肅公諱應宫監軍朝鮮時所得。甲午初夏，予以重價購之於公之乃孫，不啻獲一珍珠船也。①

王利器《文鏡秘府論校注》據以校勘的資料，以日本的鈔本和刻本爲主。他介紹道"本書整理，係以日本京都藤井佐兵衛版行本爲底本，而校以日本東方文化學院影印宫内省圖書寮所藏古鈔本、日本古典保存會影印觀智院所藏《地卷古鈔本》，及《弘法大師全集》本《文筆眼心鈔》"等。他在談到宫内省圖書寮所藏古鈔本的校勘價值時指出：

本書所引用資料，足以參證古本之真，糾正傳本之失者，亦復所在多有。北卷《帝德録》云："或可引南方越常國，候無别風淮雨。"案《文心雕龍·練字》篇："《尚書大傳》有'别風淮雨'，《帝王世紀》云：'列風淫雨。'"保存《尚書大傳》之"别風淮雨"，除《文心》而外，惟有《隋書·虞綽傳》所載《大鳥銘序》和本書，足以互證，尤爲足珍。又《帝德録》載黄帝業績，兩言"侚齊"，《説文繫傳》卷十《人部》："侚，疾也。從人旬聲。臣鍇案：《史記》曰：'黄帝幼而侚齊。'猶疾也，蘇徇反。"《群書治要》卷十一引同。今本《史記·五帝本紀》則誤作"徇齊"了。南卷《定位》篇引陸機《文賦》全文，今取以與《文選》相校，則佳字

① 《讀書敏求記》卷一經類何晏《論語集解》十卷。

勝義,層出不窮。如"或本隱以末顯",與李善注引或作合;"或鉏鋙而不安",與李善注引《楚辭》合;"思按之而愈深",與李善合,今本則通作"逾"了;"吾亦以濟夫所偉",今本脱"以"字;"猶弦緩而徽急","緩""急"對言,其義自明,今本則誤作"弦么"了;"是蓋輪扁之所不得言",今本脱"之"字;"故亦非華説之所能明",今本"明"誤作"精",則與上文"後精"韻復緟了;"踸踔於短韻",今本"韻"誤作"垣",李注又從而爲之辭,則其誤久矣。又南卷《定位》篇引《詩序》"政得失",與《釋文》言"本又作"合。這些,猶如吉光片羽,更爲覺得珍貴了。至如天卷《四聲論》言"洛陽王斌撰《五格四聲論》",詳著其里貫,當必有所本,而《南史》及《南齊書・陸厥傳》則俱言"王斌不知何許人也",此更足以補史之缺文了。①

當然也不是説舊鈔本就一定比刻本可靠。鈔本與刻本互有異同,是可以互益互補的。郭沫若論《再生緣》前十七卷校訂本的鈔本和刻本云:"鈔本和刻本是互有出入的。有的固然是刻本的奪誤,這所占的百分比很大;但有的却是鈔本的奪誤,這是由於刻本所據的鈔本有所不同。既然互相出入,因而相得益彰。在核校時,既可以依據鈔本來更正刻本,也可以依據刻本來裁奪鈔本。這樣核校的結果,可以説是綜合了鈔本和刻本的好處,而削減了鈔本和刻本的壞處。"②這可以説是一個通例,對其他書也適用。但有一前提,即刻本所據的鈔本有所不同,而非原稿。

三　拓　本

爲了使某些資料能够長期保存,人們便將它們刻在石上。爲了使這些刻在石上的資料能够廣泛傳播,人們又用紙墨將它們摹拓下來,於是便成了拓本。拓本自然也可供校勘者取資。

我國有將經書刻石的傳統,先後有漢熹平石經、魏正始石經、唐開成

① 《文鏡秘府論校注》卷首《前言》。

② 《序再生緣前十卷校訂本》,載《光明日報》一九六一年八月七日。

石經等。其中唐石經不僅時間早，而且至今還比較完整，因此最有校勘價值。嚴可均云：

> 若漢，若魏，若唐，若宋嘉祐、紹興，各立石經。今僅嘉祐四石、紹興八十七石，皆殘本。而唐大和石壁二百廿八石巍然獨存，此天地間經本之最完最舊者。……取今本與石經對校，審知今本遜宋版本，宋版本遜石經，而石經又非善之善者。……然而後唐雕版，實依石經句度鈔寫。歷宋、元、明轉刻轉誤，而石經本幸存。以之復古則不足，以正今誤則有餘。世間無古本，石經即古本矣。①

早在宋代，就有人利用石經從事校勘，如《相臺書塾刊正九經三傳沿革例·注文》曾指出："《尚書·召誥》注'今天其命哲'，末曰'雖説之，其實在人'。'雖説之'三字，亦不可曉。考《石經》則曰：'雖説之於天。'添'於天'二字，意始明。"②

明末清初的顧炎武在利用唐石經進行校勘方面成績突出，《九經誤字》爲其代表作，他在該書自序中説："余至關中見唐石壁九經，復得舊時摹本讀之，雖不無踳駁，而有足以正今監本之誤者，列之以告後學，亦庶乎離經之一助云。"③他還指出：

> 十三經中《儀禮》脱誤尤多，《士昏禮》脱"壻授綏姆辭曰未教不足與爲禮也"一節十四字（賴有長安石經據以補此一節，而其注疏遂亡），《鄉射禮》脱"士鹿中翿旌以獲"七字，《士虞禮》脱"哭止告事畢賓出"七字，《特牲·饋食禮》脱"舉觶者祭卒觶拜長者答拜"十一字，《少牢·饋食禮》脱"以授尸坐取簞興"七字。此則秦火之所未亡，而亡於監刻矣。④

---

① 《鐵橋漫稿》卷五《唐石經校文叙》。

② 關於《沿革例》一書的作者，參見《版本編》第四章第三節。

③ 《亭林先生遺書彙輯·九經誤字》。

④ 《日知録》卷一八《監本二十一史》。

錢大昕也撰有《唐石經考異》，兹舉其所校《爾雅》兩例：

《釋草》："蒙，王女。"《注》："蒙，即唐也，女蘿别名。"案：女蘿之大者謂之王女，猶王彗、王芻，魚有王鮪、鳥有王雎也。今本訛王爲玉，唯唐石經不誤。①

《釋草》："盂，狼尾。"今本盂作孟。"澤，烏蕵。"今本蕵作蘾。《釋鳥》："燕，白脰烏。"今本烏作鳥。"鸉，白鷢。"今本分楊鳥爲二字。"鳶，烏醜，其飛也翔。"今本烏作鳥。《釋獸》："麔，大麠。"今本麠作麔。此皆轉寫之訛，唯唐石經字畫分明可信。顧寧人《金石文字記》轉據流俗本，指爲石刻之誤，毋乃憒憒不分皂白乎？《釋木》："桑辨有葚、梔。"辦，俗字，當從唐石經作辨。②

同樣，人們也早就注意到利用石經以外的各種石刻及其拓本從事校勘工作。如王安石的曾孫王珏談到他整理王安石文集的情況時説：

曾大父之文，舊所刊行，率多舛誤。政和中門下侍郎薛公，宣和中先伯父大資皆被旨編定，後罹兵火，是書不傳。比年臨川、龍舒刊行，尚循舊本。珏家藏不備，復求遺稿於薛公家，是正精確，多以曾大父親筆石刻爲據，其間參用衆本，取舍尤詳。至於斷缺則以舊本補校足之，凡百卷，庶廣其傳云。③

後來方崧卿校勘韓愈集，特别注意利用拓本。其《韓集舉正叙録》首列石本，共著録《汴州東西水門記》《燕喜亭記》《鄆州谿堂詩》《送李愿歸盤谷序》等一十七種。此外，在宋人筆記雜著中也載有利用拓本進行校勘工作的心得。如袁文指出："蘇東坡詩云：'關右玉酥黄似酒'，碑本乃作'土酥'。土字是也，況末句又云：'明朝積玉高三尺'，無用兩玉字之理，則是

---

① 《十駕齋養新録》卷三《王女》。

② 《十駕齋養新録》卷三《今本爾雅誤字》。

③ 見《王國維遺書》第十二册《兩浙古刊本考》卷上《臨川王先生文集一百卷》。

‘土’字無疑。”[①]下面我們再舉一個現代利用拓本從事校勘的實例。胡適云：

> 坊間石印《聊齋文集》附有張元所作《柳泉蒲先生墓表》，其中記蒲松齡“卒年八十六”，這是“卒年七十六”之誤，有《國朝山左詩鈔》所引墓表及原刻碑文可證。但我們若單讀“卒年八十六”之文，而無善本可比較，決不能引起疑難，也決不能發見錯誤。又《山左詩鈔》引這篇墓表，字句多被删節，如云：“‘先生’少與同邑李希梅及余從父歷友結郢中詩社。”此處無可引起疑難，但清末國學扶輪社鉛印本《聊齋文集》載墓表全文，此句乃作：“與同邑李希梅及余從伯父歷視友，旋結爲郢中詩社。”（甲本）依此文，“歷視”爲從父之名，“友”爲動詞，“旋”爲“結”之副詞，文理也可通。石印本《聊齋文集》即從扶輪社本出來，但此本的編校者熟知《聊齋志異》的掌故，知道“張歷友”是當時詩人，故石印本墓表此句改成下式：“與同邑李希梅及余從伯父歷友親，旋結爲郢中詩社。”（乙本）最近我得墓表的拓本，此句原文是：“與同邑李希梅及余從伯父歷友、視旋諸先生結爲郢中詩社。”（丙本）視旋是張履慶，爲張歷友（篤慶）之弟，其詩見《山左詩鈔》卷四十四。他的詩名不大，人多不知道“視旋”是他的表字，而“視旋”二字出於《周易・履》卦“視履考祥，其旋元吉”，很少人用這樣罕見的表字。甲本校者竟連張歷友也不認得，就妄倒“友視”二字，而删“諸先生”三字，是爲第一次的整理。乙本校者知識更高了，他認得“張歷友”而不認得“視旋”，所以他把“視友”二字倒回來，而妄改“視”爲“親”，用作動詞，是爲第二次的整理。此兩本文理都可通，雖少有疑難，都可用主觀的論斷來解決。倘我們終不得見此拓本，我們終不能發見甲乙兩本的真錯誤。[②]

---

① 《甕牖閒評》卷五。

② 《胡適文集》第五册《校勘學方法論》。

四　印　本

總的來説，稿本、鈔本和拓本都不多，所以從事校勘主要還得依靠各種印本。印本包括刻本和活字本。各種注本、選本和校本也多采用印本形式，但它們皆各有特點，我們將在下面逐一討論。

《叢書集成初編》本署名爲岳珂的《相臺書塾刊正九經三傳沿革例・書本》，列舉了據校的二十三種不同的版本，其中至少有二十一種係印本。[①]隨着時間的推移，校勘家越來越重視對印本的搜聚，今録盧文弨所刻《新書》卷首臚列的據校書目爲例：

建本　是宋時刻本。明毛斧季、吴元恭皆據以改近世之本，宋即有謬誤，亦悉仍之。前失去序文，故不知是何年所梓。惟目録後有"建寧府陳八郎書鋪印"一行，故今稱爲建本。

潭本　宋淳祐八年長沙刻，即從淳熙八年程漕使本重雕者，題《賈子》。

吴郡沈頡本　明弘治十八年刻，毛斧季就謄宋建本於此本上。其吴元恭所用之本，雖無沈頡名而實不異，當是沈名後來刊去也。其第七卷中缺《退讓》篇，吴據宋本鈔補，而毛本則仍缺此篇。

李空同本　明正德八年刻，亦名《賈子》。後有欽遠猷者，不知何時人，合郴陽何燕泉本、長沙本、武陵本合校是書。何本於文義不順者，頗加竄改。又於《過秦論》後，補《審取舍》一篇，乃録《大戴禮記・禮察》篇全文，今不用。

陸良弼本　明正德九年爲長沙守時刻。

程榮本　刻《漢魏叢書》内。

何允中本　二本皆同出陸本。

江陰趙曦明敬夫校。

餘姚盧文弨召弓父合衆本校。

① 參看本書《版本編》第一章第二節所引原文。

可見盧氏不僅爲校《新書》搜集到了衆多刻本，而且對各本的源流與價值作了研究和評介。

在刻本中，校勘家又特别重視那些既早而又可靠的本子。陸敕先校《管子》二十四卷跋云："古今書籍，宋板不必盡是，時板不必盡非。然較是非以爲常，宋刻之非者居二三，時刻之是者無六七，則寧從其舊也。余校此書，一遵宋本，再勘一過，復多改正。後之覽者，其毋以刻舟目之。康熙五年歲次丙午五月七日，敕先典再識。"①黄丕烈也説："校勘群籍，始知書舊一日，則其佳處猶在，不致爲庸妄人删潤，歸於文從字順。故舊刻爲佳也。"②顧千里在《韓非子識誤序》中對此亦有所論：

> 前人多稱道藏本，其實差有長於趙用賢刻本者耳，固遠不如宋槧也。宋槧首題"乾道改元中元日黄三八郎印"，亦頗有誤。通而論之，宋槧之誤，由乎未嘗校改，故誤之迹往往可尋也。而趙刻之誤，則由乎凡遇其不解者，必校改之，於是而並宋槧之所不誤者，方且因此以至於誤，其宋槧之所誤又僅苟且遷就仍歸於誤，而徒使可尋之迹泯焉，豈不惜哉！③

人們早就注意利用舊刻本來進行校勘工作，如宋陳振孫在《高氏小史一百三十卷》的解題中説："此書舊有杭本，全本用厚紙裝褙夾面，寫多錯誤，俟求杭本校之。"④宋錢佃校《荀子注》，撰《荀子考異》，其跋云：

> 舊嘗患此書無善本，求之國子監，亦未嘗板行。比集諸家所藏，得二浙西蜀本凡四。增寡同異，莫適取正。末乃於廬陵學官藏書中，得元豐國子監刻者，遂取以爲據，然猶有謬誤。用諸本參校，凡是正一百五十有四字。其有疑而未決者，并世俗所習熟而未定，如青出於

---

① 《皕宋樓藏書志》卷四二《兵家類》。敕先名貽典。

② 《士禮居藏書題跋記續》卷上《武林舊事六卷跋》。

③ 《思適齋集》卷九。

④ 《直齋書録解題》卷四别史類。

藍而青於藍者;監本所出而文義或非,如美善相樂者。皆不敢没其實,著之卷末,又一百二十有六條。雖未敢以爲盡善,然耳目所及,已特爲精好。謹刻之江西計臺,俾學者得以考訂而誦習焉。淳熙八年六月丙午,吴郡錢佃謹識。①

錢佃校刻的《荀子注》在當時就受到了肯定,陳振孫云:"淳熙中,錢佃耕道用元豐監本參校,刊之江西漕司,其同異著之篇末,凡二百二十六條,視他本最爲完善。"②他如方崧卿校韓愈集,其《韓集舉正》卷首有《叙録》一篇,對據校各本一一作了介紹,兹舉"祥符杭本"提要爲例:

杭州明教寺大中祥符二年所刊本,時尚未有外集,與閣本多同。洪慶善謂劉統軍碑,傳本作"反柩於京師",後得祥符間印本乃作"反机",蓋此本也。劉碑世有石本,實作"反机",則知此本最爲近古。頃嘗於姜秘監補之家得校韓文一秩,考訂頗密,亦以此本爲正,而參之己見。又李漢老本,每字皆注閣本、舊本二語。所謂舊本亦此本也。信知前輩取與之不繆。③

宋以後,凡有成就的校勘家,皆注意用舊刻本作爲校勘的依據。如清錢大昕云:

予撰《漢書考異》,謂《哀帝紀》"元壽二年春正月","元壽"二字衍文。《景武昭宣元成功臣表》孝成五人,"成鄉"當作"成都","樂城"下衍"龍"字。《百官公卿表》"寧平侯張歐","寧"當作"宣";"俞侯樂賁','樂"當作"欒";"安年侯王章","年"當作"平";"平喜侯史中","喜"當作"臺";"廣漢太守孫實","實"當作"寶"。《五行志》"能者養之以福","之以"當作"以之"。《地理志》"逢山長谷諸水所出","諸"

① 載《對雨樓叢書》本《荀子考異》卷末。

② 《直齋書録解題》卷九。

③ 影印《四庫全書》集部别集類二。

> 當作"渚";"博水東北至鉅定","博"當作"時"。《張良傳》"景駒自立爲楚假王,在陳留","陳"字衍。《枚乘傳》"凡可讀者,不二十篇","不"當作"百"。《韓安國傳》"梁城,安人也","城"當作"成"。《韋賢傳》"畫爲亞人",當作"亞"。《佞幸傳》"龍雒思侯夫人","雒"當作"額"。頃見北宋景祐本,此十數處,皆與予説合。(景祐本後題"二年九月校書畢,凡增七百四十一字,損二百一十二字,改一千三百三字"。)①

古舊印本雖然可貴,但也不應偏信盲從;晚近印本的校勘價值雖然不高,但也可能有可取之處。總之,對據校的各種版本,要根據具體情況,進行具體分析。黄丕烈的下面這段話是可供校勘家參考的:

> 今人校書多據宋本,亦有高下之别。即如《説文》,汲古閣校刊據北宋本,而錢君(景開)所據以校汲古閣者又爲麻沙本。是二本者,安知不有瑕瑜耶?金壇段君玉裁,爲今之名儒,取錢君校本於宋本之謬者旁抹之,誠爲有識。然余將近時傳本展閲,亦有一二可據,何必過信汲古閣之本而没其善也。②

五　注　本

對古書加以解釋發揮,舊有傳、注、説、故、訓、記、解、箋、章句等多種名稱。凡按原書結構次序加以解釋的,無論其爲附在原書之後的,或脱離原本而單行的,③都可稱之爲注本。其中少數是手稿和鈔本,多數爲刻本。注本也是很重要的校勘資料,它可以用作校勘工作的底本,也可用作比勘的異本。

人們早就注意利用注本來從事校勘工作。如《詩經・關雎》篇"君子

---

① 《十駕齋養新録》卷六《漢書景祐本》。

② 《蕘圃藏書題識》卷一《説文》。

③ 如唐宋注疏有離經單刻的稱單疏本,後人補注校勘古籍,亦每别行,不附在原著之後。

好逑”,鄭玄箋云:“怨偶曰仇。”據此,唐陸德明指出:“本亦作‘仇’,音同,鄭云:‘怨偶曰仇。’”①屈原《離騷》云:“曰黄昏以爲期兮,羌中道而改路。”宋洪興祖指出:“一本有此二句,王逸無注。至下文‘羌内恕己量人’,始釋‘羌’義。疑此二句後人所增耳。《九章》曰:‘昔君與我誠言兮,曰黄昏以爲期。羌中道而回畔兮,反既有此他志。’與此語同。”②

後來人們更加自覺地利用注本進行校勘。如夏炯在《書抱經堂叢書後》深有體會地説:“據注以校經,據疏以校注,據他經之注疏以校本經之注疏,如是,不可通者少矣。”③王念孫《讀書雜志》二《史記序》亦云:“太史公書,東漢以來,注者無多,又皆亡逸,今見存者,唯裴駰《集解》、司馬貞《索隱》、張守節《正義》而已。……余壽好此學,研究《集解》《索隱》《正義》三家訓釋,而參考經史諸子及群書所引,以釐正訛脱。”兹舉一例。《史記·五帝本紀》云:“北至於幽陵,南至於交趾,西至於流沙,東至於蟠木。”王氏云:“‘西至’本作‘西濟’,此涉上下三‘至’字而誤也。《正義》曰:‘濟,渡也。’則本作濟明矣。唐魏徵《群書治要》,引此正作‘濟’。《大戴禮·五帝德》篇同。”④

注本之所以能被有效地用作校勘之資,主要是因爲它的正文與注文之間存在着對應關係。下面我們就看看人們是怎樣利用這種關係,來糾正書面材料中的錯誤的。

《逸周書·大戒》篇云:“無□其信,雖危不動。”王念孫校曰:“闕文是轉字。轉者,移也。上守信而不移,則下親其上,雖危而不可動矣。故曰:‘無轉其信,雖危不動。’孔注曰:‘轉,移。’是釋正文‘轉’字也。下文曰:‘上危而轉,下乃不親。’正與此文相應。”⑤

《管子·心術》篇云:“毋代馬走,使盡其力;毋代鳥飛,使弊其羽翼。”周祖謨校曰:“這裏‘羽’字誤衍。‘使盡其力’與‘使弊其翼’文例相同。尹

---

① 《經典釋文》卷五《毛詩音義》上。

② 《楚辭補注》卷一。

③ 《夏仲子集》卷三。

④ 《讀書雜志·史記第一·五帝本紀·西至於》。

⑤ 《讀書雜志·逸周書第二·大戒·無□其信》。孔指晉孔晁。

注云：'能走者，馬也；能飛者，鳥也。今不任鳥馬之飛走，而欲以人代之，雖盡力弊翼，而終竟不能盡。'據此可證'羽'爲衍文。"①

《吕氏春秋·重己》篇云："是其所謂非，非其所謂是，此之謂大惑。"陶鴻慶校曰："'非'、'是'二字當互易。原文注云：'是其所謂是，非其所謂非。'上文云：'其所謂是者，未嘗是。'是'是其所謂是'也。又云：'其所謂非者，未嘗非。'是'非其所謂非'也。今本互易，則非其旨。高注云：'是己之所是，非己之所非，而以此求同於己者也，故謂之大惑。'是其所見本不誤。"②

王利器校杜甫詩云："宋刊分門集注本《舟中出江陵南浦奉寄鄭少尹審》：'别燕赴秋菰。'注言：'别之而起去。'則'赴'當從注作'起'，宋本卷第十七正作'起'。元刊集千家注分類本注引李充：'别燕背人去，雙起秋浦菰。'此正少陵所本。"③"《秋日夔府詠懷奉寄鄭監審李賓客之芳一百韻》，宋千家本、宋分類本、元千家本、元分類本'潮海蹴吴天'，注俱以'江、漢朝宗於海'爲言，則'潮'當作'朝'，毛、錢抄本，趙本正作'朝'，不誤。"④

我們還可利用一書的其他注本作爲校勘資料。如孫詒讓校《莊子》郭象注就用了陸德明的《經典釋文》。《莊子·盜跖》篇："穴室樞户。"他指出："《釋文》云：'樞户，尺朱反；徐，苦溝反。司馬云："破人户樞而取物也。"'案：依徐音，則'樞'當爲'摳'。殷敬順《列子釋文》云：'摳，探也。''樞'、'摳'聲類同，形亦相近。"⑤

當然，他書之注也可據以校勘。關於這個問題，下文將專門探討，這裏僅略提一下。蔣禮鴻云：

現在舉一個利用箋注本校勘的例，以見一斑：《淮南子·天文

---

① 《古籍校勘述例》，載《中國語文》一九八〇年第二期。尹指尹知章。

② 《讀諸子札記》卷五。高指高誘。

③ 《王利器論學雜著》：《杜集校文釋例》五十六《正文與注文不應》。

④ 《王利器論學雜著》：《杜集校文釋例》五十八《以注文校正文》。

⑤ 《札迻》卷五《莊子郭象注》。

訓》[1]"青女乃出,以降霜雪"句的高誘注道:"青女,天神,青霄玉女,主霜雪也。"宋本霄字作媄。我疑心霄字應作䙅字,因爲道家書裏(如《靈飛經》)多講青䙅玉女,而䙅和媄又是同音。但没證據。後來讀宋李壁《王荆文公詩集箋注》二十七裏王荆公《雪》詩"神女青腰寶髻鴉"的注:"《淮南子》:'至秋三月…青女乃出,降以霜雪。'青女,青腰玉女也,主霜雪。"可見宋本《淮南子》的確是作青䙅,䙅和腰衹是一個字的兩種寫法而已。附帶説一句,這個䙅字,即使没有李壁明引《淮南子》注的文字,從王荆公的詩句來看,也可以證明其確鑿。(宋人陳元靚《歲時廣紀》三引《淮南子》注:"青女乃天神青腰玉女,主霜雪也。"也是作"腰"的確證。)這説明校勘取材的途徑應該廣闊一些,光靠版本是不够的。[2]

值得注意的是,注文同正文一樣,也會出現各種錯誤,除無心之誤外,也有不少是被後人誤改造成的。王引之云:

經典訛誤之文,有注、疏、《釋文》已誤者;亦有注、疏、《釋文》未誤而後人據已誤之正文改之者。學者但見已改之本,以爲注、疏、《釋文》所據之經已與今本同,而不知其未嘗同也。如《易・繫辭傳》"莫善乎蓍龜",唐石經"善"誤爲"大",而諸本因之,後人又改《正義》之"善"爲"大"矣(説見《周易》下)。《小雅・十月之交》篇"山冢卒崩",唐石經誤依《釋文》"卒"作"崒",而諸本引之,後人又改《箋》及《正義》之"卒"爲"崒"矣(説見《毛詩》中)。……凡此者,皆改不誤之注、疏、《釋文》以從已誤之經文,其原本幾不可復識矣。然參差不齊之迹終不可泯,善學者循其文義,證以他書,則可知經文雖誤,而注、疏、《釋文》尚不誤,且據注、疏、《釋文》之不誤以正經文之誤可也。[3]

---

① 訓指高注,當作篇。

② 《懷任齋文集・校勘略説》。

③ 《經義述聞》卷三二《通説》下《後人改注疏釋文》。

王念孫《讀書雜志·淮南内篇》後序，曾對注文被改的情況作過分析歸納，今摘録如下：

有既誤而又改注文者。《原道》篇："夫萍樹根於水。"高注："蘋，大萍也。"正文"蘋"字誤作"萍"，後人遂改注文之"蘋，大萍"爲"萍，大蘋"，以從已誤之正文矣。

有既誤而又增注文者。《俶真》篇："辯解連環，辭潤玉石。"高注："潤，澤也。"正文"辭"字涉注文而誤爲"澤"。後人又於注文"潤，澤也"上加一"澤"字，以從已誤之正文矣。……

有既誤而又移注文者。……《詮言》篇："蘇秦善説而亡身。"高注："蘇秦死於齊也。"正文"亡身"誤爲"亡國"。後人又移注文於"亡"字之下，"國"字之上，則是以"亡"字絶句，而以已誤之"國"字下屬爲句，其失甚矣。

有既改而又改注文者。《原道》篇："干越生葛絺。"高注："干，吴也。"劉本改"干越"爲"于越"，并改高注，而不知"于"之不可訓爲"吴"也。……

有既改而復增注文者。《道應》篇："吾與汗漫期於九垓之上。"高注："九垓，九天也。"後人改"之上"爲"之外"，又於注文"九天"下加"之外"二字矣。《詮言》篇："三關交争，以義爲制者，心也。"高注："三關謂食、視、聽。"後人改"三關"爲"三官"，又於注文"三關"上，加"三官"二字，其失甚矣。

有既改而復删注文者。《時則》篇："迎歲於西郊。"高注："迎歲，迎秋也。"後人依《月令》改"迎歲"爲"迎秋"，又删去注文矣。《繆稱》篇："甯戚擊牛角而歌，桓公舉以爲大田。"高注："大田，田官也。"後人改"大田"爲"大政"，又删去注文矣。

可見古書注本的確存在着不少問題，我們在用注本進行校勘時，也應持慎重態度。清人盧文弨指出："大凡昔人援引古書，不盡皆如本文。故校正群籍，自當先從本書相傳舊本爲定。況未有雕版以前，一書而所傳各異者,殆不可以徧舉。今或但據注書家所引之文,便以爲是,疑未可也。”①

六 選 本

總集是按一定體例將兩家以上的文字作品匯編在一起的書。《四庫全書總目》集部總集類敘云:“文籍日興,散無統紀,於是總集作焉。一則網羅放佚,使零章殘什,並有所歸;一則删汰繁蕪,使莠稗咸除,菁華畢出。是固文章之衡鑒,著作之淵藪矣。”可見總集基本上分兩大類:一類是全集性總集,另一類是選集性總集,也稱選本。兩類總集皆可作爲校勘之資。其中不少選本,由於編輯時間較早,校勘價值尤大,因此我們在這裏着重討論一下選本。

因爲選本是選録群書而自成一書的,所以對於那些入選的書來説,也算是異本的一種。選本中文字與原書不同,或者是選家所改,或者是選家當時别有根據,經過彼此互校,往往可以使得某些文獻更接近本來面目。如羅振玉輯《鳴沙石室佚書》敦煌卷子本《唐人選唐詩》提要云:

> 詩選殘卷,其存者凡六家。前三首,撰人名在斷損處,不可見,今據《全唐詩》,知爲李昂。其名存者:曰王昌齡、曰邱爲、曰陶翰、曰李白、曰高適。都計詩數完者七十一篇,殘者二篇。今以諸家集本傳世者校之:李昂詩,《全唐詩》載一篇,而佚其二;王龍標詩,卷中十七篇,見於集本者僅三篇;邱爲詩六篇,陶翰詩三篇,今載於《全唐詩》者各一篇;太白詩三十四篇,又《古意》以下九篇誤羼入陶翰詩後,共得四十三篇,則悉載集中;高常侍詩二篇,則今集本一存一佚。其卷中諸詩,今集本雖存,而異同至多,篇題亦有異同,殆每篇中必有數字,予既録入《群書點勘》中。其尤甚者,爲二李與高常侍三家。《全唐詩》載李昂《戚夫人楚舞歌》,以此卷校之,中間少四句。太白《胡無人》篇,卷本無末三句。《臨江王節士歌》《陌上桑》《魯中都有小吏逢七朗以斗酒雙魚贈余於逆旅因鱠魚飲酒留詩而去》三篇中,卷本亦較集本

① 《抱經堂文集》卷二〇《與丁小雅進士論校正方言書》。

各少二句。《古意》篇(今集題作《效古》),則卷多末二句。《瀑布水》篇(今集題作《望廬山瀑布》),則卷集全異者四句。《贈趙四》篇(今本題作《贈人》),異者且過半。《千里思》篇,集本八句,卷本則四句,而四句中之第三句亦全異,第四句與校注中之一本合。《獨不見》篇,則除末二句但異一字外,其餘均不同。高常侍《信安王出塞》篇(集本題作《信安王幕府詩》),以卷本校集本,則後半先後錯列者四句。太白集在生前已家家有之(見唐劉全白《李君碣記》),或傳寫異同,或中間改訂,卷集互岐,理所應有。若高詩,卷中但存一篇有半耳,而以校正集本,得益已如此之巨。至李、王、邱、陶、高諸佚篇,可據以補今本之缺,則尤可喜也。①

再如,《四庫全書總目》卷一八六《才調集》提要,也稱其所録“頗有諸家遺篇,如白居易《江南贈蕭十九》詩、賈島《贈杜駙馬》詩,皆本集所無。又沈佺期《古意》,高棅竄改成律詩;王維《渭城曲》‘客舍青青楊柳青’句,俗本改爲‘柳色新’;賈島《贈劍客》詩‘誰爲不平事’句,俗本改爲‘誰有’。如斯之類,此書皆獨存其舊,亦足資考證也”。

宋太宗時期編纂而成的《文苑英華》一千卷,其中唐代作品約占十分之九,由於時代較早,所以也是校唐人詩文集的重要依據。如《四庫全書總目》卷一四九《陳拾遺集》提要指出:

此本(引者案:指内府藏本)傳寫多訛脱,第七卷闕兩葉。據目録尋之,《禡牙文》《禜海文》在《文苑英華》九百九十五卷,《祭孫府君文》在九百七十九卷。又送崔融等序之後,據目録尚有《餞陳少府序》一篇,此本亦佚,《英華》七百七十九卷有此文。今並葺補,俾成完本。《英華》八百二十二卷收子昂《大崇福觀記》一篇,稱武士彠爲太祖孝明皇帝,此集不載其目,殆偶佚脱,今併補入。

---

① “逄七朗”,原卷影印本作“逢七朗”。

再如錢謙益云：

> 《文苑英華》載王右丞詩，多與今行槧本小異，如"松下清齋折露葵"，"清齋"作"行齋"。"種松皆作老龍鱗"作"種松皆老作龍鱗"。並以《英華》爲佳。《送梓州李使君》詩"山中一半雨，樹杪百重泉"，作"山中一半雨"，尤佳。蓋送行之詩，言其風土，深山冥晦，晴雨相半，故曰"一半雨"，而續之以楚女巴人之聯也。①

錢曾據此判斷所藏《王右丞文集》十卷爲宋刻佳本，他說："寶應二年正月七日，王縉搜求其兄'詩筆'十卷，隨表奉進。此刻是麻沙宋板，集中《送梓州李使君》詩，亦如牧翁所跋，作'山中一半雨，樹杪萬重泉'。知此本之佳也。"②

某些編輯稍晚的選本，由於所據資料時代較早或源出兩途，往往也可用作校勘之資。如陳伯君所撰《阮籍集校注》，就利用了清人陳元龍編的《歷代賦匯》。孫通海談到陳氏在從事校注工作時，"凡清末以前諸大家之選本均校之。如《東平賦》'□士惟中'一句，諸本皆然，通過檢校陳元龍等輯《歷代賦匯》及張惠言《七十家賦鈔》，則此句作'厥土惟中'，於是缺字迎刃而解。注者在校勘時遇可疑之處，是極爲審慎的，非有一種版本作爲根據是決不臆斷的。如《亢父賦》之'亢'字，諸本皆作元，遍查有關史地書籍實無'元父'這一地名，顯然'元'爲'亢'之字誤，但注者直待檢得梅鼎祚本正作'亢'，又《歷代賦匯》'元'字下注'一作亢'後，始據以校改"。③

應當説明選本也不盡可據，由於選者的目的、態度、識見、所依據的資料來源不同，不少選本甚至會造成一些新的異文。如隋樹森指出："元人曲書大部分刊刻不精，脱字脱句，誤字衍文，所在多有。同一首曲子，在不同的選本裏，文字上常有很大的出入，題目和作者也往往不一致。就文字

① 《初學集》卷八三《跋王右丞集》。

② 《讀書敏求記》卷四《王右丞文集十卷》。

③ 《阮籍集校注》，載《古籍整理出版情況簡報》第一八八期。

來説，例如馬致遠有八首描繪八景的《落梅風》小令，見《陽春白雪》，而《梨園樂府》中也有這八首小令，未注作者。兩書的文字差異很大，其中《遠浦帆歸》《平沙落雁》《漁村夕照》三首，僅末句全同，前四句皆異。《瀟湘夜雨》《江天暮雨》兩首，竟然完全不同。如果因此便説兩本書裏的這八首曲子根本不是一個人作的，那又不一定對。明人編的《盛世新聲》《詞林摘艷》《雍熙樂府》等曲選裏所收的元人散曲，往往與元人曲書裏的同一作品文字上有很大的差異。”①可見我們在利用選本進行校勘時，同樣需要做一番考訂工作。

七　校　本

凡經校勘的書稱校本。從事校勘當然應當充分利用前人的校勘成果，而校本則是保存校勘成果的一種重要形式。

前人讀書十分强調校勘工作，如王鳴盛云：“欲讀書必先精校書，校之未精而遽讀，恐讀亦多誤矣。”②葉德輝甚至説：“書不校勘，不如不讀。”③學者們讀書勤於校勘的例子是屢見不鮮的，宋葉夢得云：“余在許昌得宋景文用監本手校西漢一部，末題用十三本校。中間有脱兩行者。惜乎，今亡之矣。”④錢曾藏《洛陽伽藍記》有趙琦美跋云：“歲己亥（一五九九），覽吴琯《古今逸史》中《洛陽伽藍記》，讀未數字，輒齟齬不可句。因購得陳錫玄、秦西巖、顧寧宇、孫蘭公四家鈔本，改其訛者四百八十八字，增其脱者三百二十字。丙午又得舊刻本，校於燕山龍驤邸中，復改正五十餘字。凡歷八載，始爲完書。”⑤

有的校本還特别注重迻録他人的校勘成果，萬曼在談到《沈下賢文集》時指出：

---

① 《全元散曲・自序》。
② 《十七史商榷・序》。
③ 《藏書十約・校勘》。
④ 《石林燕語》卷八。
⑤ 《讀書敏求記》卷二《楊衒之洛陽伽藍記五卷》。

> 沈集宋元以來,向無刊本,僅賴傳鈔,流布未廣。鈔本中瞿氏《鐵琴銅劍樓藏書目録》著録一種,云係稽瑞樓藏本,揚州吴葵生彙各本校過,有吴氏翌鳳跋云:"余傳此本於青芝張氏閲八年矣,壬寅春復借毛裒藏本對校一過,又二年復從《文苑英華》對讀一過。"後來黄丕烈又從周香嚴家得一舊鈔綿紙本,時吴氏已去世,黄氏乃從其子借得録校語於周本上。黄氏跋云:"此舊鈔綿紙本,爲故人周香嚴藏書,於其身後得之其家者,蓋後人各房分散,故去之而得之,因思借本讎校。惟吴大枚庵曾有是書,惜枚庵云逝,請假爲難,幸其子晉齋允其請,仍啓篋出示,俾得對勘一過,兹悉校於上方不改。本文云作者,枚庵録本,即青芝張氏本也。云校者,即枚庵借毛裒藏本對校存參數字者也。云《英華》者,即枚庵復校《英華》本也。己卯十一月望日校畢,復翁黄丕烈。"(《蕘圃藏書題跋》七)最後陳子準又用這個本子託吴景恩臨校一過,吴景恩跋云:"此本爲吾友陳子準所藏,舊有紅筆校勘頗精審,今年秋子準從錢塘何夢華假得黄復翁所校周氏本,屬余臨校,余爲對勘一過。云張本者,即枚庵所録青芝堂本;云毛本者,即毛裒本;或但稱吴校者,亦是枚庵所校毛裒本也;云周本者,即香嚴藏本,黄復翁所校者也;或但稱作某字無某字,亦具是香嚴本也。周本、張本異字悉爲標明;其不標張本者,周本、張本同者也。舊校與周本異字,亦悉爲標明;其不標周本者,舊校與周本同者也。諸本參錯,校例不一,故詳具之,庚辰秋七月校完志。"(《鐵琴銅劍樓目》十九)瑣瑣録此,可以看出三個本子,經過七八個人,幾十年的工夫反覆校勘,爲之無已,説明前人讀書的認真和辛苦。①

上述例子説明校本確是藴藏豐富的校勘資料寶庫。校本還有兩個優點:一是前人據以校書的某些版本及有關資料可能已經亡佚,某些版本及有關資料雖未亡佚,往往被藏家視爲珍秘,難以見到。而這些資料却常能在校本中覓得。再是凡勤於校勘者多爲專家學者,他們的校勘成果當然

① 《唐集叙録·沈下賢文集》。

具有較高的參考價值。因此，凡從事校勘者都非常注意利用前人的校本。如宋沈揆有《顔氏家訓考證》一卷，其跋云：

揆家有閩本，嘗苦篇中字訛難讀，顧無善本可讎。比去年春來守天台郡，得故參知政事謝公家藏舊蜀本，行間朱墨細字，多所竄定，則其子景思手校也。迺與郡丞樓大防取兩家本讀之。大抵閩本尤謬誤，五皓實五白，蓋博名而誤作傳，元嘆本顧雍字，而誤作凱。《喪服經》自一書，而誤作經。馬牝曰騲，牡曰騭，而誤作驒駱。至以吴趨爲吴越，桓山爲恒山，僮約爲童幼，則閩、蜀本實同。惟謝氏所校頗精善，自題以五代宫傅和凝本參定，而側注旁出，類非取一家書。然不正童幼之誤，又秦權銘文剿實古則字，而謝音制，亦時有此疏舛。讎書之難如此！於是稍加刊正，多採謝氏書，定著爲可傳，又别列考證二十有三條爲一卷，附於左。若其轉寫甚訛與音訓辭義所未通者，皆存之，以竢洽博君子。淳熙七年春二月，嘉興沈揆題。①

顯然，沈揆校《顔氏家訓》充分考慮了謝景思的校勘意見。王念孫校《荀子》也儘可能地吸收了各家校本的可取之處。其《荀子補遺序》云：

余昔校《荀子》，據盧學士校本而加案語。盧學士校本則據宋吕夏卿本而加案語。去年陳碩甫文學以手録宋錢佃校本異同郵寄來都，余據以與盧本相校，已載入《荀子雜志》中矣。今年顧澗薲文學又以手録吕、錢二本異同見示，余乃知吕本有刻本、影鈔本之不同。錢本亦有二本，不但錢與吕字句多有不同，即同是吕本，同是錢本，而亦不能盡同，擇善而從，誠不可以已也。時《荀子雜志》已付梓，不及追改，乃因顧文學所録而前此未見者，爲《補遺》一編，並以顧文學所考訂，及余近日所校諸條，載於其中，以質於好古之士云。道光十年五

① 此書在《知不足齋叢書》第十一集。

月二十九日，高郵王念孫叙，時年八十有七。①

近人校勘古籍也非常注意吸取前人的校勘成果。如郭沫若的《管子集校》，除所據十七種《管子》宋明版本外，還引用了校釋書四十二種，特别是利用了許維遹、聞一多的校勘成果《管子集釋》。

需要注意的是，就校本而言，因爲後人可以吸取前人的校勘成果，所以後出轉精是正常現象。我們從事這項工作，當然要充分利用已有成果，尤其是近人著作。如張舜徽云：

一部《漢書》，從宋代劉敞、劉攽（敞弟）、劉奉世（敞子）作《刊誤》以來，清代學者繼起校勘。其中以錢大昕的《漢書考異》、錢大昭的《漢書辨疑》、王念孫的《漢書雜志》、沈欽韓的《漢書疏證》、周壽昌的《漢書注校補》最爲專門。清末王先謙，便薈萃群言和其他筆記、專著中闡明《漢書》舊義的見解，再加以自己數十年間鑽研校訂的心得，寫成《漢書補注》一百卷，精刊行世。照理講，今天閲讀《漢書》，自以王氏《補注》爲最完備了。但是近人楊樹達，一生讀《漢書》最爲精熟，在王氏《補注》的基礎上，復有所訂正。早年寫成《漢書札記》，一九二四年復由商務印書館出版《漢書補注補正》。近年又有所增益，刊行了《漢書窺管》。有些地方，較過去學者們用心更細、校勘更密了。②

但張氏所説，只是問題的一方面；另一方面，今人學力和學風也頗有不及古人的，因而主觀臆斷、誤解妄改之處亦復不少。所以也不一定都是“今是而昨非”。《荀子・正名》篇所説的“以仁心説，以學心聽，以公心辨”，始終是我們做人爲學的準繩，從事校勘之學，當然也應如此。

---

① 《讀書雜志》。

② 《中國古代史籍校讀法》第二編《分論上——關於校書》第二章《校書的依據》第六節《儘量利用近人校書的成果》。

第二節　他書的引文

校勘古籍，除了用本書的各種異本外，還可利用其他古書的引文。引用各書較多的有古類書、古書注及書鈔。由於這些書的輯注者所見古書年代較早，傳刻次數較少，比較接近古書原貌，所以這些書的引文是僅次於本書異本的重要校勘資料。

一　古類書的引文

類書原來是廣搜群籍，分類或按照字順編排，以便人們在寫作及研究時查考成語、故事的。其中多係節録各書原文，有時甚至將整部書籍完全收入，而較古的類書如《北堂書鈔》《藝文類聚》《太平御覽》《册府元龜》等，還是在書籍刻本大量流行以前編成的，其所收材料大體上是直接從古鈔本轉録，因此用古類書引文校勘，往往比用同書的後出版本校勘更爲近真，獲益更多。

利用類書來進行校勘，宋人就已開始了。如王應麟云："《太平御覽》引《戰國策》曰：吴子問孫武曰：'敵人保山據險，擅利而處，糧食又足，挑之則不出，乘間則侵掠，爲之奈何？'武曰：'分兵守要，謹備勿懈，潛探其情，密候其怠，以利誘之，禁其牧采，久無所得，自然變改，待離其故，奪其所愛。'今本無之。"①

明人利用類書校勘也不乏其例。如楊慎云："《梁鴻傳》載鴻詩二首，'麥含含兮方秀'，刻本皆如此。《藝文類聚》引之，作'麥含金'爲是。'金'與'含'相似而衍爲二字也，此當表出之。"②楊氏復云："《古歌銅雀詞》：'長安城西雙貝闕，上有一雙銅雀宿。一鳴五穀生，再鳴五穀熟。'此詩《文選注》所引有缺字，今考《太平御覽》，足之。"王仲鏞箋證云："《文選》卷五十六陸佐公《石闕銘》李善注引此作《魏文帝歌》，首句作'長安城西有雙圓闕'，

---

① 《困學紀聞》卷一一《考史》。

② 王仲鏞箋證本《升庵詩話》卷一《麥含金》。

次句'宿'字缺,餘同。《太平御覽》引作'員',次句'銅雀'下注'或有宿字',即升庵所據。然則歌辭中'貝闕'當是'員闕'之誤,員、圓古字通。"①

廣泛運用古類書的引文來從事校勘工作,則從清乾嘉時代開始,尤以高郵王念孫、王引之父子成績最著。汪辟疆云:

類書品格最下,通人恒不重視。然閱時既久,古籍日亡,而前代類書,反爲考訂輯佚所取資,其重視又不亞於經史。此可怪也。今《皇覽》《華林遍略》《修文御覽》,皆已久佚。唐宋間類書之獲存者,如《北堂書鈔》《藝文類聚》《初學記》《白孔六帖》《太平御覽》《册府元龜》《山堂考索》《事文類聚》《海録碎事》《玉海》等,乾嘉諸公,皆以此爲考證大輳。高郵王氏之學,卓絶千古,嘉道之間頗有傳其訂正群書,皆先檢古本類書,及馬總《意林》《群書治要》諸書所引用經子原文,如遇異文,條記座右,然後詳稽音詁,力求貫通,再證以宋以前類書群籍引用異文,定爲某宜作某,或衍或奪,每下一義,確不可易,皆類書之助也。②

乾嘉諸老利用類書從事校勘而獲得正確結論的實例,已屢見前文。

此後,人們將古類書引文用於校勘,皆有創獲。陳垣云:"道光間,劉文淇諸人爲岑氏校勘《舊唐書》,即大用《册府》,成績甚著,亦以《册府》所採唐五代事,不獨用劉、薛二家之書。當其修《册府》時,唐五代各朝實録存者尚衆,故今《册府》所載,每與舊史不盡同也。"③陳氏還談到他曾據《册府元龜》校補《魏書》一頁:

《册府》材料豐富,自上古至五代,按人事人物,分門編纂,凡一千一百餘門,概括全部十七史。其所見史,又皆北宋以前古本,故可以

① 王仲鏞箋證本《升庵詩話》卷一《古歌銅雀詞》。

② 《汪辟疆文集·工具書之類别及其解題》。

③ 影印明本《册府元龜》卷首《影印册府元龜序》。岑指岑建功,劉指劉昫,薛指薛居正。

校史，亦可以補史。《舊唐》《舊五代史》無論，《魏書》自宋南渡後即有缺頁。嚴可均輯《全後魏文》，其三十八卷劉芳上書言樂事，引《魏書·樂志》僅一行，即注“原有闕頁”；盧文弨撰《群書拾補》，於《魏書》此頁認爲“無從考補”，僅從《通典》補得十六字。不知《册府》五百六十七卷載有此頁全文，一字無闕。盧、嚴輯佚名家，號稱博洽，乃均失之交臂，致《魏書》此頁埋没八百年。①

以上所舉爲用《册府元龜》一書改正舊文之例，其他類書也莫不爲名家校書所取資。王欣夫嘗舉劉師培所校書爲例，其《墨子拾補·所染》篇云：“子墨子言，見染絲者而嘆曰。案《閒詁》曰：言字似衍。今考《群書治要》、《後漢書·馮衍傳》注、《黨錮傳》注、《太平御覽》八百十四所引，並無言字，則言字碻爲羨文。”又《非儒下》篇云：“孔丘窮於蔡陳之間，藜羹不糂。案畢校云：《藝文類聚》引作藜蒸不糂。今考《書鈔》一百四十四、一百四十五，並引作藜蒸。《御覽》八百五十九亦引作藜蒸不糂。是古本羹字作蒸，羹則後人所改。”又《荀子校補·勸學》篇：“故不積蹞步，無以至千里。不積小流，無以成江海（元本作河）。案元本非也。《初學記》六、《事類賦注》六，引此文並作江海。《文選·海賦》注、《白帖》六並引作河海。海與里叶韻，若作江河，失其韻矣。”又《大略》篇：“子夏貧，衣若懸鶉。案《書鈔》一百二十九、《事類賦注》十二、《御覽》六百八十九所引貧上並有家字，當據補。又《初學記》十八引子夏家貧，徒有四壁，疑亦此處捝文。”②王氏云：“以上各條，都是據古類書所引以校本文。《群書治要》爲唐魏徵撰，《太平御覽》爲宋李昉等撰，《藝文類聚》爲唐歐陽詢撰，《北堂書鈔》爲唐虞世南撰，《初學記》爲唐徐堅撰，《白孔六帖》爲唐白居易和宋孔傳撰，《事類賦注》爲宋吴淑撰，此處多用簡稱。凡宋以前類書都可以據校。明人類書雖多，而多出臆改，不可信，故不宜引據。”③但王氏之説也不盡然，

① 影印明本《册府元龜》卷首《影印册府元龜序》。

② 劉師培校語分别見《劉申叔遺書》中《墨子拾補》卷上《所染第三》、卷下《非儒下第三十九》；《荀子斠補》卷一《勸學第一》、卷四《大略第二十七》。

③ 《古文獻學要略》第四章《校讎》四《校讎學根據的材料》（七）《據古類書校例》。

如明《永樂大典》的校勘價值就很高。唐圭璋云:“朱本《竹山詞》一卷,係用黄蕘圃藏元鈔本,缺《謁金門》《菩薩蠻》《卜算子》《霜天曉角》《點絳唇》十四首及下半首之《憶秦娥》,上半首之《昭君怨》。毛本并缺。間閲《永樂大典》,得上半首之《昭君怨》,意極欣然,惜其他缺處,未能盡補也。”①復云:“《彊村叢書》本《水雲詞》二十九首,係用趙氏小山堂鈔《湖山類稿》本。其中《水龍吟》‘對漁燈一點,羈愁一搦’,‘羈’下原缺一字,兹據知不足齋《湖山類稿》刊本補一‘愁’字。《鶯啼序》‘鹿豕銜枯薺’下,原缺二字,但水雲此詞,原爲變格,句法與諸家不同,未可斷爲缺字也。又‘吹入鍾山,幾重蒼翠’之‘重’字下,原缺一字,兹據《欽定詞譜》補一‘蒼’字。至據《永樂大典》補《柳梢青》一首,亦有脱誤。趙斐雲檢得《大典》原文補正,彌覺可貴。斐雲又據《大典》補得二首,尤令人稱快不置(今《詩淵》又多二十五首)。”②

但是,引用類書需要特别慎重。古人編輯類書時,常常根據内容的需要及篇幅的限制,對引用之書有所删節改易,所以校勘時對之不能完全信賴。近人劉文典已談到過這個問題:

> 清代諸師校勘古籍,多好取證類書,高郵王氏尤甚。然類書引文,實不可盡恃,往往有數書所引文句相同,猶未可據以訂正者,蓋最初一書有誤,後代諸書亦隨之而誤也。如宋之《太平御覽》,實以前代《修文御覽》《藝文類聚》《文思博要》諸書參詳條次修纂而成。其引用書名,特因前代類書之舊,非宋初尚有其書,陳振孫言之詳矣。若《四民月令》一書,唐人避太宗諱,改“民”爲“人”,《御覽》亦竟仍而不改。書名如此,引文可知,故雖隋、唐、宋諸類書引文並同者,亦未可盡恃。講校勘者,不可不察也。③

---

① 《詞學論叢》:《〈全宋詞〉跋尾·蔣捷竹山詞》。

② 《詞學論叢》:《〈全宋詞〉跋尾續録·汪元量水雲詞》。

③ 《三餘札記》卷一《類書》。陳振孫《直齋書録解題》卷一四稱《太平御覽》乃“以前代《修文御覽》《藝文類聚》《文思博要》及諸書參詳條次修纂。本號《太平總類》,太平興國二年受詔,八年書成,改名《御覽》。或言國初古書多未亡,以《御覽》所引用書名故也,其實不然,特因前諸家類書之舊爾。以《三朝國史》考之,館閣及禁中書總三萬六千餘卷,而《御覽》所引書多不著録,蓋可見矣”。

又裴學海曾專就虚字一端舉例，以明校勘不應全據類書。此類失誤雖王念孫也在所不免。其《類書引古書多以意改説》云：

古書多古言古義，而虚字爲尤甚。讀之者不能盡解，恒覺其文不成義，於是於稱引時，輒以意改。類書所引之古書，其語詞之文，多與其原書不同者，即此故也。不然，我國文體變遷之公例，由深而淺；果類書所引者爲本來面目，則自當多古言古義，深奥難通，何以反較今所存之原書多文從字順乎？《左傳》隱四年："夫兵，猶火也，弗戢，將自焚也。"《漢書·武五子傳》贊引"將"作"必"。《孟子·公孫丑》篇："舍我其誰也？"《論衡·刺孟》篇引"其"作"而"。何晏本《論語·憲問》篇："君子恥其言而過其行。"皇侃本"而"作"之"。姚本《戰國策·秦策》："乃復悉卒乃攻邯鄲，不能拔也。"鮑本下"乃"字作"以"。此四例，雖作"將""其""而""乃"者之於義難通，作"必""而""之""以"者之爲文甚順；然究其實際，則"將"有"必"義，"其"有"而"義，"而"有"之"義，"乃"有"以"義，班、王、皇、鮑諸人之皆爲以意改字；而非今本《左傳》《孟子》之有訛，何本《論語》、姚本《國策》之失其舊也。類書引古書之以意改字，與班、王、皇、鮑之改無以異；乃清代諸樸學大師之校勘古書，不知實事求是，反多據類書所引，以訂正不誤之原書（此就關於語詞者而言），不亦謬乎？此予之所以不敢盲從也，此本書之所由作也。兹將類書引古書之以意改者，略舉數例於左；至於其詳，則散見於本書之各條注語中，兹不贅焉。

一、《吕氏春秋·制樂》篇："故成湯之時，有穀生於庭，昏而生，比旦其大拱。"（"比"，及也）《御覽》引"其"作"而"。畢沅謂作"而"者是。（見畢本《吕氏春秋》）按"其"有"而"義，畢説未允，説詳本書"其"字條。

二、《墨子·貴義》篇："今爲義也君子"，《御覽》引"也"作"之"。畢沅本《墨子》從《御覽》改"也"爲"之"，孫氏《墨子閒詁》亦然。按"也"有"之"義，畢改孫因皆非。説詳本書"也"字條。

三、《韓非子·難三》篇："夫六晉之時，智氏最强，滅范中行，而從韓魏之兵以伐趙。"《御覽》引"而從"作"又率"。王氏《韓非子集解》從《御覽》改"而從"爲"又率"。按"而"有"又"義,"從"有"率"義,王改未允。説詳本書"而"字條。

四、《晏子春秋·襍》篇:"景公游於紀,得金壺,發其視之。"《御覽》引,"其"作"而"。

五、《晏子春秋·問》篇:"昔三代之興也,謀必度其義('度'與'宅'同,'居'也)。事必因於民。"《群書治要》引"其"作"於"。

六、《管子·戒》篇:"期而遠者莫如年。"《群書治要》引"而"作"之"。

七、《淮南子·氾論》篇:"使鬼神能玄化,則不待户牖之行。"《御覽》引"之"作"而"。

八、《荀子·榮辱》篇:"傷人之言,深於矛戟。"《藝文類聚》引"之"作"以"。

此上五例,《讀書雜志》皆謂類書所引者爲是。按"而"有"之"義,"其"有"而"義及"於"義,"之"有"而"義及"以"義,王説皆未允。

此外值得注意的是,類書也存在由於傳寫而發生的錯誤。如《太平御覽》卷三百六十九和卷七百八十八都引録了竺芝《扶南記》所述蠶毗國王事,兩條不但文字繁簡不同,即蠶毗王的身長也不一,一條説是一丈二尺,一條説是三丈。顯然,至少有一處是不正確的。

所以清朱一新説:"高郵王氏父子之於經,精審無匹。顧往往據類書以改本書,則通人之蔽。若《北堂書鈔》《太平御覽》之類,世無善本;又其書初非爲經訓而作,事出衆手,其來歷已不可恃,而以改數千年諸儒斷斷考定之本,不亦傎乎! 然王氏猶必據有數證而後敢改,不失慎重之意。若徒求異前人,單文孤證,務爲穿鑿,則經學之蠹矣。"①汪辟疆也説:"如宋《太平御覽》,至明而始有重刊,黄正色活字本已多臆改,黄蕘圃、顧千里又

① 《無邪堂答問》卷二。

累竄易，務求其通。它日據此以校經傳子史，將謂《御覽》作某爲可信乎？"[1]

上述意見是有道理的，但以王氏父子爲例却未必恰當。孫詒讓云："乾嘉大師，唯王氏父子郅爲精博，凡舉一誼，皆塙鑿不刊。其餘諸家，得失間出。"[2]郭沫若《〈管子集校〉引用校釋書目提要》亦稱《讀書雜志》"乃清代考證學之白眉，博洽精審，至今尚無人能出其右者"。[3] 這都是經過深入研究之後得出的結論，絶非泛泛而談。王氏父子所校難免有疏忽之處，但總的來説是精審的。

首先，王氏父子校勘的態度非常謹嚴，如王引之云："吾用小學校經，有所改，有所不改。周以降，書體六七變，寫官主之，寫官誤，吾則勇改。孟蜀以降，槧工主之，槧工誤，吾則勇改。唐、宋、明之士，或不知聲音文字而改經，以不誤爲誤，是妄改也，吾則勇改其所改。若夫周之末，漢之初，經師無竹帛，異字博矣，吾不能擇一以定，吾不改。假借之法，由來久矣，其本字什八可求，什二不可求，必求本字以改假借字，則考文之聖之任也，吾不改。寫官槧工誤矣，吾疑之，且思得之矣，但群書無佐證，吾懼來者之滋口矣，吾又不改。"[4]

其次，王氏父子所依據的校勘資料十分豐富，並不只是依靠類書的引文。而且，王氏父子對類書的引文也是加以鑒别有所去取的。如《淮南子・俶真》篇云："夫牛蹏之涔，無尺之鯉；塊阜之山，無丈之材。所以然者何也？皆其營宇狹小，而不能容巨大也。"莊氏伯鴻校本自叙云："《太平御覽》（地部三）引作'牛蹄之涔，無徑尺之鯉；魁父之山，無營宇之材'。無下'營宇'二字，足證今本之脱訛。"王念孫論之云：

此《御覽》誤，非今本誤也。尺之鯉、丈之材相對爲文；若作"營宇

① 《汪辟疆文集・工具書之類别及其解題》。

② 《札迻》卷首《自序》。

③ 《郭沫若全集》歷史編卷五《管子集校》。

④ 《高郵王氏遺書》:《王氏六葉傳狀碑誌集》卷一龔自珍《工部尚書高郵王文簡公墓表銘》。

之材”，則文不成義，且與上句不對。營宇狹小，所以不能容巨大，若無營宇二字，則文義不明。鈔本《御覽》作“牛蹏之涔，無徑尺之鯉；魁父之山，無丈之材，營宇狹小，而不能容巨大也”。“尺”上有“徑”字，乃後人不識古文辭而妄加之。（後人以“尺之鯉”文義未足，故加一“徑”字，此未識古人句法也。《原道》篇曰：“聖人不貴尺之璧，而重寸之陰。”《吕氏春秋・舉難》篇曰：“尺之木，必有節目；寸之玉，必有瑕璵。”屬句並與此同，加一“徑”字，則與下句不對矣。《御覽・鱗介部》八引此又作“無盈尺之鯉”，“盈”字亦後人所加。）其“無丈之材”及“營宇狹小”，則皆與今本同。刻本《御覽》作“無營宇之材”，而下文無“營宇”二字，此皆後人妄改，不足爲據。《藝文類聚・山部》上引作“牛蹏之涔，無尺之鯉；𩲡府之山，無丈之材。皆其營宇狹小，而不能容巨大也”。正與今本同，足證刻本《御覽》之誤。“尺”上無“徑”字，并足證鈔本《御覽》之誤。①

王氏父子當然也清楚地知道類書引文不盡相同，如王念孫指出《晏子春秋》内篇《諫下》有一處脱了九十九字，並據《群書治要》補足，説明道：“《太平御覽・禮儀部》三十七作‘晏子曰：不可。公遂止’。乃取《晏子》原文而約取之，故與《治要》不同。”②對於類書中的引文，王氏父子也是注意校勘訂正的。如《逸周書・王會》篇云：“文馬，赤鬣，縞身，目若黄金，名古黄之乘。”盧文弨校曰：“古黄，《説文》作吉黄，《海内北經》注引作吉黄。此從舊本作古黄，與《初學記》所引亦合。”王念孫却認爲：

作“吉黄”者是也。王本作“吉黄”，與《説文》《山海經》注合。《山海經》圖讚亦作吉黄。《文選・東京賦》注引《瑞應圖》云：“騰黄，神馬，一名吉光。”光黄古同聲。“吉光”即“吉黄”也。《海内北經》作“吉量”，下字雖不同，而上字亦作“吉”，則作“吉黄”者是也。《藝文類

---

① 《讀書雜志・淮南内篇第二・俶真・尺之鯉 丈之材 營宇狹小》。

② 《讀書雜志・晏子春秋第一・内篇諫下・脱文九十九》。

聚·祥瑞部》下、《初學記·獸部》引此並作"古黄",乃類書相沿之誤,不可從。①

所以,我們對王氏父子用類書引文校勘也要具體分析,對於其個別失誤,當然應予糾正,而於其總體成果,則不應輕易否定。本書引用校例以王念孫的《讀書雜志》爲基礎,也是基於這一認識。

二　古書注的引文

某些古書注本,由於注者知識豐富、方法謹嚴,在作注時往往博引群書原文,以求作者措辭所本、用意所在,這些引文的本書又出自較早的鈔本或刻本,比較接近書的原貌,因此也常被用作校勘之資。如《四庫全書總目》卷四五陳壽《三國志》提要稱該書裴松之注"網羅繁富,凡六朝舊籍今所不傳者,尚一一見其厓略。又多首尾完具。……故考證之家,取材不竭,轉相引據者反多於陳壽本書焉"。《總目》卷一四〇《世説新語》提要復云:"孝標所注,特爲典贍,高似孫《緯略》亟推之。其糾正義慶之紕繆,尤爲精核。所引諸書,今已佚其十之九,惟賴是注以傳,故與裴松之《三國志注》、酈道元《水經注》、李善《文選注》,同爲考證家所引據焉。"

王念孫校《漢書》就特别注意利用《史記》《後漢書》的注釋,《水經注》也是常用的資料。如《漢書·高惠高后文功臣表》云:"使黄河如帶,泰山若厲。"王氏校云:

"黄"字乃後人所加,欲以黄河對泰山耳。不知西漢以前,無謂河爲黄河者,且此誓皆以四字爲句也。《北堂書鈔》《藝文類聚·封爵部》引此皆有"黄"字,則所見本已誤。《漢紀》及《吴志·周瑜傳》有"黄"字,亦後人依誤本《漢書》加之。《史》表無"黄"字,如淳注《高紀》引《功臣表》誓詞云:"使河如帶,大山若厲。"此引《漢》表,非引《史》表也(《史》表作"如厲",《漢》表作"若厲")。而亦無"黄"字,則"黄"字爲

① 《讀書雜志·逸周書第三·王會篇·古黄》。

後人所加甚明。①

王氏父子校勘其他資料,同樣也注意利用古書注的引文,如《禮記·曲禮》云:"前朱鳥而後玄武。"王念孫指出:"'朱鳥'本作'朱雀',此後人以他書改之也。自開成石經已然,而各本皆從之。開成以前書引此有作'朱鳥'者,亦是後人所改。"王引之進而分析道:

《正義》述經文正作"朱雀"。又"朱雀"字,《正義》凡三見,"雀"字一見。又引崔靈恩説亦作雀。又《堯典》"日中星鳥",《正義》引《曲禮》"前朱雀後元武"而釋之云:"雀即鳥也",則《曲禮》自作"朱雀"明矣。《後漢書·張衡傳》注,《北堂書鈔·帝王部》十三、十六,《武功部》五,《太平御覽·兵部》三十七引此並作"朱雀"。(衛湜《禮記集説》作"朱雀",則宋時本尚有不誤者。)②

後人校勘依據古書注引文者也不乏其例,如《韓詩外傳》卷四云:"士不信焉又多知,譬之豺狼與,其難以身近也。《周書》曰:'爲虎傅翼也,不亦殆乎!'"孫詒讓指出:

《後漢書·翟酺傳》李注引《外傳》云:"無爲虎傅翼,將飛入邑,擇人而食。夫置不肖之人於位,是爲虎傅翼也。"今本"《周書》曰"下,語氣未完,蓋挩"無爲"至"位是"二十二字,當據李引補。"無爲虎傅翼"三句,《逸周書·寤儆》篇文。(《法言·淵騫》篇宋咸注引此書亦有"將飛入邑"二語,疑北宋本尚未挩。)③

古書注的引文也可據以作推理的校勘,如《漢書·王子侯表》云:"淯侯不疑。"王念孫指出:

① 《讀書雜志·漢書第二·高惠高后文功臣表·黄河》。
② 二王説並見《經義述聞》卷一四《禮記》上《朱鳥》。
③ 《札迻》卷二《韓詩外傳》。李指李賢。

“淯”當依《史》表作“涓”。《水經·濰水》注云：“涓水出馬耳山北，注於濰水。”馬耳山在今青州府諸城縣西南，涓水出於其陰，北過諸城縣西，又北入濰水。此侯封於涓，蓋鄉聚之以水得名者。若淯水則在南陽，此侯爲城陽頃王子，不當遠封南陽也。俗書“涓”字作“涓”，與“淯”相似而誤。師古音育，失之矣。①

又《漢書·地理志》云：“南陽郡宛縣南有北筮山。”王念孫指出：“宛縣故城，爲今南陽府治，其地無北筮山。‘山’當爲‘聚’，‘筮’即‘澨’字也。《水經·淯水》注曰：‘淯水左右，舊有二澨，所謂南澨北澨。’澨者，水側之濆。（《楚辭·九歌》注：澨，水涯也。）聚在淯陽之東北，下文‘育陽有南筮聚’，則此當爲北筮聚明矣。”②

但是，也應當注意古人撰寫注釋，爲了節省篇幅，往往對引文加以删節；此外，爲了遷就所注正文，往往對引文的個別地方加以改動，因此古書注的引文往往同原書有差異。例如酈道元的《水經注》問題就比較多。清沈炳巽指出：“道元博覽群書，掇其精華以注《水經》，誠從來所未有，但注中所引頗多訛誤。”③其《水經注集釋訂訛》指出《水經注》引文訛、脱、衍、倒現象甚夥。如《水經注·河水一》云：“積石圃南頭，昔西王母告周穆王：去咸陽三十六萬里。”沈炳巽指出：“《十洲記》作‘王母告周穆王云：咸陽去此四十六萬里。’”④又《水經注·河水二》云：“《後漢·西羌傳》曰：羌無弋爰劍者，秦厲公時，以奴隸亡入三河，羌爲神，推以爲豪。河湟之間多禽獸，以射獵爲事，遂見敬信，依者甚衆，其曾孫忍因留湟中，爲湟中羌也。”沈炳巽指出：

此節《後漢·西羌傳》，殊未明白，因附録原文於後：“羌無弋爰劍者，秦厲公時，爲秦所拘執，以爲奴隸。後得亡歸，而秦人追之，急藏

① 《讀書雜志·漢書第二·五子侯表·淯》。

② 《讀書雜志·漢書第六·地理志·北筮山》。

③ 《水經注集釋訂訛》卷首《凡例》。

④ 《水經注集釋訂訛》卷一。

於巖穴中得免。羌人云爰劍初藏穴中，秦人焚之，有景象如虎爲其蔽火，得以不死，遂亡入三河間。諸羌見其被焚不死，怪其神，共畏事之，推以爲豪。河湟間少五穀，多禽獸，以射獵爲事。爰劍教之田畜，遂見敬信。羌人謂奴爲無弋，以爰劍嘗爲奴隸故，因名之。其後世世爲豪，至爰劍曾孫忍時，秦獻公初立，欲復穆公之迹，兵臨渭，首滅狄，豲戎諸羌畏徙，忍及弟舞，獨留湟中。"①

所以盧文弨云："大凡昔人援引古書，不盡皆如本文，故校正群籍，自當先從本書相傳舊本爲定。況未有雕版以前，一書而所傳各異者殆不可遍舉，今或但據注書家所引之文，便以爲是，疑未可也。"②

事實上，一些嚴肅的校勘家，往往廣收古書注的引文，並結合其他校勘資料，經過認真的分析研究，然後才判定底本是非的。如《禮記·月令》云："仲秋之月，雷始收聲。"王引之指出：

"雷始收聲"本作"雷乃始收"。古人多以"乃始"二字連文。《初學記·歲時部》及《周官·韗人》疏引《月令》皆作"雷乃始收"，《淮南·時則》篇同，是經文"始"上有"乃"字，而"收"下無"聲"字。後人以仲春雷乃發聲，又以注云"雷始收聲在地中"，遂於正文内加入"聲"字。若山井鼎考文所引古本、足利本及《吕氏春秋》，並作"雷乃始收聲"是也。（案高誘注曰："雷乃始收，藏其聲不震也。"則正文本無"聲"字明矣。）又或嫌其句法之累，則删"始"字，而存"乃"字，唐《月令》作"雷乃收聲"是也。（鈔本《北堂書鈔·歲時部》三："雷始收。"注引《禮記》云："雷乃收聲。"案正文曰"雷始收"，則注内引《禮記》，亦當作"雷乃始收"，今作"雷乃收聲"，後人據俗本《月令》改之也。）或删"乃"字而存"始"字，宋撫州本以下諸本《禮記》及今本《逸周書》，並作"雷始收聲"是也。（鈔本《北堂書鈔·天部》四曰："春分發聲，秋分乃

① 《水經注集釋訂訛》卷二。
② 《抱經堂文集》卷一二《與丁小雅進士論校正〈方言〉書》。

收。”注引《周書》曰：“秋分雷乃收聲。”又《歲時部》二曰：“雷始收。”注引《周書》曰：“秋分之日，雷乃收聲。”案正文曰“秋分乃收”，又曰“雷始收”，皆本《周書》，則注内引《周書》，亦當作“雷乃始收”。今作“雷乃收聲”，皆後人據俗本《月令》改之也。《藝文類聚・歲時部》上引《周書》曰：“秋分之日，雷乃始收。雷不收，諸侯淫汏。”是其明證矣。《易通卦驗》“秋分雷始收”，亦無聲字。他書引《月令》或有“聲”字者，皆是後人所改。）無者加之，有者滅之，而原本幾不可見。幸賴引者參差不齊，改之未盡，得以求其蹤迹耳。①

對於注文中的錯誤，治學謹嚴的校勘家也能綜合參稽同書或他書注中的引文，以及其他資料，予以糾正。如《漢書・高惠高后文功臣表》云“槀祖侯陳鍇”，師古曰：“槀音公老反，鍇音口駭反。”《史記》作“槀祗侯陳錯”。王念孫指出：

槀當爲橐，字之誤也。《水經・泗水》注曰：“泗水又南逕高平縣故城西。縣，故山陽之橐也。漢高帝七年，封將軍陳錯爲橐侯。”《漢書・五行志》：“山陽橐茅鄉，社有大槐樹。”師古曰：“橐，縣名也，音拓。”《地理志》：“山陽郡橐”，薛瓚曰：“音拓。”則其字本作橐。師古此注“音公老反”，失之矣。《史記索隱》曰“漢志橐縣屬山陽”，則司馬所見本正作橐，故引《漢志》爲解，而今本《索隱》亦作槀，則後人以師古注改之也。古無以祖爲謚者，“祖”當依《史記》作“祗”，亦字之誤也。蔡邕《獨斷》説謚法曰：“治典不殺曰祗。”是其證。師古不解祗字，蓋所見本已訛爲祖矣。“鍇”與“錯”未知孰是，《史記索隱》亦云“錯”，《漢》表作“鍇”，引《三蒼》云：“九江人名鐵曰鍇。”②

總之，古書注的引文可用作校勘之資。但古書注的引文不盡同原文，

---

① 《經義述聞》卷一四《禮記》上《雷始收聲》。
② 《讀書雜志・漢書第二・高惠高后文功臣表・槀祖侯陳鍇》。

所以對之不應偏信盲從。我們在利用古書注的引文進行校勘時,應儘可能地參稽其他資料進行綜合考辨。

三　其他古書的引文

除古類書、古書注外,我們還可利用其他古書的引文。其他古書的引文雖然情況複雜,檢索不易,使用起來有一定困難,但它們仍然是校勘時值得重視的參考資料。

其中特别值得注意的是書鈔。汪辟疆云:"書鈔在六朝唐初最盛,但鈔而不類,故與類書不同。今存者如《群書治要》《意林》,皆可看。亦因其保存古書至多也。"①《群書治要》,唐魏徵等奉敕撰。清阮元《四庫未收書目提要》稱其"所采各書,并屬初唐善策,與近刊多有不同"。《意林》爲唐馬總編,其引用書目見洪邁《容齋續筆》卷十六《計然意林》條。《四庫全書總目》卷一二三《意林》提要云:"今觀所採諸子,今多不傳者,惟賴此存其概。其傳於今者,如《老》《莊》《管》《列》諸家,亦多與今本不同。"

由於《群書治要》所引之書於原文皆無所增損,較接近原貌,所以特别受到王氏父子的重視。如王念孫《讀書雜志·晏子春秋序》談到他校《晏子春秋》,曾"合諸本及《群書治要》所引,詳爲校正"。其《讀書雜志·墨子序》復云:"《墨子》書舊無注釋,亦無校本,故脱誤不可讀。至近時盧氏抱經、孫氏淵如,始有校本,多所是正。乾隆癸卯,畢氏弇山重加校訂,所正復多於前,然尚未該備,且多誤改誤釋者。予不揣寡昧,復合各本及《群書治要》諸書所引,詳爲校正。"王念孫校其他書也利用了《群書治要》,如《逸周書·芮良夫》篇云:"烏呼!□□□如之。"孔注曰:"人養之則擾服,不養則畏人,治民亦然也。"王校云:

> 今本"烏呼"下闕三字,考其原文,本作"烏呼!野禽馴服於人,家畜見人而奔,非禽畜之性,實惟人,民亦如之"。注文本作"雖野禽,人養之則擾服,雖家畜,不養則畏人,治民亦然也"。今本正文脱去二十

---

①《汪辟疆文集·讀書説示中文系諸生》。

二字，僅存“烏呼如之”四字，則與注文全不相應。注首脱去“雖野禽”三字，則文義不明。《群書治要》注文已與今本同，而正文則一字不闕。①

再如《晏子春秋·諫上》云：“景公將觀於淄上，與晏子閒立。”王氏云：“‘將’字後人所加，與晏子閒立，即謂立於淄上也。則上句本無‘將’字明矣。《群書治要》及《太平御覽·人事部》六十九，皆無‘將’字。”②又《管子·形勢解》云：“使人有禮，遇人有理。”王氏云：“《群書治要》上作‘理’下作‘禮’是也。使人有理，謂使之必以道也；遇人有禮，謂待之必以禮也。《賈子·階級》篇曰‘遇之有禮，故群臣自喜’，是也。今本‘理’、‘禮’二字互易，則非其指矣。”③

此外，古代小學工具書，由於引文較夥，也可用作校勘的資料。賴炎元《高郵王念孫王引之父子的校勘學》一文指出：“《爾雅》《説文》《方言》《釋名》《廣雅》《玉篇》《類篇》《廣韻》《集韻》等文字、聲韻和訓詁學等專書，也是他們校勘時經常運用的資料。”④如《廣雅·釋詁一》云：“疛，病也。”王念孫校曰：

疛，音胄。《説文》：“疛，小腹痛也。”《玉篇》云：“心腹疾也。”《小雅·小弁篇》：“我心憂傷，惄焉如擣。”毛傳云：“擣，心疾也。”釋文：“擣，韓詩作疛。”《吕氏春秋·盡數》篇：“鬱處腹則爲張爲疛。”高誘注云：“疛，跳動也。”各本疛字訛作痳。曹憲音内胄字又訛作曹。考《説文》《玉篇》《廣韻》《集韻》《類篇》俱無痳字。《説文》云：“疛，讀若紂。”《玉篇》《廣韻》《集韻》及《詩》釋文，疛字並與胄同音。《集韻》引《廣雅》：“疛，病也。”今據以訂正。⑤

① 《讀書雜志·逸周書第四·芮良夫·脱文二十二》。
② 《讀書雜志·晏子春秋第一·諫上·將觀於淄上》。
③ 《讀書雜志·管子第十·形勢解·使人有禮遇人有理》。
④ 載《中國學術年刊》第十期，臺北一九八九年版。
⑤ 《廣雅疏證》卷一上《釋詁》。

又《廣雅·釋詁三》云:"友愛,親也。"王氏校曰:"愛,各本訛作受。《衆經音義》卷十四引《廣雅》:'友愛,親也。'今據以訂正。"①

方志博引群書,也可供校勘時參考。如《水經注》卷十八《渭水》經文"又東逕武功縣北"下注云:"太白山南連武功山,於諸山最爲秀傑,冬夏積雪,望之浩然。渭水又東,温泉水注之。水出太一山,其水沸涌如湯。(杜彦達曰:可治百病,世清則疾愈,世濁則無驗。)其水下合溪流,北注十三里入渭。"其文中夾注,各本多同,惟康熙《隴州志》所引爲:"《水經注》,杜彦達曰:'可治百病,然水清則愈,濁則不驗。'"②這兩句異文的内容比較合理,因此也可備一説。

當然,其他古書中,那些引用或取材故書的資料,校勘價值往往更高。古人著書同今人著書一樣,同時代的作者之間常彼此引用成説,後代學者尤喜援引前人的作品以闡明自己的觀點。由於古人著作權的觀念比較淡薄,這種現象甚爲普遍。章學誠曾指出:"諸子之書,多與史部相爲表裏。如周官典法,多見於《管子》《吕覽》;列國瑣事,多見於《晏子》《韓非》。"③梁啓超也説:

> 本書文句和他書互見的,例如《荀子·勸學》篇前半和《大戴禮記·勸學》篇全同,《韓非子·初見秦》篇亦見《戰國策》,《禮記·月令》篇亦見《吕氏春秋》。《淮南子》《韓詩外傳》和《新序》《説苑》往往有相重之條,乃至《史記》之録《尚書》《戰國策》,《漢書》之録《史記》。像這類,雖然本書没有别的善本,然和他書的同文便是本書絶好的校勘資料。(例如《荀子·勸學》篇據《大戴記》,可以校出脱句訛字七、八處。)④

---

① 《廣雅疏證》卷三下《釋詁》。

② 見康熙《隴州志》卷一《方輿志·山川·温泉》。

③ 《章氏遺書》卷一三《論修史籍考要略》。

④ 《中國近三百年學術史》十四《清代學者整理舊學之總成績(2)——校注古籍 辨僞書 輯佚書》。

這些被援引的文字，由於時代較早，一般來説更多地保留了書的舊貌，故常被校勘家用之於校勘。如清劉毓崧就非常注意利用他書引文來從事校勘工作，今録其具有總結性的《校刻〈漢書〉凡例》數則爲例：

一、荀氏《漢紀》，雖改紀傳爲編年，而根柢實在《漢書》。所據之本，猶是漢時舊帙。所當取校，以存古本之遺。

一、類書中時代近古者，如《北堂書鈔》《藝文類聚》《初學記》之類，所引《漢書》，皆唐以前舊本。《太平御覽》雖時代較後，然其書多取材於北齊《修文殿御覽》，所引《漢書》，容有六朝舊本。所當取校，以溯宋本之源。

一、《册府元龜》作於宋真宗景德、祥符之際，其敘事依據正史。西漢一朝，大都出自《漢書》，真北宋初年之本。諸家所列宋本，皆在其後。所當取校，以從宋本之朔。

一、林鉞《漢雋》，作於南宋初年，婁機《班馬字類》，徐天麟《西漢會要》，皆作於南宋中葉；其所見《漢書》，皆兩宋舊本。所當取校，以擇宋本之長。

一、《史記》敘漢初事，爲《漢書》所本；《通鑑》敘漢時事，多本於《漢書》。推之《集解》《索隱》《正義》，以及倪思《班馬異同》，胡三省《通鑑注》，凡與《漢書》有關者，所當取校，以考各本之異。

一、《文選》所録西漢人文，或採《漢書》，或採本集，其字句均可參稽。他如賈長沙、董江都、司馬長卿、揚子雲諸集，其文載入《漢書》者，所當取校，以定各本之殊。

一、各書紀載，可印證《漢書》者：經學如《韓詩外傳》《春秋繁露》之類；小學如《急就篇》《方言》之類；正史如《後漢書》之類；别史如《東觀漢紀》之類；地理如《三輔黄圖》《水經注》之類；政書如《漢官儀》《通典》之類；金石如《隸釋》《隸續》之類；儒家如《新書》《鹽鐵論》《説苑》《新序》之類；術數家如《京氏易傳》《焦氏易林》之類；雜家如《淮南子》之類。所當參校，以求原本之真。

一、前代校《漢書》者，小宋、三劉以外，莫著於吴氏之《兩漢刊誤補遺》。近時校《漢書》者,錢氏《考異》《拾遺》以外,莫著於王氏之《商榷》。若夫群書考證,涉及《漢書》者,後漢人如《論衡》《獨斷》等書;六朝人如《顔氏家訓》等書;唐人如《史通》等書;宋人如《夢溪筆談》《容齋隨筆》《野客叢書》《困學紀聞》等書;明人如《丹鉛雜録》等書;國朝人如《日知録》等書。所當詳校,以正今本之誤。①

下面我們舉兩個校勘實例,《史記·淮陰侯列傳》云:"項王所過,無不殘滅者。天下多怨,百姓不親附,特劫於威彊耳。"王念孫指出:

"彊"讀勉彊之彊,"彊"下當有服字,"劫於威"三字連讀,"彊服"二字連讀,言百姓非心服項王,特劫於威而彊服耳。下文云:"今楚彊以威王此三人,秦民莫愛也。"語意正與此同。今本脱去服字,則當以"威彊"連讀,而讀"彊"爲"彊弱"之"彊",非其指矣。《漢書》及《新序·善謀》篇"彊"下皆有服字。顔師古曰:"彊音其兩反。"是其證。②

又《淮南子·原道》篇云:"上游於霄雿之野,下出於無垠之門。"王念孫指出:

"無垠"下有鄂字,今本正文及注皆脱去。《漢書·揚雄傳》"紛被麗其亡鄂",顔師古曰:"鄂,垠也。"垠鄂與霄雿相對爲文。《文選·西京賦》:"前後無有垠鄂。"李善注:"《淮南子》曰:'出於無垠鄂之門。'許慎曰:'垠鄂,端崖也。'"(《七命》注同)是許本有鄂字。《太平御覽·地部》二十:"《淮南子》曰:'下出乎無垠鄂之門。'高誘曰:'無垠鄂,無形之貌也。'"是高本亦有鄂字。③

---

① 《通義堂文集》卷五。小宋謂宋祁,三劉謂劉敞、劉攽、劉奉世,錢氏指錢大昕,王氏指王鳴盛。

② 《讀書雜志·史記第五·淮陰侯列傳·特劫於威彊耳》。

③ 《讀書雜志·淮南内篇第一·原道·霄雿 無垠》。

故書既爲新書引用，則人們既可以用故書校勘新書，也可以用新書校勘故書，兩者之間的關係是相互的。前者的例子如《漢書·韓彭英盧吴傳》云："願君留意臣之計，必不爲二子所禽矣。"王念孫指出：

《史記》作"否，必爲二子所禽矣"。①

關於後者，我們可舉宋王讜的《唐語林》爲例。這部書是博採五十種書中的材料分門别類編成的。校勘《唐語林》，可以利用這五十種書的現存資料；反之，校勘這五十種現存資料，也可利用《唐語林》。如周勛初《唐語林校證·前言》云：

拿《唐語林》中的文字和原書對校，二者之間時見差異，人們總是認爲原書可靠，《唐語林》中出現了改錯的字或傳誤的字。大體説來，校勘之時應該尊重原書，但這並不是説原書定然可靠。因爲筆記小説少有善本傳世，而後人又常是隨意改動文字，因此有些單刻傳世的原書也並不可信。《唐語林》成書較早，王讜能够見到各種原書的祖本，因此經他採入的文字，有的反而比原書更可信。這裏可舉《因話録》爲例以説明之。《唐語林》卷三，三〇六條叙柳元公杖殺神策小將事，中有"不獨試臣"一句，此文原出《因話録》卷二商部，此句作"不獨侮臣"。乍一看來，"試"字似爲誤字，然而《資治通鑑》卷二三九《唐紀》五五憲宗元和十一年《考異》引《因話録》此文，正作"不獨試臣"，可知《唐語林》中文字不誤，而《因話録》中的文字却已經過後人改動。又如《唐語林》卷二，一九一條言代宗獨孤妃薨，郭子儀欲致祭，下屬反對，"子儀曰：'此事須柳侍御裁之。'時殿中侍御史柳弁，字伯存，掌書記，奉使在郊，即急召之"。此文原出《因話録》卷一宫部，内云"時予外伯祖殿中侍御史"，注曰："諱芳，字伯存。"讀者如果不作細究，一定認爲原書可靠，因爲柳芳是當時的著名文士，又是趙璘本人的戚

---

① 《讀書雜志·漢書第八·韓彭英盧吴傳·必不爲二子所禽矣》。

屬，記載上不可能有什麽問題。殊不知這裏也已經後人妄改，出現了錯誤。《新唐書》卷二〇二《文藝中·柳并傳》曰："柳并者，字伯存。大曆中，辟河東府掌書記，遷殿中侍御史。"這人纔真是爲郭子儀草祭文的柳伯存，而非字仲敷的柳芳，查齊之鸞本、《歷代小史》本《唐語林》，此人正作"柳并"，可見聚珍本作"柳弁"，乃形近致誤，原書作"柳芳"，乃後人無識而妄改。於此可見，齊之鸞本、《歷代小史》本中的異文不容忽視，《唐語林》在校勘上有重要的價值，而它所依據的原書不見得都可靠，有時反而應該用王讜的引文來糾正今本之誤。

需要説明：古人引書的方式是多種多樣的，如楊慎云："凡傳中引古典必曰《書》云、《詩》云者，正也。《左傳》中最多。又有變例：如子産答子皮云：'子於鄭國，棟也。棟折榱崩，僑將壓焉。'此乃引《周易》'棟橈凶'之義，而不明言《易》。魯穆叔論伯有不敬曰：'濟澤之阿，行潦之蘋藻，寘諸宗室，季蘭尸子，敬也。'此乃引'有齊季女'全詩之義，而不明言《詩》。蓋一法也。又引《書·泰誓》所謂'商兆民離，周十人同者，衆也'。據《泰誓》原文云：'受有億兆夷人，離心離德；予有亂臣十人，同心同德。'省二十字作八字，而語益矯健，此蓋省字，又一法也。郤至聘楚，辭享云：百官承事，朝而不夕，此公侯所以干城其民也。故《詩》曰：'赳赳武夫，公侯干城。'及其亂也，諸侯貪冒，侵欲不已，争尋常以盡其民，略其武夫以爲己腹心。故《詩》曰：'赳赳武夫，公侯腹心'，此先言《詩》意，而後引《詩》辭，又一法也。"①再加上文獻在傳鈔轉刻的過程中所産生的一些新錯誤。所以他書引文不完全符合原文並非罕見的現象，我們在利用其他古書引文校勘時，理應採取謹慎態度。清朱一新説得好："國朝人於校勘之學最精，而亦往往喜援他書以改本文。不知古人同述一事，同引一書，字句都有異同，非如今之校勘家，一字不敢竄易也。今人動以此律彼，專輒改訂，使古書皆失真面目，此甚陋習，不可從。凡本義可通者，即有他書顯證，亦不得輕

① 《丹鉛雜録》卷九《古文引用》。

改。古書詞義簡奥,又不當以今人文法求之。”①

第三節　其他資料

除本書異本、他書引文外,其他有關資料如甲骨、金石文字、諸家雜記等,皆可用作校勘資料。不過,此類資料和原書的關係往往是間接的。援用時必須更爲審慎,才能避免主觀武斷的弊病,今亦略述如次。

一　甲骨文

甲骨文的時代雖然久遠,但它畢竟是我國文獻的源頭,同後世的典籍有着千絲萬縷的聯繫,因此也可用作校勘之資。如殷人有卜日不吉則改期再卜的習慣,孫詒讓指出:“龜文易日字恒見,義蓋皆如是。其字作、作、作、作,皆易之象形字也。舊釋爲肜日,形義並未合。今考金文錫字多作、作,即借易爲錫。此字形與義正同,而讀則當如字。易日猶言更日也。……蓋皆吉則不易日,不吉則易日也,若釋爲肜日則於文齟齬難通矣。”②據此可知《尚書》裏出現的“肜日”二字,可能是“易日”之訛。再如古書中多説湯名天乙,羅振玉《殷商貞卜文字考》云:“以殷初諸王大丁、大甲、大庚、大戊例之,則‘天乙’爲‘大乙’之訛,殆無可疑。”後來羅氏又考證道:“《史記》作‘天乙’,《索隱》引譙周説:‘天亦帝也,殷人尊湯,故曰天乙。’案‘天’與‘大’形近易訛,故大戊卜辭中亦作天戊,以大丁、大甲諸名例之,知作‘大’者是,譙周爲曲説矣。”③王國維《殷卜辭中所見先公先王考》亦云:“湯名天乙,見於《世本》(《書·湯誓》釋文引)及《荀子·成相》篇,而《史記》仍之。卜辭有大乙,無天乙。羅參事謂天乙爲大乙之訛。觀於大戊,卜辭亦作天戊。卜辭之大邑商,《周書·多士》作天邑商。蓋‘天’、‘大’二字形近故互訛也。且商初葉諸帝,如大丁、如大甲、如大庚、如大戊,均冠以大字,則湯自當稱大乙。”兹後,郭沫若也注意用甲骨文來

① 《無邪堂答問》卷三。

② 《契文舉例》卷上《日月第一》。

③ 《殷虚書契考釋·帝王第二》。

從事校勘工作。如《管子·形勢》篇云:"飛蓬之問,不在所賓;燕雀之集,行道不顧。"郭氏指出:"'飛蓬之問'、'燕雀之集'兩'之'字均當讀爲是。言輕微不足道之物是問是集,即所謂'逋逃主,萃淵藪'也。'不在所賓','在'當爲'才',墨寶堂宋本作'不',亦'才'之誤。凡甲骨文、金文'在'字多以'才'爲之。'不才'者《左傳》文十八年舉'四凶'之名均斥爲'不才子'。'不才所賓'即《書·牧誓》篇'惟四方之多罪逋逃,是崇是長,是信是使,是以爲大夫卿士'。'道行不顧'則與之相反,言道德行義在所不顧。"①經郭沫若用甲骨文、金文校勘後,《管子》這段話的文理變得通暢易懂了。

二 金 文

同樣,人們也早就注意運用金文來從事校勘工作。如南北朝時期的顔之推指出:

> 《史記·始皇本紀》:二十八年,丞相隗林、丞相王綰等議於海上。諸本皆作山林之林。開皇二年五月,長安民掘得秦時鐵稱權,旁有銅涂鐫銘二所。其一所曰:"廿六年,皇帝盡并兼天下,諸侯、黔首大安,立號爲皇帝,乃詔丞相狀、綰,法度量,鼎不壹,歉疑者皆壹明之。"凡四十字。其一所曰:"元年,制詔丞相斯、去疾法度量,盡始皇帝爲之,皆刻辭焉。今襲號,而刻辭不稱始皇帝,其於久遠也,如後嗣爲之者,不稱成功盛德。刻此詔於左,使毋疑。"凡五十八字,一字磨滅,見有五十七字,了了分明。……見此稱權今在官庫。其丞相狀字,乃爲狀貌之狀,爿旁作犬,則知俗作隗林非也,當爲隗狀耳。②

宋歐陽修編《集古録》,已用金石刻辭訂正史書。之後趙明誠又編《金石録》,其《自序》云:"《詩》《書》以後,君臣事迹,悉載於史。……若夫歲

---

① 《管子集校·形勢篇第二》。
② 《顔氏家訓》卷下《書證》。

月、地理、官爵、世次，以金石考之，其牴牾十常三四。蓋史牒出於後人之手，不能無失，而刻辭當時所立，可信不疑。”顯然，作者已從理論上指出了金石文字作爲校勘資料的可靠性。清末羅振玉也云：“往嘗與友人言古之典籍，掌之史氏，民間不獲傳流。孔子轍環列邦，觀百二十國之寶書，乃修《春秋》。吾人對三代列邦古彝器，是不啻不下堂而觀三古列國之寶書也。生三千年之後，而神游三千年以前，得據以補《詩》《書》之所遺佚，訂許、鄭諸儒之訛誤，豈非至可快之事哉！”①

下面我們再舉一個利用金文校勘的實例。《尚書・大誥》篇中“寧王”、“寧武”、“寧考”、“前寧人”等詞語頻繁出現。舊時多把這些“寧”字理解爲安寧之寧，如僞孔傳注《大誥》“寧王”説：“安天下之王，謂文王也。”又把“寧武”解釋爲“撫安武事”，牽强難通。清末金石學家王懿榮根據金文首先指出上述“寧”字當爲“文”字之誤。陳介祺於同治十三年（一八七四）十月十三日致潘祖蔭的信中，介紹了王氏説法，並作了補充説明：

> 《尚書》至今日無從得確據以定之。其理之至者，固可以孔、孟、程、朱之説定之。其文之古者，則唯吉金古文可以定之。吉金之文亦唯《尚書》可以通之。福山王廉生農部懿榮書來，謂《大誥》“寧王”、“寧武”皆古“文”字作[illegible]、作[illegible]之訛。②

後吴大澂《字説・“文”字説》也持同樣觀點。孫詒讓接受了吴氏觀點，並作了簡明論述：“蓋秦漢間諸儒，傳讀經典，已不能精究古文，如古多假忞爲文，與寧形近（金文‘文’多作[illegible]，與‘寧’作[illegible]絶相似）；而《書・大誥》曰‘寧考’、‘寧王’、‘前寧人’、‘寧武’，則皆‘文’之訛也。”③

三　石　刻

石刻文字往往出現較早，比較接近文獻的原始面貌，所以頗爲校勘家

① 《愙齋集古録序》。

② 載陳敬第輯《陳簠齋尺牘》第一册。

③ 《籀廎述林》卷五。

所重視。我們在本章第一節,已經對石經及其他詩文拓本的校勘價值作了介紹,此外如碑、誌、記、碣、銘、頌、表等各類石刻文字,也皆可供校勘工作者參考。誠如清葉昌熾所指出:"以碑版考史傳,往往牴牾,年月、官職、輿地,尤多異同。"①足供比勘。宋洪邁云:"今人書'二十'字爲'廿'、'三十'字爲'卅'、'四十'爲'卌',皆《説文》本字也。廿,音入,二十并也。卅,音先合反,三十之省便,古文也。卌,音先立反,數名,今直以爲四十字。按秦始皇凡刻石頌德之辭,皆四字一句。《泰山辭》曰'皇帝臨位,二十有六年';《琅玡臺頌》曰'維二十六年,皇帝作始';《之罘頌》曰'維二十九年,時在中春';《東觀頌》曰'維二十九年,皇帝春游';《會稽頌》曰'德惠修長,三十有七年'。此《史記》所載,每稱年輒五字一句。嘗得《泰山辭》石本,乃書爲'廿有六年',想其餘皆如是,而太史公誤易之,或後人傳寫之訛耳,其實四字句也。"②

歐陽修早就注意到石刻對韓愈集的校勘價值,指出:"自天聖以來,古學漸盛,學者多讀韓文,而患集本訛舛。惟余家本屢更校正,時人共傳,號爲善本。及後集録古文,得韓文之刻石者,如《羅池神》《黄陵廟碑》之類,以校集本,舛謬猶多,若《田弘正碑》,則又尤甚。蓋由諸本不同,往往妄加改易。以碑校集印本,與刻石多同,當以爲正。"③

後人用石刻校勘也不乏其例,如《風俗通義·十反》篇云:"司徒梁國盛允字子翩爲議郎。"孫詒讓指出:

> 《後漢書·桓帝紀》李《注》云"允字子代",與此不同。《水經·獲水注》云:"盧城城東有漢司徒盛允墓碑,允字伯世,梁國虞人也。"酈引碑文,最爲可據。《後漢書》注"世"作"代"者,唐人避太宗諱改耳。此作"翩"者,實當爲"嗣"字,"嗣"與"世"音正相近也。漢隸"嗣"或作"㛐"(見《隸釋》漢石經《尚書》殘碑),與"翩"形近,故傳寫易誤。前《愆禮》篇"河南尹太山羊翩祖",《後漢書·羊陟傳》作"字嗣祖","翩"

---

① 《語石》卷六《輯録碑文一則》。

② 《容齋隨筆》卷五《廿卅卌字》。

③ 《集古録跋尾》卷八《唐田弘正家廟碑》。

亦“嗣”之誤，是其證矣。①

又《舊唐書·牛僧孺傳》云：“祖紹，父幼簡，官卑。”傅璇琮等指出：“《新唐書》卷七五上《宰相世系表》五上載孺父幼聞，鄭尉。一作簡，一作聞。今查唐李珏《故丞相太子少師贈太尉牛公(僧孺)神道碑》(《文苑英華》卷八八八)載‘父幼聞，華州鄭縣尉’，與《新表》同。則《舊書》作幼簡誤，應作幼聞。”②

再如《文選·洛神賦》序云：“黄初三年，余朝京師。”李善注云：“《魏志》及諸詩序並云四年朝，此云三年，誤。”爲甚麽會出現這樣的錯誤呢？因爲篆文的“四”寫作“亖”，缺一横即是三字。把“四”字寫成“亖”字見於商承祚《石刻篆文編》。同時，距曹植較近的天册元年(二七五)，孫皓《禪國山碑》中的“四表”即寫成“亖表”。在古書中四經常誤爲三。如《春秋》云：“三軍萃於王卒，必大敗之。”《左傳》襄二十六年曰：“吾乃四萃於其王族，必大敗之。”《正義》曰：“楚語云：三萃以攻其王族，必大敗之。”王引之校云：“‘三軍萃於王卒’，‘三萃以攻其王族’，‘三’皆當爲‘亖’。《説文》曰：‘亖，籀文四。’鄭注《覲禮》曰：‘古書作三四，或皆積畫，字相似，由此誤也。’晉之四軍，合而攻楚之中軍，故曰四軍萃於王卒。又曰四萃於其王族，不得言三也。學者多見三，少見亖，故亖字誤書作三，幸有襄二十六年‘四萃’之文，足以證之耳。”③

上述諸例子説明，石刻文字較爲原始，較少傳訛，是較可依據的校勘資料。

四　古印、封泥

清馮桂芬云：“鼎彝尊卣槃敨之屬，往往可資以訂經史之訛，而補所不及，故治樸學者有取焉，印章亦其類。”④羅振玉云：“古璽印文字，其在周

① 《札迻》卷十《風俗通義》。

② 《兩唐書校勘拾遺》，載《文史》第十二輯。

③ 《經義述聞》卷一八《春秋左傳》中《三軍萃於王卒》。

④ 《二百蘭亭齋古印考藏序》。

季者爲古文之一體，專以摹印，故與古文或異。及漢兩京官私印信，則易篆勢之婉曲繁縟而爲簡直方正。其體又近古隸書，往往省變違六書之正，然太半在許祭酒作《說文解字》之前，故可以考古文，可以證許書。"①馬衡更爲詳盡地說明道："封泥之名，始見於《續漢書·百官志》，掌於少府官屬之守宮令，蓋古用簡牘，封以璽印，非泥不可。後世易之以紙帛，泥不適用，乃改用朱印，相沿既久，幾不知朱印之前，尚有封泥之事。"②因爲古印與封泥屬原始文獻，多涉及官名與地名，因此對校勘古書中的官名與地名特別有用。前人已注意用古印、封泥從事校勘工作，今略舉數例如下。

清錢大昕云："《史記·王子侯年表》有石洛侯劉敬，《漢》表作原洛侯敢。頃歲諸城李仁煜書山於縣南鄉得古印一，文曰'石洛侯印'。以太史公書考之，知爲城陽頃王子，諸城與城陽國不遠，或石洛侯封即在其境邪？《漢書》'原'字必是轉寫之訛。"③瞿中溶在《集古官印考證》中進一步證實了錢氏的觀點："石洛侯印，《史記·王子侯年表》：石洛侯劉敬，城陽頃王子，元狩元年四月戊寅封。參校《漢書》表，其世系及始封月日皆合，以'石洛'爲'原洛'。據此印足證'原洛'之誤。"王獻唐亦曾舉一例：

> 臨淄西南，舊有畫邑。《孟子·公孫丑》篇："孟子去齊，宿於晝。"即在其地。曲阜孔氏、安邱韓氏刻本，"晝"均作"畫"。劉熙注："晝音獲。"獲爲畫之古音，知劉氏原本正作畫，朱子《集注》："或曰晝當作畫。"是宋本亦或如此。《後漢書·耿弇傳》："進軍畫中。"李注："畫中邑名，故城在今西安城東，南有澅水，因名焉。"畫爲澅之初文，《水經注》"澅水"下，引《孟子》作澅。《史記·惠景閒侯者年表》："澅清侯。"《索隱》："音獲，水名，在齊，亦即畫也。"綜上各證，知《孟子》"晝"當作"畫"，以形近而誤。《廣韻》四十九"宥"，"晝"字下云："又姓，晝邑大夫之後。"以字入"宥"，彼時已早作"晝"。證以朱子《集注》，知天水以來即有"晝"、"畫"二本之不同。毛西河《經問》乃爲調停之說，謂畫、

① 《古璽文字徵序》。

② 《封泥存真序》。

③ 《十駕齋養新餘録》卷中《漢書王子侯誤字》。

畫二邑，前在臨淄西北，燕封王歜於此；後在臨淄西南，爲孟子所宿之處。不知酈引《孟子》出澅，正即王歜封地，毛説殊未審諦。自後趙一清解《水經》，謂當作“畫”，阮蕓臺《孟子》校勘記，又以畫爲非，諸説紛紛，迄不能定。今本編收有“畫鄉”封泥，正爲畫中之鄉，字與《史記》《漢書》《水經注》並天水一本相合，知本爲“畫”，可解諸家之争議矣。①

近人楊樹達利用古印、封泥校《漢書・地理志》約二十處，成績突出，今略舉兩例。《地理志》有“臨淄”，楊氏指出：

《封泥考略》卷四有臨菑卒尉，又卷七有臨菑二字封泥，《齊魯封泥集存》有臨菑丞印、臨菑市丞、臨菑左尉、臨菑右尉各印。《續封泥考略》卷三有臨菑市丞、臨菑鐵丞印，又卷五有臨菑尉印、臨菑左尉、臨菑右尉各印。《再續封泥考略》卷一有臨菑丞相。字皆從艸作菑，不作淄。陳介祺云：今傳世漢器及印，臨淄、淄川皆作菑，則《志》作淄者誤也。②

再如《地理志》有“劇”，楊氏云：“《齊魯封泥集存》有勮丞之印，周明泰《續封泥考略》卷四有勮丞印，字皆從力，不從刀。《地志》此文及前北海郡劇侯國皆從刀作劇。按《説文》有勮無劇，從刀乃從力之誤寫也。”③

五　其他書籍中的有關資料

事實上，可以用來校勘古籍的資料是極爲廣泛的，四部群書，皆可互校。兹舉數例如次：

以經校經，如《大戴禮記・五帝德》篇云：“使禹敷土。”王引之指出：“本作傅，此後人依《禹貢》改之也。作‘敷土’者，古文《尚書》；作‘傅土’

---

① 《臨淄封泥文字叙目・臨淄封泥文字叙》。

②③ 《漢書窺管》卷三《地理志第八上之二(漢書二十八)》。

者,今文《尚書》也,《大戴》與今文同,故作'傅土'。"①

以史校史,如《吴越春秋·句踐歸國外傳第八》云:"陵門四達,以象八風。"孫詒讓指出:"《越絶書·外傳記越地傳》云:'陸門四,水門一。'則'陵'當爲'陸'之誤。前《闔閭内傳記吴城制》云:'陸門八,以象天八風;水門八,以象地八聰。'亦其證也。"②

以子校子,如《荀子·致士》篇云:"人主之患,不在乎不言用賢,而在乎誠必用賢。"盧文弨校曰:"當作'而在乎不誠用賢'。"王念孫進一步指出:"當作'而在乎不誠必用賢',言用賢之不誠不必也。《管子·九守》篇曰:'用賞者貴誠,用刑者貴必。'《吕氏春秋·論威》篇曰:'又況乎萬乘之國,而有所誠必乎?'《賈子·道術》篇曰:'伏義誠必謂之節。'《淮南·兵略》篇曰:'將不必誠必,則卒不勇敢。'枚乘《七發》曰:'誠必不悔,決絶以諾。'皆以'誠必'連文,則必字不可删。"③

以集校集,如《李太白全集》卷五《東海有勇婦》詩云:"何慚蘇子卿。"王琦注曰:"蘇子卿無報讎殺人事。以此相擬,殊非倫類。按曹植《精微篇》:'關東有賢女,自字蘇來卿。壯年報父仇,身没垂功名。'是知'蘇子卿'乃'蘇來卿'之誤也。"

經史子集之間的材料當然也可用來互校,兹也略舉數例,以見一般。

以史校子,如《世説新語》上卷下《文學》注云:"裴頠疾世俗尚虚無之理,故著《崇有》二論以折之。"王利器指出:"《三國志·魏志·裴潛傳》注引陸機《惠帝起居注》:'頠理具淵博,贍於論難,著《崇有》《貴無》二論,以矯虚誕之弊。'這裏《崇有》下當有《貴無》二字。"④

以子校史,如吴樹平指出:"殿本《梁書·元帝紀》載討侯景檄文,有一句話説:'家有隕山之泣。'誰也不知道是甚麽意思。百衲本、明南監本作'家隕□山之泣',墨丁是表示缺空,文義也不可知。但經過校訂,新本《梁書》改爲:'家隕桓山之泣。'這是完全正確的。據《孔子家語》記載:顔回聞

---

① 《經義述聞》卷一二《大戴禮記》中《敷土》。

② 《札迻》卷三《吴越春秋》。

③ 《讀書雜志·荀子第五·致士·誠必》。

④ 《王利器論學雜著·宋本〈世説新語〉校勘記》。

哭聲,‘非但爲死者而已,又有生離别者也。……桓山之鳥,生四子焉,羽翼既成,將分於四海,其母悲鳴而送之,哀聲有似於此’。梁元帝正是用了這個典故,説侯景暴虐多端,使江南人民有生死離别的愁苦。長期懸而未決的疑案,被細心的整理者解決了。”①

以集校史,如《明史》卷一八八《周廣傳》云:“周廣,字克之。”官大梁指出:“‘克之’誤,應作‘充之’,形近而訛。歸有光《震川先生文集》卷二《玉巖先生文集序》:周廣,‘字充之。’古人名與字往往有意義上的聯繫。廣,大也;充,長也,高也(克,又疑作充,爲俗充字)。”又,《明史》卷二五八《成勇傳》:“成勇,字仁有,安樂人。”官氏又云:“‘安樂’誤,明代没有安樂這一縣名,‘安樂’應爲樂安之誤。樂安,隸山東青州府。徐作肅《偶更堂集·成御史傳》《明清進士題名碑録》均云:成勇,樂安人。”②

書籍中的有關資料面廣量大,只要我們善於運用,常能收到比較好的校勘效果。如《千唐志齋藏志》有《大唐故蒲州猗氏縣令□府君(隆基)墓志銘并序》。張忱石指出:“因此志文字漫漶,故姓氏空缺。然據墓志内容及文獻史料,可得知其姓氏。墓志云‘隆基爲渤海蓨人’,又云‘高祖德政,北齊侍中、左僕射、儀同三司、冀州刺史。……曾祖伯堅,北齊司徒東閤祭酒’。《北齊書》卷三〇有《高德政傳》(《北史》卷三一作‘高德正’),傳云高德政,渤海蓨人,北齊尚書右僕射兼侍中,‘其子司徒東閤祭酒伯堅’,與墓志基本相合,故墓志所泐姓氏當是‘高’字,圖版説明可據補。”③此類例子甚多,餘不備述。

六　專家學者的意見

我們從事校勘工作,除廣泛搜集本書異本、他書引文,以及各種有關的文獻資料外,還應博訪通人,傾聽專家學者的意見。清孫慶增云:“若古人有弗可考究無從改正者,今人亦當多方請教博學君子,善於講究古帖之士,又須尋覓舊碑版文字,訪求藏書家秘本,自能改正者。然而校書非數

① 《新本〈二十四史〉的校勘》,載《讀書》一九七九年第九期。

② 《〈明史〉校記三則》,載《史學月刊》一九八三年第五期。

③ 《千唐志齋藏志圖版説明訂誤》,載《古籍整理出版情況簡報》第一六五期。

名士相好聚於名園讀書處，講究討論，尋繹舊文，方可有成，否則終有不到之處。所以書籍不論鈔刻好歹，凡有校過之書，皆爲至寶，至於字畫之誤，必要請教明於字學聲韻者，辨别字畫音釋，方能無誤。"①

許多著名的校勘家都非常注意徵求專家學者的意見。如錢大昕云："盧抱經先生，精研經訓，博極群書，自通籍以至歸田，鉛槧未嘗一日去手。奉廩修脯之餘，悉以購書。遇有秘鈔精校之本，輒宛轉借録。家藏圖籍數萬卷，皆手自校勘，精審無誤。凡所校定必參稽善本，證以他書，即友朋後進之片言，亦擇善而從之。"②盧文弨就曾經向錢大昕請教過在校勘後漢應劭《風俗通》中碰到的問題。錢氏記之云：

> 盧學士召弓嘗寓書問《愆禮篇》載"徐孺子負筃岕涉齎一盤餟"，"筃岕"二字何義？予答曰：此必算字之訛。《史記・鄭當時傳》："其餽遺人，不過算器食。"徐廣云："算，竹器也。"算與匴同，《説文》："匴，渌米籔也。"《士冠禮》："爵弁，皮弁，緇布冠各一匴。"注："匴，竹器名。"本算字，誤分爲兩字，遂不可識矣。③

王念孫在校勘方面是一代名家，但是他仍虚心地與專家學者們進行討論，如其《讀書雜志・管子叙》云："曩余撰《廣雅疏》成，則於家藏趙用賢《管子》詳爲稽核，既又博考諸書所引，每條爲之訂正。長子引之亦屢以所見質疑，因取其説附焉。余官山東運河兵備道時，孫氏淵如採宋本與今不同者，録以見示。余乃就曩所訂諸條，擇其要者，商之淵如氏。淵如見而韙之，而又與洪氏筠軒稽合異同，廣爲考證，誠此書之幸也。"

阮元在乾隆五十六年充石經校勘官，分得《儀禮》十七篇，撰《儀禮石經校勘記》四卷。焦循爲作後序，稱其"博訪通儒，務從人善。如得以爲昏姻之故爲庶子適人者，則用戴東原編修説。賓服鄉服卿大夫，則用劉端臨教諭説。脊脅胳肺，則用王伯申明經説。《喪服》傳刊去四十字，則用金輔

---

① 《藏書紀要》第四則《校讎》。

② 《潛研堂文集》卷二五《盧氏群書拾補序》。

③ 《十駕齋養新録》卷一四《風俗通義》。

之修撰說。又錢辛楣宫詹,王懷祖給諫,亦曾執手問故”。可見其虚懷若谷、博採通人的良好學風。

可供校勘的各類資料甚多,難以備説,今舉其重要者略述如上。此外,本書的有關文字也可供校勘時參考,我們將在下文第六章本校時專門論及。

第五章　從事校勘所應具備的知識

從表面上看，校勘似乎是一種很機械的工作，但要做得精確，却需要具備多方面的知識，今擇其尤爲重要者，略述如次。

第一節　語言學知識

校勘主要是糾正書面語言的錯誤，所以成就突出者，大抵得力於語言學知識的豐富精深。王引之云："吾治經，於大道不敢承，獨好小學。夫三代之語言，與今之語言，如燕越之相語也。吾治小學，吾爲之古人焉。其大歸曰：用小學説經，用小學校經而已矣。"①俞樾序《札迻》云："孫詒讓仲容以所著《札迻》十二卷見示，讎校古書共七十有七種，其好治閒事，蓋有甚於余矣。至其精孰訓詁，通達假借，援據古籍以補正譌奪，根柢經義以詮釋古言，每下一説，輒使前後文皆怡然理順。阮文達序王伯申先生《經義述聞》云：'使古聖賢見之，必解頤曰：吾言固如是。數千年誤解，今得明矣。'仲容所爲《札迻》，大率同此。然則，書之受益於仲容者，亦自不淺矣。"可見具有豐富的語言學知識是從事校勘工作的基本功。

一　文　字

漢字形體自甲骨文以來已屢經變化，並且出現了古今字、異體字、繁

---

①　龔自珍《定盦續集》卷四《高郵王文簡公墓表銘》。

簡字等複雜現象。人們在傳鈔、刊刻古籍的過程中，因不識字而產生了許多錯誤，我們在本編第三章第三節已經作了較爲詳細的分析。反之，如果我們具有厚實的文字學知識，當然也會糾正書面材料的不少錯誤。如宋岳珂云：

> 字學不講久矣。今文非古，訛以傳訛。魏晉以來，則又厭樸拙，嗜姿媚，隨意遷改，義訓混淆，漫不可考。重以避就名諱，如"操"之爲"摻"，"昭"之爲"佋"，此類不可勝舉。唐人統承西魏，尤爲謬亂。至開元所書五經，往往以俗字易舊文，如以"頗"爲"陂"，以"便"爲"平"之類更多。五季而後，鏤版傳印，經籍之傳雖廣，而點畫義訓訛舛自若。今所校本之以許慎《説文》、張參《五經文字》、唐玄度《九經字樣》、顔魯公《干禄字書》、郭忠恕《佩觿集》、吕忱《字林》、秦昌朝《韻略分毫補注字譜》，參以毛晃《韻略》及其子居正所著《六經正誤》，其有甚駭俗者，則通之可識者（如"宜"之爲"宜"，"晉"之爲"晉"之類，皆取之石經遺文），非若近世眉山李肩吾從周所書《古韻》及文公《孝經刊誤》等書純用古體也。凡此者實與同志之精於字學者逐一採討折衷，不使分毫差誤，雖注字、偏旁、點畫必校，庶幾聖經賢傳不墮於俗學之陋，當爲世所善也。①

可見書面文字的謬亂由來已久，改正不易。下面舉兩則校勘實例。《漢書》卷八十三《薛宣傳》云："掾宜從衆，歸對妻子，設酒肴，請鄰里，壹关相樂，斯亦可矣！""壹关"二字，注家各有所釋。應劭曰："以壺矢相樂也。"晉灼曰："書篆形'壹关'字象壺矢，因曰壺矢。此説非也。"師古曰："晉説是也。壹关，謂一爲歡关耳。关，古笑字也。"顯然，應劭的注釋係誤解。晉灼指出了應劭產生誤解的原因，但未提供正確答案。最後，顔師古指明关就是古笑字，才文意通暢，解決了問題。再如《史記·魯仲連鄒陽列傳》云："食人炊骨，士無反外之心。"王念孫校曰：

---

① 《相臺書塾刊正九經三傳沿革例·字劃》。文公指朱熹。

“外”當爲北。北,古背字。(《説文》:“北,乖也。從二人相背。”韋昭注《吴語》曰:“北,古之背字。”《管子·君臣》篇:“爲人君者,倍道棄法,而好行私,謂之亂;爲人臣者,變古易常,而巧宦以諂上,謂之騰。亂至則虐,騰至則北。”北即此所謂反北也。)言雖至食人炊骨,而士卒終無反背之心也。《齊策》作“士無反北之心”是其證。隸書外字或作夘(見漢司隸校尉魯峻碑),形與北相近,故北誤爲外。《漢書·劉向傳》“孝文皇帝居霸陵,北臨廁”,《張釋之傳》“北”誤作“外”。《方言》:燕之北鄙,今本“北”誤作“外”,是其證。①

校勘應識古文字,也應識俗文字。潘重規云:“凡欲研某一時代的作品,必須通曉那一時代人寫字的習慣,必須通曉那一時代人用字的習慣,才不會斫傷作品的真面目。”他在研究敦煌卷子中俗字時談道:“我把敦煌俗寫的習慣,歸納成:字形無定,偏旁無定,繁簡無定,行草無定,通假無定,標點無定等條例。字形無定,如雨、兩不分,人、入不分等;偏旁無定,如木、扌不分,忄、巾不分等;繁簡無定,如佛作仏,蘭作蘭等;行草無定,如風作、通作等;通假無定,如知麽作知磨,今宵作金宵等;標點符號也和現代通用符號大不相同,如删除符號作‘γ’等。……唐以後書籍雕版,對文字有很大的整齊作用。但後世刻本的前身,仍然是寫本,其中不免有沿襲寫本遺留下來的俗寫文字。如能加以探索,或可於校讎、訓詁方面開辟一條新途徑。”並引《文心雕龍·諧隐》篇“至魏大因俳説以著笑書”爲例,加以説明道:

敦煌寫本“代”“大”往往互用,“魏大”當即“魏代”。蔣禮鴻《敦煌變文字義通釋》云:“四代即四大,佛家謂地水火風四大和合成身體,四大即指身體。王昭君變文:‘五神俱總散,四代的危危’,代和大同音通用。李陵變文:‘陵家曆大爲將軍,世世從軍爲國征。’曆大,《變文集》校記作歷代,極確。唐人崔令欽《教坊記》:‘大面,出北齊蘭陵

① 《讀書雜志·史記第四·魯仲連鄒陽列傳·反外》。

王長恭,性膽勇而貌若婦人,自嫌不足以威敵,乃刻木爲假面,臨陣著之。'刻木爲假面,就是代面。《舊唐書·音樂志》二記此事,正作代面。可見唐時大、代二字通用。"是《文心》"魏代"作"魏大",乃唐時俗寫慣例,"魏大"即"魏代",則文辭事義,無不愜當,庶幾可以解向來紛紜不決的疑誤了。①

再如《王梵志詩校輯》第一一四首:"女聘待好倈。"校記:"待好倈,原作'帒好仇',據文義改。"郭在貽指出:"此改誤。原文帒是希的形訛,仇是仇的俗别字(見《碑别字新編》第四頁),通'逑'(段玉裁謂'仇與逑古通用',是也),有配偶義。'希好仇'即希望得到好的配偶。《校輯》此條之誤,涉及不辨形訛、不識俗體、不明通假等多種因素。"②

以上例子説明,從事校勘要通曉古今文字,無論正俗諸體,都應究心。

二　音　韻

語音也同樣因時代和地區的不同而有差異,這種差異同樣會導致書面材料的錯誤。顧炎武云:

> 三代六經之音,失其傳也久矣。其文之存於世者,多後人所不能通,以其不能通,而輒以今世之音改之,於是乎有改經之病。始自唐明皇改《尚書》,而後人往往效之。然猶曰:舊爲某,今改爲某。則其本文猶在也。至於今日,鋟本盛行,而凡先秦以下之書,率臆輕改,不復言舊爲某,則古人之音亡,而文亦亡,此尤可嘆者也。……故愚以爲讀九經自考文始,考文自知音始。以至諸子百家之書,亦莫不然。③

顯然,音韻知識是從事校勘工作的利器。一些卓有成就的校勘學家都具有豐富的音韻學知識。如孫詒讓云:

---

① 稿本復印件《敦煌卷子俗寫文字之研究》。

② 《〈王梵志詩校輯〉誤校示例》,載《古籍整理出版情況簡報》第一八四期。

③ 《亭林文集》卷四《答李子德書》。

> 近代鉅儒,修學好古,校刊舊籍,率有記述。而王懷祖觀察及子伯申尚書、盧紹弓學士、孫淵如觀察、顧澗蘋文學、洪筠軒州倅、嚴鐵橋文學、顧尚之明經及年丈俞蔭甫編修,所論著尤衆。風尚大昌,覃及異域,若安井衡、蒲阪圓所箋校雖疏淺,亦資考證。綜論厥善,大抵以舊刊精校爲據依,而究其微恉,通其大例。精思博考,不參成見。其是正文字訛舛,或求之於本書,或旁證之它籍及援引之類書,而以聲類通轉爲之鈐鍵。故能發疑正讀,奄若合符。①

王念孫還在《淮南雜志》後序中,專門從音韻學的角度總結出"有錯簡而失其韻者,有改字而失其韻者"等十多條誤例。下面我們再舉一些運用音韻學知識校正書面材料錯誤的實例。

詩歌要求押韻,根據詩歌是否符合其寫作時代的押韻要求,往往能糾正一些書面材料的錯誤。如郭璞《游仙詩》云:"朱門何足榮,未若託蓬萊。"王念孫指出:

> 蓬萊本作蓬藜。後人以此是游仙詩,故改蓬藜爲蓬萊也。不知此章但言仕不如隱,未及神仙之事,"朱門何足榮"承上"京華游俠窟"而言,"未若託蓬藜"承上"山林隱遯棲"而言。蓬藜,隱者所居。《鹽鐵論·毁學》篇云"包丘子飯麻蓬藜,脩道白屋之下"是也。下文"靈溪可潛盤,安事登雲梯。漆雲有傲吏,萊氏有逸妻"仍是此意。此章藜字與棲、荑、梯、妻、羝、齊爲韻,於古音屬脂部。第六章"高浪駕蓬萊",與災、臺、杯、頤、垓、孩、才爲韻。於古音屬之部,二部不相通用,此非精於周秦兩漢之音者,不能辨也。②

---

① 《札迻·自序》。懷祖,念孫字。伯申已見。紹弓,文弨字。淵如,星衍字。澗蘋,廣圻號。筠軒,頤煊號。鐵橋,可均號。尚之,觀光字。蔭甫,俞樾字。

② 《讀書雜志餘編》卷下《文選·未若託蓬萊》。案程瑶田《通藝録·釋草小記·釋藜》略云:"萊藜一聲之轉。今不治之地多生藜。藜萊相通,故治荒薉之地曰辟草萊也。……三神山其一曰蓬萊,以其人迹罕至,望之有蓬萊諸草而已。因遂以蓬萊名之。"其説與王異,録以備參。

再如武英殿聚珍本宋祁《景文集》卷十五有首《和晏相公夜歸遇雪》詩："孝王臺下糅花飛，草草歸驂驟碧蹄。斗作瞑寒淩冒絮，更回餘舞拂鄣泥。城連迥闕迷蒼鳳，人度長橋壓素槐。頳玉正酣天幕静，不妨清思入新題。"其中"素槐"的"槐"字，《佚存叢書》本《景文集》卷二十七，此詩作"蜺"。據當時通行的《集韻》，"槐"爲皆韻，而此詩的其餘韻脚"題""蹄""泥"三字均爲齊韻，而"蜺"字也屬齊韻。可見"蜺"字正確，"槐"字誤①。

此外，通過詩律也可校出某些詩歌作品中的錯誤，朱彝尊《寄查德尹編修書》引李天生之論而申述之云：

"少陵自詡'晚節漸於詩律細'，曷言乎細？凡五七言近體，唐賢落韻，共一紐者不連用，夫人而然。至於一三五七句，用仄字上去入三聲，少陵必隔别用之，莫有疊出者，他人不爾也。"蒙聞是言，尚未深信，退與李十九武曾共宿京師逆旅，挑燈擁被，互誦少陵七律，中惟八首與天生所言不符：其一，《鄭駙馬宅宴洞中》云："主家陰洞細烟霧，留客夏簟青琅玕。春酒杯濃琥珀薄（入），水漿碗碧瑪瑙寒。誤疑茅堂過江麓（入），已入風磴霾雲端。自是秦樓壓鄭谷（入），時聞雜佩聲珊珊。"疊用三入聲字。其一，《江村》云："清江一曲抱村流，長夏江村事事幽。自去自來梁上燕，相親相近水中鷗。老妻畫紙爲棋局（入），稚子敲針作釣鈎。多病所須惟藥物（入），微軀此外復何求。"疊用二入聲字。其一，《秋興》云："昆明池水漢時功，武帝旌旗在眼中。織女機絲虛夜月（入），石鯨鱗甲動秋風。波漂菰米沉雲黑（入），露冷蓮房墜粉紅。關塞極天惟鳥道，江湖滿地一漁翁。"疊用二入聲字。其一，《江上值水》②云："爲人性癖耽佳句（去），語不驚人死不休。老去詩篇渾漫興（去），春來花鳥莫深愁。新添水檻供垂釣（去），故著浮查替入舟。焉得思如陶謝手，令渠述作與同游。"疊用三去聲字。其一，《題鄭縣亭子》云："鄭縣亭子澗之濱，户牖憑高發興新。雲斷岳蓮臨

① 參看王瑞來《古籍校勘與音韻》，載《古籍整理研究學刊》一九八七年第三期。
② 原題作《江上值水勢如海聊短述》。

大路(去),天晴宫柳暗長春。巢邊野雀群欺燕(去),花底山蜂遠趁人。更欲題詩滿青竹,晚來幽獨轉傷神。"疊用二去聲字。其一,《至日遣興》云:"去歲兹辰奉御床,五更三點入鵷行。欲知趨走傷心地(去),正想氤氳滿眼香。無路從容陪語笑(去),有時顛倒著衣裳。何人錯憶窮愁日,愁日愁隨一綫長。"疊用二去聲字。其一《卜居》云:"浣花流水水西頭,主人爲卜林塘幽。已知出郭少塵事(去),更有澄江銷客愁。無數蜻蜓齊上下(去),一雙鸂鶒對沈浮。東行萬里堪乘興(去),須向山陰入小舟。"疊用三去聲字。其一,《秋盡》云:"秋盡東行且未回,茅齋近在少城隈。籬邊老却陶潛菊(入),江上徒逢袁紹杯。雪嶺獨看西日落(入),劍門猶阻北人來。不辭萬里長爲客(入),懷抱何時得好開。"疊用三入聲字。此八詩者,識於懷不忘,久而睹宋、元舊雕本,及《文苑英華》證之,則"過江麓"作"出江底","江"不當言"麓",作"底"良是。"多病"句作"賴有故人分禄米","夜月"作"月夜","漫興"作"漫與","大路"作"大道","語笑"作"笑語","上下"作"下上","西日落"作"西日下",合之天生所云,八詩無一犯者。由是推之,"七月六日苦炎熱",下文第三句不應用"蠍"字,作"苦炎蒸"者是也,"謝安不倦登臨賞",下文第七句不應用"府"字,作"登臨費"者是也。循此説以勘五言,雖長律百韻,諸本字義之異,可審擇而正之;第恐聞之時人,必有訕其無關重輕者。然此義,昔賢所未發,出天生之獨見,善不可没也。①

朱、李之説指明可從詩律的角度糾正書面詩歌材料的錯誤,這當然也離不開音韻學知識。

詩、詞、曲押韻,散文爲了讀起來朗朗上口,便於記憶,往往也押韻,或攙雜一些押韻的文句,人們同樣可以根據這一特點對散文進行校勘工作。如《大戴禮記·武王踐阼》篇云:"枉者滅廢,敬者萬世。"王念孫指出:

① 《曝書亭集》卷三三《寄查德尹編修書》。

滅廢本作廢滅,後人不通古音,故改爲"滅廢"以與"世"字爲韻,不知世字古又讀設,故與滅爲韻。《大雅・蕩》篇"在夏后之世",與揭、害(讀若曷)、撥爲韻。《莊子・大宗師》篇"所以行於世也",與殺爲韻,皆其證也。王應麟曰:"《學記正義》《尚書・帝命驗》'滅廢'作'廢滅'。"是王所見《學記正義》本作"廢滅",而今本《正義》作"滅廢",則又後人依俗本《大戴》改之也。唯《史記・周本紀正義》引《帝命驗》作"廢滅",則至今未改。①

再如《史記・太史公自序》云:"聖人不朽,時變是守。"《漢書・司馬遷傳》"朽"作"巧",顔師古曰:"無機巧之心,但順時也。"王念孫指出:

《史記》原文蓋亦作"聖人不巧"。今本作朽者,後人以"巧"與"守"韻不相協而改之也。不知"巧"字古讀若糗,正與"守"爲韻。《韓子・主道》篇:"不自操事,而知拙與巧。"《素問・徵四失論》"更名《自巧》",并與咎爲韻。《參同契》"非種難爲巧",與酒爲韻,皆其證也。上文云:"以虛無爲本,以因循爲用。""以虛無爲本"即所謂"聖人不巧"也。"以因循爲用"即所謂"時變是守"也。又云:"有法無法,因時爲業;有度無度,因物與舍。"亦是此意。此皆言道家無爲之術,故顔師古曰:"無機巧之心,但順時也。"《韓子・揚榷》篇亦云:"聖人之道,去智與巧。"若改爲"聖人不朽",則與"時變是守"之義迥不相涉矣。《索隱》本出"聖人不朽"四字,《正義》云"言聖人教迹不朽滅",則所見本皆誤。②

由於各地的語音不盡相同,所以校勘往往還用到方音知識。《四庫全書總目》卷一九八《山谷詞》提要云:"陸游《老學庵筆記》辨其《念奴嬌》詞:'老子平生,江南江北,愛聽臨風笛'句,俗本不知其用蜀中方音,改笛爲曲

① 《經義述聞》卷一二《大戴禮記》中《枉者滅廢》。
② 《讀書雜志・史記第六・太史公自序・聖人不朽》。

以叶韻。今考此本,仍作'笛'字,則猶舊本之未經竄亂者矣。"[1]敦煌文獻與唐五代西北方言有密切關係,因而借助方音從事校勘往往頗見成效,張金泉曾專撰《校勘變文當明方音》一文以明其事。其論《葉净能詩》"皇帝見其樹,高下莫惻(測)其涯,枝條直赴三千大千世界"(《敦煌變文集》二二五頁)。以"赴"代"覆",云:"這是月宫的娑羅樹,我們想象成桂花樹的,赴即覆的同音借字,再也明白不過的了,《變文集》似可加個旁注。無獨有偶,赴、覆又見於敦煌曲子詞。有一首寫松的《生查子》詞裏,借字'赴'同本字'覆'并存,校勘學上叫做有衍字。原來這樹高聳參天,赴、覆二字必有一誤(《敦煌曲子詞集》四九頁)。詞律此調爲五言四句,雙疊,決没有六字句的。所以,《敦煌曲校録》删去赴字,定作'鬱鬱覆云霞'(六三頁),從而,從另一個側面證明方音的存在以及它與校勘的密切關係。"[2]

三　訓　詁

詞義與文字、音韻相同,也往往隨着時代的推移而有所變化,後人不知道前人的詞義而誤改書面材料的現象甚爲普遍,因此從事校勘工作,訓詁學知識是不可缺少的。

戴震云:"詁訓、聲音,相爲表裏。詁訓明,六經乃可明。後儒語言文字未知,而輕憑臆解以誣聖亂經,吾懼焉。"[3]顯然,校勘古籍應當知道古詞古義。如《韓非子·説林下》有兩句:"弱子扞弓,慈母入室閉户。"王引之認爲:

> 其"弱子扞弓"之扞,當作扜,字從于,不從干,扜弓,引弓也。《説文》:"弙,滿弓有所鄉也。"字或作扜。《大荒南經》:"有人方扜弓射黄蛇。"郭注曰:"扜,挽也,音紆。"《吕氏春秋·雍塞》篇:"扜弓而射之。"高注曰:"扜,引也。"《淮南·原道》篇:"射者扜烏號之弓。"高注曰:

① 參看《老學庵筆記》卷二。

② 一九八三年全國敦煌學術討論會文集《文史·遺書編》下册,甘肅人民出版社一九八七年版。

③ 《戴東原集》卷十《六書音韻表序》。

“扜，張也。”弱子扜弓，則矢必妄發，故慈母入室閉户。若作扞禦之扞，則義不可通。①

校勘中古以後的文獻，同樣也需要訓詁學知識，蔣禮鴻論之甚詳，今舉一例：

如《黄鸝繞碧樹》：“争如盛飲流霞，醉偎瓊樹？”鄭文焯校曰：“‘盛飲流霞’，汲古作‘剩引榴花’四字，并以音近訛。注云：《清真集》作‘盛飲流霞’。元本正同，從之。”蔣禮鴻指出：

汲古本是也。凡作“盛飲流霞”之本者，以爲此四字言盛飲酒也。彼特不知“剩”字之義，又不知“榴花”之爲酒耳。唐宋以“剩”爲多，説見張相《詩詞曲語辭匯釋》及余《敦煌變文字義通釋》，無煩舉證。白居易《詠家醖》詩云：“猶嫌竹葉爲凡濁，始覺榴花不正真。”榴花爲酒名，灼然無疑。凡美成之言飲酒，如下卷二頁前《鎖陽臺》云：“別時無計，同引離觴。”十二頁後《瑞鶴仙》云：“有流鶯勸我，緩引春酌。”上卷三十四頁前《丹鳳吟》“痛飲澆酒”，元本作“痛引澆愁酒”，余既以愁字必不可少，著之本條之下矣；乃若痛飲痛引，以《鎖陽臺》《瑞鶴仙》校之，則亦引字爲是。彼三引字，與此闋剩引字而爲四，其語出於古之引滿。《漢書・叙傳》云：“引滿舉白。”又杜甫《晚宴左氏莊》詩：“看劍引杯長。”其義皆同。然則剩引榴花，字字可解，字字允愜，且榴花與瓊樹相對切，而乃謂爲訛文，得乎？大鶴未知俗語剩之爲多，於榴花又失考，遂踵前人之謬。校詞雖細事，猶有甚難者在夫！②

其次，對詞匯的時代特色與時代斷限應當有所了解。因爲隨着時間的推移，有些詞匯可能不用了，而有些新的詞匯却代替了它們。明白了這一點對我們進行校勘工作當然是有益的。如《漢書・酈陸朱婁叔孫傳》

① 《讀書雜志餘編》卷上《韓子・説林下・扜弓》。

② 《懷任齋文集・大鶴山人校本清真詞箋記》。

云:“於是沛公輟洗起衣,延食其上坐,謝之。”師古注曰:“起衣,著衣也。”王念孫指出:

古無謂著衣爲起衣者。此文本作“輟洗起(句)攝衣。延食其上坐。”鄭注《士冠禮》曰:“攝,猶整也。”謂整衣而延之上坐也。師古所見本脱攝字,遂以起衣連讀,而訓爲著衣,誤矣。《史記》正作攝衣。《文選》王粲《七哀詩》注、傅元《雜詩》注、班彪《王命論》注、《太平御覽・人事部》一百四引《漢書》皆作攝衣,是所見本與師古不同也。《高紀》亦云:“於是沛公起攝衣謝之。”①

蔣禮鴻也曾就唐代文獻舉過一例:

任二北先生校《敦煌曲》,有一首儒生和武人争辯的《定風波》詞説:“三尺張良飛(非)惡弱,謀略,漢興楚滅本由他。”任先生看到“謀略”兩字,就把“三尺”改成“三策”(《敦煌曲校録》六四頁)。其實,“三尺”是唐人用來形容文人的用語,王勃在《滕王閣序》裏就自稱“三尺微命,一介書生”,可見不能改成“三策”。又如敦煌的《歸西方贊》:“急手專心念彼佛,彌陀浄土法門開。”任先生改爲“撒手”,説:因“撒”作“煞”,又省而爲“急”。其實“急手”就是急急的意思,是六朝以來就有的用語,敦煌所出的《三身押座文》説:“念佛急手歸舍去,遲歸家中阿婆嗔。”更早則見於《洛陽伽藍寺記・白馬寺條》:“大竹箭,不須羽;東厢屋,急手作。”②

此外,陳垣《校勘學釋例》卷三第二十七《元代用字與今不同例》也談到過這個問題,他説:

① 《讀書雜志・漢書第九・酈陸朱婁叔孫傳・輟洗起衣》。

② 《懷任齋文集・校勘略説》。

有字非後起，而用法與古不同，翻刻古籍，不應以後來用法之字用之古籍也。

元時稱人之多數輒曰“他每”，猶今稱“他們”也。浦本《史通・雜説》云：“渠們底箇，江左彼此之辭。”似“們”字古已有之。南宋人用“們”，或用“懣”，然元時實通用“每”，今沈刻《元典章》恒改爲“們”，不睹元刻，幾疑“們”字爲元時通用也。

聖政一五　　將他們姓名申臺者

户八五八　　若拏住他們做賊説謊的呵

刑八十　　只依舊交管着他們的上頭　“他們”元均作“他每”。

户十十三　　有的俺們宫觀裏住的先生每　元作“俺每”。

刑十一十五　依着您門商量來的文書者　“您門”元作“您每”。

新朝綱五　　要肚皮的歹人們厮倣傚著　元作“歹人每”。

新朝綱七　　教百姓們哏生受　元作“百姓每”。

原免之“原”，與元來之“元”異，自明以來，始以“原”爲“元”，言板本學者輒以此爲明刻元刻之分，因明刻或仍用“元”，而用“原”者斷非元刻也。今沈刻《元典章》，“元”多改爲“原”，古今用字混淆，不幾疑明以前已有此用法耶！

户三十　　原議養老女厷　元作“元議”。

户四二十　　所據倪福一原下財禮　元作“元下”。

刑八四　　親隨受錢著落原主　元作“元主”。

“抄”“鈔”二字古通用，然元時以楮幣爲鈔，習久遂以鈔爲楮幣專名，抄爲謄寫專名，凡元代公牘上抄到某年劄付，均作“抄”，不作“鈔”，今沈刻輒改“抄”爲“鈔”，意義不殊，面目全失。

新户五四　　鈔到大德十年八月中書省劄付

新兵十五　　鈔到延祐五年云云　元均作“抄”。

又現代之“現”，古皆作“見”，近世借“現”爲“見”，乃以“見”爲視專名，“現”爲現代、現時等專名，習慣自然，忘其假借，然元時此等用法尚未通行，翻刻古籍，應存其舊。

户三廿五　　現充軍户　元作“見充”。

户九十三　　親舊現在切恐怠惰　元作"新舊見在"。

再次,要明假借。古書中借用音同或音近的字來代替本字是常見的現象。王念孫云:"詁訓之指,存乎聲音,字之聲同聲近者,經傳往往假借。學者以聲求義,破其假借之字而讀以本字,則涣然冰釋。如其假借之字而强爲之解,則詰𥳑爲病矣。"①如《淮南子·本經》篇云:"異貴賤,差賢不肖;經誹譽,行賞罰。"王氏指出:"'差賢不'下本無肖字。不與否同,貴賤賢不,誹譽賞罰,皆相對爲文,後人不知不爲否之借字,故又加肖字耳。"②又,《漢書·張馮汲鄭傳》云:"吾獨不得廉頗、李牧爲將。"王氏校曰:

《群書治要》引此,"牧"下有"時"字,是也。今本無"時"字者,後人不解其義而删之耳。"時"讀爲"而",言吾獨不得廉頗、李牧而爲將也。"而"、"時"聲相近,故字相通。《賈誼傳》:"故自爲赤子,而教固已行矣。"《大戴記·保傅》篇"而"作"時"。《聘義》曰:"然而用財如此甚厚者。"《大戴記·朝事》篇"而"作"時"。《史記·太史公自序》:"專決於名,而失人情。"《漢書·司馬遷傳》"而"作"時",是其證。③

在校勘的過程中,還可以通過對詞義的深入研究發現錯誤並予以指正。如《淮南子·天文》篇云:"日至於昆吾,是謂正中;至於鳥次,是謂小還;至於悲谷,是謂餔時;至於女紀,是謂大還。"王念孫指出:

小還大還,當爲小遷大遷,字之誤也。遷之爲言西也,日至昆吾,謂之正中;至鳥次則小西矣,故謂之小遷;至女紀則大西矣,故謂之大遷。《漢書·律曆志》曰:"少陰者西方。西,遷也。陰氣遷落物。"《白虎通義》曰:"西方者,遷方也。"萬物遷落也,是遷與西同義,若作小還大還,則義不可通矣。舊本《北堂書鈔·天部一》及《藝文類聚》《初學

---

① 《經義述聞》王引之序。

② 《讀書雜志·淮南内篇第八·本經·賢不肖》。

③ 《讀書雜志·漢書第九·張馮汲鄭傳·爲將》。

記·天部上》《太平御覽·天部三》引此并作小還大還。①

當然,我們在校勘時還需要對詞義進行全面的把握,否則也難以獲得正確的結論。例如蔣禮鴻曾指出:

要是你衹知道“空”是空洞無物,而不知道“空”字也有誠實一類的意義,那你自然會同意把《淮南子》“知機械而空衰”的空字改成“實”字,而不知道這個改法却正是錯的。再可以舉一個同樣的例子:《韓非子·外儲説左下》篇:“墾草仞邑。”俞樾説:“仞當作刱(創),謂刱造其邑也。作仞者,字之誤。《新序》載此事正作刱邑,當據以訂正。”俞氏的説法,好象有憑有據。其實仞是牣同音通用字,仞邑就是使城邑充實繁盛的意思。《史記·殷本紀》:“益收狗馬奇物充仞宫室。”可以證明作“仞”并不錯,俞氏要根據《新序》改字,實在是多事。這也是他不了解仞字除了當長度以外另有假借義的緣故。好多古書被改錯的原因大概也就在此。②

四　語　法

利用語法知識也有助於校勘,今略舉數例:《史記·魯仲連傳》云:“魯仲連曰:‘吾將使秦王烹醢梁王。’新垣衍怏然不悦曰:‘噫嘻!亦太甚矣,先生之言也!’”王若虚校曰:“多‘先生言’字。必欲存之,當在‘太甚’字上。”③洪誠指出:“王若虚不懂感嘆句謂語先出爲古今語言同有之例,所以妄云‘先生之言也’爲冗複而欲删之,不删就要把它提前。《史記》這段文字出於《戰國策·趙策》,不是司馬遷自造的語言。”④對古代白話文著作的校勘也同樣存在着語法問題,項楚撰《五燈會元點校獻疑三百例》之

① 《讀書雜志·淮南内篇第三·天文·小還 大還》。
② 《懷任齋文集·校勘略説》。俞説見《諸子平議》卷二一。
③ 《滹南遺老集》卷一五《史記辨惑七》。
④ 《訓詁學》第三章《閱讀必須掌握的基本規律》第七節《句法規律》。

五十五云：

和尚恐某甲不實邪？（二三一頁）校記："邪，原作'那'，據續藏本改。"按原本"那"字不誤，"那"是疑問語氣詞，本書習見，如二六〇頁："曰：'雖在彼中，且不曾上他食堂。'師曰：'口喝東南風那。'"四四八頁："師曰：'汝實不會那！'曰：'學人實不會。'""那"下皆應改問號。三〇四頁："你不肯我，那但裝香來。"亦應以"那"屬上，作："你不肯我那？"①

此外，各時代非漢族人使用漢語時，也可能將其本民族語言中某些語法特點移植到漢語中來，在校勘時也應注意，陳垣曾指出："《元典章》語體聖旨，多由蒙古語翻譯而成，故與漢文法異，其最顯著者，常以'有'字或'有來'爲句。沈刻輒誤乙之，或竟删去，皆不考元時語法所致也。"如"刑八九：'撇下軍逃走'，元作'逃走了有'，今妄删去'了有'二字。"②所以，我們在校勘時，也非掌握語法學知識不可。

五　修　辭

爲了增强語言的表現力，人們在行文中往往使用某些修辭手段。這些手段在書籍中的存在，往往有助於文字校勘。其中對偶與排比對校勘的價值尤大。

關於對偶。如《墨子·非樂上》云："食飲不美，面目顏色，不足視也；衣服不美，身體從容醜羸，不足觀也。"王念孫指出：

醜羸二字，後人所加也。《楚辭·九章》注曰："從容，舉動也。"（古謂舉動爲從容，説見《廣雅疏證·釋訓》）身體從容不足觀，謂衣服不美，則身體之一舉一動，皆無足觀也。後人乃加入"醜羸"二字。夫

---

① 載《古籍整理出版情況簡報》第一七二期。

② 《校勘學釋例》卷四第二八《不諳元時語法而誤例》。

衣服不美,何至羸其身體?且身體從容不足觀與面目顔色不足視對文,加"醜羸"二字則與上文不對矣。鈔本《北堂書鈔·衣冠部三》引此作"身體從容不足觀",無"醜羸"二字。《太平御覽·服章部十》《飲食部七》所引並同。①

又,《漢書·酈陸朱婁叔孫傳》云:"馬上得之,寧可以馬上治乎?"王念孫云:"'治'下亦當有'之'字,與上'得之'對文。《太平御覽》人事部一百七、治道部四引此並作'治之'。《史記》《漢紀》《通鑑》同。"②再如《全唐詩》卷七九三載陸龜蒙詩《獨在開元寺避暑,頗懷魯望,因飛筆聯句》:"烟重回蕉扇,輕風拂桂帷。""輕風",《甫里集》作"風輕"。陳漢英校云:"'風輕'是。《全唐詩》應予乙正,與'烟重'對偶。"③

關於排比。《逸周書·官人》篇:"醉之酒,以觀其恭;從(與縱同)之色,以觀其常。"王念孫指出:

"酒"、"色"二字,後人所加也。"醉之以觀其恭",文義已明,無庸更加酒字。若"縱之以觀其常",則非止一事,但言色則偏而不具矣。且喜之、怒之、醉之、縱之、遠之、昵之,六者相對爲文,則原無"酒"、"色"二字可知。《群書治要》作"醉之以觀其失,縱之以觀其常"。《大戴記》作"醉之以觀其不失,縱之以觀其常"。皆無"酒"、"色"二字。④

又,王氏《讀書雜志》十六《餘編》下《簫鐘兮瑶簴》所校亦屬此類:

《九歌》:"緪瑟兮交鼓,簫鐘兮瑶簴,鳴篪兮吹竽。"簫一作蕭。簫鐘句,王氏無注。洪補曰:"瑶簴,以美玉爲飾也。"洪邁《容齋續筆》曰:"洪慶善注《東君》篇簫鐘,一蜀客過而見之曰:'一本簫作𢷾。'《廣

① 《讀書雜志·墨子第三·非樂上·醜羸》。
② 《讀書雜志·漢書第九·酈陸朱婁叔孫傳·馬上治》。
③ 《點校陸龜蒙集所見全唐詩之誤》,載《古籍整理出版情況簡報》第一八八期。
④ 《讀書雜志·逸周書第三·官人·醉之酒 從之色》。

韻》訓爲擊也,蓋是擊鍾,正與絙瑟爲對耳。”念孫案:讀簫爲擴者是也。《廣雅》曰:“擴,擊也。”《玉篇》音所育切,《廣韻》又音蕭。擴與簫、蕭,古字通也。瑶讀爲摇。摇,動也。《招魂》曰:“鏗鐘摇簴。”王注曰:“鏗,撞也;摇,動也。”《文選》張銑注曰:“言擊鐘則摇動其簴也。”義與此同,作瑶者借字耳。“絙瑟”以下三句,皆相對爲文。若以瑶爲美玉,則與上下文不類矣。①

再如人民文學出版社本《西游記》第一回《靈根育孕源流出　心性修持大道生》中有一段話:“參老天,拜菩薩;扯葛藤,編草帓;捉虱子,咬又掐;理毛衣,剔指甲。”其中“咬又掐”三字,張書紳《新説西游記》乾隆刻本及光緒石印本作“咬圪蚤”。對此,梅季認爲以上所引“全是動賓詞組,獨‘咬又掐’爲動詞并列,顯然不相對,張本校改是”。②

王念孫根據古書中相對爲文的特點來進行校勘,姚永概曾批評道:“古人屬辭,意偶而辭不必偶,往往有一字而偶二三字者,王氏每以句法參差不齊爲疑,據類書以改古本,不知類書多唐以後人作,其時排偶之文務尚工整,故其援引隨手更乙使之比和,況古人引書但取大義,文句之多寡,字體之同異,統不計焉。從王氏之説,是反以今律古,失之遠矣。”③我們認爲既然古人有相對爲文的特點,利用這一特點來進行校勘是不應否定的。王氏利用這一特點來進行校勘時,一般都廣博地引用證據,經過認真的分析,然后才下斷語,態度是嚴謹的,也是不應持否定態度的。當然姚氏的一些看法也可供我們在校勘時參考。至於如何全面地認識類書的校勘價值,前文已論及,這裏就不重複了。

在校勘實踐中,往往需要綜合運用各種語言學知識。如《讀書雜志餘編》卷上《老子·夫佳兵者不祥之器》云:

三十一章:“夫佳兵者不祥之器,物或惡之,故有道者不處。”《釋

---

① 慶善,宋洪興祖也,著《楚辭補注》。

② 《〈西游記〉校點注問題商榷》,載《古籍整理出版情況簡報》第一八〇期。

③ 《慎宜軒文》卷二《書經義述聞·讀書雜志後》。

文》:“佳,善也。”河上云:“飾也。”念孫案:“善”、“飾”二訓皆於義未安。古所謂兵者,皆指五兵而言,故曰兵者不祥之器。若自用兵者言之,則但可謂之不祥,而不可謂之不祥之器矣。今案佳當作隹,字之誤也。隹,古唯字也。唯兵爲不祥之器,故有道者不處。上言夫唯,下言故,文義正相承也。八章云:“夫唯不争,故無尤。”十五章云:“夫唯不可識,故强爲之容。”又云:“夫唯不盈,故能蔽不新成。”二十二章云:“夫唯不争,故天下莫能與之争。”皆其證也。古鐘鼎文唯字作隹,石鼓文亦然。又夏竦《古文四聲韻》載《道德經》,唯字作[illegible]。據此,則今本作唯者,皆後人所改。此隹字若不誤爲佳,則後人亦必改爲唯矣。

王氏首先從訓詁學的角度指明該字若爲佳字則於義未安,接着又從語法學的角度,並運用大量例證説明該字若爲隹字正合文義。最後又從文字學的角度證明隹即古唯字。文中的隹字誤爲佳,顯然是因爲形近而訛。從而證明了其結論的精確。再如《廣雅疏證》卷三上《釋詁三》“㽘,竟也”。下云:“㽘,各本皆作[illegible],㽘字俗書作[illegible],因訛而爲[illegible],惟影宋本不訛。《説文》:‘㽘,竟也。’㽘、疆、竟,古聲并相近。”王念孫首先采用對校的方法發現了影宋本同各本之間的差異。接着從訓詁學、音韻學的角度説明了“㽘”字對,“[illegible]”字誤,又從文字學的角度分析了致誤之由。其審慎精密與前條同。

第二節　校讎學知識

從事校勘,應具備衆本,而訪求衆本,又須披尋目録,這是非常自然的事,所以在歷史上,幾乎所有的校勘名家也往往是版本、目録學家。關於版本學、目録學知識,我們在本書《版本編》《目録編》已經作了詳細介紹,這兒僅談一下人們是怎樣運用版本、目録知識來從事校勘工作的。

一 版 本

陳垣指出："凡校一書，必須先用對校法，然後再用其他校法。"①所以爲了確保校勘工作的質量，首先就得廣搜異本，還要弄清它們的源流，並對其異同優劣作出判斷。在這個基礎上，先確定底本、主要校本、參考校本，然後才能着手校勘。上述每一道工序都離不開版本學知識。

以吴文治等校點《柳宗元集》爲例，他們首先對宋元明清各代出現的柳集不同版本進行了調查研究，認爲："留傳至今比較好的柳集版本，只有《新刊增廣百家詳補注唐柳先生文集》(簡稱百家注本)、《五百家注柳先生文集》殘本(簡稱五百家注本)、《重校添注音辯唐柳先生文集》殘本(簡稱鄭定本)、世綵堂本《河東先生集》(簡稱世綵堂本)、《增廣注釋音辯唐柳先生集》(簡稱音辯本)、《新刊詁訓唐柳先生文集》(簡稱詁訓本)以及永州本《柳柳州外集》(簡稱永州本外集)等數種。"接着，他們又分析了版本的源流，認爲世綵堂本是鄭定本的改頭换面。而鄭定本則是五百家注本的重校添注本。五百家注本則來源於百家注本。然後他們選出了最恰當的底本。吴文治在《校點後記》中寫道：

> 經過反復比較，我們決定以百家注本爲校點《柳宗元集》的底本，主要是因爲考慮到：(一) 百家注本是現存柳集宋刻本中時代較早而又較爲完整的本子。北京圖書館所藏原海源閣楊氏舊藏百家注本，正集四十五卷，均完好無缺，經鑒定爲宋刻蜀本，現在已經是海内孤本。北京圖書館所藏宋刻世綵堂本雖然也比較完整，但時代至少要比百家注本晚出七八十年；且建國後已經排印出版，流傳比較廣泛。而其他南宋刻本，都已經殘缺不全。如五百家注的南宋原刻本，現僅存十一卷(卷十六至二十一、卷三十七至四十一)，《四庫全書》文津閣本及文淵閣本亦僅存正集前二十一卷、外集三卷、附録四卷；鄭定本則僅存五卷(卷十八至二十、卷四十三至四十四)。永州本《柳柳州外

① 《校勘學釋例》卷六第四三《校法四例》。

> 集》是現存宋刻柳集中最早的版本(宋乾道元年永州郡庠刻),但一共只收録柳文四十三篇。此外,音辯本、詁訓本的南宋原刻本均已亡佚。北京圖書館所藏音辯本,經鑒定爲元刻建本,詁訓本則只有文津閣《四庫全書》本。(二)百家注本的注文比較詳細,而且在注文中保留了原注釋者的姓氏,便於讀者研究。五百家注本、鄭定本和世綵堂本的注文,基本上都是從百家注本沿襲下來的。世綵堂本對原有注文雖略有增删,但差别不大。而它把注文中原注者的姓氏一律删去,這就使書中的某些注文造成了不應有的混亂,給讀者研究柳文也帶來不便。至於音辯本和詁訓本,它們的注文雖也有一些自己的特點,但都遠没有百家注本豐富。(三)百家注本在注文中保存了前人沈晦、任淵、孫汝聽、劉崧、韓醇、童宗説、張敦頤、文讜、陳顎等人對柳文的訓詁、考證。他們的原著多已亡佚,我們從百家注本中尚能獲見一二。①

由於標點者對柳集各本的優缺點及源流進行了細致的研究,這就保證了新版《柳宗元集》的校點工作得以順利進行,並且取得了可觀的成績。反之,如果缺乏版本學知識,就會給校勘工作造成一定損失。黄永年曾以近年校印的幾部古籍爲例談道:"所謂'評法批儒'時出版的《劉賓客集》,用題有'中山集'字樣的明刻本影印,這個明刻本只有三十卷文集,没有外集,而董康影印日本藏宋本以及《四部叢刊》影印董本之外集十卷完足者,却没有被采用。《舊唐書》現存較早的刻本是南宋紹興時兩浙東路茶鹽司刻本,殘存六十九卷,其次是明嘉靖時聞人詮據宋本重刻的本子,清乾隆時殿本則是根據聞人本又加以竄改後刊刻的,若干地方失去了原書的本來面目,道光時岑建功本則用殿本重刻,近年出版的新點校本却用岑本爲底本,而不用較能保存原書面目的影印宋本配聞人本的百衲本。前幾年出版了《貞觀政要》的標點本,用《四部叢刊續編》影印的明成化經廠刻元戈直注本爲底本,其實戈注本已將原本的篇章竄亂,並非吴兢原書的真面

---

①　中華書局一九七九年版《柳宗元集》卷末。

目，而未經竄亂的明洪武刻本，北京圖書館先後入藏了兩部，標點者却不知利用。”黄氏對此，不無惋惜地認爲：“底本選用的確當與否對古籍整理是起着決定性作用的。在這個問題上出現了失誤，則其他工序做得再努力也難於補救。”①

不少古書的版本非常多，校勘時如果不加區别地一一注其異同，將不勝其煩，也没有必要。所以主校本與參校本的確定也非常重要，而對它們的確定當然也離不開版本學知識。例如由阮元主持校刻的《十三經注疏》中的《春秋左傳正義》，以阮元所藏十行宋本爲底本，此外還選擇了十三種參校本，其《春秋左傳注疏校勘記序》介紹慶元間吴興沈中賓刻本云：

> 宋本《春秋正義》三十六卷，宋慶元間吴興沈中賓所刊。案《新唐書·經籍志》載《春秋正義》三十六卷，與此合。宋王堯臣《崇文總目》、晁公武《郡齋讀書志》、陳振孫《書録解題》并同。分卷行款與俗本亦異……與唐石經合。無附釋音，字無俗體，是宋刻正義中之第一善本。每半頁八行，經傳每行十六字，注及正義每格雙行，行廿二字，經傳下載注不標注字，正義總歸篇末，真舊式也。今《校勘記》依此分卷。

再如陳杏珍、晁繼周校《曾鞏集》，除底本外，還選了主要校本十種，參校本四種。此外還將丁思敬刻本確定爲最主要的校本，並介紹道：“現存《元豐類稿》最早也最完整的刻本是元大德八年東平丁思敬刻本。這個刻本紙質細潤，版式寬大，字畫精整，是元刻本中的代表作。尤爲可貴的是，它校勘精審，比之明刻諸本，較能反映曾鞏著作的原貌。如第七卷《水西亭書事》詩一首，第四十七卷《太子賓客致仕陳公神道碑銘》中的四百六十八字，明刻諸本俱闕，而此本保存完整。綜觀全書，訛誤也較少。”②以上二例表明，校勘者在選擇校本時，通過查目録、驗版式、審紙質、衆本比勘

① 《古籍整理概論·底本·選擇》。

② 中華書局一九八四年版《曾鞏集》卷首《前言》。

等方法，對版本的校勘價值作了較爲正確的評價。

至於據善本以定文是非從違之例，前已多見，此不更舉。這當然也離不開版本學知識。

二　目　録

從事校勘工作也離不開目録學知識，這是因爲目録可以爲我們搜集校勘資料提供綫索。例如我們要了解某部古書有哪些異本，即可利用邵懿辰、邵章編的《增訂四庫簡明目録標注》、中國古籍善本書目編輯委員會編的《中國古籍善本書目》、上海圖書館編的《中國叢書綜録》、中國版本圖書館編的《全國總書目》《全國新書目》、古籍整理出版規劃小組編的《一九四九—一九八一古籍整理編目》等。有些書目還爲我們指明了藏書處所，則更爲方便。章學誠云："板刻之書，流傳既廣，訛失亦多。其所據何本，較訂何人，出於誰氏，刻於何年，款識何若，有誰題跋，孰爲序引，板存何處，有無缺訛，一書曾經幾刻，諸刻有何異同。惜未嘗有人倣前人《金石録》例而爲之專書者也。如其有之，則按録求書，不迷所向。嘉惠後學，豈不遠勝《金石録》乎？"[①]應當説，後來出現的許多版本目録和記載版本的題跋彙編基本上做到了這一點。[②]

其次是如何將他書中的引文和有關資料找出來，這也需要目録學知識。如現存重要的古類書與古書注已有不少今人編的引用書目録。馬念祖編的《水經注等八種古籍引用書目彙編》已將《水經注》《三國志注》《世説新語注》《文選注》《藝文類聚》《一切經音義》《太平御覽》《太平廣記》中所引用的書編成這個目録，我們就可以從此書中提供的綫索有目的地去檢索。有的書還編有專門的引書索引，如李劍雄等編《藝文類聚索引》中的第二部分《藝文類聚書名篇名索引》（上海古籍出版社一九八二年版）、許逸民編《初學記索引》中的第二部分《初學記引書索引》（中華書局一九八〇年版）、洪業等編《太平御覽引得》的第二部分《太平御覽引書引得》

---

① 《章氏遺書》卷一三《論修史籍考要略》。

② 請參看本書《版本編》第七章《對版本的記録和研究》及《目録編》第七章《特種目録》第五節《版本目録》。

(哈佛燕京學社一九三五年版)、段書安編《史記三家注引書索引》(中華書局一九八二年版)、《文選注引書引得》(哈佛燕京學社一九三五年版)等等。現舉中華書局一九八二年版《太平廣記索引》中的《引書索引》中的一條款目爲例:

搜神記
　　董永妻　五九/三六八
　　天台二女　六一/三八三
　　白水索女　六二/三八七
　　……

斜綫前的數字代表卷數,斜綫後的數字代表頁數。索引將《太平廣記》中引用的《搜神記》都找了出來,並一一指明了它們在《太平廣記》中的位置。如果我們要用《太平廣記》中的引文校勘《搜神記》,只要按圖索驥就行了。顯然,利用引書索引來做校勘工作,效果將會更好。類書是分門别類排列的,如果没有引書索引,我們不妨查一查有關門類。當然,爲了不至漏掉有用的資料,最可靠的方法還是將該類書或該古書注,從頭到尾細核一遍。

尋找古書中的引文和有關資料,查一查目録也是大有好處的。因爲我國古代目録基本上是按學術分類編排的,有關的圖書當然會被編排在相同的或相關的類目中。此外,我們還可以借用各種索引來找到不同書中的相關資料。例如我們要校勘《新唐書》中某個人物傳記,就應當查一查傅璇琮等編的《唐五代人物傳記資料綜合索引》(中華書局一九八二年版),這樣不僅能找到《舊唐書》中同一人物的傳記,而且還能從《全唐文》等書中找到更爲原始的資料。

從劉向《别録》開始,人們常把校勘成果記録在書目提要中,這對校勘工作當然也有參考價值。例如《四庫全書總目》卷四五《史記正義》一百三十卷提要云:"是書據自序三十卷,晁公武、陳振孫二家所録則作二十卷。蓋其標字列注,亦必如《索隱》,後人散入句下,已非其舊。至明代監本,採附《集解》《索隱》之後，更多所删節，失其本旨。”接着以震澤王氏刊本相校，詳細記録了明監本妄删的情況。再如《太平御覽》一書，有明倪炳刻本、有周堂活字本、有《四部叢刊三編》影印宋刻本。王重民《中國善本書提要》云：

> 余因持此三本，以校卷第四十一會稽山十條，其優劣立判。第一條《吴越春秋》云“脩國之道”，宋本、活字本同，刻本國上有“治”字。第二條“又曰禹巡行天下”，宋本、活字本同，刻本脱“行”字；又“觀中州諸侯”，宋本、刻本同，活字本觀作“覲”。第五條引《九土文括略》“有一石穴”，宋本、活字本同，刻本脱“有”字。第六條引孔靈符《會稽記》，刻本竟誤符爲“之”，誤記爲“志”；又“禹夢玄夷倉水使者”，宋本、活字本同，刻本作“禹夢玄夷會蒼水使”。第八條引《夏侯曾先志》，宋本、活字本並提行，刻本不提行；又“湧石亘山”，宋本、刻本同，活字本石作“出”，又“下有懸巖”，宋本、活字本同，刻本下誤爲“六”。第九條引《郡國志》“人死覆之便活”，宋本、活字本同，刻本覆作“佩”。第十條引《山海經》“會稽之山”，宋本、活本同，刻本會誤“分”；又“上有禹冢”，宋本、刻本同，活字本冢誤“家”。總此十條，三本異同者十餘事，然十之八九活字本與宋本同，僅第十條活字本誤冢爲“家”，至第二條之“覲中州諸侯”，宋本作觀，亦不如活字本較善。

最後，王氏得出結論，認爲：“其異者往往較宋本爲尤善。”

此外，書目資料也可作校勘的依據。如楊守敬云：“今世所傳《論語注疏》，以十行本爲最古。如《序解》疏中少府朱畸，十行本以下皆同。據《漢書・藝文志》《釋文叙録》并作宋畸，此本正作宋畸，若無此本，則宋、朱二字，竟不能定爲誰誤。”[1]宋畸的歷史别無可考，《漢書・藝文志》所載算是最原始的資料了。再如中華書局標點本《明史・藝文志》載：“戴詵《易州志》三十卷。”王宏凱指出：

---

① 《日本訪書志》卷二元槧本《論語注疏十卷》。

"詵"誤,應作"銑",形近而訛。戴銑,字寶之,江西婺源人,弘治九年進士。《明史》卷一八八有傳。據天一閣藏弘治年間刻本《易州志》二十卷,卷首有弘治十五年,征仕郎、兵科給事中、前翰林院庶吉士、婺源戴銑《新葺易州志序》。明朱睦㮮《萬卷堂書目》卷二、《中國地方志綜録》十九頁、《中國地方志聯合目録》五十五頁均作"戴銑《易州志》二十卷"。①

綜上所述,可知目録學知識也是從事校勘工作不可缺少的。

第三節　相關的專業知識

漢成帝"詔光禄大夫劉向校經傳諸子詩賦,步兵校尉任宏校兵書,太史令尹咸校數術,侍醫李柱國校方技"②,就已注意到校書者應具備專業知識,章學誠説明道:

《七略》以兵書、方技、數術爲三部,列於諸子之外者,諸子立言以明道,兵書、方技、數術,皆守法以傳藝,虛理實事,義不同科故也;至四部而皆列子類矣。南宋鄭寅《七録》,猶以藝、方技爲三門,蓋亦《七略》之遺法。然列其書於子部可也,校書之人,則不可與諸子同業也,必取專門名家,亦如太史尹咸校數術,侍醫李柱國校方技,步兵校尉任宏校兵書之例,乃可無弊,否則文學之士,但求之於文字語言,而術業之誤,或且因而受其累矣。③

後世校書也注意到了這個問題,如編纂《四庫全書》,在分工時也注意到了校書者的專業知識。如李慈銘指出:"《四庫總目》,雖紀文達、陸耳山

① 《〈明史・藝文志〉正誤三則》,載《史學月刊》一九八七年第四期。
② 《漢書》卷三〇《藝文志》。
③ 《校讎通義》卷一《校讎條理第七》。

總其成，然經部屬之戴東原，史部屬之邵南江，子部屬之周書昌，皆各集所長。”①

也有人荒謬地認爲校勘工作可以不要專業知識。如宋韓淲曾談到：宋哲宗時，“秘書監王欽臣奏差真靖大師陳景元校黄本道書。范祖禹封還之，以爲諸子百家，神仙道釋，蓋以備篇籍，廣異聞，以示藏書之富，本非有益於治道也。不必使方外之士讎校，以從長異學也。今館閣之書，下至稗官小説，無所不有，既使景元校道書，則他日僧校釋書，醫官校醫書，陰陽卜相之人校技術，其餘各委本色，皆可援例，豈祖宗設三館之意哉！遂罷景元”。② 范祖禹由於看不起他心目中的異端而發此謬論，當然是站不住脚的。還有一些從事校勘工作的人既缺乏專業知識，又不負責任，勢必無所成就。沈括曾説：“舊校書官多不恤職事，但取舊書，以墨漫一字，復注舊字於其側以爲日課。”③這簡直是笑話了。

下面我們試舉一個校勘文學作品應當有專門的文學知識的例子。蔣禮鴻云：

> 史達祖《梅溪詞》裏一首詠春雪的《東風第一枝》，裏面有“怕鳳鞵挑菜歸來，萬一灞橋相見”的句子，有一個本子作“鳳韡”，鞵就是鞋字，韡就是靴字，這兩個字從意義上都説得過去，究竟哪一個對呢？研究詞曲的人告訴我們：鞵字對，韡字不對。原來詞和曲中間有所謂“短柱韻”，即一句句子裏幾個小的停頓的地方用一個韻，這樣唱起來念起來很好聽。鞵、菜、來正是用的同一個韻：“怕鳳鞵挑菜歸來”正和上半首裏“料故園不卷重簾”一句的地位相同，那裏“園”、“卷”、“簾”三個字也是用的同一個韻。（園、卷兩個字舌音收聲，簾字唇音收聲，本來不能算同韻。但詞曲常不用官韻而用口音押韻，這裏的“簾”也已用舌音收聲，和現在普通話的讀法没有分别了。）這就是專

① 《孟學齋日記》丙集上。文達，紀昀謚。耳山，陸錫熊號。東原，戴震號。南江，邵晉涵號。書昌，周永年字。

② 《澗泉日記》卷下。

③ 《夢溪筆談》卷七。

業知識有助於校勘的例證。[①]

由於一部書不可避免地要涉及多方面的專業知識，因此我們在校勘某部書時還應具有相關的專業知識。現略舉數例如下：

校勘古籍應懂地理，因爲任何人都生活在一定的空間範圍内，任何事件都發生在一定的空間範圍内，而表示空間的地名及行政區劃也處於不斷地變化之中，缺乏地理學知識往往會造成書面材料的某些錯誤，而具有豐富的地理學知識，則往往會糾正書面材料的某些錯誤。如楊慎云：

> 甯戚《飯牛歌》："康浪之水白石爛。"康浪水在今山東，見《一統志》，可考。今《樂府》誤作滄浪之水。滄浪在楚，與齊何干涉也。駱賓王文云："觀梁父之曲，識卧龍於孔明；聽康浪之歌，得飯牛於甯戚。"此可以證。近書坊刻駱集，又妄改"康浪"作"康衢"，自是堯時事，與甯戚何干涉也。[②]

又，沈家本刻《元典章·吏部》卷四有云："浙江行省。"陳垣校云："元作'江浙行省'，元時無'浙江省'之名也。此誤極多，不勝舉。"《刑部》卷十六有云："貴縣縣尹。"陳垣指出："元作'貴池縣尹'，元時無'貴縣'之名也。"[③]再如黄永年談道："我讀過《大慈恩寺三藏法師傳》的民國十二年南京支那内學院刻本，其校勘夙稱精善，但卷一〇講玄奘之死時却出現了'房州刺史竇師倫奏法師已亡'的話。案玄奘死於玉華宫，而玉華宫在坊州不在房州，這裏的'房州刺史'顯係'坊州刺史'之誤，而這個本子未能勘

---

① 《懷任齋文集·校勘略説》。

② 《升庵詩話》卷五《康浪》。王仲鏞箋證云："《樂府詩集》卷八三雜歌謡辭載《商歌》二首，其第一首起句云：'南山矸，白石爛。'第二首起句云：'滄浪之水白石粲。'前見《史記·鄒陽傳》裴駰《集解》引應劭説'甯戚疾擊其牛角商歌曰'云云；後見《藝文類聚》卷四三，題作《扣牛角歌》。易'粲'爲'爛'，或升庵混記；今傳《類聚》亦作'滄浪之水'也。甯戚飯牛事，《吕氏春秋·舉難》《淮南·道應篇》及《説苑·善説》《新序·雜事》皆載之。《康衢謡》，相傳爲堯時歌謡，見《列子》。"

③ 《校勘學釋例》卷四第三二《用後代語改元代語例》。

正，其原因就在於校勘者雖是佛學專家，但對唐代史地尚欠熟悉。”①

校勘古籍還應具備典章制度方面的知識，典章制度涉及面甚廣，今僅就職官、避諱、謚法三者舉例説明之。

中國歷代官制既有所繼承，又不斷變化，情況特别複雜，而古代文獻同官制又密切相關，所以了解古代官制對校勘來説是必要的。張元濟校《遼史》時指出：

> 《志》第三十一《刑法志》：“皇妹秦國公主生日，帝幸其第，伶人張隋，本宋所遣汋者。大臣覺之以聞，召詰款伏。”按《周禮·秋官》：“掌士之八成：一曰邦汋。”鄭氏注：“斟汋，盗取國家密事，若今時刺探尚書事。”張隋爲宋遣至遼之間諜，汋者取義，蓋本於此。明人覆刻不加深究，竟認爲殘缺之“的”字，妄補數筆，而文義遂不通，殿本亦沿其誤。②

陳垣校《元典章》時也指出：“總把元代官名、把總清代官名，校者習聞清官制中之把總，以總把爲誤，倒而乙之也。”如《吏部》卷三“元帥招討總管把總”、《户部》卷四“張把總妻阿李”，元均作“總把”。③ 陳垣還談道：“元制，京府州縣官員，每日早聚圓坐，參議公事，理會詞訟，謂之圓坐署事，其所議謂之圓議，其所簽押謂之圓籤，謂之圓押，頗似近時所稱之圓桌會議。今沈刻《元典章》‘圓’多誤‘圖’，又誤‘原’，又誤‘元’，不諳元時圓議之制也。”④

關於避諱學知識，我們已經在本書《版本編》第五章《雕印本的鑒定》第三節《諱字》中作過介紹，這里僅舉例説明它在校勘工作中的作用。如瞿鏞《鐵琴銅劍樓藏書目録·元大德本南史》云：“《謝瀹傳》：瀹嘗與劉悛飲，久之，悛曰：‘謝莊兒不可云不能飲。’瀹曰：‘苟得其人，自可流湎千

---

① 《古籍整理概論·校勘·理校·史學和理校》。

② 《校史隨筆·遼史·汋者》。

③ 《校勘學釋例》卷五第三九《不諳元代官名而誤例》。

④ 《校勘學釋例》卷五第四二《不諳元時體制而誤例》。

日。’悛甚慚。案悛爲劉勔子，流湎音與劉勔同，瀟以悛斥其父名，故引張景陽《七命》之文以報之，是以悛慚。汲古刻本誤流爲沈，遂致不解所謂矣。”陳垣也談道：“《北齊書·神武紀》：高歡考名樹。《北史·齊紀》及《魏書·高湖傳》作名樹生。二史不同，何所適從？據《北齊·杜弼傳》：相府法曹辛子炎諮事，云須取署，讀署爲樹。高祖大怒，杖之。弼進曰：‘禮，二名不偏諱，孔子言徵不言在，言在不言徵。子炎之罪，理或可恕。’若單名樹，則弼言爲無稽矣。唯名樹生，故弼言此。此可因犯諱而知其有脱文也。”①

古代貴族死後，據其生平善惡給予謚法，這是漢族特有的規定。因此謚法知識也有助於古籍的校勘工作。如《史記·吕不韋列傳》中有段話：“始皇十九年，太后薨，謚爲帝太后，與莊襄王會葬芷陽。”隋代王劭在其《讀書記》中説：“秦不用謚法，此蓋號耳，其義亦當然也，始皇稱皇帝之後，故其母號爲帝太后。”（《史記》卷八十五《吕不韋列傳》索隱引）顯然“謚”字乃是“號”字之誤。再如《元史》卷一五六《張弘範傳》云：弘範“端坐而卒，年四十三，贈銀青榮禄大夫、平章政事，謚武略”。而任何謚法書中都没有“略”字謚。讀虞集《道園學古録》卷十四《張弘範廟堂碑》和姚燧《牧庵集》卷一《張弘範贈齊國忠武公制》，才知道張弘範初謚武烈，《元史》誤書烈爲略。② 又，中華書局點校本《金史》卷六三《后妃傳》載：“肅宗靖宣皇后蒲察氏。太祖將舉兵，入告於后。后曰：‘汝邦家之長，見可則行。吾老矣，無貽殘憂，汝亦必不至是。’”講的是完顔阿骨打在反遼出征之前，禀請孀居的嬸母的事。可是，這一史實，在《金史》卷二《太祖紀》却記載爲“乃入見宣靖皇后，告以伐遼事”。究竟是“靖宣”還是“宣靖”？劉肅勇説：“近查《大金集禮》卷三得知‘申情見貌曰穆，博聞多能曰憲，柔德合衆曰靖，聖善周聞曰宣’，因而‘穆憲皇帝，廟號肅宗，妣曰靖宣皇后’。由此，可判明《后妃傳》載靖宣皇后爲是。”③

校勘還應懂得曆算知識，因爲任何人都生活在一定的時間範圍内，任

---

① 《史諱舉例》卷七《避諱學之利用》。

② 汪受寬《謚法之學與歷史文獻研究》，載《歷史文獻研究》，北京燕山出版社一九九〇年版。

③ 《是靖宣不是宣靖》，載《社會科學輯刊》一九八五年第四期。

何事件都發生在一定的時間範圍内，而表示時間的方法各個時代是不盡相同的，稍有疏忽，便會出錯。其實人們早就利用曆算知識來糾正書面材料中的錯誤了。如襄公九年，《春秋左傳》云："十二月，癸亥，門其三門。閏月，戊寅，濟於陰阪，侵鄭。"杜預注云：

> 以長曆參校上下，此年不得有閏月戊寅。戊寅是十二月二十日。疑"閏月"當爲"門五日"。"五"字上與"門"合爲"閏"，則後學者自然轉"日"爲"月"。晉人三番四軍更攻鄭門，門各五日。晉各一攻，鄭三受敵，欲以苦之。癸亥去戊寅十六日。以癸亥始攻，攻輒五日，凡十五日，鄭故不服而去。明日戊寅，濟於陰阪，復侵鄭外邑。

又，中國古代自西漢武帝劉徹開始，長期采用帝王年號紀年法。由於年號繁多，不少年號用字接近，如果缺乏這方面知識，出現訛誤也難以發現。如中山大學出版社一九八五年版《南海康先生口説》第九十頁，有"元祐六年定科舉，爲尊朱子之始"一句。王潔玉糾正道："《口説》鈔本爲'元延祐六年'。脱一'延'字。元祐爲宋哲宗年號，元祐六年爲公元一〇九一年；延祐爲元仁宗年號，延祐六年爲公元一三一九年。脱了一個'延'字，錯了一個朝代，把'定科舉'、'尊朱子'提前了二百多年。朱熹生於公元一一三〇年，元祐六年尚未降生，何以有'尊朱子'之説？"①

校勘還須具有古代名物知識。如敦煌曲子詞中有一首《浪濤沙》，其首句，王重民《敦煌曲子詞集》、饒宗頤《敦煌曲》均作"五里竿頭風欲平"，任二北的《敦煌曲校録》改作"五里灘頭風欲平"。潘重規分析道：

> 第一句"五里竿頭風欲平"，文義不通，任二北没有看到原卷，所以將"竿"字改作"灘"；但是改作"灘"後，仍然和第二句文義不能貫串。其實倫敦斯二六〇七號作"五雨（兩）竿頭風欲平"，敦煌寫本"雨"和"兩"往往不分，如《雲謡集·内家嬌》"兩眼"作"雨眼"，"兩足"

① 《南海康先生口説校點芻議》，載《古籍整理研究學刊》一九八七年第三期。

> 作“雨足”,故“五雨竿頭風欲平”即是“五兩竿頭風欲平”。《文選》郭璞《江賦》云:“覘五兩之動静”,李善注云:“兵書曰:‘凡候風法,以鷄羽重八兩,建五文旗,取羽繫其巔,立軍營中。’許慎《淮南子》注曰:‘綜,候風也。楚人謂之五兩。’”原來古人測候風力的儀器叫做五兩,而五兩是繫在旗竿之顛,所以這句詞應作“五兩竿頭風欲平”。王重民、饒宗頤皆未校出,實是疏忽。任二北看不到原卷,只好根據王、饒的錯本來加以改正;但他萬想不到“五里”係“五兩”之誤。現在把原本校正後,這兩句詞也豁然貫通。①

校勘還需要對文獻内容進行考訂,這就要求校勘者具有更爲豐富的史學知識,我們將在下一章談理校時涉及這個問題。可以説,一切的專業知識對校勘都有其作用,但一個人要全部掌握它們是不可能的。這就需要懂得目録學,學會運用各種工具書,以期借助别人的研究成果,來彌補自己的缺陷。

① 《敦煌詞話·天真質樸的敦煌曲子詞》。

第六章　校勘的方法

葉德輝云："書不校勘，不如不讀。……今試言其法：曰死校、曰活校。死校者，據此本以校彼本，一行幾字，鈎乙如其書，一點一畫，照録而不改，雖有誤字，必存原本，顧千里廣圻、黄蕘圃丕烈所刻之書是也。活校者，以群書所引改其誤字，補其闕文，又或錯舉他刻，擇善而從，别爲叢書，板歸一式，盧抱經文弨、孫淵如星衍所刻之書是也。斯二者，非國朝校勘家之秘得，實兩漢經師解經之家法。鄭康成注《周禮》，取故書、杜子春諸本，録其字而不改其文，此死校也。劉向校録中書，多所更定；許慎撰《五經異義》，自爲折衷，此活校也。其後隋陸德明撰《經典釋文》，臚載異本；岳珂刻《九經》《三傳》，抉擇衆長：一死校、一活校也。明乎此，不僅獲校書之奇功，抑亦得著書之捷徑也已。"①

死校現在一般稱對校，在清代衆多的校勘家中，偏重這種方法的，可以顧廣圻爲代表；活校現在一般稱理校，偏重這種方法的，可以段玉裁爲代表。嘉慶十二年（一八〇七）左右，段、顧雙方就校勘問題，展開過一場著名的争論，從中正可看出對校、理校的不同特點。顧氏强調校勘應"存真"，以古本舊槧作爲校勘的主要依據，校勘成果的處理形式應"悉依元書而别撰考異以論其是非得失"。② 段氏强調校勘應"求是"，校勘時"當改則改之，不必有左證"。"故有所謂宋版者，亦不過校書之一助，是則取之，

① 《藏書十約・校勘》。

② 《思適齋集》卷一四《禮記考異跋》。

不是則却之。宋版亦必是耶?”關於校勘成果的處理形式,他强調“其學識無憾,則折衷爲定本以行於世”。① 段氏復云:“凡宋版古書,信其是處則從之,信其非處則改之。其疑而不定者,則姑存以俟之。不得勿論其是非,不敢改易一字。意欲存其真,適滋後來之惑也。”②其實,争論雙方在實踐中都兼用了對校、理校兩種方法,不過在思想上各有偏重而已。下面我們試對校勘方法諸問題作些探討。

第一節　對　校

對校就是用本書異本、本書上下文、他書引文來進行對比,從而發現並改正書面材料錯誤的方法。對校又可細分爲對校、本校、他校三種,其共同特點是對書面材料的校正,都有文字依據。

一　對　校

對校,或稱爲底本的校勘,乃是校勘工作的基本方法。這個方法是先擇定一個合用的底本,再用其他異本逐頁逐行逐字逐句地同它對校,先記録其異同,再判斷其是非。從劉向校書時就已采用了這種方法,他在校讎《管子》時就利用“中管子書三百八十九篇,大中大夫卜圭書二十七篇,臣富參書四十一篇,射聲校尉立書十一篇,太史書九十六篇,凡中外書五百六十四篇以校”。③

對校法的長處主要有兩點:一是易於發現古書中的錯誤。陳垣校沈家本刻《元典章》時指出:

> 有非對校決不知其誤者,以其文義表面上無誤可疑也:
> 吏三十六　元闕本錢二十定　元作“二千定”。
> 刑一七　大德三年三月　元作“五月”。

① 《經韻樓集》卷一一《答顧千里書》。
② 《經韻樓集》卷四《與黄蕘圃論孟子音義書》。
③ 《四部叢刊》影印宋刊本《管子》卷首。

有知其誤，非對校無以知爲何誤者：

吏七九　常事五日程中事十日程大事十日程　元作“中事七日程”。①

對校法另一個長處是可以找到改正錯誤的依據。如《嵇康集·難宅無吉凶攝生論》“占成居而知吉凶，此爲宅自有善惡，而居者從之”諸句之下，突接以“則當吉之人，受災於凶宅；妖逆無道，獲福於吉居”。文氣總覺不甚銜接，用叢書堂鈔本對校，才知道中間脱落了“故占者觀表，而得内也。苟宅能制人使從之”，共十七字。如果没有這個鈔本對校，讀者雖然發現了問題，却無從解決它。②

總之，對校法的優點是一切發現和改正的錯誤，都有其他版本作爲直接依據，這就在很大程度上避免了主觀武斷、妄改舊文的弊病；而且，校者若將所有的異文彙集在一處，編爲校勘記，則讀者手此一編，就等於掌握了許多版本，如阮元的《十三經注疏校勘記》就如此。

對校不論采用何種方式，其第一步工作都應當是廣收異本，因爲只有這樣才能抉擇去取。凡著名的校本，皆以衆多的異本爲前提。如陳振孫介紹洪興祖撰《楚辭考異》的情況説：

興祖少時從柳展如得東坡手校《楚辭》十卷，凡諸本異同，皆兩出之。後又得洪玉父而下本十四五家參校，遂爲定本，始補王逸《章句》之未備者。書成，又得姚廷輝本，作《考異》，附古本《釋文》之後；其末，又得歐陽永叔、孫莘老、蘇子容本於關子東、葉少協，校正以補《考異》之遺。洪於是書用力亦以勤矣。③

待我們搜集到一書的各種異本後，還要對各種版本進行鑒定，以便確定校勘的底本，並按各本的校勘價值分爲可供對校的主校本、輔校本、參

① 《校勘學釋例》卷六第四三《校法四例》。

② 參看魯迅校本《嵇康集》。

③ 《直齋書録解題》卷一五。

校本等。[1] 有的書異本較多,還應弄清它們的源流。今據王仲鏞《唐詩紀事校箋・前言》及所附各本序跋,略述宋計有功《唐詩紀事》版本源流如下:

有功撰成《唐詩紀事》以後,據宋嘉定懷安初刻本王禧識語,知其於慶元辛酉年(一二〇一)從有功幼子次陽處得稿本,"立命數十吏傳録,其間不能無魯魚亥豕之誤。繙閲累年,手自讎校,十是正其七八,餘則傳疑,不敢妄加損也。……乃鋟之懷安郡齋"。

明嘉靖錢塘洪氏本孔天胤序:"《唐詩紀事》若干卷,舊叙是臨邛灌園居士計敏夫字有功所集,而爲懷安假守王禧字慶長鋟置郡齋,時記嘉定甲申。年代既遠,印板磨滅,或無再刻之者,故其書罕存,既有傳者,但鈔本爾。嗜文之士,意恒闕如也。嘉靖乙巳,錢塘洪子美氏,釋宫寀玉絳之班,理家園竹素之業,得笥藏懷安初本,遂爲雕繕,久之成書。"洪本既據原刻翻雕,故於字之錯訛,版之殘闕,以至佚文脱簡,皆仍其舊,未加訂正。商務印書館曾據洪本影印,收入《四部叢刊初編》,一九三六年上海雜志公司亦曾據洪本排印,收入《中國文學珍本叢書》,但均未經整理,錯訛依然。一九六五年中華書局上海編輯所將此書整理重印,其出版説明云:"這次整理,考慮到洪楩本年代較早,所以用它作底本,而以汲古閣本及《全唐詩》《全唐文》和有關唐人詩文別集、筆記、小説等參校;特別對紀事部分,我們儘可能從兩《唐書》和各種唐宋筆記、雜著中找出所引原文,據以校正。"

明嘉靖東黄張氏本張子立序末署作序時間爲"嘉靖乙巳春正月既望",可見張子立本與洪楩本同時出版。王仲鏞云:張子立"序未言所據何本,而自稱曾事校讎。然觀其書,不特錯訛多未得刊正,且臆改妄補之處,比比皆是"。可知"張子立所據之本,與洪本所據之'懷安初本',同出一源,其殘缺處乃相同也"。

明崇禎汲古閣本毛晉識語云:"第嘉定有王慶長(引者案:禧字)本子,已不可得,迄國朝,一刻於嘉靖乙巳,再刻於萬曆甲午,其有遺逸淆訛,讀

[1] 詳前第五章第二節論版本。

者不能意逆。或一人重見，如十三卷、十九卷王熊之類是也；或一詩重見，如第四卷、第九卷《凌朝浮江旅思》之類是也。或脱去本詩，如賀知章'江皋聞曙鐘'、趙冬曦'上月令朝減'之類是也。或誤入他詩，如虞世南'豫游欣勝地'、韋承慶'萬里人南去'之類是也。甚至有幾人溷作一人，幾題溷作一題，或一人一詩反分析幾首者。"故王仲鏞亦云："萬曆甲午（一五九四）本，又出張本，無善可述。"

毛晉識語雖然提到了嘉靖乙巳張子立本及萬曆甲午本，但没有明確説明所據何本，一九六五年中華書局上海編輯所出版説明稱："毛晉在明崇禎壬申（一六三二）的翻刻本可能是據張本（毛刊卷首有張序可證），即今流傳的汲古閣本。明崇禎汲古閣毛晉識語云：'余參之本集及《御覽》《英華》《文粹》《弘秀》諸書二百餘種，一一釐正，庶幾無遺恨矣。'"

近代值得注意的有一九一三年重慶羅元黼校存古書局刻本。他以汲古閣本爲底本，主要依據張子立本，參之以《全唐詩》等書，校正文字，力求"文意俱通"。每卷之末，附證誤若干條，亦即校記，説明去取刊正之由。卷末附《宋本（實即張子立本）、毛本唐詩紀事詩字異同表》。一九一六年，丁福保在上海文明書局所引《唐詩紀事》，襲用羅本，却不一提羅氏之名，只是去掉了羅本每卷所附證誤和異同表而已。後來通行的《萬有文庫》本，大抵出自丁福保。

據上所述，《唐詩紀事》版本源流略如下表：（見次頁）

王仲鏞作校箋，是要在一九六五年中華新校本的基礎上，把工作做得更深更細一些。通過分析，他采用明嘉靖錢塘洪楩本作爲底本，而以汲古閣本及《全唐詩話》參校，並認爲汲古閣本以下，一般就不用作校讎依據了。由此例可見，對本書異本作出鑒定，並弄清它們的來龍去脈，對校勘工作是必要的。

選擇底本是校勘工作的起點。校勘底本的選擇標準，我們可以參照張之洞《輶軒語・語學》篇中提出的有關善本的三條標準而稍加變通：一、舊本；二、足本；三、精本。

舊本是指在時間上接近原稿的本子，因爲它少經傳鈔轉刻，總的來説比較符合或接近書的原貌。胡適説："改定一個文件的文字，無論如何有理,必須在可能的範圍之内提出證實。凡未經證實的改讀,都只是假定而已,臆測而已。證實之法,最可靠的根據是最初底本,其次是最古傳本,其次是最古引用本文的書。”①如上海古籍出版社一九七九年版《楚辭集注》以一九五三年人民文學出版社影印宋端平本爲底本。鄭振鐸曾指出:

> 宋朱熹(一一三〇—一二〇〇)所定《楚辭集注》八卷,《辯證》二卷,《後語》六卷,爲熹孫朱鑑於宋理宗端平乙未(一二三五)所刊本。這是今日我們所見《楚辭》的最古和最完整的一個刻本。黎庶昌嘗於日本獲見一元刊本的朱氏《集注》,已驚爲秘笈,亟爲之覆刻,收入《古逸叢書》中。今得此宋本,又遠勝於《古逸》了。我曾把這兩個本子初步對讀了一下,即發現元刊本有不少錯誤失真之處。如宋本朱熹序中“世不復傳”四字,元本作“世復不傳”,一字顛倒,語氣便大有出入。又宋本《辯證》卷上中“然其《反騷》,實乃屈子之罪人也”一句,元本佚去“然”字作空格。“楚辭卷第一”下,宋本僅有“集注”二字,元本則增爲“朱子集注”四字。又宋本《後語》之末,附有鄒應龍、朱在、朱鑑的

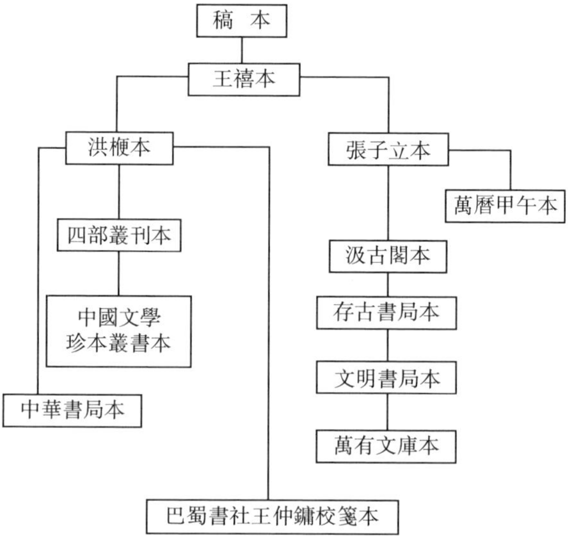

① 《胡適書評序跋集·校勘學方法論》。

三篇跋文，元本均佚去，令人無從知道《後語》成書與印行的經過，以及朱在刊書的始末。可見書貴古本，不僅因其古而貴之，實在是爲了實事求是，要得到一個最準確、最無錯誤的本子，作爲研究的依據，以免因一字之差，而引起誤會，甚至不正確的論斷。[①]

足本指文字篇卷無殘缺脱落、内容完整的本子。例如宋晁公武《昭德先生郡齋讀書志》卷第三下小説類著録《唐語林》十卷，稱其"效《世説》體，分門記唐世事，新增《嗜好》等十七門，餘仍舊云"。陳振孫《直齋書録解題》卷十一小説家類則著録《唐語林》八卷，稱其爲"長安王讜正甫撰。以唐小説五十家，做《世説》，分門三十五，又益十七，爲五十二門"。王應麟《玉海》卷五五《藝文著書》稱"《唐語林》，宋朝王讜以唐小説五十家，取其要者，倣《世説》，分五十二門，爲《唐語林》十一卷。今本起《德行》，訖《俚俗》，自《故事》以下五門闕（一本八卷）"，可見此書宋人所見，均爲五十二門，但今已不傳。現存最早的《唐語林》刻本，是明代嘉靖二年（一五二三）桐城齊之鸞刻的兩卷殘本，自《德行》至《賢媛》，止十八門。稍後有豐城李栻刻的《歷代小史》本。此書係節録本，起訖同齊之鸞本。清《四庫全書》館臣從《永樂大典》中輯出今輯本的後半部分，且用聚珍版印行之後，此書才有所謂足本傳世。《四庫全書總目》卷一四一《唐語林》提要稱：齊本"字畫漫漶，篇次錯亂，幾不可讀。今以《永樂大典》所載參互校訂，删其重複，增多四百餘條，又得原序目一篇，載所採書名及門類總目，當日體例尚可考見其梗概，蓋明初全書猶存也。惟是《永樂大典》各條散於逐韻之下，其本來門目，難以臆求，謹略以時代爲次，補於刻本之後，無時代者又後之，共爲四卷。又刻本上下二卷，篇頁過繁，今每卷各析爲二，仍爲八卷，以還其舊。此書久無校本，訛脱甚衆，文義往往難通，謹取新、舊《唐書》及諸家説部一一詳爲勘正；其必不可知者，則姑仍原本，庶不失闕疑之義焉"。可見四庫館臣在爲《唐語林》復原方面做了大量工作，是今天所可能見到的保存原書内容最多的本子，因此周勛初撰《唐語林校證》，以武英殿聚珍本爲底本。

---

① 人民文學出版社影印本《楚辭集注》卷末。

精本指精校、精刻本，也是底本選擇的主要標準之一。中華書局新印本《史記》點校後記云："《史記》版本甚多，史文及注文往往各本大有出入。我們不用比較古的如黄善夫本，也不用比較通行的如武英殿本，而用清朝同治年間金陵書局刊行的《史記集解索隱正義》合刻本（簡稱金陵書局本）作爲底本。"主要就因爲它是一個精校本。其出版説明云："清朝同治年間，金陵書局刊行《史記集解索隱正義》合刻本一百三十卷（以下簡稱'金陵局本'）。這個本子經張文虎根據錢泰吉的校本和他自己所見到的各種舊刻古本、時本加以考訂，擇善而從，是清朝後期較好的本子。"

爲了便於校勘工作，還應適當注意選擇版面清晰的精刻本。陳垣校《元典章》之所以選沈家本刻本作爲底本，就是考慮到了沈刻《元典章》"寫刻極精"①。陳杏珍、晁繼周在整理《曾鞏集》時，也考慮到清康熙五十六年長洲顧崧齡刻本《南豐先生元豐類稿》校刊精、流傳廣、影響大，因而選用顧崧齡刻本作爲底本。②

以上講的是底本的選擇。至於參校本的選擇，首先需要注意的仍然是舊本。胡樸安、胡道静説："底本校勘實爲重要之事，抑乃爲校勘之初步工夫，蓋古書竹帛梨棗，鈔刊屢易，訛文奪字，轉而益厲。必得古本，而後可比勘以復其舊。如《禮記》一書，惠氏棟據吴中吴泰來家所藏之七十卷本，用以校汲古閣本，得訛字四千七百有四，脱字一千一百四十有五，闕文二千二百一十有七，字異者二千六百二十有五，羨文九百七十有一。《水經注》一書，戴氏震據《永樂大典》本校朱謀㙔本，則朱文不惟字句之訛，層出屢見，其中脱簡錯簡，有自數十字至四百餘字者。既經校過，凡補其闕漏者二千一百二十八字，删其妄增者一千四百四十八字，正其臆改者三千七百一十五字。是知流俗古書，訛誤羨奪，不用舊本校勘，正其是非，則所讀書，悉非真書。從而以誤解誤，思入非非，是所讀之書，庸有益哉！况可定其立説之是非乎？"③

當然，我們對古本也不能迷信，因爲它同樣也存在着訛舛與擅改現

① 《校勘學釋例》卷末《重印後記》。

② 中華書局一九八四年版《曾鞏集》卷首《前言》。

③ 《校讎學》卷下《校讎方法》。疑"朱文"爲"朱本"之訛。

象。宋張淏云:"近時閩中書肆刊書,往往擅加改易,其類甚多,不能悉記,今姑取一二言之。睦州,宣和中始改爲嚴州,今所刊《元豐九域志》乃逕易睦州爲嚴州。又《廣韻》桐字下注云:'桐廬縣在嚴。'然易去舊字,殊失本書之旨。將來謬亂書傳,疑誤後學,皆由此也。"①王欣夫闡明説:"元豐爲宋神宗年號,比徽宗的宣和要早三四十年,書名《元豐九域志》,怎麽會有三四十年以後所改的嚴州呢?這因刻書在宣和以後,那時人只知有嚴州,而不知以前是名睦州,反以爲睦州是誤而就改作嚴州了。"②

其次,我們要注意版本源流。一些時間較早,而與底本來源不同的版本,校勘價值就比較大。例如周祖謨校《洛陽伽藍記》,首先對傳本情況進行了一番調查研究,指出:

> 《洛陽伽藍記》之刻本至多,有明刻本及清刻本。明刻本主要有三種:一、如隱堂本,二、吴琯所刻《古今逸史》本,三、毛氏汲古閣所刻《津逮秘書》本。如隱堂本不知何人所雕,板刻似出於嘉靖間;《逸史》本則爲萬曆間所刻也。二者來源不同,文字有異。《津逮》本刊於崇禎間,據毛斧季言,原從如隱堂本出,而有改竄。蓋據《逸史》本校改者。至於清代刻本,則有四種:一、乾隆間王謨輯校之《漢魏叢書》本,二、嘉慶間張海鵬所刊《學津討原》本,三、嘉慶吴志忠《真意堂叢書》活字本,四、道光吴若準《洛陽伽藍記集證》本。考《漢魏》本乃出自《逸史》本,《學津》本即據《津逮》本翻雕,而小有更易。《真意堂》本,則又參取《津逮》《漢魏》兩本以成者。至於吴氏《集證》本,雖云出自如隱,然亦略有删改。凡别本有異者,均於《集證》中詳之。綜是而言,《伽藍記》之傳本雖多,惟如隱堂本及《古今逸史》本爲古。後此傳刻《伽藍記》者,皆不出此兩本。故二者殆爲後日一切刻本之祖本也。校《伽藍記》,自當以此二者爲主。如振裘挈領,餘皆怡然理順。苟侈陳衆本,而不得其要,則覽者瞀亂,勞而少功矣。

---

① 《雲谷雜記》卷四。

② 《古文獻學要略》第四章《校讎》二《校讎學的重要》。

在弄清各本異同、源流之後,周祖謨又進一步説明了他具體的工作情況:

> 今之校本,以如隱堂爲主,而參用《古今逸史》本,校其同異,定其是非。凡義可兩通者,注曰"《逸史》本作某"。《逸史》本誤,概從如隱本。如隱本誤字較多,皆取《逸史》本校正。原書俱在,可覆案也。至於《津逮》《漢魏》以下各本,亦均在校讎之列。如有可採,必擇善而從。若《津逮》同於如隱本,《漢魏》同於《逸史》本,正其淵源所自,不復言之,以免淆亂。斯所謂振裘挈領也。若《津逮》不同於如隱,《學津》又不同於《津逮》,蓋據《逸史》本或《漢魏》本而改,故亦不備舉。或出一二,以見其源流而已。①

顯然,那些時間較晚,而又來源相同的版本,校勘價值則不大。如王重民指出:"彙集諸善本從事校勘,必更追溯其板本之遞嬗,而以原本爲主,翻刻本爲副;不然,如王蘭泉校《老子》,以明皇御注本校明皇御注本,未有不遺笑大方者也。"王昶之所以遺笑大方,是因其所撰《金石萃編》在"易州《御注道德經碑》下,附有以邢州《御注道德經碑》、易州《景龍碑》等校文。邢、易二碑,皆係明皇御注,則其經文除筆誤外,必無異同;因王氏誤以遂州碑爲邢州碑,故有異同耳"。②

此外,本書已有的他家校本,自然也應加以利用。過去許多學者讀書,校語即批在天地頭或行間。這種批本往往有人傳鈔,從清代以來,諸家校書,很少有不用這種珍貴材料的,而那些手校原本又往往已經亡佚,所以這種過録舊校的書,更是我們從事進一步工作的重要資料。一方面,其校勘成果可供吸收;另一方面,它也爲我們搜尋原始資料提供了綫索。如這些校本所引用的某些原始資料今已不存,則其參考價值就更大了。

下面我們就舉一兩個對校的實例。宋方崧卿曾用唐令狐氏本、南唐保

---

① 《洛陽伽藍記校釋·叙例》,中華書局一九六三年版。

② 《史記板本和參考書》,載《圖書館學季刊》第一卷第四期。

大本、秘閣本、祥符杭本、嘉祐蜀本、謝克家本、李漢老本等十餘種舊本校勘過韓愈詩文集，作《韓集舉正》十卷，今録卷二《孟生詩》首兩則校勘記如下：

嘗讀（閣本、蜀本同上，校本多作常）窅然（唐、謝校、杭、蜀皆作“冥默”，李習之與張建封書，嘗引公此語亦用“窅”字，則知杭、蜀本果訛也）。

《韓集舉正》後有淳熙己酉（一一八九）崧卿自跋，稱右《昌黎先生集》四十卷，外集一卷，附録五卷，增考年譜一卷，復次其異同爲《舉正》十卷。可見方崧卿先將其校勘成果以定本的形式肯定下來，然後再注異同，並適當分析其是非。再如阮元校《十三經注疏》也采用了對校法，《毛詩注疏校勘記》談到他校《毛詩正義》引據各本有經本二：唐石經二十卷、南宋石經殘本。經注本三：孟蜀石經殘本二卷、宋小字本二十卷、重刻相臺岳氏本二十卷。注疏本四：十行本七十卷、閩本注疏七十卷、明監本注疏七十卷、汲古閣毛氏本注疏七十卷。引用諸家有陸德明《毛詩音義》三卷、山井鼎《考文毛詩》六册、浦鏜《毛詩注疏正誤》十四卷等七種。阮元采用宋十行本《毛詩正義》爲底本，凡是與其他各本有異文需校勘的地方均加○表示，世界書局改用▲號，然後於《校勘記》中説明之。如《毛詩・魏風・園有桃》有云：“不我知者，謂我士也驕。”鄭玄箋：“士，事也，不知我所爲歌謡之意者，反謂我於君事驕逸故。”《毛詩注疏校勘記》曰：

不我知者（唐石經、小字本同；相臺本作“不知我者”，閩本、明監本、毛本同。按相臺本非也。箋倒經作“不知我者”，正義依之耳，不可據以改經。下章同）。

二　本　校

廣收異本，進行對校，擇善而從，乃是校勘所應當首先采用的基本方法。另外，將本書的上下文進行對比，找出它在思想上、文字上的異同，從而改正錯誤,或稱本校,其實也是一種對校,而且往往很有效果。這也就是前人所説的本證。陳垣將其稱之爲本校法,並作了極爲明晰的論述:

本校法者,以本書前後互證,而抉摘其異同,則知其中之繆誤。吴縝之《新唐書糾繆》、汪輝祖之《元史本證》即用此法。此法於未得祖本或别本以前,最宜用之。予於《元典章》曾以綱目校目録,以目録校書,以書校表,以正集校新集,得其節目訛誤者若干條。至於字句之間,則循覽上下文義,近而數葉,遠而數卷,屬詞比事,牴牾自見,不必盡據異本也。①

一本書的各個組成部分之間,在語言形式和思想内容方面,都會不可避免地相互聯繫着,本校法正是利用這個特點來進行工作的。

其一,據相同詞句校勘。同一詞彙、同一文句,有時一書屢見,因而可以相互參照,校正訛誤。如王利器《文心雕龍校證·序録》云:"《詔策》篇:'符采炳耀。''采'原作'命',《御覽》五九三作'采'。案作'采'是。《原道》《宗經》《詮賦》《風骨》諸篇俱有'符采'語,今據改。"②蔣禮鴻《梨園按試樂府新聲校記》亦云:"關漢卿〔雙調喬牌兒〕套〔碧玉簫〕:'昏晚相催,日月走東西。'(三頁)按:昏晚應作昏曉。十頁〔雙調新水令〕套〔豆葉黄〕:'昏曉相催,斷送了愁人多多少少。'可證。"③再如揚州廣陵古籍刻印社一九八〇年刊《成化新編劉知遠還鄉白兔記》七十七頁有云:"〔旦〕唱:怎知今日子母團圓,□□□和(賀)喜,百歲效于飛。"胡竹安指出:

校補本校"和"爲"賀",甚是,但闕文未補。根據下一頁兩處文字,甲、〔貼〕唱:"怎知今日子母團圓,大家齊賀喜,□□□□□。"(七八頁,正一行)乙、〔净〕唱:"怎知今日子母團圓,大家□□□,□□效于飛。"(七八頁,正四行)知三者實是同文。校補者曾據這一點,把後

① 《校勘學釋例》卷六《校法四例》。

② 載《王利器論學雜著》。

③ 載《懷任齋文集》。

兩處的闕文補全，但此例未補，顯然疏忽。闕文應作“大家齊”。①

其二，據相同句式校勘。作者行文往往有時代的或自己的習慣和特點，這往往表現爲常采用相同或相近的句式，據此也可校正書面材料中的某些錯誤。如屈原《離騷》有云：“乃年歲之未晏兮，時亦猶其未央。”聞一多指出：“‘猶其’二字當互乙。上文‘雖九死其猶未悔’，‘唯昭質其猶未虧’，‘覽余初其猶未悔’，‘覽察草木其猶未得兮’，並作‘其猶未’可證。王注曰‘然年時亦尚未盡’，正以‘尚未’釋‘猶未’，是王本未倒。”②又《史記·五帝本紀》云：“黄帝居軒轅之邱，而娶於西陵之女。”王念孫校曰：“西陵下脱氏字。下文昌意娶蜀山氏女，帝嚳娶陳鋒氏女。皆有氏字。《太平御覽》皇王部、皇親部引此並作西陵氏。《大戴禮·帝繫》篇亦作西陵氏。”③

其三，據對文校勘。如《荀子·成相》篇云：“上能尊主愛下民。”王念孫云：“愛下民當作下愛民，與‘上能尊主’對文。《不苟》《臣道》二篇並云：‘上則能尊君，下則能愛民。’是其證。”④再如《淮南子·要略》云：“原道之心，合三王之風。”顧千里指出：“道下疑當有德字，與下句對文也。《精神》篇‘深原道德之意’亦可證。”⑤

其四，據文義校勘。《晏子春秋》内篇《諫上》云：“男女群樂者，周觴五獻，過之者誅。”孫詒讓校云：

“周”當爲“醻”之假字。（《儀禮·鄉飲酒禮》注云：“醻之言周。”）“五”疑當爲“三”。前《景公飲酒酣願大夫無爲禮晏子諫》章云：“觴三行，遂罷酒。”外篇重而異者，《景公飲酒命晏子去禮晏子諫》章亦云“用三獻”，是不得過三獻也。（宣二年《左傳》云：“臣侍君宴，過三爵，

---

① 《校補本成化新編劉知遠還鄉白兔記補正》，載《中國語文》一九八四年第四期。

② 《聞一多全集·楚辭校補》。

③ 《讀書雜志·史記第一·五帝本紀·西陵》。

④ 《讀書雜志·荀子第八·成相·愛下民》。

⑤ 《讀書雜志·淮南内篇補·要略》。

非禮也。")①

這是根據一部書中不同的地方涉及同一個内容來進行校勘的例子。又如《史記·陳丞相世家》云:"平爲人長美色。"王念孫指出:"當從《漢書》作'長大美色'。下文人謂陳平何食而肥,肥與大同義,若無大字,則與下文義不相屬。《太平御覽·飲食部》引《史記》正作'長大美色'。"②這是根據上下文内容是否一致來進行校勘的例子。再如《新序·善謀》篇云:"拘世之議,人心不之疑矣。"孫詒讓云:"《商子》作'拘世以議,寡人不之疑矣'。此'人'上蓋挩'寡'字。上文衛鞅兩言'君無疑',故秦孝公答云'寡人心不疑',若作'人心不疑',則與上文不相應,足知其誤。"③這是根據上下文的呼應關係來進行校勘的例子。

此外,我們還可以據目録校正文,據正文校目録,因爲目録與正文當然是相互聯繫的。如吴企明説:

> 《全唐詩》卷六七一載唐彦謙《贈孟德茂》一詩,題下自注云:"浩然子。"筆者以爲這首詩的題目原爲《贈應德茂》,是被後代編詩者誤改的。理由是:一、這首詩的尾聯云:"平生萬卷應夫子,兩世功名窮布衣。""應夫子"之"應",即是德茂的姓。同書同卷有唐彦謙《聞應德茂先離棠溪》可證。二、"浩然子"中的浩然,並不是孟浩然,乃是應德茂的父親應浩然。《贈應德茂》詩的前一首,題爲《過浩然先生墓》,即是應浩然的墓。詩的首聯云:"人間萬卷龐眉老,眼見堂堂入草萊。"孟浩然卒於開元二十八年,距唐彦謙生活的時代,已過百餘年,當然不能眼見"浩然"入草萊的,唐、孟二人也不可能成爲"故交"。這兩句詩和《贈德茂》詩的尾聯"平生萬卷應夫子,兩世功名窮布衣"是呼應的,應浩然和應德茂,都是飽讀詩書的人,然而兩代人都是"窮布衣"。

① 《札迻》卷四《晏子春秋》内篇《諫上》。

② 《讀書雜志·史記第三·陳丞相世家·長美色》。

③ 《札迻》卷八《新序》卷九《善謀》。

詩既是贈給浩然子應德茂的，也懷念着已故的老友——應德茂的老父。①

需要説明的是，有的古籍不出自一手，有的古籍可能有不同的資料來源，其内容和文字出現矛盾往往在所難免，因而采用本校法時宜特别謹慎，以免以此律彼，增加新的錯誤。張舜徽曾指出古代歷史書籍中，有並存異説、變易舊文之例。如《史記》敘述箕子和比干的行事，也有兩種不同的記載：《殷本紀》："微子數諫不聽，乃與太師、少師謀，遂去。比干曰：'爲人臣者，不得不以死争。'迺强諫紂。紂怒曰：'吾聞聖人心有七竅。'剖比干觀其心。箕子懼，乃詳狂爲奴，紂又囚之。"《宋微子世家》："紂爲淫泆，箕子諫，不聽。人或曰：'可以去矣。'箕子曰：爲人臣諫而不聽，是彰君之惡而自説於民，吾不忍爲也。乃被髮佯狂而爲奴。遂隱而鼓琴以自悲，故傳之曰《箕子操》。王子比干者，亦紂之親戚也。見箕子諫不聽而爲奴，則曰：'君有過而不以死争，則百姓何辜！'乃直言諫紂。紂怒曰：'吾聞聖人之心有七竅，信有諸乎？'乃遂殺王子比干，剖視其心。"張氏云："照《殷本紀》的説法，是比干死而後箕子奴；照《宋世家》的説法，是箕子奴而後比干死；二者好像完全不合。然而《本紀》所載，和《韓詩外傳》相同；《世家》所載，又和《論語・微子》篇相合。可知司馬遷也還是各有根據，勢不得不兩説並存。"②對同一史實的敘述尚且有這樣大的差别，那麽因爲資料來源不同而造成語言文字方面的不統一，當然是可以理解的。這也説明用本校法有其困難，應當特别注意。

三　他　校

除了本書異本外，用選本、類書、注釋以及其他書中引用的本書文字來校正本書，或稱他校，其實也是一種對校。但用此法更需要慎重一些，

---

① 《唐音質疑録・劉師培讀全唐詩發微榷證》。參看傅璇琮《唐代詩人考略》，載《文史》第八輯。

② 《中國古代史籍校讀法》第三編《分論下——關於讀書》第二章《認識古人著述體要》第二節《古代歷史書籍中，有並存異説、變動舊文之例》。

因爲人們引用材料時,是各取所需的,所以或删節以省篇幅,或改動以就文義,皆所難免,不能一概以他書所引爲是,本書現存文字爲非。

清代學者已相當成功地將這種方法運用於校勘中。如《淮南子·原道》篇有兩句話:"上游於霄雿之野,下出於無垠之門。"胡適説:

> 王念孫校,"無垠"下有"鄂"字。他舉三證:一、《文選·西京賦》"前後無有垠鄂"的李善注:"《淮南子》曰:'出於無垠鄂之門。'許慎曰:'垠鄂,端崖也。'"二、《文選·七命》的李善注同。三、《太平御覽·地部》二十:"《淮南子》曰:'下出乎無垠鄂之門。'高誘曰:'無垠鄂,無形之貌也。'"這種證實,雖不得西漢底本,而可以證明許慎、高誘的底本如此讀,這就可算是第一等的證實了。①

一望即知,被胡適譽爲"第一等證實"的三條證據,皆爲他書引文。

陳垣將這種方法稱之爲他校法,並説明道:"他校法者,以他書校本書。凡其書有採自前人者,可以前人之書校之;有爲後人所引用者,可以後人之書校之;其史料有爲同時之書所並載者,可以同時之書校之。此等校法,範圍較廣,用力較勞,而有時非此不能證明其訛誤。丁國鈞之《晉書》校文,岑刻之《舊唐書》校勘記,皆此法也。"他接着還舉了《元典章》中的一個例子:

> 吏一廿七　蕁麻林納尖尖　元刻亦作"納尖尖"
>
> 吏一三四　蕁麻林納失失　元刻亦作"納失失"
>
> 欲證明此"納尖尖"、"納失失"之是非,用對校法不能,因沈刻與元刻無異也。用本校法亦不能,因全部《元典章》關於"納失失"、"納尖尖"止此二條也。則不能不求諸《元典章》以外之書。《元史》卷七七《祭祀志·國俗舊禮》條:"輿車用白氈青緣,納失失爲簾,覆棺亦以納失失爲之。"卷七八《輿服志·冕服》條:"玉環綬,制以納石失。"注:"金

① 《胡適文集》第五册《校勘學方法論》。

錦也。”又：“履，制以納石失。”《輿服志》中“納石失”之名凡數見，則《元典章》“納失失”之名不誤，而“納尖尖”之名爲元刻與沈刻同誤也。①

我們既然可以用被他書引用的書來校正原書，當然也可以用原書來校正被引用的他書。譬如《册府元龜》是根據各種史書編成的，我們可以利用《册府元龜》中的引文來校正各種史書。反之，我們當然也可以利用各種史書來校正《册府元龜》。陳垣也談到過這個問題，他道：

《册府》可以校史，亦可以史校之。昔傅沅叔增湘以宋本《册府》殘卷校明本，至五百十七卷十四頁一行，發見有錯簡，宋明本皆誤，馳書詢余。余審上下文義，上半係晉天福五年竇貞固奏國忌事，“勳舊”下缺文五十八字，可以本書三十一卷十六頁《奉先門》互見之文補足之。下半“加冠”一段，有王奂等十四人議，係《南齊書・禮志》之文；“伏曼容”一段，亦採自《南齊書・輿服志》。由“加冠”至十七行“軍容”，係本書五百七十七卷九頁十四行《奏議門》“司徒”下脱文，正可補其闕。至“軍容”下之“是月”究係何月，據《五代會要》十七卷“知班”條載賈玭此狀，係周廣順三年三月，知其前一條亦必是周廣順三年三月事，故承上文言“是月”也。以此覆沅叔，沅叔大喜，以爲問一得三，知宋本亦未盡善，要在讀者以校勘學之“他校法”校之。陸心源亦曾校此二卷，未能校出，蓋對校易，他校難也。②

當然，我們有必要對用於他校的資料的可靠程度作出判斷，一般來説，時代越早，越接近原始面貌，也就越可靠。如傅璇琮等云：

《新唐書》卷五八《藝文志》二，乙部史録儀注類，著録“裴瑾《崇豐

① 《校勘學釋例》卷六《校例》第四三《校法四例》。
② 中華書局一九六〇年影印明本《册府元龜》陳序。

二陵集記》”,小注云:“瑾字封叔,光庭曾孫,元和吉州刺史。”按同書卷七一上《宰相世系表》一上載有裴墐,儆子,吉州刺史。時代相同。《新志》作瑾,《新表》作墐。按柳宗元有《唐故萬年令裴府君墓碣》,云:“公諱墐,字封叔,河東聞喜人。……大理卿府君諱儆,實父。”文中還具體述及裴墐的撰著《二陵集記》,謂:“司空杜公聯奉崇陵、豐陵禮儀,再以爲佐。離紛尨、導滯塞,闕百執事,條直顯遂,司空拱手以成。自開元制禮,諱去國恤章,累聖陵寢,皆因事擘綴,取一切乃已,有司卒無所徵。公乃撰《二陵集禮》,藏之南閣。”(中華書局一九七九年十月點校本;世綵堂本《柳河東集》與此同)今按裴墐之後夫人柳氏爲柳宗元之姊,墐於元和十二年卒於吉州刺史,柳宗元時爲柳州刺史,他對於裴墐的事迹,當然是知之詳確的。據此,則《新表》作裴墐是,《新志》作裴瑾誤。①

在原始資料難求的情況下,不得已而求其次,則較晚的資料也可用作校勘之資。如傅璇琮等復云:

《舊唐書》作爲封建社會官修的史書,它成於衆手,而且不少地方又直鈔唐時的實録、國史,未經認真的整理和統一,前後失去照應之處不少。如《舊唐書》卷七《中宗紀》,景龍四年四月乙未,“幸隆慶池,結綵爲樓,宴侍臣,泛舟戲樂,因幸禮部尚書竇希宅”。這裏是説中宗景龍時禮部尚書爲竇希。但同書卷六一《竇威傳》載孝慈子希玠,“中宗時爲禮部尚書,以恩澤賜實封二百五十户”。《新唐書》卷七一下《宰相世系表》一下,《姓纂》卷九,以及《唐詩紀事》卷十二,都載竇希玠中宗時爲禮部尚書,竇氏世爲外戚,恩隆極盛。從這些例證,可以確定《舊唐書·中宗紀》的“因幸禮部尚書竇希宅”句於“希”字下脱“玠”字。②

①② 《兩唐書校勘拾遺》,載《文史》第十二輯。

此外,還應注意古人引書不謹嚴,有的撮述其大意,有的删節其原文,而且所據也並非盡屬善本,所以采用他校法也要特别慎重。關於這個問題,我們在本書第四章《校勘的資料》第二節《他書的引文》已作了論述,可參看。

下面我們再舉運用他校法的若干實例。如《史記·李斯列傳》云:"夫以秦之彊,大王之賢,由竈上騷除,足以滅諸侯,成帝業。"王念孫指出:"《太平御覽·人事部》引此,竈字上有老嫗二字。"並認爲:"《索隱》曰:'言秦欲并天下,若炊婦埽除竈上之不浄,不足爲難。'據此,則正文内有老嫗二字明矣。"①又,胡應麟云:"張祐字承吉,刻本大半作祐,覽者莫辨。緣承吉字,祐、祜俱通耳。一日偶閲雜説,張子小名冬瓜,或以譏之,答云:'冬瓜合出瓠子。'則張之名祜審矣。"②按:此雜説指馮翊《桂苑叢談》、錢易《南部新書》丁卷。再如《四庫全書總目》卷一五一《韓内翰别集》提要云:"唐韓偓撰,《唐書》本傳謂偓字致光,計有功《唐詩紀事》作致堯,胡仔《漁隱叢話》謂字致元。毛晉作是集跋,以爲未知孰是。案劉向《列仙傳》稱:'偓佺堯時仙人,堯從而問道。'則偓字致堯於義爲合。致光、致元皆爲字形相近誤也。"

但是有的校勘結果却尚需斟酌。如《荀子·非相》篇云:"觀人以言,美於黼黻文章;聽人以言,樂於鐘鼓琴瑟。"王念孫認爲:"觀本作勸。勸人以言,謂以善言勸人也,故曰美於黼黻文章。若觀人以言,則何美之有。楊注云'謂使人觀其言',則所見本已訛作觀。《太平御覽·人事部》三十一所引亦然。《藝文類聚·人部》十五正引作勸人以言。"③對此,鍾泰却持相反觀點,他説:"不知下文曰'聽人以言,樂於鐘鼓琴瑟'。'觀人'、'聽人',文正相對。且惟言'觀',故曰'美於黼黻文章'。若言'勸人',則何爲以黼黻文章相喻乎?"④蔣禮鴻申鍾屈王,他分析道:

---

① 《讀書雜志·史記第五·李斯列傳·竈上騷除》。

② 《詩藪》内編卷四《近體》上《五言》。

③ 《讀書雜志·荀子第二·非相·觀人以言　聽人以言》。

④ 《荀子訂補序》。

> 王氏祇着眼於"觀"和"言"聯繫不上,不知道"觀"是比喻的説法。鍾先生則從"觀"和"聽"的聯繫、"觀"和"黼黻文章"的聯繫來看,當然比王氏正確了。《藝文類聚》的引文是不足爲據的。梁元帝《金樓子·立言》篇:"觀人以言,美於黼黻文章。"《文心雕龍·章表》篇:"荀卿以爲觀人美辭,麗於黼黻文章。"可見六朝人所見的本子還是作"觀"的。①

再如《新論·九流》篇云:"名者,宋鈃、尹文、惠施、公孫捷之類也。"孫詒讓案:"此篇所説,悉本《漢·藝文志》。檢《志》,無'公孫捷',疑當作'公孫、捷子'。公孫謂公孫龍,捷子自爲一人。《漢志》,《公孫龍》十四篇,在名家,《捷子》二篇,在道家。"②我們查《漢書·藝文志》,發現尹文、公孫龍、惠施均在名家,師古曰:"劉向云:尹文與宋鈃俱游稷下。"既然《新論·九流》篇悉本《漢書·藝文志》,則公孫捷當爲公孫龍之誤,而非公孫、捷子之誤。因爲捷子屬道家,不應混入名家行列。可見他校法實非易事,即使校勘名家,也可能會有千慮一失。

四　對校、本校、他校相結合

爲了叙述方便,我們將對校、本校、他校三種方法分别作了一些説明。其實,在校勘過程中,它們是緊密聯繫在一起的,有時爲了糾正一處錯誤,不得不同時運用多種方法,才能取得可信的證據,得出正確的結論。如戴震曾作《方言疏證》一書,指出揚雄《方言》自"宋元以來,六書故訓不講,故鮮能知其精覈,加以訛舛相承,幾不可通。今從《永樂大典》内得善本,因廣搜群籍之引用《方言》及注者,交互參訂,改正訛字二百八十一,補脱字二十七,删衍字十七,逐條詳證之"。③ 王念孫父子也注意兼用各種方法,如王念孫校《淮南子》内篇,其後序云:"余未得見宋本,所見諸本中,唯道藏本爲優,明劉績本次之。其餘各本,皆出二本之下。兹以道藏本爲主,

① 《懷任齋文集·校勘略説》。
② 《札迻》卷十《新論袁孝政注》。
③ 《戴東原集》卷十《方言疏證序》。

參以群書所引，凡所訂正共九百餘條。”王念孫終以未見宋本爲憾，特地與顧千里聯繫，“求其詳識宋本與道藏本不同之字，及平日校訂是書之訛，爲家刻所無者，補刻以遺後學”。① 其《淮南内篇補》即包含顧校《淮南子》各條。可見王氏不僅對他校法運用自如，而且對對校法也是異常重視、得心應手的。

顧廣圻强調對校，也同樣兼用他校法、本校法，乃至理校法。其《校殘宋尤袤槧本文選跋》云：“廣圻由宋本而知近本之謬，兼由勘宋本而即知宋本亦不能無謬。意欲準古今通借以指歸文字，參累代聲韻以區别句逗。經史互載者，考其異；專集尚存者，證其同；而又旁綜四部，雜涉九流；援引者，沿流而泝源，已佚者，借彼以訂此。”②余嘉錫對之也作了較高的評價，其言云：

> 千里讀書極博，凡經史、小學、天算、輿地、九流、百家、詩文、詞曲之學，無所不通。於古今制度沿革、名物變遷，以及著述體例、文章利病，莫不心知其意，故能窮其要旨，觀其匯通。每校一書，先衡之以本書之詞例，次徵之於他書所引用，復決之以考據之是非。一事也，數書同見，此書誤，參之他書，而得其不誤者焉。一語也，各家並用，此篇誤，參之他篇，而得其不誤者焉。文字、音韻、訓詁，則求之於經。典章、官制、地理，則考之於史。於是近刻本之誤、宋元刊本之誤，以及從來傳寫本之誤，罔不軒豁呈露，暸然於心目，躍然於紙上。然後臚舉義證，殺青繕寫，定則定矣。故曰“誤書思之，更是一適”。斯言也，豈徒日執誤書，向壁冥想云爾哉！③

下面我們就舉一個兼用對校、本校、他校方法的具有典型性的實例。《史記·周本紀》云：“命南宫括散鹿臺之財，發鉅橋之粟，以振貧弱萌隸。”

① 《讀書雜志·淮南内篇第二十二》。

② 《思適齋集外書跋輯存》集類《文選六十卷》。

③ 《余嘉錫論學雜著》下册《黄顧遺書序》。“誤書”二語，見《北齊書·邢邵傳》，詳下本章第四節《校勘宜慎》。

王念孫指出：

散鹿臺之財，本作散鹿臺之錢。今作財者，後人依晚出古文《尚書》改之也。請以十證明之：

晚出《尚書·武成》篇："散鹿臺之財。"《正義》引《周本紀》曰："命南宫括散鹿臺之錢。"又曰："言鹿臺之財，則非一物也。《史記》作錢，後世追論，以錢爲主耳。"是《史記》本作錢，不作財，一也。

《群書治要》引《史記》，亦作"散鹿臺之錢"。是唐初人所見本皆作錢，二也。

《齊世家》曰"散鹿臺之錢，發鉅橋之粟"，三也。

《留侯世家》曰"發鉅橋之粟，散鹿臺之錢"，四也。

《逸周書·克殷》篇曰："命南宫忽振鹿臺之錢，散巨橋之粟。"《周本紀》即本於此，五也。

《管子·版法解》篇曰"决鉅橋之粟，散鹿臺之錢"，六也。

《淮南·主術》篇、《道應》篇並曰"發鉅橋之粟，散鹿臺之錢"，七也。

《殷本紀》曰"帝紂厚賦税以實鹿臺之錢"，是紂作鹿臺，本以聚錢，故《周本紀》言散鹿臺之錢，八也。

《吕氏春秋·慎大》篇曰："發巨橋之粟，賦鹿臺之錢，以示民無私。出拘救罪，分財棄責，以振窮困。"是分財不專在鹿臺，而賦錢則專在鹿臺，故曰"賦鹿臺之錢"，九也。

《説苑·指武》篇曰："武王上堂見玉，曰：'誰之玉也？'曰：'諸侯之玉也。'即取而歸之於諸侯。天下聞之曰：'武王廉於財矣。'入室見女，曰：'誰之女也？'曰：'諸侯之女也。'即取而歸之於諸侯。天下聞之曰：'武王廉於色矣。'於是發巨橋之粟，散鹿臺之金錢以與士民。"是玉與女皆在宫中，而金錢則在鹿臺，故曰"散鹿臺之金錢"，十也。[①]

---

① 《讀書雜志·史記第一·周本紀·散鹿臺之財》。

在王念孫羅列的十條證據中，一、二、五、六、七、九、十條屬他校；三、四、八條屬本校。

第二節　理　校

理校，即推理的校勘，是校勘工作的補充方法。當我們發現了書面材料中的確存在着錯誤，可是又没有足够的資料可供比勘時，就不得不采用推理的方法來加以改正。例如王國維跋《四部叢刊》影明本《李文饒文集》二十卷《别集》十卷《外集》四卷云："辛酉冬日讀一過，恨無别本可校，以意改正訛字數百，又更定錯簡兩處，至爲快意。"①王國維在這裏就是采用的理校法。

學識很高的人用理校之法，往往能够達到和對校同樣正確的程度。如錢大昕云：

> 予撰《漢書考異》，謂《哀帝紀》"元壽二年春正月"，元壽二字衍文。《景武昭宣元成功臣表》"孝成五人"，成鄉當作成都，"樂成"下衍龍字。《百官公卿表》"寧平侯張歐"，寧當作宣；"俞侯樂賁"，樂當作欒；"安年侯王章"，年當作平；"平喜侯史中"，喜當作臺；"廣漢太守孫寶"，實當作寶。《五行志》"能者養之以福"，之以當作以之。《地理志》"逢山長谷，諸水所出"，諸當作渚；"博水東北至鉅定"，博當作時。《張良傳》"景駒自立爲楚假王，在陳留"，陳字衍。《枚乘傳》"凡可讀者不二十篇"，不當作百。《韓安國傳》"梁城安人也"，城當作成。《韋賢傳》"晝爲亞人"，亞當作茊。《佞倖傳》"龍雒思侯夫人"，雒當作頟。頃見北宋景祐本，此十數，皆與予説合。②

再如《文選》所載孔稚珪《北山移文》云："鍾山之英，草堂之靈，馳烟驛

① 北京圖書館善本組輯録《觀堂題跋選録(子集部分)》，載《文獻》第十輯。
② 《十駕齋養新録》卷六《漢書景祐本》。

路,勒移山庭。"徐復説:

往年黄季剛先生講授《文選》,疑"驛路"蓋本作"驛霧",馳、驛詞性相同,驛亦馳也。謂王勃《乾元殿賦》"尋出縋嶺,驛霧馳烟",即本於此。其説爲前人所未發,亟録之以俟更證。嗣在重慶時,閲影宋本《太平御覽》卷四一引《金陵地記》,所舉孔文首句,正作"馳烟驛霧",知宋人所見本,尚有不誤者,可用以證成師説,洵屬快事。①

人們使用理校法,主要是從語言、體例、史實三個方面着手的。今分别舉例説明如次。

一 語 言

在文籍中,如發現確有錯誤而又無别本可據以校正時,則可以根據字形、字音相近的情況來推斷其錯誤原因,進行改正。在段玉裁《説文解字注》,嚴可均、姚文田《説文校議》中,就有這種情況。莫友芝《唐寫本説文解字木部箋異》識語云:

其説解殊别之善:楗,歫門,與李善引合,今本歫作限;栅,編豎木,與《玉篇》合,今本豎作樹;㮼,關西謂之㮼,與《方言》合,今本㮼作㰁。棁,大杖,與李賢、玄應引合;柷,樂木椌,與《詩》毛傳合;柿,削木朴,與玄應引合;槱,積木燎之,與《玉篇》《五經文字》合。今本大誤木,椌誤空,朴誤札樸,木誤火。段玉裁《注》、嚴可均《校議》,博徵精訂,上舉諸端多與闇契。

例如段玉裁《説文解字注》篇六上木部云:"柿,削木朴也。"注曰:"各本作'削木札樸也'。今依玄應書卷十九正。朴者,木皮也;樸者,木素也。

① 《讀文選札記》,載《南京師範學院學報》一九七九年第一期。

柹安得有素，則作朴是矣。”①

陳垣校沈家本刻《元典章》也曾采用理校法，如吏部卷五頁四“合無滅半支俸”，陳謂“‘滅半’當作‘減半’”。吏部卷六頁三七“年高不任部書”，陳謂“‘部書’當作‘簿書’”。户部卷五頁三一“亡宋淳佑元年”，陳謂“‘淳佑’當作‘淳祐’”。刑部卷一頁四“江西省行准中書省咨”，陳謂“‘省行’當作‘行省’”②。其説皆是。

如果是因字音變化造成的錯誤，則可以運用音韻學的知識來進行校正。王念孫在這方面成就突出。如《韓非子·主道》篇云：“去好去惡，臣乃見素；去舊去智，臣乃自備。”王氏云：

> “去舊去智”本作“去智去舊”，惡、素爲韻，舊、備爲韻。舊，古讀若忌。《大雅·蕩》篇“殷不用舊”與“時”爲韻；《召旻》篇“不尚有舊”與“里”爲韻。《管子·牧民》篇“不恭祖舊”與“備”爲韻，皆其證也。後人讀“舊”爲巨救反，則與“備”字不協，故改爲“去舊去智”，不知古音“智”屬支部，“備”屬之部，兩部絶不相通，自唐以後，始溷爲一類，此非精於三代兩漢之音者，不能辨也。③

此外，我們還可以根據詩文的叶韻情況來進行校勘。如《詩經·漢廣》云：“南有喬木，不可休息；漢有游女，不可求思。漢之廣矣，不可泳思；江之永矣，不可方思。”毛亨《傳》曰：“喬，上竦也；思，辭也。漢上游女無求思者。”孔穎達《正義》曰：“以泳思、方思之等，皆不取思爲義，故爲辭也。經求思之文在游女之下。傳解喬木之下，先言思辭，然後始言漢上，疑經休息之字作休思也。何則？詩之大體，韻在辭上，疑休、求字爲韻，二字俱作思，但未見如此之本，不敢輒改耳。”④再如《楚辭·離騷》有：“曰黄昏以

① 《仿唐寫本説文解字木部》《唐寫本説文解字木部箋異》均收入《影山草堂叢書》。

② 《校勘學釋例》卷六《校法四例》。

③ 《讀書雜志·餘編上·韓子·去舊去智》。

④ 《阮刻十三經注疏·毛詩正義》卷一之三。

爲期兮,羌中道而改路。”

> 洪興祖曰:一本有此二句,王逸無注,至下文“羌内恕己以量人”始釋羌義,疑此二句後人所增耳。《九章》曰:“昔君與我誠言兮,曰黄昏以爲期。羌中道而回畔兮,反既有此他志。”與此語同。
>
> 閔齊華曰:“黄昏”“爲期”二語,《選》本原無,況於韻亦不協。
>
> 王邦采曰:王之不注此二句者,蓋併此二句而無之也。若此下脱兩句,則王當注云:疑有闕文矣。且少此二句,於文氣未嘗不貫,宜從洪説。
>
> 屈復曰:此二句與下悔遁有他意重,又通篇皆四句,此多二句,明係衍文。
>
> 朱珔曰:觀前文“來吾道夫先路”,路與度韻。“既遵道而得路”,路與步韻。此處路亦當與故韻,乃屬他化爲韻,云叶若羅,非也。洪説云云,則以爲誤入者近之。①

通觀《離騷》韻例,都是雙進的,如有這兩句,就是武、怒、舍、故、路五字相叶,成爲單數了。這是和全篇形式不一致的,所以諸家一致推斷這兩句是衍文,没有這兩句的本子是正確的。

某些因不明詞義而造成的錯誤,可以通過訓詁來校勘。如顔之推云:“古樂府歌百里奚詞曰:‘百里奚,五羊皮。憶别時,烹伏雌,吹扊扅。今日富貴忘我爲。’‘吹’當作炊煮之炊。案蔡邕《月令章句》曰:‘鍵,關牡也,所以止扉,或謂之剡移。’然則當時貧困,並以門牡木作薪炊耳。”②再如《逸周書・謚法》篇云:“仁義所在曰王。”孔晁注曰:“民往歸之。”盧文弨曰:“在,《史記正義》作往,非。”王念孫糾盧説云:

> “往”字是也,後人不解“仁義所往”之語,故改“往”爲“在”。予謂

① 諸説見游國恩主編之《離騷纂義》,中華書局一九八〇年版。洪著《楚辭補注》,閔著《文選瀹注》,王著《離騷彙訂》,屈著《楚辭新注》,朱著《文選集釋》。

② 《顔氏家訓》卷下《書證》。

《廣雅》：歸，往也。迋，歸也。（迋與往同）“仁義所往”猶言天下歸仁耳。古者王、往同聲而互訓，故曰“仁義所往曰王”。若云“仁義所在”，則非古人同聲互訓之旨。①

有時我們還可以從語法的角度，發現並改正書面材料中的錯誤。如《莊子·天運》篇云：“故西施病心而矉其里。其里之醜人見而美之，歸亦捧心而矉其里。其里之富人見之，堅閉門而不出；貧人見之，挈妻子而去之走。”周祖謨指出：

此處“其里”二字疊見。“病心而矉其里”與“捧心而矉其里”的“其里”二字傳寫誤重，當刪。“矉”是蹙額的意思，字亦作“嚬”。它是個自動詞，後面不能帶賓語。《太平御覽》卷三九二、七四一引，並不重上面兩處“其里”二字。唐寫本上一“其里”二字亦不重出，足證當刪。②

再如沈家本刻《元典章》刑部卷十九頁四十云：“至元鈔一百兩正。”陳垣指出：“‘正’字妄添。數目之末加一‘正’字，近世通行，實非當時習慣。”③

從修辭的角度來從事校勘也是行之有效的。我國古代作品不論散文還是韻文，爲了增强語言的表達效果，都愛用對偶與排比等修辭手法。某些詞句原來運用了對偶、排比的手法，後來變得不對偶、不排比了；或者原來不對偶、不排比，後來又變得對偶、排比了，往往能够用推理的方法判斷出來。如《墨子·尚賢中》云：“豈必智且有慧哉。”王念孫校云：“智且慧，與前貴且智、愚且賤，文同一例。慧上不當有‘有’字，蓋後人所加。”④再如《淮南子·脩務》篇云：“禹沐浴霪雨，櫛扶風。”王氏指出：

---

① 《讀書雜志·逸周書第三·謚法·仁義所在》。

② 《古籍校勘述例》，載《中國語文》一九八〇年第二期。

③ 《校勘學釋例》卷二第二十《妄添三例》。

④ 《讀書雜志·墨子第一·尚賢中·有慧》。

沐下本無浴字，此涉高注沐浴而誤衍也。沐霪雨，櫛扶風，相對爲文，多一浴字，則句法參差矣（劉本又於櫛上加梳字，以對沐浴，尤非）。《藝文類聚·帝王部》一、《太平御覽·皇王部》七、《文選》謝朓《和王著作八公山詩》注，引此皆無浴字。《莊子·天下》篇："禹沐甚雨，櫛疾風。"此即《淮南》所本。①

二 體 例

古書通常都有一定體例，因此我們可以根據書的體例來從事校勘。正如阮元所説："經有經之例，傳有傳之例，箋有箋之例，疏有疏之例，通乎諸例而折衷於孟子'不以辭害志'，而後諸家之本可以知其分，亦可以知其一定不可易者矣。"②《讀書雜志·淮南内篇補》收有顧廣圻校《淮南子》各條，王引之評價道："其心之細，識之精，實爲近今所罕有，非熟於古書之體例，而能以類推者，不能平允如是。"③顧廣圻校書確實非常重視書的體例，曾指出："凡一書有一書之例，校一書必先求其書之例，否則必以不誤爲誤。"④可見了解古書體例對於校勘工作的重要性。

然而不少古書的體例並未在卷首加以説明，而是貫穿在行文中，需要我們去發現。朱一新曾經指出過這一點：

古書自有體例，但古人著書，其例散見書中，非若後人自作凡例冠於簡端之陋也。經傳不必言，即史部、子部諸書之古雅者，莫不如是。不通其書之體例，不能讀其書，此即大義之所存，昔人所謂義例也。校勘字句，雖亦要事，尚在其後。此其大綱，校勘其細目，不通此

① 《讀書雜志·淮南内篇第十九·脩務·沐浴霪雨》。

② 《十三經注疏·毛詩注疏校勘記序》。

③ 《讀書雜志·淮南内篇補序》。

④ 上海圖書館藏稿本《釋〈梧溪集〉訂譌》卷七《吴仲圭山水爲李原復題》之《訂譌》。

則愈校愈誤。①

清戴震校《水經注》是勾稽和發現書的體例並利用書的體例進行校勘的成功例子之一。其《水經酈道元注序》云:“審其義例,按之地望,兼以各本參差,是書所由致謬之故,昭然可舉而正之。”②他的弟子段玉裁將他所審定的《水經注》中經文注文相互區别的體例歸納爲三條:

《水經注》自北宋以來無善本,不可讀。先生讀此書既久,得經注分别之例有三:一則《水經》立文,首云某水所出,已下無庸再舉水名,而注内詳及所納群川,加以採摭故實,彼此相雜,則一水之名不得不更端重舉。一則經文敘次所過州縣,如云又東過某縣之類,一語實賅一縣;而注則沿泝縣西以終於東,詳記所逕委曲。經據當時縣治,至善長作注時,縣邑流移,是以多稱故城,經無有言故城者也。一則經例云過,注例云逕,不得相淆。得此三例,迎刃分解,如庖丁解牛,故能正千年經注之互訛。俾言地理者,有最適於用之書。《大典》本較勝於各本,又有道元自序。鉤稽校勘,凡補其缺漏者二千一百二十八字,删其妄增者一千四百四十八字,正其臆改者三千七百一十五字。③

根據體例進行校勘,此事也有規律可尋。首先,不同的文體具有各自的特點,據此即可校出一些錯誤。如《墨子·非攻中》云:“詩曰:魚水不務,陸將何及乎?”王念孫指出:“陸將何及乎,不類詩詞,乎字蓋淺人所加。”④再如《全唐詩》卷六二〇收陸龜蒙《重憶白菊》,陳漢英校曰:

此詩《全唐詩》題下注“一本作二絶句”。《甫里集》作七律,《叢書》作二絶句。案:律近是。統魯望七絶,其押韻多在一二四句;七律

① 《無邪堂答問》卷五。
② 《戴東原集》卷六。
③ 《戴東原集》附《戴東原先生年譜》。
④ 《讀書雜志·墨子第二·非攻中·乎》。

多在一二四六八句。此詩韻脚爲一芳、二堂、四香、六妝、八霜，符合陸詩七律一般情況。若作二絶句，則前四句爲一二四押韻，後四句爲二四押韻，有違陸詩七絶常例，且上下兩首亦不相同，故"一作"疑非。其實，此詩無論平仄、對仗、押韻，抑或上下文義相貫，均合七律要求。卷六二八有《憶白菊》七絶一首，是否與其相比連類而誤？或是爲切題中"重"字而拆一爲二？金元好問編《唐詩鼓吹》，元郝天挺注云："此憶故園白菊而作。首言我愛此菊之貞白寒芳，夾生於小堂之前後，爲可觀賞也。惟貞白，故如月之無艷態；惟寒芳，故迎風而有奇香。是以比之雪詠而無愧，雖有梅妝而不羨也。然而更有憶者，西窗凝夢之夜，村落正有新霜，蓋以菊必冒霜而開，故憶菊兼憶此耳。"此即重憶之謂。（附録原詩："我憐貞白重寒芳，前後叢生夾小堂。月朵暮開無絶艷，風莖時動有奇香。何慚謝雪清才詠，不羡劉梅貴主妝。更憶幽窗凝一夢，夜來村落有微霜。"）①

其次，古書中的正文與注釋特别容易混淆，但正文與注釋的體例是不同的。據此也可校出一些訛誤。如錢大昕云：

《史記》諸年表皆不記干支，注干支出於徐廣。《六國表》，周元王元年，徐廣曰"乙丑"；《秦楚之際月表》，秦二世元年，徐廣曰"壬辰"是也。《十二諸侯年表》共和元年，亦當有徐廣曰"庚申"字，今刊本乃於最上添一格書干支，而删去徐廣注。讀者遂疑爲史公本文，曾不檢照後二篇，亦太疏矣。考徐注之例，唯於每王之元年記干支，此表每十年輒書甲戌、甲申、甲午、甲辰、甲寅、甲子字，不特非史公正文，並非徐氏之例，其爲後人羼入，鑿鑿可據。且史公以太陰紀年，故命太初之元爲閼逢攝提格，依此上推，共和必不值庚申，則庚申爲徐注又何疑焉。②

① 《點校陸龜蒙集所見全唐詩之誤》，載《古籍整理出版情況簡報》第一八八期。
② 《十駕齋養新録》卷六《十二諸侯年表》。

錢氏於分析《三國志》注誤入正文時復云：

《魏志·王肅傳評》末云："劉寔以爲肅方於事上而好下佞己，此一反也；性嗜榮貴而不求苟合，此二反也；吝惜財物而治身不穢，此三反也。"陳少章謂："劉寔以下，當是裴氏注。《譙周傳評》後注引張璠以爲云云，與此正同。肅爲晉武帝外王父，史臣於本傳略無貶詞，豈應於評中更摭其短乎？"予考承祚諸評，文簡而要，從未引他人説，少章之言是也。①

此外，由於古代文籍所用語言往往含有某種特定義例，也可據此校出某些錯誤。例如《左傳》凡諸侯即位，必書立。而《春秋》僖公二十三年傳云："九月，晉惠公卒，懷公命無從亡人。期期而不至，無赦。"王念孫校曰：

懷公下脱立字，則與上句不相承，唐石經已然，而各本皆沿其誤。凡諸侯即位，必書某公立。此不書立，亦與全書之例不符。《太平御覽·人事部》五十九、《治道部》二兩引此文，皆作"懷公立，命無從亡人"。則宋初本尚有未脱立字者。《史記·晉世家》云："九月，惠公卒，大子圉立，是爲懷公，乃令國中諸從重耳亡者與期，期盡不到者，盡滅其家。"其文皆出於《左傳》。《史記》之大子圉立，即《左傳》之懷公立也。則傳文原有立字明矣。②

再如《三國志·魏志·趙儼傳》云："(李)通曰：'紹與大將軍相持甚急，左右郡縣背叛乃爾。'"紹指袁紹，大將軍指曹操。周國林指出：

通觀《三國志》，陳壽於紀事之文中，稱曹操之例尤爲嚴謹，《蜀志》《吴志》中皆稱"曹公"；《魏志》於《武帝紀》中，建安元年九月前稱

---

① 《十駕齋養新録》卷六《三國志注誤入正文》。陳少章名景雲，著《三國志辨誤》三卷，有《守山閣叢書》本。

② 《經義述聞》卷一七《春秋左傳》上《懷公命無從亡人》。

"太祖",是年十月後至二十一年三月前稱"公",二十一年五月後稱"王"(是年四月無紀事之文),於其他紀傳中稱"太祖",間有稱"武帝"者。即《夏侯惇傳》,《趙儼傳》亦然,前者稱"太祖"凡九處,後者稱"太祖"凡七處,絶不可能突然以"大將軍"相稱,淆亂全書體例。據以上所述史實史例,"大將軍"中"將"字爲衍文。①

此外,行文還要受到語言環境的制約。如《史記·扁鵲倉公列傳》云:"臨菑氾里女子薄吾病甚,臣意診其脈曰:蟯瘕,病蟯得之於寒濕。"王念孫指出:

病蟯之蟯因上文而誤衍也。凡篇内稱病得之於某事者,皆不言其病名(並見上下文),以病名已見於上文也。又下文"臣意所以知寒薄吾病者",寒字亦因上文而衍。凡篇内稱所以知某之病者,皆不言其致病之由(亦見上下文),亦以致病之由已見上文也,或謂寒字當在薄吾下,非也,宋本無寒字。②

再如《漢書·賈鄒枚路傳》云:"人性有畏其景而惡其迹者,却背而走,迹愈多,景愈疾。不知就陰而止,景滅迹絶。"王念孫指出:

知當爲如,字之誤也。"不如"二字,與下文兩"莫若",一"不如",文同一例。"不如就陰而止"與下文"不如絶薪止火而已"亦文同一例,若作"不知",則與下文不合矣。

此文之下面還有王氏的一條注釋:

或曰:《莊子·漁父》篇:"人有畏景惡迹而去之走者,舉中愈數,

① 《三國志校讀札記》,載《華中師範大學學報》一九八七年第五期。
② 《讀書雜志·史記第五·扁鵲倉公列傳·病蟯》。

而迹愈多，走愈疾，而景不離身。不知處陰以休景，處静以息迹，愚亦甚矣。""不知"二字，正與此同。曰：否。《莊子》上言"不知"，故下言"愚甚"。若作"不如"，則與下文不合矣。此文上言"不如"，故下言"景滅迹絶"。言與其愈走而迹愈多，景愈疾，不如就陰而止，則景自滅，迹自絶也。若作"不知"，則又與下文不合矣。下文云"不如絶薪止火而已"，若改作"不知"，其可乎？[①]

王氏從文勢與文例的角度，經過正面闡述與反面論證，指明《漢書》原文爲"不如"而非"不知"，最後還引用了"《文選》正作'不如'"這條材料，從而鑄成了鐵案。由此可見，根據古代文籍的行文體例，確能解決部分校勘問題。

三　史　實

這種方法就是從書籍的内容方面檢查，看文字是否符合歷史事實。如果不符合，可能有兩種情況：一種是原稿本身就有錯誤，一種是原稿本身没有錯誤，其錯誤是在傳播的過程中造成的。校勘的任務，主要是糾正第二種錯誤。

由於史實主要是由特定的人物在特定的時間和空間内造成的，有産生的原因和形成的結果，所以我們可以從這幾個角度來檢查書面材料是否符合史實。當然這些因素又往往是融合在一起的，爲了叙述的方便，我們在分析時不得不有所側重。

首先可以看看人物是否符合實際情況。如《風俗通義》卷一《皇霸》云："到王遷，信秦反閒之言，殺其良將李牧而任趙括，遂爲所滅。"盧文弨《群書拾補》校引錢大昕云："括與牧不同時，此應氏誤。"孫詒讓指出："代李牧者，《史記·趙世家》作'趙忽'，《李牧傳》及《戰國策·趙策》又作'趙葱'，疑應氏本'葱'，或作'總'，'總'俗書作'揔'，與'括'形近，因誤而爲'括'。此傳寫之失，非仲遠之誤也。"[②]再如《文心雕龍·時序》篇云："及

---

① 《讀書雜志·漢書第九·賈鄒枚路傳·不知》。
② 《札迻》卷十《風俗通義》。

明帝疊耀,崇愛儒術。"劉永濟指出:"'帝'乃'章'誤。此稱兩朝,故曰'疊耀'。下文肄禮璧堂,明帝事也;講文虎觀,章帝事也。"①又,《三國志・魏書・方技傳》云:"(管)輅隨軍西行,過毌丘儉墓下,倚樹哀吟,精神不樂。人問其故,輅曰:'林木雖茂,無形可久;碑誄雖美,無後可守。玄武藏頭,蒼龍無足。白虎銜尸,朱雀悲哭。四危以備,法當滅族。不過二載,其應至矣。'卒如其言。"方兆辰校曰:

> 據《毌丘儉傳》,儉興兵淮南反抗司馬師,敗,被殺,夷三族。則儉死與族滅在同時。今上文言管輅相墓後又二年毌丘氏方滅族,則所相者必非毌丘儉之墓明矣。考儉傳言其父名興,官至將作大匠,先儉死。管輅所見,蓋爲興之墓。可知"毌丘儉"三字後必有脱文,當脱一"父"字。②

其次可以看看時間是否符合實際情況。如《三國志・蜀書・向朗傳》云:"初,朗少時雖涉獵文學,然不治素檢,以吏能見稱。自去長史,優遊無事垂三十年。"裴松之注曰:"朗坐馬謖免長史,則建興六年中也。朗至延熙十年卒,整二十年耳,此云'三十',字之誤也。"③

此外,還可以看看地點是否符合實際情況。如清趙執信《談龍録》云:"孟浩然詩(引者案:指《夜渡湘水》)'行侶時相問,涔陽何處邊?'涔訛潯,涔陽近湘水,潯陽則遼絶矣。"又李白詩《憶舊游寄譙郡元參軍》云"行來北涼歲月深",王琦注曰:

> 北涼,即張掖郡。按漢武帝始置張掖郡,魏晉時隸涼州。及沮渠蒙遜立國於此,號爲北涼,以涼州五郡,張掖在其北也。唐時爲甘州,又謂之張掖郡。然上文言并州太行,下文言晉祠,中間忽言北涼,不

---

① 《文心雕龍校釋》,中華書局一九六二年版。
② 《三國志校勘拾遺》,載《古籍整理出版情況簡報》第一七二期。
③ 《三國志》卷四一《向朗傳》注。

合。當是北京之訛耳。蓋天寶之初,號太原爲北京也。①

瞿蜕園、朱金城指出:“王氏的考證很精辟,今天我們看到的《李白集》,包括最早的宋本在内,都誤作‘北涼’,可是《河嶽英靈集》和流傳到現在的《黄山谷李太白詩卷墨迹》都作‘北京’,翁方綱《復初齋文集》卷二九《跋黄山谷書太白詩卷》一文,也認爲應作‘北京’。”②再如中華書局一九五八年版《梨園按試樂府新聲》卷中云:“盧踈齋〔折桂令〕夷門懷古:想鄒枚千古才名。覺苑文辭,氣壓西京。”蔣禮鴻指出:

覺苑,《樂府群珠》同,誤。覺字應作菟,系形近之誤。章樵注《古文苑·枚乘〈梁王菟園賦〉》云:“孝王築東苑,方三百里。爲復道,自宫連屬於平臺,三十餘里。菟園,苑名。”菟苑就是菟園,鄒陽、枚乘,都是游於菟園的辭賦家。③

看看名物是否符合實際情況,也是我們校勘時應注意的對象。如唐《中興間氣集》載朱灣《詠玉》詩云:“獻玉屢招疑,終朝省復思。既哀黄鳥興,還復白圭詩。請益先求友,將行必擇師。誰知不鳴者,獨下仲舒帷。”錢曾《讀書敏求記》卷四總集類載《中興間氣集》二卷,云:

此本從宋刻摹寫,字句絶佳,即如朱灣《詠三》詩首句“獻玉屢招疑”,三獻玉也。次云“終朝省復思”,三省三思也。頷聯“即哀黄鳥興,還復白圭詩”,三良,三復也。頸聯“請益先求友,將行必擇師”,益者三友,三人行也。結云“誰知不鳴者,獨下仲舒帷”,三年不鳴,三年不窺園也。後人不解詩義,翻疑“三”爲訛字,妄改題曰《詠玉》,凡元板至明刻本皆然。不知唐人戲拈小題,偶吟一律,便自雋永有味,非若今之人詩成而後著題也。

---

① 王注本《李太白全集》卷一三。

② 見《李白集校注》瞿蜕園、朱金城《後記》,上海古籍出版社一九八〇年。

③ 《懷任齋文集·梨園按試樂府新聲校記》。

又,《四庫全書總目》卷一五三著録李壁撰《王荆公詩注》五十卷,提要云:"考《宋史》及諸刊本,壁或從玉作璧。然壁爲李燾第三子。其兄曰垕,曰塾,其弟曰堇,名皆從土,則作璧誤也。"因爲古人常用名字來表示在家族中的行輩,例如蘇軾、蘇轍兄弟名共用偏旁"車"表示同輩,明神宗的兒子朱常洛、朱常瀛、朱常洵,第二字共用"常",第三字共用三點水旁,表示兄弟關係。這種習俗,今天也還存在。

當然,我們着眼於史實時還應當看看前因後果,以及書面材料中的其他内容是否符合實際情況。如屈原《離騷》云:"聊假日以媮樂。"顔師古校曰:"此言遭遇幽阨,中心愁悶,假延日月,苟爲娱樂耳。今俗猶言'假日度時',故王粲云'登兹樓以四望,聊假日以消憂',取此義也。今之讀者,不尋根本,改'假'爲'暇',失其意矣。原其辭理,豈閑暇之意乎?"①再如周邦彦《蝶戀花》詞:"不見長條低拂酒,贈行應已輸纖手。"大鶴山人鄭文焯校曰:"纖手,汲古閣諸本並作先手,勞氏舊鈔本先作纖,今從之。"②蔣禮鴻指出:"古人折柳贈别,'不見長條',是因爲已被先前送行的人折掉,現在再要折贈,已經遲了。'先手'和'不見',正是一因一果的關係;改作'纖手',這個關係就被破壞了。這也是'纖手'太爲人所熟悉,所以不顧文脈所輕易改竄。"③

檢查一下書面材料中所涉及的典章制度是否符合實際情況也有益於校勘工作。這在本編第五章《校勘的條件》第三節《校勘應有相關的專業知識》,已經作了介紹,請參看。

第三節　對校與理校相結合

爲了便於説明問題,我們將校勘方法分成對校和理校,理校又從語言、體例、史實諸方面作了申述。但在校勘實踐中,這些方法往往都是綜合地加以使用的。特别是理校,必須同時從各種角度來考慮,才能取得近

① 《匡謬正俗》。

② 參看《懷任齋文集·大鶴山人校本清真詞箋記》。勞氏指勞權。

③ 《懷任齋文集·誤校七例》。

真的結果。

北齊顔之推在校勘時，就已注意集合衆本加以比較，同時采用各種校勘方法。《顔氏家訓·書證篇》云：

> 太史公論英布曰："禍之興自愛姬，生於妒媢，以至滅國。"又《漢書·外戚傳》亦云："成結寵妾妒媢之誅。"此二"媢"并當作"娼"。娼亦妒也。義見《禮記》《三蒼》。且《五宗世家》亦云："常山憲王后妒娼。"王充《論衡》云："妒夫娼婦生，則忿怒鬭訟。"益知"娼"是妒之别名。原英布之誅爲意賁赫耳，不得言媢。

此例同時運用了他校、本校與理校法。唐顔師古從事校勘，也將理校與對校緊密結合在一起，其《匡謬正俗》卷二《尚書》條云：

> 孔安國《古文尚書序》云："先君孔子，生於周末，覩史籍之煩文，懼覽者之不一，遂乃定禮樂，明舊章。"覽者，謂習讀之人，猶言學者爾。蓋思後之讀史籍者，以其煩文，不能專一，將生異説，故删定之。凡此數句，文對旨明，甚爲易曉。然後之學者，輒改"之"字居"者"字上，云"覽之者不一"。雖大意不失，而顛倒本文，語更凡淺，又不屬對，亦爲妄矣。今有晉、宋時書不被改者，皆云"覽者之不一"。

朱熹《韓文考異》自序談到他校韓愈集，"悉考衆本之同異，而一以文勢義理及它書之可證驗者決之。苟是矣，則雖民間近出小本不敢違。有所未安，則雖官本、古本、石本不敢信"。清代學者在校勘學方面所取得的豐碩成果，也都是理校與對校相結合的産物，下面我們試舉一個現代人綜合運用各種方法進行校勘而頗爲成功的例子，羅聯添云：

> 張籍《贈王建》七絶一首云："自君去後交游少，東野亡來箧笥貧。賴有白頭王建在，眼前猶是詠詩人。"
>
> 這首詩見《四部叢刊》景明刊本《張司業集》卷六，開頭"自君"兩

字,《全唐詩》(卷十四張籍五)本作“白君”,而清代黎庶昌《古逸叢書》景宋本《張司業集》作“于君”。鄭因百先生認爲“自君”、“白君”均誤,應該作“于君”纔是。其《永嘉室札記》有“張籍贈王建詩”一條云:“晏小山《臨江仙》詞云:‘東野亡來無麗句,于君去後少交親。追思往事好沾巾。白頭王建在,猶見詠詩人。……’前半全用張詩。……于君,于鵠也,爲張籍摯友。《四部叢刊》本《張司業集》于君作自君,《全唐詩》作白君,均誤。《古逸叢書》影刻宋本不誤。”(見《書目季刊》七卷一期二五頁)

案:張籍贈詩的對象是王建,如作“自君”,“君”則必指王建。這跟第三句“白頭王建在”連貫不起來,當然不對。如作“白君”,則當指白居易。白居易亦張籍摯友,曾推許張籍“尤工樂府詩,舉代少其倫”。(《白氏長慶集》卷一《讀張籍古樂府詩》)白卒於武宗會昌五年(八四五),年七十五。元和十年(八一五)白以論事——論宰相武元衡遇刺事,貶爲江州司馬(詳陳振孫《白香山年譜》及新、舊《唐書·白居易傳》),而張籍此詩大約作於元和十年(八一五)前後。(據華忱之《孟郊年譜》:東野以元和九年八月卒。張籍詩有“東野亡來”之語,可推其撰作應在元和九年冬以後。)“白君去後”,指白居易離去以後到江州,義亦可通,但“白君”跟第三句“白頭”重用白字,似非高明之作。北宋晏幾道《臨江仙》詞用“于君去後”四字正跟《古逸叢書》景刻宋本合,可證宋本作“于君”最爲正確。于君名鵠,與張籍有厚交,張有《傷于鵠》五言古詩一首。(《張司業集》卷七)其中云:“良玉沈幽泉,名爲天下珍。”又云:“今來弔嗣子,對隴燒斯文。”可知所謂“于君去後”是指于鵠去世以後,與“東野亡來”正相儷。又東野卒於元和九年(八一四),于鵠之去,與東野之亡,相並而言,于鵠去世應在元和時代。南宋計有功《唐詩紀事》,稱于鵠是“大曆貞元間人”,據此可證其謬。①

① 《唐代文學論集·唐代詩文集校勘問題》八《自君去後交游少》,臺灣學生書局一九八九年版。

陳垣在談到理校法時説："最高妙者此法，最危險者亦此法。"①理校與對校相結合，則可增强校勘的可靠性。例如王念孫雖以理校見長，但他在校勘時仍十分重視引證各種資料，從而取得精湛的成果。如《逸周書・文政》篇云"位長以遵之"，王氏云："位長本作伍長。下文'什長以行之'，什長與伍長文正相對。《大聚》篇曰：'五户爲伍，以首爲長；十夫爲什，以年爲長。'此之謂也。今本伍長作位長，則文義不明，蓋以伍、位字形相似而誤。《玉海》六十七引此正作伍長。"②

陳垣在談到對校法時説："其主旨在校異同，不校是非，故其短處在不負責任，雖祖本或别本有訛，亦照式録之；而其長處則在不參己見，得此校本，可知祖本或别本之本來面目。"③采用對校與理校相結合的方法，則可保存對校法的長處，並能克服其短處。如《管子・牧民》篇云："地辟舉則民留處"，郭沫若等集校曰：

> 宋楊忱本作"地辟舉則民留處"，古本、劉績本、朱東光本均作"地舉辟則可留處"。
>
> 尹知章云：舉，盡也，言地盡闢，則人留而安居處也。
>
> 猪飼彦博云：舉，謂耕種也。《臣乘馬》曰："起一人之繇，百畝不舉。"
>
> 戴望云：朱東光本作"地舉辟則可留處"，據尹《注》似亦作"地舉辟"。舉、處爲韻。上下文皆協韻，此不宜獨異。《輕重甲篇》曰"地辟舉則民留處"，《事語》《地數》二篇並曰"壤辟舉則民留處"，是其明證。朱本"可"字誤。
>
> 維遹案：戴説是也。《廣雅・釋詁》一"發，舉也"，則"舉"亦可訓發。辟、闢同。"地辟舉"猶言地開發也。④

---

① 《校勘學釋例》卷六《校法四例》。

② 《讀書雜志・逸周書第二・文政・位長》。

③ 《校勘學釋例》卷六《校法四例》。

④ 《郭沫若全集》歷史編《管子集校・牧民篇第一》。許維遹乃《管子集校》作者之一。

《集校》首先列舉了各本的異同，即對校；接着又列舉了猪飼彦博、戴望、許維遹的校勘記，他們從音韻與訓詁的角度進行了分析，認爲"地辟舉"是而"地舉辟"非，即理校。此外，猪飼彦博、戴望還舉了《管子》他篇的有關内容來印證自己的推理，頗有説服力。校記此條將對校與理校結合在一起，既使我們知道了各本的本來面目，又分析了孰是孰非，頗便於讀者參考和抉擇。所以説，實行對校與理校相結合的校勘方法，不僅是可能的，而且也是必要的。

第四節　校勘宜慎

人們在校勘實踐中深刻地認識到，書面材料中的不少錯誤都是由誤校造成的。如顧廣圻云："予性素好鉛槧，從事稍久，始悟書籍之訛，實由於校。據其所知，改所不知。通人類然，流俗無論矣。"①段玉裁强調理校，但是也認爲："校定之學，識不到則或指瑜爲瑕，而疵纇更甚；轉不若多存其未校定之本，使學者隨其學之淺深以定其瑕瑜，而瑕瑜之真固在。古書之壞於不校者固多，壞於校者尤多。壞於不校者，以校治之；壞於校者，久且不可治。"②孫德謙還談道："若不善校書，全無依據而率意改更，抑或强書就我，妄援假借之例，以便其改字。形聲不通者，則歸其罪於傳寫。尤甚者，勇於改書，義所難解者，則悍然去之，無復有所顧慮。吾恐書之幸而獲傳於今，其間文字歧異，經校讎之手，私相删改當不可勝算矣。"③

古今因臆改致誤的例子甚多，其突出的有韓愈的兒子韓昶改金根車爲金銀車的笑話。宋劉昌詩記其事云：

> 崔豹《古今注》云：金根車，秦制也。秦併天下，閲三代之輿服，謂殷得瑞山車，一曰金根，故因作爲金根之車。秦乃增飾而乘御，漢因不改。《晉·輿服志》載金根車，天子親耕所乘，置耒耜於軾上，乃知

① 《思適齋集》卷一五《書文苑英華辨證後》。

② 《經韻樓集》卷八《重刊明道二年國語序》。

③ 《劉向校讎學纂微·待刊改》。

是車蓋耕車也。及考《東京賦》，有農輿輅木。薛綜注曰：此所謂耕根車。然則金根、耕根，其名又異矣。唐莊懿公主下嫁田緒，德宗幸望春樓餞之，厭翟敝不可乘，以金根車代之。公主出降乘金根車，自此始。豈非去古遠而意愈失邪？韓衵爲集賢校理，史傳中有説金根車處，皆臆斷之曰："豈其誤歟？必金銀車也。"悉改"根"爲"銀"。至除拾遺，果爲諫院不受。衵，文公之子也，而不知古，抑又可嘆。①

近人誤改者也屢見不鮮，潘重規云：

任二北教授是近代詞曲大師，所著《敦煌曲校録》《敦煌曲初探》《唐戲弄》，都是煌煌鉅著，備受國際學者的重視，由於敦煌寫本文字叢殘，卷紙損泐，任氏出其所學，往往有精確的訂正，嘉惠士林，裨益學術，貢獻不可謂不大。但有時自出手眼，也造成了失誤。現在姑舉一例，以明治學之難。巴黎伯三二五一號卷子，鈔寫《菩薩蠻》詞四首，前二首云：

清明節近千山緑，輕盈士女腰如束。九陌正花芳，少年騎馬郎。羅衫香袖薄，佯醉抛鞭落。何用更迴頭，謾添春夜愁。

朱明時節櫻桃熟，卷(捲)簾嫩笋(筍)初成竹。小玉莫添香，正嫌紅日長。　　四支(肢)無氣力，鵲語虚消息。愁對牡丹花，不曾君在家。

這兩首詞，第一首寫芳春郊游的艷情，第二首寫初夏幽閨的愁思。任氏《敦煌曲校録》依據第一首"清明節近"改第二首"朱明時節"作"清明時節"，造成了很大的錯誤。因爲櫻桃成熟，嫩筍成竹，紅日嫌長，都是夏日的景色。《禮記·月令》説："仲夏之月，天子羞以含桃，先薦寢廟。"含桃就是櫻桃。《漢書·叔孫通傳》説："惠帝出離宫，叔孫通曰：'古者春嘗果，方今(按謂仲夏之月)櫻桃熟可獻，願陛下出，因取櫻桃獻宗廟。'上許之。"杜工部《野人送朱櫻》詩云："西蜀櫻

① 《蘆浦筆記》卷六《金根車》。

桃也自紅,野人相贈滿筠籠。數迴細寫愁仍破,萬顆匀圓訝許同。憶昨賜霑門下省,退朝擎出大明宫。金盤玉筯無消息,此日嘗新任轉蓬。"寫出了唐代宫内獻櫻桃後頒賜臣下的情況。而且"朱明"本來就是指的夏天,《爾雅·釋天》説:"夏爲朱明。"用朱明爲夏日紀時,在敦煌寫本中仍然可以看到,巴黎伯二七二一號卷子的背面鈔寫了舜子至孝變文,末尾有題記云:"天福十五年歲當己酉朱明蕤賓之月蓂生拾肆寫畢記。"天福是後晉高祖的年號,己酉(九四九)已經到了後漢隱帝乾祐二年,偏遠地方消息不靈,寫本紀年常有此種現象。朱明是夏,蕤賓之月是五月,《禮記·月令》:"仲夏之月,律中蕤賓。"蓂是蓂莢,"堯時瑞草"(《集韻》),"月一日一莢生,十五日畢;至十六日,一莢去"。(《白虎通·封禪》)蓂生十四莢,即是月之十四日。换句話,這個題記是天福十五年己酉五月十四日寫畢的。筍是竹萌。《毛詩草木蟲魚疏》:"筍,竹萌也。皆四月生。"所以這首詩寫的是夏景,朱明指的是夏日。把朱明改作清明,那真是天大的錯誤!①

正因爲輕改容易致誤,所以嚴肅的學者在校勘時都採取慎重態度,而且形成了一個優良傳統。《漢書·藝文志》云:"古制,書必同文,不知則闕,問諸故老。至於衰世,是非無正,人用其私。故孔子曰:'吾猶及史之闕文也,今亡矣夫。'蓋傷其寖不正。"②於此可見,妄改書面材料與反對妄改書面材料,皆早已有之。孔子是反對輕改書面材料的。如《春秋》昭公"十有二年,春,齊高偃帥師納北燕伯于陽"。《公羊傳》云:"伯于陽者何?公子陽生也。子曰:'我乃知之矣。'在側者曰:'子苟知之,何以不革?'曰:'如爾所不知何?'"何休《公羊解詁》曰:"子,謂孔子。乃,乃是歲也。時孔子年二十三,具知其事,後作《春秋》,案史記,知'公'誤爲'伯','子'誤爲'于','陽'在,'生'刊滅闕。"又曰:"如,猶奈也。猶曰:'奈汝所不知何,寧可强更之乎?'此夫子欲爲後人法,不欲令人妄億錯。'子絶四:毋意,毋

① 《敦煌詞話》五《敦煌詞不可輕改》。
② 《漢書》卷三〇。"吾猶及"云云,見《論語·衛靈公》。

必,毋固,毋我。’”①元吴師道也説:“事莫大於存古,學莫善於闕疑。夫子作《春秋》,仍‘夏五’殘文;漢儒校經,未嘗去本字,但云‘某當作某’,‘某讀如某’,亦謹重也。古書字多假借,音亦相通,鮑直去本文,徑加改字,豈傳疑存舊之意哉?”②

最值得稱道的是宋人彭叔夏校《文苑英華》的慎重態度。他在《文苑英華辨證》的自序中説:“叔夏年十二三時,手鈔《太祖皇帝實録》。其間云‘興衰治□之源’,闕一字,意謂必是‘治亂’,後得善本,乃作‘治忽’。三折肱爲良醫,信知書不可以意輕改。”《四庫全書總目》卷一八六《文苑英華辨證》提要云:“叔夏此書,考核精密,大抵分承訛當改、别有依據不可妄改、義可兩存不必遽改三例。中如杜牧《請追尊號表》,以高宗伐鬼方爲出《尚書》,顯然誤記,而叔夏疑是逸《書》,未免有持疑不決之處,然其用意謹嚴,不輕點竄古書,亦於是可見矣。”顧廣圻《書文苑英華辨證後》也稱贊道:“叔夏自序云:‘三折肱爲良醫,知書不可以意輕改。’何其知言也!此書乃校讎之楷模,豈獨讀《英華》者資其是正哉!”③

清代王念孫父子雖精於訓詁,長於理校,但也不輕改古書。王念孫《讀書雜志》十五《淮南内篇第二十二》,在總結了六十二條誤例後感嘆道:

> 嗟乎!學者讀古人書,而不能正其傳寫之誤,又取不誤之文而妄改之,豈非古書之大不幸乎?至近日武進莊氏所刊藏本,④實非其舊,其藏本是而各本非者,多改從各本,其藏本與各本同誤者,一概不能釐正,更有未曉文義而輒行删改,及妄生異説者,竊恐學者誤以爲藏本而從之,則新刻行而舊本愈微,故不得不辯。

校勘的目的是存真,因此不應輕改古書,但是爲了恢復古書的本來面目又不得不改,王引之經過深入研究提出了一些改與不改的原則,從中也

① 《春秋公羊傳注疏》卷二二。“子絶四”云云,見《論語・子罕篇》。
② 《戰國策校注序》,鮑謂宋鮑彪。
③ 《思適齋集》卷一五。
④ 莊氏指莊逵吉。

可看出他的謹慎態度。引文詳見本編第四章《校勘的資料》第二節《他書的引文》—《古類書的引文》。

顧千里甚至提出了"不校校之"的理論。此説最早出於邢邵。邵字子才,《北齊書》本傳稱其"雅有才思,聰明彊記,日誦萬餘言,博覽文籍,無不通曉。有書甚多,而不甚讎校。見人校書,常笑曰:'何愚之甚?天下書至死讀不可徧,焉能始復校此?日思誤書,更是一適。'妻弟李季節,才華之士,謂子才曰:'世間人多不聰明,思誤書何由能得?'子才曰:'若思不能得,便不勞讀書。'"顧千里很欣賞邢邵的觀點,把自己的室名叫做思適齋。其《思適寓齋圖自記》曰:"以思適名齋者何?顧子有取於邢子才之語也。史之稱子才曰'不甚校讎'。顧子役役以校書,而取之者何?謂顧子之於書,猶必不校校之也。子才誠僅曰不校乎哉?則烏由思其誤,又烏由而有所適也!故子才之不校,乃其思。不校之誤,使人思。誤於校者,使人不能思。去誤於校者而存不校之誤,於是日思之,遂以與天下後世樂思者共思之。此不校校之者之所以有取於子才也。"①顧千里還對"不校校之"理論的提出及其含義解釋道:

> 顔黄門有言:"校定書籍,亦何容易,自揚雄、劉向方稱此職耳。"蓋以校書之弊有二:一則性庸識闇,彊預此事。本未窺述作大意,道聽而塗説,下筆不休,徒增蕪累。一則才高意廣,易言此事,凡遇所未通,必更張以從我,時時有失,遂成瘡疻。二者殊塗,至於誣古人,惑來者,同歸而已矣。廣圻竊不自量,思救其弊。每言書必不校校之。毋改易其本來,不校之謂也;能知其是非得失之所以然,校之之謂也。今古餘先生重刻撫本《禮記》,悉依元書而别撰考異,以論其是非得失,可云實獲我心。②

他代張古餘撰《重刻儀禮注疏序》復云:"《儀禮》經鄭注賈疏,前輩每言其

① 《思適齋集》卷五。

② 《思適齋集》卷一四《禮記考異跋》。顔指顔之推,曾官北齊黄門侍郎。其言見所撰《顔氏家訓·勉學篇》。

文字多誤者，予因徧搜各本而參稽之，知經文尚存唐開成石刻，可以取正。注文則明嘉靖時所刻頗完善，其疏文之誤，自陳鳳梧本以下約略相同。比從元和顧千里行篋所見所用宋景德官本手校疏，凡正訛補脱去衍乙錯無慮數千百處，神明焕然爲之改觀。千里又用宋嚴州本校經及注，視嘉靖本尤勝。……嚴州本之經，較諸唐石刻或有一二不合，今猶仍之者，著異本之所自出也。注與疏兩宋本非必全無小小轉寫之訛，不欲用意見更易者，所以留其真，慎之至也。”①清黄廷鑑也持同樣觀點。其《校書説》云：“客有問於余曰：子之校書，以不改爲主。如此又曷取於校乎？余應之曰：是乃所謂校書也。……校書之體，不可易也。惟應據諸本異同，考其得失，擇善而從。倘諸本皆同，而其義絶不可通者，迺證於所引之本書；本書既佚，不得已迺證之唐代類書，及子史各注。其實有形聲脱誤之迹，屬後人傳鈔之誤者，乃可改之。否則明知其誤，無寧闕疑，蓋不當改者，固不可改；即不可不改者，必慎之又慎。如是則改者自少，以云不改，不亦可乎！”②近代校勘大家孫詒讓也强調一字不略過，一字不輕改。嘗自序其《札迻》云：“凡所考論，雖復簡絲數米，或涉瑣屑，於作述閎恉未窺百一，然匡違茜佚，必有誼據，無以孤證肊説，貿亂古書之真，則私心所遵循，而不敢越者。”於此可見，在中國校勘學史上，凡卓有成就者，都是那些不輕改古書的人。

就具體的校勘工作而言，通假字一般是不應校改的。《顔氏家訓·書證》篇早已明言：“古無二字，又多假借，以‘中’爲‘仲’，以‘説’爲‘悦’，以‘召’爲‘邵’，以‘間’爲‘閑’，如此之徒，亦不勞改。”唐陸德明《經典釋文·序録》亦云：“經籍文字，相承已久，至如‘悦’字作‘説’，‘閑’字爲‘間’，‘智’但作‘知’，‘汝’止爲‘女’，若此之類，今並依舊音之。”張守節《史記正義·論字例》也肯定了前人的做法，指明：“《史》《漢》文字，相承已久，若‘悦’字作‘説’，‘閑’字作‘間’，‘智’字作‘知’，‘汝’字作‘女’，‘早’字作‘蚤’，‘後’字作‘后’，‘既’字作‘溉’，‘敕’字作‘飭’，‘制’字作‘剬’，此之

① 《思適齋集》卷七。鄭指漢鄭玄，賈指唐賈公彦。

② 《第六絃溪文鈔》卷一。

般流,緣古少字通共用之。……如此之類,並即依行,不可更改。”

此外,陳垣《校勘學釋例》也談到過這個問題。“始予之校《元典章》也,見‘札’作‘劄’,‘教’作‘交’,‘應副’作‘應付’,以爲元代用字與今不同也,後發見元刻本本身亦前後互異,乃知非元代用字與今不同,實當時之二字通用。沈刻校改,固爲多事,即今回改,亦屬徒勞。”並指出:

“教”“交”通用	“札”“劄”通用
“呈”“承”通用	“整”“拯”通用
“格”“革”通用	“您”“恁”通用
“驅”“軀”通用	“疋”“匹”通用
“翼”“奕”通用	“杖”“仗”通用
“卓”“棹”通用	“毆”“歐”通用
“駮”“駁”通用	“礙”“碍”通用
“只”“止”通用	“後”“后”通用

“應付”與“應副”通用
“駙馬”與“附馬”通用
“守制”與“守志”通用①

第五節　校勘的程序與注記

我們已經對各種校勘方法進行了介紹,下面再談談改正書面材料、撰寫校勘記的具體做法。

漢應劭云:“劉向校書籍,皆先書竹,爲易刊定。可繕寫者以上素。”② 這説明劉向等在校書的時候有一定的程序和模式:先將文字寫在竹簡上,如果發現錯誤就削去,以便改正。改定後,再寫在帛上。當紙書盛行以

① 《校勘學釋例》卷六第四六《元本通用字不校例》。
② 《太平御覽》卷六〇六引《風俗通》。

後，人們曾嘗試着用各種方法消除誤處，一般以雌黄塗抹爲最佳。沈括介紹宋代館閣校書情況時説："館閣新書浄本有誤書處，以雌黄塗之。嘗校改正之法，亂洗則傷紙，紙貼又易脱，粉塗則字不没，塗數遍方能漫滅。唯雌黄一漫則滅，仍久而不脱，古人謂之鉛黄，蓋用之有素矣。"①清初孫慶增也談道："古用雌黄校書，因古時皆用黄紙寫，裝成卷軸，故名黄卷，其色相同，塗抹無痕迹也。後人俱用白紙鈔刻，又當用白色塗抹。今之改字，用淡色青田石磨細和膠，做成錠子，磨塗紙上，改字最妙。用鉛粉終要變黑，最不可用。"如果是善本，則不應輕易在書上塗抹，故孫氏復云："古人每校一書，先須細心紬繹。自始至終，改正字謬錯誤，校讎三四次，乃爲盡善。至於宋刻本，校正字句雖少，而改字不可遽改書上。元版亦然。須將改正字句寫在白紙條上，薄漿浮簽貼本行上，以其書之貴重也。"②

爲了同原文有所區别，人們早就注意利用不同顔色的筆墨來做校勘工作。如唐郭京撰《周易舉正》三卷，其自序稱："曾得王輔嗣、韓康伯手寫真本，比校今世流行本及國學鄉貢人等本，舉正其謬。凡所改定，以朱墨書别之。"這種方法也爲後世所普遍采用。

人們在校勘作注記時，使用染色筆和校改符號也有一些條例可循，如宋陳騤介紹南宋館閣校書之條例云：

> 諸字有誤者，以雌黄塗訖，别書。或多字，以雌黄圈之；少者，於字側添入；或字側不容注者，即用朱圈，仍於本行上下空紙上標寫。倒置，於兩字間書"乙"字。諸點語斷處，以側爲正。其有人名、地名、物名等，合細分者，即於中間細點。
>
> 諸點發字，本處注釋有音者，即以朱抹出，仍點發。其無音而别經傳子史音同有可參照者，亦行點發。或字有明音如：傳記之"傳"（柱戀切）爲郵傳之傳（株戀切），又爲傳習之傳（重緣切）。……雖本處無音，亦便行點發。點有錯誤，却行改正，即以雌黄蓋。朱點應黄

---

① 《夢溪筆談》卷一。

② 《藏書紀要》第四則《校讎》。

點處並不爲點。

點校訖，每册末各書臣某校正。[①]

南宋方崧卿的《韓集舉正叙録》有《校例》四則，對校勘的注記也作了明確規定：

並解釋道："此書字之當刊正者，以白字識之。當删削者，以圈毁之。當增者，位而入之。當乙者，乙而倒之。字須兩存而或當旁見者，則姑識於其下，不復標出。"

從漢代開始，學者們就已對校勘使用的術語逐步達成共識，從而形成規範，爲後學從事校勘時所遵循。段玉裁云：

鄭君之學，不主於墨守，而主於兼綜；不主於兼綜，而主於獨斷。其於經字之當定者，必相其文義之離合，審其音韻遠近，以定衆説之是非，而以己説爲之補正。凡擬其音者，例曰讀如、讀若，音同而義略可知也。凡易其字者，例如讀爲、讀曰，謂易之以音相近之字而義乃瞭然也。凡審知爲聲相近、形相似二者之誤，則曰當爲，謂非六書假借而轉寫紕繆者也。漢人作注，皆不離此三者，惟鄭君獨探其本原。[②]

段氏還進一步解釋道："'當爲'者，定爲字之誤、聲之誤，而改其字也，爲救正之詞。形近而譌，謂之字之誤；聲近而譌，謂之聲之誤。字誤聲誤而正

① 《南宋館閣録》卷三。案："朱點應黄點處並不爲點"一語，其義未詳。

② 《經韻樓集》卷八《經義雜記序》。鄭君指鄭玄。

之，皆謂之‘當爲’。凡言‘讀爲’者不以爲誤，凡言‘當爲’者直斥其誤。三者分，而漢注可讀，而經可讀。”①

此外，學者們還常用或爲、或作、本作、本或作、本亦作、本又作、一本作、某本作等術語來注記文字異同。如《禮記·曲禮》云：“宦學師事，非禮不親。”鄭玄注：“‘學’或爲‘御’”。《淮南子·本經》篇云：“昔者蒼頡作書而天雨粟，鬼夜哭。”高誘注：“鬼恐爲書文所劾，故夜哭也。鬼或作兔，兔恐見取毫作筆，害及其軀，故夜哭。”《禮記·曾子問》篇云：“命毋哭。”陸德明《經典釋文》：“毋，本作無。”《詩·召南·摽有梅》小序云：“男女及時也。”《經典釋文》：“本或作‘得以及時’者，從下而誤。”《詩·周南·關雎》云：“君子好逑。”《經典釋文》：“逑，音求。毛云：‘匹也。’本亦作‘仇’，音同。鄭云：‘怨耦曰仇。’”《周易·繫辭下》：“來者信也。”《經典釋文》：“信也，本又作伸。”《周易·乾·文言》：“處終而能全其終。”《經典釋文》：“能全，一本作能令。”《周易·訟卦》：“終朝三褫之。”《經典釋文》：“褫，鄭本作拕。”②此類用於注記的術語，爲數甚多。今人張舜徽曾將注記形式約略歸納爲十條，今録之於下：

一、凡文字有不同者，可注云：“某，一本作某。”（或具體寫明版本名稱）

二、凡脱一字者，可注云：“某本某下有某字。”

三、凡脱二字以上者，可注云：“某本某下有某某幾字。”

四、凡文字明知已誤者，可注云：“某當作某。”

五、凡文字不能即定其誤者，可注云：“某疑當作某。”

六、凡衍一字者，可注云：“某本無某字。”

七、凡衍二字以上者，可注云：“某本某字下無某某幾字。”

八、字倒而可通者，可注云：“某本某某二字互乙。”

九、字倒而不可通者，可注云：“某本作某某。”

---

① 《清經解》卷八八《周禮漢讀考序》。

② 參看周大璞主編《訓詁學初稿》第四章《訓詁條例》第三節《常用的術語》。

十、文句前後倒置者，可注云："某本某句在某句下。"

上述情況之一，有前後數見者，但於首見時注明"下同"或"下仿此"等字樣。①

關於這個問題，本編第七章《校勘成果的處理形式》還將涉及，讀者可以互參。

① 《中國古代史籍校讀法》第二編第四章《怎樣進行校書》第四節《校書的具體方法》。

第七章　校勘成果的處理形式

由於校勘目的、校勘方法、讀者對象以及出版條件的不同，人們對校勘成果也就采用不同的處理形式。今分别述之如下：

第一節　定　本

書籍經過校勘，分别同異，判斷是非，然後將自己認爲正確的文字紀録下來，即成定本。

凡重新整理編排的書常采用定本的形式。漢劉向等校書時就是這麽做的。其《晏子》書録云："護左都水使者、光禄大夫臣向言：所校中書《晏子》十一篇，臣向謹與長社尉臣參校讎太史書五篇、臣向書一篇、臣參書十三篇，凡中外書三十篇，爲八百三十八章。除複重二十二篇，六百三十八章，定著八篇，二百一十五章。外書無有三十六章，中書無有七十一章，中外皆有以相定。"①

最初的定本如劉向等所撰，是不出校記的。後來的定本則多附校記於定本之後，以便復按。但間或也有采用了定本的形式而不出校記的。如魯迅的《唐宋傳奇集》，即是如此。其書序例有云："本集所取文章，有復見於不同之書，或不同之本，得以互校者，則互校之。字句有異，惟從其是。亦不歷舉某字某本作某，以省紛煩。倘讀者更欲詳知，則卷末具記某

① 《四部叢刊》影印明活字本《晏子春秋》卷首。

書出於何書何卷，自可復檢原書，得其究竟。”

直接采用定本的長處是簡單明瞭，便於閱讀。人們若非爲了從事研究，讀書時是很少看所附校勘記的。它的短處是所定正文未必一定正確。段玉裁云：“凡校書者，欲定其一是，明賢聖之義理於天下萬世，非如今之俗子誇博贍，誇能考核也。故有所謂宋版者，亦不過校書之一助，是則取之，不是則却之，宋版豈必是耶？故刊古書者，其學識無憾，則折衷爲定本以行於世，如東原師《大戴禮記》《水經注》是也。”[①]段氏之説，言之易而行之難。就以戴震訂正《水經注》而言，連他是否鈔襲趙一清的《水經注釋》尚且是一大疑案，[②]怎麽能判定他訂正《水經注》已經學識無憾了呢？事實上，從戴震到晚清楊守敬，對《水經注》的校勘工作，一直有人在不斷進行，可見戴校絶非如段氏所稱定本。

第二節　定本附校勘記

在寫成定本以後，附以校勘記，説明其所校定的根據或理由，是較爲審慎的方式。朱希祖云：

> 校讎之法有二：一則羅列各本，擇善而從；其不善者，棄而不言。然必擇一本爲主，若他本、他書有善者，據以校改此本，必注云：原本作某，今據某本或某書改。否則必犯無徵不信之譏，且蹈無知妄改之戒。原本不誤而校改反誤者，皆由於此。一則擇一本爲主，而又羅列各本之異同，心知其善者，固當記注於上；即心知其誤者，亦當記注於上，以存各本之真面。使後世讀此書者，得參校其異同，斟酌其是非，擇善而從，抑亦校書之善法也。然主前法者，或譏後法爲蕪纇而無所發明；主後法者，或譏前法爲專擅而妄改古書。其實各得其法，不偭其矩，皆有益於學者。[③]

---

① 《經韻樓集》卷一一《答顧千里書》。

② 參見《汪辟疆文集》：《〈水經注〉與〈水經注疏〉》注釋三十二。

③ 南京圖書館藏稿本《酈亭藏書題跋記·校本意林跋》。

顯然，朱氏所説的第一種方法指定本附校勘記，第二種方法指底本附校勘記。這裏先介紹前者。

定本附校勘記可以郭沫若的《鹽鐵論讀本》爲例。其書序云："爲了便於閲讀起見，我把《鹽鐵論》標點了，定名爲《鹽鐵論讀本》。對於難解或者經過校改的字句，我加了一些簡單的注釋。"他所謂的讀本，實際上就是定本；他所謂的注釋，實際上就是校勘記。如該書《本議第一》云："陛下垂大惠，哀元元之未贍，不忍暴士大夫於原野，縱無被堅執鋭者北面復匈奴之志〔注一〕，又欲罷鹽鐵、均輸，用損武略〔注二〕，無憂邊之心。於其義（議）未便也。"郭氏注一云："'縱無'原作'縱然'，'者'作'有'，不可通，以意改。"注二云："'憂邊用損武略'，'憂邊'二字，涉下文而衍。"王樹民《廿二史劄記校證》也采用了這種形式。其《前言》云："《甌北全集》於嘉慶初年以湛貽堂名義印行，其後《廿二史劄記》一書翻刻甚多，以光緒二十六年（一九〇〇）廣州廣雅書局及二十八年湖南新化西畬山館二種爲最佳。湛貽堂本雖爲原刻本而校刻欠精，廣雅與西畬二本不僅多作文字校正，於内容疏略之處亦間爲校補，尤以西畬本補正者爲多。本書即以三本互校，擇善而從，凡原刻本誤而經二本改正者，皆從之，並在校證中注明；如原刻本不誤而二本誤改者，則從原刻本而不出校。"如卷一《史漢不同處》云："劉辰翁有《班馬異同》。"《校證》曰："按，劉辰翁之'辰'字，原刻本誤作'仁'，西畬本已改正。"

這種方法的長處是既有定本之簡明，又不至於使人不知定本文字所從出；既便於閲讀，又在相當大的程度上保留了各本的面目。如清同治五年金陵書局刊本《史記集解索隱正義合刻本》一百三十卷附張文虎《札記》五卷就屬於這種類型。張氏《札記》卷末識語有云："新刊史文及注皆不主一本，恐滋讀者疑，請於刊竣之後附記各本同異及所以去取意。文正頷之。"復云："所記異同，大半取資於錢校本。其外兼採諸家緒論，則梁氏《志疑》、王氏《雜志》爲多。間附文虎與唐君管見所及，不復識别。其有偶與前賢暗合者，悉歸之前賢，以避攘善之譏。"[1]如金陵書局本《史記·老

① 金陵書局本《史記》據校各本詳見《校刊史記集解索隱正義札記》卷一。文正，曾國藩謚。錢校本指錢泰吉校本。梁氏《志疑》指梁玉繩《史記志疑》。王氏《雜志》指王念孫《讀書雜志》。唐君指唐仁壽。

子韓非列傳》云:"始秦與周合,合五百歲而離,離七十歲而霸王者出焉。"《校刊史記集解索隱正義札記》卷五云:"各本作'始秦與周合而離,離五百歲而復合,合七十歲而霸王者出焉。'毛本'七十'下有'餘'字。《雜志》云:此後人依周、秦本紀改。《索隱》曰:'紀與此傳離合正反'。若此,則何反之有?今依《雜志》從所引宋本改。《索隱》本出'秦與周合五百歲而離',則較宋本同少一'合'字。"①可見局本文字是張文虎等依據單刻《索隱》本所標出的《史記》原文並參照王念孫説改定的,而所改依據在《札記》中均作了説明。潘重規的《敦煌雲謡集新書》也屬於這種情况。其《雲謡集雜曲子新書》即爲《雲謡集》定本。潘氏《緒言》云:"今欲使千年未睹之秘籍,成爲人人可讀之新書,自必舍原卷行款體式,正其題目,施以句讀,釐定片闋,改訂誤字,然後用通行字體,别爲新本,乃克有濟。竊不自揆,姑據校箋考訂所得,重寫一通,名曰《敦煌雲謡集新書》,以供學子吟諷誦習之用。"其《雲謡集校箋》即爲校勘記。《緒言》復云:"《雲謡》問世以來,尚未有人將原卷全部影印。得見真本者,海内不過數人。是以高才碩學,發爲宏論,雖或詞擅雕龍,不免議同摸象。讀者徒惑群言之淆亂,而無從斷其是非。因博攬諸家之説,薙其榛蕪,擷其精粹,正其訛誤,補其缺漏,詳究敦煌卷子文字書寫之慣例,探求唐季俗文學詞語之正詁,撰成《雲謡集校箋》一卷,期能恢復《雲謡》本來面目,不悖作者原意,以廓清杜撰臆説妄改之蒙蔽。惟所見或不圓周,取舍慮難允當,故影印原卷照片,俾讀者得衡量各家之説,目驗卷子,加以抉擇,庶不致茫然無所適從。"

清黄廷鑑的《校書説》對這個問題也進行過闡述,他在説明校書以不改爲主的道理之後,接着寫道:

> 同學張子問曰:先生之説,證之漢人解經之法,固有合矣。信好如朱子,於《大學》則定章句矣,於《孝經》則有刊誤矣,或重定篇次,或删易字句,至今遵行,豈朱子亦可非乎?余曰:朱子之删定,豈後人改書之比,如《大學》傳首三四章下,皆注云:舊本在某句下;《孝經》經一

---

① 毛本指毛晉刻《史記集解》本。

章下注云：舊分爲幾章，衍去引《詩》引《書》者幾，凡所更定，必詳注舊本云云，則雖改而本書之舊仍存，即謂之未改可也。①

這種方法的短處則仍然是定本文字，對於讀者，不免先入爲主，但又不能保證其必無錯誤。如宋蔡寬夫云：

今世所傳子美集本，王翰林原叔所校定，辭有兩出者，多並存於注，不敢撤去。至王荆公爲《百家詩選》，始參考擇其善者定歸一辭，如"先生有才過屈宋"，注："一云先生所談或屈宋"，則舍正而從注。"且如今年冬，未休關西卒"，注："一云如今縱得歸，休爲關西卒"，則刊注而從正。若此之類，不可概舉。其採擇之當，亦固可見矣。惟"天闕象緯逼，雲卧衣裳冷"，闕字與下句語不類。"隅目青熒夾鏡懸，肉駿碨礧連錢動"，肉駿，於理若不通，乃直改闕作閲，改駿作騣，以爲本誤耳。②

中華書局一九八三年版《王梵志詩校輯》也采用了定本附校勘記的形式，但據文義改處過多而又不盡正確，因而不爲學者們所重視。此類例子甚多，我們就不舉了。

第三節　底本附校勘記

選擇一個作爲校勘基礎的底本來和其他資料互校，工作完成後，連同底本和校勘記一併發表出來，這乃是發表校勘成果的主要形式。

學者們對這種形式作了充分的肯定。如焦循云："校讎者：六經傳注，各有師授。傳寫有訛，義蘊乃晦。鳩集衆本，互相糾核。其弊也，不求其端，任情删易，往往考者之誤，失其本真。宜主一本，列其殊文，俾閲者參

① 《第六絃溪文鈔》卷一。

② 《蔡寬夫詩話·王荆公校改杜集》。案：王洙原叔本杜集，今有影印宋刻鈔配本，在《續古逸叢書》中。

考之也。”①盧文弨也曾探討過這個問題，他在《與王懷祖庶常論校正大戴禮記書》中説：

> 讀所校《大戴禮記》，凡與諸書相出入者，並折衷之以求其是，足以破注家望文生義之陋。然舊注之失，誠不當依違，但全棄之，則又有可惜者；若改定正文，而與注絶不相應，亦似未可。不若且仍正文之舊，而作案語繫於下，使知他書之文固有勝於此之所傳者。觀漢魏以上書，每有一事至四五見而傳聞互異，讀者皆當用此法以治之，相形而不相掩，斯善矣。②

所謂“相形”，是指在校勘記中羅列各本異文；所謂“不相掩”，是指不改底本原文。盧氏又説：“凡傳古人書，當一仍其舊，慎勿以私見改作。如《蔡中郎集》有宋天聖元年歐静所輯本，雖未必盡合於隋唐之舊，然在今日已爲最古，後日重刻，便可悉依舊式；或有當補者，可别附於後；當刊者，可著其説於篇下，斯得之矣。”③阮元也是主張底本附校勘記這種方式的，其《江西校刊宋本十三經注疏書後》云：“刻書者，最患以臆見改古書。今重刻宋板，凡有明知宋板之誤字，亦不使輕改，但加圈於誤字之旁。而别撰校勘記，擇其説附載於每卷之末。俾後之學者，不疑於古籍之不可據，慎之至也。”④不過，南京師範大學古典文獻專業二〇一四年郎文行碩士論文《阮刻本〈禮記注疏〉校讀札記》稱：阮刻本還存在大量的據校勘記校改底本的現象。

在校勘實踐中，漢熹平石經就已采用了這種方式，王國維指出：“漢石經後，各有校記，蓋盡列學官所立諸家異同。《隸釋》謂石經有一段二十餘字，零落不成文，惟有《叔于田》一章及‘女曰鷄’八字可讀，其間有齊、韓字，蓋叙二家異同之説。是漢石經用魯詩本，而兼存齊、韓二家異字也。

① 《雕菰集》卷八《辨學》。

② 《抱經堂文集》卷二〇。

③ 《鍾山札記》卷一《蔡中郎集》。

④ 《揅經室集》三集卷二。

又《隸釋》所録《公羊》哀十四年《傳》,後有三行,皆有顔氏有無語,是漢石經《公羊》用嚴氏本而兼存顔氏異字也。《論語》後有包、周及盇、毛、包、周字,是《論語》亦用某本而兼存盇、毛、包、周諸本異字也。”[1]這種方式爲後世普遍采用,如《士禮居叢書》影刻宋本《國語》《戰國策》,均附有黄丕烈撰《札記》,即是其例。其代表作當推阮元刻《十三經注疏》,兹舉兩例。《毛詩正義》以阮元家藏十行宋本爲底本,其卷一《野有死麕》有“白茅包之”句,《校勘記》云:

> 唐石經、小字本、相臺本同。案《釋文》云:“苞,逋茆反。”段玉裁《詩經小學》云:“苞、苴字皆從艸。《曲禮》注云:‘苞苴裹魚肉,或以葦,或以茅。’《木瓜》箋云:‘以果實相遺者,必苞苴之。’引《書》‘厥苞橘柚’,今《書》作‘包’,訛。”今考《木瓜》正義,引此經作苞,是正義本當亦是苞字,與《釋文》本同。此《正義》作苞者,南宋合併時依經注本改之也。[2]

《孟子注疏》也以阮元家藏十行宋本爲底本,其卷一《梁惠王章句上》:“百畝之田,勿奪其時,數口之家,可以無饑矣。”《校勘記》云:“監本、毛本同。宋本、岳本、咸淳衢州本、孔本、韓本、閩本‘饑’作‘飢’。按飢餓之字當作‘飢’,‘饑’乃饑饉字,此經當以‘飢’爲正。”

這種方式的優點是存真,它既没有以意改動正文,又没有以意取舍異文,而是先詳盡地搜集有關資料,再加以判斷,甚至不加判斷,留待讀者自己思考和決定。從上面舉的兩個例子中可以看出阮元所刻《十三經注疏》附校勘記,既保留了十行本的原貌,又臚列了各善本的異同,而且還判定了是非。其參考價值當然是相當大的。正因爲附有校勘記,校勘者的誤校也易於發現。如上海古籍出版社一九八〇年版《徐霞客游記》卷二《浙游日記》:“初九日,早起,天色如洗,與王敬川同入蘭溪西門,即過縣前。”

---

① 《魏石經考》卷上《漢魏石經經本考》。

② 阮氏校《詩經》援據各本情況詳見《毛詩注疏校勘記序》。下校《孟子》援據諸本亦見《孟子注疏校勘記序》。

依上下文,此處之"縣"即爲金華縣城無疑。然則何以稱金華城西門爲"蘭溪西門"?《游記》校勘者在此篇《校勘記》中云:"與王敬川同入蘭溪西門,'蘭溪'應爲'金華'之誤。"徐建春指出:

> 霞客記載正確,校勘者誤也。光緒《金華縣志》卷四《城池》:"舊門十有一,今存者七,南曰清波,俗呼柴埠;東南曰八詠,《趙志》舊名元暢;東曰赤松,俗呼梅花;西南曰長仙,俗呼水門;曰通遠,俗呼望門;西曰迎恩,《戚志》曰朝天,俗呼蘭溪;北曰旌孝,俗呼義烏。"可見,至清代金華城幸存的七座舊城門,皆有别名,而西門更是三名並稱。之所以稱其爲蘭溪門,蓋因出此門往西北即可達蘭溪縣城。如今雖其城牆、城門已蕩然無存,但當地仍將西城門舊址稱爲"蘭溪門",又因其原爲城西之門,故也有稱"蘭溪西門"者。①

顯然,如果校勘者逕改原文,這一誤校是很難發現的。

但是采用這種方式也有缺點,那就是遍記各本異同,文字過於繁多。爲了克服這一缺點,需要精心選擇底本、主校本、參校本及其他有關資料。如何選擇底本?我們可以根據張之洞關於善本的定義提出三條標準:一是舊本,二是足本,三是精本。如何掌握這三條標準,還得根據具體情況,進行具體分析。如唐圭璋云:

> 在底本的比勘選擇上,尊重舊本而不迷信舊本,擇善而從。例如北京圖書館藏陸貽典、毛扆手校的《宋名家詞》,陸、毛二人所據校的本子都是舊本,今天已經看不到了。而從校勘記的實際情況來考察,他們所據校的本子確乎勝過現存的本子,因此這一部分的底本我們基本上選擇了陸、毛的校本。然而他們所據的舊本也決不是完美無缺的,如盧祖皋的《蒲江詞》,汲古閣本只二十餘首,陸、毛的校本也没

① 《徐霞客日記·浙游日記一處勘誤》,載《浙江師範大學學報》一九八六年第四期。

有增補，但《彊村叢書》本所據的是明鈔本《蒲江詞稿》，縱然其中雜有個别僞詞，但在數量上比汲古閣本多出七十餘首。對這種情況，我們當然選用了《彊村叢書》本。又例如黄庭堅的詞集，現有宋本《山谷琴趣外編》，但《彊村叢書》本的《山谷琴趣外編》是經朱孝臧校過的，我們把兩本比勘以後，也選用了《彊村叢書》本。①

底本的選擇標準同善本的標準不完全相同，除了要求錯誤較少外，還要求刻印較精，流傳較廣。陳垣校勘《元典章》之所以選擇清沈家本刻本作爲底本，原因之一就在於它刻印得相當精美。陳氏《校勘學釋例》重印後記云："《元典章》系一部内容豐富而又極通俗的書，通俗的書難得板本好、寫刻精。沈刻《元典章》不然，寫刻極精，校對極差，錯漏極多，最合適爲校勘學的反面教材，一展卷而錯誤諸例悉備矣。"我們校勘古籍通常是不會把它當作校勘學的反面教材的，所以在選擇底本時，既要考慮刻印精好，又要考慮錯誤較少。關於底本、主校本、參校本以及其他校勘資料的選擇問題，我們在本書第五章《從事校勘所應具備的知識》第二節《校讎學知識》一《版本》、第六章《校勘的方法》第一節《對校》、第四章《校勘的資料》中，都已經作了較爲詳細的説明，請參看。

第四節　單行的校勘記

單行校勘記的出現，或由於底本繁重，或由於底本習見易得，所以發表時就只摘録有校文的部分。宋代已經普遍采用這種方式了，如毛居正所撰《六經正誤》就是一部單行的校勘記。岳珂稱其"取六經三傳諸本，參以子、史、字書、選粹、文集，研究異同。凡字義音切，毫釐必校，儒官稱嘆，莫有異詞。刊修僅及四經，猶以工人憚煩、詭竄墨本以紿有司，而誤字實未嘗改者什二三，居正乃裒所校正之字，補成此編。"②其書今佚，而觀岳

① 《全宋詞》卷首《編訂説明》。

② 《相臺書塾刊正九經三傳沿革例・書本》。

珂所述，實開此種校記之先河。

清代此類校記之作甚多，最有名的如盧文弨的《群書拾補》，其作於乾隆五十二年（一七八七）的書前《小引》云：

文弨於世間技藝，一無所能。童時，喜鈔書，少長，漸喜校書。在中書日，主北平黄崑圃先生家，退直之暇，兹事不廢也。其長君雲門，時爲侍御史，謂余曰：人之讀書求己有益耳，若子所爲，書並受益矣。余灑然知其匪譽而實諷也。友人有講求性命之學者，復謂余：此所爲玩物喪志者也，子何好焉？斯兩言也，一則微而婉，一則簡而嚴。余受之，皆未嘗咈也。意亦怦怦有動於中。輟之，遂覺闕然有所失。斯實性之所近，終不可以復反。自壯至老，積累漸多，嘗舉數册付之剞劂氏矣。年家子梁曜北語余曰：所校之書，勢不能皆流通於世，其藏之久，不免朽蠹之患，則一生之精神虚擲既可惜，而謬本流傳，後來亦無從取正，雖自有餘，奚裨焉？意莫若先舉缺文斷簡訛謬尤甚者，摘録以傳諸人，則以傳一書之力分而傳數書，費省而功倍，宜若可爲也。余感其言，就余力所能，友朋所助，次第出之，名曰《群書拾補》。即一書之訛，而欲悉爲標舉之，又復累幅難罄，約之又約，余懷終未快也。然余手校之書，將來必有散於人間者，則雖無益於己，寧不少有益於人乎？後有與余同好者，而且能公諸世，庶余之勤爲不虚也已。

單行的校勘記的發表形式一般有兩種：一是每種校勘記自爲一書，如張敦仁的《資治通鑑刊本識誤》三卷、張瑛的《資治通鑑校勘記》七卷、熊羅宿的《胡刻資治通鑑校字記》四卷，以及章鈺的《胡刻通鑑正文校宋記》三十卷、附録三卷。章鈺《胡刻通鑑正文校宋記述略》云：

鈺自宣統辛亥以後、僑寄津郊，以校書遣日。丙辰冬日，江安傅君沅叔用鉅金得宋槧《通鑑》百衲本，約鈺同用鄱陽胡氏翻刻興文署本校讀，並約各校各書，校畢互勘，以免脱漏，閲今已一星終矣。比以上海涵芬樓《四部叢刊》中有宋刻一種，出百衲本之外，逐字比勘可供佐證。又以明孔天胤刊無注本，源出宋槧，先後從沅叔借校，亦多佳處，始知張敦仁《識誤》，及常熟張瑛《校勘記》功未及半，辜較二百九十四卷中脱、誤、衍、倒四者，蓋在萬字以上。内脱文五千二百餘字，關係史事爲尤大。初擬彙集衆説，統加考定。頭白汗青，逡巡縮手。阮文達序山井鼎《七經孟子考文》，訾其但能詳記同異，未敢决擇是非，皆爲才力所限。若爲鈺也言之。顧以桑海餘生，得見老輩所未見，業已耗日力於此，亦安忍棄而置之。爰手寫校記七千數百條，編爲三十卷，備列所見，不厭其詳，以便覆案。讀涑水書者，或有取焉。

二是合多書的單行的校勘記爲一書，如王念孫的《讀書雜志》，包含有《逸周書》《戰國策》《史記》《漢書》《管子》《晏子春秋》《墨子》《荀子》《淮南》内篇，以及《後漢書》《老子》《莊子》《吕氏春秋》《韓子》《法言》《楚辭》《文選》等書的校勘記。孫詒讓的《札迻》則集録了他校勘秦漢至齊梁間七十八種古書的成果。張元濟的《校史隨筆》雖然寫得比較活潑，但也屬於這種類型。其自序云：

曩余讀王光禄《十七史商榷》、錢宫詹《廿二史考異》，頗疑今本正史之不可信，會禁網既弛，異書時出，因發重校正史之願。聞有舊本，展轉請託，就地攝影。影本既成，隨讀隨校。有可疑者，輒録存之。每畢一史，即摘要以書於後。商務印書館既覆印舊本行世，先後八載，中經兵燹，幸觀厥成。余始終其事，與同人共成校勘記百數十册，文字繁冗，亟待董理，際兹世變，異日能續印否，殊未敢言。友人傅沅叔貽書屬先以諸史後跋别行，余重違其意，取閲原稿，語較詳盡，更摘如干條用活字集印，備讀史者之參證。管蠡所及，詎敢望王、錢二子之什一，亦聊師其意而已。①

① 王光禄，指王鳴盛，著《十七史商榷》，曾官光禄寺卿。錢宫詹，指錢大昕，著《廿二史考異》，曾官少詹事。

這種校勘記的寫法主要有兩種：一種是記録各本異同，基本上不判斷是非。今摘《胡刻通鑑正文校宋記》卷一數條示例如次：

六葉十一行　美�(胡注通鑑、俗傳寫者多作美鬚，非也。國語作美鬢，今從之。十二行本正作鬢，孔本同。乙十一行本作鬚）

十四葉十八行　曰既已（十二行本曰下有不可二字，乙十一行本同，孔本同，張校同，退齋校同）

廿一葉十五行　百溢（胡注二十四兩爲溢。孔本溢作鎰，退齋校同）①

還有一種是不但記録各本異同，而且還判斷是非。這種方式帶有一定的考證和研究性質，對讀者也更有裨益。上述有名的校勘記大都做到了這一點。本書引據《讀書雜志》甚多，可參看。今舉張元濟《校史隨筆·遼史·鉤魚》一則爲例：

鉤魚二字，凡二十二見。殿本全作釣。檢南監本亦同。北監本獨見"國語解"一條作鉤，餘亦均作釣。按本史《營衛志》："秋冬違寒，春夏避暑，隨水草就畋漁，歲以爲常。"又云"春捺鉢曰鴨子河濼，皇帝正月上旬起牙帳，約六十日方至。天鵝未至，卓帳冰上，鑿冰取魚"。按鴨子河即混同江，於聖宗太平元年改名，捺鉢爲畋漁所在之地。長江大河，形勢宏闊，亦非投竿垂綸之區，頗疑釣字不協。及檢《遼史拾遺》引程大昌《演繁露》，糾正其誤，語焉甚詳。其言曰："《燕北雜録》載契丹興宗重熙年間衣制、儀衛、打圍、射鹿、鉤魚等事，於景祐五年十月撰進。又曰：達魯河鉤牛魚，虜中盛禮，意慕中國賞花釣魚，然非

① 十二行本指傅增湘百衲本《資治通鑑》中每半葉十二行、行二十四字者。孔本指明孔天胤本。乙十一行本指涵芬樓影印宋本半葉十一行、行二十一字者。張校指張敦仁《資治通鑑刊本識誤》。退齋校指張瑛《資治通鑑校勘記》。胡注指《資治通鑑》胡三省注。詳見《胡刻通鑑正文校宋記述略》。

釣也，鈎也。又曰：其鈎是魚也。虜主與其母皆設次冰上，先使人於河上下十里間，以毛網截魚，令不得散逸，又從而驅之，使集虜帳。其床前預開冰竅四，名爲冰眼，中眼透，旁三眼環之不透，第斲減令薄而已，薄者所以候魚，而透者將以施鈎也。"又曰："魚之將至，伺者以告虜王，即遂於斲透眼中，用繩鈎擲之，無不中者。"據此，可以證元本之正，及監本、殿本之非，然則書顧不貴初刻乎？

采用這種方式的長處是能集中反映校勘成果，並能節省開支，其缺點是人們在閱讀原書時不便當下檢閱。

第五節　與注釋混合的校勘記

學者們爲某一古書作注時，往往要牽涉到校勘的問題，因爲正確的文字乃是正確解釋的前提。正因爲這樣，文字的校訂和注釋便經常混合在一起了。

漢唐學者注釋群經的如鄭玄、陸德明、孔穎達、賈公彦等，注釋史籍的如裴駰、司馬貞、張守節、顔師古、李賢、裴松之等，注釋子書的如高誘等，注釋文學作品的如李善等。他們的注釋工作都常常與校勘工作密切結合在一起，其注釋中保存了豐富的校勘資料。

例如陸德明的《經典釋文》是一部訓詁學名著，同時也是一部校勘學名著。自序中説他"研精六籍，採摭九流，搜訪異同，校之《蒼》《雅》，輒撰集五典、《孝經》《論語》及《老》《莊》《爾雅》等音，合爲三袟三十卷，號曰《經典釋文》"。本書《條例》復云："余既撰音，須定紕謬，若兩本俱用，二理兼通，今並出之，以明同異。其涇渭相亂，朱紫可分，亦悉書之，隨加刊正。復有他經别本，詞反義乖而又存之者，示博異聞耳。"由此可見陸德明不僅將校勘工作視爲注釋音義的先決條件，而且在注釋中對校勘成果的處理也是非常謹慎的。下面我們再舉幾個先儒校注經史的實例。

《詩·邶風·緑衣》，《序》云："《緑衣》，魏莊姜傷己也。"鄭玄《箋》曰："緑，當爲褖。故作褖，轉作緑，字之誤也。"孔穎達《正義》曰："必知緑誤而褖是者，此綠衣與《内司服》綠衣字同，内司服掌王后之六服，五服不言色，唯綠衣言色，明其誤也。《内司服》注引《雜記》曰：‘夫人復稅衣揄翟。’又《喪大記》曰‘士妻以褖衣’，言褖衣者甚衆，字或作稅。此綠衣者，實作褖衣也。以此言之，《内司服》無褖衣而《禮記》有之，則褖衣是正也。彼綠衣宜爲褖衣，故此綠衣亦爲褖衣也。”①

又，《漢書》卷十八《外戚恩澤侯表第六》云：“右孝平二十二人，邛成、博陸、宣平、紅、舞陽、秺、樂陵、都成、新甫、爰氏、合陽、義陽、章鄉、信成、隨桃、褒新、賞都十七人，隨父繼世，凡三十九人。”師古曰：“據《功臣表》及《王子侯表》，平帝時無紅侯，唯周勃玄孫恭，以元始二年紹封絳侯。疑紅字當爲絳，轉寫者誤。又《功臣表》作童鄉侯，今此作章鄉，二表不同，亦當有誤也。”

采用這種方式的優點是對於撰者叙述和讀者閲讀都很方便，今人作注，有時也穿插着做一些校勘工作，讀來饒有興味。如胡小石的《杜甫羌村章句釋》中的兩段：

> 柴門鳥雀噪，歸客千里至。
>
> 二語初到門所見。仇注：“雀當爲鵲。”非也。仇改字，蓋取鵲噪行人至之義。然鵲巢樹，不集門。此言日暮時，群雀將歸棲人屋下，故先集於門。鳥雀噪門者，門久不開，主人未歸已久，雀噪門無所畏，其淒涼可知。言“鳥雀”猶言“鳥烏”。但是雀耳，鳥乃足句之字。
>
> 兵革既未息，兒童盡東征。
>
> 東征意指收京。“兒童”，一作“兒郎”，今不取。二語差異甚大。言兒郎可以該“丁”，尚未盡兵禍之慘酷。言兒童則壯丁盡而未成年者亦執戈而赴戎行。杜《新安吏》作於乾元二年九節度相州潰師之後。詩云：“客行新安道，喧呼聞點兵。借問新安吏，縣小更無丁。府帖昨夜下，次選中男行。中男絶短小，何以守王城？”事與此正

① 《毛詩正義》卷二之一。

同。……凡朝野太平，則成丁之歲亦較晚。今丁已盡遣，乃及中男或更幼者，故云"兒童盡東征"也。至《垂老别》，則徵及老翁。《石壕吏》索老翁不得，並老嫗亦往應徵，爲狀更慘。①

用這種方式整理過的書往往徑題爲校注，如元吴師道的《戰國策校注》。《四庫全書總目》卷五一該書提要云：

師道以鮑彪注《戰國策》，雖云糾高誘之訛漏，然仍多未善，乃取姚宏續注與彪注參校，而雜引諸書考正之。其篇第注文，一仍鮑氏之舊。每條之下，凡增其所闕者，謂之補；凡糾其所失者，謂之正。各以"補曰"、"正曰"别之，復取劉向、曾鞏所校三十三篇四百八十六首舊第爲彪所改竄者，别存於首。蓋既用彪注爲稿本，如更其次第則端緒益棼，節目皆不相應；如泯其變亂之迹，置之不論，又恐古本遂亡，故附録原次以存其舊。孔穎達《禮記正義》，每篇之下附著《别録》第幾，林億等新校《素問》亦每篇之下附著全元起本第幾，即其例也。前有師道自序，撮舉彪注之大紕繆者凡十九條，議論皆極精審。其他隨文駁正，亦具有條理。古來注是書者，固當以師道爲最善矣。

當然，這種方法只適用於注釋與校勘相結合的情況。如果專門從事校勘，這種與注釋相結合的校勘記形式就無法采用了。

第六節　載於筆記中的校勘記

前人讀書，多隨文作記，如宋王應麟《困學紀聞》、清顧炎武《日知録》所論就遍及群書；王引之《經義述聞》、錢大昕《廿二史考異》則專究某一類書。其餘就某一部書寫下自己鑽研心得的，則爲數更多，不勝枚舉。在這些筆記中，不涉及校勘工作，不刊載一些校勘成果的，爲數極少。用筆記

① 見《胡小石論文集》，上海古籍出版社一九八二年版。

的形式來發表校勘記,在成果較少,不能獨立成書時,是比較適合的。

人們早就在一般著作中記録校勘成果了。如北齊顔之推的《顔氏家訓》是一部分類雜記作者對世事、學術各方面的見解以示子孫的書,其中有《書證》一篇,就頗有涉及文字校勘的。兹舉二例:其一、"《詩》云:'將其來施施。'①毛《傳》云:'施施,難進之意。'鄭《箋》云:'施施,舒行皃也。'韓詩亦重爲施施,河北毛詩皆云施施,江南舊本單爲施,俗遂是之,恐爲少誤。"其二、"太史公記:'高漸離變名易姓,爲人庸保,匿作於宋子。久之,作苦,聞其家堂上有客擊筑,伎癢,不能無出言。'②案:'伎癢'者,懷其伎而腹癢也。是以潘岳《射雉賦》亦云:'徒心煩而伎癢。'今《史記》並作'徘徊',或作'徬徨不能無出言',是爲俗傳寫誤耳。"唐顔師古的《匡謬正俗》雖爲小學著作,但是采用了札記的形式,其中也反映了他校勘經史的成果,如其卷七《假》條曰:"《楚辭》云:'聊假日以媮樂。'此言遭遇幽阨,中心愁悶,假延日月,苟爲娱耳。今俗言'假日度時'。故王粲云:'登兹樓以四望,聊假日以消憂。'取此義也。今之讀者,不尋根本,改'假'爲'暇',失其意矣。原其辭理,豈閑暇之意乎?"

宋人所撰筆記甚多,北宋沈括《夢溪筆談》、南宋洪邁《容齋隨筆》、王應麟《困學紀聞》等皆收有不少校勘成果。如沈括云:

> 韓退之集中《羅池神碑銘》有"春與猿吟兮秋與鶴飛",今驗石刻乃"春與猿吟兮秋鶴與飛"。古人多用此格,如《楚詞》"吉日兮辰良",又"蕙肴蒸兮蘭籍,奠桂酒兮椒漿"。蓋欲相錯成文,則語勢矯健耳。杜子美詩"紅豆啄餘鸚鵡粒,碧梧棲老鳳凰枝"。此亦語反而意全,韓退之《雪詩》"舞鏡鸞窺沼,行天馬度橋",亦效此體,然稍牽强,不若前人之語渾成也。③

王應麟也指出:《荀子》"《勸學》篇'青出之藍'作'青取之於藍';'聖心

① 《詩・王風・丘中有麻》。

② 見《史記》卷八六《刺客列傳》。

③ 《夢溪筆談》卷一四《藝文》一。

循焉'作'備焉'；'玉在山而木潤'作'草木潤'；'君子如嚮矣'作'知嚮矣'。《賦》篇'請占之五泰'作'五帝'。監本未必是，建本未必非，餘不勝紀。（今監本乃唐與政台州所刊，熙寧舊本亦未爲善，當竢詳考。'五泰'注云：'五泰，五帝也。監本改爲五帝而删注文。'"）①

明人以擅改古書聞名，在校勘學上的成就不高，但是在明人的筆記中仍有一些校勘成果可供參考，如楊慎的《丹鉛録》。《四庫全書總目》卷一一九該書提要云："慎博覽群書，喜爲雜著，計其平生所叙録，不下二百餘種。其考證諸書異同者，則皆以《丹鉛》爲名。"兹舉一例：《詩・大雅・緜》云"自土沮漆"，毛傳云："土，居也。"朱熹《詩集傳》云："土，地也。"楊慎認爲"土"當作"杜"，他談道："《詩》曰：'生民之初，自土沮漆。'齊詩作'自杜沮漆'，言公劉避狄而來居杜與漆、沮之地。杜，水名，即杜陽也。據文義作杜爲長。"②其後王引之也指出："土，當從齊詩讀爲杜，古字假借耳。杜，水名，在漢右扶風杜陽縣南，南入渭。今屬麟游、武功二縣。"③可見楊説不失爲灼見。

清代爲校勘學的鼎盛時期，名家輩出，載有校勘成果的筆記尤多，其中特别爲人們所稱道的當推錢大昕的《十駕齋養新録》，阮元《十駕齋養新録序》云："《十駕齋養新録》廿卷，乃隨筆札記經史諸義之書，學者必欲得而讀之，乞刻於版。凡此所著，皆精確中正之論，即瑣言剩義，非貫通原本者不能，譬之折杖一枝，非鄧林之大不能有也。"兹舉其中二例，以見一斑。卷一《脩脩》云：

> "予尾翛翛"，唐石經及宋光堯御書本，皆作"脩脩"。岳珂《九經三傳沿革例》云：監本、蜀本、越本皆作"脩脩"，興國本及建寧本作"翛翛"，是宋刻脩、翛二字各本互異。朱文公，閩人，所據必建寧本。自朱《傳》行，而世遂不復知有"脩脩"之本矣。《説文》羽部無翛字，當以脩爲正。臧在東云：《正義》本作"消消"，云定本"消消"作"脩脩"。今《正義》本改脩爲翛。唯岳氏《九經三傳沿革例》所引不誤。

---

① 《困學紀聞》卷十。
② 《升庵外集》卷二八經説部《毛詩・自土沮漆》。
③ 《經義述聞》卷六《毛詩》中《自土沮漆》。

又《十駕齋養新餘録》卷上《蜀石經毛詩》云:"《江有汜》三章,皆有'之子歸'句,蜀石經'歸'上並有'于'字,予考三百篇中,云'之子于歸'者不少矣。'之子于征'、'之子于苗'、'之子于狩'、'之子于釣',皆四字句,此篇亦當依蜀本有'于'字。"

利用筆記記録校勘成果,不拘類例,不拘多寡,範圍廣泛,形式活潑,缺點是散見各書,難以稽檢,因而也就難以充分利用。專門從事一書或群書校勘工作的,一般都不采用這種方式。

第七節　用單篇文章發表的校勘記

用單篇文章的形式來總結校勘工作的規律,對校勘學某些理論問題進行探討乃是校勘學深入發展的標誌和必然結果。人們在總結規律、探討理論問題時,通常都要運用校勘實例來説明問題,例如段玉裁《與諸同志書論校書之難》就是通過對是"下池"還是"不池",是"四郊"還是"西郊",是"鄉大夫"還是"卿大夫"等五個典型例子的詳細分析,説明了"校經之法,必以賈還賈,以孔還孔,以陸還陸,以杜還杜,以鄭還鄭,各得其底本,而後判其義理之是非,而後經之底本可定,而後經之義理可以徐定。不先正注、疏、《釋文》之底本,則多誣古人,不斷其立説之是非,則多誤今人"的道理,所以説它是一種特殊形式的校勘記。這種形式也爲今人所普遍采用,如蔣禮鴻的《校勘略説》《誤校七例》,周祖謨的《古籍校勘述例》,王利器的《杜集校文釋例》等。當然,大量的單篇文章還是對書面材料中的文字異同發表具體的校勘意見,國務院古籍整理出版規劃小組編的《古籍點校疑誤彙録》,就有許多這樣的文章。本編兩篇附録,乃是古代和近代學者通論校書之難的結論性論文,與以前引用過的單篇論文《箋屈餘義・屈原列傳發疑》、①《唐代詩文校勘問題》之八《自君去後交游少》、②《敦煌詞話》之五《敦煌詞不可輕改》③諸篇,均可視爲微型的單篇論文,是

① 見本編第二章《書面材料錯誤的類型》第一節《單項錯誤》四《倒》丙《錯簡》。

② 見本編第六章《校勘的方法》第三節《對校與理校相結合》。

③ 見本編第六章《校勘的方法》第四節《校勘宜慎》。

校勘成果的發表形式之一。

除論文外，人們還常用序跋的方式總結與發表自己的校勘成果，最著名的例子莫若王念孫《讀書雜志·淮南内篇·後序》。胡適所撰《校勘學方法論》則本是爲陳垣《元典章校補釋例》寫的一篇序。此外，題跋也是人們常用來記録校勘成果的一種形式。如《思適齋集外書跋》集類有《毛斧季陸敕先校汲古閣本松陵集十卷跋》云：

蕘圃借此書於抱沖家，及還時，抱沖已下世半載矣。語予曰："所校精妙處當細爲摘出，俾抱沖遺孤成立，讀之益加明瞭。"予嘗謂卷一"誰可征弄楝"，"弄楝"，漢縣。許叔重謂之"弄楝"者，訛爲"梁楝"。卷二"王樂成虚言"，"王樂"是《莊子·至樂》篇語，訛爲"三樂"。卷四"君看杖製者"，此用《左哀廿七年傳》而微誤耳，訛爲"荷製"者。卷五"遠帆投何處"，"帆"字本去聲，讀訛爲棹。卷八"簪下斬新醒處月"，"斬新"唐人習用語，訛爲"漸新"。又斥候之候，嗤妍之嗤，彫龍之彫，遂古之遂，苞羅之苞，底下之底，鈴閤之閤，步綱之綱，負檐之檐，蕭灑之蕭，楊州之楊，楊雄之楊，三茆之茆，查頭之查，殑霞之殑，常娥之常，戟支之支，用字皆極古雅。"遂古"出《天問》，"戟支"出《吕布傳》，皆有明證也。斧季曾修改此書，自言已精，何仲子亦以爲更無訛誤，然以上皆未依宋刻更正，爰承蕘圃命舉出之於此。其已修改者悉弗復論。嘉慶丁巳九月廿有三日書於王洗馬巷之士禮居，廣圻。①

書信也是人們用來討論辯駁校勘問題的一種形式。顧千里曾在嘉慶十二年、十三年(一八〇七至一八〇八)間，給段玉裁連續寫過三封信。段玉裁也給顧千里寫過不少信探討校勘問題，如其《與顧千里書》云：

孫頤谷志祖據《北史·劉芳傳》證《王制》"虞庠在國之西郊"，西當作四，尊校以爲不然。《祭義》"天子設四學當入學而大子齒"注云：

① 蕘圃爲黄丕烈號，抱沖爲顧之逵字，斧季爲毛扆字，何仲子爲何煌號。

“四學謂周四郊之虞庠也。”尊意謂此四當作西以合《王制》。今按:唐孔氏釋《祭義》:四學爲四代之學,入學謂入四學中之西郊虞庠。以一承四,於文義不安。鄭之以四釋四,絶無矯强,然則四學不如孔所云四代之學也。況《王制》注云:“上庠右學,大學也,在西郊。下庠左學,小學也,在國中王宫之東。東序東膠亦大學,在國中王宫之東。西序虞庠亦小學也。西序在西郊,周立小學於西郊。”此西郊必四郊之誤。何以言之?倘鄭本西郊,則依上文“下庠左學,小學也”之例,云“西序虞庠,小學也,在西郊”足矣,何必分别夏之西序、周之虞庠所在之不同乎?惟夏之西序在西郊,周之虞庠,則四郊皆有之,故必分别言之耳。以是言之,《祭義》無訛字,《王制》經注皆有訛字,鄭本必然作四,劉芳、崔靈恩、杜佑所據《王制》《祭義》經注作四,皇侃云“四郊皆有虞庠”,皆不誤。孔穎達於《王制》,據誤本,不解鄭意,西序在西郊,周立小學於西郊,不成文理;於《祭義》又不用鄭注本義,援引四代之學,而入學爲入西郊虞庠,皆未妥協。先師東原云:凡考一事勿以人之説蔽我,勿以我之説自蔽,故不敢閟而不言,暇即面談爲屬。①

顧千里在覆信中重申了自己的觀點,指出:“鄙人之指,在《思適齋筆記》,不過以西郊還之自古相傳至唐賈、孔所受之經與注而已;不過以四郊還之劉芳、皇侃、崔靈恩而已。至於芳引肅注,即在表中,皇氏時乖鄭義久經論定者,皆非鄙人所能空造,不過據此欲聽其不同,而不容輕用彼以改此而已。”②接着段玉裁又寫了《答顧千里書》,進一步闡述了自己的看法。③他們在争鳴中都明確地提出了各自的校勘理論,並用實例證明之,這對清代校勘學的發展當然起了推動作用。

校勘成果的處理形式略如上述,我們應當根據校勘的目的、要求和具體情況,選擇最合適的處理形式。

---

①③ 《經韻樓集》卷一一《與顧千里書》。

② 《經韻樓集》卷一一《與顧千里書》附《顧千里第二札》。

參考書目舉要

《校勘學釋例》 陳垣 中華書局 一九五九年

《校讎學》 胡樸安 胡道静 商務印書館 一九三一年

《中國古代史籍校讀法》 張舜徽 中華書局上海編輯所 一九六二年

《校勘學概論》 戴南海 陝西人民出版社 一九八六年

《校勘學大綱》 倪其心 北京大學出版社 一九八七年

《校勘學》 錢玄 江蘇古籍出版社 一九八八年

《斠讎學 斠讎别録(補訂本)》 王叔岷 中華書局 二〇〇七年

《古籍點校疑誤彙録》 國務院古籍整理出版規劃小組編印 一九八四年

《古籍點校疑誤彙録(二)》 國務院古籍整理出版規劃小組編印 一九八五年

《古籍點校疑誤彙録(三)》 國務院古籍整理出版規劃小組編 中華書局 一九八九年

《古籍點校疑誤彙録(四)》 國務院古籍整理出版規劃小組編 中華書局 一九九〇年

《古籍點校疑誤彙録(五)》 國務院古籍整理出版規劃小組編 中華書局 一九九〇年

《古籍點校疑誤彙録(六)》 國務院古籍整理出版規劃小組編 中華書局 二〇〇二年

附　録

段玉裁與諸同志論校書之難篇疏證

李　笠①

文見《經韻樓集》原刻本及學海堂《經解》六百六十六卷選録本。作者段玉裁，字若膺，一字懋堂，金壇人，清乾隆庚辰舉人，官四川巫山縣知縣。受業戴震，與王念孫同門，學問亦極相似。自《經韻樓集》外，著《古文尚書撰異》三十二卷，《毛詩故訓傳》三十卷，《周禮儀禮漢讀考》各六卷，《春秋左氏古經》十二卷附五十凡一卷，《戴東原年譜》一卷，並已刊入《經韻樓叢書》中。此外更有《説文解字注》並《六書音韻表》共三十二卷，單行本，《清經解》本；《詩經小學》四卷，《清經解》本。行略附見江藩《漢學師承記・戴震傳》、李元度《先正事略》三十五、《戴東原先生事略》下，可參。

校書（疏一）之難，非照本改字，不訛不漏之難也；定其是非之難。是非有二：曰底本之是非，曰立説之是非。必先定其底本之是非，而後可定斷其立説之是非；二者不分，轇轕如治絲而棼，如算之淆其法實而瞀亂乃至不可理。何謂底本？著書者之稿本是也；何謂立説？著書者所言之義理是也。

《周禮・輪人》：“望而視其輪，欲其幎爾而下迆也。”（疏二）自唐石經

① 李笠（一八九四—一九六一），字雁晴，瑞安人，曾任之江大學、中央大學、南開大學等校教授，著有《殷契探釋》《墨子閒詁訂補》《史記訂補》《三訂國學用書撰要》等。本篇原載《國文月刊》第二十二期。

以下各本，皆作“下杝”。唐賈氏作“不杝”，故疏曰：“不杝者，謂輻上至轂（疏三），兩兩相當，正直不旁杝，故曰不杝也。”文理甚明。今各本疏文皆作“下杝”（下杝者，謂輻上至轂，兩兩相當，正直不旁杝，故云下杝也），其語絶無文理，則非賈氏之底本矣。此由宋人以疏合經注者，改疏之“不”字，合經之“下”字，所仍之經，非賈氏之經本也。然則經本有二：“下”者是與？“不”者是與？曰：“下”者是也。“望而視其輪”，謂視其已成輪之牙。（疏四）輪圜甚，（疏五）牙皆向下杝邪；非謂輻與轂正直兩兩相當。經下文“縣之以視其輻之直”，自謂輻；“規之以視其圜”，自謂牙。輪之圜在牙。上文“轂、輻、牙，爲三材”；（疏六）此言“輪、輻、轂”，輪即牙也。然則唐石經及各本經作“下”是，賈氏本作“不”，非也；而義理之是非定矣。倘有淺人校疏文“下杝”之誤，改爲“不杝”；因以疏文之“不杝”，改經文之“下杝”，則賈疏之底本得矣，而於義理乃大乖也。

《王制》：“虞庠在國之四郊。”注云：“周立小學於四郊。”唐孔氏本經、注皆作“西郊”。（疏云：西序在西郊，周立小學於西郊。）《祭義》：（疏七）“天子設四學，當入學而大子齒”，注云：“四學，謂周有四郊之虞庠。”孔氏本改注作“西郊”，故疏云：“天子設四代之學：周學、殷學、夏學、虞學也。天子設四學，以有虞庠爲小學，設置於西郊，當入學之時，而大子齒於國人。”今本疏文作“設置於四郊”，文理不可通，則非孔氏之底本矣。此由宋人以疏合經注者，（疏八）改疏之“西郊”，合注之“四郊”，所仍之注，非孔氏之注本也。然則《祭義》注本有二：“四郊”是與？“西郊”是與？曰：“四郊”是也。鄭注以“周有四郊虞庠”，釋經“四學”，文理一直，並無轉折。“周有四郊虞庠”，即《王制》之“虞庠在國四郊”，注之“周立小學於四郊”也。故皇侃（疏九）云：“四郊皆有虞庠。”《通典》云：“周制，大學爲東膠，小學爲虞庠。”引鄭注《祭義》“周有四郊之虞庠”，又引崔靈恩説亦云：“鄭注《祭義》曰：周有四郊之虞庠。”《北史·劉芳傳》，芳表曰：“《禮記》云：‘周人養庶老於虞庠，虞庠在國之四郊。’又云：‘天子設四學，當入學而大子齒。’注云：‘四學，謂周四郊之虞庠也。’”劉、崔、皇、杜所見《祭義》注，皆作“四郊”，王肅雖好駁鄭，而劉芳表云：“王肅《禮記注》，天子四郊有學，去都五十里，鄭氏則不知遠近。”案：鄭注《王制》“移之郊”云：“爲習禮於郊學。”郊在鄉界之外，則鄭謂“郊學在遠郊百里”。肅則云“近郊五十里”，惟此爲小異，而小學在四郊無異。故盧辯注《大戴禮》，（疏十）亦言四郊之學，劉芳表曰：“大學在國，四小學在郊。”引《保傅》篇（疏一一）帝入東學、帝入西學、帝入南學、帝入北學、帝入大學，而總之曰“周之五學”，於此彌彰，崔靈恩亦曰：“凡立學之法，有四郊及國中：四郊並方名之，國中謂之大學。”然則四郊小學絶無可疑。再證以《王制》注：“習禮於郊學，在六鄉之外，六遂之内。”則斷不專在西郊一處亦可證。或以《祭義》“祀先賢於西學”爲疑，不知此即《保傅》篇：“帝入西學，尚賢而貴德。”祭先賢專在西郊也。西學者，四郊之一，别辭也；四學者，合四郊言之，都辭也。孔氏於《王制》依誤本“西郊虞庠”，因改此注亦作“西郊之虞庠”，而經文故作“四學”，因用《儀禮》注“周立四代之學”，釋經之“設四學”，以四學中有西郊虞庠，釋注“謂周西郊之虞庠”；是不思《儀禮》四代之學，謂立大學於國中，不得與郊之小學糅合爲四也，且以一承四，甚費周折，是孔氏二疏作“西郊”，皆非也，而義理之是非定矣。倘有淺人校《祭義》疏，改“四”爲“西”，因並改《祭義》注之“四”爲“西”，《王制》經、注、疏之“西郊”，皆沿誤不改，則孔疏之底本雖得，而於義理乃大乖也。

《春秋左傳》：“衛侯賜北宫喜謚曰貞子，賜析朱鉏謚曰成子，而以齊氏之墓與之。”（疏一二）杜注曰：“皆死而賜謚及墓田，傳終言之。”宋本亦或作“皆未死而賜謚及墓田傳終而言之”，二者皆出於宋本，孰爲是與？曰：“皆死而賜”者是也。二人時未死也，既死而賜，故要其終而言之。若云“皆未死而賜”，則“傳終言之”句不可接，而爲贅辭矣。是一本作“未死而賜”者非也。然則“死而賜”，於説經是與？曰：《春秋》常事不書，書者爲其未死而賜也。云“死而賜”，則杜注之底本得矣，而於義理實非也。云“未死而賜”，則杜注之底本失矣，而於義理有合也。（證一）

毛《詩》：“涇以渭濁。”（疏一三）《箋》云：“涇水以有渭，故見謂濁。”《正義》曰：“涇水言以有渭，故人見謂已濁，猶婦人言以有新婚，故君子見謂已惡也。”引定本箋作“涇水以有渭，故見其濁”。《釋文》曰：“故見渭濁，舊本如此；一本‘渭’作‘謂’，後人改耳。”案：同一字而《正義》作“見謂”，師古定本作“見其”，《釋文》作“見渭”，三者孰是？曰：《正義》作“謂”是也。如《釋文》作“見渭”，則不可通；定本作“見其”，亦因舊作“渭”不可通，而改之耳。作“見謂濁”文理易憭，陸德明反説“見謂”爲非，“見渭”爲是，苟知孔氏疏文底本作“見謂”不誤，而義理之是非亦定矣。倘有必據《釋文》以改《正義》，則孔疏之底本失，而於義理乃大乖也。

《士冠禮》：（疏一四）“以摯見於鄉大夫、鄉先生。”《冠義》同。（疏一五）上“鄉”字，《釋文》作“鄉”，云“二鄉並音香”。二經疏皆作“卿大夫、鄉先生”，賈云“經言卿大夫不言士”，孔云“謂在朝之卿大夫也”。“鄉”、“卿”果孰是與？曰“鄉大夫”是也，作“卿”者非也。凡言鄉大夫有二義：一則《周禮》之本鄉鄉老、鄉大夫，（疏一六）關以下州長、黨正、族師、閭胥也。（疏一七）鄉大夫，卿也；鄉老，公也；舉鄉大夫以上關公、下關士也。一則本鄉之仕爲大夫在朝者，亦舉大夫以關卿士也。《鄉射禮》（疏一八）注云：“遵者鄉之人仕至大夫者。”又曰：“鄉先生、鄉大夫致仕者也。”此“鄉大夫”三字，所謂同一鄉之人仕至大夫者。同一鄉而仕至大夫曰“鄉大夫”，每鄉卿一人者，亦即大夫之一也；同一鄉仕至大夫，致仕者曰“鄉先生”，即“上老坐於右塾，庶老坐於左塾，鄉飲鄉射則謂之遵者”是也。鄭於《儀禮》《禮記》，皆釋鄉先生不釋鄉大夫者，《禮記》言“鄉先生同鄉老而致仕者”，則鄉大夫之爲同鄉現仕者可知矣。《儀禮》言“鄉先生鄉中老人爲卿大夫致仕者”，則鄉大夫爲鄉中大夫未致仕者可知矣。必重同鄉者，死徙無出鄉，百姓親睦。相保、相受、相葬、相救、相賙、相賓。欲使一鄉之人，相好如一家，六鄉六遂皆然，而後仁義著、教化行。本鄉之外，恐太廣而不浹；本鄉之内，不甚遠而易相親；故有冠者，必見其鄉之已仕致仕者，聖人教民之深意也。如賈、孔作“卿大夫”，則在朝之卿大夫，其可全見與？是以陸是，而賈、孔非也。今若依賈、孔之底本，改陸氏音香之説，改二經作“卿大夫”，則賈、孔之底本得矣，而於義理乃大乖也。（證二）

就五事論之：依今疏作“下迆”，而賈不受也；依賈作“不迆”以改經，而《考工》經不受也。依《祭義》今疏“四郊虞庠”，而孔不受也；依孔作“西郊”，而《祭義》《王制》經注不受也。依“皆未死而賜謚”，而杜元凱不受也；依“皆死而賜謚”，又恐左、公之不受也。依疏作“見謂濁”，而陸不受也；依《釋文》作“見渭濁”，而鄭《箋》不受也。改二疏作“鄉大夫”，而賈、孔不受也;依疏以改經及《釋文》作"卿大夫",而經、《釋文》不受也。故校經之法,必以賈還賈,以孔還孔,以陸還陸,以杜還杜,以鄭還鄭,各得其底本,而後判其義理之是非,而後經之底本可定,而後經之義理可以徐定。不先正注、疏、《釋文》之底本,則多誣古人;不斷其立説之是非,則多誤今人。(證三)自宋人合《正義》《釋文》於經注,(證四)而其字不相同者,一切改之使同,使學而不思者,白首茫如;其自負能校經者,分别又無真見;故三合之注疏本,(疏一九)似便而易惑,久爲經之賊,而莫之覺也。如近者顧千里校《祭義》疏,改四郊爲西郊,孔氏之底本得矣;而遂欲改注之"四郊爲西郊",且云"《王制》經注之'西郊不誤'"。是知孔氏之底本,而不知鄭氏之底本也。鄭氏之底本失,則經之底本亦失,而周制四郊小學遂不傳矣。千里又竊余曩時辨劉端臨、盧紹弓據二疏改經"鄉大夫"爲"卿大夫"之説,著於《禮記考異》,而未知其詳;且又因宋本之譌字,謂賈作"鄉"不誤,是又知經之底本,而不知賈疏之底本也。知之者,所以辨其非而歸於一是也。東原師云:"鑿空之弊有二:其一,緣辭生訓也;其一,守譌傳繆也。緣辭生訓者,所釋之義非其本義;守譌傳繆者,所據之經并非其本經。"如孔氏虞庠在國西郊,所謂"所據之經非其本經"也;而緣之立説,則"所釋之義非其本義"矣。經文之不誤者,尚懼緣辭生訓,所釋非其本義;況守譌傳繆之經耶?孔氏守唐時譌繆之本,千里又守孔氏所守,至於古本之是者確有可據而不之信,信孔以誣鄭,誣鄭以誣經,不大爲經之害也哉?凡校經者,貴求其是而已;以《祭義》注"四郊虞庠謂之四學",正《王制》經注之"西郊爲四郊",考之《大戴禮》王肅、劉芳、皇侃、崔靈恩、杜佑諸家,而無不合,以排孔氏之疏繆,所謂求其是也。執事以爲何如?

〔疏〕

疏一　劉向《别録》:"校讎者,一人讀書,校其上下,得繆誤,爲校;一人持本,一人讀書,若怨家相對,爲讎。"(《文選·魏都賦》注引《風俗通》《太平御覽》卷六百十八)笠案:"校",俗或從手作挍,非。説詳錢大昕《十駕齋養新録》三。

疏二　《考工記·輪人》疏云:"幎,均致貌也。"(孫詒讓《周禮正義》七十五)《廣雅·釋詁》云:"幎,覆也。"此輪牙之均平致密,如物之下覆不偏邪也。致即緻字。

疏三　錢坫云:"《説文》車部:'轂,輻所湊也。'言轂外爲輻所湊,而中空虚受軸以利轉爲用。"

疏四　鄭司農云："牙讀如'跛者訝跛者'（公羊成二年傳文）之訝，謂輪輮也。世間或謂之罔，書或作輮。"（孫氏《周禮正義》）徐養元云："《車人》云：'渠三柯者三。'鄭司農云：'渠謂車輮，所謂牙。'《説文》木部：'枒，木也，一曰車輞會也。'又車部：'輮，車輞也。輞，礙車木也。'如司農説，則牙、輮同物而異名；如許君説，則牙輮異物。"案徐據《説文》宋本，今段玉裁校本據《玉篇》《廣韻》，改車輞爲車網，則亦以輮與枒爲一物，但枒訓車會。會爲會合衆枒，而輞則外匡之總名。許於枒訓，分析甚明，而輮訓則又渾舉不别，義微異耳。《釋名・釋車》云："輞，罔也；罔流周輪之外也。關西曰輮，言曲揉也。"《廣雅・釋器》云："輮，輞也。"案輮亦作柔、揉。《鹽鐵論・散不足》篇云："古者椎車無柔。"又云："郡國縣吏素桑揉。"是也。阮元云："輞非一本，其曲須揉，其合抱之處，必有牡齒以相交固，爲其象牙，故謂之牙。《説文》曰：'牙，牡齒。象上下相錯之形。'于車牙牙，字則加木作枒，曰：'車輞會也。'蓋枒本車輞會合處之名，本義也；因而車輞通謂之枒，此餘義也。"王宗涑云："一木之屈曲曰輮；輮，煣也，言木經煣屈也。合衆輮以大圓曰輞；輞，罔也；言如罔之結繩聯綴也。而輮交合之牡齒曰牙，此其本義也。三字，經典亦通用。"案阮、王説是也。牙、枒分言之，則曰牙，或曰輮，舉其大圓，則曰輞；輞與牙微異。漢時俗語通稱牙爲輞，故先鄭以爲釋。

疏五　《説文》□部："圜，天體也。圓，全也。"則圜爲方圓之本字。

疏六　《考工記》云："輪人爲輪，斬三材必以其時。"注云："三材，所以爲轂、輻、牙也。斬之以時：材在陽中則冬斬之，在陰中則夏斬之，今世轂用雜榆，輻以檀，牙以橿也。"

疏七　《王制》《祭義》，並《禮記》篇名。

疏八　錢大昕云："唐人撰九經疏，本與注别行，故其分卷亦不與經注同，自宋以後刊本，欲省兩讀，合注與疏爲一書，而疏之卷第遂不可考矣。予嘗見宋本《儀禮》疏，每葉卅行，每行廿七字，凡五十卷，唯卷卅二至卅七闕。末卷有大宋景德元年校對，同校都校諸臣姓名，及宰相吕蒙正、李（不署名，蓋李沆也）參政、王旦、王欽若銜名。又嘗見北宋刻《爾雅疏》，亦不載注文，蓋邢叔明奉詔撰疏，猶遵唐人舊式。諒《論語》《孝經》疏亦當如此，惜乎未之見也。日本人山井鼎云：足利學所藏宋版《禮記注疏》，有三山黄唐跋云：'本司舊刊《易》《書》《周禮》，正經、注、疏，萃見一書，便於披繹，它經獨闕。紹興辛亥，遂取《毛詩》《禮記》疏義，如前三經編彙，精加讎正，乃若《春秋》一經，顧力未暇，姑以貽同志。'所云本司者，不知何司，然即是可證北宋時正義未嘗合於經注，即南渡初尚有單行本，不盡合刻矣。紹興初所刻注疏，初未附入陸氏《釋文》，則今所傳附釋音之注疏，大約光、甯以後刊本耳。今南北監本，惟《易》《釋文》不攙入經注内，《公羊》《穀梁》《論語》俱無《釋文》。”（《十駕齋養新録》三）

疏九　《隋書·經籍志》一：“《禮記義疏》九十九卷（皇侃撰）。”《四庫總目》二十一《禮記正義》提要云：“……爲之義疏者，唐初尚存皇侃、熊安生二家，貞觀中敕孔穎達等修《正義》，乃以皇氏爲本，以熊氏補所未備。”笠案：皇侃，梁人。

疏十　《四庫總目·大戴記》提要云：“書有注者八卷，餘五卷無注，疑闕逸，非完本。朱子引《明堂》篇鄭氏注云：‘法龜文。’殆以注歸之康成。考注内徵引，有康成、譙周、孫炎、宋均、王肅、范甯、郭象諸人，下逮魏晉之儒，王應麟《困學紀聞》指爲盧注。據《周書》，辯字景宣，官尚書右僕射，以《大戴禮》未有解詁，乃注之。其兄景裕謂曰：‘昔侍中注小戴，今注大戴，庶纘前修矣。’王氏之言，信而有徵。”

疏一一　案在《大戴記》中。

疏一二　案事在《昭公二十年傳》。

疏一三　見《詩·邶風》。

疏一四　《儀禮》篇名。

疏一五　《禮記》篇名。

疏一六　案：《周禮·地官》：“鄉大夫之職，各掌其鄉之政教禁令。……三年則大比，考其德行道藝，而興賢能者。鄉老及鄉大夫帥其吏與其衆寡，以禮賓之。”孫氏《正義》二十一：“此經鄉老無專職，惟大比興賢能，鄉老與焉。”

疏一七　案：四官職掌並詳《地官》中，參看《周禮正義》二十一。

疏一八　《儀禮》篇名。

疏一九　案：謂注、疏、釋文也。詳上。

〔證〕

證一　《困學紀聞》云：“衛侯賜北宫喜謚曰貞子，賜析朱鉏謚曰成子，是人臣生而賜謚也。”何義門云：“頃得宋槧本不全《左傳》，恰有昭二十年衛侯賜北宫喜謚，杜注云：‘皆死而賜謚及墓田，傳終言之。’較近刻少‘未’字，而字意尤明，義尤協，似勝王氏所據之本。”志祖案：“注‘皆未死’句絶，言二人皆未死也。即從今本有‘未’字，亦非厚齋生而賜謚之説，玩傳‘終而言之’句，語意自明。宋槧不全本《左傳》四卷，今藏揚州阮氏文選樓。”（相臺岳本有“未”字）（孫志祖《讀書脞録·生賜謚》條）

證二　《冠義》：“奠摯於君，遂以摯見於鄉大夫、鄉先生。”《釋文》：“鄉大夫、鄉先生並音香。”石經《儀禮·冠禮》亦皆作鄉。敖氏云：“鄉大夫，鄉之異爵者。或云：主治一鄉者。”歷觀前人之説，未有疑鄉大夫之鄉爲誤者。高郵劉端臨謂：“《冠禮》《冠義》皆當作卿大夫，此謂見爲卿大夫者；鄉先生謂已爲鄉大夫而致仕者，見君之次徧見卿大夫，如《晉語》：‘趙文子冠，徧見六卿。’是也。鄭解鄉先生爲卿大夫致仕者，蓋蒙上爲釋。賈疏云：‘先生亦有士，鄭不言者，經云卿大夫不言仕，故先生亦略不言。據此，知賈所見《儀禮》本作卿大夫也。’孔疏云：‘見於卿大夫，謂在朝之卿大夫也。’是孔所見《禮記》本亦作卿大夫。孔以在朝對致仕者，文義甚明，而今本《正義》亦並改作鄉，並不誤者亦誤矣。劉名台拱，今爲丹徒校官，考訂禮經至爲精細，余常就以取正焉。”(《讀書脞録·冠義鄉大夫……》條)注云：“鄉先生同鄉老而致仕者。”《正義》云：“見於鄉大夫，謂在朝之鄉大夫也。”以注疏推之，經文鄉大夫當作卿大夫，而疏之兩鄉字亦卿之訛。見大夫不當遺卿，注於鄉先生始釋爲同鄉。則上本不作鄉字可見，若指地官之鄉大夫，則益偏矣。此字沿誤已久，陸氏亦不能辨，而云並音香，更使後人不復致疑矣。(抱經堂刊《經典釋文·禮記·音義四·考證》)

證三　《左哀十八年傳》引《夏書》曰“官占，惟能蔽志，昆命於元龜。”陸德明《釋文》云：“《尚書》能作克，克亦能也。”孔穎達《正義》則云：“夏《大禹謨》之篇也。唯彼能作先爾。”據此，則陸氏所見本與今異，孔氏所見本與今同；陸、孔並在唐初，而經文已互異若此。《釋文》本單行，後人附入注疏，往往改陸以就孔，頗疑此克字，《釋文》近得其真，先字後人以意改也。(孫志祖《讀書脞録·尚書釋文本異》條)《詩》“東門之池”箋：“孔安國云：停水曰池。”見《秦誓》傳。《儀禮·士昏禮》注：“壻，悉計反，從士從胥，俗作聟。女之夫。”案：此皆陸氏《釋文》語，誤刻作箋注者。閻百詩《尚書古文疏證》，乃據此謂康成曾見孔傳，又云：“鄭作反語有此一條。”以百詩之精博，猶不免爲俗刻所誤，予於此益信讀書之難也。(同上，《釋文誤入注》條)左、公、穀三傳經文多有互異，後人明白注明，今《史記》三家之注亦多異同，今若不依三傳之例，於正文先注明，則必有改易遷就之失。即如《五帝本紀》“暘谷”，《正義》作“陽谷”；“南訛”，《索隱》作“南爲”。《殷本紀》“羑里”，《正義》作“牖里”。《周本紀》“居易無固”，《索隱》作“居易”。其他義同而字異者尤多。後若重梓此書，宜有以别白之。其《索隱》之注，尤多猥併，有非注而亦繫於注者，謂之反足以致惑。汲古閣有單行《索隱》本，殊自井然。凡小司馬欲以己意更定者，不以入注，附刻全書之後，乃爲善耳。(盧文弨《鍾山札記·史記集解索隱正義》條)

證四　《春秋正義》：隱公以平王四十九年即位，是歲歲在豕韋。桓公以桓王九年即位，是歲歲在元枵。莊公以莊王四年即位，是歲歲在鶉火。閔公以惠王三十六年即位,是歲歲在大梁。僖公以惠王十八年即位,是歲歲在鶉首。文公以襄王二十六年即位,是歲歲在降婁。宣公以匡王五年即位,是歲歲在壽星。成公以定王十七年即位,是歲歲在降婁。(今刊本無此字,當是傳刻脱去)襄公以簡王十四年即位,是歲歲在壽星。昭公以景王四年即位,是歲歲在大梁。定公以敬王十一年即位,脱是歲歲在某。次句哀公則不載《正義》本文,但於白文疏字下出"同上"兩字,謂與陸氏《釋文》相同,不復重出也。(以昭三十二年歲在星紀推之,則定元年歲在元枵,哀元年歲在大梁也)《釋文》與《正義》各自一書,宋初本皆單行,不相殽亂;南宋後,乃合《正義》於經注之本,又有合《釋文》與《正義》於經注之本,欲省學者兩讀,但既以注疏之名標於卷首,則當以《正義》爲主,即或偶爾相同,亦當並存,豈有删《正義》而就《釋文》之理。況以前十一公考之,皆《正義》詳於《釋文》。《正義》之例,每公皆有引《魯世家》,皆有以某王某年即位之語,而《釋文》無之;獨哀公《釋文》多"敬王二十八即位"一句,此必校書者以意竄入,謬妄相承,蔑有悟其非者,可三嘆也。(錢大昕《十駕齋養新録・正義本妄改》條)經史當得善本。今通行南北監及汲古閣本《儀禮》正文多脱簡,穀梁經傳文亦有溷錯,《毛詩》往往以《釋文》混入鄭《箋》,《周禮》《儀禮》亦有《釋文》混入注者。《禮記》則《禮器》《坊記》《中庸》《大學》疏,殘缺不可讀。……(同上,《經史當用善本》條)

廣段玉裁論校書之難[①]

李　笠

段玉裁《經韻樓集》有《與諸同志論校書之難》一文,以"底本之是非"與"立説之是非"區爲二事,曰:"必先定其底本之是非,而後可斷其立説之是非。"條貫不棼,可謂得校書之窔奥矣。惟義理是非瞀亂,

① 本篇原載中山大學《語言文學專刊》一卷二期。

底本致難區别，校書困難之一端耳。兹更廣而論之如次。

顔之推云："校定書籍亦何容易，自揚雄、劉向方稱此職耳。觀天下書未遍，不得妄下雌黄。或彼以爲非，此以爲是；或本同末異；或兩文皆欠，不可偏信一隅也。"（《顔氏家訓·勉學》篇）此言特形容校書之難耳。其實天下書何能徧觀？以此爲鵠，豈非過當乎？校勘之事，學識之準備雖爲必要條件，然亦有不在學識範圍之内者。雖以揚、劉之博學，亦不能必校書之無訛也。但持一端，以該其餘，豈非猶未徹底乎？鮑彪云："校書如塵埃風葉，隨掃隨有。"（《戰國策序》）此豈盡屬學識不濟，蓋吾人體力有强疲，心神有愉憂，倘注意偶不能周，心理忽起變化，則將視而無覩，或竟是非倒置。（如一字誤分爲二，二字誤合爲一之類，有屬於幻覺錯覺者，説另詳余所撰《校勘學·誤文之原因》篇。）此塵埃風葉之喻所由來也。

校勘古書既不盡依學識定是非，而學識無窮又有不在書本範圍之内者，兹舉二例爲證。

杭人食蚌肉謂之食淡菜。予嘗思之，命名不通。如以淡爲啖，固通，而菜字義亦不通。又嘗見昌黎集載孔戣爲華州刺史，奏罷明州歲貢淡菜，亦是淡字，竟不能通。後見廣人云"南海取珠者名曰蜑（今作蛋）户"。蓋以蚌肉乃取珠人所常食者耳，賤之如菜也，其義始通。（郎瑛《七修類稿》卷十九。笠案：淡菜之名見《唐書》，近人以爲曝乾不加食鹽，味淡，因名。未確，郎説頗近理。惟淡菜係蚌之一種，非任何蚌肉俱名淡菜也。又蜑户係種族名，非取珠者率名蜑户也。《後山叢談》云：二廣居山谷間，不隸州縣，謂之猺人；舟居謂之蜑人；島上謂之黎人。可參。蜑户業漁，以海貝爲常食，自可加以菜喻，不必因蚌而聯想及珠也。郎氏對淡菜及蜑户尚有誤會之處，因爲補正如此。）

陸機曰："千里蓴羹，未下鹽豉。"人皆以蓴羹不減於鹽豉之意也。東坡之詩亦曰："每憐蓴菜下鹽豉。"又曰："肯將鹽豉下蓴羹。"殊不知"未下"，"末下"也。當時誤寫"未"字，並"千里"皆蘇州地名。（原注：出《因話録》《七修類稿》卷二十一。）

如以右説爲不謬，則未聞蜑户之名者，將不知"淡菜"當作"蜑菜"；未諳蘇州地名者,將不知"未下"爲"末下"之訛。此與書本若即若離,可知"持本""讀書"雖爲校勘之正矩,而尚有未盡"正謬訛"之能事也。(劉向《别録》佚文:"一人讀書,校其上下,得謬誤,爲校;一人持本,一人讀書,若怨家相對,故曰讎也。")

勘誤之事,既有涉於書本之外,可知僅云徧觀天下之書,寧能無餘憾乎?且學業有專攻,工作有界域。天下之圖籍雖多,古今之學識雖繁,而校書家所尤需要者,校勘之學識與有界域之圖籍耳。可知不惟不必徧觀天下之書,亦正不必徧通一切學識也。就其研治之學科,處以分工之限制。就其工作之部分,責以專門之探討。集中識力,不致有學非所用之譏。正訛之責雖或未盡,事屬例外,亦不能謂之失職矣。若以徧觀天下書爲斤斤,既不可能,實亦無的而放矢耳。《漢書·藝文志》叙云:"詔光禄大夫劉向校經傳、諸子、詩賦,步兵校尉任宏校兵書,太史令尹咸校術數,侍醫李柱國校方技。"則顔氏所舉最高標準之校勘家劉向亦只能校書三門。豈非劉氏亦不能徧讀天下之書乎?豈非校勘事業萌芽時代已知分工之事乎?能分工然後能專門,能專門然後學識之準備能充分也。假如我以一時代書籍爲研究之對象,則某代之語例、文例、名物、制度……皆範圍以内之學識也。吾知先秦以"不"爲語助詞,則《詩·棠棣》篇之"鄂不韡韡","不"非"拊"之誤與叚音。(鄭《箋》云:"不當爲拊,古聲同。")當與《車攻》篇之"徒御不警,大庖不盈"一律,然後《論語》之"四體不勤,五穀不分",《孟子》之"志士不忘在溝壑,勇士不忘喪其元",皆可迎刃而解。吾知漢以前"焉"有用於句首,義同"於是"者,然後《禮記·鄉飲酒義》"焉知其能和樂而不流也"、"焉知其能弟者而無遺矣"、"焉知其能安燕而不流也",《孟子·離婁》"聖人既竭目力,焉繼之以規矩準繩,以爲方圓平直不可勝用也。既竭耳力,焉繼之以六律五音,不可勝用也。……"不致竄改句讀,以焉字屬上讀矣。(略本《古書疑義舉例》卷四《助語用不字例》及《句首用焉字例》)此以時代爲界域對於語例研究之一例也。又如我以一書或一人著作爲研治之對象,則某書某人之字例、文例……尤所當詳。如荀卿書之"案"、墨翟書之"唯毋"、晏子書之以"敓"爲"對"、淮南王書之以"士"爲"武"、劉向書之以"能"爲"而"(據孫詒讓《札迻叙》),皆不能以義難通曉,而輕易改竄，此以著作爲界域，對於字例探討之一例也。總之，吾人欲任校勘之役，如於工作界域内之對象無深刻之認識者，不可妄下雌黄，此校勘之所以不易，而非徧觀天下之書之謂也。

校勘學家應具二種學識，一曰常識，二曰特識。常識者，即前所謂校勘學識，無工作界域之區别，一切校書家俱用之，如“誤文例”與“誤文疑似例”之認識（余撰校勘例將脱稿），以及校勘方法與規律之演習皆屬之。特識者，從事工作時特殊對象之鑒别。如上所舉某時某書之誤文例字例，不必一切校勘家皆用之也。將來學術發達，校勘之工具亦將隨而演進。所謂常識之辭例……特識之辭例……將有綜合之書、索引之册，案圖索驥，不難綱舉而目張。今日之視爲畏境者，將來或可漸成坦途，故此種機械式學識之準備，未足爲至難也。惟書籍之舛訛，千奇百怪，僅藉通例通則之應用，或不足以發現幽隱，知訛文之所在，或雖知之，無徵不信，疑莫能定。或可藉訛文疑似例爲護符，令人目眩。舉此種種，俱須有待於實證，而實證搜集之困難，辨認之困難，以及應用之困難，又有出於意料之外者焉。兹爲列舉如次：

一　證據搜集之困難

（一）本證亡佚　經典傳述有文句舛亂、字形乖訛，須藉史迹或實物以資證明者，而世無此迹此物焉，則亦惟有永遠存疑而已。此關於實物者一也。（另詳余所著《校勘之材料》篇）六經有今古文之别，今文《易》有施、孟、梁邱之學。《詩》有齊、魯、韓之分。……降及後世，復有鄭、王學派之争，河朔與江南板本之異，是以同一書也，文不必同，文人操觚，注疏引據，自亦所見各有不同。如原書已亡，何從證其得失？雖有訛文，亦無如之何矣。例如《毛詩》“衡從其畝”，《釋文》引《韓詩》作“横由其畝”。《禮·坊記》引《詩》“横從其畝”，知其據《韓詩》而誤“由”爲“横”。（説見《古書疑義舉例》卷七《據他書而誤改例》）此本書雖亡，尚有佚文可證者。假如無此佚文，必從《毛詩》改“横”爲“衡”矣。此關於原書者三也。昔諺云：“書三寫，魚成魯，帝成虎。”（見《抱朴子·遐覽篇》）古籍流傳迄今，豈止三寫。加以文字變遷，籀篆隸楷，展轉迻譯，寧無差失。《左傳》明云：“於文反正爲乏。”而今書“乏”並不從反正。此尚可曰依隸楷傳寫，形體未舛。更有經典僻字，但見一處，無復旁證，字形是非，終在然疑之間者。例如《史記·景帝紀》：“後三年十二月晦雷。”《集解》徐廣曰：“一作晝，又作圖，未詳。”《墨談》云：“疑雷，雷字之誤。十二月晦日而雷，紀異也。”郎瑛曰：“此説固是。但不知靁字古文，非誤也。惜徐廣亦不識耳。近時所刻《古字便覽》，收亦廣矣，然止得靁□□靁畾五字，又未有前字也。”（《七修類稿》二十四卷）蓋明以前字書未載靁字，所以疏率者改其字，慎重者又疑其誤也。此關於字形者三也。

（二）迹象毁滅　書本之所以貴舊鈔舊刻者，因傳寫複刻之多訛，藉此可以正定也。然人心詭譎，廬山真面往往長隱雲霧，可勝嘆哉！兹舉二端示例。顧炎武《論鈔書八弊》云：“……六、抄寫有誤，恐被對出，返將原稿塗改。七、欲記起止，輒將原稿加圈加勾……”（《菰中隨筆》）此以僞亂正，出於鈔胥者一也。范曄記漢世賄改漆經事云：“亦有私行金貨，定蘭臺漆書經字以合其私文。”（《後漢書·儒林傳序》）此以私亂真，出於賄賂者二也。上述二事皆破壞性之改易原證，令校讀者竟委窮源之莫從。其事固可恨也。亦有字體偶異，原出無心，而結果則離真象愈遠，校正轉難。事雖不同，亦毁滅迹象之類也。例如《周書·謚法》篇：“純行不貮曰定。”“貮”同“弍”，後人不識，傳寫誤作“貳”，複寫者以“二”代“貳”，遂成“純行不二……”（依俞樾校，説見《古書疑義舉例》五《因誤字而誤改》條）夫“貮”誤作“貳”，形近易於校正，轉改爲二，致誤之由不易知矣。此雖非竄亂原證，亦可謂變更原形，亦亡失實證之漸也。

（三）書册變相　書有名亡而實存者，一曰易名，二曰寄生。易名者，如《淮南九師書》，《七略》稱《淮南九師道訓》，《漢志》稱《淮南道訓》（見余所著《漢書藝文志箋評·六藝略·易類》），《漢志》“《太史公》”，今稱《史記》（見《漢志·六藝·春秋類》）是也。後世更有因翻刻書籍而易名者，如唐劉肅《大唐新語》，明馮夢禎刻本改爲《唐世説新語》，郎奎金刻《釋名》改作《逸雅》之類是也（見《書林清話》卷七）。有因違禁避諱而易名者，如清人刻文秉《甲乙事案》，改稱《聖安本紀》，並改作者爲顧炎武（見《中央歷史語言研究所集刊》第二本第二分册朱希祖《甲乙事案跋》），唐司馬貞《史記索隱》引《世本》改稱《系本》之類是也。寄生者,如《名醫别録》雖亡,陶隱居已收入《本草》,《李氏本草》雖亡,唐慎微已收入《證類》(見鄭樵《通志·校讎略》)是也。他如原書雖亡,而佚文見於古書援引者,雖不能全,亦寄生之類也。上舉二類,或眩惑視聽,莫綜名實;或散見錯出,鈎稽爲難,亦求證者之一僻境也。

二　證據辨認之困難

(一)文人好奇而沿僞　夫書有同文相證,校勘家之快事也。然亦有沿襲僞文,别有用意者,苟不深察,易受其蒙。蓋文人好奇,語以新爲貴,而不以真爲尚也。劉勰云:"《尚書大傳》有'别風淮雨',《帝王世紀》云'列風淫雨'(列同烈)。'别'、'列'、'淮'、'淫'字似,'淫'、'列'義當而不奇,'淮'、'别'理乖而新異。傅毅制誄,已用'淮雨',固知愛奇之心,千古一也。"(《文心雕龍·鍊字》篇)苟以傅文上證《大傳》,似"别"、"淮"非誤,而實則以誤證誤,失鑒别之職矣。

(二)注家信古而飾非　校注古籍,原以輕易改字爲戒,然媚古太深,則有明知其誤而不敢校改,且有掩護僞文從而爲之説者。不改僞文,其害尚淺;掩護僞文,貽誤後人,斯大蔽也。顔之推云:"簡策字,竹下施朿。末代隸書,似杞宋之'宋',亦有竹下遂爲'夾'者。猶如刺字之傍應爲朿,今亦作夾。徐仙民《春秋》《禮音》,遂以'筴'爲正字,以'策'爲音,殊爲顛倒。《史記》又作悉字,誤而爲述;作妬字,誤而爲姤。裴、徐、鄒皆以悉字音述,以妬字音姤,既爾則亦可以'亥'爲'豕'字音,以'帝'爲'虎'字音乎?"(《顔氏家訓·書證》篇)夫訛文既不易校,今又加以掩護,讎對之事益生荆棘矣。

(三)主客倒置而迷訛　文人與注家之掩護訛文,雖爲求證之障礙,然主賓固自分明也。至若僞書,原爲剽竊佚文而成,所謂主文即旁證之化身也。以此互證,何異形影争妍乎?例如僞《古文尚書·太甲上》:"自周有終相亦維終。""周"爲"君"之訛,因君古作,與周相似,金氏履祥之言甚是也。但《禮記·緇衣》引此文亦作周,未免令人生疑。不知梅氏僞書,原多採綴《尚書》佚文之見於古書者以迷後人。本文亦即採自《緇衣》,康成注《禮》時,此文已誤,作僞者亦承襲之耳。故如明僞書鈔襲《緇衣》,則其沿襲誤文正作僞之破綻也。如以《緇衣》語爲援引僞《尚書》,則反主爲客,誤文亦得掩護矣。

三 證據應用之困難

(一)貌異而實同者吸合之難　形況之詞,僅取聲音,字形舛異,可不拘也。如細雨霢霂,亦作溟沐,亦作彌漫。大雨滂沛,亦作霶霈。注者因其異而爲之辭,是曰望文生訓,校者因異文或注説而加勘改,是曰妄下雌黄。如美好謂之"娥媌",譯爲娥眉。説者遂以爲眉如蠶蛾,是望文也。因蠶蛾之説,疑《大招》作"娥眉"爲形訛,是臆説也。所以校勘之事,如無聲韻學之準備,雖有證據,或不能用。孫詒讓論校書之方法,謂"以聲類通轉爲之錧鍵"(《札迻序》),蓋經驗之談,此關於聲音者一也。《大戴記·誥志》:"於時冰泮發蟄,百艸權輿。"權輿,始也,見於《雅》詁(《爾雅·釋詁》),而《史記·曆書》作"百艸奮興",文字懸殊,似難牽合矣。然《方言》十二云:"奞,始也。"與《雅》訓合,則《史記》之"奮興"爲"奞興"之訛文明矣(説詳余所著《史記訂補》中)。今《漢書》多古字,而《史記》率改從今文,此則因誤字可覘《史記》舊本,豈非快事?勘書之人倘不明文字沿革,雖《戴記》之文明在,將不爲我用矣。此關於字形者二也。

(二)貌同而實異者離析之難　一字有相反之義,一詞有美惡之別,倘不辨析,易因誤會而竄改。例如亂有治、亂二義。《列子·仲尼》篇"不治而自亂",亂正訓治。今本作"不治而自不亂",因校者誤據叛亂之訓而加"不"字也。"豈弟君子,民之父母",詩人之所美也,而《齊風》云:"魯道有蕩,齊子豈弟!"傳曰:"言文姜於是樂易然。"則"豈弟"又爲不美矣。鄭箋拘執"豈弟君子"之義,因改其文爲闓闉(説本《古書疑義舉例》卷七《誤增不字例》及卷三《美惡同詞例》)。此種形似之字文,一經誤涉,便入迷途,不可不慎。此關於訓詁者一也。俞正燮云:"江休復《雜志》云:'廛俗呼野人爲沙塊,永叔戲長文披沙揀金,又戲馬遵曰:舊沙而不俏,今俏而不沙。吴長文言:沙於面,不沙於心。皆以沙爲迂樸。'韓彦直《橘録》則云:'物小甘美者曰沙,如沙橘、沙瓜、沙塘、沙密之類。'是南以沙爲美俏,北以沙爲不美俏,語言不同如此。"(《癸巳存稿》卷三《葰字》條)假以南稱,持較北語,則乖戾難通,校書滅裂,能不妄改乎? 此關於方語者二也。王國維云:"物名有雅俗,有古今,《爾雅》一書,爲通雅俗古今之名而作也。……凡雅俗古今之名,或同實而異名,或異實而同名。雅與雅同名而異實,則别以俗,如:葝,山䪥;葝,鼠尾之類。俗與俗異名而同實,則同以雅。如薜,山蘄;薜,白蘄之類。雅與雅異名而同實,則同以俗,如櫬,木堇,椵,木堇之類……"(《觀堂集林》卷五《爾雅草木蟲魚鳥獸名釋例》)校者倘不明此,見同文歧出,或連或間,非疑爲誤文不可也。然此尚同在《釋草》一部,或同名,或同實,尚易知也。更有動植殊科,禽蟲異類,而名則同者,如《釋草》有果臝,《釋蟲》亦有果臝。《釋草》有蒺藜,《釋蟲》亦有蒺藜。《釋鳥》有天鷄,《釋蟲》亦有天鷄,凡此同名,亦如前例,非有誤字也。而今本《釋蟲》之果臝,從蟲作蠃,亦校者以同字爲嫌而改之也。唐石經從果可證。是則《釋草》之莪蘿與《釋蟲》之蛾羅,其初蓋亦同文,後人改從草、從蟲,皆不能離析貌同而强使之異狀耳。此關於名物者三也。

是故證據之搜集畢而有真僞之問題,證據之是非定而有使用之問題。倘無豐富之經驗,相當之學識,甯能應付不窘哉! 此我之所謂校勘之難也。

從證據和學識方面,固足知校勘之不易,而有時雖不遇上述之難境,就歧訛之程度與分量觀之,亦足令人生畏。《家語》:"子夏返衛,見讀史志者云:'晉師伐秦,三豕渡河。'子夏曰:'非也,己亥耳。'讀史志者問諸晉史,果曰己亥。"(《弟子解》)一經傳述,四字之中,二字傳訛。顔之推云:"……至如'仲尼居'三字之中,兩字非體。《三蒼》尼旁益丘,《説文》尸下施几。"(《家訓・書證》篇)是則旁證愈繁,紛舛亦甚。何去何從,豈易核定? 此屬於歧誤之分量者也,直接之訛文易知,間接之訛文難曉;單純之訛文易知,複雜之訛文難曉。間接訛文如《荀子・非相》篇:"傳者久則論略,近則論詳。"俞樾云:"兩論字皆俞字之誤,俞讀爲愈,古字通用,見本書《榮辱》注。《韓詩外傳》正作'久則愈略,近則愈詳'。可證也。'俞'字誤作'侖',校者又誤改作'論'。"(《古書疑義舉例》五《因誤字而誤改例》)此字形之展轉舛誤者一。《史記・張儀列傳》:"偏守新城,存民苦矣。"崔適云:“存字不甚可解,疑誤。”(《史記探源》)笠案:“存”爲“則”之間接誤字,“則”聲誤爲“在”,“在”又形誤爲“存”耳。(説又見武大《文哲季刊》第一卷第一期《史記訂補之餘》)舛誤之程度既深,故崔氏亦莫能明其所以然。此聲形遞誤者二。複雜誤文如《尸子·大道下》“乃實對”,宋本作“人實對”。《太平御覽》四百五引作“人以實對”。此文以《御覽》爲正。宋本脱“以”字,今本又誤“人”爲“乃”,迹象顯然。此“脱”而兼“誤”,複雜訛之一例也。觀上所舉,則就舛訛之程度方面言,亦豈不可以覘校勘之難歟!此外就舛訛之性質言,如文字之外尚有“書式問題”、“符號問題”等,舉足以見校勘之不易,依此隅反,不待辭贅矣。